THE STORY OF PHILOSOPHY

哲学的故事

〔美〕威尔 · 杜兰特 著

蒋剑峰　张程程 译

ZHEJIANG UNIVERSITY PRESS
浙江大学出版社

新经典文化股份有限公司
www.readinglife.com
出　品

致我的妻子

坚强些，我的伴侣……那样我倒下时
你犹能站立；那样我会确信
我破碎的歌曲仍能在你那儿
拥有更优美的旋律；
我将告诉我的心，你正
经过我抛弃的地方，并掘得更深。

再版序

一

出版商希望我借此次《哲学的故事》再版之机，为读者解读一下当今文坛的“概论”之风，以及本书存在的缺点与不足。有这样的机会，我很高兴。本书瑕疵重重，依然能得到民众的广泛认可，着实令我感激万分，故以只言片语聊表谢忱。

“概论”之风的兴起或可以说是顺应了时代的呼声。在这个时代，知识高度积累，无限延展，各个分门别类的学科衍生出更加细致的分支。望远镜让人类看到了人脑无法想象和估量的恒星和星系，地质学使人们认识到地球的存在既不是数千年也不是数万年，而是数百万年；物理学发现了原子中的宇宙，生物学呈现了细胞中的“微观世界”；生理学带人们认识身体，心理学领人们走进梦境；人类学重构了远古时代，考古学让深埋地下的墙垣城池再见天日，史学则证明一切历史皆为人类伪造，并描绘出一幅唯有斯宾格勒[①]和爱德华·迈尔[②]这样极具前瞻眼光的哲人，才能洞察历史的画卷；神学思想摇摇欲坠，政治理论土崩瓦解，人类生活与战争因发明创造走向扑朔迷离；经济学推翻了政府，世界各地燃起熊熊战火。而哲学，这个曾经集众学科于一身、主持构建世界和谐景象和行为之真善美的“带

①斯宾格勒（1880—1936），德国哲学家，代表作《西方的没落》。——译注

②爱德华·迈尔（1855—1930），德国历史学家。——译注

头人”，如今却在不同知识洪流的激荡冲撞中心力交瘁，不得不逃离寻求普遍真理的战场，走上隐蔽的羊肠小道以回避人生的种种问题与责任。人类掌握的知识已远远超出其理性所能承受的极限。

如今，科学家“知道的愈来愈多，研究的却愈来愈少”，而哲学家研究的愈来愈多，知道的愈来愈少。科学家戴着眼罩工作，为了将与研究主旨无关的一切排除在外，只专注于眼睛下方鼻尖上方的一个小点儿。这样一来，他们得到的仅仅是成批堆积却又相互孤立的事实，失去了纵观全局的眼光，没有实现真正的理解，也不再能激发智慧的火花。每一门学科、每一个哲学流派都在发展中逐渐形成了各自面向“圈内人”的术语体系，于是，随着人们对世界的了解不断增加，向同样受过良好教育的“圈外人”介绍和解释自己所从事和奉献的行业变得愈加困难，横亘在人生与知识之间的沟壑也愈发宽广：统治者无法理解智者的思考，求知者无法理解知者的观点。前所未有的学习热潮引发的却是集体性无知的蔓延，无知与愚昧的模范被推选为世界上伟大城池的统治者。就在科学享受着史无前例的发展和推崇之时，新兴宗教如雨后春笋般冒出，古老的迷信思想正在收复失地。普通大众不得不在悲观晦涩的科学与充满无畏希望的宗教神学之间作出选择。

在这样一个时期，教师的责任尤为重大，即在“职业学者”与普通民众之间架起一座沟通的桥梁。如同“职业学者”学习大自然的语言，教师应该学习术语，从而将这些职业领域内的知识转化为普通民众熟知的语言和表达形式，打破知识与需求间的隔阂。知识若庞杂到无法在民众中普及，则极易沦为经院哲学，甚至演化为民众对权威的盲目迷信；人类也将因此进入对“职业学者”这个新兴牧师群体无限崇拜的新信仰时代，而人类文明借助教育之普及升华自身的希望行将破灭；同时，作为人类文明垄断者的学术阶层，在日新月异的术语、词汇的重重包围下，也将蒙上一层神秘莫测的面纱，彻底与世人隔离，在无形中侵蚀、动摇文明原本坚实的根基。正因为如此，我们便不难理解詹姆斯·哈维·罗宾逊[①]“拆除壁垒，还知

①詹姆斯·哈维·罗宾逊（1863—1936），美国历史学家。——译注

识于民众”的号召为什么会得到全世界的赞赏和响应。

二

人类对知识进行人性化改造的历史开始于以“对话”体裁著书立说的柏拉图。哲学权威们大概都知道柏拉图留有两套著述：一套写给他在阿卡德米学园的弟子，专业而晦涩，另一套在于吸引有一定文化修养的雅典人了解、学习哲学，以对话形式写就，幽默易懂。在柏拉图看来，对于哲学思想，不论是以文学的体裁、戏剧的形式来表达，还是进行修辞或者文风上的美化，都无可非议，而从哲学的角度讨论、解决道德与政治问题，使哲学亲近于现实亦无损其尊严。可历史似乎跟我们开了个玩笑，经过它层层筛选流传下来的竟是柏拉图那套“不专业”的哲学科普集。更具讽刺意味的是，为柏拉图赢得后世盛名的也正是这套通俗的“对话录”。

当代首开“概论”先河的是英国作家H. G. 威尔斯。同时代的历史学家对他的《世界史纲》束手无策，夏皮罗教授认为该书“充满谬误”，虽能达到教育大众的目的，却过于自由。的确，这本书错漏百出，但这是任何一本涵盖范围过广、涉及内容过多的图书的通病。对任何一位读者而言，阅读此书绝对称得上是一次惊奇不断、引人入胜的经历。如职业记者般的特有敏感使威尔斯将这一系列的书与世界和平联系在一起，成为“教育和灾难角逐”中的一支重要队伍。没有人愿意看到灾难，所以每个人都去读这本书。读史成为一种时尚，历史学家们不由得警觉起来——像威尔斯一样将历史讲出趣味成为一种共识。

尽管令人难以置信，但有两位学者还真的做到了：芝加哥大学的埃及学家伯利斯坦德教授[①]以及罗宾逊教授各自修订完善了一本旧教科书；一家颇具眼光的出版社将两人修订后的作品集结成两大卷并冠以夺人眼球的书名——《人类大冒险》。这是人类历史上最成功的“概论”，一部有着日耳

①伯利斯坦德（1865—1935），美国考古学家、历史学家。——译注

曼式权威和高卢式清晰逻辑的史论著作。迄今为止，这两卷书依然在史学领域占据着不可超越的地位。

与此同时，亨德里克·威廉·房龙眼角泛着微笑，一手铅笔、一手钢笔地闯进这片天地，开始了自己的历史写作事业。他生性幽默，不拘小节，看待历史也是如此，以生动诙谐的散文笔法叙述、评论历史事件与人物。成年人买来《人类的故事》送给孩子看，私底下却拿来自己阅读。渐渐地，人们对历史的了解趋向世俗的多角度。

常言道：吃得多，胃口大。在美国，没能走进大学校门的数百万人渴望了解历史和科学常识，而读过大学的也没有停止对知识的渴求。约翰·梅西[①]的《世界文学史话》作为对文学这个“新奇”领域的一次友善又有益的探索，受到成千上万读者的欢迎和追捧。《哲学的故事》恰逢此轮求知大潮达到巅峰之时诞生，因而获得了出人意料的成功。读者惊奇地发现，哲学竟如此生动有趣，它关注的原来是与自己息息相关的生生死死。人们于是口口相传、争相购买，当然，偶然也会将这原本不该太受待见的书拿出来读一读。总而言之，《哲学的故事》取得了前所未有的成功，这种成功日后恐怕很难再现。

紧接着涌起一股大潮。“概论”类书籍一本接一本地出，“故事”一册接一册地讲；从科学到艺术，从宗教到法律，每门学科都涌现出各自的说书先生，就连贝克尔的一篇反对宗教神学的札记也被热情地改造成了《宗教的故事》。一位作者的一本书就能涵盖人类的全部历史，难怪没人愿意费劲阅读威尔斯、房龙、梅西、斯洛森或是伯利斯坦德，读者的胃已被填满。专家学者们开始抱怨这类读物的肤浅和仓促，反感的种子就此埋下，悄然发芽，此类图书受此波及，无一幸免。潮涨潮落，“概论”写作很快偃旗息鼓，人们甚至不敢再提“知识人性化”，批判、痛斥“概论”成为赢得评论声名的捷径；轻视通俗读物、不读大众文学成为新时尚，文学史开始步入自命不凡的时期。

①约翰·梅西（1877—1932），美国评论家、作家。——译注

三

批判“概论”类读物的声音尽管刺耳，但大多中肯。毫不例外，《哲学的故事》也有种种缺点和不足：首先，它叙述的不是一部完整的哲学史，其中对经院哲学的舍弃完全出于个人的义愤。必定有许多读者赞同我的做法，要是我没猜错的话，他们在读大学期间或参与研讨会时与此类哲学有过许多不愉快的接触，有的人甚至对它恨之入骨，认为它只是伪装起来的神学，而非真正的哲学。事实上，撇开篇幅不谈，就完整性而言，本书对某些哲学家（如叔本华、尼采、斯宾塞、伏尔泰）的论述要远远超过大多数哲学史著作。我在这本书的一开始即坦率承认：

> 本书并不是一部完整的哲学史，只是围绕几位主要的哲学家，以讲故事的形式，对其思辨哲学进行考察，以期达到知识人性化的目的。为了有足够的篇幅将入选哲学家活脱脱地展现在读者面前，一些相对次要的人物就被略去了。（“致读者”）

但本书的不完整性仍旧不可否认，尤以省略了中国和印度等东方哲学为重。任何所谓源于苏格拉底的哲学故事，若不掺杂介绍老子、孔子、孟子、庄子或者释迦牟尼和商羯罗，都是片面、狭隘的。[①]“故事”一词一直为人们所滥用，而本书选用这个名称，一方面想暗示读者，其中主要的论述对象是更为重要的哲学家；另一方面希望它能向读者传达：思想的发展也是一部激动人心的浪漫传奇。

对于避而不谈认识论，本书并不感到歉意。在介绍康德的章节中，这一令人郁闷至极的领域已经得到了充分展示，读者不得不硬着头皮啃下关于认知的种种费解的论述。而晦涩缥缈的语言，应该能受到年轻一代权威人士的欢迎。（事实上，一位曾在美国中西部某大学任教的哲学教授来信透露，在教授康德哲学的十五年间，他从未明白过康德的本意，直到读完

---

①关于这点疏漏，作者将在《文明的故事》第1卷中加以弥补。（本书注释如无特别注明，均为原注。）

本书非常基础地讲述康德的那一章。）这本书的其余章节都向读者暗示，人类认识过程的本质仅仅是众多哲学问题中的一个，并不值得如此多的大学者和德国人废寝忘食；此外，正是这种对认识论刨根问底式的探究日渐将哲学推向了下坡路。法国人就从未因陷入对认识论的疯狂探索而忽视对哲学之道德、政治、历史和宗教层面的思考，今天的德国人也开始反思他们从前的做法。凯泽林说："哲学实质上是人类智慧对科学的综合……显然，认识论、现象学、逻辑学等都是科学的重要分支。"（完全正确，它们如同化学和解剖学一样，是科学的分支。）"但假若因此放弃对生活智慧的探索则是一个可恶至极的错误。"[①]一个德国人说出这句话，简直可以媲美但以理因不肯背叛信念而被扔进狮笼[②]。在斯宾格勒眼中，孔子和他之前的早期中国哲学家是"政客、官僚、立法者，就像毕达哥拉斯和巴门尼德，就像霍布斯和莱布尼茨……他们是坚定的哲人，在他们看来认识论就是关于现实生活中各种重要关系的知识"[③]。毫无疑问，既然认识论在德国已渐趋没落，作为对民主制度的恰当回馈，它将在美国生根发芽、枝繁叶茂。

中国哲学家不谈认识论，对冗长无聊的形而上学更是厌恶至极，在这点上他们甚至可与法国人齐名。任何年轻的形而上学者都不愿承认孔子为哲学家，因为他既不张口闭口地谈论形而上，更鲜少提及认识论；他跟斯宾塞、孔德一样是实证主义哲学家，关注的重点始终围绕着道德和国家的建设。更糟糕的是，他言辞中肯、语意明确，并为此"臭名昭著"，因为清楚明白地表达正是哲学家最不该具备的品质。我们现代人早已对哲学如行云端的论述手法习以为常，当其脱去冗长的外衣展露真身时，却一时难辨。人们必须为其偏爱晦涩语言付出代价。

本书试图展现一丝幽默——因为令人避之不及的智慧不可能是真正的智慧，而幽默作为一种思想特质，是哲学的近亲，两者相辅相成——但这令权威人士坐卧不安，他们最无法忍受令读者会心微笑的书。政客和哲学

---

① 《创新性理解》，第 125 页；纽约，1929。

② 《圣经·旧约》中的犹太英雄但以理，因信仰冲突被古巴比伦统治者判刑并丢进狮笼，却在上帝的庇护下免遭狮子攻击。——译注

③ 《西方的没落》，第 1 卷，第 42 页。

家理所当然不懂幽默；德国人永远不会原谅叔本华讲乌采曼的故事[①]，也只有法国人能够透过伏尔泰机敏幽默的言语发掘其思想深度。

我相信本书并未误导读者，让他们以为读罢便能在一夜之间成为哲学家，或者免去阅读真正的哲学著作的痛苦。通往知识的大道没有近路可抄，这是真理。四十多年的探求也使我们深深意识到，真理从未真正掀起面纱，仅那些显露出来的特征已让我们愈发地仓皇失措。本书并不试图取代任何一位哲学家，只希望成为对哲学的一份介绍、一本邀请。它广泛地引用诸家言论，希望能有余音绕梁之效果；不时地指向经典原著，并确保读者意识到，对这些哲学经典的阅读不应只有一遍：

> 斯宾诺莎不是拿来读的，而应当用来研究；你必须像对待欧几里得一样对待他，认识到就在这短短的两百页文字中，一个人书写了他毕生的思考，并像雕塑家一样，剔尽了繁文末节。匆匆读过一遍之人休想了解其中深意……不要一口气读完全书，你应当分多次阅读，且每次读一小段。读完以后，告诉自己，这仅仅是理解全书的开端。接下来你应该读些评论，譬如波洛克的《斯宾诺莎》或马蒂诺的《斯宾诺莎研究》，又或者两者都读。最后，再读一遍《伦理学》，你会发现它像一本新书摊在你面前。如此，你将永远爱上哲学。

令人欣慰的是，本书的出版带动哲学经典图书销量直升两百多点。出版商纷纷重印柏拉图、斯宾诺莎、伏尔泰、叔本华和尼采等哲学家的作品。纽约公共图书馆一位不愿透露姓名的高级官员甚至对我说：

> 《哲学的故事》出版之后，公众对哲学经典的阅读需求日益广泛和增多，各家分馆中此类图书的库存量也在不断增加……过去，我们购进少量的哲学书籍是为了确保体系的完整；近两三年里，我们会在一开始就大量购进某本颇具可读性的哲学新书，以备来日需求快速增长。

---

①详见本书第七章。——译注

向大众传授知识不应令我们感到羞愧。那些将知识圈入高墙的学者眼红我们的成就，但应该受到责备的正是他们。他们的孤傲和佶屈聱牙的术语将世人拒于门外，使之不得不去书本中、讲座上或成人教育课堂里寻求未曾获得的教导。他们应该“感激”，他们的犹豫不决、吞吞吐吐激发了一批热爱生活的业余爱好者，替他们进行了这项让教育人性化的事业。也许这两种不同类型的教师可以互为补充：小心翼翼者以谨慎的眼光审视业余者的激情，激情澎湃者则用热情和鲜血转化学术的累累硕果。两方合力或许能在北美大陆上培育出一批善于聆听天才之声的读者，打下产生天才的基础。作为教师，我们都不完美，但只要能推动教育事业前进一小步，只要尽力，就无悔于心。我们宣读完开场词，然后退下，无数更优秀的演员将在我们之后登场。

《哲学的故事》已被译为德语、法语、瑞典语、丹麦语、南斯拉夫语、汉语、日语和匈牙利语等语言出版。

致读者

本书并不是一部完整的哲学史，只是围绕几位主要的哲学家，以讲故事的形式，对其思辨哲学进行考察，以期达到知识人性化的目的。为了有足够的篇幅将入选哲学家活脱脱地展现在读者面前，一些相对次要的人物就被略去了。譬如前苏格拉底时代的古希腊哲人、斯多葛学派、伊壁鸠鲁学派、经院哲学家以及认识论者。在我看来，认识论绑架了近代哲学，并且几乎毁了它，因此，我希望有一天，对认识过程的研究会被归入心理学的研究范畴，哲学会被理解为对全部经验的综合性诠释，而非对某种模式或过程的分析性描述。分析属于科学，带给我们知识；哲学则是全部智慧的综合。

在此，我要向艾尔登·弗里曼表达最诚挚的谢意，他的恩惠我永难清偿。是他给了我受教育和游历的机会，使我认识到何为高尚文明的生活。望他能于这不甚完美的词句间寻得只言片语，使我得以稍稍回报他的慷慨及信赖。

威尔·杜兰特

1926年，纽约

目 录

导言：哲学的作用

哲学使人愉悦，即使是形而上学的幻景也蕴含诱惑，每个学习者都能体会得到，直到粗粝的生存需求将我们从思想的高峰拽下，抛入生活的撕扯琐碎中。我们大多数人都知晓古希腊罗马时期的哲学黄金年代，那时，哲学确实称得上柏拉图口中“那珍贵的喜悦”；那时，审慎追寻难于捉摸的真理远比追求肉欲低俗的生活方式荣耀得多。人类社会早期追求智慧的努力留给后来者某种永不消逝的渴慕。“生命有其意义，”正如勃朗宁所说，“对它的探求是我精神所寄。”生命的大半难寻所谓“意义”，我们优柔寡断，碌碌无为，不停地与来自内心和周围环境的混乱无序作斗争；但是我们愿意相信，假使能够读懂自己的灵魂，我们身上那种不可或缺、意义重大的东西必将呈现。我们想要弄清楚“生命之于我们，意味着不断地将我们自身及所遭遇的一切转化为光与火”①。

我们就像《卡拉马佐夫兄弟》中的米特亚，“不求百万财富，只求问题之答案”。我们渴求把握眼前事物的价值和前景，以免陷入日常生活的旋涡。我们希望了解事情的轻重缓急以避免本末倒置；希望眼中的世界恒定如常，仿佛照耀在“永恒的光束下”；希望能够笑对不可避免之事，甚至是日益逼近的死亡；希望保持完整，通过分辨和协调欲望来调整精力分配，因为协调精力是伦理学、政治学，乃至逻辑学和形而上学的基石。梭

①尼采，《快乐的智慧》，“前言”。

罗告诉我们："作为一个哲学家，不仅需要具备缜密的思维或建立某一学派的能力，还要热爱智慧，循其意旨过一种简单、独立、宽容、信任的生活。"我们愿意相信，若能找到真的智慧，那我们的生命将不再盲目。"首先去追求思想中那些美好的内容吧，"培根告诫，"其余的部分即使不是接踵而至，也会在失去时不觉可惜。"[①]真理无法帮助我们富有，却能使我们自由。

此时，某些缺乏教养的读者大概会打断我们，指出：哲学如下棋般无用，如愚昧无知般含混晦涩，停滞不前，仿若自满自足。西塞罗[②]曾经说过："没有比哲学家的著述更荒诞无稽的了。"毋庸讳言，一些哲学家具备了所有知识，唯独缺乏基本常识；而许多哲学论战亦缘起于缥缈虚幻的观点。因此，让我们下定决心，此趟哲学旅途只停靠在光明的码头，避开形而上学的泥泞溪流，绕过神学争端的汪洋大海。哲学真的停滞了吗？科学似乎从未停止过前进的步伐，而哲学的领地似乎日益缩减。但这是因为哲学接手的是一个充满艰难险阻的任务，要处理尚未如科学研究般有章可循的问题。譬如善与恶、美与丑、生与死、秩序与自由，等等；一旦某一领域的知识探索得以突破并以公式形式准确表述，该领域即被划入科学的行列。科学始于哲学，止于艺术；始于猜测和设想，止于完美的成就。哲学是对未知（譬如形而上学）或不尽知（譬如道德论或政治哲学）的臆想式诠释，站在以围堵策略获取真理的最前沿。科学作为被攻克的领土，后面有稳固的城池，是知识和艺术共建的不甚完美但精彩非凡的世界。哲学似乎一直矗立不动，满脸疑惑；这是因为她将胜利的果实悉数留给了她的女儿们——众科学，而自己未感到丝毫满足，继续朝着不确定和未曾探索的方向前行。

我们是否应阐述得更专业些？科学是分析式描述，哲学是综合式诠释。科学企图将整体分解为局部，将有机组织分解为器官，将不可知转化为知识：它不重视事物的价值或者可能的理想形态，也不关注它们的终极目标；能把事物的现状和作用表达清晰即知足，研究事物在现阶段的本质和变化

---

①《学术的进展》，第 8 卷，第 2 节。

②西塞罗（前 106—前43），古罗马政治家、作家与演说家。——译注

是其全部意义。如同屠格涅夫诗中的“大自然”，科学家公正不偏：一只跳蚤的腿和一位天才在创作时忍受的煎熬对他们有着同等的研究价值。然而，哲学家不满足于描述事实，他希望将事实与经历结合起来，从而得出意义和价值；他通过诠释性的综合建立事物间的联系，以一种比以前更好的方式，尝试把被科学家们大卸八块的伟大宇宙重新组装起来。科学教会我们如何治愈、如何杀戮；它一面零星地降低着死亡率，一面又用战争大规模地灭杀我们。只有真正的智慧，即在全部经验指导和协调下的思想，才能够告诉我们什么时候该救，什么时候该杀。对过程的观察、对方法的构建是科学，对目的的批判和协调则是哲学。如今，我们在生存手段和生存工具的发展方面取得的成就远远超过我们对自身理想和目标的诠释和综合，我们的生活充斥着嘈杂和躁动，空洞无聊。因为不指向欲求的事实毫无意义，不联系目的和整体的事实不可能完备。没有哲学指导的科学和欠缺眼光及价值的事实无法将我们从大劫难和大绝望中拯救出来。科学给予我们知识，但唯有哲学赋予我们智慧。

具体说来，哲学包含以下五门学科：逻辑学、美学、伦理学、政治学和形而上学。逻辑学探究的是思考与研究的理想方法：观察和内省、推理和归纳、假设和实验、分析和综合——这些人类行为的形式正是逻辑学试图解释和提供指引的领域。对大多数人而言，这是一门无聊的学科，然而人类思想史上所有里程碑式的事件皆指向人们在思考和研究方式上的方法论改造。美学研究理想的形式，即美，是艺术的哲学。伦理学研究理想的行为方式；苏格拉底认为，知识的最高层次是能够辨识善恶，是关于生活的智慧。政治学研究理想的社会组织形式（它并非如人们想象的那样，是一门意在传授攫取及保持政权的艺术和科学）；君主制、贵族制、民主制、社会主义、无政府主义、女权主义——这些都是政治哲学舞台上的角色。最后，形而上学研究万物的“终极实在”（与其他形式的哲学不同，它并不试图寻求理想与现实间的妥协与平衡，这也使得它更难为世人所接受），其中又包括：研究“物质”的真实终极本质的本体论，研究“心灵”的哲学心理学，研究认知过程中“心灵”与“物质”相互关系的认识论。

以上是哲学包含的几个部分，但如此分法难免使其丧失了原有的美感和趣味。我们追求的不应是枯燥乏味的抽象和形式，而应以天才人物丰盈的生活为依托；我们不应只研读哲学，而更应研究哲学家；我们应该接近那些思想的圣人和捍卫者，分享他们智慧的光辉，这样，或许有一天我们也能够或多或少地感受到达·芬奇所谓的“最崇高的愉悦、理解的喜悦”。假如我们能够正确解读这些哲学家，他们每一位都将为我们带来收获。“你知道真正的学者的内心秘密吗？”爱默生曾这样问道，他说：“每个人身上都有值得我学习的东西，从这个意义上说，我就是他的学生。”既然如此，我们就可以秉承这种思想去向那些伟大的哲人学习，而不会感到自尊心受伤了！我们可以继续沾沾自喜，因为爱默生还说过，每每聆听圣人之声便经历一次一种奇异的似曾相识感，仿佛在遥远的青年时代，我们年轻的头脑中也曾出现过这些声音，只不过当时我们既无能力也无勇气将它们表达出来罢了。确实，只有用心去聆听，我们才能领会圣贤之意；也只有心中有根，日后才能开出智慧的花朵。我们有着同样的经历，但未能深入挖掘其中的秘密和隐藏的含义：我们往往为苍茫现实所迷惑，而忽略了它的弦外之音。圣贤们听到了这弦外之音，更听到了宇宙的乐章；圣贤们深知毕达哥拉斯曾说过，哲学即为最高形式的音乐。

那么就让我们静下心来品读这些先贤，宽恕他们偶尔的过失并虚心学习他们迫切想传授给我们的知识吧。“理智起来吧，”苏格拉底教导克里托道，“不要在意教授哲学的老师是好是坏，你只需要思考哲学本身，对她进行细致而公正的研究。假若哲学为恶，那么你应说服所有人远离她；假若哲学确如我所信奉的那样，那么请你追随她并效力于她，而且心甘情愿。”

第一章 柏拉图

一、柏拉图生活的时代

查看欧洲地图你会发现，希腊如同一只骷髅手，正将其瘦骨嶙峋的手指伸入地中海。伟大的克里特岛在其南面，公元前两千年，就是这只手，在这里开启了人类文明的大门。越过爱琴海，东面便是小亚细亚，平静而略显麻木，然而在前柏拉图时代，这里曾是一个欣欣向荣的工商业中心。意大利在西边如同一座海上斜塔，与希腊隔伊奥尼亚海相望；继续往西是西西里岛和西班牙，都曾经是繁荣一时的希腊属地。最西边就是被我们称为直布罗陀海峡的“海格力斯[①]之柱”了，过去，只有为数不多的几个人敢于取道这个阴森暗沉的口岸。往北是那些名叫塞萨利、伊庇鲁斯和马其顿尚未驯化、半野蛮的地区，然而，也正是从这里走出的一批又一批精力充沛的人，塑造和培养了荷马和伯里克利时代[②]希腊的众多仁人志士。

再看地图你会发现，这里的海岸线绵延曲折，到处是大大小小的海湾和被陆地分隔开来的海域，陆地上则遍布着跌宕起伏的山峦丘陵。希腊就被这些天然的海陆屏障分割成相互孤立的若干部分，因此，那时的交通和

①海格力斯，宙斯之子，希腊神话中的著名英雄，以神勇巨力著称。——译注

②伯里克利（约前495—前429），雅典黄金时期统治者，在希波战争后的废墟上重建了雅典。他的时代也被称为伯里克利时代，是雅典最辉煌的时代，产生了苏格拉底、柏拉图等一批知名的思想家。——译注

交流远比现在困难，甚至还充满危险；每一片峡谷流域都形成了自给自足的经济生活，并发展了各自的主权政府、法律规章以及方言、宗教和文化。各流域都有一两个城镇在它们周边那大片沿山势伸展的农业腹地之上建立“城邦国家”：爱维亚、罗克里斯、埃托利亚、福基斯、比奥提亚、阿哈伊亚、奥尔格里斯、伊利斯、阿卡迪亚、麦西尼亚和拉科尼亚——以斯巴达为中心，还有阿提卡——以雅典为中心。

最后再看一遍地图，观察雅典的位置你会发现，原来它是希腊几个较大城市中最靠东的，显然它成了通往东方的门户：经由这里向东可到达商业繁荣、业已成型的小亚细亚城镇，向西可将各种奇珍异宝连同文化一起带回尚且年轻的希腊。这里曾经有一个叫作比雷埃夫斯的绝佳港口，无数商船曾在这里停靠补给、躲避风浪；同时，雅典还有一支装备精良的海军舰队。

公元前490年至前470年间，斯巴达和雅典暂且忘却彼此的纷争，联合兵力，粉碎了波斯人在大流士和薛西斯统领下试图将希腊变为其亚洲帝国的一个殖民地的野心。在这场年轻的欧洲对阵日渐衰老的东方帝国的争斗中，斯巴达提供了陆军，雅典贡献了海军。战争结束后，斯巴达解散军队，经历了战后不可避免的经济混乱；雅典则将海军打造成一支商船队伍，摇身一变成为当时最伟大的商贸城市之一。斯巴达再度陷入农业社会式的封闭和停滞；雅典则成为繁荣的市集和码头，各路人马在此汇集，各种宗教和习俗于此交融，而人与人之间的合作和竞争则激发了人们的比较、分析与思考。

传统和教条在这种多元文化频频冲撞的环境中相互制衡，维持在最低限度，因为面对一千种信仰的时候，我们往往哪一种也不愿相信。或许，往来各地的生意人是第一批批判者，他们见多识广所以不轻信任何事情，而商人的秉性使他们不是将人划分为傻瓜便是划分为无赖，这自然也使他们质疑每一种所谓的信条。渐渐地，他们开始发展科学；日趋复杂的贸易催生了数学，人们不断膨胀的航海野心也促使天文学蓬勃发展。日益增多的财富让一部分人有了闲情逸趣，也为他们着手研究与猜想作了一定的准备；这些人瞭望星空只为知晓四海之方向，他们更希望求得对无限宇宙之谜的一份了解；古希腊第一批哲人就是天文学家。对此，亚里士多德曾说："波斯战争之后，人们为自己的成就感到骄傲，并在探索的道路上愈行愈远；他们以一切现有的知识为基础开展研究，不断开拓出新的学术领域。"[①]人们的胆子越来越大，开始尝试对一些过去被归结为超自然力的现象进行解释。于是，幻术和宗教仪式逐渐让位于科学和对自然的控制；哲学亦由此诞生。

起初，这种哲学是物理学性质的，它探索构成万物最终的、不可分割的成分究竟是什么。这股思潮的终点是德谟克利特（前460—前360）的唯物论——"实际上，世上除原子与虚空之外，别无他物。"这一理论是古希腊哲学的主要猜想之一，曾在柏拉图时代悄然流传，于伊壁鸠鲁（前342—前270）期间呈现于世，并在卢克莱修[②]那儿得以发扬光大。但古希腊哲学最具代表性、最富生命力的篇章成形于智者学派，他们是云游四方的智慧大师。他们重视内省，考量自身的思想和本质，而非外在的物化世界。他们全都聪慧非凡（譬如高尔吉亚[③]和希庇亚斯[④]），大多思想深邃（譬如普罗泰戈拉[⑤]和普罗狄库）；对于今天我们仍在人类心灵和行为的哲学性探讨中讨论或注释的几乎每一个问题，他们都意识到了、讨论过了。他们无所不问，面对宗教或政治禁忌亦毫不避讳，勇敢地用理性辩论去检验当时的一切信条和制度。在政治方面，他们分为两派：其一就像后来的卢梭，坚持性本善，文明本恶，同时，这一派坚持人生而平等，后天的不平等则完全由按阶级划分的社会制度导致，法律则是强者用以压制和统治弱者的发明；其二就像后来的尼采，认为人的本性无所谓善恶，人一出生即不平等，道德是弱者拿来牵制强者的工具，这一派还认为，权力是最高的德行，是人类至高的追求，贵族制才是最有效、最自然的政府组织形式。

事实上，这一针对民主制度的攻击恰巧反映出当时雅典一个富裕的少数群体的崛起，他们自称寡头政党，并将民主贬斥为无能的虚伪。从某种

---

①《政治学》，第1341节。

②卢克莱修(前98—前55)，古罗马哲学家、诗人。——译注

③高尔吉亚（约前487—前376），古希腊诡辩学家和修辞学家。——译注

④希庇亚斯，生于前5世纪中期，古希腊诡辩学家。——译注

⑤普罗泰戈拉（约前490—前420），古希腊哲学家，其最著名的格言是"人是万物的尺度"。——译注

意义上说，当时的雅典几乎谈不上民主：在四十万人口中，二十五万是没有任何政治权利的奴隶，其余十五万自由人或公民中，也只有极少数能够出席人民会议或全体大会，在那里决议城邦政策。但是，他们享有的民主确实是历史上最为彻底的，因为全体大会象征的是至高无上的权力；而作为最高行政机构的民众法庭，或称最高法庭，成员超过一千（目的是使行贿耗资成本巨大），是按照全体公民登记在册的名字字母顺序依次筛选出来的。任何一个机构都不可能比它更为民主，或套用反对派的话，没有比它更为荒谬的了。

在长达二十多年的伯罗奔尼撒战争（前431—前404）中，斯巴达军队最终取得对雅典海军的胜利，当时雅典由赛提亚领导的寡头政权借战争失利之机宣布放弃民主，并暗地里赞赏斯巴达的贵族制政府。许多寡头领袖曾被流放。然而雅典最终投降，斯巴达与之达成和平协议的条件之一，便是召回所有被流放的寡头贵族。他们一回来，即以赛提亚为首宣布开展一场富人革命，反对在这场灾难性战争中执政的“民主”政党。但是革命失败了，赛提亚也战死沙场。

赛提亚是苏格拉底的学生、柏拉图的叔伯。

二、苏格拉底

假如我们以作为历史文物流传下来的半身像为依据，那苏格拉底即便是在哲学家中也算是长得丑的：秃头，大圆脸，深凹下去的直勾勾的眼睛，宽而扁的鼻子——这一切都生动地印证了人们在会饮之后的高谈阔论：这完全是搬运工的模样，哪里像是我们最著名的哲学家！但若多看几眼我们就会发现，透过石像的粗犷，一丝人性的善良和毫不伪装的朴素展露出来，使这位相貌平平的思想者成为当时雅典众多智慧青年所爱戴的老师。我们对苏格拉底知之甚少，但比起贵族派的柏拉图和内敛、学究式的亚里士多德，我们与他却又是如此亲密。两千四百年过去了，我们仿佛还能依稀见到他那不甚雅观的体态：他裹着一件皱巴巴的大长袍，悠然自得地穿过人民大会，丝毫不受四周熙熙攘攘的政治纷争干扰；总喜欢在路上随意拦下一人便开始说教；一群博学的年轻人聚集在他周围，他将他们引入殿堂廊柱后某个阴凉的角落，请他们给自己的言语下定义。

正是这些各式各样的年轻人簇拥着他，帮他创立了欧洲哲学。他们当中有人富有，譬如柏拉图和亚西比德[①]，津津乐道苏格拉底对雅典式民主的嘲讽；也有像安提西尼[②]一样的社会主义者，崇尚他安贫乐道的精神并将之发扬光大；甚至有一两个像亚里士蒂帕斯[③]那样的无政府主义者，向往一个不分贵贱、没有主奴之分、人人好似苏格拉底般悠游自在的世界。总而言之，所有令当今社会惶惶不可终日、为青年人提供了无尽辩论材料的问题，同样被古雅典的思想者和公共言论者所思考，他们跟他们的老师一样，认为没有论道的生活是毫无价值的。社会思想的各个流派都能在这里得到体现，或者寻到根源。

这位导师的生活细节无人可知。他从未工作过，也不曾考虑第二天的事情。有学生邀请他吃饭时他就去。他们也喜欢餐桌上有这样一位客人，因为他会详尽地讲述养生之道。

在家里他似乎没这么受欢迎，因为他忽略了家人；在他的妻子桑喜普看来，他是个一无是处、游手好闲的人，给家里带来的坏名声远比面包多得多。桑喜普像苏格拉底一样善谈，他们之间似乎也有过几段对话，只不过没被柏拉图记录下来。然而她也确实爱着苏格拉底，在他七十岁死去后仍不免戚戚然。

苏格拉底到底为什么如此受学生的爱戴？或许因为他既是一名哲学家，又是一个极富人情味的人：他在战场上冒着极大的危险救了亚西比德的命，他喝酒时极有绅士范儿，毫无顾忌却又不失分寸。但毫无疑问，他那谦逊外表下无穷的智慧才是学生最为崇拜的：他从不说自己拥有智慧，而只称自己爱慕智慧、追求智慧；他爱智慧，却又不把智慧当作自己的职业，而是当作自己的挚爱。据说德尔斐城具有非凡能力的祭师称苏格拉底

①亚西比德（约前450—前404），雅典政治家，伯罗奔尼撒战争中的将领。——译注

②安提西尼（约前445—前365），古希腊哲学家，犬儒学派创始人。——译注

③亚里士蒂帕斯（约前435—前366），古希腊哲学家。——译注

是最聪明的希腊人；而苏格拉底本人则将其解释为对其哲学起点即不可知论的认同——“我所知道的唯一事情就是我什么都不知道”。一个人学会怀疑时，哲学便产生了——尤其当这些怀疑针对的是我们曾经珍惜的信仰、教条和公理时。谁知道这些信念是如何令我们深信不疑的呢？谁又能知道它们不是被一些隐藏在思想外衣下的不可告人的欲望引发的呢？唯有当思想者回过头来反思自身时，哲学才有真正的意义。就像苏格拉底所说：认识你自己！

当然，在苏格拉底之前也有过哲学家：有像泰勒斯[①]和赫拉克利特[②]那样坚强的人，有像巴门尼德[③]和埃利亚的芝诺[④]那样敏锐的人，有像毕达哥拉斯和恩培多克勒[⑤]那样善于观察的人，但他们绝大多数是自然哲学家：他们探求外部事物的发展和性质，寻找物质可测的规律和构成。苏格拉底说，这很好，然而对哲学家而言，还有远比花草树木、碎石繁星更具无限价值的研究对象——人的心灵。究竟什么是人？他又将变成什么？

因此他四处探访，求索人的心灵，他揭示一切臆想和假设，质疑一切定论和信条。假如人们对正义津津乐道，他便问他们：什么是正义？这些抽象的词汇在你这里代表着什么，以至于你能用它们如此轻易地解释生与死？荣誉、美德、伦理道德、爱国精神又分别是什么意思？你所说的你自己是指什么呢？这些伦理学、心理学上的问题正是苏格拉底所热衷探讨的。一些人深受这种要求定义精确、逻辑清晰和论证准确的“苏式方法”的折磨，对此提出质疑，认为他提问太多、回答太少，致使人们的思想比从前更混乱了。然而，针对我们所知的哲学中最难回答的两个问题——美德意味着什么？最好的国家是什么样的？——苏格拉底分别给出了十分明确的答案。

对当时的雅典年轻人而言，没有什么论题比这两个更重要了。诡辩学

---

①泰勒斯（约前635—约前547），前苏格拉底时期哲学家，古希腊七贤之一。——译注

②赫拉克利特（约前535—前475），前苏格拉底时期哲学家，其名言是“人不能两次踏入同一条河流”。——译注

③巴门尼德，出生于约公元前515年，前苏格拉底时期哲学家。——译注

④埃利亚的芝诺（约前490—前436），古希腊哲学家、数学家。——译注

⑤恩培多克勒（约前490—前430），古希腊哲学家、政治家。——译注

家早已摧毁这些年轻人一度对奥林匹斯山男女众神持有的信仰、对道德准则的崇尚，这些道德准则的效力基本上来自人们对全知全能、不计其数的神祇的敬畏；一个人只要不违法，妨碍他去做任何他想做的事情便毫无理由。这种离散式的个人主义大大削弱了雅典人民的个性，使其最终为剽悍的斯巴达人所征服。至于国家形式，没有什么制度比一个为盲众所操纵、为冲动所指挥的民主更滑稽的了，没有什么比让一群争论不休的人组成政府更可笑的了，没有什么比匆忙选举、革职或处死将领更荒唐的了，也没有什么比不加筛选、仅按字母排列顺序选取头脑简单的农民和商人作为最高法院成员更可笑的了！一个全新并自然合理的道德规范如何能在雅典产生并发展？这个国家如何能够得到拯救？

正是因为回答了这些问题，苏格拉底被判了死刑，但同时也让他赢得了不朽。假使苏格拉底试图恢复古老的多神信仰，假使他能带领他那帮灵魂被解放了的学生前往庙宇圣林朝拜、祭祀父辈所崇奉的神祇，老一辈的公民便会将敬意献给他。可他知道，这个办法无异于自杀，毫无希望，是倒退，是将希腊拉入坟墓而非解救她。苏格拉底有自己的宗教信仰：他相信神只有一个，并以他那谦虚谨慎的态度期盼着死亡也不能将其摧毁；[①]但他也明白，一个持久有效的道德律令不可能建立在如此模糊不定的神学基础之上。假若我们能够建立一套完全独立于宗教教条之外的道德体系，使其对无神论者和虔诚信徒普遍适用，那么，各种神学观点的交融和变迁将不再影响道德的凝聚力。而正是依靠这种凝聚力，任性的人们才能转变为和谐友好的社会公民。

比如，如果善意味着聪明，美德意味着智慧，如果通过教育，人们能够找到自己的真正兴趣所在，能够看清自己的行为可能产生的后果，能利用批判和协调的精神来调整自身杂乱无章的欲望以使其形成一个目标明确、具备创造力的和谐整体，那么，这或许就能成为那些受过教育且思想深刻的人的一种道德规范。而对于那些未曾受过教育的人，则只能使用反复的说教和外力的强制了。或许，所有的罪过都出于错误、片

---

①见伏尔泰记两个雅典人谈论苏格拉底的故事，“这就是那个声称只有一个神的无神论者”。（《哲学辞典》，艺术部分，“苏格拉底”。）

面的观点，是愚蠢的表现？有识者或许跟无知者一样，偶有暴力或不文明的冲动，但可以确信的是，他们能够更好地控制这种情绪，因而很少见到他们真做出什么兽性行为。在一切为理智统治的社会里（这样的社会在权力扩大时，归还给个人的往往多于个人自由受限时社会向个人索取的），个体优势的实现依靠全体人的文明和忠诚举止，唯有清醒明智的头脑才是维护和平、秩序和良愿所真正需要的。

但如果政府本身就杂乱不堪、荒谬至极，如果它统治却不救助、施令却不引导，那么，我们如何能够劝服个体遵守法律并为实现公共利益而限制其自身的追求呢？难怪亚西比德要推翻一个不信任个人能力、把数量看得比知识还重的国家。难怪没有思想的地方就有混乱，无知的人群匆忙作出决定，事后又在悲凉无助时后悔不已。"真理掌握在多数人手里"这样的基本观念本身不就是一种迷信吗？然而，群体往往比个体更愚蠢、更暴力、更残酷的事实似乎并非为世人所知。演说家"长篇大论、滔滔不绝，就像敲击后响个不停的铜盆，直到手按在上面才能停止"[①]，难道被他们统治不是一种耻辱吗？当然统治国家之人不能单求高智商，治国需要一批优秀的头脑进行毫无阻碍的思考。一个社会不由其中最睿智的人来领导和统治，如何能被拯救或实现强大呢？

设想一下，在当时战争即将爆发、统治者亟须屏蔽一切反对之声，而富裕的知识阶层又正秘密策划着一场革命的大背景之下，这样一个贵族式信条的提出会产生怎样的反响？假设你是当时的民主领袖安尼图斯，自己的儿子是苏格拉底的学生，他不仅背叛了你所信奉的众神，还指着鼻子笑话你，你的感受如何？阿里斯托芬[②]难道不是早就预测到这种由反社会的智慧似是而非地取代旧道德的结果了吗？[③]

---

①柏拉图，《普罗泰戈拉篇》，第 329 节。

②阿里斯托芬（约前 448—前 380），被誉为古希腊最伟大的喜剧作家。——译注

③阿里斯托芬在《云》（公元前 423 年）一剧中总拿苏格拉底和他的"思想铺子"开玩笑，说学生们在他这里学会了不论自己的观点多么错误都能将其说成是对的的本领。费德匹蒂斯打自己的父亲，因为父亲从前打过他，欠债总是要还的。这似乎只是一种善意的嘲讽：阿里斯托芬经常和苏格拉底结伴同行，他们对民主有着共同的蔑视和不屑；柏拉图就曾向狄奥尼修斯一世推荐过此剧。此剧问世于苏格拉底受审判之前二十四年，它或许跟这位哲学家最终的悲惨结局没太大关系。

紧接着革命到来了，人们或支持或反对地浴血奋战着。民主派取得胜利时，苏格拉底的命运也随之注定了：尽管他本人一直息事宁人、与世无争，但他是造反派的精神领袖，是令人恨之入骨的贵族式哲学的思想源泉，他还教唆了醉心于辩论之学的年轻一代。安尼图斯和墨勒图斯都说，苏格拉底还是被处死为妙。

故事的其余情节众人皆知，因为柏拉图以超越诗歌的优美文笔将其记录下来，我们有幸能够阅读这篇简单明了而又英勇过人（如果不是传奇）的《苏格拉底自辩篇》：世上第一位为哲学殉难之人向世人宣告了自由思想的正当和必要，在国家面前维护了自身的价值，并拒绝向一群素来为他所不齿的人乞求怜悯。他们有权赦免他，但他不屑于请求。愤怒的众人判定了他的死刑，而法官们却想放他一马，这真是对他的理论的一种奇特的肯定。若他没有否定众神祇就好了？教给人们超出他们能力范围的更多更超前的内容势必引来杀身之祸。

所以他们判定他应该饮鸩自尽。他的朋友赶来探望并给他提供了一条简单的逃跑路线，还买通了所有能阻止他走向自由的官员。但苏格拉底拒绝了。此时他已经七十岁了（公元前 399 年），或许他自觉是时候离开了，而且这样更让他死得其所。“打起精神来吧，”他对悲伤的朋友说，“尽管你们仅仅是来埋葬我的尸骨的。”“当他说出这些话时”，柏拉图在一段伟大的世界文学篇章[①]中写道，

> 他站起身来，和克里托一起走进浴室，克里托让我们在外面等候；我们就等着，同时谈论和思索着……我们巨大的悲痛；他如同我们的父亲，而我们即将丧失这位亲人，像孤儿一般度过余生……暮色降临，他在浴室里已经待了很长时间。他走了出来，坐回到我们中间……但没有说太多的话。不久，监狱看守……走进来，站在他身旁说：“苏格拉底啊，我知道你是至今来到这里最崇高、最绅士、最优秀的一位，其他人在我因遵从上级命令让他们喝下毒酒时对我肆意发怒和

① 《裴多篇》，周伊特译本，第 116—118 节。

谩骂，我不会将此归罪于你——而我也确信，你不会像他们一样对我动怒，因为你肯定明白，真正犯错误的不是我，而是另外那些人。好了，永别了，请尽量轻松对待这必行之举吧，你是清楚我的差事的。”说罢他眼泪夺眶而出，转身走了出去。

苏格拉底看着他说：“谢谢你的好意，我一定会照你说的去做。”他又转过身对我们说道：“这是个多好的人啊！自从我进了监狱，他就一直来看望我……而现在他又在如此大度地为我悲伤。我们一定要按照他说的去做，克里托。如果毒酒已经备好，就拿过来吧；如果没有，就让侍从去准备。”

“但是，”克里托说，“太阳还在山顶，很多人都迟迟不肯喝下毒药；等到对他的判决宣布之后，他早已吃饱喝足，沉浸在感官的享受中了。不要着急吧，我们还有时间。”

苏格拉底说：“是的，克里托，你所说的那些人完全有权这样做，因为他们认为推迟服毒时间就可以赢得更多。但我也有权不这样做，因为我知道晚点喝下毒药并不会为我带来什么。试图挽救早已不在的生命，我会嘲笑自己的。请照我说的去办吧，不要再拒绝我了。”

听到这些，克里托朝侍从示意了一下。侍从走进屋内，待了一会儿后和端着杯毒酒的狱卒一起走了过来。苏格拉底说：“我的好朋友，请凭你的经验告诉我此事该如何进行吧。”狱卒答道：“你只须四处走动直到双腿感到沉重，然后躺下来，那时毒药就开始发挥作用了。”他一边说一边将那杯毒酒递向苏格拉底。

此时的苏格拉底表现得悠然自得，眼中没有丝毫的恐惧，面部表情也没有任何的变化，他两眼注视着狱卒，接过酒杯，并说道：“你说我用这杯中之酒来祭神可以吗？”狱卒答道：“苏格拉底，我们只准备了刚够你使用的分量。”“我明白了，”他说，“但我必须得向众神祈祷，请求他们保佑我从这边一路走向彼岸的世界——请允许我实现这个愿望。”接着他将酒杯举至唇边，轻松愉快地将毒药一饮而尽。

在此之前，我们大多数人还能控制自己的悲痛，但看到这一幕，看到他饮尽杯中的毒酒，我们再也忍不住了，顿时泪如泉涌。我掩面而泣。当然我并不是为他而哭，而是因为想到自己将失去这样一位同伴而悲伤。我也不是第一个哭泣的人，因为克里托发现自己实在无法控制泪水，便起身离开了这间屋子，我也跟着走了出去。那时一直在呜咽的阿波罗多拉斯突然号啕大哭起来，哭得撕心裂肺。只有苏格拉底依旧保持着镇定。"这奇怪的哭声是怎么回事？"他说，"我将妇女打发走就是为了避免这种打扰，因为我听说人应该平和、安详地死去。所以请你们安静下来，坚强一点。"听到这番话，我们自觉羞愧无比，纷纷抑制住泪水；他一直在四处走动，直到双腿像狱卒说的那样感到沉重不堪，然后按照指示躺在床上，那位狱卒时不时地检查下他的腿和脚；过了一会儿，狱卒使劲摁了下他的脚并问他是否有感觉。他说没有。接下来又摁腿，然后一步一步上移，就这样我们知道他已浑身冰冷僵硬。苏格拉底自己也感觉到了，他说："等药力到达心脏，我的生命就终结了。"当他感到腹股沟也变冷时，他露出脸（因为之前他蒙住了自己的脸）对我们说——这是他的临终遗言："克里托，我还欠阿斯克勒庇俄斯[①]一只公鸡，你能记得帮我把这债还了吗？""我一定记得还这笔债，"克里托说，"还有什么要说的吗？"对这个问题已经没有了回答。一两分钟后我们听见一些动静，侍从将蒙着他脸的东西掀开，只见他已双目发直，克里托合上了他的眼睛和嘴巴。

这就是我们的朋友的最终结局，他的确是我所认识的人中最聪慧、最正直和最优秀的。

三、前期的柏拉图

柏拉图与苏格拉底相识是他人生的转折点。他自幼家境殷实，生活舒适，青年时更是英俊帅气、朝气蓬勃——"柏拉图"这个名字据说源自他

①阿斯克勒庇俄斯，希腊神话中的医神。当时的习俗是治好病后送一只公鸡给医生作为答谢。——译注

那无比宽阔的肩膀；他曾是一名优秀的士兵，并两次在科林斯地峡运动会上获奖。依照经验，像他这样的年轻人日后大都不会踏上哲学家之路。但柏拉图那敏感细腻的心灵被苏格拉底的“辩论式”竞技所吸引，目睹他的老师用尖锐刻薄的问题将传统的教条和臆想一一戳破实在是一种愉悦，于是，柏拉图像从前投身野蛮摔跤比赛那样迈入了这项竞技活动。在老“牛虻”（苏格拉底的自称）的教导下，他从只求胜利的辩论者逐渐转变成思想者，不再只是纯粹的辩驳，而是能够进行细致的分析，还能展开卓有成效的讨论。他热烈地爱上了智慧和他的老师。“感谢上帝，”他曾说，“我生为雅典人而非野蛮人，自由人而非奴隶，男人而非女人，但最重要是我生在了苏格拉底的时代。”

苏格拉底死时柏拉图二十八岁，而与老师共同度过的平静日子以如此悲剧的方式结束，深刻影响了这名学生日后各个阶段的思想。他蔑视民主，憎恨暴民，就连他的贵族出身和教养也没能令他产生如此深刻的反感；他深信，民主必须被推翻，国家必须得由最智慧和最优秀的人来统治。这也成为他毕生关注的问题，即如何找寻这些最智慧、最优秀的人，如何培养他们的统治能力并劝服他们去实施统治。

此时，他拯救苏格拉底的举动在当权的民主人士中引起了警觉和怀疑。他的朋友告诫他，雅典已经不安全了，他可以趁这大好机会去周游世界。于是，公元前399年，他出发了。他到底去过哪些地方我们无从知晓，但他周游路线的每一个行止转折均会引发一场热烈而有趣的争论。他似乎先去了埃及，令他震惊的是，统治埃及的祭司阶层竟然认为希腊是个幼小城邦，没有稳定的传统或富有渊源的文化，因而他并没有受到这些尼罗河流域如斯芬克斯之谜般古老而权威的国家的重视。但震惊也是教育我们的最好手段；学识渊博的阶层以神权方式统治一大群从事耕种的安定的农民，此番情景长久地留在了他的记忆里，并渗透到其日后写下的《理想国》一书中。之后他去了西西里岛和意大利。在那儿，他曾加入当地由毕达哥拉斯创建的学派，也是在那儿，一小群博学多才的统治者掌握着权力却过着朴实的生活，这再次在他那易感动的心灵上打下了深深的烙印。柏拉图在外漂泊了十二年，于各处汲取智慧的养分，踏访每一处神圣的殿堂，思索品味每一条坚定的信条。有人说他也曾去过犹地亚[①]，并在那里接受过社会主义先知们的传统式短期培养。甚至有人说他还去过恒河两岸，学习印度人的神秘冥想功夫。但这些是真是假，我们已无法考证。

公元前387年，柏拉图返回雅典，年届四十，历经的种种人事已使他成熟。他的身上褪去了一份年轻人的狂热，收获了一种全新的思想视野。在这种视野中，极端往往能够体现片面的真理，而问题的各个方面融会在一起便构成了对真理全方位的诠释。他集聪明才智与艺术天赋于一身，哲学家与诗人得以共存在一个灵魂里，他还自创了一种能使美与真并行其中而不相违背的表达媒介——对话。我们可以相信，哲学从未披上过如此光鲜亮丽的外衣，此后也没有过。即使在译本中，这一文体依旧闪闪发光。他的崇拜者之一雪莱曾这样评价道："柏拉图前所未有地将严谨精深的逻辑推理和热情奔放的诗歌融为一体，用绚丽缤纷却不失圆润和谐的段落谱出一曲曲令人无法抗拒的美丽乐章，说服并推动着读者紧随其前行，脚步急促得仿佛没工夫喘气一般。"[②]看来剧作家的身份对这位哲学家不无裨益。

这种令人陶醉的哲学与诗歌、科学与艺术的结合也正是理解柏拉图的难点。我们永远无法判断作者是在以对话中哪个人物的身份阐述观点，亦不可知其阐述的形式；不知道他是纯粹地以字表意还是在使用隐喻，不知道他是在开玩笑还是煞是认真。他对嬉笑、嘲讽和神话的热爱常常使我们无所适从，我们甚至可以总结说他从来不用非寓言的形式说教。他在《普罗泰戈拉篇》中这样问道："请允许我这个年长之人用寓言和神话对你们年轻人说话，好吗？"[③]据传，这些由柏拉图写就的对话面向的读者是当时的普罗大众：它们的会话方式，它们对赞成和反对的生动论战，它们于每个重要论点处的循序渐进和频繁重复等等，都经过了明显的调整，以适应那些仅偶尔接触哲学并将其视为奢侈品玩味的人，以及那些受制于生命苦

①古罗马的一个行省，今属巴勒斯坦地区。——译注

②巴克，《希腊政治理论》，第5页；伦敦，1918。

③《普罗泰戈拉篇》，第320节。

短而不得不走马观花般阅读的人。因此，对对话中出现的大段充满玩笑和隐喻意味的文字，我们不应感到惊奇。但对于一个不懂得柏拉图时代的社会和文坛风尚的人来说，这些文字是无从理解的，在今天看来，它们似乎无关主题，甚至荒谬可笑，但正因如此，一盘味道浓重的哲学大菜才被改造得咸淡适宜、易于消化，符合了当时尚不习惯哲学思考的人的口味。

我们不得不承认，柏拉图身上有许多他自己谴责的品质。他痛骂诗人和神话，却在诗人的名单上又增加了一位，在神话的名下加上数百条神话。他抱怨牧师（他们到处宣扬地狱罪恶，却为了报酬提供救赎之法。参见《理想国》，第364节），而他自己就是牧师、神学家、布道者、超道德主义者，是指责艺术、焚毁虚伪的萨伏那洛拉[①]。他和莎士比亚一样，承认“比喻是耍滑头”（《智者篇》，第231节），但他自己却一个接着一个使用比喻，丝毫没有停止的意思；他谴责智者是贩卖修辞的好争之人，但他自己也只不过是个摆弄逻辑的低年级生罢了。法盖故意学着他的腔调说：“整体大于局部？——当然了。——而且局部也小于整体？——是的。因此，哲学家显然应该统治城邦？——什么？——这很明显；让我们再来一遍。”[②]

然而，这也是我们所能指出的柏拉图最大的缺点了。尽管如此，柏拉图的《对话录》依然是当今世界最无价的珍宝之一。[③]其中最好的一篇《理想国》，本身称得上是一本专题论著，柏拉图却将其缩减为一本人人可以捧读的小书。在这本书里，我们可以读到他的形而上学、神学、伦理学、心理学、教育学、政治学以及艺术理论。在这本书里，我们会发现各种散发着现当代气息的问题：共产主义和社会主义、女权主义和节育优生学、尼采式道德和贵族制问题、卢梭式重返自然和自由教育问题、柏格森的“生命冲动”和弗洛伊德的精神分析法——都在这里。这是一份由无限慷慨的

①萨伏那洛拉（1452—1498），意大利传教士、宗教改革家和殉道者。——译注

②请查阅《柏拉图》，第4页；巴黎，1905。

③其中最重要的几段对话分别是：《苏格拉底的申辩》《克里托篇》《裴多篇》《会饮篇》《裴德罗篇》《高尔吉亚篇》《巴门尼德篇》和《国家篇》。《理想国》中最重要的部分（参照每一节边上的标号，数字不表示页码）是327—332，336—377，384—385，392—426，433—435，481—483，512—520，572—594。最好的译本是周伊特的译本，最便捷的版本是人人丛书系列。正文中的引文如无特殊说明，指的是《理想国》中的节段。

主人呈献给诸位杰出人士的大餐。爱默生说："柏拉图就是哲学，哲学亦是柏拉图。"让我们将欧玛尔赞美《古兰经》的话转用至《理想国》吧："烧掉图书馆吧，它们全部的价值都在这本书里了。"[①]

现在，让我们来研读一下《理想国》。

四、伦理学问题

讨论发生在富裕贵族克法洛斯的家中。参与讨论的有柏拉图的兄弟格劳康和阿德曼图斯，还有粗鲁、容易激动的智者塞拉西马柯。对话中，苏格拉底作为柏拉图的代言人对克法洛斯发问道："你认为财富给你带来的最大福祉是什么？"

克法洛斯回答说，财富之所以令他感到幸福，主要因为财富使他慷慨大方、诚实正义。苏格拉底狡猾地诘问，他所说的正义指什么；于是，一场关于哲学的论战便发生了。下定义是最困难的，也是思维清晰程度和逻辑推理能力最严格的测试和练习。苏格拉底轻而易举地将他们所提供的定义一一击溃；直到其中最没耐性的塞拉西马柯忍不住"号叫"道：

"你疯了吗，苏格拉底？你们这些人怎么也都被这愚蠢的把戏欺骗而一一跌倒？要我说如果你想知道什么是正义，你应该试着去回答而不是去发问，驳倒别人没什么好骄傲的……因为很多人只会发问而不能回答。"（第336节）

苏格拉底并未畏缩，他继续问而不答。在一阵唇枪舌剑之后，他终于让不甚谨慎的塞拉西马柯给出了自己的定义：

> "那么听着，"这位愤怒的诡辩学家说，"我认为强权就是公理，正义是强者的利益……不同形式的政府，不论是民主制、贵族制还是独裁制，制定法律时都只着眼于他们自己的利益。这些法律，作为满

① 《代表人物》，第41页。

足统治者利益的工具，被塑造成‘正义’的形象颁布给臣民，同时对违背这些法律的人严惩不贷，并贴上‘非正义’的标签……我指的是大范围的非正义。这在独裁制中表现得最为明显，政权通过欺诈和暴力掠夺人民的全部财产。现如今，假如一个人抢走其他人的钱并将他们变成奴隶，这个人不仅不会被众人斥为骗子或小偷，反而会被说成是幸福的、被保佑的。非正义受到谴责是因为谴责它的人怕自己吃苦头，而并非真的出自任何道德上的顾虑。”（第 338—344 节）

当然，这在今天会被我们或对或错地与尼采联系起来。“确实，我时常嘲笑那些弱者，他们自以为有了一双跛脚就称得上强大了。”[①]施蒂纳[②]曾简短表明过相似的观点：“一把强权胜过一袋公理。”对此，或许哲学史上再没有比柏拉图在另一篇对话《高尔吉亚篇》（第 483 节以下）中的表述更清晰明确的了。篇中智者卡里克利斯[③]谴责道德是弱者用以中和、限制强者能力的发明。

他们按照自身的利益来展开赞扬和谴责，他们声称不诚实是可耻的、不公正的——在此，不诚实指那种想要比邻居拥有更多的欲望；假如他们知道自己是如此劣等，那他们该会为大家平等而窃喜不已……但假如一个人拥有充分的力量（超人来了），他便会摆脱、突破并逃离这一切，他会将我们的准则、咒语、魔法和法律等一切违背自然的罪恶通通踩碎……一个真正会生活的人能将他的欲望充分发挥和表现出来，但当这些欲望增长到最大限度时，他又能用勇气和智慧来调控它们，并同时满足他所有的渴望。我断言这才是自然的正义和高贵。然而大多数人都无法做到这一点；因而他们责备这样的人，因为他们对自己的无能感到羞愧，并希望将此掩饰；因此，他们将无节制视为卑劣……他们禁锢自身崇高的自然需求并赞美正义，只因他们是懦夫。

---

①《查拉图斯特拉如是说》，第 166 页；纽约，1906。

②施蒂纳（1806—1856），德国哲学家，小资产阶级无政府主义的创始人之一。——译注

③卡里克利斯，雅典公民，诡辩家高尔吉亚的学生。——译注

这样的正义是属于愚民的奴隶式道德，而不是适用于君子的英雄式道德。一个人真正的美德是勇气和智慧。[①]

或许这种尖锐的“不道德主义”正反映了当时雅典对外政策的帝国主义发展,和它对其他弱国毫不留情的态度。[②]在修昔底德[③]为伯里克利虚构的演说词中，伯里克利这样说道：“你的帝国建立在你自己的强力而非臣民的良好愿望之上。”这位历史学家还记录了雅典特使要挟米洛斯加入雅典对斯巴达之战时的话：“你跟我们一样清楚，这个世界上公理只存在于力量均等的强者之间。强者随心所欲，弱者受苦纯属活该。”[④]这便是我们在伦理学中遇到的最本质的问题，也是道德行为理论的核心：什么是正义？——我们应该追求正义，还是权力？——善良与强大，哪个更好？

那么苏格拉底——在这里也就是柏拉图——是如何面对这一理论挑战的呢？起初他并未理会这个问题。他认为正义是人与人之间的关系，取决于社会组织形式；因而理解它的更好方式是将其视为社会结构的一部分，而不是把它当成个体行为的某种特质。他提出，假若我们能够描绘出一个正义的国家，那么就更容易表述出一个正义的个体。柏拉图为自己这段离题的话辩解说，我们测试一个人的视力时会让他先读大字，再读小字，因此，从一个更大更广的角度来解读正义，而不是关注小范围的个体行为，势必更容易。然而我们不应被他蒙骗：事实上，这位哲学大师要把这个论证作为接合线来缀合两部书。他希望借此讨论的不仅仅是个人道德的种种问题，同时还有社会和政治改革的诸多话题。他头脑中的乌托邦早已构筑完成，现在更是决心将它公之于世。原谅他的这点牵强实在很容易，因为这番离题的话恰恰是他整本书的核心和价值所在。

---

①《高尔吉亚篇》，第 491 节；可参考马基雅维利对“美德”的定义：智慧加力量。

②巴克，《希腊政治理论》，第 73 页。

③修昔底德（前 460 或前 455—约前 400），古希腊历史学家、思想家，代表作《伯罗奔尼撒战争史》。——译注

④《伯罗奔尼撒战争史》，第 5 卷，第 105 页。

五、政治学问题

柏拉图说，若人心简单，那么正义也将是一件简单的事。这样的话，社会有一个无政府主义者的共产主义就足够令人满足了。他曾这样描绘过心中的理想国：

> 首先让我们来设想一下他们的生活方式……他们不是要为自己生产粮食、酿酒，制作衣服、鞋子，建造房屋吗？安顿下来之后，他们便开始在地里干活，夏天恨不得赤身裸体，光着脚板，冬天则裹得严严实实，穿上厚鞋。他们以大麦、小麦为主食，将麦粉烘干并揉成面团，然后做出美味可口的布丁和面包，并将这些食物摆在由芦苇或是干净叶子编成的席子上，自己则斜靠在由紫杉或香桃木树枝做成的床上。然后他们和孩子们一起享用这些美食，喝着他们自己酿造的葡萄酒，头上戴着花环，口中念颂着诸神之辞，过着幸福美满的生活，为了预防灾荒或战争，他们还考虑着为家庭量入为出……当然，他们也讲究一些调味品，如盐、橄榄、奶酪、洋葱、卷心菜或其他可以放进锅里煮的香草。无花果、大豆、豌豆、香桃木浆果、山毛榉坚果也被拿来在火上烧烤后制成甜点，就着酒吃。他们喝起酒来很有节制。凭借这样的一种饮食方式，他们将平安地活到高龄之岁，并将之传给他们的下一代。（第 273 节）

请注意我在这里一带而过的几个概念：人口控制（可能以杀死婴儿为手段）、素食主义、“回归自然”、回归到如希伯来传说所描绘的伊甸园般原始和淳朴。这一切都带着“犬儒派”第欧根尼[①]的语气，正如“犬儒派”所言，我们应该“回去跟动物们生活在一起，它们是如此平静与自制”；我们曾一度倾向于将柏拉图与圣西门、傅立叶、威廉·莫里斯[②]及托尔斯泰归为一类。但在这些拥有仁善信念的人当中，柏拉图的批判精神还要更胜

---

①第欧根尼（约前 404—前 323），古希腊犬儒派哲学家。——译注

②威廉 · 莫里斯（1834—1896），英国作家、空想社会主义者。——译注

一筹。他悄然提出问题：为什么他所描述的简朴天堂从未实现过呢？——为什么这些乌托邦从未在地图上出现过呢？

他的回答是，因为贪婪和奢侈。人不会满足于简朴的生活：他们渴望拥有并野心勃勃，争强好胜并心怀嫉妒，他们很快对自己拥有的东西感到厌烦，继而迫切渴望得到自己没有的东西，因为那些属于别人的东西具有诱惑力。结果便是一族人侵犯另一族的领地，相互争夺土地资源，接着爆发战争。随着贸易和金融的产生和发展，出现了新的社会阶级分化。"任何一个城市事实上都是两个城市的结合体，穷人之城和富人之城，他们相互憎恨、相互对抗；同时，每一个城中城又包含若干个更小的城——你若将他们视为统一的城邦，那你就大错特错了。"（第 423 节）商业资产阶级出现以后，其成员借助财富和炫耀来寻求社会地位。"他们在老婆身上花掉大量的钱。"（第 548 节）财富分配的变化导致政治格局的改变：随着商人阶级的财富逐渐超过土地所有者的财富，贵族政体便让位于富人操控的寡头政体——富有的商人和银行家成为城邦的统治者。接着，政治家治国安邦的才能，即协调各种社会势力和调整各项社会政策以促使国家富强，也被政治手段替代，即党派策略和对官职的贪恋、掠夺。

任何体制的政府都会因滥用原则而消亡。贵族政体因为极其狭窄的权力圈将自己摧毁；寡头们因为毫无节制地争夺眼前利益将自己击垮。无论何种情况，革命总是最后的手段。革命爆发，其原因看似微不足道，或许发端于某些不显眼的状况，但其实，革命是严重错误经长年累月积压后突然爆发的结果；譬如一个人长期忽略小毛病，身体就会变得孱弱，这时哪怕再小的创伤都可能引发严重的疾病。（第 556 节）"接着民主政治来了：穷人取得了胜利，他们屠杀了部分敌人，又将剩余的放逐；他们赋予人民以平等的自由和权利"。（第 557 节）

然而，民主制度也没能幸免，它因过度使用民主原则而走上了自毁之路。民主的基本原则是，全体人民拥有平等执政和平等决策的权利。乍一看这是个不错的安排，但实际上，由于人民并未接受过系统的教育，不知道如何选择最优秀的执政者、最明智的发展道路，于是，这一原则变得极其可怕。"至于人民，他们没有丝毫的想法，只会重复统治者乐于告诉他们的那点东西”(《普罗泰戈拉篇》,第 317 节);要使一种学说被接受或否定,只需要在当下受欢迎的戏剧中对其进行一番赞扬或嘲讽即可(毫无疑问,这对阿里斯托芬来说是一种抨击,因为他喜欢在自己的喜剧中对每一个新的观点进行攻击)。对国家这艘大船而言,人民共治是个风大浪急的海域,任何一点风吹草动都可能引发汹涌波涛,甚至使这艘大船偏离航向。这种民主的最终结果不是暴政便是独裁;民众如此热爱阿谀奉承,如此“渴望听到赞美”,以致某个最无廉耻、极擅溜须拍马之人以自诩的“人民护卫者”身份登上了最高权力的宝座。(第 565 节,大家可以对照下古罗马的历史)

将选举政治官员的重任交给毫无主见、轻信他人的群众该是多么愚蠢啊,柏拉图越想越觉得震惊——更别提信任那些躲藏在民主舞台幕后、追逐财富的寡头决策者了。他不禁抱怨,在一些简单如制鞋的小事上,我们往往觉得只有接受过专业训练的人才能满足我们的需求,面对政治我们却假设:只要他懂得如何赢得选票,那么他一定能管理好一座城市或一个城邦。生病了,我们要找有行医执照的大夫,因为那是他受过正统教育和相关技术培训的证明——我们不要相貌俊美或能说会道的大夫。那么,假若整个国家生了病,难道我们就不应该找寻最具智慧、最优秀的人来服务和领导吗?设法阻止没能力和不诚实的人靠近公共权力,挑选并培养最优秀的统治者来服务公共利益——这就是政治哲学所要考虑的问题。

六、心理学问题

然而,潜伏在这些政治问题背后的是人性问题:很遗憾,要懂得政治,我们必须懂得心理学。“国如其人”(第 575 节);“政府之差异有如人的性格之多变……国家是国家中人的本性造就的”(第 544 节);一个国家具备什么样的特色取决于其民众的整体性格特征。因此,只有民众的素质提高了,国家才能强大,否则,任何变化都不意味着实质性的改变。“民众多有魅力啊!——四处求医,小毛病不断升级、不断复杂,还幻想吃了某人推荐的灵丹妙药一下子就痊愈,却一直不见好转,反而愈加恶化……难道这不像是在做游戏吗？他们尝试动手立法，希望通过改革来消灭人类的虚伪和奸恶——难道不知道他们是在砍九头蛇怪的头[①]啊？”（第 425 节）

且让我们来看看政治哲学必须要面对的人的因素吧。

柏拉图认为，人之行为有三种根源：欲望、情感和知识。欲望、食欲、冲动、本能——这些是一类；情感、精神、志向、勇气——这些又是一类；知识、思想、智慧、理智——这些也指向一类。欲望发端于腰部；从根本上说，它是性欲迸发的能量储备池。情感生发于心脏、传送于流动的血液；它是经验和欲望的有机共鸣。知识源自大脑；它是欲望的眼睛，亦能成为灵魂的向导。

这些能量和品质是人所共有的，只是程度存在差异。有些人完全是欲望的化身，他们有着不知安分、贪得无厌的灵魂，浸淫在对物质的索求和争夺中，燃烧于对奢侈和炫耀的渴望中，对他们而言，得到的永远赶不上自己欲求的：这些人主导和操控着工业。而另一些人却登上了情感和勇气的殿堂，与其奋斗的内容相比，他们更关注胜利“本身”；他们骁勇好斗却并不贪得无厌，他们以拥有权力而非财富为傲，他们的快乐来自战场而非市场：这些人组成了世界上的陆军和海军。最后一些人，他们的乐趣是思考和理解，他们远离市集和战场，独自沉浸在思索的静谧、清净之中；他们的意志是光而不是火，他们的天堂是真理，而不是权力：这些人拥有智慧，但不为世人所用。

现在，正如有效的个体行动意味着欲望虽受情感催化，却由知识指引；因此，在理想国中，工业力量负责生产，但不统治；军队负责保卫，也不统治；而知识、科学和哲学的力量得以繁荣发展并受到保护，并由它们实施统治。没有知识的引导，民众只是一群毫无秩序的乌合之众，就像混乱嘈杂的欲望；民众需要哲学家的指引，有如欲望需要知识的启蒙一般。“商人之心因财富而变得浮躁，假若他们成了统治者，那么，毁灭即将到来”（第 434 节）；同样，假若将军利用手中的军队建立了独裁政权，那么毁灭也将不远了。生产者在经济领域中得心应手，战士在战场上如鱼得水，但

①相传九头蛇怪无论被砍去哪一个头，都会生出两个。——译注

就公共权力而言，生产者和战士都是极糟糕的人选；在他们那粗糙的手中，政治才能将被政治权术淹没。因为政治才能是一门科学、一种艺术，具备这种才能的人必是以它为毕生目标并且进行了长期准备的人。只有哲学之王才能胜任领导国家的重任。“只有哲学家成为国王，或这世上的国王和王子具备了哲学的精神和力量，智慧与政治领导才能汇聚于一身……否则，国家将不会安然无恙，人类也不会永不衰败。”（第 473 节）

这就是柏拉图思想的核心支柱。

七、心理学解决方案

那么，接下来该做什么呢？

首先，我们必须“将城中所有十岁以上的居民送到乡下，拿走他们所有的财产，这样他们便能不受父母的影响”（第 540 节）。年轻人如果在关键转折期受到长辈的不良干涉，乌托邦便无法建立。我们必须尽量从零开始。或许，某个具备长远目光的君主会允许我们在他的一部分领土或附属地上开这样一个头。（我们将看到，一位君主果真这样做了。）无论如何，我们都必须保证每个孩子从一开始便有平等的受教育的权利，因为才能或天赋将从何处爆发是无法辨知的，我们必须公正无私地在各地、各阶层和各种族中寻找。为此，我们踏出的第一步就是普遍教育。

人生的第一个十年，教育的重点是体育。所有学校都将配备体育馆和操场，竞技和运动是课程的全部内容；这十年，身体素质将逐步加强，药物将变得多余。“人们因懒惰或荒淫无度染病后求助于药物，无异于向身体这水池中注入无尽的风浪……肠胃胀气、鼻咽发炎——这难道不有失颜面吗？……我们现有的医药体系可以说是在培养疾病”，将它们无限期拖延，而不是治愈。但这是属于无聊富人的滑稽问题。“木匠生病了，他会请求大夫给他进行强效、简便的治疗——要么喝催吐剂，要么吃腹泻药，要么火灸，要么开刀。如果有人告诉他必须进行饮食调理，包扎头部等等，他定会马上回答说他没时间生病，他也不认为把人生花费在调养疾病上而忽视工作是什么好事。因此，跟大夫道别后，他又重返往日的饮食中，接下来要么痊愈，继续生活，要么病情恶化，走向死亡。”（第 405—406 节）我们的国家不允许有如此多没病装病和虚弱无能的人；乌托邦始于人的身体。

但是，单纯的竞技和体育运动只会使人太过片面。“我们如何能找到一个性情温顺且勇气可嘉的人呢？——它们看上去似乎互相矛盾。”（第 375 节）我们的国家不能只有职业拳击手和举重运动员。或许音乐可以解决这个问题：心灵经由音乐领会和谐与旋律，甚至产生些许正义的倾向；因为“内心和谐之人又怎会有失公允呢？格劳康，音乐训练难道没有无穷的力量吗？聆听音乐，旋律与和谐便会悄然潜入人类心灵，而使人举止高贵、灵魂高尚”（第 401 节；《普罗泰戈拉篇》，第 326 节）。音乐塑造性格，进而在某种程度上决定着社会和政治事务。“戴蒙告诉我——我也相信这一点——音乐的旋律一变，国家的基本律法也将随之改变。”①

音乐是宝贵的，因为它不仅为人类带来感情和性格的升华，更有助于保持和恢复人体的健康。有些疾病只能从心灵医起（《查米迪斯篇》，第 157 节）：所以科里班迪斯的牧师用疯狂的管乐来治疗歇斯底里的女人，这疯狂的音乐使她们兴奋地不停舞动，直至精疲力竭瘫软在地，昏然入睡；一觉醒来，她们的病便痊愈了。人类思想的无意识源泉以这样的方式得到抚慰和舒缓；而正是在这行为和感情的最底层，灵感生根了。“任何人在清醒时都不可能收获真正的或有如灵光闪现般的直觉，唯有当人的理智因熟睡、疾病或痴呆而被捆绑束缚时，它们才会出现”；先知或天才，他们与疯子并无大异。（《费德罗篇》，第 244 节）

接下来，柏拉图对“精神分析”进行了一次著名的预测。他认为，我们的政治心理学异常复杂，因为我们没能对人的各种欲望或本能进行足够的分析和研究。梦境或许能让我们约略品味这些细微、内敛的心理倾向。

> 某些并非必需的乐趣和本能被视为非法，而每个人似乎都有这样

①参阅丹尼尔·奥康内尔：“让我谱写国家之歌吧！谁为国家立法，与我何干？”

> 一些非法的乐趣和本能。但在一部分人那里，这些欲望受到律法和理智的控制（“得到升华”），并被更加美好的欲望所超越；它们要么遭到完全的压制，要么在强度和数量上被大大地削减。然而在另一部分人那里，这些欲望愈来愈强势，并愈泛滥。我说的欲望尤其指那些个体的理智、服从和控制能力（“审查者”）尚在熟睡之时便已经觉醒的欲求。它们有如我们天性中的一头野兽，酒肉下肚后便站起身来，赤身裸体地四处走动，肆意妄为；任何我们所能想到的蠢事或罪恶，不论它是多么的鲜廉寡耻或违背自然——哪怕是乱伦或弑父（“俄狄浦斯情结”）——都发端于这头野兽……但当一个人的脉搏健康平稳，睡觉前冷静理智……放纵的欲望不多也不少，恰足以使他安然入睡……那么，他便是最不可能陷入想入非非、目无法纪的幻境的人……在我们每个人的心中，甚至每个善良人的心中，都潜藏着这样一种兽性，它在熟睡中仍在不时地审视着我们。（第 571—572 节）

音乐和舞蹈使人身心健康、风度翩翩，然而，过多的音乐和过多的运动一样会带来危害。仅仅四肢发达的人近乎野蛮，但只懂音乐的人也会“超过适当程度地消融、软化”（第 410 节）。两者必须结合起来。十六岁以后，个体的音乐训练必须终止，尽管像公众竞技一般的合唱将毕生进行。音乐也绝不仅仅是音乐，它还被用来辅助那些时常枯燥乏味的数学、历史和科学的学习，赋予它们魅力；对这些年轻人而言，我们没有理由不向这些艰深晦涩的学科注入诗词的柔和及歌曲的恬美。甚至在那时，任何不愿学习这些科目的人都不会被强迫学习，在适度范围内自由精神必须畅行。

> 教育的基本原理……应该从儿时开始，但不能强行灌输；因为自由之人在是否获取知识这一点上也必须是自由的……强压之下习得的知识无法真正扎根于心。因此，不要使用强力，而要让早期教育更多地呈现为一种娱乐，这也将使你更好地辨清孩子的天赋。（第 536 节）

思想以这样的方式自由发展，身体在种种运动竞技和户外生活的锻炼中茁壮成长，我们的理想国也便有了一个坚实的心理和生理基础，宽厚得足以承受一切可能和一切发展。然而，道德的地基也必须打好；社会成员必须团结一致，他们必须认识到互相之间的成员关系，彼此承担一定的责任和义务。那么，既然人生来贪婪、易妒、好斗、好色，我们应该如何劝服他们端正行事呢？用警察无所不在的警棍吗？这是个既费钱又恼人的野蛮方法。有个更好的办法，那就是赋予社会道德约束以超自然的权威和制裁力量。我们必须有宗教。

柏拉图相信，国家要强盛，必须笃信上帝。纯粹的宇宙推力，或第一动因，或生命冲动，都不具备人格特征，无法激发希望或奉献牺牲的精神，它无法慰藉痛苦的心灵，亦不能鼓舞临战的灵魂。但一位具有鲜活生命力的上帝可以做到这一切，他可以扰动或吓退那些自私自利的个人主义者，使其略微节制贪念，控制情欲。假如这种信仰被附加于个人的不朽之上，那么上帝能做的就更多了：在彼岸获得来世的希望使我们有勇气去面对今生的死亡，坦然面对我们的亲人离去；怀着信仰去战斗，我们好似双倍武装的战士。哪怕这些信念无一能被证实，就算上帝只是我们爱和希望的人格化身，灵魂也仿佛七弦琴上的乐声，会随着赋予它形式的乐器的消亡而消亡：然而可以肯定的是（《裴多篇》中帕斯卡弋的论调），这样的信仰于我们是无害的，且对我们和我们的后代还有数不清的好处。

假如对我们这些头脑简单的孩子解释并证实一切，我们很可能会陷入麻烦。当他们迈入二十岁，他们所受的平等教育第一次面临审视和考核之时，我们将遭遇一个极大的难关。接着，无情的淘汰便会到来；我们姑且称之为“大筛选”。这次考试绝不仅仅是学术测验，而是涵盖了理论和实践知识，“他们会经受一些挫折、苦痛和冲突”（第 413 节）。在这样的考试中，任何一种才华都会得以展现，任何一类蠢笨都会暴露无遗。落选者将被分配从事国家的经济工作，他们将成为商人、管理员、工人、农民。考试是公正无私的，因为一个人成为农民或是哲学家不再由垄断机会或裙带关系决定；这样的选择比民主制更民主。

通过初试的这批人将继续接受为期十年的针对其身体、心灵和品质的教育和训练。然后，他们将面对远比初试严格得多的第二轮考试。落选者将成为国家的辅助者，或者行政助手和军队长官。现在，在这些大筛选之后，我们必须千方百计地说服那些遭淘汰之人心平气和地接受他们的命运。那么，有什么东西能够阻止那些在初试中遭遇淘汰的多数人，以及为数较少、却更为精明强干的第二批落选者拿起武器击碎我们的乌托邦呢？又有什么东西能够阻止他们在彼时彼地建立一个仍旧只以数量或武力统治的世界，重演那令人作呕、虚伪病态的民主闹剧呢？宗教和信仰是我们唯一的救赎：我们将告诉这些年轻人，他们此刻所得的是上帝的旨意，是不可违背的——流干眼泪也无济于事。我们将告诉他们有关金属的神话：

> 公民们，你们虽为兄弟，但上帝却将你们塑造得各不相同。你们中有些人具备发号施令的权力，这些人是由金子做成的，因而拥有最高的荣誉；另一些由银子做成，应为辅助之人；剩下的则是由铜铁做成的农民和工匠。这种属性的划分一般代代相传。但由于你们源自同一祖先，因此金质的父母有时会生出银质的儿子，或者银质的父母得到金质的儿子。上帝宣告说……如果金质或银质的父母生出掺杂着铜或铁成分的孩子，那么自然就得交换等级了；统治者绝不能因为自己的孩子将要降为农夫或工匠而感到不忍，其他来自农民阶层的人同样有可能突然升级，成为护卫官或辅臣，因为神谕说，一旦铜质或铁质之人掌控了政权，国家的覆亡也就不远了。（第 415 节）

估计有了这样一个“庄重的神话”，我们的计划就能取得一个相对广泛的共识而得以继续推进了。

那么，剩下的这些通过重重筛选的幸运儿呢？

他们被教授哲学。如今他们虽已三十岁，让他们“过早品味这珍贵的趣味实属不明智……因为年轻人初尝哲学定会为了趣味而争论，时时要反驳诘难……就像幼犬，不论是谁接近它，都喜欢去撕扯、去拉拽”（第 539 节）。这珍贵的趣味即哲学，主要意味着两件事：思维清晰，这是形而上学研究的问题；统治有道，这是政治学的领域。我们的杰出青年首先得学会清楚地思考。为此，他们将研读“理念”学说。

然而，这个著名的“理念”学说由于柏拉图的猜想和诗歌包装而晦涩模糊，对于现当代的学生而言，又是一个令人沮丧的谜团，并且必然也给当时那些经历了层层筛选的幸存者一次严峻的考验。一件事的“理念”可以是它所属阶级的“一般概念”（譬如甲、乙、丙的理念是人）；可以是其运行所遵循的规律（甲的理念是其行为背后起支配作用的“自然法则”）；也可以是它和它所属的阶级共同追求的完美的目标和理想（甲的理念是乌托邦中的甲）。更有可能的是，理念是以上这些方面的集合体——概念、规则和理想。我们每日面对的现象和个案背后，是无法为感官所知、只能借理智和思想去领悟的规律、规则和发展方向。这些理念、规则和理想更加持久——因而更加“真实”——尽管我们是通过个别事物的感官感受推出这些理念、规则和发展：人比甲、乙、丙更持久；我以铅笔画圆，又用橡皮将它擦去，然而圆的概念永远存在。这棵树活了，那棵树倒了，然而决定万物生死的规则过去如此，现在如此，将来还会如此。周而复始，生生不息。这就如温文尔雅的斯宾诺莎所说，有一个由感官感知的物质世界，还有一个由思想推知的规则世界；我们看不见平方反比定律，但它却实实在在地存在着，并且无处不在；它在万物生成之前便已存在，并在万物消亡之后继续存在。这有一座桥：感官感知到了多达千万吨的混凝土和钢铁；然而在数学家眼里，在他们的心灵的眼睛里，如此重量的材料可以根据机械学、数学和工程学规则、原理作出种种微妙、精细的调整，因为这些规则是建造任何一座好桥都必须遵守的。如果这位数学家恰好又是位诗人，那么他会看到是这些规则支撑着这座桥；如果违背了这些规则，那么这座桥将坍塌到河里。这些规则就是以掌心托着这座桥的上帝。亚里士多德曾暗示，柏拉图所谓的“理念”其实就是毕达哥拉斯口中的“数”，后者认为这是一个数的世界（意思大概是指世界由数学定律和规律统治）。普鲁塔克[①]告诉我们，柏拉图称“上帝每时每刻都在做几何推算”；或者又如斯宾诺莎所言，上帝和宇宙中建构和运作的规律是同一实体。对柏拉图和罗素而言，数学是哲学的前提，是哲学的最高形式；在柏拉图的学院大

①普鲁塔克（约46—120），希腊历史学家、传记作家。——译注

门前，他写下这样一句有但丁风格的话："不懂几何之人不得入内。"[①]

假如没有这些理念——这些概论、规则和理想——我们一定会像刚睁开眼睛的婴儿一般，看到的世界由一堆杂乱无章、相互间毫无关联的无意义的感官个体构成；因为意义是在对事物进行分类和归纳的基础上赋予的，是通过发现事物的存在法则和行动目标而体现的。没有理念的世界如同一批斑斑驳驳、无序散漫的书名，与依据种类、序列及主题规划细分好的目录形成鲜明对比；没有理念的世界如同山洞中的阴影，洞外阳光下的事物并无影子，是阳光透射进洞才形成了那看似迷幻、神奇的阴影。(第514节)因此高等教育的主旨是找寻理念，即大千世界的规则、因果关系和发展的理想形式。我们必须发掘事物背后的关系和意义，它们运行的模式和法则，它们的存在所具备或预示的功能和理念；我们必须根据这些规则和意图划分、协调我们的感官经历。而正是这种能力的缺失将弱智者与恺撒区别开来。

那么，经过五年这门深奥的理念学说的训练之后，也就是学会了从杂乱无章的感官世界中感知到有意义的形式、因果关系和理想的潜能的艺术；经过五年的训练把这个原理运用到个体和国家行为的实践上去；经历了从童年一直到三十五岁这一漫长的准备，他们作为近乎完美的产品，终于能够胜任掌控神圣的王权和国家的最高职能了吧？——作为最终的哲学之王，他们理所当然地将统治国家、解放人类了吧？

唉，还不行！他们的教育还没有完成，因为这些毕竟还只是理论教育；他们还需要别的一些东西。现在让这些哲学博士们走下神龛、走进世人生活的"洞穴"；归纳和抽象如果不经现实世界的检验将毫无价值：让我们的学生进入一个对他们毫无偏袒的世界，让他们同商人、精明贪婪的个人主义者、蛮横之人和狡猾之人竞争。在这生活的角逐场上，他们同样将收获知识；面对残酷的现实，他们会弄伤手指、损伤胫骨；他们将靠从高傲额头上流下的汗水换取面包和黄油。而这最终、最残酷的测试将无情地进行十五年。我们这些完美的作品中有些人将经受不住重压而崩溃、淹没在这

①参阅 D. G. 里奇在《柏拉图》中关于这方面理念学说的详细说明，特别是第 49 页和第 85 页；爱丁堡，1902。

最后一轮的淘汰大浪中。那些幸存者，饱经风霜且年届五十，头脑清醒并自力更生，学者的自负已被残酷的生活打磨得一干二净，他们有着传统、经验、文化和竞争共同给予的智慧——这些人最终将自然而然地成为理想国的统治者。

八、政治学解决方案

自然而然地——不需要任何虚伪的选举。民主指完全平等的机遇分配，尤其是受教育的机会；但并不是指甲、乙、丙可以轮流执政。每个人应当享有均等的机会去培养和锻炼自身的能力，以适应管理国家的复杂任务；但只有那些成功证实了自己的气质（或者如我们的神话中说的，他们所属的金属质地）、以卓越实力突破所有测试的人才能成为统治者。公共管理职位不应通过选举产生，不应让隐蔽的利益集团假借民主之名、行暗箱操控之实，而要以在这绝对平等的民主竞赛中展现出的真正实力来定夺。没接受过专业培训的人不能担任公共职务；只有将基础职位干好的人才能升至更高的职位。(《高尔吉亚篇》，第 514—515 节）

这是不是贵族政体呢？如果它确实代表的是美好，那么我们无须惧怕这个词：词语是聪明人的游戏筹码，本身并不具备任何价值；只有傻子和政治家才把它们当成真正的金钱。我们希望被最优秀的人统治，这正是贵族体制的意义；难道我们不是像卡莱尔[①]似的渴望和祈祷能够由最优秀的人来统治吗？但是，贵族体制是一种世袭的制度，在这里必须清楚地指出，柏拉图式的贵族体制并非如此；或许它更应被称作是民主式贵族政体。因为，不同于面对利益集团推举的候选人而盲目地两害相权取其轻，人民自己将成为候选人，并且个个都是如此，他们公平地接受教育和选拔，以获得公共职位。这里面不存在异端，没有职位或特权的继承，没有阻止天才诞生在一贫如洗的环境中；统治者的儿子和擦鞋匠的儿子

①卡莱尔（1795—1881)，苏格兰历史学家、散文家，代表作为《法国大革命》。——译注

站在同一起跑线上，有着相同的待遇和机会；假如统治者的儿子是个傻子，那么他在第一轮测试中就会被淘汰；假如擦鞋匠的儿子具备真正的能力，那么他会一路过关而成为国家的护卫官。（第 423 节）天才不管诞生在哪儿，美好的前程总是在等待着他。这是教育的民主——比选举式民主诚实和有效一百倍。

同时，“护卫官放下其他一切事务，将为维护国家自由而殚精竭虑，将这视为唯一的使命、从不涉猎任何与此无关的工作”（第 395 节）。他们集立法、行政和司法权力于一身；基于随时变幻的环境，甚至法律也不能将他们束缚于某一教条中；他们的统治原则是一种灵活变通的智慧，不受陈规陋习的约束。

但是，一群年届五十之人怎么可能具备灵活变通的智慧呢？他们难道不应该已经饱含沧桑、脑筋僵化了吗？阿德曼图斯反对说（无疑，这反映了在柏拉图家中展开的某次激烈而诚恳的辩论），哲学家是一帮笨蛋和流氓，只会要么愚蠢要么自私、要么两者兼备地实施统治。“热爱哲学之人对研究学习的热情不仅仅限于青年时的受教育经历，他们更将其视为成年后的一种追求——这些人大都发展出极其怪异的脾性，更别提那些极端的无赖了；就连其中最优秀的人也难免最终因为那被你赞誉的学习态度而变得于世无用。”（第 487 节）这对当世一些学究作风浓厚的哲学家而言实在是再恰当不过的描述了；但柏拉图回答说，他已有效地防止了上述困境的出现，因为这些哲学家既接受学校的正统知识教育，又经历社会生活的磨炼；因而他们将具备充分的行动力，而并非只会思考——他们将成为志向远大、情操高洁、阅历丰富的一群人。柏拉图口中的哲学是一种充满活力、与生活息息相关的文化和智慧；他口中的哲学家不是整日躲在家中、不切实际的形而上学论者；柏拉图便是“与康德最不相似之人，而这一点（谦逊地说）也正是他一个极大的优点”[①]。

不称职之论就到此为止；而对奸佞之举，我们可以通过在护卫官间建立一种共产体制来加以遏制：

①法盖，第 10 页。

首先，他们每个人都不允许有超越生活必需品之外的任何财产；不允许有带着栅栏和门闩、可以杜绝别人想进就进的私人住宅；他们的供给应与那些训练有素、勇敢隐忍的武士的所需数量一样；他们的契约是每年向民众征收一定额度的税费，以满足当年的开支，并不多取分文；他们当如同军营中的士兵一般同吃同睡。我们将告诉他们，他们本身已经从上帝那里获得了金和银；这些更为高贵的金属气质流淌在他们的血液中，因而他们无须去追求尘世间的那些徒有金子之名的糟粕，不应该与其混杂一处而致使自身的高贵气质受到污染，因为这些糟粕正是许多邪恶行径的缘起；而他们与生俱来的金属本质是不会受到污染的。同时民众中唯独他们不能触碰或处置金和银，不能用金银摆设装饰房屋，不能穿金戴银，也不能使用金银器皿。这将是使他们自己免于灾难的救赎之道，同时也是理想国的救赎之道。假使他们获得了属于自己的住宅、土地和钱财，他们将变成管家或是农民，而不是国家的护卫官；变成其余民众的敌人和剥削者，而不是他们的盟友；他们将憎恨、算计别人，同时也被别人憎恨和算计，他们一生都将在面对内心这个强大敌人的恐惧中度过，这种恐惧远超过他们对外在敌人的惧怕。他们自己和理想国其余民众的毁灭也将指日可待。（第 416—417 节）

这样安排将使护卫官结党营私进行统治、不顾民众群体利益而只为自己牟利的做法变得没有意义，甚至危险重重。因为护卫官受保护而不被欲求困扰；他们维持贵族生活的日常所需和适当的奢侈品是定时定量供给的，因而也没有经济窘迫的顾虑。正是出于同样的原因，他们才能够摒弃贪婪和卑鄙的野心；他们永远都只拥有一定量的物质财富，毫不多占；他们像医生一样，一面为国家制订食谱，一面亲身实践着这一食谱。他们一起进餐，如同献祭中的人们；他们一同就寝在各自的小屋里，如同发誓过简朴生活的战士。就像毕达哥拉斯曾经说的：“朋友就应该在所有方面都共享。”（《法律篇》，第 807 节）因此，护卫官的权威经过了消毒，他们的权力是无害的；他们收获的唯一嘉奖便是荣誉和为人民服务的责任感。他们是这样一群人，从一开始便立志投身这项物质享受有限的事业；在经历了千辛万苦的教育和磨炼后，意识到政治家的崇高名誉远在擅长钻营的政客或是“精明商人”的丰厚薪酬之上。随着他们掌控政权，党派政治间的你争我夺也将自然消逝。

然而他们的妻子会说些什么呢？她们会自愿放弃奢华的生活和糜烂的物质消费吗？护卫官没有妻子。他们之中的共产体制适用于物品，也适用于女人。他们不仅将从自我的个人主义中解脱出来，还将脱离家庭式个体主义；他们不能被限制成为蠢蠢欲动、只知索取的丈夫；他们所爱的不是哪一个女人，而是整个社会。甚至他们的孩子也不一定需要明确或特别区分，他们一出生便被带离母亲而接受共同抚养；他们的亲子关系将在这种混合中消失。（第460节）所有护卫官的女人将照看每一个护卫官的孩子；在这样的环境中，人类的手足之情亦将从空话变成事实；男孩间互为兄弟，女孩间互为姐妹，每一个男人都是父亲，每一个女人都是母亲。

可这些女人从何而来呢？毫无疑问，一些是护卫官从实业、军人阶级中追求、吸引而来的；另外一些则是凭借自身能力成为护卫官阶级的成员。因为这个群体中不存在任何形式的性别障碍；教育上尤其如此——女孩享有跟男孩一样的受教育权利，拥有一样的升至国家最高职位的机遇，假设她们能够通过重重测试。格劳康反驳说，允许女人当官供职就是对劳动力分配原则的违背。（第453节）对此，柏拉图给予了尖锐的回答：社会分工根据的是每个人的天资和能力，而非性别；如果一个女人展示出政治管理的能力，那么就让她来统治；如果一个男人表现得只会洗盘子，那么就让他顺应天意，恪尽职守。

共同拥有妻子并不意味着淫乱；相反，这里对一切生育关系都有着严格和优生的监督。动物繁衍论由此开始了它蜿蜒曲折的生涯：人类为了获得特定的品质而有选择地饲养牲畜，并且从每一代中挑选出最好的来饲养，那我们为什么不将类似的原则应用到人的繁衍上来呢？（第459节）因为仅仅靠对孩子的教育是不够的；他必须基因优良，有优秀和健康的祖先；“教育应始于出生之前”（《法律篇》，第789节）。因此无论男女，除非身体健康，否则不得生育；新人结婚一定要提供健康证明。（《法律篇》，第 772 节）男人的生育年龄为三十至四十五岁；女人为二十至四十岁。三十五岁仍未婚的男人要交纳公益税。（《法律篇》，第 771 节）无法提供健康证明的夫妇所生育的后代或是畸形的新生儿将被抛弃而让其自生自灭。在适合生育的年龄前后，交媾是自由的，只是怀孕了一定得堕胎。“我们在准许这种情况发生的同时，严令各方尽其所能阻止此类胎儿降临世间；假使强行生下此类胎儿，当事方必须明白，如此结合产生的后代是不可能被存留的，他们必须采取相应的措施。”（第 461 节）亲戚之间禁止通婚，因为这会导致种族退化。（第 310 节）“两性中最优秀的人应该尽可能多地结合，低等的人之间也是如此；他们哺育各自等级的后代而不是另一等级的后代；因为这是使人类始终处于最优等状态的唯一途径……我们更加优秀、勇敢的年轻人，除了荣誉和嘉奖，还将获得更大数量的配偶；因为这样的父亲理应生育尽可能多的儿子。”（第 459—460 节）

然而，我们优生的社会不仅需要抵抗来自内部的疾病和退化，还得防御外部的敌人。如果需要，它必须能够成功发动战争。我们的理想国当然是爱好和平的，因为它将人口限制在生存资料允许的范围内；但邻近那些没有实施此类策略的国家看到我们的乌托邦中井然有序的繁荣难免心生妒意，动起前来袭击和抢掠的念头。因此，在痛斥这种举动之余，我们必须在中等阶层中培养足够数量的、经过良好军事训练的战士，他们和护卫官一样过着艰苦朴素的生活，依靠他们的“支持者和前辈”——人民——供给的少量物资生存。同时我们必须采取一切手段尽可能地避免战争爆发。此类情景发生的首要原因是人口过剩（第 373 节）；第二是对外贸易，因为当中掺杂着不可避免的矛盾和冲突。竞争激烈的贸易确实是另一种形式的战争；“和平只不过是名义罢了”（《法律篇》，第 622 节）。因而最好将我们的理想国安置在相对内陆的区域，以避免与外界发生较高程度的贸易往来。“海洋使一国充斥着买卖、谋利和计较；它使人们养成贪婪无信的习性，在对内和对外关系上都表现如此。”（《法律篇》，第 704—707 节）外贸需要强大海军的保护；而海军霸权实质上和军事霸权一样恶劣。“不管怎样，战争的罪魁祸首只限一小部分人，其余的大部分人都还是友好的。”（第 471 节）最频繁的战争正是最恶劣的战争——内战，希腊人打希腊人；愿希腊人形成一个泛希腊的多国联盟，统一起来以防止“某天整个希腊民族落入野蛮民族的奴役之下”（第 469 节）。

因此，我们的政治体系将以一个小众的护卫官阶级为首；该阶级将被一个数量众多的由军人和“辅臣”构成的阶级所保护；以广泛的商业、手工业和农业人口为基础。这最后的或者说经济阶级有权保留完全私有的财产、配偶和家庭。但是贸易和手工业必须受护卫官的调控，以防止严重的两极分化；任何收入超过人均财产四倍的公民必须将多余的部分上缴国库。（《法律篇》，第 714 节）或许还得禁止利息和限制赢利。（《法律篇》，第 920 节）护卫官间的共产体制并不适用于经济阶级；这个阶级的突出特征便是具备攫取和竞争的天性；他们当中的品德高尚之人能够摆脱财富争夺的狂热，但大多数人都为此焦头烂额、心力交瘁；他们废寝忘食追求的不是正义，不是荣誉，而是无穷无尽增长的财富。如此热衷于追求财富的一帮人是不适合统治国家的；我们整个计划建立在这样一种期冀上，那就是：如果护卫官统治有道、生活简朴，并且不妨碍掌握经济的人独享奢华，那么商人阶级也将自愿任其统治。简而言之，理想国中各个阶级、各个群体都应从事顺应各自天性和禀赋的工作；阶级间、个体间互不干扰，却又通过不同的分工相互配合，形成一个高效、和谐的整体。（第 433—434 节）这就是一个公正的国度。

九、伦理学解决方案

讨论完政治学这个旁支问题，我们终于可以着手探索一开始提出的那个疑问——什么是正义？世上只有三样东西具备真正的价值——正义、美和真理；而任何一样或许都是无法定义的。在柏拉图之后四百年，统治犹太区的罗马执政官[①]无助地问道：“什么是真理？”——哲学家们至今未能给出答案，也未能告诉我们什么是美。而对于正义，柏拉图勇敢地给出了

①即彼拉多，在公元 1 世纪主持审判并处死耶稣。——译注

他的定义："正义就是人人各得其所，各尽其责。"（第 433 节）

这听上去或许有些令人失望；经历这么久的等待，我们期盼得到的是一个坚不可摧的箴言。这个定义到底有什么意义呢？简单说来就是指每个人的投入和产出应该均等，其所从事的应该是自己最适合做的事情。公正之人就是身处正确位置、尽其所能、投入与得到一样多的人。因此，公正的社会就是指一个由公正之人组成的高度和谐、高效的群体；当中的每位成员各就各位、各司其职，如同一场完美交响乐演奏中的每件乐器。社会中的正义就像太阳系各大行星间展现的和谐关系，按部就班而又井然有序地（或者，如毕达哥拉斯所说，符合音律地）运动着。如此组织起来的社会能够生存下去；在这里，正义得到达尔文式的认可。哪里有人僭权越位，哪里的商人负责支配政治决策者，哪里的军人篡夺王位——哪里的秩序就遭到了破坏，衔接部位松动了，社会就会随之分崩离析。正义就是有效的协调力。

对个体而言，正义也是有效的协调力，使其身体的各部分各就各位、各自对该个体的行为做出贡献或负起责任。每个个体都是欲望、情感和观念的有序或是无序的集合。如果它们能够和谐配合，个体就能继续生存并获得成功；如果它们杂乱无章、迷失各自的位置和功能，如果情感既成了行为的指引，又成了推动行为的热度（对狂热者而言），又或者思想既成了推动行为的热度又作为行为的指引（对理性者而言）——那么人格分裂就开始了，失败将如同暗夜到来一般无法避免。正义是身体各部分和谐合作的秩序之美，它于心灵之重要性如同健康之于身体。所有的罪恶都源自不和谐：人与自然、人与人以及个体与心灵。

柏拉图就这样一劳永逸地答复了塞拉西马柯和卡里克利斯以及日后众多的尼采信徒：正义不仅指力量，而且指一种和谐的力量——欲望归于秩序形成智慧，人民归于秩序形成组织；正义不是强者的权力，而是整体的有效协作。的确，一个人超出自己的本分和才能允许的范围去行事，可能会获取一定的利益；但是无法躲避的是复仇女神的追逐——就像阿那克萨戈拉[①]口中的掌管行星之神愤怒地追逐着每一个跑出轨道的行星，造化之神

①阿那克萨戈拉（约前 500—前 428），古希腊哲学家。——译注

的指挥棒亦在指示每一个不服驾驭的乐器赶快回到各自的位置、音阶和音调上。拿破仑可能企图用一种重视礼仪的制度来统治欧洲，但那更适合古代的君主而不是现代一夜而成的王朝；当最终被囚禁在一座海中监牢中时，他才悔恨地意识到自己不过是“造化的奴隶”。不正义者终将被淘汰。

这样一个概念没有丝毫新奇；而我们其实应该警惕哲学研究中各种标新立异的理论。真理常常换装（如同每位举止端庄的妇人），但在每一套新装之下，她的本质从未改变。我们从不需要期待任何有关伦理的奇特创新：尽管有各式各样智者派和尼采派的新奇冒险，一切伦理概念始终都围绕着为全体人民谋福祉这一根本点。道德起源于人际交往、相互依存和社会组织；社会生活要求每一个生存其中的个体让渡出部分个人权利，服从公共秩序；而这样一种行为最终也将成为人民整体的福利。造化已如此设定，而她的判定也必是最终的判决；在与其他群体竞争或冲突时，一个群体之所以成功，取决于它的团结程度和整体实力，取决于它的每一个个体能否为了共同的目标而协调合作、共同努力。然而又有哪一种组织状态能够比其中的每一个个体都能各得其所、各尽所能更加优秀呢？这是每一个寻求长久之道的社会群体必须追求的状态和目标。耶稣说，道德是善待弱者；尼采说，道德是强者的英勇；柏拉图说，道德是全体的有效和谐。或许将三者结合方能得到一个完美的伦理学；但究竟其中谁是那最根本的因素，我们还需要怀疑吗？

十、评论

接下来我们对整个乌托邦理论说点什么呢？它可行吗？如果不可行，那它有什么比较切合实际的内容能够让我们应用到当代社会中呢？它又是否曾经在什么地方、某种程度上实现过呢？

至少最后一个问题的答案还是对柏拉图有利的。一千年来欧洲都处在如我们这位哲学家预言的一群护卫官的统治之下。中世纪的习惯做法是将基督教世界的人划分为劳工、军人和教士三个阶层。最后一个阶层尽管人数最少，却垄断了全部的文化工具及机遇，以无限强大的权力统治着地球上彼时最强盛大陆的一半领土。这些教士，如同柏拉图口中的护卫官，身居要职却并非民众推举，而是凭借其在教会学习和管理过程中展示出的才华，他们选择一生过那种安贫乐道的生活，也许应该加上他在政府和教会中位高权重的亲属的影响。在他们统治的后期，亲属、裙带关系都不再重要，这是连柏拉图都渴望得到的结果；一度他们也确实享受到了给予护卫官的生殖自由。独身生活是教士权利的一部分，因为一方面如此一来他们就能不受狭隘家庭观念的束缚；另一方面也使得他们能够超然面对肉欲的诱惑，从而增加世俗罪人对他们的敬畏之心，更加容易在忏悔室里向他们袒露自己的生活苦恼。

天主教政治的诸多制度均起源于柏拉图的“高贵的谎言”，或受其影响：中世纪形式下的天堂、炼狱和地狱都可以追踪至柏拉图《理想国》的最后一卷；经院哲学的宇宙观大都来自《蒂迈欧篇》；唯实论（普遍观念的客观实在）是对理念学说的一种诠释；甚至教育的“四科”（算术、几何、天文和音乐）也是由柏拉图在其课程设计中首先提出的。在这样一套体系统治下，欧洲鲜有暴力事件发生；人民也乐意接受这样一套体系，因而在长达一千年的时期内为统治者提供了丰富的物质援助，却并不在政府中寻求发言权。这种顺从并不局限于平民，商人、军人、封建诸侯、政府官员全都屈膝听命于罗马教廷。这是一种深具政治洞察力的贵族统治；它建成了或许是迄今为止最奇特、最强大的组织。

曾一度统治巴拉圭的耶稣会会员算是半柏拉图式的护卫官，他们是在野蛮民族中掌握了知识和技能的一帮教士寡头。1917 年俄国十月革命后实施统治的共产党政权在某种形式上让人想起理想国。他们是很少的少数派，几乎全凭宗教信仰结合在一起，他们挥舞着正统学说和开除党籍两大利器，如圣徒献身于自己的信仰一般投身自己的事业，统治着欧洲一半的领土，却一生过着清贫节俭的生活。

这些例子显示，在一定限度内并经过一定的修改，柏拉图的方案还是可行的：他的这些构想本身也是来自旅途中观察到的现实。他为古埃及的神权政治所折服：在这里，一个古老而强大的文明被少数僧侣阶层统治；

相较于雅典公民大会的喧哗、暴力和无能，柏拉图觉得这才是一种更高明的统治方式。(《法律篇》，第819节）在意大利他曾一度与毕达哥拉斯团体生活在一起，他们是一群素食者和共产主义者，这一团体连续几代统治着他们所生活的希腊殖民领土。他曾见过斯巴达的少数统治者与民众一样过着艰苦朴素的生活；他们一起吃饭，为了优生而限制交媾，给予勇士多妻的特权。他肯定听说过欧里庇得斯[①]倡导的多妻社区、解放奴隶、建立希腊联盟以缔造希腊世界的和平（《美狄亚》，第230节；《残篇》，第655节）；毫无疑问，他也知道一些犬儒派信徒已经从我们现在称为“苏格拉底左派”的团体中发展出一股强大的共产主义运动。简言之，柏拉图必定已经意识到他所倡导的方案并非毫无现实可能，因为他已亲眼见到。

然而，自亚里士多德时代至今的批评家已经在《理想国》中发现了诸多值得批判和怀疑的观点。这个斯塔基拉人[②]用嘲讽的口吻说道：“这些事情和其他许多事情一样在历史的进程中一次次被重提。”设计一个四海之内皆兄弟的社会似乎很美好，但若将这个假设扩展到我们时代的每一个男子身上，就等于把它所具有的一切温暖和意义涤荡得一干二净。共产也是如此：它意味着责任稀释；每件东西为每个人所拥有也就意味着一切东西都无人看管。最后，这个伟大的保守主义者辩称，共产主义会将人拖入一种难以忍受、永无止境的密切联系中，使得隐私和个性毫无栖息之地，它假设人人都具有实际上只有少数圣人才具备的耐心和合作的美德。“我们既不能假设一种超出常人的道德标准，又不能倡导一种因天性和环境而特别优异的教育；我们必须考虑大多数人能够享受得到的生活和国家能够实现的政府形式。”

柏拉图迄今为止最著名（也是最令人羡慕的）的学生持有与后世同样论调的批评。他们认为，柏拉图低估了在长期实践中沉淀下来的一夫一妻制以及附着其上的道德律令的势力；他低估了男人强烈的占有欲和嫉妒心，认为他们只要占有某位妻子的某个部分就会满足；他也低估了母性的本能，认为母亲们会同意自己的孩子被带走，被送至一个没有爱心、不知名的地方去抚养。尤为重要的是，他忘记了废除家庭也就动摇了道德培养的基础，

①欧里庇得斯（约前480—前406)，古希腊悲剧作家。——译注

②斯塔基拉是亚里士多德的家乡。——译注

切断了合作和共产式习惯的来源，而这些又是理想国得以建立的心理基础。他以无与伦比的雄辩毫不留情地锯断了自己坐着的树枝。

对所有这些批判，反驳起来轻而易举，因为他们所中伤的只是一个稻草人而已。柏拉图将绝大多数人排除在自己的方案之外，因为他清楚地知道只有少数人能够真正抑制物欲，如他所设定的统治阶层；只有护卫官群体内部才会互称兄弟姐妹；只有护卫官才能真正做到不享用金银和其他物质财富。绝大多数人都将保留全部现存的社会制度——财产、金钱、奢侈品、竞争和种种他们所渴求的私权。他们将保留一夫一妻的婚姻制度直到他们的忍耐极限，保留由此衍生出的种种道德和家庭规范：丈夫将随自己的喜好保留妻子，妻子也将随丈夫的喜好保留孩子。对护卫官而言，他们的需要与其说是具有共产主义倾向的，不如说是出于对荣誉的感受和热爱；支撑他们的力量是自豪而非善良。至于母性的本能，它并非在孩子出生或成长的过程中最为强盛；普通母亲面对新生儿，与其说是心生欢喜，不如说是屈从命运；爱随着孩子的成长逐渐形成，而并非突然降临的奇迹，它成形于母亲的苦心照料；直到孩子成长为一件象征母爱的艺术品时，母亲的心才真正被征服。

其他批判针对的不是心理上的问题，而是经济上的。有人质疑，柏拉图的理想国将城邦一分为三，而不是传统上的一分为二。答案如下：所谓的一分为二，其划分标准是经济冲突；而在柏拉图的城邦中，护卫官和辅佐者两个阶级被明确规定不能参与对金银或其他物质的争夺。然而护卫官阶层岂不是只享受权利而不承担责任了，这难道不会导致暴政吗？当然不会。他们拥有统治权和影响力，但不具备经济实力；生产力阶层如果对他们的统治方式不满，尽可以束紧他们供应粮食的口袋，就像议会用收紧预算来控制行政部门一样。不过，既然护卫官阶层只有政治的而非经济的权力，那他们凭什么实施自己的统治呢？难道哈灵顿、马克思等人的论述还不够充分和明确吗？政治权力是经济实力的反映，一旦经济权力转移到政治上从属于另一群体的人的手中，譬如十八世纪崛起的新型资产阶级手中，那么现有政权就将摇摇欲坠。

这一批判点明了一个根本的也许是致命的问题。答案或许如下：罗马天主教会可以使包括国王在内的任何人臣服，使他们在卡诺萨[①]下跪，在其统治的最初几个世纪里，它的权力建立在对教条的反复灌输之上，而不是基于对财富的有效分配。但是，教会能够长期统治或许也是由欧洲当时的农业发展状况决定的：农业人口由于依赖反复无常的自然，因而从本性上敬仰超自然力，而自然的无法控制又进一步导致恐惧和崇拜；工商业的产生、发展使得另一种思想和另一阶级产生，他们更加实际和注重现世，教会势力也随着与这一新生势力的碰撞而开始逐渐崩溃。政权无时无刻不在自我调整以保持与经济力量的平衡。柏拉图的护卫官阶层由于在经济上依靠生产力阶层，不久便会产生傀儡政府；甚至他们对军权的操控也无法避免同一局面的产生——就像革命时期的俄国政府无法阻止农民中个人所有制的发展一样：这些农民控制着粮食生产，因而掌握着国家的命运。因此，柏拉图的理想国构想中仅有一点是正确的，即国家政策即使是由经济上占统治地位的阶级来决定，由受过专门训练的官员来实施，也比让从商业、制造业战场上冲杀出来的、在政治管理方面毫无经验和准备的人来决定和实施要好些。

柏拉图最欠缺的或许是赫拉克利特的变化意识：他过于焦急地想将这个世界的活动场景凝固成一幅静止的图画。他跟任何一位胆小怕事的哲学家一样钟情于秩序；由于受到雅典民主骚乱的冲击，他极端鄙视个人的价值；他像昆虫学家对苍蝇进行分类那样对人进行阶级划分；他也不反对用牧师式的欺骗来确保国家管理目标的实现。他的理想国是静止的；它很容易变成一个老顽固般的社会，并由一些仇视发明和嫉妒改变的、僵化的、八十多岁的人实施统治。它仅能算是科学的，而非艺术的；它崇尚对科学思想如此重要的秩序，却忽视了艺术的灵魂即自由；它崇拜美的名声，却放逐了能够独立创造美或展示美的艺术家。它是斯巴达或普鲁士，而不是一个理想的国度。

既然以上这些不甚光彩的批判论点都已被诚实地记录下来，接下来我们要做的，就是向柏拉图这一宏大而深邃的构思致以由衷的敬意。从本质上说，他是正确的——难道不是吗？——我们这个世界需要由最聪明的人来统治和管理。我们的责任是对他的思想进行调整，应用到我们的现实中

①意大利北部古城堡，历史上曾是控制伦巴第平原和通往罗马的道路要塞。——译注

来。今天我们将民主视为理所当然：我们不可能像柏拉图建议的那样限制投票选举；但我们可以对任职资格加以限定，以使民主和贵族两种制度完美结合，实现柏拉图的构想。我们可以毫无保留地接受他关于政治家应该接受外科医生般专业训练的观点；我们可以在大学中设立政治学系和政治管理系；当这些院系羽翼健全、发展到一定规模后，我们就可以规定只有从这些地方毕业的人才有资格获得提名，进入政府机关。我们可以将每个接受过针对性训练的人提名为该职位的竞争者，由此淘汰复杂的候选人提名制度，击碎长期以来滋生腐败的温床：凡是经过专门训练并成绩合格的人都可以自荐竞争某一职位，而选民只需在这些毛遂自荐者中挑选即可。比起现在每四年一次的竞选骗局，这种选举方法无疑将民主的范围扩大了。只需要作出一点修正，就能使政府官职只能由行政管理专业的毕业生担任，并使这一计划显得十分民主：那就是人人拥有平等的受教育权利，不论父母的出身、财富如何，不论男女，每个人接受高等教育和实现政治前途的手段都是相同的。对那些在学习中崭露头角，但家庭贫困无法供给他或她继续接受教育的大、中、小学生，市、县、乡级机构都能够为他们提供奖学金。那将是一种名副其实的民主。

最后我们需要公正地指出，柏拉图明白自己的乌托邦实际上远非真的可行。他承认自己描绘了一种无法实现的情境，但他认为这种对美好愿景的描绘其实是有价值的：人的价值就在于不断地憧憬，并努力实现憧憬的一部分；人生来就是一种创造乌托邦的动物。

“我们瞻前顾后，渴望并不存在的东西。”而这一切也并非全都无疾而终：我们的许多梦想都已经生根发芽，有些甚至已经开花结果，就像伊卡洛斯[①]做的人类能够飞翔的梦一样。尽管我们只描绘了一幅画，但它可以作为我们行动的目标和标准；当更多的人看到并愿意去实现这一梦想时，乌托邦距离真正实现也就不远了。与此同时，“天堂中也存放着这一理想国的模本，那些渴望实现它的人尽可以看着它，并用它来规范自己的行为举止。无论这样的国家能否实现或是何时实现……他都将以其中的

①伊卡洛斯，希腊神话人物。——译注

规范来约束自己，而不是按照别的标准”（第 592 节）。善人即使在不完善的国度仍能奉行完善的法律。

尽管有这些值得怀疑之处，我们这位哲学大师还是一看到可以实施计划的机会便毫不犹豫地冲上前去。公元前 387 年，柏拉图接到当时强盛的西西里岛首都叙拉古统治者狄奥尼修斯的邀请，前往该国并将其变成一个乌托邦；我们的哲学大师像杜尔哥[①]一样，认为教育一个人——即使这人是国王——也比教育一个民族要容易些，便欣然同意了。但当狄奥尼修斯意识到实现这个计划的途径是要么他变成哲学家，要么他停止做国王，他打退堂鼓了，结果发生了一场激烈的争吵。传说柏拉图被卖为奴隶，后来被他的朋友兼学生安尼克里斯救了出来。当柏拉图的雅典同伴想要偿还他赎回柏拉图的花费时，他拒绝了，并说他们不是唯一有特权帮助哲学的人。这次（假如我们相信第欧根尼·拉尔修[②]，那么还有一个类似的）经历能够印证柏拉图的最后著作《法律篇》中所展现的幻想破灭后的保守特质。

然而在其漫长一生的最后几年，我们的哲学大师还是相当快乐的。他桃李满天下，所到之处备受尊敬。他在学院中安享平静，在一群群学生中徜徉，不时给他们分配些问题和研究任务，再来时就听听他们的报告并回答些问题。拉罗什福科[③]说“没有几个人知道该怎么度过晚年”，柏拉图显然知道：像梭伦[④]那样学习，像苏格拉底那样教学；引导热切的年轻人，寻求伙伴们学术上的爱戴。学生爱他如他爱学生一般；他既是他们的哲学导师，又是他们的朋友。

他的一位即将踏入婚姻深渊的学生邀请他参加酒宴，年逾八十的柏拉图高高兴兴地前往。当众人在欢声笑语中欢度良宵时，这位老哲学家退到屋里一处安静的角落，在一只躺椅上小憩。第二天早上，酒宴散场，疲倦的人们走过来想要叫醒他，却发现老人已然安详地、毫无挣扎地从小眠进入了永久的长眠。全体雅典人一路送他到墓地。

---

①杜尔哥（1721—1781），法国政治家、经济学家，马克思称他为“给法国革命引路的激进资产阶级大臣”。——译注

②第欧根尼·拉尔修（约 200—250），希腊哲学史家，以编《哲人言行录》著称。——译注

③拉罗什福科（1613—1680），法国作家，著有《道德箴言录》。——译注

④梭伦（约前 638—前 559），雅典政治家、诗人。——译注

第二章　亚里士多德和希腊科学

一、历史背景

公元前384年，亚里士多德诞生在雅典城以北二百公里左右的马其顿城市斯塔基拉。他父亲是马其顿国王、亚历山大祖父阿敏塔斯的朋友和御医。亚里士多德本人似乎曾经是阿斯克勒庇俄斯医师联合会的成员之一。他在浓郁的医学氛围中长大，就像后来的许多哲学家从小就浸润在神学的环境中一样；他有着一切机会朝科学探索的路途前行，从一开始他就注定要成为科学的奠基者。

关于他的青年时期说法各异。一种说法是他生活放荡不羁，挥霍完他的祖业后，为了不挨饿而参军去了，后返回斯塔基拉学医，三十岁时前往雅典师从柏拉图学习哲学。另一种比较崇高的说法是他十八岁即被送往雅典，在柏拉图的监护下学习知识；但即使是在这种听来更可靠的说法中，也充分显露了一个行色匆匆的青年的鲁莽躁动。[①]不论哪种说法属实，感到震惊的读者最终可以庆幸的是：我们的哲学家终于还是落定在柏拉图学院安静的树荫下了。

亚里士多德在柏拉图门下学了八年——或者二十年，因此他最广为人知的哲学思想，甚至那些极其反柏拉图的思想中，都透露着柏拉图的痕迹，

①格罗特，《亚里士多德》，第4页；伦敦，1872。泽勒，《亚里士多德和早期逍遥学派》，第1卷，第6页；伦敦，1897。

证明这确实经历了一个较长的时期。人们愿意相信这段时光是快乐幸福的：一个聪慧敏锐的学生在一位出类拔萃的老师的带领下，两人如情侣般行走在哲学的花园中。然而这两人皆为天才；众所周知，天才是绝不会轻易同意另一位天才的意见的，这就像炸药碰上了明火。他们的年龄相差近半个世纪，彼此间无法完全超越年龄上的代沟、消除性格上的冲突。柏拉图看出这位来自野蛮北方的新弟子具有超凡的智力，并一度将其推为学院的明星——似乎是说，他是智慧的化身。亚里士多德则花了大把的钱购进书本（在那个没有印刷的年代，书本指的就是手稿）；他是在欧里庇得斯之后唯一搜集图书、构建起一座图书馆的人；而他对人类学术文明的贡献之一就是确立了图书馆书籍分类的总原则。因此柏拉图将亚里士多德的家称为"读者之家"，饱含赞美之情；但也曾有些传言则更愿意相信这其实是我们的哲学大师在隐晦地表达亚里士多德不过是只大书虫。另一场确凿的争论发生在柏拉图晚年，我们雄心勃勃的青年显然发展出了一种"俄狄浦斯情结"，出于对哲学的热爱而反抗自己的精神之父，暗示智慧是不会随着柏拉图的死亡而消亡的；我们垂垂老矣的圣人则称他的学生为吸干母亲乳汁还踹了她一脚的不孝之子。[①] 博学的泽勒在他的著作中将亚里士多德几乎塑造成了一位道德上的圣人，对其极尽崇敬，就是为了让我们不要听信这些谣传；然而我们更愿意相信一句成语：无风不起浪。

其他一些关于此一时期的故事似乎更加复杂：一些传记家告诉我们，亚里士多德建立了一所雄辩学校，意与伊索克拉底[②]抗衡；还说在他的学员中有赫米亚斯那样的大富豪，此人不久之后就成了阿泰纽斯城邦的独裁者。此次荣升之后，赫米亚斯邀请亚里士多德到他的朝廷做客；公元前 344 年，他将自己的一个妹妹（或侄女）许配给了自己的老师，以报答其往日恩泽。有人或许会怀疑这只是个惯常的希腊式馈赠，但历史学家们急忙向我们证实说，极端聪颖的亚里士多德确实一生都享受着幸福的婚姻生活，遗嘱中谈起妻子，口气很是关爱和不舍。一年后，马其顿国王菲利普将亚里士多

①《希腊哲学家》，第 1 卷，第 283 页；伦敦，1882。

②伊索克拉底（前 436—前 338），古希腊著名雄辩家、教育家。——译注

德召进培拉宫廷，要他担任亚历山大的老师。这充分证明，我们这位哲学家声名日益显赫，以至于当时最伟大的国王在遍寻天下名师时，挑中亚里士多德作为下一位伟大君王的导师。

菲利普坚持要让自己的儿子接受最优质的教育，因为他已在其他各个方面为儿子设计了不可限量的前程。他于公元前356年征服了色雷斯，控制了当地的金矿，由此生产出的金子十倍于当时日渐衰败的劳里恩银矿运到雅典的银两；他的臣民是勤劳的农民和勇敢的战士，尚未被城市的浮华俘虏：这里将是数百个弱小城邦结合、形成政治上统一的大希腊的希望之地。菲利普对擅长艺术和学术创作的希腊人没有丝毫的同情，并将她的社会秩序一举击破；在这些零散城邦的首都中，他看到的不是令人窒息的文明或无与伦比的艺术，而是处处显露的商业腐败和政治混乱；他看到贪婪的商人和银行家将国家的重要资产据为己有，无能的政治家和善于诡辩的说客将自顾不暇的民众引向一场又一场灾难般的阴谋和战争，政党分裂阶级，阶级又聚变成森严的社会等级：这不是一个国家，菲利普说，而是一群鱼龙混杂、良莠不齐的个体——天才和奴隶。他要给这片混乱的土地带来秩序，将全希腊团结起来，将其建成强大的世界政治中心和根基。他在底比斯的幼年时期曾投到著名的伊巴密浓达[①]门下学习军事策略和市政管理；现在凭借无比的勇气和远大的志向，他将所学到的东西发挥得出神入化。公元前338年，他在克罗尼亚大败雅典人，并最终用锁链成功建立起统一的希腊。然而，正当高踞胜利宝座的他谋划着如何和儿子一起实施统治世界的下一步时，他被刺杀了。

亚里士多德到来时，亚历山大还只是个十三岁的毛孩子；活力四射，疯疯癫癫，甚至还有酗酒的习惯；他喜欢驯服那些很难驯养的野马并乐此不疲。我们的哲学家试图让这座将要喷薄的火山平静下来，但似乎并不见多大成效；比起亚里士多德的贡献，亚历山大显然靠布勒法斯勒[②]取得了更大的成就。普鲁塔克说："亚历山大一度如待亲生父亲般热爱和珍惜亚里

①伊巴密浓达（约前418—前362），古希腊政治家、军事家，曾为亚历山大大帝立下汗马功劳。——译注

②亚历山大大帝的爱马。——译注

士多德；并说自己尽管从另一个人那里得到了生命，却在亚里士多德这里学会了生活的艺术。”（雅典古训说过：“生命是自然的礼物，而美好的生活则是智慧的结晶。”）亚历山大在给亚里士多德的信中写道：“对我而言，我宁愿对什么是美好的认识胜过对什么是力量和统治的了解。”但这很可能仅仅是一个皇家青年对老师的恭维；在热忱学习哲学的外衣下，他骨子里仍旧是那个野蛮公主和狂放不羁的国王所生的儿子；理性的力量根本不足以压制他那原始的野性激情。于是，两年后，亚历山大离开了哲学，踏上了用马鞭征服和统治世界的道路。历史留给我们想象的空间（尽管我们应该怀疑这些美好的想法），让我们相信亚历山大统治世界的澎湃激情一定是从他的老师——人类思想史的集大成者——那里继承了力量和魄力：学生对现实世界的政治统治和老师对哲学领域的思想统治其实只是一次伟大的史诗性工程的两个方面——两个极其伟大的马其顿人统一了两个混乱的世界。

当他出发去征服亚洲时，希腊各城邦的统治阶层都已归顺，但民众却深怀怨恨。雅典长期的自由政治以及曾经雄踞一方的地位使其民众无法忍受向这样一位聪明且雄心勃勃的暴君臣服；狄摩西尼[①]靠自己的三寸不烂之舌煽动公民议会酝酿反抗，推翻掌控着城市实权的“马其顿集团”。亚里士多德于公元前 334 年在完成了另一段旅行后，返回雅典，很自然地投向了马其顿集团，并毫不隐瞒地表达了对亚历山大统一天下政策的认可。当我们研习他最后十二年间完成的那些关于猜想和学术研究的著作时，当我们看着他用无数不同的方案管理他的学院、管理着此前从未在任何一个人头脑中出现过的庞大知识体系时，我们必须时不时地意识到，亚里士多德并非是在一片乐土上进行真理的探索；相反，政治的天空随时可能发生变化，笼罩其平静哲学生活的乌云已逐渐成形。只有这样，我们才能够理解亚里士多德的政治哲学，才能理解他的悲惨结局。

---

①狄摩西尼（前 384—前 322），古希腊政治家、雄辩家。——译注

二、亚里士多德的事业

作为最高统治者的老师实在不难招到学生，即使是在敌视情绪异常强烈的雅典城内。五十三岁时，亚里士多德建立了自己的学院——吕克昂，数量众多的学生蜂拥而至，使得他不得不设计出一套复杂的规章制度来维持秩序。学生们实行自治，每隔十天推选出一人来监督管理学院事务。但不要就此认为这是一个规约严格、纪律森严的场所，相反，映入眼帘的是这样一幅画面：学生、学者们与他们的导师一起进餐，与导师一起在学院大道上一边散步，一边讨论，这条大道就环绕着吕克昂运动场，学院因此得名吕克昂。[①]

这所新学院一点都不像柏拉图的阿卡德米学园。后者研究的更多是数学、猜想和政治哲学，而吕克昂学院则更专注于生物学和自然科学。如果我们能够相信普林尼[②]的话，亚历山大指示他麾下的猎人、猎场看守人、园艺工人、渔人悉数满足亚里士多德在动物学和植物学研究上提出的各种需求；另外一些古代作家告诉我们，他手下一度掌管着一千来人，分布在希腊和亚洲的各个角落，每日为他搜寻当地花草虫鱼的化石。凭借如此庞大的资源，他建立了有史以来第一座具备一定规模的动物园。这些资源对他的科学研究和哲学探索产生的巨大影响，再怎么说都不算过分。

亚里士多德从哪儿得到开展这些活动的经费的呢？这时的他已收入颇丰，而他又通过婚姻迈进了希腊当时最具权势的家庭。阿特纳奥斯[③]（毫无疑问有些夸张地）说亚历山大给了亚里士多德一共八百泰伦特的经费（以购买力计算，这相当于现代的四百万美元）[④]以供其购进物理学和生物学仪器并进行相关的研究。有人猜想，亚历山大正是采纳了亚里士多德的建议，

①这条大道被称作逍遥路，后来的逍遥学派即由此得名。运动场则属于阿波罗·吕克昂神庙。阿波罗·吕克昂是保护羊群不受狼伤害的神（吕科斯）。

②指老普林尼（23—79），古罗马作家。《博物志》，第8卷，第16页。刘易斯，《亚里士多德：科学历史的一章》，第15页；伦敦，1864。

③阿特纳奥斯，活跃于1世纪至2世纪的古罗马作家。——译注

④格兰特，《亚里士多德》，第18页；爱丁堡，1877。

派人前去开掘尼罗河流域的财富并探究其周期性泛滥的原因。[①]类似总结汇编一百五十八部宪法的工作也有人替亚里士多德做了，说明其手下确有一群为数众多的助手和抄写文员。简言之，我们看到了欧洲历史上第一个大规模以公共财富支持科学研究的案例。如果我们的现代政府能够在学术研究上投入与此相当的资金，我们将取得怎样的知识成就啊！

然而，尽管有如此多的资源和仪器，如果我们故意忽视当时设备上的一些致命缺点或局限性，对亚里士多德是不公平的。他不得不面对“确定时间却没有钟表，比较温度却没有温度计，观测天空却没有望远镜，记录天气却没有晴雨表……比起我们现代的数学、光学和物理学仪器，他所拥有的其实只是一把尺子和一个指南针，以及其他少量的代用工具。化学分析、精准的丈量以及数学公式在物理学中的全面应用，他更是一点都不知晓。物质间的相互吸引、万有引力定律、电学现象、化学作用的种种条件、大气压力及其作用以及光、热、燃烧等的自然特性等等，这一切现代科学视为根基的理论事实，在那个时候全部或者几乎全部未被发现”[②]。

现在让我们来看看发明如何创造历史：由于没有天文望远镜，亚里士多德的天文研究只能算小孩子的游戏；没有显微镜，他的生物学探索也始终如坠入云里雾里，难以突破。确实，比起在其他领域创造的显著成绩，希腊在工业和技术创新方面已远远落后于一般水平。希腊人对劳力的歧视使得除了奴隶之外的其他人都不直接参与生产过程，也就远离了那种令人振奋的、从与机器的接触中发现和改良其缺陷的可能性；只有那些不关心自身利益、又不能从中获得任何物质报酬的人，才有可能真正投身和创造出技术上的新发明。或许正是奴隶的售价如此低廉才拖了发明创造的后腿，毕竟人力比起机器还是便宜得多。所以，当希腊商业控制着整个地中海海域，希腊哲学统治着地中海人民的头脑之时，希腊的工业却还停留在一千年前希腊人入侵诺萨斯、蒂林斯和迈锡尼[③]时爱琴海工业的水平。难怪亚里士多德很少投身实验，实验用的机器设备都还没有创造出来呢，他最多只

①这趟考察的报告显示，洪水泛滥是因为阿比西尼亚山上的积雪融化。

②泽勒，《亚里士多德和早期逍遥学派》，第 1 卷，第 264、443 页。

③均为古希腊时期的城市。第一个位于克里特岛，后两个位于伯罗奔尼撒岛。——译注

能做到日复一日、年复一年地不懈观察罢了。然而，他和他的助手根据这大批量的资料总结归纳出的数据还是为日后的科学进步打下了基础，并成为传递知识的教科书长达两千余年，是人类创造成就的精彩一页。

亚里士多德的著作数以百计。有些史前作家认为他著述多达四百卷，更有人说是一千卷。流传下来的仅是其中的一小部分，但这也已称得上一座小图书馆了——试想一下其整体规模该有多么宏大啊。首先是逻辑学著作：《范畴篇》《解释篇》《前分析篇》《后分析篇》《论辩篇》和《辨谬篇》；这些著作都由后来的逍遥派学者整理汇编而成，并汇总为《工具论》——意思是正确思考的工具或手段。其次是科学著作：《物理学》《论天》《论生灭》《气象学》《博物志》《论灵魂》《动物结构》《动物的行进》和《动物的生殖》。第三是美学著作：《修辞学》和《诗学》。最后是更加严格定义的哲学著作：《伦理学》《政治学》和《形而上学》。①

这无疑就是希腊的《大英百科全书》：普天下每一个问题都占有一席之地，也难怪亚里士多德的著作比其他任何一位哲学家的著述都有更多的错误和谬论。这是一次人类知识的大汇总，其规模在斯宾塞之前无人能及，即使是斯宾塞时代所达到的成果也不及此一半；比起亚历山大用武力和残暴夺取的胜利，这是对全世界的征服。如果哲学追求的是统一性，那么亚里士多德对二十个世纪以来世人给予他的“大哲学家”称号绝对当之无愧。

自然，这样一个具有严谨科学思维的头脑，是缺乏诗情画意的。我们不能指望亚里士多德能像戏剧哲学家柏拉图那样写出洋洋洒洒、文采飞扬的篇章。亚里士多德给我们的不是优秀的文学作品，一般哲学在这些作品里难免被神话和传神的形象取代（或说是模糊了），他留给我们的是专业的、抽象的、荟萃的科学；如果我们读他的作品是为了娱乐消遣，那么我们一定会要求退款。相比柏拉图着意强调的遣词造句，亚里士多德创立了科学和哲学的术语体系；我们今天谈论科学几乎无法不用到他创造的语言；它们就像深埋在我们语言地层里的化石：机能、中庸、准则（亚里士多德指的是三段论式的大前提）、范畴、能力、现实性、动机、目的、原理、形

①这是根据至今所知可以确定的时间先后顺序排列的（参见泽勒《亚里士多德和早期逍遥学派》，第1卷，第156页）。除了《形而上学》那部分，我们接下来的讨论将按此顺序进行。

式——这些表达哲学思想必不可少的词语就是在他的头脑中最先形成的。或许，从优美对话到精准科学式论说的飞跃正是哲学发展的必经步骤；而科学作为哲学的基础和后盾，在严格的程序和表达原则生成之前是无法生长壮大的。亚里士多德也写过些文学对话，在当时甚至跟柏拉图的对话录一样享有盛名；不过后来遗失了，就像柏拉图的科学著述也大都不见了。也许时间经过挑选将两人最好的部分保留了下来。

最后，这些所谓的亚里士多德著作可能并非他本人所写，而是他众多学生和追随者把他演讲中最朴素无华的部分记录在笔记本上，而后又整理成集。亚里士多德生前除了出版过逻辑和修辞学之外没有出过其他作品；而现存的逻辑论述也经过了后期的编纂。就《形而上学》和《政治学》而言，其中的注释似乎是他的执行人未经修改或调整就集合在一起的。这些著作中明显一致的写作风格为那些主张亚里士多德确为作者的人提供了证据，但如此统一的风格也可能仅仅是因为它们同是由逍遥学派后期编纂而成的而已。从这一问题衍生出一堆类似荷马为何人的争吵，规模亦如其史诗般宏大壮观。对此，繁忙的读者想必无心了解，谦虚的学生也不敢妄下结论。[①]无论如何，我们可以肯定的是，亚里士多德是这些书精神上的作者，而不仅仅是署了名：有时写作可能由别人执笔，但头脑和心灵却是他自己的。[②]

三、逻辑学的创立

亚里士多德最为出众的一点是他在几乎没有前人基础的前提下，完全凭借自己的敏锐思考开创了一门全新的学科——逻辑学。勒南[③]说，“任何

①泽勒，《亚里士多德和早期逍遥学派》，第2卷，第204页，注释；舒尔，《亚里士多德著作大事记》。

②有志研读这位哲学家的读者会发现，《气象学》是亚里士多德科学体系的一个有趣范例；他将从《修辞学》中汲取大量的实践指导；他会发现亚里士多德在《伦理学》的第1、2卷和《政治学》的第1—4卷表现得最出色。译本则属威尔登的《伦理学》和周伊特的《政治学》最好。亚历山大·格兰特爵士的《亚里士多德》是个简明的读本；泽勒的《亚里士多德》（其《希腊哲学》的第2—4卷）学术味道浓厚，但略显枯燥乏味；贡珀茨的《希腊思想家》（第4卷）是篇杰作，但十分难懂。

③勒南（1823—1892），法国哲学家、历史学家。——译注

头脑没有直接或间接地接受过希腊式教育，便是缺乏素养”[①]；事实上，在亚里士多德提供有效方法测试和修正思维之前，希腊学界自身也是一片混乱和欠缺教养。甚至柏拉图（如果一个爱他的人也敢这样认为的话）也是个不受拘束、不守常规之人：他过度地陷于神话的谜团之中，让美过多地遮盖了事实的真相。亚里士多德也正如我们所见，多次违反自己定下的规矩，然而，他是他自己那个过去时代的产物，而非他所要缔造的将来时代的产物。希腊政治和经济的衰退使得希腊式思想和人格在亚里士多德之后逐渐式微，然而当一千年的野蛮黑暗时期过去，一个新的种族重拾猜想的愉悦和能力时，正是波伊提乌（470—525）翻译的亚里士多德有关逻辑的《工具论》成为塑造中世纪思想的模具，成为经院哲学严格意义上的鼻祖。尽管经院哲学被束缚其身的各种教条折腾得无所作为，但还是训练和教会了成熟的欧洲人如何进行理性的思考和谨慎的表达。《工具论》建构了现代科学的术语体系，并为思想的成熟打下了基础，正是这种日渐成熟的思想日后超越并摒弃了那套生它养它的体系和方法。

简单地说，逻辑学指的是正确思考的方法和艺术。它是各门科学、各门学科和各项艺术的内涵或方法，就连音乐中也蕴含着逻辑。它是一门科学，因为在很大程度上逻辑可以简化为物理学或几何学定律，教授给任何人；它又是一门艺术，通过训练，它指引思想最终形成下意识的、即刻的精确度，仿佛指挥钢琴家的手指在键盘上毫不费力地弹奏出优美的乐章一般。没有比逻辑学更枯燥乏味的了，可也没有比它更重要的了。

这门新科学的诞生其实在苏格拉底发疯似的坚持定义、柏拉图不间断地推敲概念时已经初露端倪。亚里士多德的短篇论述《定义》就说明了他是如何从这些源泉中得到启发的。伏尔泰曾说过：“如果你想要与我交谈，那么请先给你的用语下个定义。”如果争论者都能做到先对自己的用语下定义，那么会有多少场冗长的辩论能被压缩成短小的篇章啊！这就是逻辑学的本质、它的灵魂：严肃讨论中的每一个词语都应当经过最严谨的斟酌和定义。要做到这一点很困难，也是对思维的极大挑战；但是一旦成功，

---

①《以色列人民史》，第5卷，第338页。

无论做什么事都将事半功倍。

那么我们应该如何定义一件事物或一个词语呢？亚里士多德的回答是，每个合格的定义都包含两个部分，即两条腿走路：首先它将被定义之物划归至某一群类，这个群类具备的一般特征也正为该物所具有——譬如，人首先是一种动物；其次它指出该物不同于该群类中其他物体的特点——譬如，在亚里士多德的体系里，人是一种有理性的动物，他的“特别之处”就在于，与其他动物不同，他是理性的（这是一个美妙传说的起源）。亚里士多德将一件事物投入其同类的海洋，然后又将其一把拉出，浸透着属类的意义、闪耀着明显的种群特征；同时，由于和与它如此相似却又如此不同的物体摆放在一起，它所独具的特征和差异性得到了格外的彰显。

踏过这道逻辑的最后防线，我们来到了一片广阔的战场，在这里，亚里士多德与柏拉图展开了一场关于“共相”的激烈争论：这是一场延续至今的哲学论战的第一回合，它使得整个中世纪的欧洲响彻了“唯实论者”与“唯名论者”的论辩之声。[①]对亚里士多德而言，共相是任何一个共有名词、任何一个能够普遍运用于所有同类成员的称呼：所以，动物、人、书、树都是共相。但是这些共相都是主观的概念，而非看得见、摸得着的客观实在，它们是名，不是实；外在于我们自身存在的一切是由个别的、具体的对象组成的世界，并不表示属类特征和普遍共性；人们存在，树和动物同样存在，而整体意义上的人，或者说共相的人，除却在思想中，并不实际存在；它是一种信手拈来的心理抽象，不是外界的存在或实在。

现在亚里士多德明白了，柏拉图曾经认为共相是具备客观存在的，而且柏拉图确实说过，比起个体，共相具有更长久、更重要和更实质的意义——个体只是苍茫大海中的渺小一粟，“人们”来了又去，生生死死，而作为整体意义上的“人”却永远存在。亚里士多德秉承一种实事求是的精神，如威廉·詹姆斯[②]所说，这是一种严酷而不够温柔的思想，他看透了隐藏在柏拉图学派“实在论”论调之下无休无止的神秘主义和经院式胡搅

①这里指的是一次辩论，德国作家弗里德里希·施莱格尔在其中说：“每个人生来不是柏拉图主义者，便属亚里士多德派。”

②威廉·詹姆斯（1842—1910），美国哲学家、心理学家。详见本书第 11 章。——译注

蛮缠的根源，并全力以赴予以抨击，开启了这场论战。正如布鲁图[①]并非不爱恺撒，他只是更爱罗马；亚里士多德说，吾爱吾师，吾更爱真理。

一个持反对意见的评论者可以说亚里士多德（跟尼采一样）如此猛烈地抨击柏拉图是因为他深知自己从柏拉图那里继承了太多的东西，没有人能够平心静气地面对自己的债主。然而亚里士多德在这方面的态度却很端正，他几乎是个现代意义上的实在论者，他只在乎客观实际，而柏拉图早已陷入了主观的未来。在苏格拉底—柏拉图式对定义的追求中，一种远离事物和现实、趋向理论和观点，远离个体、趋向共相，远离科学、趋向经院哲学的趋势业已形成，柏拉图后来更是对共相和观点如此着迷，甚至开始着手挑选其中所包含的个体或事实；亚里士多德则主张回归事物、回归自然和现实"未加粉饰的脸"，他对探索有血有肉的具体的个体有着最为浓厚的兴趣。而出于对共相和普遍共性的热爱，柏拉图不惜在《理想国》中将个体彻底毁灭，以构建自己心中的完美国家。

但是，如同历史上的惯常笑谈，年轻的战士总是不可避免地继承了他所攻击的旧主的许多品质和能力。我们身上总是保留着许多为我们自己所谴责的东西：就像只有相似之处才能拿来做比较，相似之人才会争吵，最剧烈的争战也往往源于意图或信仰上最细微的差异。十字军骑士发现萨拉丁[②]是个绅士，因此与他展开温和中肯的争论；而当欧洲基督徒内部发生分化和对立时，即使是对最彬彬有礼的敌人，他们也不再争吵。亚里士多德如此冷酷地对待柏拉图，正是因为他继承了后者太多太多；他也热爱抽象和共相，时不时为了追求那些外表华丽的理论而背叛自己对简单实在原则的坚守；他无时无刻不在克制自己渴望探索无边宇宙的哲学激情。

这在他留给哲学最具特色和创意的作品——三段论学说——中留下了深刻的印痕。三段论指的是一种由三个命题组成的推理系统，其中第三个命题（结论）的成立源于前两个命题（大前提和小前提）的成立。举个例

---

①布鲁图（前 85—前 42），古罗马政治家，出身罗马贵族世家，公元前 44 年刺死恺撒的密谋集团头领。——译注

②萨拉丁（1138—1193），埃及阿尤布王朝开国君主。因在抵抗十字军东征中表现卓越，以其风度闻名世界。——译注

子，人是理性的动物，而苏格拉底是人，那么，苏格拉底是理性的动物。具有数学头脑的读者可能会马上发现，这与“跟同一事物相等的两个事物彼此相等”同属一类，即如果 A=B 且 C=A，那么 C=B。如上述公式所示，结论是将两个前提中的相同部分 A 去掉而得到的；我们的三段论结论则是把前两个命题中的相同部分“人”去掉，然后将剩余的两部分加在一起而获得的。正如从皮罗[1]时代到斯图尔特·穆勒[2]时代的逻辑学家所指出的，这一学说的疑点恰恰是被假设为理所当然事实的大前提正是最需要证明的：因为如果苏格拉底并不理性（没有人怀疑他是人），那么“人是理性的动物”这一前提就不再是普遍真理了。亚里士多德会说，当一个个体具有一个群体所属的大多数品质时（“苏格拉底是人”），认定这个个体也具有这个群体所特有的其他品质（“理性”）的假定就很可能为真。然而，比起成为一种发掘真理的工具，三段论明显只是一种用于清晰阐明思想和观点的手段。

这一切与《工具论》中许多其他内容一样具有它自身的价值：“亚里士多德发现并制定了保证一致性的理论体系以及进行辩证式论辩的各项技巧，他的勤勉和锐利是无论怎样强调都不会显得过分的；他在这一方向上的努力对后世学术进步所做出的贡献更是无人能及的。”[3]在他之前从没有一个人能将逻辑如此摆在桌面上大谈特谈：一本教人如何进行理性思维的指南与一本礼仪手册一样发人深省；然而，我们能很好地运用它，它却不能将我们引入贵族世界。即使是最有勇气的哲学家也不敢在大树枝下大声朗读逻辑学。人们对待逻辑的态度就仿佛维吉尔嘱咐但丁如何对待那些因持暧昧中立态度而遭谴责的人一样：“别再想他们了，看一眼就继续前行吧。”[4]

①皮罗（约前 360—前 270），古希腊哲学家，绝对怀疑主义的创始人，通常被认为是第一位怀疑主义哲学家。——译注

②斯图尔特·穆勒（1806—1873），英国哲学家、经济学家。——译注

③阿尔弗雷德·威廉·本恩，《希腊哲学家》，第 307 页。

④《地狱篇》，第 3 歌，第 60 行。

四、科学学派

1. 亚里士多德之前的希腊科学

勒南说："苏格拉底将哲学授之于人类，亚里士多德则将科学带给人类。苏格拉底之前即有哲学，亚里士多德之前也不是没有科学；然而哲学和科学的发展却在这两人出现之后取得了长足的进步。而这一切都是建立在他们所奠定的基础之上。"[①] 在亚里士多德之前，科学尚处在萌芽状态，随着他的出现，科学也诞生了。

先于古希腊的其他文明也曾尝试进行科学探索，但就我们目前通过解读楔形和象形文字获得的对他们思想的了解来看，他们的科学实际上与神学很难区分。就是说，古希腊时代之前的民族都是借用超自然力来解释大自然中发生的一切令人费解的事件：到处是神。显然，首先尝试对宇宙中各种错综复杂、神秘莫测事件作出自然解释的，是爱奥尼亚地区的希腊人：他们在物理现象中探寻偶然事件的自然原因，在哲学思索中寻找关于总体的自然理论。哲学之父泰勒斯首先是个天文学家，他声称太阳和星星（通常被本地人尊奉为神灵）只是一团团火球而已，令米利都的居民大惊失色。他的学生阿那克西曼德（前 610—前 540）是第一位画出星象图和地形图的希腊人。他相信，宇宙的本源是一团混沌不清的物质，万物皆是它不断分离出的对立面；天文史是无数世界产生和消亡相互交替的周期性过程；地球在宇宙中的位置相对固定、为一种内部冲力的平衡（就像布里丹之驴[②]）所控制；我们所见的一切天体从前都是流体，后来为太阳的光热所蒸干；生命起源于大海，由于海水退潮，某些生命被留在了海滩上、岸上；其中存活下来的生命学会了呼吸空气，从而演变成后来陆地上的一切生命形式；人最初不可能是现在这种状态，因为如果人一出现便像现在的我们一样，出生时软弱无力、成熟期又相对漫长，那么他是不可能存活下来的。

---

① 《耶稣的一生》，第 28 章。

② 以布里丹命名的悖论：一只完全理性的驴恰处于两堆等量等质的干草中间会饿死，因为它不能对该吃哪一堆干草作出任何理性的决定。布里丹（约 1295—1358），法国哲学家。——译注

另一位米利都人阿那克西米尼[①]相信史前的万物是一种极其稀薄的物质，它逐渐汇聚成风、云、水、土和石头；物质的三种状态——气体、液体和固体——是这一过程的不同发展阶段，热和冷只有稀释和凝聚作用而已；地震因原本为液态状的大地固化而产生；生命与灵魂实为一体，是一种活跃的具有扩张性的力量，存在于世间万物、各个角落。伯里克利的老师阿那克萨戈拉似乎准确地解释了日食和月食现象；他发现了植物和鱼类的呼吸方式；他揭示了人的智慧来自对自身力量的合理调配，即双手从行走的任务中解放出来之时。慢慢地，这些人的知识一点一点发展成了科学。

赫拉克利特抛下财富和安逸的生活，隐身于以弗所的一座庙宇，过起了清贫和苦心钻研的生活，将科学从天文拽到对较为现实的问题的考虑上来。他认为，世间万物总在流动改变；即使在静止不动的物体内部仍有看不见的流变和运动。宇宙是反复循环的历史，它始于火也终于火（这便是斯多葛派以及基督教最后审判和地狱学说的来源之一）。赫拉克利特说："万物由生向死……战争是万物之父、万物之王：它使有的成神，有的成人；有的沦为奴隶，有的却是自由身。"没有战争似的混乱便会出现生命的萧条："不加晃动的混杂物终将衰变。"在这不断变化、挣扎和选择的流变过程中，只有一件事物始终如一，那就是万物变化之规律。"这种秩序对世间万物皆适用，它不为一神一人而造；它过去如此、现在如此、将来亦如此。"恩培多克勒（公元前445年在西西里岛享有盛名）进一步发展了进化的观点。[②]器官的产生不是出于设计，而是一种选择的结果。大自然在有机物身上做了许许多多的尝试和实验，将它们的器官任意组合；若组合的形式符合自然的需求，有机物便能成功存活并繁衍后代；若不符，有机物便被淘汰。这样，随着时间的前进，有机物便越来越能精细而巧妙地适应周围的环境了。最后，在色雷斯阿夫季拉城的师生留基波[③]（公元前445年享有盛名）和德谟克利特（前460—前360）身上我们看到了前亚里士多德时期科学

①阿那克西米尼（约前570—前526），古希腊自然哲学家。——译注

②参见奥斯本《从希腊人到达尔文》、阿诺德《恩培多克勒论埃特纳》。

③留基波（约前500—前440），古希腊哲学家，原子论创始人之一。留基波和他的主要继承者德谟克利特，把单位自然观更推进一步，并且从生物界扩大到物理世界，提出了原子说。他们认为，世间万物都是由不可分割的物质即原子组成。——译注

的最后阶段——唯物主义决定论的原子学说。留基波说："一切事物受必然性驱动。""现实中只存在原子和虚空。"德谟克利特说。知觉产生于感觉器官对原子从物体投射向自身的感知。过去存在着或者一直存在着，将来或许也会存在着无数个世界；每时每刻，天体之间相互碰撞、消亡；同时，由于体积相同、形状相似的原子有选择地聚合，脱离混沌的新世界也在不断产生。一切皆非设计，宇宙就是一台机器。

这几段笼统概括的叙述便是亚里士多德之前的希腊科学。考虑到这些先驱赖以工作的实验和观察设备是如此有限，我们当然可以原谅其中某些比较粗糙的阐述。背负着奴隶制的沉重负担，希腊工业停滞不前，无法推动这些伟大的雏形成长；雅典政治生活的迅速复杂化使得智者、苏格拉底和柏拉图等人将关注的目光从物理学和生物学研究转向了伦理学和政治学的讨论。亚里士多德的一个伟大之处，在于他的心胸足够宽广、勇气足够强大，是以能够涵盖和整合希腊思想的两个方面，即物理和道德；他追溯老师之前的历史，抓住了苏格拉底之前的希腊科学发展的脉络，运用更坚实的细节和更多变的角度，将此前积累下来的所有知识成果汇集成了一个完整而气势宏大的科学体系。

2. 博物学家亚里士多德

如果我们按时间顺序先谈他的《物理学》，那么我们肯定会大失所望，因为我们会发现这其实是一本关于形而上学的论著，是一堆关于物质、运动、空间、时间、无穷、原因及其他"终极概念"的抽象分析。其中比较生动的一段是对德谟克利特"虚空"概念的攻击：亚里士多德说，世界从本质上看不可能存在"虚空"或真空，因为在真空中一切物体将以同样的速度下降；这是不可能的，"预设的虚空其实空无一物"——从这例子一下就能看出亚里士多德少有的诙谐、他对未经证实假设的热衷和在哲学上批驳先人的倾向。我们的哲人习惯在每部作品的前言部分加注关于前人在此题目上所做贡献的简述，然后对每一项贡献施以彻底的反驳。培根说："亚里士多德模仿奥斯曼帝国的做法，认为不把自己的兄弟赶尽杀绝，就不能实施牢固的统治。”[①]然而，我们对前苏格拉底时期大部分思想的了解也正得益于他这种“兄弟残杀”的狂热。

亚里士多德的天文学研究并未在前人的基础上取得多大的进展，原因我们已经提过。他反对毕达哥拉斯关于太阳是宇宙中心的观点，他更愿意将这一殊荣给予地球。这篇小论文处处迸发着见解独到的智慧火花。我们的哲人认为：世界是循环往复的，太阳总在令江河湖海蒸发直至其干涸成岩石；另一方面，不断上升的蒸汽又聚合成云，雨降到地面，将河流和海洋填满。这样的变化每时每刻都在发生，虽然我们可能感知不到，却颇具效率。埃及是“尼罗河的作品”，是它千百个世纪沉积的产物。在这里，海洋侵蚀了陆地，陆地又悄然伸入大海；新的大陆和海洋不断涌现，旧的大陆和海洋逐渐消失不见，而世界的面貌就在这宏大的生长消亡的循环中变了又变。有时这些巨大的力量突然迸发，导致地理的、人类文明甚至是生命的物质基础毁灭；巨大的灾难周期性地洗劫大地，将人类抛回最原初的状态；就像西绪弗斯[②]，文明一次又一次地攀上顶峰，却一次又一次地跌回原点的野蛮状态，继而重新开始它一步步向上的艰辛攀爬。因此，同样的发明创造，同样的经济萧条和文化停滞的“黑暗时期”，和同样的学术、科学及艺术的重生，才会在数代文明中反复出现，成为“永久的往复”。难怪盛传于民间的神话多是早期文化保留下来的一些模糊的风俗习惯。如此这般，人类的故事始终在进行着暗无天日的循环，因为人类是地球的产物，远非她的主人。

3. 生物学的奠基

亚里士多德充满疑问地行走在自己巨大的动物园中，他愈来愈相信，这无穷无尽的物种可以形成一个不间断的序列，其间每一处衔接都几近完美、难以区别。在各个方面，不论是在结构上、生活方式上、生殖养育后代的方式上，还是感觉和感情方面，都存在一个细微的渐变和升级过程，

---

①《学术的进展》，第 3 卷，第 4 章。

②西绪弗斯，希腊神话中的一位国王，被惩罚在地狱将巨石推到山上，每次巨石即将到达山顶时就又滚下来，他只得一次次重推，如此永无休止。——译注

从最低等的微生物直到最高级的有机体。[①] 在这等级阶梯的最低端，我们几乎不能区分生死；“自然使得从无生命过渡到有生命的过程如此细致、缓慢，以至于区分它们的界限显得模糊不清、令人困惑”；或许无生命的机体中也存有一丝生命的痕迹。进而，很多物种我们无法判断它到底是植物还是动物。正如处在低端的那些有机物，我们几乎不可能对它们进行属类的划分，它们实在是太相似了；因此，生命发展过程中的每一次升级和分化都与其形成功能和形式上的多样性一样令人赞叹。然而，在这一丰富而杂乱的机制中，总有些东西显得与众不同：生命在稳步走向复杂和强大；[②]随着结构的复杂和形式的灵动，智力也相应增长；[③]专业化功能逐渐产生，生理性控制也逐渐趋向集中。[④]慢慢地，生命形成了属于自己的一套神经系统和大脑；而心灵则愈发坚定地成为其环境的统帅。

令人惊奇的是，尽管亚里士多德将一切渐变和相似看在眼里，却没能得出一个进化论般的理论。他反对恩培多克勒认为所有器官和有机体都遵从“适者生存”的观点，[⑤] 也不同意阿那克萨戈拉认为人之所以变得聪明，是因为将手从行走中解放出来转而投入操作的观点。恰恰相反，亚里士多德认为人之所以选择如此运用双手，正是因为他已经具备了更高的智力。[⑥]确实，作为生物科学的创始人，亚里士多德犯的错误真是够多的。譬如，他认为雄性因素在生殖中只负责刺激和加速；他没有想到（我们现在从单性生殖的实验中获知），精液的主要功能不是使卵子受精，而是为胚胎提供父方的遗传品质，从而使后代茁壮成长为一种变体、一种结合父母双方特质的新的混合体。由于他那个时代还不能进行人体解剖，他在生理学上犯下的错误特别多：他不认识肌肉，甚至不知道它们的存在；他不能区分动脉和静脉；他以为大脑是降低血液温度的器官；让人难以谅解的是，他以为人体两侧各只有八条肋骨；更加难以置信和不能宽恕的是，他竟相信

① 《动物志》，第 8 卷。

② 《论灵魂》，第 2 卷，第 2 节。

③ 《动物结构》，第 1 卷，第 7 节；第 2 卷，第 10 节。

④ 《动物结构》，第 4 卷，第 5、6 节。

⑤ 《论灵魂》，第 2 卷，第 4 节。

⑥ 《动物结构》，第 4 卷，第 10 节。

女人的牙齿比男人的少。[①] 显然，他跟女性的交往是亲切友好的。

尽管如此，比起在他前后的希腊人，亚里士多德仍旧让生物学向前跨出了一大步。他觉察到鸟和爬行动物在结构上很相似；猴子的形状居于四足动物和人之间；他曾经大胆宣称，人和胎生的四足动物（我们所说的“哺乳动物”）同属一个动物族类。[②] 他评价说，婴儿的灵魂与动物的灵魂几乎难以区分。[③]他颇具启发意义地发现饮食决定生活方式：“因为兽类有的群居、有的独处——它们以最适合……自己索取所爱食物的方式生活着。”[④] 他预测了冯·贝尔[⑤]的著名法则，即发展中的有机体的种类共同特性(如眼、耳）先于其特殊特性（如牙齿的排列“式样”）出现，而特殊特性又先于个体独有特性（如眼睛最终呈现的颜色）出现；[⑥] 他比斯宾塞早两千年预见到个体化朝着物种起源的反方向发展的定律——也就是说，发展层次越高，专业分工越强的物种生育后代的数量越少。[⑦] 他注意到并解释了返祖现象——即一种显著特性（如天才）在交配和繁衍后代的过程中逐渐淡化直至消失的倾向。他的许多动物学观察结论一度被后来的生物学家否认，而现代科学研究证实了他的这些观点，比如，会筑窝的鱼和有胎盘的鲨鱼。

最后，他还创立了胚胎学。“能看见事物起源的人往往能最好地了解它们。”他这样写道。伟大的希腊医生希波克拉底[⑧]用自己的实验极好地证明了这一论点，他把处在不同孵化阶段的鸡蛋一一打开来看，并将观察结果写入他的论文《论婴儿的起源》。亚里士多德效仿他做了一系列实验，从而得以对小鸡的成长作了一番描述，这些结论至今还令

①参见贡珀茨《希腊思想家》，第4卷，第57页；泽勒，《亚里士多德和早期逍遥学派》，第1卷，第262页，注释；刘易斯，《亚里士多德：科学历史的一章》，第158、165页等。

②《动物志》，第1卷，第6页；第2卷，第8页。

③《动物志》，第8卷，第1页。

④《政治学》，第1卷，第8页。

⑤冯·贝尔（1792—1876），爱沙尼亚胚胎学家，多种自然人类科学的先驱。——译注

⑥《动物志》，第1卷，第6页；第2卷，第8页。

⑦《动物的生殖》，第2卷，第12页。

⑧希波克拉底（前460—前377），古希腊医生，被誉为“医学之父”。——译注

胚胎学家钦佩不已。[①]他一定还做过些遗传学上的新奇实验，因为他不同意婴儿的性别取决于睾丸供给的生殖液体的理论，他引用了一个实例，某位右侧睾丸已经结扎的父亲生出的孩子却是不同的性别。[②]他提出了很多具有现代意义的遗传学问题。有个伊利斯的妇女与黑人结了婚，其后代全是白人，而到下一代却出现了黑人；亚里士多德于是问道：中间这一代的黑色基因隐藏在哪儿呢？[③]这些意义重大而又灵敏聪慧的提问距离格雷戈尔·孟德尔[④]划时代的实验只有一步之遥了。懂得该问什么问题就已经懂得一半了。尽管错误百出，这些成果仍旧毫无疑问构成了人类科学探索史上最伟大的丰碑。就我们所知，在亚里士多德之前，除了一些零星的观察，生物学根本不存在，于是我们意识到，仅此一项成绩就已经足够使他流芳百世了。可是，亚里士多德才刚刚开始呢。

五、形而上学与上帝的本质

他的形而上学生发于他的生物学。世间万物都在一种内在动力的驱动下不断成长，发展成为比原来的自己更强大的东西。万物是形式或现实，它是从质料或原材料中派生出来的，而它又可能是更高形式的质料。因而人是形式，婴儿是质料；婴儿是形式，胚胎是质料；胚胎是形式，卵子是质料；如此向后追溯，我们就会得到一个模糊的质料的概念，它并不派生出任何的形式。然而这种不具备任何形式的质料就是无物，因为任何一个事物都有形式。质料在广义上即指形式的可能性，形式是质料的实现形式，是完成了的现实。质料用以阻隔，形式用以建构。形式不仅仅是形状，更是塑形的力量，一种内在的需求和动力，将质料塑造成为具体的形态和目的；它是质料潜在能力的发掘和实现；它是任何将要发生的行动、成形或改变

①《动物的结构》，第3卷，第4节。

②刘易斯，《亚里士多德：科学历史的一章》，第112页。

③贡珀茨，《希腊思想家》，第4卷，第169页。

④格雷戈尔·孟德尔（1822—1884），奥地利植物学家。——译注

的总和。自然是形式实现对质料的统治，是生命不间断的进步和胜利。[①]

世间万物自然而然地朝着一个具体的目标前进。在无数的事件塑造某个情景的过程中，决定目的的关键因素是最具有决定性和最重要的。自然的错误和徒劳是质料的惰性反抗形成目的的力量的结果——因此才会出现了玷污生命的堕胎和畸形儿。生命的发展不是杂乱无序或偶然的（否则我们该如何解释有用器官的普遍性出现和继承呢）；万物皆在内在的本质、结构和"隐德来希"[②]的指引下朝着某个特定的方向发展；母鸡下的蛋生来就已经在内部结构上设定或注定将来要变成一只小鸡而不是小鸭子；橡子落地只会生成一棵橡树而不是柳树。对亚里士多德来说，这并不意味着存在一股外部力量决定着世间的种种结构和事件；相反，这种设计是内在的，是由事物的种类和功能决定的。"在亚里士多德看来，神意和自然因果关系的作用是恰好完全吻合的。"[③]

然而上帝只有一个，尽管他可能并不如人所愿那般朴素和富有人性，可以理解的是，人们总是愿意将神拟人化。亚里士多德从关于运动的古老谜题那里展开对此问题的探索——他问道，运动是如何开始的？他并不认为运动可以跟质料一样发端于无物：质料可以是永恒的，因为它只不过是在期待未来的永久可能形式；但是，那种促使宇宙充满了如此多形状的巨大运动和成形的过程是从什么时候开始、又是如何开始的呢？运动一定有起源，亚里士多德说。假使我们不想陷入无休止的向后倒退、将问题一步一步地向后推衍，那么我们必须设定一个永恒不动的推动者。这是一个无实体、看不见、摸不着、不占空间、无性别、无情欲、无变化、完美而永恒的存在。上帝并不创造世界，但他推动世界的运动；他并非外在的机械推力，而是世间一切活动的内在总动力；"上帝推动世界仿佛爱的对象

---

①得知亚里士多德口中最常出现的有关质料和形式的例子中就有女人和男人，我们的读者一半会感到高兴，一半会觉得好笑：男性是主动的形成因素，女性是被动的被塑造因素；女性后代是形式未能驾驭质料的结果（《动物的生殖》，第1卷，第2节）。

②古希腊语音译。亚里士多德的一个哲学概念，意为实现的目的与将潜能变为现实的能动本源。——译注

③《伦理学》，第1卷，第10页；泽勒，《亚里士多德和早期逍遥学派》，第2卷，第329页。

驱使爱它的人一般”[①]。他是自然的终极力量、万事万物的动力和目的，是世界的形式；他是生命的根源，一切重大过程和力量的总和，成长的内在目标和整体生机勃勃发展的生命原理。他是纯粹的“隐德来希”；[②]是经院哲学活动本身；或许也是现代物理学和哲学的神秘力量。与其说他是人，不如说他是一种磁力。[③]

但是，出于一贯的自相矛盾，亚里士多德又将上帝描绘成具有自我意识的精神。这是一种极其神秘的精神，作为亚里士多德的上帝，他从不做任何一件事情：他没有欲望，没有意志，没有目的；他自身就是纯粹活动本身，因而他从不活动；他绝对完美，因而不能产生任何欲望，因此他也就根本无所作为。他唯一的职责是沉思冥想世间万物的本质；由于他本身就是一切事物的本质、一切形式的形式，他仅有的工作便是苦苦思索他自身。[④]可怜的亚里士多德的上帝啊！他是无为之王。“国王在位，可他并不统治。”难怪英国人喜欢亚里士多德，他的上帝显然就是他们女王的翻版。

或者，上帝是亚里士多德本人的翻版。我们的哲学家如此热爱深思冥想，以至于赋予了它神的意念。他的上帝是宁静的亚里士多德型的，毫不浪漫，逃离尘世的喧嚣，躲进象牙塔里去了；他的世界远离了柏拉图的哲学之王，远离了有血有肉直面严峻现实的耶和华，也远离了温文尔雅、牵肠挂肚的基督教父亲般的上帝。

六、心理学与艺术的本质

亚里士多德的心理学一样充斥着模糊与不确定。有几段有趣的内容：习惯的力量得到重视，并第一次被称为“第二本性”；联想的法则尽管没能成形，但在这里也能找到一个明确的方案。但是，哲学心理学的两个关

---

① 《形而上学》，第 9 卷，第 7 页。

② 《论灵魂》，第 2 卷。

③格兰特，《亚里士多德》，第 173 页。

④ 《形而上学》，第 12 卷，第 8 页；《伦理学》，第 10 卷，第 8 页。

键问题——意志的自由和灵魂的不灭——都依然模糊不清、令人疑惑。有时，亚里士多德说话像个宿命论者——“我们不可能仅凭意志就成为与现在的我们不同的人”；但他又颇为反对宿命论地说：假若我们能够选择现在正在塑造我们的环境，那么我们是可以在将来成为我们想要成为的样子的——因而，我们通过选择朋友、书籍、职业和娱乐方式来塑造自己的性格，在这个意义上，我们是自由的。[①]他没有想到宿命论者对此已有现成的答案，即这些塑造我们自身的看似自由的选择，其实正是由我们先前的性格决定的，而这性格也正是由无法选择的基因和早期环境决定的。他强调，我们之所以不断地赞美和责怪，正说明共同的道德责任感和自由意志存在；他没有意识到，针对同样的前提，宿命论者可以给出完全相反的解释——赞美和责怪之所以被使用，正是因为它们是塑造之后行为的一部分。

亚里士多德关于灵魂的理论源于一个有趣的定义。灵魂是任何有机体的全部至关重要的本质，是它的力量和作用的总和。植物的灵魂只是一种传递营养和繁育后代的力量；对动物而言，它还是一种敏感的、灵动的力量；而在人，它更是一种理性和思考的力量。[②]作为机体全部力量总和的灵魂不能脱离机体而存在，两者间是印版和蜡盘的关系：理论上可以分开，实际混为一体；灵魂之于躯体并不像代达罗斯[③]注入维纳斯肖像、使之挺立的水银。一个人性的、特殊的灵魂只能存活于属于它自己的躯体中。然而，灵魂又不像德谟克利特所说的那样是物质的，它不会全部死亡。人类灵魂之理性力量的一部分是被动的：它与记忆捆绑在一起，又随着具有记忆的机体的灭亡而消失；但是，“能动的理性”，即纯粹的思维的能力，是独立于记忆并且不会消逝的。“能动的理性”是区别于个人特性的普遍存在，留存下来的不是充满爱恨情欲的个体特征，而是最为抽象、最非人化的心灵的形式。[④]简而言之，亚里士多德将灵魂打碎并

① 《伦理学》，第3卷，第7页。

② 《伦理学》，第7卷，第8页。

③代达罗斯，希腊神话中的建筑家、雕塑家。——译注

④ 《论灵魂》，第2卷，第4节；第1卷，第4节；第3卷，第5节。

赋予其中一部分不灭的特性，不灭的灵魂是“纯粹的思维”，不受现实所累，如同亚里士多德的上帝，因为是纯粹的行为而不采取任何行动。谁能接受这种思想就让他以此自慰吧。我们有时不禁好奇，这种形而上学式的咬了蛋糕又想把蛋糕保存下来的说法，是不是亚里士多德逃避反马其顿势力迫害的隐蔽手段呢？

在心理学这个比较安全的领域里，他就写得比较明确和切题了，更几乎开创了美学、研究美和艺术的理论。亚里士多德说，艺术创新发源于造型的冲动和感情表达的渴望。美的形式从本质上是对现实的模仿；是对自然的映射。[①]人乐于模仿，而低等动物显然并不如此。然而，艺术的目的并不是呈现事物外在的样貌，而是表达其内在的意义；因为这才是它们的现实,而不是外在的行为和细节。《俄狄浦斯王》严肃而古典的中庸似乎比《特洛伊的女人》中残酷而现实的眼泪更具人性的真实。

最高尚的艺术不仅在理智上吸引我们，还能扣动我们的心弦（正如交响乐扣动我们心弦的不仅是它和谐的旋律和乐章，更是它的结构和层次发展）；而这种理智上的愉悦是人类所能企及的最高形式。因此，艺术应将工作的重点放在形式上，特别是形式的统一上，这些是结构的支柱和形式的核心。戏剧应当在形式上具备一致性：混乱的次要情节或离题的段落不应该存在。[②]但是，艺术职能的重中之重是提供一种宣泄的渠道、一个净化的过程：我们由于社会压力而产生、积聚的情感很可能会在突然事件的触动下爆发出反社会的或极具破坏力的行动，而这些情绪可以通过戏剧的跌宕起伏得到无害的释放和缓冲；所以，悲剧“通过怜悯和恐惧，对这些情感进行了有效的净化”[③]。亚里士多德显然没有注意到悲剧的某些特征（譬如情节和人物个性的冲突）；但他的这一理论却为人们理解艺术近乎神奇的力量提供了一个极具生命力的思路。这个精彩的例子证明，他有能力进入每一个猜想的领域，并对每一个触及的题目做出贡献。

---

①《诗学》，第 1 章，第 1447 行。

②亚里士多德只有一句话提到了时间的统一，而根本没有提到地点的统一；因此通常所说的他的“三一律”纯粹是后世的发明构思。（诺伍德，《希腊悲剧》，第 42 页，注释）

③《诗学》，第 4 章，第 1449 行。

七、伦理学与幸福的本质

然而，正当亚里士多德的思想迅速发展的时候，正当年轻人聚集在他周围向他讨教知识、接受教诲的时候，他的心思却越来越多地从科学的细节转向关于行为和性格的更广泛也更模糊的问题上去了。他愈发清醒地意识到，在种种有关物理世界的问题之上，一直存在一个问题中的问题——什么是生命的最好形式？——生命至善是什么？——什么是美德？——我们如何得到幸福和满足？

他的伦理学实在是简单。他的科学训练使他无法运用超人式的理想和空洞却尽善尽美的引导来进行说教。桑塔亚纳[①]说："在亚里士多德看来，人性的概念本身已经足够充分；每份理想都有一个自然的基础，而自然中的每一个物体都有它自身理想的发展轨道。"亚里士多德一开始便坦率地承认，生命的目标不是为了善而善，而是为了寻求幸福。"因为我们只有在选择幸福时才会不再计较其他，为了幸福而幸福；而我们选择荣誉、快乐、智慧……是因为我们相信，通过它们我们可以获得幸福。"[②]不过他也意识到，将幸福称为至高的善其实是不言自明的；真正需要的是对幸福的本质以及如何实现幸福给出一个更加清晰的阐述。对此，他希望能够通过讨论人与其他动物的不同来寻求答案：他的假设是，如果人能够完全满足这一特殊品质，那么他就能感到幸福。人出类拔萃的才智是他的思维能力，正是依靠这一能力，人才超越了其他物种并统治了它们；这一能力的增长为他带来至高无上的权威，因而，我们可以假设，思维能力的发展也能使他满足和获得幸福。

因此，除了某些生理上的先决条件以外，幸福的主要条件便是理性的生命——专属于人的荣誉和力量。美德，或者不如说是卓越[③]，依靠的是清

①桑塔亚纳（1863—1952），西班牙裔美籍哲学家、诗人。详见本书第 11 章。——译注

②《伦理学》，第 1 卷，第 7 节。

③ excellence，这个词估计是古希腊语 arete 最恰当的翻译，但它通常都被误译为 virtue。读者如果能将译文中的 virtue 替换成 excellence、ability 或 capacity，就可以避免误读柏拉图和亚里士多德了。古希腊语 arete 在古罗马语中写作 virtus；两者都指一种男性的卓越。古典思想将 virtue 视为男性品质，正如中世纪的基督教会将其视为女性特点一样。

晰的判断、自我的控制、平衡的欲望和手段的巧妙；它既不是头脑简单之人的品质，也非单纯愿望的结果，而是充分发展了的人凭经验获得的成就。然而，有这样一条道路能通向它，一个通向优越的指导手册，它能够避免许多迂回和耽搁：这就是中间的道路，即中庸之道。品格可以分为三类，每一类的第一等和最后一等都是极端和邪恶，而中间一类则是美德或优越性。因此，介于懦弱和鲁莽之间的是勇敢；介于吝啬和浪费之间的是慷慨；介于懒惰和贪婪之间的是进取；介于自卑和骄傲之间的是谦虚；介于秘密与多嘴之间的是诚实；介于乖戾与滑稽之间的是幽默；介于争吵与谄媚之间的是友谊——介于哈姆雷特的优柔寡断与堂·吉诃德的鲁莽冲动之间的便是自我控制。[①]伦理学或行为意义上的"正确"因而与数学或工程学上的"正确"没有什么不同：它意味着恰当、合适，用最有效的方式取得最理想的结果。

然而，中庸之道并非数学上的中项，不是两个可精确计算极值的平均数；它随着每个情景中周围环境的变化而变化，并且只对成熟和懂得变更的理性展露自身。优越性是一门经由训练和习惯塑造而得的艺术：我们不因具备美德或优越性而举止得体，相反，我们拥有这些品质是因为我们举止得体，"这些美德的形成是因为人采取了这些行动"[②]；我们就是我们反复行动所展示出来的人。因此，优越性不是一个动作而是一个习惯："人之善是灵魂在充实人生、实现卓越过程中的工作……正如并非一只燕子或一个晴天就意味着春天一样，昙花一现或三天打鱼两天晒网似的行动并不能使人得到祝福或感到幸福。"[③]

青年人容易走极端："年轻时犯错误总是由于超过限度或过分夸张了。"青年（和许多青年的长辈）面临的巨大困难是如何从一个极端中走出而不陷入另一个极端。因为经过"矫枉过正"或别的一些原因，一个极端极容易发展成另一个极端：虚伪总是怨言太多，而谦卑又总是周旋在自负的边缘。[④]

---

①《伦理学》，第 1 卷，第 7 节。

②《伦理学》，第 2 卷，第 4 节。

③《伦理学》，第 1 卷，第 7 节。

④柏拉图说："犬儒派安提西尼的虚荣心透过他的大衣向外窥视。"

那些意识到自己走了极端的人往往认为美德不是中庸之道，而是另一个极端。有时这也是有益处的：因为假若我们意识到犯了走极端的错误，那么“我们应该有意识地朝另一端发展，这样我们才能够达到中间的位置……就像人们扳直弯曲的木材一样”。[①]但是，不自觉的极端分子往往将中庸之道视为最大的罪恶，他们“将身处中庸之道之人推来搡去：勇敢之人被懦弱者说成是鲁莽，被莽撞者指为胆小，其他情况亦是如此”；因此，在现代政治中，“自由派”被激进分子称为“保守主义者”，又被保守分子称为“激进派”。

很明显，这种中庸之道是一种特有品德，几乎在希腊哲学的所有体系中都得以体现。柏拉图将美德称作和谐的行为时，头脑中想着这点；苏格拉底将美德等同于知识时，头脑中想着这点。七位贤人建立了这样的传统，在德尔斐的阿波罗神庙内篆刻了这样一句箴言：凡事勿过度。或许正如尼采所言[②]，这一切都是出于希腊人希望克制自己性格中的暴力和冲动；更确切地说，这反映了希腊人这样一种观点，即激情本身不是罪恶，而是罪恶或美德的原材料，决定因素是它的使用是过量或失衡的，还是恰当和相互协调的。[③]

不过我们实事求是的哲学家又说道，中庸之道并非实现幸福的全部秘密。我们还必须拥有一定数量的物质财富：贫穷使人吝啬或贪婪，而财富能使人免于在意和贪念，这正是贵族式闲暇的魅力源泉所在。对实现幸福而言，最高尚的外界帮助莫过于友谊。确实，友谊对幸福之人比对不幸福之人更重要，因为幸福感因得到分享而加倍。它比公正更重要：因为“当人与人之间是朋友关系，那么正义不再必要；然而当人与人之间关系平等、公正，友谊仍是一种恩惠”。“朋友是寄居在两个身体里的同一个灵魂。”然而友谊意味着较少而不是很多的朋友，“朋友过多之人其实没有朋友”；“要与很多人做朋友、建立完美的友谊是不可能的”。良好的友谊需要持久

---

① 《伦理学》，第 2 卷，第 9 节。

② 《悲剧的诞生》。

③参见对这一观点的社会学解释：“价值从来不是绝对的，而只是相对的……人性中的某种品质总是被认为比其实际具有的程度要浅一些；因此我们就在其上构建了一种价值，并且……鼓励和培养它。这种价值观的结果就被我们称为美德；但如果这一品质过重、过多了，那么我们就叫它是罪恶并试图遏制它。”（卡弗，《社会正义短论》。）

的，而不是一朝一夕的激情；这要求性格的稳定，变幻无常的性格往往使友谊如万花筒一般，昙花一现后便消失不见。友谊还要求平等，因为感恩之心将使友谊建立在不稳定的基础之上。“慈善家往往对施恩对象比这些对象对他们怀有更多的友谊之情。关于这个问题，一个令大多数人满意的解释是，一方是施恩者，一方是受恩人……受恩人希望施恩者消失不见，而施恩者往往迫切渴望保留他们的领恩人。”亚里士多德反对这一观点，他更倾向于相信，慈善家如此这般的温存更像是艺术家面对自己创作的作品，或者母亲面对自己的孩子。我们爱我们所创造的东西。①

虽然外界的财富和关系对幸福产生必然的影响，幸福的本质却存留在我们的内心，取决于周全的知识体系和清晰纯净的灵魂。当然，感觉的愉悦称不上是幸福——这是一个圆圈：正如苏格拉底如此形容伊壁鸠鲁式观点，我们痒了就抓，抓了又痒；政治事业也不是幸福，因为那样的话我们就将幸福的主动权交给了群众，听凭他们的处置，而世上没有比群众更加反复无常的了。不，幸福一定是心灵的愉悦，我们必须相信，只有当我们追求或捕获真理时感受到的才是幸福。“智慧的活动……不在乎任何除自身以外的目的，而在乎自它内部产生的一种愉悦，从而激励它继续如此行动下去；同时，自给自足、不知疲倦和悠闲自得……显然都属于这一活动的特征，因而它们之中必然蕴藏着完美的幸福。”②

然而，亚里士多德的理想人物并不仅仅是个形而上学学者。

> 他不冒不必要的风险，因为很少有他会十分在意的东西；然而，在巨大的危机中他愿意献出生命——因为他知道，在某些条件下生存是不值当的。他乐于助人，虽然他对别人为他提供服务感到羞耻。表达善意展示的是一种居高临下的姿态，而接受恩惠则象征着卑微屈从……他从不抛头露面……他爱憎分明；他敢说敢做，因为他轻视其他一切人和事……他从不疯狂崇拜，因为在他眼中没有什么是伟大的。他无法恭维他人，除非那人是他的朋友，恭维是奴隶的特点……他从不感到憎

① 《伦理学》，第 8、9 卷。

② 《伦理学》，第 5 卷，第 7 页。

> 恨，对于伤痛也总是很快忘记和痊愈……他不善言谈……自己是否受到赞扬他不关心，别人是否受到谴责他也不关注。他不说别人的坏话，哪怕这人是他的敌人，除非只关乎他们自身。他举止稳重，声音低沉，言谈得体；他从不匆忙慌张，因为他关注的只有少数几件事情；他不容易激动，因为凡事在他看来都不甚重要。发出刺耳的叫声和急促的脚步是因为这个人太在意……他以高贵、坦然的姿态对待人生的起伏，尽其所能，随遇而安，就像一位经验丰富的将军以充分的战略指挥着自己有限的兵力一样……他是自己最好的朋友，乐于独处，而无德无能之人则是自己最大的敌人，并且害怕孤独。[①]

这便是亚里士多德的超人。

八、政治学

1. 共产主义与保守主义

如此贵族式的伦理观念自然而然会导向（或者反过来看，不也是这样吗？）一种贵族气质极其浓厚的政治哲学。作为一位君王的导师和一位公主的丈夫，我们并不期待他能对普罗大众甚至商业中产阶级有什么真诚的感情；我们的哲学是与财富相联系而存在的。然而进一步看，亚里士多德又十分保守，因为他经历过雅典式民主统治中的种种混乱和灾难，就像一个典型的学者，他渴望秩序、安全与和平；他觉得，现在没时间实验政治幻想。激进主义是稳定的奢侈品，只有当事物稳妥地掌控在我们手中时，我们才敢着手去改变。亚里士多德说，总体而言，“轻率地改变法律是一种罪恶；假若改变带来的益处很小，那么不论是对法律体系还是对统治者身上的缺点，都不如用一种哲学精神去容忍。因为比起不顺从带来的损失，改变让群众得到的更少”[②]。法律强化遵守、继而稳定政局的作用很大程度上取

① 《伦理学》，第4卷，第3页。

② 《政治学》，第2卷，第8节。

决于社会风气:“对任何法律而言，轻率地以新换旧一定是一种削弱其最本质核心的手段。”[①]“我们不能忽视时代的经验:的确,在过去的岁月里,这些事物如果是优秀的，那么它们不会无人知晓。”[②]

当然,“这些事物”主要指的是柏拉图的共产主义式共和国。亚里士多德反对柏拉图关于共相的实在论以及他关于政府的理想主义。他在这位大师所描绘的图画上发现了许多黑点。他不欣赏柏拉图显然将护卫国家的哲学家置于无休止的接触之中受罪的主张，亚里士多德虽然保守，但对个人品质、隐私和自由的珍视却超过对社会效率和权力。他不屑与任何一个同时代的人称兄道弟，或将长一辈的人称作父母;如果所有人都是你的兄弟，那么其实谁也不是:“做某个人真正的表兄弟比起做柏拉图意义下的儿子要好得多啊!”[③]在将妇女和儿童视为共有财产的国家里,“爱将寡淡如水……引发关注和喜爱的两个主要品质——要么它为你自己唯一所有，要么它唤醒了你心中的真爱——在柏拉图的国家里,这两样都不可能存在”[④]。

或许在模糊不清的过去，共产主义社会存在过，那时家庭是唯一的国家形式，畜牧或简单的耕作是唯一的生产方式。但是,“在社会分工越来越细的情况下”，劳动力被分配至重要性不同的岗位，从而引发并扩大了人与人之间的不平等，共产主义由于无法刺激更高能力的产生或为之提供充足的动力而瓦解。收益的刺激是勤奋劳动的必要条件;所有权的刺激则是勤俭节约、小心爱护的必要条件。如果每件东西都为大家所共有，那么谁也不会看管任何东西。“大家共有的东西最不为人所关注。每个人所想的主要是自己的利益,而几乎从不考虑公众的利益。”[⑤]“共同生活或共同享用物品始终都很困难，财产共有尤其困难。旅游时的伙伴（更别提艰苦卓绝的共产式婚姻了）就是个很好的例子:他们因为逐渐忍受不了对方，为旅途中出现的一点点事情争吵不休。”[⑥]

---

① 《政治学》，第5卷，第8节。
② 《政治学》，第2卷，第5节。
③ 《政治学》，第2卷，第3节。
④ 《政治学》，第2卷，第4节。
⑤ 《政治学》，第2卷，第3节。
⑥ 《政治学》，第2卷，第5节。

“人们乐于接受”乌托邦，“并且极易受诱导而相信通过某种神奇的方式，每个人都会与其他人成为朋友，尤其当听说某人正在谴责当今社会存在的种种罪恶时……据说，这些罪恶起源于财产的私有。然而，这些罪恶其实来自另一个源头——人性的罪恶”。[①]政治科学不会塑造人，但必须以其本质为出发点考虑问题。[②]而人的本性，一般之人，更接近野兽而非神灵。绝大多数人是天生的笨蛋和懒虫，这些人不论在何种体系中都将沉到最底层；用国家补贴帮助他们“就像把水倒进漏水的桶”。这些人必须用政治来统治、用工业来引导；如果可能，可以赢得他们的认可，如果不可那也只能如此。“从出生的那一刻起，一部分人就注定是听命于人的，而另一部分人则是发号施令者。”[③]“因为那些思想具有预见性的人天生就是要当君主或统帅的，那些只会靠体力去劳作的人则天生就是奴隶。”[④]奴隶之于主人就像身体之于心灵，既然身体听命于心灵，那么“一切低等的公民最好能有一位领袖来统治”[⑤]。奴隶是有生命的工具，工具是无生命的奴隶。接着，我们硬心肠的哲学家仿佛看到产业革命带来的一线希望，于是带着一种忧伤的期待写道：“如果每件乐器能够完成自己的任务，听从或等待其他工具的命令……如果梭子会织布，或者拨片会弹琴，而无需手来指引它们，那么大师傅便不再需要助手，主人也不再需要奴隶了。”[⑥]

这一哲学典型地显示了希腊人对体力劳动的不屑。那时的体力劳动不像今日这般复杂，如今手工行业所需的智慧甚至比管理中下层人民所需的智慧还要高深，大学教授甚至可能把某位汽车技师（在某些紧急关头）看作神；但体力劳动在那时还仅仅关乎体力，亚里士多德从哲学的

---

①《政治学》，第 2 卷，第 5 节。注意，关于人性，保守分子是悲观主义者，激进分子则是乐观主义者，而事实并不像他们想象的那样美好或可怕，先天的本性在其中所起的作用其实不如后天的早期训练和环境的影响。

②《政治学》，第 2 卷，第 10 节。

③《政治学》，第 1 卷，第 5 节。

④《政治学》，第 1 卷，第 2 节。或许“奴隶”是将 doulos 译得太过粗鄙了；这个词只不过坦率地承认了一个残酷的事实，这个事实在我们今天往往以劳动光荣和普天之下皆兄弟等说法加以美化罢了。我们在遣词造句方面很轻易便超过了前人。

⑤《政治学》，第 1 卷，第 5 节。

⑥《政治学》，第 1 卷，第 4 节。

高度瞧不起它，认为它缺乏头脑、只配由奴隶去干，有些人也只配做奴隶。他相信，体力劳动使心灵变得迟缓和衰退，让人没有时间或精力去追求政治智慧；在亚里士多德看来，唯有闲暇之人才应该在政府中占有一席之地，这是再合理不过的了。[①]“最优秀的国家形式不能承认技工具有公民权……在底比斯有这样一项法律：不是从行业退出十年以上的人不能在政府中供职。”[②]连商人和金融家也被亚里士多德划归为奴隶。“零售产业不合情理……它是一种人剥削人的方式。其中最令人痛恨的交易是……高利贷，这是种以钱生钱的货色，而非钱的自然用途。钱本只应用作交换的工具，而不应用来催生利益。钱滚钱的高利贷……是所有攫取利益手段中最不合情理的。”[③]钱不应生钱。因此，“哲学虽不至于不屑讨论金融理论，但从事金融业或其他赚钱行当的人不配为自由之人”[④]。

2. 婚姻和教育

女人之于男人犹如奴隶之于主人、体力劳动者之于脑力劳动者、野蛮人之于希腊人。女人是未完成的男人，处在发展的较低一级。[⑤]男性天生优越，女性劣等；男人统治，女人被统治；这一原则有必要推广至全人类。女人意志薄弱，因而不具有独立的人格或品行；她最佳的境况便是安于恬静的家庭生活，其中与外界的关系事务全由男人打理，她则是家庭内部事务方面的权威。女人不应如柏拉图的理想国那样被塑造成男人一般，相反，两者之间的差异应该扩大；没有什么比不同的事物更具吸

① 《政治学》，第3卷，第3页；第7卷，第8页。

② 《政治学》，第3卷，第5页。

③ 《政治学》，第1卷，第10页。这一见解影响中世纪采取了禁止收取利息的律令。

④ 《政治学》，第1卷，第11页。亚里士多德补充说，如果哲学家愿意屈尊，他们可以在任何一个领域获得成功；他颇为得意地指出，泰勒斯莱预见到一次大丰收，于是买下了他所在城邦的大量收割机，然后在收割季节以自己定的好价钱出售；由此，亚里士多德意识到成就财富的普遍秘诀就是创造垄断。

⑤ 《动物生殖》，第2卷，第3节；《动物志》，第8卷，第1节；《政治学》，第1卷，第5页。同时参阅魏宁格和梅雷迪斯的“女人是被男人教化的最后一样事物”（《理查德·费弗雷尔的苦难》，第1页）。但是，情况似乎正好相反，男人是被女人教化的最后一样事物；因为伟大的教化力量一是来自家庭，一是来自稳定的经济生活，而这两者皆是女人的创造。

引力的了。“苏格拉底认为，男人与女人的勇气不同：男人的勇气体现在发号施令中，女人的勇气则表现在遵守顺从上……如诗人所言：‘沉默是女人最高的荣誉。’”[①]

亚里士多德似乎也怀疑，这种对女人的理想化奴役是男人极难企及的成就，而且权力的手杖往往掌控在嘴上，而不是手中。似乎是为了赋予男人一种不可或缺的优势，他建议他们将婚姻推迟到三十七岁左右，届时找一个二十几岁的姑娘结婚。二十几岁的女孩与三十岁的男人通常处在同一水平线上，但她们或许能够为一个历经风雨的三十七岁的战士所驯服。亚里士多德如此进行婚姻上的年龄设计是出于以下考虑：即两个人几乎会在同一时间丧失生育能力或激情。“如果男人尚有生育能力而女人已没有，或者情况颠倒过来，那么就会产生争吵和分歧……因为生育后代的年龄极限对男人而言一般是七十岁，对女人则是五十岁，他们结合的初始时间应该与此协调。太过年轻的男女结合生子会对后代不利；在所有动物中，年轻父母的孩子总是幼小而发育不健全，并且通常是雌性。”健康远比爱情重要。况且，“不过早结婚有助于自我节制：女人过早结婚容易纵欲；男人如果在发育时结婚，身体骨架构造的发育便会受到阻滞”[②]。这些事情不应听任年轻人反复无常式的处理，而应由国家监督和管理：国家应该规定男女的适婚年龄、生育的最佳时节以及人口增长率。如果自然增长率过高，残酷的扼杀婴儿行为可以由堕胎来取代，并且“堕胎要在胎儿产生意识和生命之前完成”[③]。根据自身的位置和资源，每个国家都有自己的最优人口数量。“尽管不应如此，但当城邦国家的组成人口过少时，便不能做到自给自足；当人口过多时……它就变成了一个民族国家，而不再是一个城邦国家，而宪法式政府也就不再适用”，伦理或政治上的统一体也不可能形成。[④]超过一万的人口是万万不可的。

另外，教育应该由国家来掌管。“适应政府形式的教育是稳定宪法的

---

①《政治学》，第 1 卷，第 13 页。

②《伦理学》，第 7 卷，第 16 节。显然，亚里士多德头脑里只有女人的自我节制；延迟结婚给人造成的道德上的影响似乎并不令他不安。

③《政治学》，第 7 卷，第 16 页。

④《政治学》，第 7 卷，第 4 页。

最有效方式……公民应当由他所生活其中的政府形式塑造。”[①]通过国家对学校的掌控，我们可以引导部分从事工业和商业的人转向农业；我们可以训练人们一方面保管好私人财产，一方面将财产公开用于有区别性的公共事务。“在善良的人们之间，关于财产的利用应该流传这样一句谚语：‘朋友应该共享所有东西。’”[②]然而最重要的是，越来越多的人必须懂得遵守法律，否则国将不国。“有句谚语说得好：‘不懂得服从命令的人，永远不可能成为好的指挥者。’优秀公民应该两个方面都能做到。”并且只有在国家掌管下的学校教育系统才能同时实现多民族的社会统一；国家是一个复杂体，必须通过教育形成有序的统一体和社区。[③]我们要让年轻人懂得，国家可以带来巨大益处：有未受赏识的、由社会组织产生的安全保障和由法律创造的自由。“人，趋向完美时是最优秀的动物，被孤立时则是最恶劣的；身负武器的非正义往往更加危险，而人一出生便被赋予智慧这项特殊的武器，他性格中的某些品质有可能被用在最卑劣的目的上。因此，假如没有美德，他将是所有动物中最不敬和最残忍的，充满贪心和欲望。”只有社会管理才能给予他美德。通过语言，人逐渐形成社会；经由社会，智慧得到了增长；智慧继而形成了秩序，秩序最终构建成文明。在秩序井然的社会中，每个个体都有成百上千的发展机遇和方式，而这一切都是独居生活所不能提供的。“离群索居的人不是动物，便是神。”[④]

因此，革命差不多总是不理智的；它可能获得某些好处，却以诸多弊病的产生为代价，其中最主要的，便是政治清明赖以生存的社会秩序和结构遭到破坏，甚至被瓦解。革新的直接后果可能可以计算，也略有裨益；但间接后果往往是无法计算和灾难性的。“凡事考虑浅显之人往往很容易下结论”，如果一个人可以很快就下定决心，那是因为他需要考虑的东西很少。“青年容易上当受骗，因为他们太容易抱有希冀。”压制根深蒂固

① 《政治学》，第5卷，第9页；第8卷，第1页。

② 《政治学》，第6卷，第4页；第2卷，第5页。

③ 《政治学》，第3卷，第4页；第2卷，第5页。

④ 《政治学》，第1卷，第2页。哲学体系几近全部来自亚里士多德的尼采说：“或者，我们必须两者兼具——也就是说，是一个哲学家。”

的风俗习惯常常带来革新式政府的垮台，因为旧的习惯已经深入人心：性格没有法律那般容易改变。如果宪法要长久施行，必须使社会的各个阶层都希望它能维持下去。所以，想避免革命的统治者会尽力防止贫富分化过于严重——“这一情况往往是战争的结果”；他会（像英国人那样）为了缓和国内人口过于拥挤甚至出现危险信号而鼓励对外殖民；他会强化并鼓励宗教活动。一个独裁的君主尤其“应该表现得对神灵无比虔诚，因为如果人们相信他们的君王信奉宗教并且敬畏神明，他们就不会那么害怕在他手里遭受冤屈，并且不会轻易策划谋反，因为他们相信神是站在自己一边的”[①]。

3. 民主制和贵族制

有了宗教、教育和家庭生活秩序上的保障，几乎任何传统的政府形式都能够有效运转。所有形式都有好有坏，并且适应各自不同的情况。理论上说，理想的政府形式应该是将所有政治力量集中在一位最优秀之人的手中。荷马说得对：“多头君主要不得，且让一人做帝王。”对这样一个人来说，法律是手段而非限制：“对出色之人而言，法律是不存在的——他们自身就是法律。”任何想替他们制定法律的人都是荒唐可笑的；他们或许会如此反驳——正如安提西尼的寓言所云，兽类会议上，当兔子大发议论要求平等时，狮子问兔子：“你的利爪在哪里呢？”[②]

但实际上，君主制通常是最差的政府形式，因为巨大的能力没能与伟大的美德结合在一起。因此最佳的实践政体是贵族制，即由有见识、有能力的少数人来统治。政府过于复杂，其决策过程不适合由数量的多寡来决定，即使只有少数问题真正有待知识和能力来解决。“就像医师的好坏只能由其他医师来判断，一般人也应由他的同辈来评判……难道这一原则就不适用于选举了吗？一次决策正确的选举只应由具备此类知识的人参与：一位几何学家才能就几何学问题作出选择，一位飞行员才懂得航空导航方

① 《政治学》，第 4 卷，第 5 页；第 2 卷，第 9 页；第 5 卷，第 7 页；第 2 卷，第 11 页。

② 《政治学》，第 3 卷，第 13 页。写这段文字时，亚里士多德头脑里想的或许是亚历山大或者菲利普，正如尼采受俾斯麦和拿破仑丰功伟绩的诱惑而得出相似的结论。

面的问题……[①]因此，不论是行政官员的选举还是召他们前来接受质询，都不应该交给普通大众去做。”

世袭贵族制的苦难在于它没有永久的经济基础；新富阶层循环往复地不断出现使得政治职位迟早都得落入出价更高的竞拍者手中。“最高职位要出价竞买简直是件糟糕透了的事。法律容忍和放纵这一行为，因为它能从账户中比从能力上获得更多的财富，进而使贪婪之气在整个国家蔚然成风。因为不论何时，凡是为国家主要人物视为光荣的事情，都一定会被国民大众效仿”（即现代社会心理学所说的“威望模仿”）。“而在才能不居首位的国家，贵族制是不可能真正存在的。”[②]

民主通常是革命反抗财阀统治的结果。“统治阶级贪得无厌使他们的数量逐渐减少”（马克思《中产阶级的消亡》），“从而加强了群众的力量，他们最终身居主人之上并建立了民主制”。这种“穷人的统治”确有一些优点。“人民，论个体可能不如那些具备专业知识的人适合做评判员，但集合起来却是优秀的。另外，能对艺术作品作出真正优质评判的人通常不是艺术家本身，而是那些并不掌握这门艺术的人；例如，评判一座房屋的质量，它的居住者或主人会比其建筑者更有发言权……客人也比厨师更有权利判断一顿饭菜是否可口。”[③]“比起少数人，人数众多也使得行贿受贿更加困难；就像大量的水比少量的水更不容易被污染一样。个体容易受制于愤怒或其他任何情感，他的判断也必将受到扭曲；但很难想象一大群人同时陷入一种激情而丧失判断的能力。”[④]

然而，民主制整体上仍旧不如贵族制。[⑤]因为它建立在一个虚假的平等基础之上，它“起源于这样的观点，即那些在某些方面平等（譬如在法律方面）的人在其他任何方面也都是平等的；因为人们享有平等的自由，他

① 《政治学》，第 3 卷，第 11 页。参阅现代对“职业代议制”的讨论。

② 《政治学》，第 2 卷，第 11 页。

③ 《政治学》，第 3 卷，第 15、8、11 页。

④ 《政治学》，第 3 卷，第 15 页。塔尔德、勒邦和其他社会心理学家的主张与此恰好相反；他们虽然对群众的罪恶性有所夸张，却可以在公元前 430年至前 330 年间的雅典议会上找到比亚里士多德所持更有力的证据。

⑤ 《政治学》，第 2 卷，第 9 页。

们就宣称自己是绝对的平等”。最终的结果是因寡不敌众而折损能力为代价，而数量的多寡又由阴谋诡计所操纵。因为群众极易受哄骗，他们的观点又总是反复无常，投票权应该只限制在具备聪明才智的人那里。我们需要的是贵族制与民主制的结合。

立宪政府提供了这种可喜的结合。它虽不是能想到的最佳的政府组织形式——那将是教育的贵族制——但它仍旧是目前可能实现的最优秀的城邦形式了。“我们必须要问，什么是适用于大多数城邦国家的宪法，什么是人们最高质量的生活；我们设定的既不是一个超出一般人水平的完美标准，也不是一个特别受天性或环境青睐的教育体系，更不是一个只能出现在幻想中的完美国度；须谨记，我们所要的是绝大多数人能够分享的生活，是一般城邦国家都能够施行的政府形式。”一开始就设定一个普遍适用的原则很必要，即城邦中希望维持这种政府之人必须强于不希望政府继续执政之人；[①] 而这里所说的强势既不仅指数量，也不单指财产，更不是单就军事或政治力量而言，而在于以上各个因素的结合，所以，也可以理解为“自由、财富、文化和高贵的出身以及绝对数量上的优势”。

现在，我们能去哪儿寻找这样一个经济上的多数来支持我们的立宪政府呢？或许最好的选择就是中产阶级了：这里，再次用到了中庸原则，就像立宪政府本身就是民主制和贵族制之间的中间道路一般。如果通往任一官职的道路都向公众开放，我们的城邦国家就有足够的民主；而它又将是充分贵族制的——如果真正能够得到这些官职的，只有那些行过万里路并做好了充分准备的人。不论从哪一个角度出发研究这一永恒的政治问题，我们都会得到同样的结论：国家所追求的目标应该由公众来决定，但实现它的途径只能由专家来决定和执行；选择的权利应该以民主的方式广泛散布，但政府职务只能严格地由具备条件并且经过筛选的人担当。

---

① 《政治学》，第 4 卷，第 11、10 页。

九、评论

我们应该怎样评判这样一种哲学思想呢？答案或许不太令人振奋。对亚里士多德哲学产生强烈共鸣是一件困难的事，就如同他自己很难对任何事情燃起极高的兴致一样；也如一句名言所说：“如果你想让我哭泣，那么请你自己先哭泣吧。”[①]“不以物喜”是亚里士多德的人生信条，因而我们也不能将其或其哲学视为一种特例。在他的身上，我们感受不到柏拉图的那种改革激情，那种对人类愤激的爱却使得这位伟大的理想主义者谴责他的同胞的复杂感情；他似乎更欠缺其老师的无畏创新、无尽幻想和无限宽容的品质。然而，较之柏拉图哲学，亚里士多德的冷静和批判式思维却能带给我们更多的益处和收获。

让我们来总结一下与亚里士多德的不一致处。他在逻辑上的锱铢必较一开始便令我们头疼不已。他认为三段论是对人类思维方式的描述，尽管在我们看来那仅仅是人手中持有的一件外衣，用来掩饰其试图说服他人的意愿；他认为思想是由前提指向结论的单行道，却不知实际上人们更愿意先假设结论，继而找寻符合条件的“前提”——而实现这一“逆向思维”的最佳方式便是做实验，通过观察特定环境中的个别案例得出所谓的“普世真理”。但我们怎么也不能忘记，两千年的岁月都没能使亚里士多德哲学的精髓遭受损伤，奥卡姆[②]、培根、休厄尔[③]和米勒等百名哲学家也都是在其哲学思想的引导下另立门户的。亚里士多德创立的哲学新派以及其中蕴含的主旨是人类智慧的永恒结晶。

又是由于缺少实验的手段和有效的假设，亚里士多德的自然科学研究只能是一堆未经消化的观察结论。他擅长收集数据并对其进行分类；他在每一个领域的研究中都运用了他的范畴标准，并编制相应的种类名目。但与这种观察的天分和才能齐头并进的是他对形而上学如柏拉图一般的狂

---

①本句译自古罗马诗人、评论家贺拉斯在其代表作《诗艺》（公元前 18 年）中对演员和作家说的话。

②奥卡姆（1285—1349），英国哲学家。——译注

③休厄尔（1794—1866），英国哲学家、神学家。——译注

热，这使他在每门科学中都摔跟头，并诱使他做出最荒诞不经的臆想和猜测。这确实是希腊精神极大的弊病：它不受约束，缺乏限制和一贯的传统；它在未经测绘的领域里恣意驰骋，并过于匆忙地形成理论和结论。因此，希腊哲学纵身一跃、登上了前无古人后无来者的高台，而希腊科学则一瘸一拐地落在后面。我们现代的危机则恰好相反：由归纳产生的数据如维苏威火山的熔岩一般向我们袭来，我们在互不协调的事实信息中窒息；由于缺乏综合的思想和统一的哲学，我们的头脑中充斥着各式各样的科学箴言，继而形成一团专业纷繁的混乱局面。相比人所应该成为的形态，我们都只是些残肢断臂而已。

亚里士多德的伦理学是他的逻辑学的一个分支：理想化的生活就是一个正规的三段论。他给了我们一本礼仪手册，且不鼓励改善。一位古代评论家说他是“温和地走极端”。一个激进主义者或许会视《伦理学》为一切文献陈词滥调的集大成者；一个仇视英国的人或许会欣慰地发现，英国人成年时犯下的殖民罪恶原来在年轻时就已经埋下恶种——因为他们在牛津、剑桥时，一律被要求逐字逐句阅读《尼各马可伦理学》。我们渴望将清新淡雅的《草叶集》与这几页枯燥乏味的文字混在一起，把惠特曼令人愉悦的为感官快乐辩护的诗句补充到亚里士多德为纯粹理性快乐的欢呼之中。我们好奇，这亚里士多德式极端中庸的理想与英国贵族制那些毫无色彩的美德、僵化古板的完美和缺乏表情的形式是否有一定的关系。马修·阿诺德[①]告诉我们，在他那个时期，牛津的大学者们视《伦理学》为无懈可击的。三百年来，这本书与《政治学》一道建构了英国统治阶级的思想形态，并或许取得了伟大甚至不俗的成绩，但功效显然是艰涩冷峻的。假如世上这些伟大帝国的统治者们接受的是《理想国》崇高的激情和建设的热忱，不知结果又会如何？

毕竟，亚里士多德不是纯粹的雅典人，他在来雅典之前就已形成了自己的思想；而且他一点都不像雅典人，身上没有一点儿急迫而充满激情的实验精神——这种精神使雅典人在政治上蠢蠢欲动，却最终使其臣服在一

①马修·阿诺德（1822—1888），英国维多利亚时代优秀诗人、文学与社会评论家。——译注

个心怀统一天下梦想的专制帝王脚下。他对德尔斐“凡事勿过度”的诫谕感同身受；他过于计较不要走了极端，最后反而什么都没有剩下；他太过担心无秩序，而忘了奴隶制同样可怕；他太过害怕不确定的改变，而倾向于一定程度上的不变化，但不变化仿佛就只能死亡。他缺乏赫拉克利特的流变意识，这一意识让保守分子相信一切永恒的变化都是逐渐实现的，同时也使激进分子相信不变化不是永恒的。他忘记了柏拉图的共产主义只为极少数大公无私、不贪名利的杰出人士构建；他迂回地给出了一个貌似柏拉图式的结论：尽管财产应该归私人所有，但是财产的使用却要尽可能地公开。他没有意识到（或许他早年也不可能认识到），只有当生产工具可以任意购买时，个体对这些工具的操控才能起到激励作用并大有裨益；而工具越来越复杂、价格越来越高将导致所有权和权力高度集中，并引发一种人为的、最终具有破坏性的不平等状态。

但是，这毕竟只是些无关宏旨的批评，剩下的仍旧是一个人类历史上从未有过的精妙绝伦、极富影响力的思想体系。是否有其他任何一位思想家对世界的启蒙做过如此大的贡献，值得怀疑。他之后的每一个时代都从他那里汲取知识的养料，站在他的高度上继续寻求真理。变化而宏大的亚历山大港文化也从他那里找到了科学的灵感。在将野蛮无知的中世纪头脑塑造成有教养而具有一致性的思维的过程中，他的《工具论》起到了关键作用。他的其他作品，公元五世纪时由聂斯脱利派[1]基督教徒翻译成叙利亚文，十世纪时译成阿拉伯文和希伯来文，1225年前后又译为拉丁文，使得经院哲学从初期阿伯拉尔的雄辩发展为托马斯·阿奎那[2]百科全书式的完整体系。十字军带回了这位哲学家更为精准的著作抄本，1453年，逃离被围困的土耳其时，君士坦丁堡的希腊学者们将这亚里士多德的珍藏带往了更远的地方。亚里士多德的著作对欧洲哲学的影响有如圣经在神学中的地位——一份几乎无懈可击的文稿，其中包含了对每一个问题的解答。1215年，罗马教皇的使节在巴黎禁止教师教授他的著作；1231年，格里高利九

①基督教的一派，起源于5世纪时的小亚细亚与叙利亚，受到聂斯脱利观点的启发。该派强调基督的神人二性各自独立。——译注

②托马斯·阿奎那（约1225—1274），意大利天主教哲学家、神学家。——译注

世指派一个专门委员会对他的著作进行删节；而到了1260年，它们成了每一所基督教学校的必修课程，教会议会甚至对任何偏离他原著的观点加以责罚。乔叟描写他的学生因为有了如下“财富”而感到幸福：

他床头堆放着
二十几册书，封皮有黑有红
所谈皆是亚里士多德和他的哲学

但丁在“地狱”的第一层中说，

在那儿我看到了这位人所共知的大师，
伫立在哲学家族之中，
接受着所有人的爱戴和敬仰；
我还看见了柏拉图，连同苏格拉底，
他站在旁边，比其他人靠得更近。

这几行诗向我们彰显了几千年来人们给予这位斯塔基拉人的崇高荣誉。直到新工具、积累式观察手段和细致实验程序出现，科学才生发出新的生命，奥卡姆、拉米斯[①]、罗杰、培根才获得锐不可当的武器，亚里士多德的统治也才告终结。至今没有第二个人能做到统治人类理智的进程如此长久。

十、晚年及逝世

与此同时，我们的哲学家发现生活中的麻烦变得越来越难以控制。他发现自己一方面致力于向亚历山大抗议处死卡利斯提尼（亚里士多德的侄

①拉米斯（1515—1572），法国人文主义者、逻辑学家、教育改革家。——译注

子），缘由是后者不愿将亚历山大奉为神明，但亚历山大答复时暗示说，即使处死哲学家也在他的权限范围之内；另一方面，亚里士多德又忙于在雅典人中为亚历山大辩护。相比城邦式爱国主义，他更喜欢希腊的大一统局面，并认为结束了各种琐碎纷杂的主权争端后，希腊的文化和科学将得到更好的发展；而他在亚历山大身上看到了恰似歌德在拿破仑身上看到的那种——能够整合这个纷繁复杂、混乱不堪的世界，实现哲学大一统的潜力。渴望自由的雅典人对亚里士多德怒吼咆哮，而当亚历山大在这座充满敌意的城市中心立起这位哲学家的塑像后，人们变得更加怒不可遏。在这场喧闹中，我们看到的亚里士多德跟他在《伦理学》中留给我们的印象相当不一致：眼前不是一位心肠冷硬、沉着异常的人，而是一位战士，在四面受敌的战场上誓死捍卫自己的伟大事业。柏拉图在亚加德米学院的继任者、伊索克拉底的雄辩派和受狄摩西尼尖酸刻薄的雄辩蛊惑的愤怒的群众一起策划并大声疾呼要放逐或处死他。

接下来，亚历山大突然（公元前 323 年）死亡。雅典处处爆发爱国的欢呼；马其顿派被推翻，雅典宣布独立。安提帕特，亚历山大的继任者、亚里士多德的密友，向这座反叛的城市发动了进攻。但马其顿派的大多数人潜逃，祭司长欧里米登对亚里士多德提出控诉，指控他曾经教导祈祷和献祭是无用的。亚里士多德看出自己注定要接受审判团和群众的审讯，而他们比谋杀苏格拉底的那些人更怒气冲冲。很明智地，他逃离了雅典城，说自己不愿意看到雅典第二次犯下对哲学的严重罪行。这不意味着丝毫的怯懦，一个在雅典受到谴责的人永远有选择逃亡的权利。[①] 到达哈尔基斯后，亚里士多德病倒了；第欧根尼·拉尔修告诉我们，这位年迈的哲学家对形势最终转向不利自己的一面感到彻底的失望，于是饮下毒酒，自杀了。[②] 不论事实是否如此，他的病情被证实确属致命；于是，在离开雅典（公元前 322 年）的几个月后，这位孤独的哲学家去世了。

同年，亚历山大最强大的敌人、同样六十二岁的狄摩西尼，也服毒自尽了。短短十二个月的时间，雅典丧失了她最伟大的君主、最伟大的雄辩

①格罗特，《亚里士多德》，第 20 页。

②格罗特，《亚里士多德》，第 22 页；泽勒，《亚里士多德和早期逍遥学派》，第 1 卷，第 37 页，注释。

家和最伟大的哲学家。希腊昔日的光辉在冉冉升起的罗马面前逐渐黯淡；而罗马人的宏大威武来自武力，而不再得益于思想的光芒。接着，连这种壮观也消退了，那些微弱的光芒几近熄灭。长达千年的黑暗笼罩了整个欧洲。全世界都在等待哲学的复兴。

第三章　弗朗西斯·培根

一、从亚里士多德到文艺复兴

公元前五世纪末，斯巴达封锁并攻陷了雅典城，源自希腊哲学与艺术的政治主权思想得以延续，但雅典人那活跃而独立的思想却日渐衰微。公元前399年，苏格拉底被处以死刑，雅典人的灵魂便随他一同逝去，仅仅在他引以为傲的学生柏拉图身上得以残存。公元前338年，马其顿国王菲利普在克罗尼亚战败雅典人，三年后，亚历山大将底比斯古城夷为平地，至此，雅典人无论在政权上还是在思想上的独立性都被损毁殆尽，就连品达[①]的华美颂歌也无法粉饰这一残酷事实。马其顿人亚里士多德主导着希腊的哲学思想，这也反映出希腊人在政治上受制于北方更强壮、更年轻的族群。

亚历山大之死(公元前323年)加快了这一衰败进程。这位年轻的帝王，尽管一路来聆听亚里士多德的悉心教诲仍然保持着野蛮本性，却也学会了尊崇希腊的丰富文化，并梦想着在他军事扩张的胜利狂潮中将之传播到东方。希腊商业的发展以及通往小亚细亚途中希腊商埠的增多，都为希腊地区的统一并进而建立一个希腊帝国夯实了经济基础；亚历山大还希望希腊的思想能和商品一样通过这些繁荣的商埠四处传播与扩张。但是他低估了

①品达（约前518—前442或438），古希腊诗人。——译注

东方思想的惯性与抵抗力，也低估了东方文化的广度与深度。毕竟，希腊文明还不够成熟，且缺乏稳定性，想要把它强加在一种与之相比更源远流长的庄严的传统文明之上，还只是一个幼稚的幻想。亚细亚的广大简直让希腊相形见绌。亚历山大本人在他的全胜时期也被东方的灵魂征服：他（在几位淑女中）迎娶了大流士的女儿为妻，他采用了波斯的王冠与皇袍；他为欧洲引进了君权神授论；最终，他以庄严的东方格调宣布自己为神，让持怀疑论的希腊人惊讶不已。希腊人因此嘲讽他，亚历山大却沉醉其中。

亚洲的灵魂渐渐潜入希腊疲惫的身躯，随后，各种东方宗派与信仰蜂拥而至，它们沿着这个年轻的征服者开发的通道涌入希腊，从那些断裂的矮墙处流入发展初期的欧洲思想洼地。那些源自希腊贫苦大众的神秘宗教信仰得到了发展与传播，漠然与顺从的东方精神在衰落与消沉中的希腊找到了现成的土壤。由腓尼基商人芝诺[①]介绍到雅典的斯多葛派哲学（约公元前310年）只是众多东方精神之一。无论是斯多葛学说还是伊壁鸠鲁学说——一个坦然接受失败，一个在快乐的怀抱中忘掉失败——两者都是关于在征服与奴役之下如何求得幸福的理论；恰好就像十九世纪，持有悲观的东方斯多葛主义的叔本华和持有消极的伊壁鸠鲁主义的勒南，象征着一败涂地的法国大革命与支离破碎的法国。

这些道德理论的自然对立对希腊人来说并不新鲜。人们在忧郁的赫拉克利特与“爱大笑的哲学家”德谟克利特之间早已发现这种对立；还曾看过苏格拉底的学生们分成以安提西尼为首的犬儒派和以亚里士蒂帕斯为首的昔勒尼派，一方颂扬冷眼旁观，另一方歌唱快乐幸福。但对这些在当时几乎都是外来的思维方式，作为宗主国的雅典人并不愿意接受它们。直到克罗尼亚倒在血泊之中而底比斯化为灰烬，希腊才开始听从第欧根尼；当荣耀远离雅典，她便为芝诺与伊壁鸠鲁准备了成熟的环境。[②]

芝诺把他的“冷漠无欲”哲学建立在决定论的基础之上，而另一位后来的斯多葛派成员克吕西波斯认为很难将决定论同东方的宿命论区分开来。当不信奉奴隶制的芝诺某天因为一点过失而痛打他的奴隶时，奴隶平

①芝诺（约前336—前264），古希腊哲学家，斯多葛派创始人。——译注

②附于本书最后的表格大概展示了欧美主要哲学流派的发展。

静地向他申辩道，根据他主人的哲学，他是注定要犯这个错误的；对此，芝诺以哲人的镇静回答道，根据同样的哲学，他，芝诺，也注定要为了这个错误而痛打他。正如叔本华认为个人意志无法战胜宇宙意志，斯多葛派认为，人们为生存而作的斗争注定最终要极不公平地归于失败，在这样的情况下，冷漠无欲是唯一合理的生活态度。如果胜利根本无法实现，那么就应该对其不屑一顾。获得平和的奥秘在于：不强求成就能完全满足欲望，而应将欲望降低到与成就持平。罗马的斯多葛派成员塞内加（逝于公元65年）说："如果你对所拥有的永远不满足，那么即便你拥有了整个世界，你还是会觉得痛苦。"

这样一种理论向苍天呼唤能与之匹敌的对手，伊壁鸠鲁应声而出，尽管在生活中，他自己同芝诺一样也是个斯多葛派。费内隆[①]这样描述伊壁鸠鲁："他买了一座美丽的花园，亲自耕耘。他在那里办学，与他的门徒过着舒适愉快的生活，并在散步与劳作中教导他们……他对所有人都既温和又友善……他认为没有什么比投身于哲学更高尚了。"[②]他的出发点便是坚信冷漠无欲是不可能的，只有快乐——尽管不一定是感官上的快乐——才是生活与行动唯一可能而且合理的目标。"大自然引导每一种生物体喜欢自己所爱好的更甚于其他任何爱好"；——即便是斯多葛派成员也能在恬淡寡欲中找到一种微妙的快乐。"我们不必逃避快乐，但是必须选择快乐。"然而伊壁鸠鲁并不是享乐主义者，他追求智力上的欢愉而非感官上的快乐；他警告人们要提防那些刺激和干扰灵魂的快乐，快乐本应使灵魂得到安宁与平和。最后他建议，不要追求通常意义上的快乐，而要追求心神安宁——宁静、平和、泰然自若；所有这些都在芝诺的"冷漠无欲"边缘徘徊。

公元前146年，罗马人进犯希腊，发现这两个对峙的学派将哲学领地一分为二；由于既没有闲情也缺乏敏感思考的能力，他们于是将这两个哲学流派同其他掠夺品一起带回了罗马。伟大的组织者，同无可幸免的奴隶们一样，倾向于斯多葛派的心态：对于一个敏感的人来说，无论是做主人

①费内隆（1651—1715），法国神学家、诗人和作家。——译注

②法朗士在其作品《伊壁鸠鲁的花园》的扉页上将费内隆的这些句子引为座右铭。

还是做仆人都是困难重重。因此，罗马的哲学，无论是皇帝马可·奥勒留[①]还是奴隶爱比克泰德[②]，大都属于芝诺学派；甚至卢克莱修都以斯多葛的方式谈论伊壁鸠鲁主义（就如海涅所说的英国人悲伤地享乐一样），并且以自杀结束了他关于快乐的严肃宣传。他的宏伟史诗《物性论》[③]遵循伊壁鸠鲁的做法，以隐约的赞美来谴责快乐。他几乎与恺撒和庞培生于同一时代，处于骚乱与惊恐的水深火热之中；他那紧张不安的笔下永远是为安宁与和平祈祷的人们。有人把他形容为一个胆小的灵魂，年少时被笼罩在宗教的恐怖阴影之下；因为他总是不厌其烦地告诫读者，除了现世，世上没有地狱；除了生活在理想化的伊壁鸠鲁式花园里那些做派绅士而不问世事的人，这世上也没有任何神灵。对于罗马人逐渐热衷的对天堂与地狱的宗教崇拜，他以冷漠无情的唯物主义予以反击：灵魂、思想与身体一同诞生、一同成长，一同经历苦痛，并一同消亡。除了原子、空间与法则，任何事物都是不存在的；而法则中的法则便是：进化与毁灭无处不在。

> 没有一件事物常在，一切都在流动变化之中
> 碎片连着碎片；万物由此生长
> 直到我们认识并为之命名。他们
> 渐渐消散，不再是我们所知的样子
>
> 原子汇聚成星球，或慢或快地下降
> 我看见众星辰，看见其体系
> 自外形中呈现；甚至连这些星系以及众星辰
> 都将逐渐重回到永恒的流动状态
>
> 你啊，地球——你的王国、大陆和海洋——

---

①马可·奥勒留（121—180），罗马皇帝，其统治时期延续了罗马帝国的“黄金时代”，去世后“黄金时代”结束。——译注

②爱比克泰德（约55—135），希腊斯多葛派哲学家。——译注

③肖特韦尔教授（《历史之历史概论》）称之为“所有古罗马文学中最奇特的作品”。

在所有星系的星球里，它算最小的
一样在流动中形成，也将一样在流动中
消散。每时每刻，你便以此种方式，不断消散

世事无常。海洋在缥缈的雾霭中
远去；那些月亮般的细沙抛却了它们的栖身地
这些地方将由别的海洋相继
舞动着银色的镰刀割出另一片海湾[①]

除了天体的进化和毁灭，还有物种的起源和消亡。

> 地球在远古时期也试图培育许多怪物，有着怪异的面孔与肢体……有些没有脚，有些没有手，有些没有嘴，有些没有眼睛……诸如此类的各种怪物，地球都会培育出来，但以失败告终；因为大自然阻止了他们的增加，他们无法达到期盼已久的风华正茂期，或者找不到食物，或者无法实现婚姻的联合……许多生命的种族在那时一定就已经灭绝，无法继续繁衍后代。在所有我们见到的还存活着的生物中，每一个种族自存在伊始就都有各自独特的技能、勇气或是速度，用以保护自己……那些未能被大自然赋予这些品质的生命便会成为其他物种的猎物，直到他们这一类物种灭绝。

国家也像个体一样，逐渐成长，也终将消亡："有的国家强盛了，有的国家衰落了，短短的时间内，物种发生了变化，像接力赛跑一样将生命的火炬传递下去。"面对战争和不可避免的死亡，没有别的智慧，只有心态平和——"心平气和地看待一切事物"。很显然，这时候昔日异教徒的享乐主义已经消失，而一种几乎是来自异域的精神笼罩着这把破旧的竖琴。历史如果失掉幽默色彩便会一无所有，但也从未开过这么大的玩笑，

①译自马洛克《卢克莱修论生与死》，第15—16页。

把这样一位崇尚克制、书写史诗的悲观主义者冠以伊壁鸠鲁信徒之名。

如果这是伊壁鸠鲁信徒的精神，那么想一想像奥勒留与埃皮克提图这样鲜明的斯多葛派信徒身上令人振奋的乐观主义精神吧。在所有文学作品中，除了皇帝奥勒留的《沉思录》，再也找不到比奴隶爱比克泰德的《论说》更令人沮丧的了。“去追求那些本就会发生的事情，而不是选择追求你希望发生的事情，这样你将生活得很顺心。”[①] 毫无疑问，抱着这样的心态就能主宰未来甚至宇宙。有这样一件事：埃皮克提图的主人一直虐待他，有一天，他为了打发时间不停地拧埃皮克提图的腿。埃皮克提图平静地说道：“如果您继续拧，我的腿会断掉。”主人并没有就此停手，而他的腿最终被拧断了。埃皮克提图和蔼地评论说：“我不是告诉过你，这样会拧断我的腿吗？”[②]——这种哲学里面有一种神秘的高尚情操，正如某些陀思妥耶夫斯基式的和平主义者身上那种沉静的无畏。“无论如何都不要说我失去了某个东西，我只是将它还回去了。你的孩子死了吗？——他不过是回去了。你的妻子死了吗？——她不过是回去了。你的财产被剥夺了吗？——它不也是被还回去了而已吗？”[③]在这些段落里面，我们能感受到它与基督教十分接近和它的不屈不挠的殉道精神。的确，难道基督教的克己理论、基督教几乎共产主义式的世界友爱大同的政治理想以及整个世界将终于大火灾的基督教末世论等，不都是漂浮在思想长河中的斯多葛派学说的片段吗？在埃皮克提图身上，希腊罗马式的灵魂已经失去它的异教精神，并准备好了接受新的信仰。他的书籍也被早期的基督教教堂尊为宗教课本。这些《论说》以及奥勒留的《沉思录》距离《效仿基督》仅一步之遥了。

与此同时，历史正在进入新的场景。卢克莱修有一段令人关注的文字，文中他将罗马帝国农业的衰落归结于其土地的耗竭。[④]不管原因是什么，昔日富强的罗马已趋于贫穷，制度面临瓦解，权力与自尊已变为衰落与麻木。城市退化成毫无特色的穷乡僻壤，道路年久失修，再也见不到热闹的集市；

①罗尔斯顿编《爱比克泰德手册与论说》，第 81 页。

②《爱比克泰德手册与论说》，第 36 页。

③《爱比克泰德手册与论说》，第 86 页。

④卢克莱修，《物理论》，第 2 卷，第 1170 页。这是最古老的也是最新的关于罗马帝国衰亡的理论；参阅西姆科维奇的《认识耶稣》，纽约，1921。

颇有教养的罗马小家族的繁衍远远比不上那些年复一年穿越边界进入罗马、缺乏教育却强健有力的日耳曼族系；异教信仰让位于东方宗教；一步一步地，罗马帝国逐渐沦入教皇制度。

在最初的几个世纪里，教会得到皇帝们的支持；但教会逐渐吞噬了皇帝的权力，并在数量、财富以及影响力等方面迅速发展壮大。到公元十三世纪，教会已经控制了欧洲三分之一的土地，[①]口袋里塞得满满的全是富人与穷人们的捐款。借助其经久不变的教义的魔力，教会将欧洲大陆上的民族团结在一起达一千年之久；教会组织如此庞大且太平，这在历史上是空前绝后的。但是，这种团结，正如教会所设想的那样，需要一种共同的信仰，这种信仰有一种超自然的约束力，不因时间而改变或衰落；因此，这些明文规定的教条就像硬壳一样紧紧地束缚着中世纪欧洲尚未发展成熟的思想。正是在这种教条的钳制下，经院哲学狭隘地从信仰转向理性，又从理性折回到信仰，在未经批判的假定与可以预料的结论中兜圈子。十三世纪，整个基督教世界被亚里士多德哲学的阿拉伯文和犹太文译本震惊，且激动不已；但教会的力量仍足以稳住形势，借助托马斯·阿奎那和其他人之手将亚里士多德改头换面扮成中世纪神学家。结果十分精妙，但毫无智慧可言。正如培根指出的："人的智慧与思想，如果作用于外在事物，则将受制于材料；但如果作用于自身，就像蜘蛛织网一样，将源源不断织出知识之网，此项工作虽然精妙，却缺乏实质性的益处。"欧洲的心智早晚会挣脱这硬壳的钳制。

经过一千多年的辛苦耕耘，大地终于又重新迎来鲜花遍地；商品成倍增长并有所余裕，从而促进了贸易的发展；在贸易兴起的地方又建起了一座座大城市，人们互相合作，培植文化，重建文明。十字军打开了通向东方的大门，奢侈品与异端思想不断涌入，使得禁欲主义与僵化教条注定要被取代。廉价的纸张从埃及流入，取代了昂贵的羊皮纸，使得学习不再是由神父们垄断的特权；印刷术早就在等待便宜的媒介，此时便如炸药一般一触即发，到处扩散着它那既具摧毁力又具澄清力的力量。勇敢的航海家

①罗宾逊、比尔德，《欧洲历史纲要》，第1卷，第443页；波士顿，1914。

们在指南针的武装下，在茫茫大海上冒险探索，克服了人们对于地球的无知；耐心的观察家们在望远镜的帮助下，在教条的束缚之外冒险探索，克服了人们对于天空的无知。在大学学堂里，在寺院里，在各个隐居的寓所里，人们停止争辩，开始了探索。在迂回曲折中，致力于从普通金属中提炼黄金的炼金术逐渐变成了化学；从占星术中，人们将探索的触角伸向了天文学；从能说话的动物寓言中，发展出了动物学。这一系列的觉醒始于罗杰·培根[①]，在达·芬奇（1452—1519）那里得以发展；其巅峰时期则包括天文学界的哥白尼（1473—1543）、伽利略（1564—1642），电磁学领域的吉尔伯特（1544—1603）、解剖学领域的维萨里（1514—1564）以及血液循环领域的哈维（1578—1657）。随着知识的增长，恐惧在消减；面对未知人们不再盲目崇拜，而更多的是想要征服。每一个充满活力的心灵都被注入了新的自信，障碍已被推翻，现在已经没有什么能够限制人们大有作为。“那些小小的帆船，就像天上的星辰一样，也能绕着地球航行，这是我们这个时代的幸运。我们理应在前人声明‘切勿逾越’的地方‘继续前行’。”[②]这是一个充满成功、希望和活力的时代，在每个领域都将有新的开始和进展；这个时代正期待着某个声音，某个综合一切的灵魂来总结它的精神和决心。这个人就是弗朗西斯·培根，“现代最强有力的思想家”[③]，他“摇着铃铛将各路睿智之士召集在一起”，并宣布，欧洲已经成年。

二、培根的政治生涯

培根于 1561 年 1 月 22 日出生在伦敦约克府，这里是他父亲尼古拉斯·培根勋爵的住所。在伊丽莎白执政的最初二十年，尼古拉斯·培根一

①罗杰·培根（约 1214—1292），英国唯物主义思想家、科学家。——译注

②培根，《学术的进展》，第 2 卷，第 10 章。这是中世纪的一个谚语，“切勿逾越”镌刻在直布罗陀海峡处，指明船只到了直布罗陀海峡就得返回地中海。

③佩恩，《剑桥近代史》，第 1 卷，第 65 页。

直负责掌管王印。麦考莱这样说道："父亲的声威被儿子的名望遮盖了。不过尼古拉斯勋爵绝非一般人。"[①]这其实也是可以推测出的，天才是一个顶点，它由一个家族的才智逐渐堆砌而成，而天才的后代又逐渐归于平庸。培根的母亲是安妮·库克夫人，她的姐夫是威廉·塞西尔勋爵，即伯利伯爵，此人是伊丽莎白的财政大臣，在英格兰地区极有权势。她父亲曾是英王爱德华六世的主要家庭教师；她本人是一名语言学家和神学家，但并不热衷于用希腊文与大主教们书信往来。她亲自教育儿子，并为之呕心沥血。

然而真正造就培根一番伟大成就的是伊丽莎白时期的英格兰，这个近代最强大国家最辉煌的年代。美洲的发现使当时的贸易中心从地中海转向大西洋，也使大西洋沿岸的几个国家——西班牙、法国、荷兰和英国——在商业和金融领域的地位上升到前所未有的高度，而这一地位此前一直为意大利所拥有。那个时候，半个欧洲还只能以她为进出东方的港口。随着这一变化，"文艺复兴"也从佛罗伦萨、罗马、米兰和威尼斯转至马德里、巴黎、阿姆斯特丹和伦敦。1588 年，西班牙海军遭受毁灭性打击，英国商业逐渐遍布每一片海域，城镇在家庭手工业的带动下欣欣向荣，水手们环游地球，船长们征服美洲。文学在斯宾塞的诗歌和西德尼[②]的散文中开花结果，戏剧舞台上则涌现出莎士比亚、马洛[③]、本·琼森[④]及其他上百位朝气蓬勃的剧作家。在这样一个年代、这样一个国家，任何人只要是块金子，就不可能不发光。

培根十二岁时被送进剑桥三一学院。他在那儿待了三年，离开时对学院的课程和教学方式厌恶至极，对亚里士多德的教条更是反感，决心将哲学引上一条更具成效的道路，即使它从学术辩论转向对人类福祉的启迪和增进。尽管只是个十六岁的少年，他却被任命为英国驻法国大使的随员。仔细斟酌利弊得失之后，他接受了这项使命。在《自然的解释》的序言中，他写到了这次从哲学转向政治的重大决策。这是一段不可不读的独白：

---

① 《论说文集》，第 3 卷，第 342 页；伦敦，1860。

②西德尼（1554—1586），英国伊丽莎白时期朝臣、政治家和诗人。——译注

③马洛（1564—1593），英国诗人、剧作家。——译注

④本·琼森（1572—1637），英国剧作家、诗人。——译注

因为我确信自己生来是为人类服务的，并且认为照料公众福利的举动属于公共权力范围，对所有人公开，就像水和空气一样。于是我扪心自问：什么最有益于人类？怎样的工作性质最符合我的天性？当我四下搜寻时才发现，任何工作都比不上技术进步和发明创造对人类文明的贡献更显著……最重要的是，如果一个人能够成功——不仅仅是在某一项特殊的发明创造上，不管它多么有用——而是在自然界点亮一盏明灯，起初它会照亮人类现有发现的边界，当升得更高时，它便会将黑暗中的每一个角落、每一条缝隙都清晰地呈现在我们眼前。在我看来，这样的发明者才称得上是宇宙中人类王国的开拓者、人类自由的捍卫者和禁锢人类发展种种必然性的终结者。此外，我发觉自己的天性尤其适合对真理进行深思熟虑。因为我的头脑足够机敏，能够一下子发现那最重要的因素——我指的是对共性的辨认——而同时又能够足够稳重，专注地观察那些细微的差别。我拥有钻研的热情，能够不匆忙下结论，乐于沉思，谨慎抉择，敢于承认并改正错误，整理思绪一丝不苟。我既不沉迷于猎奇，也不盲目崇敬古迹。欺骗更是为我所不齿。综合以上几点原因，我认为我的天资和性格与真理确有些亲近和关联。

但是，我的出身、抚养和教育通通将我引向政治，而不是哲学：事实上，我从小就浸染在政治中。与许多年轻人一样，我时常因头脑中不同的观点而摇摆不定。我还感到，为国家担负义务是我最特殊的使命，这是生活中其他职责所不能比拟的。最后，我心怀一线希望，如果我能够在政府中担任一定的官职，那么我就可能获得稳固的帮助和支持，以助我一臂之力，完成我命中注定的使命。出于以上动机，我投身于政治了。①

尼古拉斯·培根勋爵于1579年溘然长逝。他原计划为培根提供一笔

①艾伯特译《弗朗西斯·培根》，第37页；伦敦，1885。

资产，但是死亡赶在了计划之前。年轻的外交官在被急匆匆召回伦敦时发现，十八岁的自己成了一个失去父亲且身无分文的人。他早已习惯了那个时代各种各样的奢华，发觉自己很难忍受眼下的清贫生活。他一边学习法律，一边再三恳求他那些显赫的亲戚为他谋一份官差，以使他不再为经济状况担忧。然而他那些几近乞求的信函收效甚微，不论它们在文辞上多么优美、多么富有活力，也不论它们的作者是多么的有能力。或许正是因为培根没有低估自己的才能，并将获得官职看作自己的使命，以致伯利伯爵未能给他理想的答复；也或许是这些信件过多地表白了作者对这位值得尊敬的伯爵过去、现在和将来的忠诚：政治如同恋爱，不能将自己全盘托出；一个人应该时时付出，但任何时候都不能付出全部。感激因期待而更加真挚。

最终，培根在没有贵人相助的情况下爬上来了，尽管每走一步都得耗费许多年。1583 年，作为汤顿地区的代表他被选入议会；他的选民十分喜爱他，于是他在选举中一次又一次连任。辩论时，他简明扼要、语言生动，是一位不使计谋的雄辩家。本·琼森说："没有人比他说得更简洁、更概括、更有力，或者比他更少说空话和陈词滥调了。他说的每一句话都具备独特的魅力。他的听众不敢咳嗽或斜视，唯恐遗漏任何内容。他的演说也是一种发号施令……没有人比他更能感染听众。听众们所担心的，就是他将结束演说。"[①] 多么令人嫉妒的演说家啊！

一位极有权势的朋友对他很是慷慨——这就是英俊的埃塞克斯伯爵，伊丽莎白女王爱这位伯爵，却未能如愿以偿，于是便怀恨在心。1595 年，埃塞克斯为培根谋求一个政治职位未能成功，作为补偿，便将一座位于特维克纳姆的美丽庄园赠给他。这是一份厚礼，人们以为这下可以把培根紧紧拴在埃塞克斯身边了，实则不然。几年后，埃塞克斯阴谋策划将伊丽莎白软禁起来，并推选她的继任者登上王位。培根一封接一封地写信给他的恩人，抗议这一叛变行为；埃塞克斯一意孤行，培根警告说，自己将把对女王的忠诚置于对朋友的感恩之上。埃塞克斯铤而走险，但失败了，自己

①尼克尔，《弗朗西斯·培根》，第 1 卷，第 37 页；爱丁堡，1907。

也被逮捕。培根在女王面前反复为埃塞克斯求情，以至于女王最后只得命令他“谈点别的话题吧”。后来埃塞克斯暂时获释，便再次招兵买马，进军伦敦，试图煽动群众的革命情绪。培根气愤地与之抗争。与此同时，培根已在国家检察院谋得了一个职位，埃塞克斯再次被捕，并以叛国罪接受审讯，培根参与了对他这位慷慨朋友的起诉。[①]

埃塞克斯被判有罪，处以死刑。培根在这次审判中的角色一度使他不受欢迎；自此以后，他便生活在一群宿敌的包围中，这些人总在伺机毁掉他。贪得无厌的野心使他总也不得安生；他从不满足，入不敷出的情形已有一年甚至更久。他挥霍无度，铺张炫耀对他而言是一种权术。四十五岁时他结婚了，婚礼奢华至极，花去了新娘嫁妆的一大部分，而这嫁妆本是那位小姐的魅力之一。1598 年他因债务被捕。尽管如此，他在官场上继续前进。多才多艺而又知识渊博的他是每一个重要委员会中举足轻重的成员；渐渐地，更高的职位对他敞开了：1606 年，被任命为副检察长；1613 年，升为检察长；1618 年，五十七岁时，他终于成为大法官。

三、《论说文集》[②]

培根的升迁看上去是实现了柏拉图的“哲学王”梦想。因为在一步步向更高政治权力攀爬的过程中，他也逐渐到达哲学的顶峰。很难想象，这样渊博的学识和宏大的文学成就，只是他惊心动魄的政治生涯的一些插曲和消遣。隐居生活最好——这是他的格言。而他似乎并不确定自己到

①好几百本书都谈到了培根这个阶段的事业。反对他，把他视为“最聪明又最卑鄙的人”（蒲伯这样形容他）的案例可以在麦考莱的论文中找到，更详尽的则可参见艾伯特译《弗朗西斯·培根》一书；这些也正验证了培根自己的话：“一个人用在自己身上的聪明就像老鼠的聪明，总得在房屋倒塌前跑掉。”（见论文《论自私》）赞同他的案例则可以在斯伯丁的《弗朗西斯·培根的生活与时代》以及《和评论家的几夕》（其中有对麦考莱详细的回答）中查阅。真理介于两者之间。

②作者认为不应在本章对培根原本精练的言语再作任何精简，并且打算将这位哲学家的智慧用他自己那无与伦比的文字进行表述，以免占用更多的空间来表达同样的内容却少了清晰、美感或力度。

底是更喜欢静思还是活跃的生活方式。他希望能像塞内加那样，当哲学家的同时兼任政治家；尽管他怀疑这种方向不同的生活会缩短他的前程，削弱他的成就。他写道："将每日的沉思与活跃的生活结合起来，或是退休后全身心地投入沉思，很难说究竟谁更有害或阻碍心灵的成长。"[①]他认为，学习不能是唯一的目的，它自身也算不上智慧；知识不运用于行动便只是苍白无力的学术虚荣而已。"投入过多的时间在学习上是懒惰，将学到的知识过多地用于装饰是虚伪，全凭书本上的教条下决断是学究气……手工业者讨厌学问，头脑简单之人敬仰学问，而真正有智慧之人运用学问；因为学问本身并不教你如何运用，而需要一种脱离它、超越它、由观察得出的智慧。"[②]这是一个新的标签，它标志着经院哲学的终点——即知识从应用与观察中分离出来——关注的重点转移到了经验和效果上，这是英国哲学的典型特征，并最终在实用主义那里达到顶峰。这并不是说培根一度放弃了对书籍或沉思的热爱，在一篇缅怀苏格拉底的文章中他写道："若无哲学，我无意生存。"[③]他将自己描述成终究"是个更适合从事文学而非其他任何职业的人，却生而受了命运的摆布，违背了自己的天赋"（即秉性），"而积极活跃地生活着"。[④]他的第一部出版物就叫作"知识的颂歌"（1592），其中展现的对哲学的热忱必须以引言表述：

> 我的赞颂只献给心灵本身。心灵即人，知识即心灵；一个人是什么取决于他知道什么……难道情感的快乐不比感官的快感更加强烈，理性的愉悦不比情感的快乐更加强烈吗？难道不是只有真实并且自然的快乐才会使人不知疲倦吗？难道不是只有知识才能清理心中的所有困扰吗？有多少东西是我们以为并不存在，其实却真实存在的呢？又有多少东西是我们高度重视、倍加珍惜，甚至超过了它的真实价值的呢？这些虚幻的臆想，这些欠妥的评估，是错误的阴云，最终将化作

①《自然的解释》末尾。

②《论学问》。

③《古人的智慧》的献词。

④《学术的进展》，第3卷，第3节。

烦恼的暴风雨。难道没有一种能使人的心灵凌驾于这些困扰之上、使他尊重自然的秩序和人所犯的错误的幸福吗？难道只有这么一种观点，只谈享乐而不谈发现，只谈满足而不谈福祉吗？难道我们不应该发掘大自然宝库中的种种财富，就像弄清楚自家店铺中美丽的东西一样吗？真理难道是荒芜的吗？难道我们不应该凭借它生产出具有价值的财富，从而赋予人类生活以无穷无尽的物品吗？

他最优美的文学作品《论说文集》（1597—1623）表明他挣扎在政治和文学这两位爱人间，难以抉择。在《论荣誉与名声》中，他将各种等级的荣誉都献给了政治和军事成就，没留一点儿给文学或哲学。而在《论真理》中，他又写道："探索真理，即哄它开心或向它求爱；认识真理，即赞颂它；相信真理，即享受它；这些是人类天性中至高无上的善。"通过阅读书籍"我们与贤人交谈，而通过行动我们则和傻子对话"。这就是说，我们得懂得如何选择自己的书籍。对此，他有一段著名的话语："有些书只可浅尝辄止，有些书应该囫囵吞下，有些书则得细细咀嚼、慢慢品味。"无疑，这些不同种类的书只是浩瀚无际、奔流不息的笔墨海洋、奔流中的一粟，而我们的世界却每天浸泡其中，被污染乃至被淹溺。

当然，《论说文集》必须归于值得咀嚼和品味的那一类书。你很少能发现在这样小的一个盘子里，盛放着如此多做工精美、调味丰富的食物。培根厌恶无谓的铺陈，不屑于多费一字；他的每一小段文字都呈现给我们无尽的宝藏；他的每一篇文章，虽只有一两页篇幅，却向我们展示了一位伟人关于人生种种重大问题的见解之精华。很难说内容和形式谁更出众，因为他的散文式语言就好比莎士比亚的诗词，无与伦比。他的文风又似塔西佗[①]，刚健有力、紧凑精彩；确实，他的简洁行文得益于对拉丁成语和习语的使用。然而，其中丰富的隐喻却是伊丽莎白时期的典型特点，折射着文艺复兴的光彩；英语文学史上没有第二人能创造出如此韵味深厚而又言简意赅的文字了。对它们的过分修饰却也是培根写作风格的一个缺陷：无

①塔西佗（约56—120），古罗马演说家、高级官员，以历史著作名垂千古。——译注

休止的隐喻、寓言和暗语反复击打着我们的神经，并最终让我们不耐烦。《论说文集》就像一份味美量大的食物，一次吃下太多会无法消化；但若每次进食四五小份，那它们绝对是最有营养的英文滋补品。[①]

那我们能从这些萃取过的智慧中提取些什么呢？或许最好的出发点和对中世纪哲学风尚最显著的偏离，就是培根对伊壁鸠鲁伦理学的坦然接受。"那种哲学程式，即'不用则不求，不求则不惧'，显示的是一种软弱、害羞和胆怯的心灵。确实，哲学家的大多数教义都不值得信赖，它们对人类的关注超出了事物实际需要的限度。它们提供了抵抗死亡的药方，却使人对死亡更加恐惧；因为它们将人的生命仅仅视为死亡前的准备和训练，如此，在面对敌人无计可施时，敌人不可能不显得可怕。"[②]没有比斯多葛派的禁欲主义更损害健康的了；假若对生活的兴趣早已丧失殆尽，心如死灰，为什么还要苟延残喘呢？另外，这种哲学根本也是行不通的，因为本性终将胜出。"本性往往是隐藏着的，有时它被克服了，但很少能被灭绝。禁锢只会使本性变本加厉地反击，教义和训诂使本性有所收敛，而习俗只能改变或弱化本性……但是，人不能过于相信自己对本性的胜算，因为本性可以长期潜伏，一有机会或诱因便会复苏。就像《伊索寓言》中那只猫，虽然变成一位少女，文静端庄地坐在桌子的一端，到了一只老鼠在她面前跑过便按捺不住了。人应该要么完全避免这种情况，要么经常遇到这种情况，这样他才能做到不为所动。"[③]培根确实认为，身体应该习惯于放纵如同习惯于节制一般，否则，一时的不节制就可能引发大的毁灭。（因此，一个吃惯了干净、易消化的食物的人，一旦由于遗忘或其他生活必需无法得到这种完美食物时，便很容易生病。）然而"快乐宁要多样，也不要过度"，因为"年轻时本性的力量经得起多次的放纵，但这些都是年老时要归还的债务"[④]；年轻时的代价要待成熟之后来偿付。通往健康的辉煌大道是一座花园，培根同意《创世记》作者所言："万能的上帝首先种下一座花

①作者对《论说文集》一书比较偏好的是其中第 2、7、8、11、12、16、18、20、27、29、38、39、42、46、48、50、52、54 篇。

②《学术的进展》，第 7 卷，第 2 节。

③《论人的本性》。

④《论养生》。

园”；他也赞同伏尔泰所说，我们必须精心耕耘我们的后花园。

《论说文集》的道德哲学观带有马基雅维利而非基督教的意味，尽管它向后者表达了许多精明的敬意。“我们应该感激马基雅维利和其他同类作家，他们公开、不加掩饰地宣布了人们事实上的所作所为，而不是他们应该做什么；假如没有对性本恶的预先认识，要将蛇的智慧与鸽子的纯真结合起来是不可能的；没有这种知识，美德就暴露无遗且毫无戒备。”[①]意大利人有句不太雅的谚语：“他是个大好人，好得一无是处。”[②]培根将自己的说教与实践结合在一起，并建议把虚伪与诚实聪明地混合起来，就像合金可以既保留较纯、较软金属的特性，又能延长保存时间。他渴望一种充实而又丰富多彩的人生，能够与一切开拓眼界、深邃思维的事物接触。他并不倾心于纯粹的沉思生活，跟歌德一样，他鄙视不导向行动的知识：“人们应该知道，在人生这个大舞台上，只有上帝和天使是纯粹的旁观者。”[③]

他的宗教信仰与英国国王一样，极具爱国主义精神。尽管他不止一次被指责为无神论者，尽管他哲学的主流思想是世俗和理性主义，他雄辩有力并且十分真诚地否定了无信仰之说。“我宁愿相信《圣经故事集》《塔木德经》[④]和《古兰经》中的所有寓言，也不愿相信这个宇宙中没有丝毫理性存在……略懂哲学往往使人倒向无神论，但深究哲学却使人的心灵靠近宗教，因为当人的心灵只顾着看那些分散四处的次要原因时，它有时会迷失其中而停滞不前；但当它能够抓住这些次要原因背后的主链条，将事物统筹、串联起来，那么它将插上翅膀，飞往天意和众神。”[⑤]对宗教的漠视产生自其派系的过于庞杂。“引发无神论的原因是宗教内部的分歧太多；因为每一次分歧都增加了双方的狂热；而许多分歧本身就引入了无神的观点……最后，无神论缘于学术清明，尤其是和平繁荣的时代；因为动荡和挫折更使人的心灵屈从于宗教。”[⑥]

---

①《学术的进展》，第 7 卷，第 2 节。

②《论善》。

③《学术的进展》，第 7 卷，第 1 节。

④犹太教法典。——译注

⑤《论无神论》。

⑥《论无神论》。

但是，培根在神学和伦理学方面的价值低于其在心理学上的成就。他是一位不受蒙骗的人性分析师，并将手中的利箭射进每个人的心中。即使是最陈旧无味的题目在他那里也能令人耳目一新。“男人一结婚，马上就成熟七岁。”[①]“常见的是坏丈夫都有个好妻子。”（培根是个例外。）“单身生活适合牧师，因为慈善之流如果要先填满一座池塘，将几乎不可能再用来浇地了……如果他有妻有儿，就等于向命运交托了人质；因为他若要达成大业，无论善恶，妻儿总是障碍。”[②]培根似乎工作太过勤奋以至于没有时间恋爱，或许他从未深刻地感受过爱。“要谈谈这样一种过度的感情是件很奇怪的事……从没有一个骄傲的人会荒谬到将自己想象成如情人眼中的自己那般美好……你可能会发现，在众多伟大和实现了自身价值的人当中（不论古今，只要是我们还记得的），没有一个是为爱而痴狂的；这说明，伟大的精神和事业能杜绝这种柔弱的感情。”[③]

相比爱情，他更看重友谊，尽管他保持着对后者的怀疑。“世上鲜有真正的友谊，尤其是在地位相等的人之间，但它常常被夸大。友谊存在于上下级之间，因为两方能做到各取所需、互利共赢……友谊最主要的益处在于释放心中的愤懑郁气，它们是由各种情感引发和诱导的。”朋友就是耳朵。“那些希望朋友能够敞开心扉、坦诚相见的人其实是自己心灵的吞噬者……那些头脑中充斥着各种思想的人，他的智慧和领悟力能够在与他人的交谈中变得愈加清晰，甚至迸发灵感；他能够更加灵活地指挥自己的思想，他能够更加有序地指引它们前进；他能够监控自身的思想通过语言向外表达的进程；最后，他能够超越自己，变得更加聪慧。由此可见，一小时的交谈远胜过一整天的沉思。”[④]

在《论青年与老年》一文中，他将一本书浓缩为一个段落。“青年更适合发明创造，而非判断抉择；更适合付诸行动，而非商讨咨询；更适合新奇工程，而非既定业务；因为随着年龄增长而积累的经验，在面对其理

---

①给伯利的信，1606。

②《论结婚与独身》。这与莎士比亚那句悦耳得多的话形成鲜明对比：“爱情使每份力量加倍。”

③《论恋爱》。

④《论从者与友人》；《论友谊》。

智范围内的事物时会起到引导作用，但在面对新鲜事物时，反而会产生误导……青年人在处理和管控行为时，大包大揽下的比能抱得住的多，惊扰到的比能安抚的多；飞速前往目的地的过程中往往不考虑手段和程序，执着地追求某些鲜见和偶然发现的原则；不考虑（他们如何）实现创新，从而引发未知的麻烦……老年人反对太多、考虑太久、冒险极少、懊悔太快，很少能将事情发挥到极致，而满足于自己取得的一点点成绩。当然如果能两者并用是最好……因为两者能够互通有无、取长补短。”然而他也认为，青年和少年可能因获得了过多的自由，而变得放荡不羁。“父母应尽早选择他们的孩子今后应当从事的职业或事业，因为那时的孩子是最容易塑造的；不要过多地放纵孩子的天性，以为他们最喜欢的就能做得最好。确实，如果孩子的喜爱和天赋足够出众，那么最好不要妨碍他们；然而一般说来，毕达哥拉斯的戒律是有益的：选择最好的。”[①]——习惯会让它变得舒适和容易，因为“习惯是人生的主法官”[②]。

《论说文集》在政治上提倡一种保守主义，这对一个渴望统治的人来说是再自然不过的。君主制是政府的最佳形式，而国家的行政效率通常与权力的集中程度成正比。政府中“有三项事务”，“准备、辩论或检查、完成（或称执行）”。“其中，如果你希望进行人力的分配，那么将中间那项交给多数人去做，第一项和最后一项则只交付给少数人。”[③]他是个坦率的军事主义者，他谴责工业的成长将人改造得不再适合战争，并且哀悼长久的和平已将人们心中的斗志消磨殆尽。不过，他也承认原材料的重要性，“梭伦对克罗伊斯[④]说得好（当后者向前者炫耀地展示自己的金子时）：‘阁下，如果再来一人，他拥有的铁比你的更多，那么他将是这些金子的主人了。’”[⑤]

和亚里士多德一样，他也对如何避免革命提出了一些忠告。“防止叛乱最稳妥的办法……便是消除其根源；因为如果有了燃料，那么将很难判断火花会从哪儿迸发出来，继而引发大火……用过于严厉的手段压制

①《论父母与子女》。

②《论习惯》。

③《论敏捷》。

④克罗伊斯（约前595—前546），吕底亚末代国王，以巨富闻名。——译注

⑤《论邦国的真正伟大之处》。

言论不是解决矛盾的良方，因为蔑视它们往往是最有效的遏制策略，而四处奔走、企图消灭它们的举动反而会使好奇心增强……叛乱的根源有两种：太多的贫穷和太多的不满……叛乱的起源和动机是：宗教改革、税收、法律和风俗的变更、特权的废除、广泛的欺压、小人得志、异族侵略、物资匮乏、散兵游勇、党阀争斗，以及其他一切触犯了整个民族并使他们为了同一个目标而联合起来的事情。”当然，多数领袖的方针是：分化敌人，团结朋友。“通常，分化和破坏一切反政府派系，将它们彼此分开一段距离，或者使它们互相不信任，都是不错的方法；因为假使赞同政府的团体间充满意见和分歧，而反对势力却团结一致，形成整体，那将是极其危险的处境。”[①]避免革命更好的方法是均分财富：“金钱如粪土，不散发出去就毫无益处。”[②]但是这并不意味着社会主义，或者民主制度。培根不信任民众，他们在他那个时代很少有受教育的机会。“最低等的谄媚就是平民的恭维。”[③]“福基翁[④]做得对，当他被群众赞颂时，他问道：我做错了什么？”[⑤]培根想要的首先是拥有土地的自耕农，然后是负责管理的贵族阶层，最后，也是最上层的，就是“哲学王”。“几乎毫无例外地，任何由学识渊博之士管控的政府无不繁荣兴盛。”[⑥]他提到了塞内加、安东尼·庇护[⑦]和奥勒留；他希望后人也能将他的名字加入这些人的行列中去。

四、伟大的复兴

在众多成就当中，他的心不自觉地与哲学融为一体。哲学是他昔日青年时的保姆，今日官场上的伴侣，来日监狱中和落魄时的慰藉。他为哲学

① 《论谋反与骚乱》。

② 《论谋反与骚乱》。

③尼克尔，《弗朗西斯·培根》，第 2 卷，第 149 节。

④福基翁（前 402—前 318），雅典政治家、将军。——译注

⑤ 《学术的进展》，第 6 卷，第 3 节。

⑥ 《学术的进展》，第 1 卷。

⑦安东尼·庇护（86—161），古罗马皇帝（138—161）。——译注

陷入了他所认为的坏名声而惋惜，并且谴责那种尖酸刻薄的经院哲学。“人们极容易因它周围弥漫的争议和谣言而轻视真理，并以一种从未有过的错误态度来看待这些纷争。”[①]“科学……几乎停滞了，得不到任何有益于人类的观点或论点……而学校的一切传统和延续都仍旧属于大师和学者，无关创造发明者……现在科学所做的只是在原地打转和无休止地辩论，最终又回到了起点。”[②]在仕途得意之时，培根一直在斟酌复兴、重构哲学。[③]

他计划将所有研究集中在这一任务上。首先，他在“工作计划”中告诉我们，他将写一些导论，用以解释哲学由于坚持使用那些旧方法而陷入停顿的状态，并罗列他对新开端的几条建议。其次，他将尝试一种新的“科学类别”，并据此对每门科学的材料进行整理归纳并列举出其中未解决的问题。第三，他将描述一种新的“解释自然”的方法。第四，他将从繁忙的工作中腾出时间来进行实际的科学实验，探索“自然现象”。第五，他将展示“理性的阶梯”，通过它们，过去的作家们逐渐靠近正在成形的真理，这些真理已然超出了中世纪烦琐的背景。第六，他将尝试为某些科学结果做“预测”，他坚信只要运用他的方法，就一定能达到目的。最后，他将为《第二哲学》（或《应用哲学》）描绘一座乌托邦，它将从之前铺垫的科学中孕育而出，而他希望自己能成为这一切的先知。以上的一切将构成“哲学的伟大复兴”[④]。

---

①《学术的进展》，第 1 卷。

②《伟大的复兴》，“序言”。

③《各家哲学的批判》。

④依据以上所列条目，培根实际的著作如下：

Ⅰ《关于自然解释的序言》（1603）；《各家哲学的批判》（1609）。

Ⅱ《学术的进展》（1603—1605）；1622 年译成拉丁文。

Ⅲ《几种想法与几个结论》（1607）；《迷宫之战》（1606）；《新工具》（1608—1620）。

Ⅳ《自然史》（1622）；《智慧之球的描述》（1612）。

Ⅴ《林木集》（1624）。

Ⅵ《起源论》（1621）。

Ⅶ《新大西岛》（1624）。

注：上面的这些著作除了《新大西岛》和《学术的进展》之外，都是用拉丁文写成的；其中《学术的进展》是培根和助手为了赢得欧洲的读者而译为拉丁文。历史学者和批评家大都在文献中使用以上文集的拉丁文版。

这是一部鸿篇巨制，并且除了亚里士多德，人类思想史上再无第二人将其完成。它与其他一切哲学的不同之处在于：它着重实践，而非理论；它着重于特定的具体事物，而非思辨的和谐。知识就是力量，而不仅仅是论据或装饰："它不是一种要持有的观点……而是一件要完成的工作；而我……在费尽心思构建的是一个基础，这个基础不为某个派别或教义，它只为实用和获取力量。"[①]至此，现代科学的曲调第一次出现了。

1.《学术的进展》

要有所成就，一个人就必须有知识。"要命令自然就必须顺从自然。"[②]让我们来认识自然的法则，这样我们就能够成为她的主人；像我们现在这样无知，只能是她的奴仆，科学是通往乌托邦之路。然而这条道路现在的状况是崎岖蜿蜒、不断转回原处，迷失在无用的小道之间，引向的不是光明而是混乱。让我们首先对所有科学的现状做一个调查，标注出它们各自规范而独有的领域；让我们"将科学各就各位"[③]，检查它们各自的缺点、需求及可能性；罗列出有待解决的新问题；总而言之，"翻一翻、松一松它们的根周围的土壤"[④]。

这就是培根在《学术的进展》中所从事的工作。如同一位进入自己领土的国王，他这样写道："我的目的是对知识疆域进行一次巡查，发现那些被人力闲置、忽视和抛弃的区域；坦诚地测绘出这些荒芜之地，然后结合公共及私人力量，一起来改善这些地方。"[⑤]他将是这片杂草丛生之地的皇家勘探员，修整道路，将土地划分给劳动者。这是一个大胆而略显猖狂的方案，不过培根还十分年轻（四十二岁对哲学家而言确实年轻），尽可以规划远大航程。"我把一切知识都视为我的领地"，他写信给伯利说道；这并不是说他要自己定下一本早熟的《不列颠百科全书》，而是指他的工作将带他进入每一个领域，在对它们进行社会重建的过程中，他将成为各门

① 《伟大的复兴》，"序言"。

② 《伟大的复兴》，"工作计划"。

③ 《学术的进展》，第 4 卷，第 2 节。

④ 《学术的进展》，第 6 卷，第 3 节。

⑤ 《学术的进展》，第 2 卷，第 1 节。

科学的批判者和协调者。这样一种远大目标赋予了他的文风一种宏大的气质，也使他不时攀上英文散文的高峰。

于是，他巡视巨大的战场，在这里，人类的探索与自然的阻碍、人类的无知展开斗争，他在每一片领域洒下光辉。他重点关注生理学和医学，他推崇后者的工作为调节着“一件配件精密但容易走音的乐器”[①]。但是，他反对现代医生的散漫式经验主义，以及他们不假思索便用同样的处方诊治所有疾病的倾向——通常的医术。“我们的内科医生就像大主教，他们只有松一松或紧一紧的钥匙，再无其他。”[②]他们过多地依赖那些偶然和互不协调的个人经验，应该让他们更广泛地运用实验，进行解剖，如果必要，进行活体解剖；最重要的是，让他们建立一个系统性的易查询的有关实验和结果的体系。培根认为，如果生命只能延长有限的几天并且要以巨大的痛苦为代价的话，那么医学界应被允许施行平静而迅速的死亡（即安乐死）；不过他也敦促医生们多加研习延长生命的技术。“这是医学的一个新领域，尽管仍不完善，却是它最高尚的部分！因为如果能够保证供给，那么医学将不再只限于治愈病症，医生也不再只因被需要而受人尊敬，他们将是给予凡人世间最大快乐的施与者。”[③]关于这点，我们或许会听到一些尖酸的叔本华式抗议，他们反对把长寿看成一种恩赐；相反，他们催促某些医生尽快终结疾病，并认为，对这样的速度应给予虔诚的赞颂。但对培根而言，虽然他有烦恼、结过婚、遭受磨难，但他从未怀疑生命终究是美好的。

在心理学上，他几乎是个“行为主义者”：他要求对人类行为的因果关系做严谨的研究，并且希望将“或然性”这个词从科学词汇中彻底删除。“或然性是一个并不存在的事物的名称”[④]，而“或然性之于宇宙犹如意志之于人类”[⑤]。一个富有意义的世界，一次充满火药味的挑战，都隐藏在这短小的一行字间：经院哲学对自由意志的宣讲被推到一边，排除在讨论之外；将“意志”与“理性”区别开来的普遍假说亦被抛弃。培根开此先河，

---

① 《学术的进展》（拉丁文本），第 4 卷。

② 《学术的进展》，第 4 卷，第 2 节。

③ 《学术的进展》，第 4 卷，第 2 节。

④ 《新工具》，第 1 卷，第 60 节。

⑤ 《自然的解释》，见尼克尔《弗朗西斯·培根》，第 2 卷，第 118 节。

却未能继续下去；[①]他不止一次地这样将一本书浓缩进一句话里，然后拂袖而去。

又是三言两语，培根创造了一门新科学——社会心理学。“哲学家应该孜孜不倦地探索民俗、习惯、教育、模范、效仿、交际、友谊、赞扬、谴责、规劝、名誉、法律、书籍和学习等的权力和能量，因为这些是统管人们道德的东西；人类的心灵正是通过这些渠道形成和被驯化的。”[②]这个提纲被后起的这门新科学紧紧追随，以至于它读上去像是塔尔德[③]、勒邦[④]、罗斯、华莱斯、涂尔干[⑤]等人著作的一个内容总纲了。

科学几乎涵盖了全部，无所不包。巫术、梦魇、预知未来、心灵感应等一切“精神现象”都应接受科学的审查；“因为我们无从知晓，到底在何种情况下、以何种程度的效力，这些所谓的迷信会对自然产生影响”[⑥]。尽管本身有强烈的自然主义倾向，他仍旧为这些问题所吸引；与人类有关的一切现象他都不想放过。的确，谁知道从这样的考察中会冒出怎样颠扑不破的真理或是新的科学呢，就像化学脱胎于炼金术一样？“炼金术好比一个人告诉他的儿子们，他在葡萄园的某个角落埋了一堆金子；在那里，儿子们翻土犁地，就是没有发现金子，但由于对葡萄秧周围土壤的翻动，他们收获了丰盛的葡萄。同样，意在炼金的种种探索和努力将许多有用的发明和指导性实验带进了光明。”[⑦]

在第八卷中，又有一门科学诞生了：生活成功的科学。尚未经历名利场上的大起大落，培根对如何升迁给出了一些初级建议。首先需要的是知识：关于我们自己以及关于他人的知识。“自知”只是一半，而了解自身的主要价值是了解他人的有效手段。

---

①它们在斯宾诺莎的《伦理学》第1卷附录中得到了发展。

②《学术的进展》，第7卷，第3节。

③塔尔德（1843—1904），法国社会学家、社会心理学家。——译注

④勒邦（1841—1931），法国社会心理学家，著有《乌合之众：大众心理研究》。——译注

⑤涂尔干（1858—1917），法国社会学家，被普遍推崇为社会学法国学派之父。——译注

⑥《学术的进展》（拉丁文本），见尼克尔《弗朗西斯·培根》，第2卷，第129节。

⑦《学术的进展》，第1卷。

> 我们必须勤奋地了解与我们接触的各类人——他们的脾气、欲望、观念、习俗、习惯；他们主要依赖的协助、帮助和保障，以及他们从何处获得权力；他们的缺点和弱点，这是他们的主要空隙和可乘之机；他们的朋友、派系、上司、庇护人、敌人、嫉妒者以及竞争对手；接近他们的时机和方式……不过开启他人内心最可信的钥匙便是研究和挖掘他们的脾性及本性，或者他们的目的和计谋；评判相对弱小且简单的人最好靠辨别脾性，而那些相对谨慎和保守的人则需考察其谋划……通向这些考察的最短途径依赖于以下三点，那就是——第一，交大量的朋友……第二，在言论自由和言行谨慎之间遵守中庸之道和适度原则……不过，最重要的是切忌将自己表现得过于善良和友好，这对建立良好的自我形象和维护自我权利大有裨益，否则会使自己暴露于伤害和谴责之中；一定要……时不时地迸发一些自由、慷慨的思想火花，哪怕它们所含的刺并不少于所含的蜜。[①]

朋友对培根而言主要是获得权力的手段，在这点上，他与马基雅维利持有相同的观点。如果不考虑米开朗基罗与卡瓦列里、蒙田与拉伯埃西[②]、菲利普·西德尼与休伯特·朗格[③]之间美好和不计利害的友谊，这一观点很容易被归因于文艺复兴。[④]或许这对友谊异常实际的定位可以解释培根为什么会从权力之巅跌落下来，就像类似的观点可以解释拿破仑下台一样；因为如果你是以某种特定的方式在对待他们的话，你的朋友很难以更高的处世哲学来对待你。培根接着引用古希腊七贤之一拜阿斯的话说："爱你的朋友如同他将要成为你的敌人，爱你的敌人如同他将要成为你的朋友。"[⑤]即使是对你的朋友，也不要过多暴露你的真实目的和想法；在与朋友的对话中，比起表达观点，应更多提出问题；张口说话时，

---

①《学术的进展》，第 8 卷，第 2 节。

②拉伯埃西（1530—1563），法国法官、作家。——译注

③休伯特·朗格（1518—1581），法国外交家、改革家。——译注

④参见爱德华·卡朋特《愉快的伊俄拉俄斯：友谊之选》。

⑤《学术的进展》，第 8 卷，第 2 节。

多提供数据和信息，而不是你的信仰和判断。[①]彰显自豪是前进的助推力，“炫耀只是伦理学中的过错，并不适用于政治”[②]。这又让人想起了拿破仑——培根就像这个小个子的科西嘉人，在他自己的院墙之内朴素简单，在外却喜好排场和仪式，他认为，这对赢取公共声名不可或缺。

于是培根跑过一片又一片田地，将自己思想的种子播撒在每一门科学的土壤中。考察结束，他得出这样的结论：科学本身已经不够，必须有一种学科之外的力量和方法，对它们进行调配，为它们指出一个目标。“科学鲜有成绩的另一个重大原因就在于此。假若目标本身没有摆正，那么前行的路线就不可能正确。”[③]科学需要的是哲学——对科学方法的分析，对科学目的和结果的协调；没有这个，任何科学必然是肤浅的。“正如在平地上不可能看到完美的乡村全景，站在与科学同一水平线上而不升至一个更高点，是不可能发现科学中那些偏僻和深藏的部分的。”[④]他谴责那种脱离周围环境、只看独立的事实、不将自然作为一个整体来考虑的习惯；他说，这就好像一个人拿着一根小小的蜡烛在屋子的四角照来照去，殊不知头顶上正有一盏明灯在放射光芒呢。

归根到底，培根爱的是哲学，而非科学；只有哲学能为一个纷繁复杂、充满悲伤的生命带去那种由理解和领悟而生的持久的宁静。“学习能战胜或减轻对死亡和不幸的恐惧。”他引用了维吉尔的名句：

> 快乐的人啊，他通晓万物的起因，
> 脚踩全部的恐惧和无情的命运，
> 以及贪婪之狱的种种纷争。

或许哲学最美好的果实是，凭借它我们可以忘记工业化环境一直在反复灌输的，要无休止攫取的信条。“哲学首先将我们引向对内在心灵的求索，

---

①见《论说文集》中的《论掩饰》和《论辞令》。

②《学术的进展》，第 8 卷，第 2 节。

③《学术的进展》，第 1 卷，第 81 节。

④《学术的进展》，第 1 卷。

至于其余需求,要么会随之而来,要么不再需要。”[①]些许智慧便可享乐终生。

与科学一样，政府也遭受着缺乏哲学的苦恼。哲学与科学间的关系就像政治家与政治的关系：行动应由全部的知识和全局式的观点来指导，应反对盲目性和谋取私利。如同一旦脱离了人们的实际需求和现实生活，对知识的追求就会变成经院哲学一样，脱离了科学和哲学的政治诉求也将变成毁灭性的喧嚣。“将身体托付给经验主义者是错误的，他们通常只依据少数几个处方，而对疾病的缘由、病人的身体状况、意外的危险性以及真正有效的诊疗方法一无所知。同样的道理，将一个国家交给经验主义政治家一定是危险的，除非他们能与其他有识之士结合在一起……尽管听上去似乎在偏袒自己的职业，他仍旧说道：‘当国王成为哲学家，或者哲学家成为国王，国家就会兴盛。’而这早已被经验证实，史上那些国盛民安的时代都出现在富有智慧和学识的君主统治之时。”[②]他使我们想起了图密善之后、康茂德之前统治罗马的几位伟大君王。

于是，培根像我们其他人一样，升华了自己的爱好，将它作为拯救人类的要诀提出。然而他也比柏拉图（这个区别宣告了近代的到来）更加清晰地意识到专门学科的必要性，以及从事专门研究的人员队伍的必要性。任何一个心灵，包括培根在内，都不可能胜任覆盖全部领域的工作，尽管他可能是站在奥林匹斯山顶向下俯瞰。他明白自己需要帮助，并且真切地感受到自己的事业有如独临山巅般孤立无援。“你在工作中有着怎样的同事？”他问一位朋友。“对我而言,是处在绝对的孤独中。”[③]他梦想着从事不同学科研究的科学家互相协调，不断沟通与合作，并在一个专门性组织的指引下朝着同一个目标努力。“想一想，如果人人富有闲暇，通过劳动组织和世代相传联合在一起，那我们还有什么好期待的呢？这不是一条一次只允许一人通过的道路(好似推理的过程),而是需要人类的全部劳动(经验的收集尤其如此)，在付出各自最大限度的努力之后，再进行收获、调配和结合的过程。因为只有在那时，人们才真正开始知道他们各自的长处。

① 《学术的进展》，第 8 卷，第 2 节。

② 《学术的进展》，第 1 卷。

③尼克尔，《弗朗西斯 · 培根》，第 2 卷，第 4 节。

不再是一大伙人做着同样的事情，取而代之的是这个人负责这件事，另一个人负责另一件事。”[①]作为知识的统一体，科学本身必须体现组织性。

这个组织必须是国际性的；它能够跨越国际自由流转，让欧洲在知识上结成一体。“我发现的第二个不足是大学之间鲜有共鸣或书信往来，就全欧洲而言如此，即便是同一个国家或王国之内也是如此。”[②]应让这些大学分担不同的学科和问题，并在研究和出版领域互相合作。如此规划和关联之后的大学就配得上皇家的支持了，它们就能够成为乌托邦中统治全世界的公正不阿的学术中心了。培根注意到，“不论是科学领域，还是艺术方面，大学讲师所获的薪金都极其微薄”[③]；他认为这一状况只能绵延下去，直到政府接管教育事业。“古代及盛世的文人志士始终在抱怨，政府过多地忙于法律，而疏忽了教育。”[④]他的远大梦想便是科学实现社会化，用以征服自然，扩展人力。

于是他求助于詹姆士一世；知道他的君王爱听奉承，便鼓动三寸不烂之舌，将他捧上了天。詹姆士既是君王也是个学者，自豪于自己的文笔甚至超过权杖和宝剑；从这样一位博学文雅的国王身上或许可以期待些什么。培根告诉詹姆士，他草拟的这些方案是真正的“帝王之业”——“对此，个人的努力就好比站在路口的雕像，指明了道路却迈不开步伐。”这样一种皇家规模的事业自然要花费不少，但是，“就像君主和国家的大臣和密探为获取情报要送来清单一样，如果您不想错过世上许许多多有价值的信息，那么就必须允许大自然的密探和情报员送来他们的清单。如果说亚历山大大帝能够给予亚里士多德大量的财富用以资助狩猎人、捕禽人、渔人和其他诸如此类的人，那么现在这些为您揭示自然秘密的人则需要更多的捐助”[⑤]。有了皇室的资助，“伟大的复兴”便能够在几年内完成；否则，这项事业将需要耗费几代人的功夫。

培根令人耳目一新之处在于他对人类征服自然持有坚如磐石的信念：

---

① 《新工具》，第 1 卷，第 113 页。

② 《新工具》，第 1 卷，第 113 页。

③ 《学术的进展》，第 2 卷，第 1 节。

④ 《学术的进展》，第 1 卷。

⑤ 《学术的进展》，第 2 卷，第 1 节。

"我拿一切做赌注，担保人定胜天。"人们已经做到的"只不过是他们对应该做的事情的一种热情"。可是，如此大的希望信心从何而来？难道在过去的两千年里，人们没有在寻求真理、没有在科学的道路上探索前进吗？过去这么长的时间仅结出了如此有限的果子，难道我们还要对如今能取得巨大的成就报以希冀吗？——是的，培根答道；如果人们过去使用的方法都是错误或无效的呢？如果人们在前进的道路上迷失了，探索一直在旁支小道上挣扎呢？我们需要在我们的科学和逻辑体系中，对研究和思维的方式方法进行一次彻底的革命；我们需要一种新工具，它比亚里士多德的更好，更适合这个更广大的世界。

于是，培根向我们奉献出他最伟大的作品。

2.《新工具》

他的最刻薄的一位批判者说："培根最伟大的作品是《新工具》的第一卷。"[①]从来没有人能将如此多的生命活力注入逻辑学当中，将归纳法谱写成一次史诗般宏伟壮丽的征程。如果你必须学习逻辑学，那么请从这本书开始吧。"人类哲学中关于逻辑学的这部分会不合很多人的胃口，因为在他们看来这无非是一张网，一个险象丛生、诡异莫测的陷阱……但是如果我们根据事物的真实价值来排序的话，那么推理科学是打开其他一切的钥匙。"[②]

培根说，哲学之所以贫瘠了这么久，是因为她需要一个崭新的方法来使她重新焕发活力。古希腊哲学家最重大的错误就是过于关注理论而忽视了观察。然而思维应是观察的助手，而不是它的替身。"人，"《新工具》的开篇箴言这样说道，俨然是在对一切形而上学提出挑战——"作为自然的臣相和使者，所能做的和所能理解的取决于他观察自然秩序……所达到的程度；他不可能知道得更多，或是做得更多"。关于这一点，苏格拉底的前人比其后辈讲述得更为明确，尤其是德谟克利特，他对挖掘事实感觉灵敏，眼睛从不为浮云遮掩。难怪哲学在亚里士多德之后鲜有进展，因为

①麦考莱，《论文集》，第3卷，第92页。

②《学术的进展》，第5卷，第1节。

它一直在使用亚里士多德的方法。"借亚里士多德之力超越亚里士多德就好像从光源中借一部分光亮来增强光源本身一样。"[①] 在用亚里士多德创立的方法诡辩两千年后的今天，哲学的地位已经一落千丈，以致无人肯敬重它了。一切中世纪的理论、原理和争论必须被全部抛弃和忘却；要实现复兴，哲学就必须打扫干净屋子，重新开始。

因此，第一步是"理智的净化"。我们必须变成小孩子，头脑中没什么主义，也没什么抽象的概念，清扫出所有的偏见和先入为主的观念。我们必须摧毁心中的"偶像"。

在培根那里，"偶像"这个词（或许反映了新教徒拒绝崇拜头脑中的虚幻实在）指的是把画像误当成实在，把思想错当成事物。于是谬误便不可避免地产生了，而逻辑的首要任务便是要追溯并击毁这些谬误的缘起。培根接下来展开了对谬误公正而出色的分析。孔狄亚克[②]说："没有人比培根更清楚地明白人类错误的缘由。"

这些谬误的第一类是"种族偶像"——人类天性中普遍存在的错误。"因为人总是错误地把自己的意识断言为事物的标准（普罗泰戈拉说的是'人是万物的尺度'）：相反，一切感知，不论是感官的，还是心灵的，都只与人相关，而并不适用于宇宙；人的心灵就如同一面面凹凸不平的哈哈镜，将自身的品质散播到其他事物上……并使它们扭曲、变形。"[③] 我们的思想与其说是物体的图片，不如说是我们自己的画像。譬如，"出于自身的独特个性，人类理智极容易把事物中的秩序和规律设想成比实际存在高得多的一种程度……因此才有了一切天体都按照正圆形轨道运行的虚构"[④]。同样：

> 当任一命题被确定下来之后（不论是出于公众的认可和信仰，还是出于它所蕴含的乐趣），人类理智便会强迫其他一切事物为此提供

① 《自然的解释》。

②孔狄亚克（1715—1780），法国哲学家，感觉主义心理学的代表。——译注

③ 《新工具》，第 1 卷，第 41 节。

④ 《新工具》，第 1 卷，第 45 节。

> 额外的支持和认可：尽管言之凿凿的反例数量丰富、证据充足，但它们不是被忽视，就是被蔑视，又或者出于某些特定的原因而被放弃或拒绝，反正就是不能牺牲该命题的权威性。有这样一个人，在庙里，有人指给他看几块高悬的匾额，它们是在海上遭遇沉船却死里逃生的人送来还愿的，人们责问他现在是否感受到了神的威力……“不过，那些许了愿却仍旧死了的人的遗像在哪儿呢？”所有的迷信都大体相同，不管是占星、读梦、预示、因果报应，还是其他什么，受蒙蔽的信众都只看到了愿望实现的那些事情，却忽视和遗忘了那些没有应验的祈祷，尽管后者要普遍得多。[①]

“根据自己的意志决定好问题之后，人开始求助于经验；使经验屈从于他、认可他的观点，像对待俘虏一样牵着它到处游行。”[②]简言之，“人类理智绝不是干燥、单纯、光亮的，而是掺杂了意志和个人情感的混合物，于是产生了一切所谓‘如人所愿的科学’……因为人之所有并非为真，只是他更愿意相信罢了”[③]。难道不是这样吗？

关于这一点，培根给出了一个黄金法则。“总的来说，所有从事自然研究的人都应遵守这条规则——即凡是令他的内心感觉异常兴奋或满足的东西都值得怀疑；对待此类问题，他应当加倍小心、谨慎处理，以确保理智的平衡、清晰。”[④]“切勿让理智从个别事物中纵身一跃或腾空而起，以抵达遥远的公理或几乎具有最高普遍性的原理……切勿让理智插上翅膀，而必须给它挂上重物，使它不能跳跃或飞翔。”[⑤]想象力或许是理性最强大的敌人，它只应是理性的尝试和实验。

第二类谬误培根称之为“洞穴偶像”，即个人特有的错误。“因为每个人都有他自己的洞穴或窠臼，在那里自然的光芒发生了折射、褪色”；这就是他的性格，由先天环境和后天教养以及他的心情、身体机能和内心世界

① 《新工具》，第 1 卷，第 46 节。
② 《新工具》，第 1 卷，第 63 节。
③ 《新工具》，第 1 卷，第 49 节。
④ 《新工具》，第 1 卷，第 58 节。
⑤ 《新工具》，第 1 卷，第 104 节。

共同塑造而成。例如，有些人天生擅长分析，他们所见处处是差异；另外一些人则天生擅长综合，于是他们看到的处处是相似；于是我们便一方面有了科学家和画家，另一方面又有了诗人和哲学家。再有，“有些人的性情使他们酷爱古迹，另一些人则崇尚新奇；而只有少数人能恪守中庸，既不推倒古人的光辉业绩，又不藐视当代人的适时创新”①。真理无所谓派别。

第三类谬误则是“市场偶像”，它来自“人与人之间商业性或组织性的来往。因为人通过语言交流，而词汇的意义依托于大众的理解，于是，措辞不当便会在心灵间造成严重的阻隔”②。哲学家使用“无限”就如同粗心的语法学家玩弄“不定式”；可是，有谁真正考虑过“无限”是什么，或者它是否真的存在呢？哲学家讨论“无因的第一因”或者“不动的第一动力”，可是，难道这些不只是用些无花果叶子般的词语来遮掩赤裸裸的无知，或许还透露了言说者内心的愧疚吧？每一个清晰、诚实的心灵都明白，没有无原因的原因，也没有不动的推动者。也许哲学最伟大的复兴仅此而已——那就是，我们应该停止说谎。

“最后还有一类，那是经由哲学家的各种教条以及错误的论证法则转入人心的偶像，我将这些称为‘剧场偶像’。因为在我看来，现存所有公认的哲学体系不过是一幕幕舞台剧，展现的是他们不切实际、戏剧性的幻想……在这些哲学戏剧里，你可能会观察到与诗人剧场里一模一样的东西——为舞台所创作出的故事更加紧凑、更加典雅，更像我们希望的模样，远非历史上的真实故事所能比拟。”③柏拉图所描绘的世界由柏拉图一人构建而成，反映出的是柏拉图自己，而不是真实的世界。

如果这些偶像仍然伺机在每一个路口将我们绊倒，那么我们之中哪怕是最杰出的人也不可能在寻求真理的道路上走得更远。我们需要推理的新模式、理解的新工具。“如果没有发明指南针，那么西印度群岛就永远不可能被发现；同理，当科学创新和探索的手段仍然陈旧时，人类技术的发

① 《新工具》，第 1 卷，第 56 节。
② 《新工具》，第 1 卷，第 43 节。
③ 《新工具》，第 1 卷，第 44 节。

明和突破便鲜有进展。”[①]“当地球上的物质……已在我们这个时代被大规模地开采、运用之时，我们理性的世界如果仍旧大门紧锁、委身于昔日的有限成就中，那实在是有失颜面。”[②]

追根溯源，我们的一切苦难都应归咎于教条和演绎。我们之所以发现不了新的真理，是因为我们将某些古老却可疑的命题当作不容置疑的出发点，从来不去考虑这个命题本身是否经得起观察或实验的检验。现在，“如果一个人始于确信，那么他应该止于怀疑；然而，如果他甘愿始于怀疑，那么他将止于确信”（哎呀，这也不是十分必然的）。这是近代哲学初期的一个普遍标志，是它独立宣言的一部分——笛卡尔也讨论了“方法论上的怀疑”，要作诚实的思考，清除蜘蛛网式的先决条件是必要的。

紧接着，培根对科学的研究方法作了一番令人钦佩的描述：“还剩下‘单纯经验’，这种经验如果听之任之，就叫作偶遇”（“经验的”），“如果对其进行探寻，就叫作实验……经验的真实方法首先是点燃蜡烛”（假设），“然后以烛光照亮道路”（安排和限定实验）；“从适当整理、消化过的经验出发，而不是从杂乱无章的事实出发，继而推断出定理，然后从确立了的定理再引出新的实验”[③]。（我们现在读到的内容在后面的章节[④]会再出现，它强调把初期实验的结果作为进一步研究的“第一次收获”——在此，培根明确指出了假设、实验和推演的必要性，却未加以充分的论述，一些批评家就此认为他完全忽视了这一点。）我们必须走进自然，而不是走进课本、传统和权威；我们必须“将自然绑起来，逼她指出证人”，哪怕对她自身不利，这样我们才可能驾驭她以实现我们的目的。我们必须汇集各方面的材料，联合全欧洲科学家的研究力量，构建一部世界“自然史”。我们必须有所归纳。

不过归纳并不意味着对全部数据的“简单列举”，可以想象，那将是没有止境和毫无用处的，任何一大堆材料都不可能自己变成科学。这就像

① 《学术的进展》，第 5 卷，第 2 节。

② 《新工具》，第 1 卷，第 84 节。

③ 《新工具》，第 1 卷，第 82 节。

④ 《新工具》，第 2 卷，第 20 节。

是“在空旷的田野上追逐猎物”；我们必须缩小包围圈至一定的区域来抓捕我们的猎物。归纳法必须包含对数据进行分类和对假设进行删减的技巧；这样，通过对或然解释的逐步排除，最终将只能剩下一种解释。或许这个技巧最有用的一项是“三表法”，即在表格中列举一些现象，如果出现两种特性或状态共同增减的情况，那么就表明在这两个共变现象之间可能存在某种因果关系。例如培根问道：什么是热？——并寻找某些随着温度的上升而增加，或者随着温度的下降而减少的因素；经过长期的分析，他发现热和运动之间存在一种确切相关性；于是他得出结论：热是运动的一种形式。这便是他对自然科学为数不多的实例式贡献之一。

用培根的话来说，经过对材料的不断收集和分析，我们便到达了现象的“形式”——即研究它所隐藏的性质和内在的本质。培根的形式论跟柏拉图体系中的理念很相近：一种科学的形而上学。“我们所说的形式专指一切单纯自然行为的法则和规约以及由此排列和建构而成的一切单纯本性，不指任何其他……因此，热或者光的形式指的就是热的规律或者光的规律，不是别的。”[①]（无独有偶，斯宾诺莎强调，圆的规律就是它的“本质”。）“因为尽管自然界中只存在根据各自规律呈现特定特征的单独个体，然而，在每一门学科中，这些规律——对它们的研究、发现和发展——却是理论和实践共同的基础。”[②]理论和实践，缺少任何一方都是无用和危险的；不能转化为成果的知识是苍白、冷血的，应为人类所不齿。我们努力认识事物的形式并不是为了形式本身，而是通过了解形式，了解这些规律，我们可以根据自己的愿望来改造事物。因此，我们学习数学是为了计量和建桥；我们学习心理学是为了在社会的丛林中找到自己的路。当科学充分探索出万物的形式时，世界将只是一堆原材料，任由我们去建构心中的乌托邦。

3. 科学的乌托邦

如此这般改造科学，然后通过控制科学来完善社会秩序，这本身就已经是

---

① 《新工具》，第 2 卷，第 13、17 节。

② 《新工具》，第 2 卷，第 2 节。

个乌托邦了。培根在他的简短的、同时也是最后一篇的著作《新大西岛》中为我们描述了这样一个世界。该书出版于培根去世前两年。威尔斯认为这本书是培根“对科学最伟大的贡献”[①]：只简单几笔，他便为我们展现了一幅社会景象——在这里，科学终于登上了它应有的作为万物统帅的最高宝座；这是一次崇高的想象之旅，三个世纪以来，众多勇士以此为唯一标枪，与愚昧和贫穷斗争，追求知识与发明。接下来我们将看到弗朗西斯·培根的本质，他的“形式”，他生存和生命的法则，深藏于他灵魂中绵延不断的诉求。

柏拉图在《蒂迈欧篇》中曾讲述大西岛的古老传说[②]，这是一片在西方海域沉没了的大陆。培根和其他一些人将哥伦布和喀波特发现的新美洲认作是古老的大西岛；这片伟大的大陆其实根本没有沉没，沉没的只是人们航海探险的勇气。这古老的大西岛现在重见天日了，并且看上去还住着一个精力充沛的民族，然而他们并不十分符合培根头脑中的聪明灵慧的乌托邦人的条件，于是他设想了一个新的大西岛：这是一个地处遥远太平洋中的岛屿，只有德雷克[③]和麦哲伦曾经航海经过，它远离欧洲，人们也并不了解它，这便给了培根充足的想象空间来实施他的乌托邦梦想。

故事的开头精美细致却不矫揉造作，就像笛福和斯威夫特的名篇一样。“我们从秘鲁出发（在那里我们待了整整一年），经由南海前往中国和日本。”海上风平浪静，几艘航船连续数周行驶在一望无际的海上，就像一面镜子上的几个斑点，而船上探险者的储备也在日益减少。接着刮起了势不可当的大风，将航船毫不留情地一直推向北方，向北，再向北，推出了岛屿遍布的南海，推进了一片苍茫无边的未知海域。船员们的日常供给越来越少，疾病也趁机袭来。最后，正当他们即将放弃希望、听天由命时，他们难以置信地看见远处天空下出现一座美丽的岛屿。航船渐渐靠近岸边，船员们看见岸上站着的不是野蛮人，而是一些衣着简朴整洁又不失风度的人，并且显示着发达的智商。他们被允许上岸，但又被告知岛上的政府不准许外人停留。不过由于他们中有人生病了，他们可以暂时停留，直到这些人康

---

①《世界史纲》，第 35 章，第 6 节。

②《世界史纲》，第 35 章，第 25 节。

③德雷克（1540—1596），英国海军上将，伊丽莎白时期最著名的航海家。——译注

复为止。

在艾得身体康复的几个星期内，这些漂泊者逐渐揭开了这片新大西岛岛屿的秘密。岛上的一位居民告诉他们："大约一千九百年前，这座岛由一位国王统治，我们永远铭记并且崇拜他……他的名字叫作所罗门那，我们尊奉其为我们国家的立法者。这位国王心胸宽广……并且全心全意为国家和人民谋福利。"[①]"在这位国王的所有卓越成就中，有一项最为杰出，那就是他创造和建立了'秩序'，或者'社会'，我们称之为'所罗门宫'；我们认为，它是世界上最伟大的组织，也是这个国家的指路明灯。"[②]

接下来是一段对"所罗门宫"的描述，由于它太过复杂，我无法在此摘录，但这段描述又是如此的辞藻华丽、令人信服，以至于连怀有敌意的麦考莱也写下了这样的评语："世上再也找不出第二篇这样的文字，它富含深邃、宁静的智慧，实在是卓尔不群。"[③]所罗门宫在新大西岛上的地位相当于伦敦的议会两院，它是这个岛国的政府所在地。然而那里没有政治家，没有卡莱尔口中高傲无礼的"当选者"或是"国家骗局"；政党、政党预备议会、候选人遴选大会、全国大会、竞选、警察、印刷品、社论、演讲、谎言和选举通通不存在；这些大西岛人似乎从未想过要依靠这些荒诞的方式进入公共管理机关。然而，通往科学荣誉巅峰的大路却是向所有人敞开的，而且只有走过这条路的人才能走进政府。这是一个由挑选出的最优秀人才组成的政府，它属于人民，并为人民服务；一个由技师、建筑师、天文学家、地理学家、生物学家、医学家、化学家、经济学家、社会学家、心理学家和哲学家组成的政府。实在是复杂，但是想一想吧，这可是一个没有政治家的政府啊！

的确，它在新大西岛几乎没有什么政府职能；这些政府官员投身于掌控自然，而不是统治人民。"我们组织的终极目标是认识万物的原因及隐含的运动方式，并且在可能实现的范围内，扩大人类王国的疆域。"[④]这就

① 《新大西岛》，第 20 页；剑桥大学出版社，1900。

② 《新大西岛》，第 21 页。

③ 《新大西岛》，"序言"，第 25 页。

④ 《新大西岛》，第 34 页。

是本书的主题句，也是理解弗朗西斯·培根的关键词。我们发现这些官员从事着如此不起眼的工作，诸如研究星体、筹划在工业上利用瀑布能量的方法、研发具有治疗功能的多种气体[①]、以动物为实验品增长外科知识以及通过杂交手段培育新品种的动植物等等。“我们模仿鸟类的飞行，我们能在空中做一定程度的飞行。我们拥有能够潜入水底的大小船只。”这里也有外贸，不过性质有些不同：岛上商品完全是自产自销、自销自产，因此不会为了抢夺国外市场而陷入战争；“我们与外界维持着一种贸易，它无关金银珠宝、绫罗绸缎、烟草香料或其他任何商品，它只为了寻求上帝的第一项创造，即光明——为了获取世界各地成长的智慧之光”[②]。这些“光明的商人”是所罗门宫的成员，每隔十二年被派出一批前往国外，并与这个文明世界里各个区域的外国人生活在一起，学习他们的语言及科学、工业和文学；十二年后当他们返回时，他们将向所罗门宫的长官汇报各自的发现；与此同时，他们在国外的岗位也会由新一批科学探索者接管。就这样，世界各地一切最好的东西很快地全部来到了新大西岛。

描述虽然简短，我们还是从中看到了每一位哲学家心中乌托邦的模样—— 一个民族，在一群最富智慧之人的领导下安居乐业、勤恳富足。每一位思想家的梦想都是用科学家代替政治家，为什么拥有如此多化身的它仍旧只是个梦想呢？是不是因为思想家都只是些空想家，从未走上现实的舞台去构建他们头脑中的方案呢？难道目光狭隘、贪婪无度的强烈野心注定会打败哲学家和圣贤们温文尔雅、诚恳严谨的抱负吗？或者，是不是因为科学尚未发展至成熟和自觉呢？——是不是只有到了我们这个时代，物理学家、化学家、技术专家才开始意识到，科学在工业和军事中日渐上升的地位赋予了他们在社会战略中至关重要的角色，并向他们指明，一旦他们联合起全部的力量，将说服整个世界，把他们推上领袖的位置？或许科学还不配支配世界，或许不久的将来它就可以了。

①参见 1923 年 5 月 2 日的《纽约时报》，一个军政部门的化学家写的运用军用瓦斯治疗疾病的报告。

②《新大西岛》，第 24 页。

五、评论

现在我们应该如何评价弗朗西斯·培根的哲学呢?

它有什么新意吗?麦考莱认为,培根描述的归纳法早已是过时的东西,根本不应引发什么轰动,更别说为其立碑了。“世界伊始,人们便开始从早到晚地运用归纳法:一个人推断肉饼不适合自己,因为他吃了就难受,不吃就不难受,吃多了最难受,吃少了少难受,而这就是他在无意识却十分有效地运用《新工具》中的所有表格。”[①]不过约翰·史密斯很难如此准确地运用这些“三表法”,他很可能不顾肠胃的困扰而继续吃肉饼。况且,就算约翰足够聪明,那也不能掩盖培根的成绩——逻辑学的工作是什么?不就是对聪明人的经验、方法进行系统的总结吗?——科学的工作呢?不就是通过规则将少数人的技艺转化为可以传授给大众的科学吗?

但是,这样的系统陈述是培根的独创吗?苏格拉底的方法不是归纳吗?亚里士多德的生物学采用的不是归纳法吗?罗杰·培根不是一边实践一边宣扬归纳法,而弗朗西斯·培根只是宣扬吗?伽利略不是总结出比科学实践中更系统的归纳法了吗?就对归纳法的使用而言,罗杰·培根做得最准确,其次是伽利略,再次是亚里士多德,最不确切的是苏格拉底。伽利略勾画出的是科学的目标,而非实践的手段,他向后人展示了一个用数量表述的全部经验和关系的目标!亚里士多德则是在没有其他方法、材料自身又不适合使用他至爱的宏观普遍假说演绎具体结论时,才会使用归纳法;比起对词语和观点进行界定和区分的分析法,苏格拉底其实并不怎么使用意在收集材料的归纳法。

培根并没有自称突破前人;好比莎士比亚,他体面地接管,又用同样的方法,使一切经他触碰的东西焕发新的光彩。每个人都有他自身的渊源,就像每个有机体都有它自己的食物一样;属于他的就是他消化食物并把它们转化为血肉的方式。就像洛雷指出的,培根“不蔑视任何人的观察,却用自己的火炬点亮了每一个人的蜡烛”[②]。不过培根也承认他的人情债:他

---

①《论文集》,第3卷,第471页。

②杰·姆·罗伯逊在《弗朗西斯·培根哲学著作集》“序言”(第7页)中引用。

提到“希波克拉底那种有效的方法”[①]——将我们送至归纳逻辑的真实发源地古希腊；他还写道：“柏拉图（有时我们不太确切地写作‘苏格拉底’）展示了用归纳和观察个体的方式进行研究的好榜样；尽管这种方式太过散漫，既无力量也无效果。”[②]若要辩白自己从前辈那里承受的恩惠，他一定会鄙视；我们又何苦夸大其词呢。

但是话又说回来，培根的方式正确吗？它是现代科学最富成果的方式吗？不。总体而言，科学使用过的获得了最佳成果的方式，不是材料的积累（“自然史”）和对材料依据《新工具》中复杂表格的处理，而是简单的假设、演绎和实验。因此，在读了马尔萨斯的《人口论》之后，达尔文产生了将其人口增长速度倾向于高过物质财富积累速度的假设应用于一切生物的想法，并由此演绎出这样一个极有可能的结论：人口对食品供给造成的压力促使生物为了生存而竞争，其中适者生存，并且每一代都更加适应它所生存的环境；最后，（通过假设和演绎确定问题及研究领域后）他转向了“大自然永不枯竭的面孔”，在二十年的时间里对事实一一进行观察和归纳。再有，爱因斯坦构想出这样一个假设，或者是受了牛顿的启发，即光线的传播途径是曲线，而不是直线；从中演绎出这样的结论：星体看似在天空中确定的位置（根据直线理论），实际上是在距那个位置偏离一点的地方；然后他又设计了实验和观测来验证这一结论。显然，假设和想象的功用比培根认为的要大得多，科学步骤也比培根式方案更加直接和明确。培根自己也预料到自己的方法会被淘汰，科学实践自会发掘出更好的研究方法，而不是政治家讨论得来的。“这些东西需要几代人的时间来使之逐渐成熟。”

即使培根精神的推崇者也不得不承认，这位大法官在为科学立下规约时，落在了同时代科学发展步伐之后。他反对哥白尼，忽视开普勒和第谷[③]；他贬低吉尔伯特，似乎也没注意到哈维。事实上，比起研究，他更喜欢论说；又或许，他没有时间进行辛苦的实验。直至去世，他在哲学和科

---

①《学术的进展》，第 4 卷，第 2 节。

②《迷宫之线》书末。

③第谷（1546—1601），丹麦天文学家。——译注

学领域所做的工作仍是零碎、混乱的；其中充斥着重复、矛盾、理想和引言。艺术永存而时间飞逝：这是每一个伟大灵魂的悲哀。

工作如此繁忙的一个人，复兴哲学都只能在纷繁复杂、险象丛生的政治生涯间隙去完成，要让他创作出如莎士比亚一般丰富曲折的作品，无异于将学生的时间浪费在那些空想理论家的沙龙辩论上。莎士比亚欠缺的正是这位高贵大法官的特色——博学和哲学。莎士比亚对诸门科学都略有了解，这令人称奇，但是他一门都不精通；在谈到这些科学时，他总是以一个业余爱好者的口气大谈特谈。他接受占星术："这一巨大的国度……星星在秘密地影响它的舆论。"① 他永远都在出错，而这些错误是博学的培根根本不可能犯下的：他笔下的赫克托尔引用了亚里士多德的话，克里奥兰斯暗自指称加图；他将牧神节设想成一座小山丘；他对恺撒的了解和 H. G. 威尔斯差不了多少。他无数次提到早年的生活和婚姻的艰辛。他时常开些粗鄙、下流和双关语玩笑，这放在一个温和的浪荡子身上再自然不过，仍未脱离斯特拉福德城的小痞子和屠夫之子的习气——但是，这在一个镇定、平和的哲学家那里几乎是不可能的。卡莱尔称莎士比亚为最伟大的智者，然而他更像最伟大的幻想家和最敏锐的观察者。他无疑是位心理学家，但不是一位哲学家：他不具备为了自身和全人类的目标而整合成形的思想体系。他沉浸在爱与被爱的问题中，只有伤心欲绝时才在蒙田的诗句中想起哲学。否则，他便心甘情愿地接受眼前这个世界；他的目光并不集中在使柏拉图、尼采、培根变得高贵的哲学复兴梦想上。

热切推崇统一，渴望将其协调的智慧普及至一百多门科学中，这既是培根的伟大之处，也是他的弱点。他希望自己能像柏拉图一样，是"一位卓越的天才，站在高石上俯瞰世间的一切"。他为自己抗起了万千个任务，却在重压下垮塌了；他的失败情有可原，因为他担负的太多太多。他未能到达科学的理想之地，却如考利 ② 在墓志铭上所写，他至少站在了边界上，指点着远处的美好景观。

他的成就不会因其间接性而有所减损。他的哲学著作，尽管如今鲜有

---

①《十四行诗》，第 15 首。

②考利（1618—1667），英国诗人和小品文作家。——译注

人问津，但“曾撼动过那些推动世界发展的智者”[①]。他为“文艺复兴”式乐观主义和雄心壮志摇旗呐喊，从未有人能如此强烈地影响其他思想家。确实，詹姆士一世没有接受他提出的扶持科学的建议，但将《新工具》比作“如神的宁静，超越一切的感悟”。更优秀的人们在1662年创建了“皇家学会”，这将是后来世界上最伟大的科学家联合会，他们将培根尊奉为他们的楷模和灵感；他们希望这个英国研究组织可以一步步发展成为全欧洲的大联合，正如《学术的进展》教他们所追求的那样。当法国启蒙运动的伟大思想者们创作出人类智慧的巅峰之作《百科全书》时，他们将它献给了弗朗西斯·培根。狄德罗在“内容简介”中说：“假如这部书获得成功，那么我们最应该感谢的就是大法官培根，是他，在那样一个既无技术也无科学的时代，勾勒出一个涵盖了所有科学和技艺的大辞典计划。这位非凡的天才，在无法写就一部关于所有已知事物的史书的年代，写出了一部关于人们应该知道的历史。”达朗贝尔称培根为“最杰出、最普世、最雄辩的哲学家”，法国国会用国库的钱出版培根的著作，英国思想的主旨和走向一直沿袭着培根哲学的传统。[②]他尝试用德谟克利特机械主义的观点理解世界的想法，为他的秘书霍布斯走向全面的唯物主义提供了出发点；他的归纳法为洛克提供了灵感，使后者构思出只受观察限制、摆脱了神学和形而上学的经验主义心理学；他对“利益”和“效果”的强调，在边沁的有用和有效同一性理论中得到了系统阐述。

凡是统治精神战胜屈从精神的地方都显示着培根的影响。他为这样的一批欧洲人代言，他们将这块大陆从一片原始森林转变成一块孕育艺术和科学的宝地，从一小块半岛转变成世界的中心。“人不是直立的动物，而是不朽的神灵。”培根说，“造物主赋予我们与全世界平等的灵魂，却又使我们并不满足于一个世界。”对人类而言，万事皆有可能。时间尚早，只要给我们少许世纪，我们将驾驭和重塑这个世界。我们最终或许会明白那个最崇高的教训，即人与人绝不能互相残杀，只有当自然为我们的胜利设置了障碍时才能发动战争。培根在他的最为精彩的一个段落中这样写道：

①麦考莱，《论文集》，第3卷，第491页。

②尼克尔，《弗朗西斯·培根》，第2卷，第235页。

"将人类的雄心壮志划分为三类，就像是三个等级，是不会错的。第一类属于那些渴望在自己的国家中扩张权力的人，这种野心是粗鄙和堕落的。第二类属于那些努力在全人类范围内扩张本国势力和统治权的人，这种志向显然更有尊严，但同样贪婪无度。然而，假使一个人尽全力建立和扩充人类在宇宙中的权力和统治权，这样的雄心壮志无疑比前两种更为健全也更加高尚。"[①]这些互相抵触的雄心壮志争夺着他的灵魂，把他撕成碎片，这就是培根的命运。

六、结束语

"身居高位之人是三样东西的奴仆：君主或国家的奴仆、名誉的奴仆、事业的奴仆，所以他们没有人身自由，也没有行动自由或时间自由……往高走是辛苦的，而人们却历经艰辛换取更大的痛苦；它有时是低贱的，而人们却不择手段以换取尊严。高位是易滑难守，一个趔趄，不是跌倒垮台，就是黯淡收场。"[②]这是对培根后期生活多么发人深省的总结啊！

歌德说："一个人的短处来自他所处的时代，他的美德和优点属于他自己。"这对他本人来说似乎不太公平，不过就培根而言却是个异常公正的评断。艾伯特在对伊丽莎白时期宫廷盛行的道德规范进行详细研究后发现，当时所有的达官贵人，不论男女，都是马基雅维利的信徒。[③]阿谢姆[④]在一首打油诗中描述了女王宫殿之四种基本美德：

欺骗、撒谎、溜须拍马，外加貌美皮厚，
这可是在宫中赢得宠信的四条妙计。
你若不屈从于以上任何一条，

---

①《新工具》，第1卷，第129节。
②《论说文集》中的《论高位》。
③《弗朗西斯·培根》，第1章。
④阿谢姆（1515—1568），英国人文主义者、作家。——译注

走开吧，好皮尔！回家吧，乖约翰！

在那个活跃的年代，法官从诉讼人那里收取“礼品”可是一项风俗。培根在这方面并没有做得很出格，但他的开支总是超出收入好几年光景，使得他无法顾忌很多。这种事本来可以无声无息地消失，如果不是他在埃塞克斯一案中结了仇、急不可待地用言辞刺激了他的对手。一位朋友曾经警告过他：“宫中众口一词：……若你的话像剃刀一般伤到了一部分人，那么他们必然会以牙还牙。”①对此，培根没有在意。他看上去很受国王恩宠：1618 年他被封为维鲁兰男爵，1621 年又被封为圣阿尔本斯子爵；大法官的职位他更是一坐便是三年。

接着，来了突然的一击。1621 年，一位心灰意冷的诉讼人控告他为了迅速结案而收受贿赂。这本不是什么大不了的事，然而培根立马意识到，如果他的宿敌们想要置他于死地，那么他很可能会下台。他退休还乡，静静地等待事态进展。当得知对手们叫嚷着要免去他的职务时，他向国王递上了一封“忏悔且谦卑地服罪”的信。詹姆士无奈于当时正得势的议会对他施加的压力，虽然培根曾多次为维护他而与议会唱对台戏，他也只能将培根投进了伦敦塔②。不过，两天后培根即获释，巨额罚金也被国王免去了。他的骄傲并未受大的损伤。他说：“我是英国这五十年间最公正的法官，但这也是两百年来议会所做过的最公正的判决。”

余下的五年他在偏僻、平静的家中度过，虽遭受极端贫穷的困扰，但对哲学的不断求索使他收获了些许安慰。在这五年间，他写就了他最伟大的拉丁文著作《学术的进展》，出版了《论说文集》增补版、《林木集》的残篇和《亨利七世》。他悔恨自己没有早点放弃政治，将所有精力投入到文学创作和科学研究中。直至生命的最后时刻，他都还在工作，甚至可以说，他是死在了战场上。在《论死亡》中，他曾表达过想要“死在热烈的追求中，就像一个受伤倒在血泊中的人，那一刻他几乎感受不到疼痛”。像恺撒一样，他的请求得到了满足。

---

①《弗朗西斯·培根》，第 13 页，注释。

② 位于泰晤士河北岸，原为王室城堡，后改为囚禁政治犯的监狱。——译注

1626年3月，他一边骑马从伦敦前往海落特，一边在头脑中反复思索着这样一个问题：用雪覆盖的肉体能保持多久而不腐坏，他决心马上试验一下。停在一座小木屋旁，他买了只鸡，杀了之后用雪塞满。在这个过程中他觉得浑身发冷、无力，发觉自己病得无法骑回城里，他便吩咐把他抬到附近的阿伦德尔勋爵家，安置在床上。他尚没有放弃生命，他甚是喜悦地写道："那个实验……进行得十分成功。"不过，这是他的最后一次实验。在复杂多变的生活中不时复发的伤寒早已将他消耗殆尽，如今他精疲力竭，衰弱得根本无法对抗逐渐向心脏发展的疾病了。他逝世于1626年4月9日，享年六十五岁。

他在遗嘱中写下了这样一段骄傲而独特的话："我将我的灵魂赠予上帝……将我的躯体随意埋葬吧。我的名声将流传后代、享誉国外。"后代和世人都接受了他。

第四章　斯宾诺莎

一、历史传记

1. 犹太人的“奥德赛”

自从古代犹太人被巴比伦人逐出故土，经历大流散，犹太人的故事就成为欧洲史诗故事的一部分。公元70年，罗马占领了犹太人居住地耶路撒冷并把他们赶出家园，他们流亡到各个国家和大陆；他们被基督教和伊斯兰教信徒迫害、屠杀，虽然这两大宗教也来源于他们的教义和故事；封建制度禁止他们拥有土地，行会禁止他们参与各个行业；他们像被监禁一般挤在犹太人区，只能经营为数寥寥的行业，遭受人们的围攻，忍受国王的抢掠；他们通过金融和贸易建立了文明进程中必不可少的城市；他们被驱逐出教会，流浪四方，饱受着侮辱和伤害。他们没有任何政治机构，没有任何法律协助他们组成社会组织，甚至没有共同的语言。但是，这个神奇的民族保有了自己的肉体和灵魂，保全了自己民族和文化的完整，精心捍卫了他们古老的礼仪和传统，坚毅忍耐地等待着他们得以被解救的日子。他们的队伍比以前更加庞大，他们凭借天才般的智慧在各个领域享有盛誉。经历了两千年漫长的流浪，他们胜利回到古老但却从未被忘却的家园。有什么样的戏剧可以匹敌这样深重的苦难，这样多变的场景，这样伟大正义的圆满？又有什么样的小说可以与这样真实的传奇媲美？

在圣城耶路撒冷陷落前的好几个世纪，犹太人遭受驱逐的历程就已经开始了。他们散布在地中海的每一个角落，从蒂尔[①]、西顿[②]和其他港口，到雅典和安提阿[③]，到亚历山大[④]和迦太基[⑤]，到罗马和马赛，甚至延伸至遥远的西班牙。圣殿[⑥]被摧毁之后，这样的驱逐几乎变成了大规模的迁徙。最终，迁徙分为两路，一路沿着多瑙河和莱茵河到达波兰和俄国；另一路进入摩尔人占领的西班牙和葡萄牙（公元771年）。在中欧，犹太人成为成功的商人和金融家；在伊比利亚半岛，他们从阿拉伯人那里欣然接受了关于数学、医学和哲学的全部知识，并且在科尔多瓦、巴塞罗那和塞维利亚的学校里建立起自己的文化。十二世纪到十三世纪，犹太人在向西欧传播古代和东方文化方面起到了非常重要的作用。就是在科尔多瓦，摩西·迈蒙尼德[⑦]，他那个年代最伟大的医生，写就了著名的圣经注释《迷途指津》；而在巴塞罗那，哈斯戴·克雷斯卡斯[⑧]提出了震惊犹太教的异端学说。

在西班牙的犹太人过着繁荣富足的生活，直到1492年费迪南德占领了格拉纳达，摩尔人被驱逐出西班牙。在伊比利亚半岛的犹太人丧失了他们在伊斯兰仁慈统治下享有的自由，宗教法庭突袭他们，逼他们作出选择，要么信奉基督教接受洗礼，要么接受流放，并被没收财产。并非基督教会想要置犹太人于死地，教皇一再反抗宗教法庭的野蛮和残暴，但是西班牙国王却想从这个外来民族那里搜刮财富装满自己的腰包。几乎是在哥伦布发现美洲的同一年，费迪南德发现了犹太人。

大多数犹太人接受了更加艰难的选择，四处寻找避难的地方。一些人驾船驶向热那亚和其他一些意大利港口，遭到拒绝后，他们忍受着疾病和无尽的痛苦，继续航行并到达非洲海岸，在那里，他们中很多人被谋杀，缘由据说是他们吞下了珠宝。少数人在威尼斯安定下来，因为威尼斯知道自己的海上优势要依赖犹太人。其他一些犹太人资助哥伦布航海——哥伦

①今名苏尔，黎巴嫩西南部港市。——译注

②今名塞伊达，黎巴嫩西南部港市。——译注

③古叙利亚首都，现为土耳其南部一城市，土耳其人称安塔基亚。——译注

④埃及北部港市。——译注

⑤古代北非一奴隶制国家，在今突尼斯境内。——译注

⑥耶路撒冷古神殿。——译注

⑦摩西·迈蒙尼德（1135—1204），中世纪犹太教思想家、哲学家。——译注

⑧哈斯戴·克雷斯卡斯（1370—1430），西班牙犹太教哲学家。——译注

布可能也是犹太人——他们希望这位伟大的航海家能够帮助他们找到新的家园。他们中很多人登上了那艘破旧的航船驶向大西洋，行驶在彼此敌对的英法之间，最终在地域狭小却心胸宽广的荷兰受到一定程度的欢迎。在这群人中，就有一个来自葡萄牙家庭的犹太人，他的名字叫斯宾诺莎。

此后西班牙衰败，荷兰进入繁荣时期。1598 年，犹太人在阿姆斯特丹建造他们的首座犹太教堂，七十五年后，他们又建造了另一座欧洲最宏伟的犹太教堂，当时他们的基督教邻里帮助他们为这项浩大的工程筹款。也许我们可以从伦勃朗那些关于商人和拉比的不朽画作中得到一点线索，这时的犹太人生活得很幸福。但是，十七世纪中期，这平静的态势被犹太教堂中的争论打破。乌列·阿·科斯塔[①]是一个充满激情的年轻人，他和其他犹太人一样受到文艺复兴时期怀疑一切的影响，写了一篇文章猛烈攻击关于来世的信念。这一负面态度其实并没有与古老的犹太教义相悖，但是犹太教堂迫使他公开收回言论，以免引起基督教会的反感——毕竟，基督教徒曾经慷慨地帮助过他们，而且这种涉及基督教核心问题的异端言论是很难被平复的。悔过的方式是要求这位骄傲的年轻人躺在犹太教堂的门口，让教区全体教徒从他的身上走过。乌列无法忍受这样的侮辱，回到家，他写了一封遗书谴责迫害他的人，然后开枪自杀了。[②]

这是 1640 年，那时，被称为“近代最伟大的犹太人”[③]，也是近代最伟大的哲学家的斯宾诺莎还是一个八岁的孩子，他是犹太教会最喜欢的学生。

2. 斯宾诺莎的教育

正是犹太人的“奥德赛”造就了斯宾诺莎的思想背景，使他成为一个后来被开除教籍的犹太人。斯宾诺莎的父亲是一位成功的商人，可是小斯宾诺莎却对商业不感兴趣，而是更喜欢花时间在犹太教堂学习本民族的宗教和历史。他是一个非常聪明的学生，年长的人都把他看作是未来之光，

---

①乌列·阿·科斯塔（约 1585—1640），葡萄牙哲学家。——译注

②德国小说家和剧作家古茨科（1811—1878）将这个故事编成戏剧，至今仍在欧洲剧目中占有一席之地。

③勒南，《马可·奥勒留》，第 65 页；巴黎，卡尔芒-列维出版社。

是上帝选中的人。很快，斯宾诺莎就从《旧约》学习到了艰难隐晦的《塔木德经》，他庞杂博大的学习范围从迈蒙尼德、莱维·本·热尔松[①]、伊本·厄兹拉到哈斯戴·克雷斯卡斯的著作，甚至到伊本·盖比罗的神秘哲学和摩西的犹太教神秘哲学。

他受到摩西关于上帝和宇宙合一观点的深刻影响，他研究本·格森关于宇宙实体与上帝合一的说法，他阅读了迈蒙尼德关于阿威罗伊[②]的永存性不受个人影响的讨论。但是，他总是觉得《迷途指津》中更多的是迷途，而鲜有指津，因为拉比提出的问题比他回答的要多。在读过迈蒙尼德的解决之道后，关于《旧约》中的种种矛盾和疑惑更是久久徘徊于他的脑海。对于一种信仰，最智慧的拥护者也是最反对它的敌人，因为最细微的差别都可能引起他们的关注和思考。比如迈蒙尼德的著作，还有伊本·厄兹拉的评论，直接表述了古老信仰中的问题，可是有时又回避难以回答的问题。斯宾诺莎读得越多，思考得越多，那些最简单的、之前最为肯定的问题反而成了他有所怀疑和需要思考的问题。

他好奇地想探究基督教思想家是如何阐述上帝和人类命运重要问题的。他开始跟随一位荷兰学者范·德·恩德学习拉丁文，这使他得以接触到更广阔的经验和知识领域。他的这位新老师本身就是一名异教徒，批判宗教信条和政府；他也是一个颇具冒险精神的人，走出象牙塔参与了反抗法国国王的一场阴谋，最终在 1674 年被推上了断头台。这位老师有一个姣好的女儿，博得了斯宾诺莎的爱慕——即便是一个现代的大学生，估计也会受到如此美貌的诱惑而学习拉丁文吧。但是这位女子也被物欲迷惑了双眼，当另一位追求者带着丰厚的礼物到来时，她便失去了对斯宾诺莎的兴趣。毋庸置疑，正是从那一刻开始，我们的主人公成了一位哲学家。

不管怎么说，斯宾诺莎完成了拉丁文的学习，并且凭借这一语言，开始了探索古代和中世纪欧洲思想遗产的旅程。他学习了苏格拉底、柏拉图和亚里士多德，他更欣赏伟大的原子论、德谟克利特、伊壁鸠鲁和卢克莱修，

---

①莱维·本·热尔松（1288—1344），法国哲学家、数学家。——译注

②阿威罗伊（1126—1198），西班牙阿拉伯裔哲学家，曾担任法官和医生。——译注

斯多葛学派也对他产生了很大的影响。他向经院哲学家学习，从他们那里不仅借鉴了术语和概念，还有他们运用公理、定义、命题、例证、注释和推论阐述问题的方法。斯宾诺莎研习布鲁诺（1548—1600）——这个伟大的反叛者游走在不同国家之间，徘徊于不同教义之间，不停地求索和拷问，而最终被宗教审判以“不见血的仁慈手段”活活烧死。浪漫的意大利是一个孕育思想的地方，首先是关于统一的主要思想，实体即其本性，即其原因，即其本原。上帝即实体。对于布鲁诺而言，思想和物质一体，实在的每一个微粒都由独立的肉体和精神构成。因此，哲学的目的是寻求多样化中的统一，思想在物质中，物质在思想中，应寻求一种综合的方法，使得对立和矛盾相遇并相融，宇宙中最高的知识境界就是与上帝之爱达到知识层面的统一。所有这些想法都与斯宾诺莎的思想构架密切相连。

最终，斯宾诺莎受到主观主义、唯心主义之父笛卡尔（1596—1650）——就像培根是客观主义和唯物主义之父一样——和近代哲学传统思想的影响。对于笛卡尔的法国追随者和英国对手而言，他的核心理论是意识第一性，他的主要思想是：比起了解其他事物，心灵可以立即直接地了解它本身。也就是说：了解外部世界就是思想对外部世界在感觉和认识上留下印象。这样说来，所有哲学也就要以主体的思想和自我开始（虽然应该怀疑所有事物），也就有了他的第一论断——“我思，故我在”。也许开始的时候，这里面有文艺复兴时期个人主义的影子，就像魔术师那个神奇的帽子引发了之后的一系列思考。这时，认识论[①]这个伟大的游戏也开始了，由莱布尼茨、洛克、贝克莱[②]、休谟和康德发起的三百年哲学战争也开始了，并立刻促进、征服了近代哲学体系。

但是笛卡尔在认识论方面的理论并没有引起斯宾诺莎的兴趣，他不会让自己迷失在认识论的迷宫里。吸引他的是笛卡尔的存在论。这种观点认为在物质的多种形态下隐藏着一个同质实体，同时在思想的多种形态下隐藏着另一个同质实体。这种将实在分隔为两个终极实体的观点激起了斯宾

---

①从词源上说，认识论是指认识的逻辑，即知识的起源、本性和可靠性。

②贝克莱（1685—1753），爱尔兰主教、哲学家和社会活动家。与洛克、休谟同为现代经验主义的创始人。——译注

诺莎的挑战兴趣，就像给他的思想注入了精髓。另一个引起斯宾诺莎兴趣的，是笛卡尔想要以机械的和数学的原理解释除上帝和灵魂以外的整个世界，这个想法最早出自达·芬奇和伽利略，可能是受到意大利城市中机械和工业发展的影响。笛卡尔认为上帝提供了最初的推动（像阿那克萨戈拉两千年前所说的一样），所有剩下的天文的、地理的和所有非精神过程和发展的过程都可以用同质实体来解释，而这种实体最初是以分散的形式存在（拉普拉斯[①]和康德的“星云假说”），每一个动物甚至是人类的每一个动作都是机械运动，比如说，人的血液循环和反射动作。整个世界，每一个人，都是一部机器，但是世界之外是上帝，身体之内是精神灵魂。

笛卡尔止步于此，而斯宾诺莎却积极地继续前行。

3. 开除教籍

以上这些是这个外表平静、内心骚动的年轻人的心路历程，1656 年他（出生于 1632 年）被犹太教会长老以异端学说的名义传讯。他们问他是否跟朋友说过上帝可能是有实体的，也就是物质的，天使可能是幻觉，灵魂可能仅仅是生命，《旧约》中并没有提到永生的问题。

我们不知道他是如何回答的，我们只知道，如果他能够至少表面上维持对犹太教和他的信仰的忠实，他们就会提供给他五百元的年金，但他拒绝了。[②] 1656 年 7 月 27 日，他在阴森的希伯来宗教仪式中被开除教籍。“在宣读咒文时，时不时地传来号角悲切绵延的音调，仪式开始时灯火通明，随着仪式的进行，它们一个个熄灭，直到最后全部熄灭，象征着被开除教籍之人的精神生活不复存在，所有教徒被笼罩在一片漆黑当中。”[③]

范·佛罗登给我们提供了开除某人教籍时通用的措辞[④]：

> 教会长老在此声明，他们已经确认了巴鲁赫·德·斯宾诺莎的罪

①拉普拉斯（1749—1827），法国天文学家、数学家。——译注

②参见格拉兹《犹太史》，第 5 卷，第 140 页；纽约，1919。

③威利斯，《别涅狄克特·德·斯宾诺莎》，第 35 页；伦敦，1870。

④威利斯译，第 34 页。

恶言行，而且已经尝试过各种方法和可能性使他迷途知返。但是他们无法引导他的思想向好的方向转变，相反，他们每天都更能证实他所秉持和公开承认的可怕异端学说，以及他以傲慢无礼的态度散布和宣传这些异端学说。许多可信的人与斯宾诺莎当面对证，并且公认他在此事上有不可推脱的罪行。教会长老对整个事件进行了审核，得出了结论，教会同意将斯宾诺莎革出教会，并令其与以色列人民断绝往来，自此时起，以下述诅咒将其逐出教会：

经天使评判和圣徒判决，我们强烈谴责、痛斥、诅咒并驱逐巴鲁赫·德·斯宾诺莎，全体圣社表示同意，在记有613条规诫的圣书面前，用以利沙[①]诅咒儿童和律书中所有的诅咒方式诅咒斯宾诺莎。白天的时候诅咒他，夜晚的时候也诅咒他；在他躺下的时候诅咒，在他起身的时候也诅咒；他出去的时候诅咒，回来的时候也诅咒。愿主永不宽恕和理会他，愿主的愤怒和不悦从今以后炙烤他，使他负载律书中所有的诅咒，从人世间抹掉他的名字；愿主将他和邪恶与以色列所有宗族隔离，使他承受律书中包含的所有诅咒；愿顺从主的你们在今天获得救赎。

兹特告诫所有人，不得以口头形式与他交谈，也不得以书面形式与他沟通；不得为他提供任何服务，也不得与他同住一个屋檐下，不得与他靠近至四肘尺之内，不得阅读他口述或书写的任何文书。

先别急着对犹太教会的头领们作出评论，因为他们也面临着一个棘手的问题。毫无疑问，他们也不愿意遭受这样的指控，即指控他们不能容忍异端学说，就像把他们驱逐出西班牙的宗教法庭一样。但是他们又觉得应该对接纳他们的荷兰人表示感恩，所以要把这个人驱逐出教会，因为他的怀疑戳中了基督教教义和犹太教的要害。新教教会在那时还不像现在这样宽宏通达，宗教战争使得各派都固守在自己的教义里，已经流了血，出于防卫，因此更加珍视那些教义。犹太社会想要报答基督教的宽容和保护，但上一代出了一个科斯塔，这一代又出了个斯宾诺莎，

①以利沙，公元前9世纪以色列先知。——译注

荷兰对此会说些什么呢？而且，长老们认为，宗教团结是保护阿姆斯特丹的小小犹太群体免受分裂的唯一办法：也差不多正是保持团结，是散落世界各地的犹太人得以生存的最后方法。如果他们有了自己的国家、自己的民法，并且建立自己的世俗权力机构以形成内部团结并赢得外部尊重，他们可能更加宽容。但是对他们而言，宗教不仅是一种信仰，还是一种爱国精神；教会不但是他们社会和政治生活的中心，也是一种礼仪和崇拜；斯宾诺莎怀疑《圣经》的真实性，而《圣经》却是这些人民“可以随身携带的祖国”。在这样的情况下，他们认为异端学说就是叛国，是不能被宽恕的。

有人认为他们应该勇敢地冒险，但是，要想公正地评论他人就像要跳脱出自己的躯壳一样困难。也许作为整个阿姆斯特丹犹太社会精神领袖的米那西·本·以色列可以找到一种调解方式，使得犹太教会和这位哲学家和平共处，但是这位伟大的拉比那时正在伦敦劝说克伦威尔向犹太人开放英国。命中注定，斯宾诺莎应该属于全世界。

4. 隐退和逝世

他平静地接受了教会的驱逐，说：“这并不能迫使我在任何情况下做不应该做的事。”但是，这只是在黑暗中吹着口哨自我安慰罢了，事实上，这个年轻的学生此时的确发现自己孤苦伶仃、无人怜悯。没有什么比孤独更可怕，而孤独中最艰难的处境莫过于一个犹太人背离了他的人民。斯宾诺莎已经尝过丢失原有信仰的痛苦，根除思想的内核是一项大手术，而且会使人伤痕累累。斯宾诺莎假使加入另一教会，接受另一种正统宗教，像母牛聚集取暖一样拥抱其他群组，那么他便会发现改变信仰就可以找回他被赶出家庭和种族时丢失的生活。但是他没有进入派系，而是独自生活着。他父亲本来希望儿子和自己一样，成为杰出的希伯来研究者，失望之下将他赶走了；他的姐姐试图骗取他那小份的继承财产[①]；他之前的朋友对他敬而远之。这样的斯宾诺莎缺乏幽默感也不足为奇，而且也可以理解当他想

①他在法庭上就此案进行辩驳并胜诉，随后又将遗产给了姐姐。

到那些律书的护卫者时，时常抛出的种种尖刻嘲讽。

> 有的人想要找到奇迹的原因，并以哲学家的角度理解自然中的事物，不想像傻瓜一样瞠目结舌，而那些被民众敬仰的自然和神灵的解读者却声称他们是异教徒、亵渎神灵，因为这些人清楚，一旦去除了愚昧无知，他们保持权威的唯一方法，也就是所谓的奇迹，将不复存在。①

紧随着被逐出教会的便是极端性经历。一天夜里，斯宾诺莎走在街上，一个虔诚的暴徒想以谋杀的方式阐述他的神学理论，用匕首袭击了这个年轻的学生。斯宾诺莎迅速转身，逃脱了暴行，仅在脖子上留下了轻微伤痕。斯宾诺莎由此得出结论：作为一个哲学家，这个世界上没有安居之处。之后他住在阿姆斯特丹城外奥特德克大街上一个安静的阁楼里。可能就是那时，他由巴鲁赫改名为别涅狄克特。他的房东夫妇是门诺派②基督教徒，在某种程度上可以理解为异教徒。他们喜欢他忧郁而又善良的面相（那些经历了许多痛苦的人要么变得尖刻，要么十分温和），而且在傍晚，斯宾诺莎有时会下楼和他们一起抽烟、闲聊，他们觉得很愉悦。起初，斯宾诺莎在范·德·恩德学校以教书为生，随后开始打磨镜片，好像他有着专门对付难以驾驭的材料的癖好。在犹太社会生活时期，他学会制作眼镜的手艺，这与希伯来教规相符：每个学生都应该掌握一些手艺，不仅是因为学习和维持生计，更如迦玛列所说，工作使人保持良好品德，而“每个有学问的人如果不能掌握一门手艺，将最终变为无赖”。

五年后（1660），他的房东搬到莱登附近的莱茵斯堡，斯宾诺莎随着他们一起搬了过去。那所房子至今还保留着，街道也以这位哲学家命名。这些年斯宾诺莎过着简朴的生活，却享受着高尚的情操。他大部分时间都待在自己的房间，可以连续两到三天不见任何人，吃送来的最简单的饭菜。镜片的生意不错，但他并没有加班加点地干，收入刚刚满足基本的生活需

---

①《伦理学》，第1部分，“附录”。

②基督教新教的一个分支，该教派拒绝参军或担任公职，也不对孩子施行洗礼。——译注

求；他太钟情于学问了，成不了“飞黄腾达”的人。柯勒鲁斯在这些住所中寻访斯宾诺莎，从知道他的人那里获得材料，记述了这位哲学家简短的人生。他说：“他每个季度都会很仔细地核对账目，这样，他就可以每年不多不少只负担必要的支出。有时他会对同屋的人说自己像一条蛇，嘴里含着尾巴围成一个圈——每到年底他就所剩无几。”[①]但是他安于这种简朴的生活。有人建议他不要相信理性，而相信神，他回答道：“虽然我有时发现经由本性理解采集到的果实并不真实，但这使我感到满足，因为在采集的过程中，我很高兴。我并不是在叹息和悲哀中度日如年，而是在平静、安详、愉悦中生活。”[②]“如果拿破仑有斯宾诺莎的智慧，”一位圣贤说，“那么他将在顶楼里写出四本书。”[③]

在目前我们已有的斯宾诺莎画像上，我们还可以加上柯勒鲁斯的描绘：“他中等身材，面目俊朗，皮肤略黑，黑发卷曲，眉毛长而浓，可以一眼看出他是葡萄牙犹太人。他很不在意穿着，不比最低贱的百姓穿得好。一位显赫的政府官员去看望他，他衣冠不整地穿着晨袍，这位委员因此指责他，并另外送他一件袍子。斯宾诺莎回答道，一个人绝不会因为穿上好袍子就变得更好，他还补充道：‘用华贵的外表包裹那空洞和毫无价值的内在实在不可取。’”[④]但斯宾诺莎的穿衣哲学也并不总是这么奉行苦行主义。“无序懒散的举止不能使我们成为圣贤，”他写道，“因为，对外表的漠然是精神贫瘠的重要证据，而真正的智慧也将无处安身，科学研究也只会碰到无序和混乱。”[⑤]

在莱茵斯堡的五年间，斯宾诺莎写出了《知性改进论》的片段和《用几何公式证明的伦理学》，后者完成于 1665 年。但是十年间，斯宾诺莎都不曾想要将其发表。1668 年，阿德里安·考贝夫[⑥]发表了与斯宾诺莎相似的观点，被判入狱十年，并在服刑十八个月后去世。1675 年，斯宾诺莎前

①波洛克，《斯宾诺莎的生活与哲学》，第 393 页；伦敦，1899。

②威利斯编《书信集》，第 34 封。

③法朗士，《贝日莱先生在巴黎》，第 180 页；纽约，1921。

④波洛克，《斯宾诺莎的生活与哲学》，第 394 页。

⑤威利斯，《别涅狄克特·德·斯宾诺莎》，第 72 页。

⑥阿德里安·考贝夫，斯宾诺莎的友人，法学家、医生。——译注

往阿姆斯特丹，相信也许此时他可以安全地出版他的主要著作。“谣言散布开来，”他写给朋友奥尔登堡的信中说，“谣言称我的一本书即将面世，我试图证明并不存在上帝。我很遗憾的是很多人都相信这是真的。某些神学家（可能他们就是谣言的制造者）借此向公爵和行政官员对我提起控告……从一些可靠的朋友那里得知事态后，我进一步确信，神学家们四处潜伏等着我，我决定推迟出版，直到能够看清事态的发展趋势。”[①]

《伦理学》在斯宾诺莎死后才得以面世（1677），随之还有未完成的《政治论》和《论虹》。所有这些著作都以拉丁文书写，拉丁文在十七世纪是欧洲哲学和科学界的通用语言。《神及人简论》以荷兰语书写，由范·佛罗登在1852年发现，这显然是《伦理学》的初稿。斯宾诺莎在生前发表的著作只有《笛卡尔哲学原理》（1663）和《神学政治论》，后者在1670年匿名发表，但立刻就被列入禁书目录，国内权威也禁止此书销售。但也因此，这本书以医学专著或者历史叙述为封面掩护而得以畅销。很多人写文章对该书进行批驳，有人称斯宾诺莎为“地球上存在的最亵渎神灵的无神论者”。柯勒鲁斯称另一反驳为“无价之宝，永世共存”，但只有这条评论存留下来。除了这些公开的批评，斯宾诺莎还收到很多来信，意在说服他改过自新；他之前的一个学生阿尔伯特·堡夫，改信了天主教，可以作为一个例子：

> 你以为你最终找到了真正的哲学。你怎么知道你的哲学是世界上之前、现在和以后教授的哲学中最好的？姑且不谈未来人们的想法，你是否检阅了所有古代和近代在这里、印度和全世界范围内的哲学？即便假定你已经充分地检阅了它们，你怎么知道你选择的是最好的？你怎么敢使自己凌驾于教会主教、先知、使徒、殉道者、神学家和神父之上？你是一个可悲的可怜虫，是蠕虫的灰烬和食物，你怎么能够以你亵渎上帝的恶劣来对抗永恒的智慧？你那些鲁莽轻率、荒唐错乱、可悲可叹、遭受诅咒的理论有什么基础？怎样邪恶的傲慢自大使你趾

① 《书信集》，第19封。

高气扬地对天主教自身都无法理解的奥秘作出评判？等等。[①]

斯宾诺莎对此回复：

> 你以为你最终找到了最好的宗教，或者说最好的老师，并轻易地坚信他们，你怎么知道他们是之前、现在、以后的老师中最好的？你是否检阅了所有古代和近代在这里、印度和全世界范围内的宗教？即便你已经充分地检阅了它们，你怎么知道你选择的是最好的？[②]

显然，这位温和的哲学家在必要的时候还是非常强硬的。

并不是所有的来信都如此让人不悦。其中许多来自文化修养良好、社会地位很高的人士，来信人中最著名的有亨利·奥尔登堡，他是当时成立不久的英国皇家学会会长；冯·谢恩豪，一位德国的年轻发明家和贵族；荷兰科学家惠更斯；哲学家莱布尼茨，他在1676年拜访过斯宾诺莎；路易·梅耶尔，海牙的一名医生；西蒙·德·福里，阿姆斯特丹的一位富商。德·福里非常崇拜斯宾诺莎，他曾请求斯宾诺莎接受一份一千元的礼物，斯宾诺莎婉言谢绝了。之后，德·福里在立遗嘱的时候，又想把他的所有财产都留给斯宾诺莎，而斯宾诺莎说服德·福里将遗产留给他的兄弟。这位富商死后，人们发现他的遗嘱要求从他的财产收入中付给斯宾诺莎二百五十元的年金，斯宾诺莎再一次婉言拒绝："大自然满足于简单之需，如果她是这样，我也是这样。"但是他最后还是被说服接受每年一百五十元的年金。另一位朋友，詹·德·韦特[③]是荷兰共和党的主要官员，提供给斯宾诺莎五十元的年金。最终，连君主路易十四都要提供给他相当数目的薪金，但是暗示斯宾诺莎在下一本书中题词献给国王，斯宾诺莎婉言谢绝。

为了使朋友和通信人高兴，1665年，斯宾诺莎搬到了海牙郊区的伏尔堡；1670年，又搬到海牙城内。在之后的几年里，他与詹·德·韦特

① 《书信集》，第73封。

② 《书信集》，第74封。

③詹·德·韦特（1625—1672），荷兰政治家。——译注。

结下了亲密的情谊。德·韦特和其兄弟在大街上被暴徒谋杀，暴徒认为他们应对1672年荷兰军队败于法国负责。斯宾诺莎得知这一噩耗后，泪如雨下，如果不是有人拦着，他会一跃而出，成为第二个安东尼，去犯罪现场痛斥那些人。不久之后，法国军队首领康狄亲王邀请斯宾诺莎到他的总部，为他提供法国皇家薪金，并为他介绍和亲王一起敬仰他的崇拜者。而斯宾诺莎更像一个"好的欧洲人"，而非一个国家主义者，觉得越过这条界线没什么奇怪，就去了康狄的部队。当他回到海牙，关于他出行的新闻遍地都是，人们愤怒地窃窃私语。斯宾诺莎的房东凡·登·斯毕克担心有人袭击他的房子，斯宾诺莎安慰他道："我可以很轻易地洗脱叛国罪的嫌疑，但是如果这些人对你有丝毫骚扰，或者甚至聚集起来在你的房前制造噪音，即便他们会像对待可怜的德·韦特一样对我，我也会下楼去直面他们。"①但是当人们得知斯宾诺莎仅仅是一名哲学家时，他们断定他应该是无辜的，这场骚乱也得以平息。

我们可以从这些小的事件看出，斯宾诺莎的人生并不像一般描述的那样穷困潦倒和与世隔绝。他有一定经济保障，有一些有权有势、情投意合的朋友，他对当时的政治事件也颇有兴趣，他也经历了生死之别的冒险奇遇。除了被逐出教会，他成功地获得了同时代人的尊重——1673年海德堡大学授予他哲学教席，邀请信措辞极尽尊敬和赞美，并许诺给予"最自由的哲学思考活动空间，殿下也确信他不会滥用这样的自由，从而质疑已经确立的国教"。斯宾诺莎颇富个性地回复：

> 尊敬的阁下：如果说我曾希望在大学担任教授的职位，那么接受帕拉廷王子通过您提供的职位将完全实现我的愿望。特别是附加上自由的哲学思考活动，我认为是十分珍贵的……但是我不确定哲学思考活动的自由应限制在怎样精准的范围内才不会被认为是和已建立的国教相抵触……因此，尊敬的阁下，我将不会接受比我现在所享职位更高的世俗职位，而且因为无法放弃我所喜爱的安静的环境，我不得不

①威利斯，《别涅狄克特·德·斯宾诺莎》，第67页。

放弃担任国家教师的职务……[①]

终于在 1677 年，剧终的一幕到来。斯宾诺莎只有四十四岁，可是朋友们知道他的日子已经所剩无几。他的家族有肺痨病史，而且一直生活在相对狭小的空间里，在充满粉尘的环境下工作，这都不益于他克服先天的不足。他的呼吸越来越困难，他敏感的肺部逐年衰竭。他安于自己将早逝的现实，只是担心生前未敢出版的书在他死后会丢失或遭到破坏，他将手稿锁在一个小小的书桌里，把钥匙交给房东，并请他在他离世后将书桌和钥匙交给詹·利乌威茨，阿姆斯特丹的一个出版商。

2 月 20 日，星期日，与斯宾诺莎一起生活的一家人在确定他没有异常不适后去了教堂，只有梅耶尔医生留下来陪他。当他们回来时发现，这位哲学家已经死在朋友的臂弯里。许多人悼念他，纯朴的人们喜爱他的温和，有学问的人尊敬他的智慧。哲学家和行政官员都加入了人群，送他最后一程；拥有不同信仰的人们相遇在他的墓前。

尼采曾在某处说，最后一个基督徒死在了十字架上，可是他忘记了斯宾诺莎。

二、《神学政治论》

让我们以斯宾诺莎写作的顺序来学习这四本书。对今天的我们而言，《神学政治论》可能是最无法勾起我们兴趣的，因为斯宾诺莎发起的高度批判运动已经使他的观点变成了老生常谈，虽然这些观点都是斯宾诺莎冒着生命危险提出的。作者过于详细地阐述证明自己的观点并不是个明智的选择，所有受过教育的人都通晓他的观点，而他的作品也就失去了那种牵引我们的神秘感。伏尔泰是这样，斯宾诺莎的《神学政治论》也是这样。

这本书的核心观点是《圣经》的语言有意充满各种比喻和寓意，不仅

① 《书信集》，第 54 封。

是因为它富有极高的文学色彩并饰以东方元素，因此运用夸张的描述性文字，而且因为先知和传教士需要通过唤起人们想象力的方式传播教义，这也迫使他们采用符合大众理解力和容易接受的方式。“《圣经》主要是为了整个民族而编写，其次是整个人类，而相应的内容也必须尽可能地适合民众的理解。”[①] “《圣经》不是通过间接的方式解释万物的，而是以最能感染人，特别是以最能感染未经教育的人们的方式和顺序进行记述的，使他们万分虔诚……它的目标不是以理性使他们信服，而是吸引和抓住他们的想象力。”[②]因此其中出现了大量的奇迹和不断现身的上帝。“大众认为与他们通过自然形成的概念不同，上帝的力量和神意通过各种超凡的事件清晰可见……他们确实认为自然在按照上帝旨意起作用时，上帝就停止活动；反之亦然，上帝在活动时，自然力量和自然因果关系就没有了作用。因此他们想象上帝之力和自然之力这两种力量彼此不同。”[③]（这是斯宾诺莎哲学的基本观点，上帝和自然过程是一体的。）人们愿意相信上帝为他们打破了自然秩序，所以犹太人对白天的延长给予神奇的解释，这样他们可以说服其他人（也可能是他们自己），犹太人是上帝的宠儿。早期历史上的各个民族文化中都充满了类似的故事。[④]清晰和真实的记载不会动人心弦，如果摩西说为他们在红海上开拓出一条道路的仅仅是东风而已（我们可以从之后的内容得知），那么对于他所领导的民众，这将不会造成多大的影响。而且，使徒们借助奇迹故事和借助寓言的原因是一样的，他们需要符合大众的思维。与哲学家和科学家相比，这些人的伟大影响大部分都要归功于语言生动的比喻，宗教的创立者出于他们的使命和自身的强烈情感，也不得不采用这样的情况。

根据这样的原理，斯宾诺莎说，《圣经》的内容与理性并不矛盾。[⑤]但是，如果按字面解读，当中错误百出，满是矛盾和明显的不可能性，就像说摩西编写了《圣经》的首五卷。透过语言和诗歌的迷雾，更多的哲学解读显

---

① 《神学政治论》，第 5 章。

② 《神学政治论》，第 6 章。

③ 《神学政治论》，第 6 章。

④ 《神学政治论》，第 6 章。

⑤ 《神学政治论》，“序言”。

示出伟大思想家和领袖的深刻思想，并使得《圣经》的不朽以及其对人们的巨大影响变得可以理解。两种解读有各自恰当的作用和位置：人们永远都需要宗教以形象的和带有超能力光环的方式表述其原则，如果这样的信仰形式遭到破坏，他们就会创造另外一种。但是哲学家知道上帝和自然是一体的，根据不变的法则，按照必然的方式运行。斯宾诺莎所敬重和遵循的也正是这个威严的法则。[①]他明白在《圣经》中，“上帝被描述为法则的制定者或君主，并且充满正义和仁慈等，这是对大众理解力和他们并不完善的知识的让步。事实上，上帝是根据他自然的必然性进行活动的，他的命令……就是永恒的真理”[②]。

斯宾诺莎没有区分《旧约》和《新约》，并把犹太教和基督教视为一体。如果将厌恶和误解置于一边，哲学解释就可以发现相互敌对的信仰隐藏着的一致的核心和精髓。“我经常想，那些向所有人吹捧基督教的人，也就是宣称仁爱、愉悦、和平、节欲和宽容的人，他们心怀仇恨地争吵，并且每天恶语相向，充满憎恶，而不是像他们宣称的那样富于道德，这就是他们信仰的标准。”[③]犹太人能够生存下来，主要得益于基督教对他们的仇恨，迫害使他们团结一致，这也是延续种族存在的必要条件；如果没有了迫害，他们也许会和欧洲人杂居通婚，也就会陷入包围他们的大多数人中。但是，当所有这些无稽之谈被摒弃一边时，明理的犹太人和基督教徒有理由达成教义上的认同，生活在和平与合作的环境中。

斯宾诺莎认为，要实现这种理想，首先要对耶稣达成共同的认识。收回不可信的信条，犹太人将很快认识到耶稣是最伟大和神圣的先知。斯宾诺莎并不接受基督的神威，而是使自己置身于民众之中。“上帝的永恒智慧……已经在所有事物中自我显见，但是主要还是体现在人的思想中，绝大多数体现在耶稣身上。”[④]“基督被送来不仅仅是教授犹太人，而是整个人类”，因此，“他需使自己适应民众的理解力……因此很多时

① 《神学政治论》，第 5 章。
② 《神学政治论》，第 4 章。
③ 《神学政治论》，第 6 章。
④ 《书信集》，第 21 封。

候通过寓言传授”[①]。他认为耶稣的道义几乎和智慧是一致的，出于敬重，有人提出“上帝的智慧之爱”。在导致纷争的信条受阻的情况下，这个神圣的人物将聚集所有人，也许以他的名义，这个被唇枪舌剑厮杀得支离破碎的世界，将最终找到信仰的一致和博爱的可能。

三、《知性改进论》

翻开斯宾诺莎的下一本书，扑面而来的是哲学文献中的精华。斯宾诺莎告诉我们他为什么为了哲学而放弃一切：

> 经验告诉我，所有日常生活中经常发生的事情都是徒劳的和微不足道的，当我意识到所有我所恐惧的事物和所有使我感到恐惧的事物，除了我们的思想受到它们的影响之外，它们本身并没有好坏之分时，我最终决定去探索是否存在真正好的事物，并能够传播这样的美好——这样的思想不会受到其他一切事物的影响。我是说，我决定去探索是否能够发现和获得享有绵延的终极幸福的能力……我知道获得荣誉和财富有很多好处，但是如果我想认真地研究一个新事物的话，我应该停止追求这些……一般地，一个人拥有这两样东西越多，快乐感也就越多，也就越想进一步增加它们。任何时候如果我们的愿望遭受了挫折，我们也会遭受极深的痛苦。名誉也同样：如果我们追逐名誉，那么我们必须调整我们生活的方向：取悦别人，不能惹人讨厌，还要揣摩别人喜欢什么……但是，对一件永恒且无穷的事物的热爱会使我们的思想享受愉悦，避免所有这些痛苦……最好的情况是我们的知识能够和整个自然保持一致……心灵懂得越多，也就能越好地理解自然的力量和秩序；而越多地了解自然的力量和长处，也就能够越好地摆正自己的方向并为自己定下规则；越多地了解自然的

① 《神学政治论》，第 4 章。

秩序，也就能够越容易地将自己从无用的事物中解放出来，这就是整个的方法。

只有知识能带来力量和自由，唯一的永恒快乐就是追逐知识和理解的愉悦。但是同时，哲学家肯定也是一个常人和一位公民，在他追逐真理的过程中，他的生活方式将是怎样的呢？斯宾诺莎订立了一个简单的规则，据我们所知，他的实际行动与这个规则完全一致：

> 1. 以大众可理解的方式讲话，只要不阻碍我们达成我们的目标，帮助他们做一切能做的事……2. 只享受维持健康所必需的娱乐。3. 最后，只需要仅够维持我们的生活和健康所必需的金钱，在不违反我们的追求的前提下，遵守这些习俗。①

但是在开始探索时，这位忠实而头脑清醒的哲学家立刻遇到了问题：我如何知道我所获得的知识就是知识呢？我如何知道对各种材料的感知形成的理性是可以信赖的呢？如何知道在这种理性下所得出的结论值得信赖呢？我们难道不应该在上路之前检查一下车子吗？我们难道不应该尽我们所能使之完美吗？“在所有事物之前，”斯宾诺莎像培根一般说道，“必须从才智的改进和净化中得出一种方法。”②我们必须小心地区分知识的多种形式，而且只信任最好的那个。

首先，有道听途说的知识。例如，我所知道的我的生日。其次是模糊的经验，“经验主义”知识是比较低级的，就像一个医生知晓一种治疗方法不是通过科学实验测试获得，而是从“以往”都有效的“大致印象”获得。第三种是直接推断，或者说是从推理而得的知识，例如，我从其他事物在远距离时的大小情况来推断太阳是巨大的。这样的知识优于其他两种，但也是不可靠的，因为会遭到直接经验的反驳。所以一百年来，科学推理出一种“以太”方式，现在的物理学家们已不推崇这种方法了。因此知识的

---

①《知性改进论》，第 231 页，人人丛书版。

②《知性改进论》，第 231 页。

最高种类是第四种形式，那就是直接推断和直接认知的结合。例如，我们从 2:4=3:x 中得出未知数的值为 6，就像我们认为整体优于部分一样。斯宾诺莎认为精通数学的人大多是通过这种直观的方式学会欧式几何的，但他懊悔地承认，“我在这方面的知识少之又少”[①]。

在《伦理学》中，斯宾诺莎将前两种知识形式合并为一种，称直观知识通过它们的不变量和关系来认知事物，这也揭示了哲学的内涵。也就是说，“直观知识”试图找到事物和事件背后的规律和不变关系。斯宾诺莎对“暂时的秩序”（由事物和事件组成的“世界”）和“永恒的秩序”（由规律和结构组成的世界）作了根本区分（这是他整个体系的基础）。让我们仔细地研究这个区分：

> 必须注意的是，我这里不是通过一系列因果和存在实体去解释一系列个体变量事物，而是一系列固定和不变的事物。因为以人类的虚弱是不可能追踪个体变量事物的，不仅是因为事物的数量远非人力所能及，而且同一事物或相同事物的环境变化多端，而每一种都有可能是事物存在的原因。事实上，一些特定事物的存在与它们的本质并无关系，也不是不变的真理。但是，我们也没有必要去了解个体变量，因为它们的本质……只有在固定的和不变的事物中，或作为它们真正准则包含在事物内的规律中时才能发现，所有个体事物都是根据这些准则制定和安排的。而且，这些个体和可变事物密不可分地依赖于这些固定的事物，没有了它们，这些个体变量事物也无法存在或被理解。[②]

如果我们在学习斯宾诺莎著作时牢记这篇文章，那么他的著作内容也就一目了然，即便是令人十分泄气的复杂的《伦理学》也将自我阐明，显得简单易懂。

---

①《知性改进论》，第 233 页。

②《知性改进论》，第 259 页。并参阅培根《新工具》，第 2 卷，第 2 节，“自然界虽然存在一些个体，按照特定的规律，显现出清晰的个体效应。但是，在每一个学问的分支，那些规律——它们的研究、发现和发展——既是理论又是实践的基础”。基本上，所有的哲学家都赞同。

四、《伦理学》

近代哲学最珍贵的成果就是加入几何形式，使得思想能够如欧式几何一般清晰。但是过度的精练也导致了晦涩难懂，每一句都需要《塔木德经》式注释。经院哲学家极其公式化地表述他们的思想，但是并不简洁，他们通过预定的结论来帮助他们澄清思想。笛卡尔曾经表示，只有当哲学通过数学形式表达时才能实现精准，但是他从未实践并忠实于自己这一想法。斯宾诺莎拥有经过数学训练的头脑，并把数学作为一切严谨科学程序的基础，他提出了自己的意见，并和哥白尼、开普勒、伽利略的成就一样给人们留下深刻的印象。对于我们更加松散随意的思维而言，斯宾诺莎在内容和形式上的双重精练使读者精疲力竭。而我们试图安慰自己的方式就是指责这种哲学几何是一场人为的思想棋局，其中公理、定义、定理和证明就像国王、主教、武士和小丑一样受人操控，斯宾诺莎是在通过一场逻辑的棋牌游戏排遣寂寞。思想的本性是与秩序相抵触的，我们更愿意追随奇思妙想散落的点点滴滴，由我们的梦想编织并不牢靠的哲学。但是斯宾诺莎只有一个强烈的念头，那就是将这个世界中令人无法忍受的混乱变得统一而有序。他有着北欧人追求真理的热忱，没有南欧人对美色的眷恋，他心里的那位艺术家活脱脱就是一名建筑师，想要建造一个拥有完美对称形式的思维体系。

近代学生会在斯宾诺莎的术语上步履蹒跚、牢骚满腹。因为他用拉丁文书写，他不得不用中世纪和经院派的语言来表达本质上其实是近代的思想，那时人们不理解任何其他哲学语言。所以他用“实体”，而我们用“实在”或“实质”；他用“完满”，我们用“完全”；他用“理想”，我们用“目标”；他的“客观地”就是我们的“主观地”；他的“形式上”即我们的“客观上”。这些都是赛跑中的障碍物，使弱者望而却步，却激励强者更加奋勇。

斯宾诺莎不是拿来读的，而应当用来研究；你必须像对待欧几里得一样对待斯宾诺莎，认识到在这短短的两百页文字中，一个人书写了他毕生的思考，并且像雕塑家一样，去除了当中的一切繁文缛节。匆匆读过一遍之人休想了解其中深意；没有任何一部哲学作品像它一样，你错过了一点点就会造成损失。每一部分都依赖于前一部分，一些显而易见、看似无须提出的论点最后却成为阐述逻辑的非凡基石。直到阅读并思考了整部作品，你才能够完全理解其中重要的部分。尽管我们无须像雅各比那样充满激情地夸张——“没有人能够理解斯宾诺莎,《伦理学》中的每一句都隐晦费解”。“这里，毫无疑问，”斯宾诺莎在书中第二部分也承认，“读者会感到迷惑，会想起很多事情，使他停滞不前。因此我希望他能够和我一起继续缓慢前行，在读完之前不要对这些事情作出任何评判。”[①]不要一口气读完全书，你应当分多次进行阅读，且每次读一小段。读完以后，告诉自己，这仅仅是理解全书的开端。接下来你应该读些评论，譬如波洛克的《斯宾诺莎》或马蒂诺的《斯宾诺莎研究》,又或者两者都读。最后,再读上一遍《伦理学》,此时它便会像一本新书摊开在你的面前。经过这两遍的阅读，你将永远爱上哲学。

1. 自然和上帝

书的第一页就使我们陷入了形而上学的大旋涡。我们对形而上学的厌恶（或者说无力判断？）根深蒂固，有时我们甚至希望逃离到其他地方，只要不是在斯宾诺莎的书中就行。但是正如威廉·詹姆斯所说，形而上学试图清晰地思考事物，获得它们最终的意义，找到它们在实在体系中的实体本质，或者像斯宾诺莎所说，它们的本质实体，因此使得所有真理得以统一,并达到“最高度的概括”。即便是最务实的英国人,[②]也会认为这是哲学。科学高高凌驾于形而上学之上，在它的每一处思考中都进行了形而上学的假设。恰巧这种假设的形而上学正是斯宾诺莎的形而上学。

斯宾诺莎体系有三个关键词：实体、属性和样式。出于简明的考虑，我们暂且将属性搁置一边。样式是任何个体事物或事件，是实体的转瞬即逝的具有特定形态或形状的显现。你、你的身体、思想、群体、种族、星球都属于样式，从字面理解，这些都是隐藏在它们之后的特定永恒不变的

①斯宾诺莎，《伦理学》，第 2 部分，命题 11，注释。

②斯宾塞，《第一原理》，第 2 部分，第 1 章。

实在的形态和形式。

这隐藏的实在是什么呢？斯宾诺莎称之为实体，按字面意思就是隐藏着的东西。在这个词的含义上，八代人进行了大量的论战，所以如果在一段文字中解决不了这个问题，也不必感到沮丧。我们应该避免的一个错误理解是，实体并不是指物体的组成材料，像我们说木头是椅子的实体。当我们说“他所说的实体”时，我们就接近斯宾诺莎对这个词的用法了。如果我们回到经院哲学家——斯宾诺莎也是从他们那里借用的这个词——我们发现他们把它用作希腊词 ousia 的翻译，是 einai 的现在分词形式，表示内在的存在或本质。实体就是“是其所是”（斯宾诺莎没有忘记《创世记》中令人印象深刻的“我是我所是”），是永恒不变的，其他所有事物都只是短暂的形态或样式。如果我们做一个比较，一方面是实体和样式的区分，另一方面则是在《知性改进论》中，永恒的规律秩序和不变的关系与转瞬即逝和注定消亡的暂时的秩序的区分。那么，我们则会得出结论，斯宾诺莎这里的实体与永恒秩序非常接近。我们暂且把它们当作一回事，这表明它隐藏于所有事件和事物背后，构成了这个世界的本质。

但是斯宾诺莎进一步将实体等同于自然和上帝。在经院派的想法之下，他从两方面理解自然：能动的和充满生命活力的过程，斯宾诺莎称之为“能动的自然”，也就是柏格森说的“生命动力”和“创新的进化”；另一方面是这个过程的被动产物，“被动的自然”，也就是自然的物质和内容，包括树木、轻风、水流、山脉、田野和种种外在的形态。斯宾诺莎否定了后一种解释，他赞成前一种观点，自然和实体与上帝是同一的。实体和形式、永恒秩序和暂时秩序、能动自然和被动自然、上帝和世界，斯宾诺莎认为所有这些都是一致的，是同义二分法，每一个都将宇宙划分为本质和偶然。实体是非实在的，是形式而不是物质，有些人认为它是物质和思想混合而成的中立物，但其实跟这个没什么关系，显而易见，它是创造性的统一实体，而不是被动或物质的自然。斯宾诺莎的一篇书信可能有助于我们的理解：

> 关于上帝和自然，我与之后的基督徒通常持有的观点不同，我认为上帝是万事万物的内因，而非外因。我认为，万事万物都在上帝之内，

> 它们在上帝之内生活和运动。我和使徒保罗在这一点上观点一致，也许和古代的每一位哲学家也保持一致，尽管在方式上与他们不同。我甚至敢说我的观点和古希伯来人相同，尽管他们的那些传说被大量地更改或歪曲，但我们还是可以从中推断出很多东西。有些人在此问题上犯了一个错误，他们认为我的目的……是表明上帝和自然是同一的，而自然是有形的物质。我没有这样的意思。①

另外，在《神学政治论》中，他写道："关于上帝的帮助，我指的是自然固定不变的秩序，或者是自然事件链"②，自然的普遍性规律和上帝的永恒教令是同一的。"从上帝的无限本性而言，万事万物都遵从同样的必然性，就像三角的性质始终遵从三个内角之和等于两直角之和的必然性一样。"③上帝之于世界，就如同圆的规律之于所有圆一样。上帝正如实体，是因果之链或过程④，是万事万物潜在的条件⑤，是世界的规律和结构⑥。形式和事物的具体内容之于上帝，就如同一座桥之于其建造所依据的设计、结构、数学和力学规律，它们是桥的根本基础、潜在条件和实体。如果没有了它们，桥就会垮塌。像这座桥一样，世界本身是由它的结构和规律支撑的，由上帝之手支撑。

上帝的意志和自然规律是同一的，只是表达的措辞不同，⑦所有事件都是不变规律的机械运动，而不是置身于星辰之中的独裁者不负责任的冲动念头。笛卡尔发现的机械运动仅见于物质和形体，而斯宾诺莎还发现了上帝和精神。这是一个决定论的世界，而不是设计的世界。因为我们都是有意识、有目的地在行动，我们认为所有的过程都有这样的目的，而且因为我们是人类，我们认为所有的事件都和人有关，而且是为满足

---

①《书信集》，第 21 封。

②第 3 章。

③《伦理学》，第 1 部分，命题 17，注释。

④霍夫丁，《近代哲学史》，第 1 卷。

⑤马蒂诺，《斯宾诺莎研究》，第 171 页；伦敦，1822。

⑥伍德布里奇教授的观点。

⑦《神学政治论》，第 3 章。

人的需求而设计的。但是，如同我们的很多思维，这是人类中心说的谬见。[1]哲学最大的错误在于把人的目的、标准和喜好掺杂到客观宇宙中去。因此我们有“邪恶的问题”：我们力争调和生命的恶和上帝的善，却忘记了约伯[2]的经验教训，上帝是超越了我们微不足道的善与恶的。善与恶是与人相关的，而且经常以个人喜好为目的，但它们对于整个宇宙而言并不具有规律性。在宇宙中，个体不过相当于蜉蝣，就像“魔手”写人类种族的历史甚至也是瞬息即逝的。

> 无论什么时候，自然中的任何事物对我们而言都是可笑的、荒谬的，或者是邪恶的，因为我们对事物仅有片面的知识，对作为整体的自然秩序和一致性知之甚少，而且我们想要所有事物都按照我们理性的命令安排。尽管我们理性判定事实上是恶的东西，在普遍自然的秩序和规律面前不是恶的，只在我们自身的本性规律中才是恶的。[3]……善和恶这两个词本身没有表达正面或负面的意思……因为一个事物或相同的事物可能同时会有善和恶，或者是中立。例如，音乐对于忧郁的人是善的，对哀悼者是恶的，对死人无所谓善恶。[4]

善和恶是一种偏见，而永恒的实在是无法辨识的，“世界应该阐明整个无限的自然，而不仅仅局限于人的特定目的，这才是对的”[5]。善和恶，就像美和丑，都是太主观和个人化的用语，如果放在宇宙当中，就不值一提了。“我提醒你，我不认为自然是美丽或丑恶的，是秩序井然的或一片混乱的。只有在我们想象的关系中，事物才能称为美或丑，井井有条或混乱不堪。”[6]“例如，眼睛看到我们身前的物体，接收到这样的运动信号，并且传导的是健康的信号，那么那些物体就被称为美的；如果不是，那些物

---

① 《伦理学》，第 1 部分，“附录”。
② 约伯，《圣经》故事人物，历经危难，仍坚信上帝。——译注
③ 《神学政治论》，第 2 章。
④ 《伦理学》，第 4 部分，“序言”。
⑤桑塔亚纳，《伦理学》，“导言”，第 20 页，人人丛书版。
⑥波洛克编，《书信集》，第 15 封。

体就被称为丑的。”[①]在这部分上，斯宾诺莎超越了柏拉图，后者认为，审美评判必须是宇宙的规律和上帝的绝对命令。

上帝是人吗？不能在人格意义上解释这个词。斯宾诺莎注意到这种现象：“普遍认为上帝是男性形象，而不是女性”[②]，他很勇敢地提出这反映了世俗中女性附属于男性的情况。一名来信者反对他把上帝非人格化，斯宾诺莎的回应让人想起了古希腊的怀疑论者色诺芬尼[③]：

> 你说如果我不承认上帝能够进行看、听、观察、有意志等类似的活动……你就不知道我所说的上帝是哪一种了，因此，我推测你认为最完美的莫过于之前提到的那些属性了。我并不感到惊讶，因为我认为如果三角会说话的话，它肯定同样会说上帝是出众的三角，如果是圆的话，肯定会说上帝是个出类拔萃的圆，因此每个人都会赋予上帝自己的属性。[④]

最后，以通常把人的属性归于上帝而言，“才智和意志都不属于上帝”[⑤]，但是，上帝的意志是所有因果和规律的概括，上帝的智慧是所有精神的概括。按照斯宾诺莎的理解，“上帝的精神是在时空中散落的所有精神，是赋予世界生命的所有散布的意识。”[⑥]“但是所有事物在不同程度上都富于生气。”[⑦]生命和精神是我们所知万物的一个阶段或方面，而物质的延伸或形体又是另一个阶段或方面。我们是通过两个阶段或属性（如斯宾诺莎所称）来认知实体或上帝的，在这个意义上，上帝——万物流变背后的普遍过程和永恒实在，可能既有精神又有形体。精神和物质都不是上帝，但是，精神活动和分子活动组成了世界的双重历史，这些和它们的因果、规律才是上帝。

---

①《伦理学》，第 1 部分，“附录”。

②威利斯编，《书信集》，第 58 封。

③色诺芬尼（约前 565—前 473），古希腊哲学家、诗人。——译注

④威利斯编，《书信集》，第 60 封。

⑤《伦理学》，第 1 部分，命题 17，注释。

⑥桑塔亚纳，《伦理学》，“导言”，第 10 页。

⑦《伦理学》，第 2 部分，命题 13，注释。

2. 物质和精神

但是什么是精神，什么是物质呢？像一些缺乏想象力的人说的那样，精神是物质吗，还是如另一些富于想象的人说的那样，形体仅仅是一个观念？精神进程是大脑进程的原因还是结果？或者如马勒伯朗士[①]所说，他们互不相关，彼此独立，只是凑巧平行罢了？

斯宾诺莎回答：精神不是物质，物质也不是精神；大脑进程既不是思想的原因，也不是结果；这两个进程之间也不是相互独立和平行的。因为它们并不是两个进程，也不是两个实体。它们是同一个进程，从内部看是思想，从外部看是运动；而且只有一个实体，从内部看是精神，从外部看是物质，但是现实中却是两者复杂的统一混合体。精神和形体并不相互作用，因为它们不是异质的，它们是一回事。"形体无法决定精神的思考，精神也无法决定形体保持运动或维持静止，或其他任何状态。"最简单的理由就是"精神的决定和形体的欲望决定……是同一的"[②]。而且整个世界都是照此方式双重统一的，无论在哪儿，都有一个外部的"物质"进程，但只是真正进程的一方面；如果以全方位来看，还将包括内部进程，虽然程度不同，但都与我们能见的自身精神进程相关。内部的"精神"进程在每一阶段都与外部"物质"进程相一致，"观念的秩序和联系与事物的秩序和联系相同"[③]。"思考实体和外延实体是同一的，只是通过这样或那样的属性或方面被认识。""一些犹太人似乎理解了这一点——尽管充满疑惑，因为他们说上帝、上帝的才智和他的才智所认知的事物是同一的。"[④]

如果广义上说"精神"与所有神经系统的分支相同，那么"形体"上的每一处变化都将伴随着"精神"的相应改变，或者更好的说法是形成一个整体。"正如思想和精神的进程在精神上相互连接和排列，所以形体的

①马勒伯朗士（1638—1715），法国哲学家。——译注

②《伦理学》，第3部分，命题2。

③《伦理学》，第2部分，命题17。

④《伦理学》，第2部分，命题17，注释。

变化和通过情感影响形体变化的事物将按照它们的顺序安排。”[①]“任何形体变化都在精神的认知范围内”，而且有意识或无意识地都会被感知到。[②]正如被感受到的情感是整体的一部分，循环、呼吸和消化系统的变化是其基础，所以一个观念伴随着“形体”改变仅仅是复杂的有机进程中的一部分，即便是数学中极微小的细微之处也与形体相关。（“行为主义者”不是曾经提出通过录下思考时声带无意发出的震动来探索人的思想？）

在尝试去除形体和精神之间的区别后，斯宾诺莎继续将理智和意志之间不同程度的差异整合为一个问题。精神是没有“能力”的，才智或意志不可以被称为实体，想象力或记忆力也不行。精神并不是处理观念的机构，而是在进程和相互联系当中的观念本身。[③]才智仅仅是一系列观念的抽象和简略形式，而意志是一系列行动或意愿的抽象形式。“才智和意志与这样或那样的观念有关，或者与意愿有关，就像岩石的构成对于这块岩石和那块岩石一样。”[④]最终，“意志和才智是同一的”[⑤]。因为意愿仅仅是一个观念，通过丰富的联想（或者也许通过缺乏竞争的观念）在意识中保持了很长时间而错过了采取任何行动的机会。除非在转变过程中由一个不同的观念打断，否则每一个观念都将付诸行动。这个观念本身就是统一的有机进程的第一步，而外部行动则是完成。

通常被称为意志的，也就是决定一个观念在意识中冲动力的停留期的，应该被称为欲望，它是“人的根本本质”[⑥]。欲望是一种我们有意识的欲想或本能，但是本能并不总是需要通过有意识的欲望而起作用。[⑦]本能背后是为了自我保存而进行的模糊且多样的尝试和努力，斯宾诺莎在所有人类和低于人类的活动中发现了这一点，就像叔本华和尼采在每一处

---

① 《伦理学》，第 5 部分，命题 1。

② 《伦理学》，第 2 部分，命题 12、13。

③斯宾诺莎联想理论的预知参见《伦理学》，第 2 章，命题 18，注释。

④ 《伦理学》，第 2 部分，命题 48，注释。

⑤ 《伦理学》，第 2 部分，推论。

⑥ 《伦理学》，第 4 部分，命题 18。

⑦斯宾诺莎意识到“潜意识”的力量，就像梦游症（第 2 章，命题 2，注释），并发现了双重人格现象（第 4 章，命题 39，注释）。

都能看出生命意志和权力意志一样。哲学家们鲜有不同。

“每一个事物就它自身而言都在竭力保存自我的存在，而事物所竭力保存的自我存在恰恰就是那个事物的真正本质”[①]，事物借以保存自我的力量就是它存在的核心和本质。每一种本能都是因保存个体本性而来的手段（或者是我们的独身者没有提到的种族或群体）。愉悦和痛苦是本能的满足或受阻，它们不是我们产生欲望的原因，而是结果。我们不是因为事物给了我们愉悦，我们才对它产生欲望；它之所以使我们愉悦是因为我们对它产生了欲望；[②]我们对它产生欲望是因为我们必须这么做。

相应的，也就是没有自由意志，生存的必然性决定了本能，本能决定欲望，欲望决定思想和行动。“精神的决定除了欲望之外什么都没有，根据不同的意向各有不同。”[③]“精神上没有绝对的或自由的意志，但是精神有这样或那样的意愿却是由一个原因决定的，这个原因又是由另一个原因决定的，而这另一个又是由其他原因决定的，如此无限往下。”[④]“人们认为他们自己是自由的，因为他们了解自己的意愿和欲望，但是却不知道引导他们产生愿望和欲望的原因。”[⑤]斯宾诺莎把自由意志的感觉比作石头的想法，石头穿越不同空间，它以为是它自己决定了自己的轨迹并选择了落下的地点和时间。[⑥]

既然人类行为都遵循像几何学那样固定的规律，那么心理学应该以几何的形式进行研究，并且具有数学的客观性。“我将以线、面、体的方式说明人类。”[⑦]“我非常小心，不去嘲笑、悲叹或延误人类行为，只是去理解它们，而且出于这样的目的，我把激情看作……不是人性的缺点，而是与之相关的财富，就像热、冷、风暴、雷电等之于天气的属性。”[⑧]正是这种公

---

① 《伦理学》，第 3 部分，命题 6、7。

② 《伦理学》，第 3 部分，命题 57。

③ 《伦理学》，第 3 部分，命题 2，注释。

④ 《伦理学》，第 2 部分，命题 48。

⑤ 《伦理学》，第 1 部分，“附录”。

⑥波洛克编，《书信集》，第 58 封。

⑦ 《神学政治论》，“前言”。

⑧ 《神学政治论》，第 1 章。

正的方法使得斯宾诺莎在人性研究领域卓越突出，弗劳德[①]称之为“至今在任何公正的哲学家中最完整的解释”[②]。泰纳[③]在赞美贝尔的分析时，除了将其与斯宾诺莎的分析媲美外，竟找不到其他方式。约翰尼斯·弥勒[④]在谈到本能和情感的话题时写道：“除生理条件外，关于感情之间的关系，斯宾诺莎给出了最好的解释，这是不可超越的。”这位著名的生理学家像真正的大家一样为人谦逊，不断引用《伦理学》第三卷中的内容。正是通过这种对人类行为的分析，斯宾诺莎最终着手处理这个问题，并成为他著作的题目。

3. 理智和道德

伦理学有三个终极体系，三种理想品格和三种有关道德生活的思想。一个是佛陀和基督，强调阴柔，认为所有人都同等珍贵，只能靠善来抵制恶，用爱来诠释道德，在政治上倾向于无限民主。另一种是马基雅维利和尼采的伦理观，强调阳刚，接受人与人之间的不平等，享受战斗、征服和统治带来的乐趣，以权力诠释道德，坚持世袭贵族制。第三种是苏格拉底、柏拉图和亚里士多德的伦理观，否认阴柔和阳刚的普遍适用性，认为只有明智和成熟的思想才能根据不同的情况作出判断，什么时候施王道，什么时候施霸道，因此，他们以理智诠释道德，在政体上赞成贵族制和民主制的结合。斯宾诺莎独树一帜，将这些表面看来相互对立的哲学调和在一起，使之成为和谐的统一体，并且形成了现代思想中拥有最高成就的道德体系。

他从把幸福快乐作为各种行为的目标开始，将快乐非常简单地界定为愉悦的存在和伤痛的消除。但是愉悦和痛是相关的，不是绝对的，它们不是既成的状态，而是转换的过程。“愉悦是人从一个相对不完美的状态”（完美也就是指圆满或者满足）“转换至一个更加完美的状

---

①弗劳德（1818—1894），英国历史学家。——译注

②《简论》，第1章，第308页。

③泰纳（1828—1893），法国思想家、文艺评论家和历史学家。著有《英国文学史》、三卷本《当代法国的由来》等。——译注

④约翰尼斯·弥勒（1801—1858），德国生理学家、比较解剖学家。——译注

态的过程”。“这其中包含着快乐，一个人的力量也因此得到增强。”[①]“伤痛则是一个人从比较完美的状态转至不那么完美的状态。我之所以说是转换，因为愉悦本身并不完美。如果一个人生来就拥有完美，那么他也将没有……愉悦的感觉。与之相反的情况就更显而易见了。”[②]所有的激情都是过客，所有的感情都会改变，它们或者更加接近或者更加远离圆满和力量。

“至于感情，我认为它是形体的改变，通过改变，形体内行动的力量得以增加或减弱、促进或受限，同时也可理解为这些改变的意志。”[③]（这个关于感情的理论通常归功于詹姆斯和朗格[④]，这里斯宾诺莎却以更加简明的方式进行了阐述，并且与坎农教授的发现不谋而合。）激情或者感情的好坏并不在其本身，而在于它减弱或增强了我们的力量。“对于德行和力量，我指的是一回事。”[⑤]德行是行动的力量，一种能力的形式，[⑥]“一个人越能够保存他的存在并且寻求对他有用的东西，他的德行也就越高”[⑦]。斯宾诺莎并不主张人为了他人的利益牺牲自己，他比自然更宽厚。他认为利己是自我保存的最高本能的必然结果，“没有人会忽略他认为好的东西，除非他有希望得到更好的”[⑧]。这对斯宾诺莎而言非常合理。“既然理性与自然并不冲突，它允许每个人爱自己，寻求对自己有用的东西，并且渴望得到任何能够真正引领他获得更完美状态的方法，每个人都应该努力保存自己的存在。”[⑨]所以斯宾诺莎的伦理不像空想改革者那样，建立在利他和人性本善的基础上；也不像愤世嫉俗的保守主义者那样，建立在自私和人性本恶的基础上；而是建立在他认为不可抗拒的和情有可原的利己之上。一个教导人软弱的道德体系是没有意义的，“德行的基础正是维持人的存在，并在这

①参阅尼采：“什么是快乐？就是感觉力量在增强，并且克服了对抗。”（《上帝之死》，第 2 节）。

②《伦理学》，“附录”。

③《伦理学》，第 3 部分，定义 3。

④朗格（1828—1875），德国哲学家、社会学家。——译注

⑤《伦理学》，第 4 部分，定义 8。

⑥《伦理学》，第 3 部分，命题 55，推论 2。

⑦《伦理学》，第 4 部分，命题 20。

⑧《神学政治论》，第 16 章。

⑨《伦理学》，第 4 部分，命题 18，注释。

样做的力量中获得快乐”[①]。

像尼采一样，斯宾诺莎不支持谦卑，[②]认为那不是阴谋家的伪善就是奴隶的怯懦，那暗示着力量的丧失。对斯宾诺莎而言，所有的德行都是能力和力量的形式。所以懊悔是一个缺点而不是德行："懊悔的人会加倍的不快乐和双重的软弱。"[③]但是他并没有像尼采那样耗费大量时间猛烈抨击谦卑，因为"谦卑是十分罕见的"[④]。正如西塞罗所说，即便是赞美谦卑的哲学家，在写书的时候还是会小心地把自己的名字放在封面上。斯宾诺莎说："最看不起自己的人是最接近骄傲的人。"（一句话道出了精神分析学家最中意的理论——每一个有意识的德行都意在掩饰或纠正一个秘密的恶行。）斯宾诺莎不喜欢谦卑，却赞赏谦虚，并且反感与行为不符的骄傲。自负使人们互相厌恶，"自负的人只讲自己的善行和他人的恶行"[⑤]。他喜欢和不如自己的人在一起，他们会目瞪口呆于他的完美功绩，但他最终将成为那些吹捧他的人的牺牲品，因为"骄傲的人最容易轻信阿谀奉承"[⑥]。

至此，这位哲学家为我们展示的更像是斯巴达的伦理，但在其他篇章中，他转而使用更柔和的语气。他惊叹于大量的嫉妒、互责、互贬甚至仇恨，这些都扰乱涣散了人心，除非能消除这些感情，否则没有什么方法能补救我们的社会。他相信用很简单的事情就能证实，爱比恨更能化解仇恨，也许因为爱和恨之间只一线之隔。恨在冤冤相报中滋长，一个人如果恨对方，而对方却以爱来回应，此刻这个人成为爱和恨相互冲突的感情的产物。既然（斯宾诺莎也许过于乐观地相信）爱可以生爱，所以他的仇恨也就土崩瓦解并失去力量了。仇恨认识到了我们的低劣和恐惧，我们不会憎恨一个我们有把握征服的对手。"想要通过互相仇恨来报复自己所受到的伤害的人，会陷入痛苦之中；想要通过爱来驱散仇恨的人，将享受到愉悦和自信。他可以以一对一，也可以以一敌百，几乎

---

① 《伦理学》，第 4 部分，命题 18，注释。

② 《伦理学》，第 3 部分，命题 55。

③ 《伦理学》，第 4 部分，命题 54。

④ 《伦理学》，第 3 部分，"附录"，定义 29。

⑤ 《伦理学》，第 3 部分，命题 55，注释。

⑥ 《伦理学》，第 4 部分，"附录"，定义 21。

不需要命运的帮助，而那些被他征服的人也会心悦诚服。”[①]“心灵的征服并不需要凭借武力，而是通过伟大的灵魂。”[②]在这些章节中，斯宾诺莎看到了加利利山上闪耀的光辉。

但是他的伦理学核心是希腊式的而不是基督式的。“努力去理解是德行的首要和唯一的基础”[③]，这是最单纯且全面的苏格拉底式。因为“我们以不同的方式受到外界因果的干扰，就像被逆风驱逐的波浪，我们摇摆不定，不知道未来的结果和命运”[④]。当我们最富激情的时候，我们认为我们是最自我的，其实那时我们是最被动的，被困在某种冲动或感觉的激流里，面对突如其来的各种反应，而这反应仅仅是整体情况中的一部分，因为没有思考，也就只能认知到全局的一部分。激情是“不完整的想法”，思想是延迟的反应，直到问题的每一个重要方面都引起相关的反应，不论顺势的还是另外获得的，只有这时，想法才是完整的，反应才是全面的。[⑤]本能像驱动力一样庞大，但是作为指导却很危险，因为我们称为本能的个人主义，时时都在寻求自我满足，而不顾及整体性。例如，不加控制的贪婪、好斗，或者贪欲给人造成的破坏是巨大的，直至这样的人变成控制他们的本能的附属物。“我们日常产生的感情都来源于身体某一部位的刺激大于其他部位，所以感情通常是过剩的，并且限制思想使其只能考虑一件事，而无暇于其他。”[⑥]但是，“产自愉悦或伤痛的欲望，如果只与身体的一部分或某些部分有关，那么对于整体的人没有好处”[⑦]。要想成为自我，我们必须完善自我。

当然，所有这些都是古老哲学对理性和激情所做的区分，而斯宾诺莎对苏格拉底和斯多葛派作了重要的补充。他认为没有理性的激情是盲目的，

---

① 《伦理学》，第 4 部分，命题 45。

② 《伦理学》，第 4 部分，“附录”，命题 11。

③ 《伦理学》，第 4 部分，命题 26。

④ 《伦理学》，第 3 部分，命题 59，注释。

⑤用后来的术语解释就是：反射行为是对局部刺激的局部反应，本能行为是对部分情况的部分反应，理性是对全局的完整反应。

⑥ 《伦理学》，第 4 部分，命题 44，注释。

⑦ 《伦理学》，第 4 部分，命题 60。

没有激情的理性是死寂的。“感情是不可能被阻止或移除的，除非通过相反的和更加强大的感情。”[①]斯宾诺莎没有一味地反对理性而坚持激情——在这场竞争中，更深层和世代相传的因素通常会取胜。他反对无理性的激情，而赞成经由理性调节的激情，通过对全局的分析而得出结论。思想不应缺乏欲望之火，而欲望也不应丧失思想的光辉。“一旦我们对激情有了清晰的认识，思想归顺于激情的程度与其所含有的充分的想法数量成正比，那么激情就不再是激情了。”[②]“所有的欲望都是激情，只要它们来自不完整的想法；当它们产生自完整的想法时……它们就是德行了。”[③]所有的理性行为，也就是说所有应对全局的反应，都是德行的行动，而最终除了理智已经没有德行了。

斯宾诺莎的伦理学来源于他的形而上学：形而上学中的理性存在于对混乱变动事物的规律性认知，所以在伦理学中，它存在于对混乱变动欲望的规律性构建中；在形而上学中它存在于所看，而在伦理学中它存在于所行，都处在永恒形式之下，形成认知和行为符合全局的永恒角度。思想有助于我们获得这种广阔的视角，因为它得到想象力的协助，能够意识到当下行为在以后产生的结果；如果反应是没有经过思考而立即作出的，那么也就不会对反应造成影响。理性行为的很大一个障碍是比想象更为生动的当下的感觉。“只要心灵按照理性的指引认知事物，不论是关于现在、过去或者将来的观念，受到的影响都是一样的。”[④]通过想象和理性，我们将经验转变成预见，我们成为自己未来的创造者，而不再是我们的过去的奴隶。

因此我们获得了人唯一可能获得的自由。激情的被动性是“人类的束缚”，理性的行动是人类的自由。自由并不是摆脱常规的规律或过程，而是摆脱了部分的激情或冲动；自由也不是摆脱激情，而是摆脱了未经调节

---

①《伦理学》，第 4 部分，命题 7、14。

②《伦理学》，第 5 部分，命题 3。

③注意最后两条引用与精神分析家观点的相似性，只有在我们没有意识到产生欲望的原因时，欲望才是“情结”；因此，解决的首要方法就是意识到欲望和其产生的原因，以对其形成“完整的想法”。

④《伦理学》，第 4 部分，命题 62。

和不顾大局的激情。只有在我们知道的情况下，我们才是自由的。[①]超人是自由的，并不是因为他摆脱了社会的评判和礼仪，而是因为他摆脱了本能的个人主义。有了这样的全局观和完整性，也就有了智者的泰然自若，不是亚里士多德式英雄的贵族式的自满得意，也不是尼采式理想的目空一切的优越感，而是一种更加亲密平和的心境。“通过理性而善的人，也就是说，在理性的指导下，寻求对自己有用的东西的人，才能实现己所不欲勿施于人。”[②]伟大并不是凌驾于人类之上统治他人，而是站在无知的欲望所滋生的偏颇和无益之上统领自己。

这比我们所说的意志自由更加崇高，因为意志不是自由的，也许根本就没有“意志”。没有人会认为因为他没有了“自由”，他就可以不再对自己的行为和生活结构负道德上的责任。因为人的行为是由他们的记忆决定的，社会出于对自己的保护，必须使其公民通过希望和恐惧建立起社会秩序和合作的理念。所有教育的目的都是决定主义的，对年轻的思想灌输一套禁忌，期望这些禁忌能够参与他们行为的决策。“由恶而产生的恶不应该因为其是必然的就不构成恐惧，无论我们的行动自由与否，我们的动机仍然是希望和恐惧。因此那些断言我不会给予规矩和命令空间的言论是错误的。”[③]相反，决定论形成了更好的道德生活，它教会我们不要鄙视或嘲讽他人，也不要与他人动气；人是“无罪”的，尽管我们惩治恶人，但并不仇恨他们，我们原谅他们，是因为他们并不知道他们所作所为的缘由。

更为重要的，决定论使我们能更加平静地期待和接受命运的两面性，我们记得所有的事物都遵循上帝的天命；甚至它还教导我们“上帝的理性之爱”，因此我们欣然接受自然规律，并在自然的各种限制之中寻找满足。将万物看作注定的人，可能抵抗，但不抱怨，因为他“在一种特定的永恒视角下认知事物”[④]，他知道他的不幸在整个体系中不是偶然的，

①参阅杜威教授：“医生和工程师在思想和行动上的自由程度取决于他所知道自己处理的事情的程度。我们很可能在此找到了自由的关键。”（《人的本性与行为》，第 303 页；纽约，1922。）

②《伦理学》，第 4 部分，命题 18，注释。参阅惠特曼：“上帝，不能与他人共同享有的东西我也不要。”

③《书信集》，第 43 封。

④《伦理学》，第 2 部分，命题 44，推论 2。

他在世界的永恒结果和结构中找到公道之处。能够这样思考，他就从激情带来的不稳定的愉悦提升至更高层次的沉思，将万物看作一个永恒的秩序和进程的一部分，他学会微笑面对不可抗力，“无论他是现在还是一千年后得到他所期望的，他都泰然处之”[①]。他学习到古老的一课：上帝并不是变幻莫测的，爱管他的信徒的生活琐事，而是维系着宇宙不变的绵延秩序。柏拉图在《理想国》中用优美的语言描述了同样的观点：“他的思想停留在真正的存在上，无暇顾及凡人的琐事，或者充满嫉妒和仇恨地与他们争斗；他的眼睛锁定在不变的规则之上，他认为没有互相伤害，而是按照理性在有秩序地运动；他模仿这些，而且尽其所能地与其一致。”[②]“所有必然的东西，”尼采说，“都不会使我生气，爱命运是我本性的核心。”[③]或者如济慈所说：

> 承受所有赤裸的真相，
> 平静地正视境况：
> 这才是至上的美好。[④]

这样的哲学教会我们对生肯定，甚至对死：“一个自由的人不考虑死，他智慧的思考不在于死，而在于生。”[⑤]它以广阔的视角使我们烦躁的自我得以平静，使我们与约束我们意图的种种限制达成和解。它可能会导致顺从或东方式的被动倦怠，但它也是所有智慧和力量不可或缺的基础。

4.宗教和不朽

如我们所知，斯宾诺莎的哲学终究是试图去爱一个使他受到驱逐并陷入孤独的世界，像约伯一样，他代表了他的人民并诘问，为什么甚至是正直的人也要遭受迫害、驱逐和种种的不幸。一度将世界看作一个非人和不

---

①惠特曼语。

②第 500 语节。

③《瞧这个人》，第 130 页。与其说是尼采的成就，不如说是他的希望。

④《海庇里安》，第 2 部分，203 行。

⑤《伦理学》，第 4 部分，命题 67。

变法则的过程抚慰着斯宾诺莎，并使他感到满足。但是最终，他内在的宗教精神将这种无声的过程转变成几乎令人喜爱的事物。他试图将自己的欲望融入万物的统一秩序中，与自然融为一体。“至善就是心灵与整个自然的统一。”[①]实际上，个体的分离在某种意义上是虚幻的，我们是规律和因果关系洪流中的一支，是上帝的一部分；我们是存在流动不息的样式，它比我们自身更好，并且在我们死后长存。我们的身体是人类形体的细胞，我们的种族是生命戏剧中的插曲，我们的心灵是永恒之光中的点点闪烁。“如其所理解的，我们的心灵是思考的永恒形式，而这种思考的形式又是由另一种思考形式决定的，这另一种思考形式又由其他思考形式决定，以此类推，永无止境，因此它们同时构成永恒且无穷的上帝智慧。”[②]在这种个体和宇宙泛神论的融合中，东方人又说道：我们听到了欧玛尔[③]的回响，他“从不将个体一分为二”；还有古印度诗歌中写：“了解你与宇宙灵魂的统一，摒弃与整体背道而驰的梦想。”[④]“有时，”梭罗说，“当我悠闲地泛舟于瓦尔登湖时，我停止了生活，开始存在。”

作为这样一个整体的部分，我们是不朽的。“人类的思想是不可能完全与人的形体同时毁灭的，一些部分会成为永恒。”[⑤]这个部分就是在永恒形式之下对事物的认知，我们越是这样认知事物，我们的思想越能够永恒。斯宾诺莎在此处的表述甚至更为模糊不清，在经历了阐述人之间无穷的争论后，他的文字仍是仁者见仁智者见智。有时人们想象他是指乔治·艾略特[⑥]说的依靠声誉获得不朽，那样我们的思想和生命中最理智和美丽的部分会在我们死后长存，永世不朽。可有时斯宾诺莎又好像指个人和个体的不朽，这可能是因为在斯宾诺莎的生命中，死亡过早地若隐若现，使他渴望以人类心中永恒的希望来安慰自己。但是，他坚持将永恒和持久加以区分：“如果我们对人的共同观点给予注意，我们可以看到，他们意

---

①《知性改进论》，第 230 页。

②《伦理学》，第 5 部分，命题 40，注释。

③欧玛尔（1048—1122），波斯诗人、数学家、天文学家。——译注

④见波洛克《斯宾诺莎的哲学与生活》，第 169、145 页。

⑤《伦理学》，第 5 部分，命题 23。

⑥乔治·艾略特（1819—1880），英国小说家，维多利亚时期重要作家。——译注

识到自己心灵的永恒性，却混淆了永恒和绵延，并将其归结为想象或记忆，他们认为这些将在死后永存。”[①]但是，和亚里士多德一样，斯宾诺莎虽然谈论不朽，却不认为人的记忆可以在死后继续存在。“心灵只有在人的形体内的时候才可以想象或回忆。”[②]他也不相信天堂的回报：“那些远远偏离道德本质的人期望他们的德行好像是最伟大的劳苦，获得上帝至上的回报，好像德行和为上帝效力本身不是幸福和最伟大的自由。”[③]斯宾诺莎在这本书的最后一部分写道：“幸福不是德行的回报，而是德行本身。”也许同样，不朽不是对清晰思考的回报，而是清晰思考本身，因为它将过去承载至当下，又延伸至未来，克服了时间的局限性和狭隘性，看到了千变万化背后永恒保留的景象。这样的思想是不朽的，因为每一个真理都是永恒的创造，是人类永恒所获的一部分，永远影响着人类。

《伦理学》在这样庄严且充满希望的曲调中落幕。很少有一本书可以涵盖如此多的思想，引发如此多的评论，同时也遭受阐述者间如此多的对立厮杀。它的形而上学可能是有错误的，心理学也不完美，神学也不令人满意且表述模糊，但是这本书的灵魂，它的精神和本质使所有读过的人无不为之折服。在结束部分，质朴的语言中闪烁着本质的精神：

> 至此，我完成了所有我想要表达的、关于心灵力量超越情感或者心灵自由的力量的观点。从此可以看出，一个智慧的人比起一个仅由欲望牵引的愚昧的人，是多么优越和强大。一个愚昧的人，除了在多方面受到外因的蛊惑，他从未享受过真正的心灵满足，而且他活着并不能意识到自己、上帝和万物的存在，当他停止这种被动的时候，他也就停止了存在。而一个智慧的人却恰恰相反，他在精神上不为所动，他能够通过某种永恒的需要意识到自己、上帝和万物，永远不会停止存在，也会常常尽享心灵的满足。如果说我所指引的到达这一境界的路十分困难，但至少是可以被发现的。只有如此少的人能够找到，过

① 《伦理学》，第 5 部分，命题 34，注释。

② 《伦理学》，第 5 部分，命题 21。

③ 《伦理学》，第 2 部分，命题 49，注释。

程势必是艰辛的。如果救赎近在咫尺唾手可得，又怎么会人人都忽视呢？所有卓越的事物都很稀少，故难以寻觅。

五、《政治论》

现在我们来分析这部悲剧性的残篇，斯宾诺莎在鼎盛时期创作的《政治论》，由于他的早逝，创作也突然中断了。这部著作短小精悍却思想丰富，所以人们不免扼腕叹息这位才子在其全盛时期悄然离世所造成的损失。同一时期，人们看到了霍布斯支持君主专制并痛斥英国人民反抗国王的暴动，其猛烈程度与弥尔顿维护它的激烈相当。斯宾诺莎作为共和党人詹·德·韦特的朋友，形成了一套政治哲学，表达了荷兰当时对自由和民主的期望，成为卢梭和法国大革命顶峰时期思潮的主要来源。

斯宾诺莎认为，所有的政治哲学必须与自然秩序和道德秩序区分开来，也就是同有组织的社会形成之前和之后区分开来。斯宾诺莎认为，人曾经生活在相对隔离的状态，没有法律和社会组织，他说那时候没有错与对、正义和非正义的概念，强权和公理是一回事。

> 在自然状态中，没有共同认可的好与坏，因为自然状态中每个人只考虑自己的利益，根据自己的喜好判断好与坏，并且只顾及自己的利益，除了自己，在法律上不为其他任何人负责。因此，在自然状态中没有罪恶，罪恶只存在于公民国家，由一致意见规定出好坏，每个人对国家负责。[①]……除了没人愿意干的和干不了的事情，人们出生时和大部分人随之生活的自然法则和条令没有任何禁忌，也不反对斗争、仇恨、愤怒、背叛或者笼统意义上的所有的欲望。[②]

我们通过观察国家行为，对自然法则或自然无法则的状态略知一二，

① 《伦理学》，第4部分，命题37，注释2。

② 《政治论》，第2章。

“国家之间没有利他主义”[①]，因为只有拥有被公众接受的组织、共同认可的权威后才能有法律和道德。现在国家的“权力”就是个人曾经的“权利”(现在仍往往如此)，也就是“强权”。一些诚实的外交家非常恰当地称那些领头的国家为“列强”。所以，在所有物种中，没有共同的组织，它们中就没有道德和法律，彼此之间任意妄为、为所欲为。[②]

但是在人类中，互相需要促成了互相帮助，权力的自然秩序演变为权利的道德秩序。“对孤独的恐惧人皆有之，所以没有任何一个孤独的人可以足够强大，保卫自己和获得生活必需，人之本性是趋向于社会组织的。”[③]为了抵御危险，“没有互相的帮助和交换，一个人的力量是不够的”[④]。但是，人并不是生来就会为了社会秩序而相互宽容，危险促成了合作，逐步形成并加强了社会本能：“人并不是生来就是公民，但是必须使之适应成为公民。”[⑤]

大多数人内心充满个人主义，抵触法律和习俗，社会本能晚于并且弱于个人主义，还需要加强。卢梭以恶的角度认为人“性本恶”。但是通过合作，即便是在家庭中，出现了同情、同感，最后便是仁慈善良。我们喜欢和自己相似的事物，“我们不仅同情我们爱的事物，还同情我们认为和自己相同的事物”[⑥]。“感情效仿”[⑦]就来源于此，最终形成一定程度的良知。良知不是天生的，是后天获得的，且因地域差异而不同。[⑧]这是个体发展中思想和群组道德传统积淀的结果，通过它，社会在其敌人内心——也就是在自然的个人主义思想中为自己创立了一个联盟。

渐渐地，在这个发展过程中，自然状态中的个人权力法则开始顺从组织社会中整体的法律和道德权力。强权仍是权力，但是整体的强权限制了

①俾斯麦语。

②《伦理学》，第4部分，命题37，注释1；“附录”，命题27。

③《神学政治论》，第6章。

④《伦理学》，第4部分，“附录”，命题28。

⑤《政治论》，第5章。

⑥《伦理学》，第3部分，命题22，注释。

⑦《伦理学》，命题27，注释1。

⑧《伦理学》，第3部分，“附录”，命题27。

个人的强权，理论上只将其限制于个人权利之内，在行使权力的同时确保其他人享有同等自由。部分个人自然强权或主权交由有组织的社会，用以保全剩余权力范围的扩大。例如，我们摒弃了从愤怒上升至暴力的权利，同时我们也避免了其他人的暴力带来的危险。法律是必要的，因为人是受感情影响的，如果所有的人都是理性的，法律也就没有存在的必要了。完善的法律对于个人就像完善的理性对于感情：理性可以调节冲突力量，避免破坏和整体力量的减弱。就像在形而上学中，理性是对事物秩序的认知，在伦理学中，它是对欲望秩序的构建。在政治学中，理性在人们当中建立秩序。完善的国家只有在个人权利互相破坏时才会限制公民权，否则非但不会减弱，还会增强权利。

> 国家的最终目的不是为了统治人，或者通过恐惧约束他们，而是使每个人都摆脱恐惧，他可以生活、行动在完全的安全保障中，不会伤害自己和他人。我再说一遍，国家的目的不是将理性的人变为残暴的野兽和机器，而是让他们的身心正常工作，指引他们依靠自由的理性生活，他们不会浪费力气在仇恨、愤怒和欺诈上，也不会尔虞我诈。因此国家的目的是真正的自由。①

自由是国家的目标，因为国家的功能就是推动发展，而发展取决于获得自由的能力。但是，如果法律抑制发展和自由怎么办？如果国家像每一个机构或组织一样寻求自我的保全（通常指公务人员寻求保全自己的位置）而变成了专制和剥削的机器，人们该怎么办？斯宾诺莎回答道，如果允许合理的反抗和讨论，且言论仍然自由以推动和平式的变革，即使是有失公正的法律，也要继续遵守。“我承认，这样的自由有时会造成不便，但是什么样的解决问题方式能够完美到没有任何缺陷呢？”② 反对言论自由的法律是对所有法律的颠覆，因为人们不会再尊重他们不能加以评论的法律。

---

①《神学政治论》，第 20 章。

②《神学政治论》，第 20 章。

> 政府越是削减言论自由，抵抗也就越顽强，抵抗的并不是贪婪者……而是那些接受了良好教育、品德高尚、享有更多自由的人。人们普遍是尊重法律的，但他们难以忍受那些他们认为正确的事情被归为违法……在这样的情况下，他们不认为厌恶法律和抵制政府是可耻的行为，反而以之为至高荣誉。[①]……那些可以违反而又没有损害他人的法律被看作是笑柄，这样的法律非但不能限制人类的欲望，反而会使之加剧。我们总是抵抗禁令，并渴求那些被禁止拥有的东西。[②]

斯宾诺莎像一个优秀的美国拥护立宪主义者一样总结道："如果只将行动作为治罪的依据，而言语上可以肆意妄为，煽动叛乱者将失去貌似正义的外壳。"[③]

国家对思想控制得越少，对公民和国家越有益。斯宾诺莎在认识到国家必要性的同时并不相信它，他知道权力可以腐化人，甚至是无比廉洁的人（罗伯斯庇尔不就是个例子吗），他不可能泰然自若地看着权威从身体和行动上延伸至人的灵魂和思想，那将是发展的尽头和社会的灭亡。所以他不赞成国家控制教育，特别是大学教育："公立大学与其说是培养人的天生能力，不如说是遏制它们。但是在自由民主国家，如果每个人提出要求都可以获准公开教学，自己承担费用和风险，艺术和科学的教育将发挥到极致。"[④]如何在公立大学和私立大学间找到一种折中的方法是斯宾诺莎没能解决的，而私有财富也没有发展到可以提出这种问题的程度。他的理想状态显然是曾经在希腊得以繁荣的高等教育，那时教学不是来自教育机构而是自由的个人，也就是所谓的"智者"，他们游历在城市之间，独立于公立和私人的控制。

有了这些前提，政体的形式也就不再重要了，斯宾诺莎只表达了对民

① 《神学政治论》，第 20 章。
② 《政治论》，第 10 章。
③ 《神学政治论》，"前言"。
④ 《政治论》，第 8 章。

主制的偏爱。任何传统政治形式都可以被制定为“每个人……可能更青睐于公共权利而非私利”，这个任务是法律制定者的。[①]君主专制是有效率的，但是却暴虐无道、穷兵黩武。

> 有人认为经验教导我们，将全部权威赋予一个人可以造就和平和协调，因为没有比土耳其的统治更久的了，而且没有明显的变动。另一方面，那些转瞬即逝的或者连连发生叛乱的都是最受欢迎和最民主的地方。如果奴隶制、野蛮和凄凉都可以称为和平的话，没有什么比这更不幸了。毫无疑问，父母和孩子之间的争吵经常比主人和奴隶之间的争吵更频繁、更犀利，然而并不意味着将父亲的权利变为财权、将孩子看作奴隶就改进了家庭管理的艺术。将整个权威交付给一个人造成的是奴隶制，而不是和平。

他补充了一些关于秘密外交的内容：

> 那些渴望专权的人都是一样的腔调——出于国家的利益，国家事务需要在秘密中执行……但是他们越是以公共福利为幌子掩盖自己，越是会将国家引向暴虐的奴隶制……对公众隐瞒这些专制的邪恶秘密，不如告诉敌人真正的意图。通过专权可以秘密处理国家事务的人，就像在战争时期他们可以对敌人使用阴谋一样，在和平时代，他们也可以这样对待他们的公民。[②]

民主制是政体最合理的形式，因为其中“每个人服从权威对他们行动的控制，却享有评判和理性的自由，也就是不可能所有人的想法都一样，所以大多数人的意见具有法律效力”[③]。这种民主的军事基础是普遍服役，

① 《神学政治论》，第 17 章。

② 《政治论》，第 7 章。

③ 《神学政治论》，第 20 章。

和平年代由公民保管武器。[①]它的财政基础是单一税收。[②]民主制的缺点是有可能将一个平庸的人推向权力的宝座，没有方法能够避免，除非限定公务人员必须为“经训练具备技能”者。[③]数量本身不能创造智慧，而且有可能将公务要职给予一个阿谀奉承之人。“公众易变的品行使得经历过这一切的人几近绝望，因为公众仅仅以感情为准绳，而不是理性。”[④]因此民主政府变成了短命的煽动家，有身份的人不愿被列入名单受到不如他们的人的评判和评估。[⑤]尽管是少数，早晚也会有更有能力的人反抗这样的体系。“因此，我认为民主制会演变为贵族制，而贵族制最终演变为君主专制”。[⑥]人们最终宁愿选择专制而非混乱。权力的平等是一个不稳定的状态，人生来就不平等，“在不平等中找平等只能是自取其辱。”民主制仍然要解决的问题是：如何在所有人都享有同等选择权的时候，在受过训练的和合适的人中选出能力最佳的人，并使其他人心悦诚服。

如果斯宾诺莎能够完成他的著作，谁知道在现代政治的中心问题上这位天才将投下怎样的光辉？——我们现在读到的所有这些内容仅仅是他的思想不完整的初稿。在写《论民主》这一章时，斯宾诺莎离世了。

六、斯宾诺莎的影响

“斯宾诺莎并没有试图建立一个学派，也并没有建成什么。”[⑦]但是在他之后的哲学家都浸透了他的思想。在他死后的那一代中，他的名字遭人厌恶，休谟甚至说他是“令人憎恶的假说”，莱辛说，“人们谈论着斯宾诺莎，

① 《政治论》，第 7 章。

② “田地和所有土地，和（如果可以的话）房屋都应为公共财产……向公民每年出租……除此之外，在和平时代免去所有人所有种类的税收。”（《政治论》，第 6 章。）

③ 《神学政治论》，第 13 章。

④ 《神学政治论》，第 17 章。

⑤ 《伦理学》，第 4 部分，命题 58，注释。

⑥ 《政治论》，第 8 章。

⑦ 波洛克，《斯宾诺莎的哲学与生活》，第 79 页。

就像他是一只死狗一般”。

正是莱辛为斯宾诺莎恢复了名誉。这位伟大的评论家使雅各比感到吃惊，在 1780 年他们那次著名的谈话中[①]，莱辛说他在成年后是一名斯宾诺莎主义者，并断言“除斯宾诺莎外没有其他哲学”。他对斯宾诺莎的热爱加固了他与摩西 · 门德尔松[②]之间的友谊，在他的名剧《智者纳旦》中，他从活着的商人和逝去的哲学家身上获得了对理想犹太人的认识，并将其塑造为模型。几年后，赫尔德[③]的《关于斯宾诺莎体系的几次谈话》将自由神学家的注意力转向了《伦理学》，这一学派的领袖施莱尔马赫[④]称斯宾诺莎为“神圣且被教会驱逐的斯宾诺莎”，而天主教诗人诺瓦利斯[⑤]称他为“为神所陶醉的人”。

同时雅各比也使斯宾诺莎引起了歌德的注意，他告诉我们，这位伟大的诗人在第一次读《伦理学》时就皈依了。[⑥]这正是他灵魂深处所渴望的哲学，之后在他的诗歌和散文中也有所渗透。正是在这里他学到了我们应该接受自然施加于我们的限制，呼吸到斯宾诺莎那种平和的气息，他超越了葛兹和维特狂野的浪漫主义，而在晚年转向了古典的平静。

结合斯宾诺莎和康德的认识论，费希特、谢林和黑格尔得出了不同的泛神论。正是出于“自我保全的努力”产生了费希特的“自我”、叔本华的“生命意志”、尼采的“权力意志”和柏格森的“生命动力”。黑格尔反对斯宾诺莎体系，认为它了无生气、古板僵硬，他忘记了其中有活力的因素，而只记得像法则一样的关于上帝威严的认知，他把它移用为他的“绝对理性”。但是他诚恳地表示，“想要成为哲学家，首先要是斯宾诺莎主义者”。

在英国，斯宾诺莎的影响随着大革命运动的浪潮高涨，像柯勒律治[⑦]和

①全部详见威利斯著作。

②摩西 · 门德尔松（1729—1786），德国犹太哲学家、学者。——译注

③赫尔德（1744—1803），德国评论家、哲学家。——译注

④施莱尔马赫（1768—1834），德国神学家、哲学家。——译注

⑤诺瓦利斯（1772—1801），德国浪漫派诗人，作品有《亨利希 · 冯 · 奥弗特丁根》。——译注

⑥布兰代斯，《十九世纪文学主流》，第 6 卷，第 10 页；纽约，1905。参见布兰代斯《歌德》，第 1 卷，第 432—437 页；纽约，1924。

⑦柯勒律治（1772—1834），英国诗人、评论家和哲学家。——译注

华兹华斯这样年轻的反抗力量谈论着“斯拜诺莎”（政府派出监视他们的侦探认为这只是由于他们鼻音的关系），这样的热情活跃了民粹派鼎盛时期俄国知识分子谈论的话题。柯勒律治在餐桌上向宾客谈论着斯宾诺莎，华兹华斯在他著名的诗篇中也加入了这位哲学家的思想：

> 某物
> 来自落日的余晖，
> 来自大洋和清新的空气，
> 来自蓝天和人的心灵，
> 一种动力，一种精神，
> 推动一切有思想的东西，一切思想的对象，
> 穿过一切东西而运行。①

雪莱在《仙后麦布》初始版本中引用了《神学政治论》的内容，并开始翻译，拜伦答应为之写序。米德尔顿得到了这篇原稿，并当成雪莱自己的著作，称之为“幼稚的思考……太过粗略，不值得发表”。在之后较为平静的时代，乔治·艾略特翻译了《伦理学》，但是没有发表。出于斯宾塞和这位小说家之间的亲密关系，有人认为他对于“不可知”的认识应该部分归功于斯宾诺莎。贝尔福·巴克斯②说：“当下的知名人士都称斯宾诺莎涵盖了现代科学的全部内容。”

之所以如此多的人受到斯宾诺莎的影响，可能是因为他为自己提出了很多不同的解读方法，使后来者的每一次阅读都有新的收获。所有深奥的言论对不同的人都会有不同的含义。有人说《旧约·传道书》中描述智慧的语言恰好可以用在斯宾诺莎身上：“第一个人对他的了解不完全，最后一个人也不可能完全读懂他，因为他的思想比大海还要宽广，他的思考比深洋还要深邃。”

在纪念斯宾诺莎去世两百年的典礼上，各方捐赠者在海牙为他竖起了

①译文参照王佐良译本。——译注

②贝尔福·巴克斯（1854—1926），英国哲学家。——译注

一尊塑像。捐赠者来自世界各地拥有良好教育的地方，从来没有一座纪念碑以这样的博爱为基座。在 1882 年揭幕典礼上，欧内斯特·勒南的总结发言可以准确地作为本章的结束语："那些经过这尊温雅沉思的雕像而示以轻蔑的人将深陷不幸，他将像所有粗野的灵魂一样遭受惩罚，因为他的粗鄙，也因为他没有能力认知神圣。这个花岗岩基座上的人，为所有人指出了他发现的幸福之路，世世代代，经过这里的有涵养的人都会在心底说，'对上帝最真挚的解读和理解可能就在这里。'"①

① 《伦理学》，"序言"，第 22 页，注释，人人丛书版。

第五章　伏尔泰和法国启蒙运动

一、巴黎：《俄狄浦斯》

1742年，伏尔泰在他的剧目《梅洛普》彩排时教导杜梅尼小姐[①]如何达到悲剧的巅峰，杜梅尼抱怨只有在自己拥有“恶魔”后才能被激发出他所要求的激情。伏尔泰回答说：“就是这样，想要在任何艺术中获得成功，就必须有这样一个恶魔。”[②]即便是批判他的人和他的敌人也承认，伏尔泰完全满足了这个要求。圣佩甫[③]说“他体内有这样一个恶魔”[④]，德·梅斯特[⑤]称他为“地狱将全部权力交在他手上”[⑥]的人。

其貌不扬、样貌丑陋、自负清高、轻率无礼、秽亵可憎、肆无忌惮，有时甚至欺诈撒谎，伏尔泰具备了他那个时代和地区的人身上所有的缺点，无一遗漏。但是，同样是这个伏尔泰，无比仁慈、体贴入微、乐于助人、慷慨解囊，孜孜不倦地帮助朋友；同时不遗余力地摧毁敌人，一支笔就是他的武器，不过在看到和解的征兆时便会卸下武装。人是多么矛盾啊。

但是所有这些品质，无论好坏，都是次要的，且并非伏尔泰的本质。

①杜梅尼（1713—1803），法国演员。——译注

②塔伦泰尔，《伏尔泰传》，第145页，第3版。

③圣佩甫（1804—1869），法国文学史家、评论家。——译注

④圣佩甫，《十八世纪人物画像》，第1卷，第196页；纽约，1905。

⑤德·梅斯特（1753—1821），法国律师、外交家、作家和哲学家。——译注

⑥布兰代斯，《十九世纪文学主流》，第3卷，第107页。

他的精神世界中取之不竭的丰富智慧才是他令人震惊的内在和本质上的东西。他的著作达九十九卷，每一页都闪烁着光芒，寓意丰富；尽管主题内容的范围涵盖整个世界，却错落有致，色彩缤纷，就像一部百科全书。“我的行当就是说出我所想的”[①]：他所想的通常都是值得一说的，而他所说的又通常是无与伦比的。如果说我们现在不再读伏尔泰了（尽管像法朗士这样的人在读过他的作品后变得深奥和智慧），那是因为我们已经对他为我们战斗的神学论战场不再感兴趣了，我们已经转移到其他战场，更关注于此生的经济问题而非来生的归属问题。伏尔泰对于教权和迷信的全面胜利使那些在他发现时还生机勃勃的问题现在宛若死灰。他的名声大多来自他独树一帜的言论，他写下的文字保存了下来，说出的话却早已不见踪影，那些如同插上翅膀的言语一去不复返。我们剩下的大多是伏尔泰的躯壳，而很少有他精神的圣火。但是，黑暗中，我们还是透过时光镜看到了他，这是怎样的精神啊！“智慧将愤怒变为了戏谑，将火焰化身为光明”[②]，“是灵气与火焰的产物，史上最令人激动的人，比其他人拥有更加精微和跳动的原子，没有人拥有这样精准的头脑，也没有人能够拥有如此既灵活又准确的平衡性”[③]。他也许就是史上最伟大的智者吧？

当然，他比同时代的其他人更加勤奋，成就也更多。“无所事事就相当于不存在，”伏尔泰说，“所有人都是好的，除了那些闲荡的人。”他的秘书说他只有对时间是个吝啬鬼。[④]“只有把自己的全部都利用起来，才能对这个世界有所贡献……随着我年龄增大，我更发现工作的重要性。长久看来这将是最大的快乐，并且可以取代生活的幻想。”[⑤]“如果你不想自杀的话，就总是要找些事情做。”[⑥]

自杀应该是一直都在诱惑着他，因为他总是在工作。“正是因为他总是

①塔伦泰尔，《伏尔泰传》，第 32 页。
②杰·姆·罗伯逊，《伏尔泰》，第 67 页；伦敦，1922。
③泰纳，《古代政体》，第 262 页；纽约，1876。
④伏尔泰，《哲理小体》，第 12 页；纽约，1889。
⑤圣佩甫，《十八世纪人物画像》，第 1 章，第 226 页。
⑥塔伦泰尔，《伏尔泰传》，第 93 页。

充满活力，所以他才以他的生命灌注了整个时代。”[①]生活在最伟大的世纪之一，他（1694—1778）是这个世纪的灵魂和内在。维克多·雨果说：“说到伏尔泰，他标志着整个十八世纪。”[②]意大利有文艺复兴，德国有宗教改革，但是法国有伏尔泰，他对这个国家而言，既是文艺复兴，又是宗教改革，还有一半的革命。他坚持蒙田的客观怀疑论和拉伯雷的健康幽默，他反抗迷信和腐败的力度比路德、伊拉兹马斯[③]、加尔文[④]、诺克斯[⑤]、梅兰希顿[⑥]更加激烈和有效，他帮助米拉波[⑦]、马拉[⑧]、丹东[⑨]和罗伯斯庇尔制造火药，摧毁了旧体制。“如果我们是通过其所作所为来评判人的话，”拉马丁[⑩]说，“伏尔泰毫无疑问是近代欧洲最伟大的作家……命运赋予了他八十四年的时间，他可以不紧不慢地分解堕落的时代，他有时间与时代斗争，当他陨落的时候，他是胜利者。”[⑪]

没有哪位作家在生前有如此大的影响力。尽管被放逐、监禁，几乎他的每一本书都受到教会和国家的限制，他仍在残酷中找到了真理的道路，直到最后，教皇和君主都要迎合他，御座在他面前颤抖，世界上的一半人倾听他的每一句话，捕捉他的一言一行。在那样一个时代，很多事物都在召唤破坏者。尼采说，“狂笑的狮子一定会来到”，伏尔泰来了，“大笑着摧枯拉朽”[⑫]。伏尔泰和卢梭是在封建贵族制向中产阶级统治转型过程中拥有大量经济和政治拥趸的两大声音。当一个上升的阶级不满于现存的法律或习俗时，它就会取理性而弃习俗，取自然而弃法律，就像个体中矛盾的欲望迸发成为思想一样。所以富裕的中产阶级支持伏尔泰

①莫利，《伏尔泰》，第 14 页；伦敦，1878。
②伏尔泰百年祭奠上的讲话。
③伊拉兹马斯（约 1466—1536），荷兰人文主义者、神学家。——译注
④加尔文（1509—1564），法国新教神学家、宗教改革运动的主要人物。——译注
⑤诺克斯（约 1505—1572），神职人员，苏格兰宗教改革领袖和苏格兰长老派创始人。——译注
⑥梅兰希顿（1497—1560），德国新教改革家。——译注
⑦米拉波（1749—1791），法国革命家。——译注
⑧马拉（1743—1793），法国政治家，法国大革命中激进的山岳派领导人。——译注
⑨丹东（1759—1794），法国政治家，法国大革命主要领导人之一。——译注
⑩拉马丁（1790—1869），法国诗人、政治家。——译注
⑪《哲理小说》，第 6、9 页。
⑫布兰代斯，《十九世纪文学主流》，第 57 页。

的理性主义和卢梭的自然主义，从旧的习惯和习俗中松绑是必要的，必须要改革并重新激发感觉和思想，打开心扉迎接试验和改变，伟大的改革才会随之到来。并不是说伏尔泰和卢梭是改革的原因，可能他们与法国生活表层下隐藏的政治和社会波涛汹涌的力量共同构成了改革的原因，他们就像火山爆发时炽热的火焰一样闪耀着光芒。哲学之于历史就像理性之于欲望，都是无意识的过程由下至上地决定有意识的思想。

但是我们在试图纠正哲学家夸大哲学影响的趋势中又不可矫枉过正。路易十六在神殿监狱中阅读了伏尔泰和卢梭后说："这两个人摧毁了法国。"[①]也就是说，摧毁了他的王朝。拿破仑说："如果波旁王朝控制住了那些文字，也许就可以保全自身。大炮的出现摧毁了封建体制，而墨水的出现摧毁了近代社会组织。"[②]伏尔泰说："书籍统治世界，或者至少统治那些有书面语言的国家，其他的不计其内。""教育是最大的解放"，而他解放了法国。"一旦一个国家开始思考，就不可能被阻止了。"[③]有了伏尔泰，法国开始思考了。

伏尔泰，本名弗朗索瓦·玛丽·阿鲁埃，1694 年生于巴黎，他的父亲是一位踌躇满志的公证人，而母亲有点贵族气派。也许他的机敏和暴躁来自父亲，而草率和智慧来自母亲。他来到这个世界非常不易，母亲因为难产生下他便去世了，刚出生的他弱小多病，护士说他活不过一天，这个护士犯了个小小的错误，伏尔泰一直活到八十四岁，但是他一生都遭受着病魔的折磨，这也铸就了他不屈不挠的精神。

他从他的模范哥哥亚芒那里获得启发，亚芒虔诚地信奉詹森教派的邪说，并英勇地为信仰献身。亚芒向一位建议他更有勇气的朋友说："就这样吧，如果你不想被处以绞刑，至少不要去妨碍别人。"他们的父亲说他有两个傻儿子，一个钟情于诗歌，而另一个喜爱散文。事实上，弗朗索瓦几乎在他刚会写自己名字时就会写诗了，这使那位非常现实的父亲更坚信他不会有什么作为。在弗朗索瓦出生后，阿鲁埃全家搬到了省城，那里非

---

①塔伦泰尔，《伏尔泰传》，第 526 页。

②伯陶德，《拿破仑自述》，第 63 页；芝加哥，1916。

③塔伦泰尔，《伏尔泰传》，第 101 页。

常有名的交际花妮农·德·朗克洛[①]却发现了这位年轻人身上的潜力，她死后把两千法郎留给弗朗索瓦买书。而他的早期教育就是来自这些书，还有一个放荡的神父（活生生一个杰罗姆·康戈纳），神父教给他祷告和怀疑主义。他之后的老师是耶稣会的会员，他们教授给他怀疑主义最重要的方法，那就是辩证法，一种可以证明一切的艺术，并使他后来养成了怀疑一切的习惯。弗朗索瓦成了辩论高手，在他十二岁的时候，其他孩子都在操场上玩耍，弗朗索瓦已经在旁边和神学家讨论神学问题了。到了需要养家糊口的年纪时，他对父亲说想要以文学为职业，触怒了这位老人。老阿鲁埃说："文学，是那些想对社会无用、连累亲戚还最后饿死的人从事的职业。"父亲说话时，桌子都在颤抖。弗朗索瓦就这样走上了文学道路。

他并不仅仅是一个安静用功的小伙子，他也淘气地偷别人的油挑灯夜读。他喜欢半夜和镇上风趣的名流们欢笑嬉戏，尝试打破戒律，直到他的父亲怒不可遏，把他送到卡昂的一位亲戚那里，并交代要严格管制这个年轻人。但是他的看护者迷上了他的智慧，很快就任由他自由活动。监禁之后是放逐，父亲又将他送往海牙，和法国大使生活在一起，并要求对这个鲁莽冒失的男孩严加调教。但是弗朗索瓦在那里与一位姑娘坠入爱河，他偷偷摸摸地与她约会，给她写激情四溢的情书，结尾总是重复道："我一定会永远爱你。"这段恋情被发现后，他被遣送回家。他对那个姑娘的记忆只停留了几周而已。

1715年，弗朗索瓦二十一岁，他去了巴黎，正值路易十四离世。继承王位的路易斯年龄太小，无法统治法国，更何况是巴黎，于是大权便落入摄政王之手。那时作为世界中心的法国生活一片混乱，年轻的阿鲁埃随波逐流，混迹其中。很快他就以恃才放旷闻名京城。彼时为了缩减开支，摄政王将皇室马厩里的马卖掉一半，弗朗索瓦评论说，如果把皇室里的无用之人除去将更有意义。最后，在巴黎大街小巷流传的所有俏皮话都归到他名下。不幸的是，其中两首诗指责摄政王企图篡位，这引得摄政王盛怒。一天，摄政王在公园里与这个年轻人见面，对他说："阿鲁埃先生，我打

---

①妮农·德·朗克洛（1620—1705），法国作家、艺术赞助人。——译注

赌我可以让你见识到你从来没有见过的东西。”“什么？”“巴士底狱的内部。”结果第二天阿鲁埃就见到了，那是1717年4月16日。

在巴士底狱时期，不知什么原因，他取了笔名伏尔泰，[①]渴望并最终成为一名诗人。在结束十一个月的服刑前，他写出了还不错的长篇史诗《亨利阿德》，讲述的是那瓦尔国王亨利的故事。后来摄政王可能发现他关押了一个无辜的人，就将他释放了，还给了他一笔抚恤金。为此，伏尔泰写信向他致谢，感谢他如此照顾他的生活，并请求今后允许他自己照顾自己的起居。

他几乎是从监狱一跃而至舞台上。1718年他创作了悲剧《俄狄浦斯》，并连演四十五场，刷新了巴黎的记录。他的老父亲本来是来斥责他的，但是在包厢里看演出时，每到精彩之处就要咕哝：“哦，无赖，这个无赖！”剧目结束后，封特奈勒[②]见到伏尔泰，对其戏剧给予高度赞赏，称之为“太棒的悲剧”；伏尔泰微笑着回答：“我必须得看你的田园剧。”[③]这个年轻人没有心情注意自己的语言或刻意表现出谦逊，他在他的戏剧中不也有这样草率鲁莽的台词吗——

> 我们的神父并不像我们普通人想的那样，
> 他们的学问仅仅由于我们会轻信。（第4幕，第1场）

还有阿拉斯普嘴里划时代的挑战——

> 让我们信任自己，用我们自己的眼睛去看；
> 让这些成为我们的神殿、三脚祭坛和神谕。（第2幕，第5场）

这个剧目使伏尔泰净赚四千法郎，他拿来进行投资，这是文人中闻所未闻的智慧。经历了所有的苦难后，文学不但为他赚得大笔钱，还发挥了

---

①卡莱尔认为这是文字游戏，但是这个名字好像在伏尔泰母亲家中出现过。

②封特奈勒（1657—1757），法国作家。——译注

③罗伯逊，《伏尔泰》，第67页。

作用。他很相信那句老话，一个人首先要生存，然后才能进行哲学思考。1729 年，他购买了政府的一个拙劣计划的全部彩票，从中大赚一笔，政府因此非常生气。但是随着他变得富有，他也更加慷慨；当他进入中年后，越来越多受他庇护的人围绕在他身边。

伏尔泰具有犹太人的经济头脑，又有法国人聪慧的文笔。可是他接下来的一个剧目《阿特米尔》却失败了。这让他备尝失败的痛楚，以致此后每一次成功都加剧他生怕日后遭遇失败的刺痛感。他总是对公众的看法非常敏感，甚至嫉妒动物，因为它们不知道人们是怎么看待它们的。命运戏剧性地在他的失败上又加了一笔：他患上了天花。他喝了一百二十品脱的柠檬汁，吃了一些泻药，才得以治愈。当他走出死亡的阴影后，发现自己已经因为《亨利阿德》出了名，走到各处都备受欢迎，贵族力捧他为世界上极有教养且温文尔雅的人、不可多得的语言大师，以及欧洲文化传统的最佳继承人。

他在沙龙中沐浴了八年的阳光，随后命运转了向。一些贵族对这个年轻人没有头衔和地位、仅仅是天资聪颖而已这个事实无法释怀，而且无法原谅他的与众不同。在一次索利公爵庄园举行的晚宴上，伏尔泰公然侃侃而谈，尽显才智，罗杭公爵问道："这个大嗓门的年轻人是谁？"伏尔泰立即回答道："阁下，他并没有显赫的贵族名字，却以自己的名字获得了尊重。"回答公爵的问题已经是傲慢了，而且答得让公爵无言以对，这简直是大逆不道。公爵纠集了一群暴徒夜袭伏尔泰，但是叮嘱他们说："不要打他的头，说不定这个脑袋还会产生一些好东西。"第二天，在剧院，伏尔泰包着伤口一瘸一拐地出现了，他走到罗杭的包厢，提出与他决斗，然后回到家中整日练习花剑。但是尊贵的公爵不想匆匆将自己送上西天，还是被一个天才害的，因此向身为警务大臣的表兄请求保护。伏尔泰被捕了，被投入他的"老家"巴士底狱，又一次享有从里面看世界的特权。他几乎是被立即释放的，但条件是被放逐到英国。他去了，到达多佛后，又乔装返回海峡这边，怒火中烧的他要为自己报仇。不过，听说自己已经被发现，并且可能第三次被捕时，他又上了船，乖乖回到英国待了三年（1726—1729）。

二、伦敦：《哲学通信》

他开始鼓足勇气学习一门新的语言。发现瘟疫(plague)只有一个音节，而疟疾（ague）却有两个音节时，他心生牢骚——倒是希望瘟疫能够吞噬这种语言的一半，疟疾侵吞掉另一半。很快，他就能酣畅地用英语阅读了，一年内，他熟练地把握了那个时代最优秀的英语文学作品。他通过波林布罗克勋爵[①]认识了一些文人学士，与他们一个个吃饭，这些人中甚至包括难以捉摸、尖酸刻薄的教长斯威夫特。他从不谈论家世，也不问别人的家庭情况，康格里夫[②]谈起自己的戏剧时，称其不足挂齿，觉得自己其实不是作家，而是一个闲适的人，伏尔泰机智地答道："如果你不幸只是和其他人一样的绅士，我真不应该来看你。"

使伏尔泰感到惊奇的是，波林布罗克、蒲伯[③]、阿狄生[④]和斯威夫特都可以自由地、随心所欲地写自己想写的东西：这是一个有自己思想观点的民族；重整宗教，绞死国王并从国外请来另外一位，建立了欧洲最强大的议会。这里没有巴士底狱，那些享有声誉、拿着抚恤金的人及游手好闲的皇族无权在毫无理由和不经审判的情况下，把那些没有头衔的敌人送进监狱。这里有三十个教派，却没有一个神父。这里有所有教派中最敢作敢为的教派、教友会，贵格会教徒让整个基督教世界瞠目结舌，因为他们的行为举止和基督教徒完全相同。伏尔泰毕生都对他们感到诧异：在《哲学辞典》中，他让他们中的一位说："上帝嘱咐我们要爱我们的敌人，对我们遭遇的不幸毫无怨言，完全没有如下意思：让杀人犯身着红衣，头戴两英尺高的帽子，通过大声击鼓招募民众入伍，然后我们应该穿洋越海去残杀我们的兄弟。"

也是在英国，活跃着充满活力的智识活动。培根的名字还未褪色，归纳法遍地开花。霍布斯（1588—1679）实践着文艺复兴的怀疑精神以及他

①波林布罗克勋爵（1678—1751），英国政治家。——译注

②康格里夫（1670—1729），英国剧作家。——译注

③蒲伯（1688—1744），英国诗人、讽刺家。一生中最伟大的成就是翻译了荷马史诗《伊利亚特》和《奥德赛》。——译注

④阿狄生（1672—1719），英国散文家、诗人和剧作家。——译注

的老师的务实精神，使之成为完整且显而易见的唯物主义，他因此可能在法国获得献身谬误大奖。洛克（1632—1704）写了一部心理分析巨著（《人类理解论》），其中没有任何超自然假设。柯林斯、廷德尔和其他自然神论者重新坚定了他们对上帝的信仰，同时也对国教的每一条教义提出质疑。牛顿刚刚离世，伏尔泰参加了他的葬礼，常常想起这个享有举国荣耀的谦逊的英国人留下的种种印象。伏尔泰写道："不久前，一群显赫的人一起谈论一个老生常谈的话题，谁是最伟大的人——恺撒、亚历山大、帖木儿还是克伦威尔？一些人说毫无疑问是艾萨克·牛顿。对极了，因为他用真理的力量掌控了人们的心灵，而不像那些用暴力奴役他人的人，我们应对他心生敬意。"[①] 伏尔泰成了一名仔细研究牛顿作品的学生，之后成为法国支持牛顿观点的领军人物。

我们不得不惊叹，伏尔泰能够如此快地掌握几乎所有英国教给他的东西——文学、科学和哲学，经由法国文化和法国精神之火的淬炼，他将所有这些不同的元素转化为法国式智慧和雄辩的宝藏。他在《哲学通信》中写道：他的手稿在朋友间传阅，他不敢印刷，因为他对"背信弃义的法国"的高度赞赏应该不合皇家审查官的口味。他将英国的政治自由和学术独立与法国的专制和禁锢对比，[②] 批判法国无所事事的贵族和收缴什一税的神职人员，他们将巴士底狱当作回应所有疑问和怀疑的手段；他鼓励中产阶级奋起争取他们在这个国家应得的地位，就像英国的中产阶级一样。不知不觉中，这些信件成为吹响法国大革命的第一声号角。

---

①参见莫利《伏尔泰》，《哲学通信》，第 13 封，第 52 页。

②狄德罗在他的《论盲人的信》问世后入狱 6 个月；布丰在 1751 年被要求当众收回他对出土古物的研究；弗雷尔因为对法国皇家权力的根源进行了批判性的研究调查被送进了巴士底狱；直到 1788 年，还有公共刽子手代表官方焚毁书籍，1815 年复辟之后依旧如此；1757 年法令宣布凡"攻击宗教"的作家都将被判处死刑，也就是说凡是对传统信仰的教义提出异议的都将被判处死刑。（罗伯逊，《伏尔泰》，第 73、84、105、107 页。培利西尔，《伏尔泰哲学》，第 92 页；巴黎，1908。巴克尔，《文明史》，第 1 卷，第 529 页；纽约，1913。）

三、西雷:《哲理小说》

但是摄政王并不了解这只“雄鸡”,1729 年,他批准释放伏尔泰,允许他返回法国。伏尔泰又享受了五年巴黎生活:血液中流淌着美酒,笔下流淌着精神。后来,一个无赖的出版商得到了《哲学通信》,未经过伏尔泰同意就出版了,而且大肆销售。善良的法国人,包括伏尔泰自己都感到非常震惊。巴黎议会要求立刻将这本书当众烧毁,罪名是“造谣诽谤,与宗教、道德和权威作对”,伏尔泰意识到自己又要进巴士底狱了,深思熟虑后,他溜走了,而且利用这个机会与一个有夫之妇私奔了。

沙特勒侯爵夫人当时二十八岁,伏尔泰已经四十岁。侯爵夫人是位了不起的女性:她先跟随可敬的莫珀图[①],后跟随克莱奥[②]学习数学,她翻译了颇具学术性的牛顿《原理》注释版,并很快在法国科学院举办的关于火的物理论文竞赛中排名超过伏尔泰,总之,她似乎绝不是那种会私奔的女人。但是侯爵是那么无趣,而伏尔泰又是那么富有情趣,她称他“每一处都惹人喜爱”,“是法国最具光彩的人”。[③]他用对她热烈的赞美作为爱的回报,称她是“一个伟大的人,唯一的缺点就是生为女人”,从她及法国其他拥有高智商的女性身上,伏尔泰看出男女生来智力相当,[④]并且认定她在西雷的庄园是他们躲避巴黎险恶政治环境的避难所。侯爵带兵外出,这其实是他长久以来逃避数学的方式,伏尔泰对这一新安排也没有什么异议。不少年轻女士出于某些利害关系选择与富有的老头结婚,她们对老态龙钟没什么兴趣,渴望浪漫,而当时的道德允许女人找情人,只要处理适当,面子上过得去。如今侯爵夫人选择的不仅仅是情人,而且是一个天才,全世界都原谅了她。

---

①莫珀图(1698—1759),法国数学家、哲学家、天文学家。——译注

②克莱奥(1713—1765),法国数学家。——译注

③圣佩甫,《十八世纪人物画像》,第 1 章,第 206 页。

④塔伦泰尔,《伏尔泰传》,第 207 页。可与伏尔泰的“上帝创造女人只是为了驯服男人”(《天真汉》,见《哲理小说》,第 309 页)相对比的是梅里迪斯的“女人是男人最后开化的事物”(《理查德·费弗利尔受苦受难》,第 1 页)。社会学家会站在伏尔泰这边,“男人是女人最后驯化的动物”。

在西雷的庄园里，他们在一起的时光并不是用来卿卿我我，而是整天都用在学习和研究上。伏尔泰有一个造价不菲的实验室，用于自然科学实验，多年来这对情侣在重大发现和专题论文上互相竞争。他们有很多宾客，但大家达成默契，在晚上九点以前只能自娱自乐。晚饭过后，有时会上演私人戏剧，或者由伏尔泰给客人朗读生动形象的故事。很快，西雷就成了象征法国智慧的巴黎，贵族和中产阶级都加入进来，朝圣似的享受伏尔泰的红酒和智慧，欣赏他表演自己的戏剧。他很高兴成为这花花世界的中心，他将什么都看得很淡，有一阵还把"大笑，也让别人笑"作为座右铭。俄国的叶卡捷琳娜女皇称他为"欢乐之神"。"如果自然没有让我们轻浮一点的话，"他说，"我们将是最不幸的。因为有人轻浮，大多数人才不会上吊"，一点也没有阴郁的卡莱尔的影子。"有时傻傻的很愉快。如果哲学家们不能笑掉他们的皱纹的话，不幸将会发生。我把严肃看作是一种疾病。"①

他开始写一些愉快的哲理小说——《查第格》《老实人》《小大》《天真汉》《现实世界》等，他的九十九本著作展现出其精神的最纯粹形式。它们不是小说，而是诙谐的传奇，英雄不是人而是想法，反面人物是迷信，情节是思想。有些仅仅是片段，像《天真汉》，是卢梭前的卢梭。一位北美休伦的印第安人与一些回乡的探索者们一起来到法国，他提出的第一个要求就是把他变成基督徒。神父给了他一本《新约》，这个印第安人非常高兴，并很快要求让自己受洗，还要接受割礼。他说："因为我在书里没发现有人不受割礼的，所以显然我要为了希伯来习俗而牺牲，越快越好。"这个问题还没有稳妥地解决，他又开始纠结于忏悔，他问福音书是不是要求这样做，并在圣詹姆斯使徒书中找到一段："互相忏悔彼此的罪恶。"他完成忏悔后，一把拉下忏悔椅上的神父，让他坐下也对自己忏悔："来吧，朋友，书里说了，'我们必须互相忏悔彼此的罪恶'，我已经忏悔了，你也只能忏悔了才能干别的。"他爱上了圣伊芙小姐，却被告知不能娶她，因为在他受洗时她是他的教母，他对命运耍的这个恶作剧非常愤怒，并威胁要取消洗礼。待到获准娶她，他惊奇地发现，结婚时"需要公证人、牧师、

① 《致腓特烈大帝的信》，1737 年 7 月。

证人、婚约和豁免……‘你们真是无赖，要求这么多的预防措施’”。随着故事的依次展开，原始基督教精神和教会基督教精神之间的矛盾被搬上舞台，有人怀念学者的公正和哲学家的宽大仁慈，伏尔泰已经开始了他与迷信之间的对决，在战争中，他要求从敌人那里获得公正和宽大仁慈。

《小大》是对斯威夫特的模仿，但可能比它的宇宙想象模型更为丰富。有一个居住在天狼星上的人访问地球，他高五十万英尺，这样才符合居住在那么大一个星球上的人的特征。在他穿越宇宙的路上，他捎带上了一个来自土星的人，那人很伤心，因为他只有几千英尺高。当他们穿越地中海的时候，天狼星人沾湿了脚。他问他的同伴土星人有多少种感官。“我们有七十二种，但是我们每天都在抱怨太少了。”“你们的平均寿命是多少？”“很短……我们星球上几乎没人能活过一万五千年。所以你看，我们出生的那一刻就开始死亡了，我们经历的不过是一个点，我们的停留也只是一瞬间，我们的星球就是一个微粒。我们能学到的非常少，还没来得及从经验中获益，死亡就已经来临了。”①他们站在海里，就像抓起一只小动物似的拿起了一艘船，天狼星人将它放在大拇指甲上，引起船上人的阵阵骚动。“船上的牧师不停地念咒除魔，船员在咒骂，哲学家们忙着建立一个体系”，试图解释地球引力失效引发的混乱。天狼星人弯下腰，就像他们头顶上的一片乌云，他说：

> “至高的神很高兴能够在你们这群智慧的小小人面前展现无所不能和权力，毫无疑问你们在地球上的快乐肯定是纯粹美好的，因为不受物质的妨碍，从表面上，你们肯定在快乐和思考中度过人生，这正是完美精神的真正愉悦。我现在找到了真正的快乐，就在这里。”
>
> “我们有充足的物质，”一位哲学家回答，“干出不少坏事来……比如说，你肯定知道在我说话的此时，有我那十万的同胞戴着帽子，残杀着相同数目的戴着头巾的同胞，最后，要么他们杀了别人，要么

① 《哲理小说》，第 339 页。参见萧伯纳《回到玛士撒拉去》。萧伯纳有一句有名的警句，其原型便来自伏尔泰的《哲学家梅农》：“恐怕我们这个小小的水陆球是成千上万个世界的疯人院。”（《哲理小说》，第 394 页。）

自己被杀。而这是很久以前就开始在地球上发生的事。”

“太邪恶了！”愤愤不平的天狼星人厉声叫道，“我真想迈出两三步，把这些杀人狂全部踩在脚下。”

“别白费力气了，”哲学家说，“他们很勤奋，他们会自取灭亡。十年之后，这些可怜鬼中连百分之一都活不成……另外，受到惩罚的不应该是他们，而应该是那些好吃懒做的野人，他们只管在宫殿里发号施令，残杀数以百万的人，然后庄严地感谢上帝让他们成功。”①

《老实人》是伏尔泰的晚期作品，接下来最好的故事就是《查第格》。查第格是一位巴比伦哲学家，“极尽人类智慧之所能……他知道的玄学比任何时代的人知道的都要多，他无所不知”。“妒忌心使他想象自己爱上了西密拉。”为了保护她不受到强盗的攻击，他的左眼受伤了。

一位使者被派往孟菲斯，去拜访埃及一位伟大的医生赫尔墨斯，带了一大批随从。他看了查第格，宣布这位病人将失去他的眼睛。他甚至预言这一重要时刻来临的时间。“如果是右眼的话，我是可以治的，但是左眼我就没办法了。”所有巴比伦人都悲叹查第格的命运，崇拜赫尔墨斯深邃的学问。可是两天之后，脓肿自己爆裂，查第格的眼睛痊愈了。赫尔墨斯写了本书证明它不该痊愈，不过查第格没有读。②

他急忙跑去找西密拉，但西密拉听闻赫尔墨斯的首次诊断结果后就与另一个人订婚了，她说：“我太讨厌一只眼睛的人了。”查第格因此娶了一位村妇，希望能从她身上找到宫廷贵妇西密拉身上没有的美德。为了确保妻子是忠贞的，他和朋友设计了一个计谋——查第格装死，朋友在一小时后向他的妻子求爱。查第格被宣布死亡，躺在棺材里，他的朋友前来表示同情，并恭喜他的妻子，最后向她求婚。她敷衍地推托了一下，然后说：“之

① 《哲理小说》，第 351 页。

② 《哲理小说》，第 40 页。

前我是不会答应的，可现在，就答应了你吧。”查第格“死而复生”，奔向了树林，想要通过大自然的美丽来安抚自己。

之后，他变成一个非常智慧的人，成了国王的大臣，为国王的领地带来了繁荣、正义、和平。皇后爱上了他，国王察觉到这一点，“惶惶不可终日……他特别注意到皇后的鞋是蓝色的，查第格的鞋也是蓝色的；皇后的丝带是黄色的，查第格的帽子也是黄色的”。他想把他们俩都毒死，皇后发现了这一阴谋，给查第格传去消息：“快走，求你了，看在我们相爱和黄丝带的分儿上，快走！”查第格又跑进了树林。

> 后来，他将人类比作在一小块土地上互相蚕食的一群昆虫。这一真实形象使他感觉到自己和巴比伦存在的虚无性，也因此消解了他不幸的感觉。他的灵魂变得无限自由，超脱了感官，思忖着不变的宇宙秩序。但是之后他回到自己……想到皇后也许已经为他死了，整个宇宙也从他眼前消失了。

走出巴比伦，他看到有人在残暴地殴打一个女人，那女人大声求救，查第格上前揍了那个男人，最后为了自我保护，一记重拳将男人打死了。他转身问那女人：“还有什么我能为你做的吗？”“去死，恶棍！你杀害了我的爱人。噢，我要撕碎你的心！”

查第格被捕并被贬成了奴隶，但是他为他的君主教授哲学，成了最可信任的顾问。由于他的建议，法律废除了殉夫传统（寡妇将自己和丈夫一起下葬），而要求寡妇在下葬之前和一位英俊男士单独相处一小时。查第格被派到锡兰国王那里，教他如何通过挑选候选人中最轻盈的舞者来辨识忠臣：他在舞厅门厅里摆满珠宝，使它们很容易被偷走，让每一个候选人单独穿过无人监视的门厅，等全部候选人都进来后，请大家跳舞。“从没见过跳舞的人如此为难或不雅，他们都低垂着头，弯着腰，双手捂着双腿两侧。”——故事就这样进行着，我们可以想象那些西雷的夜晚。

四、波茨坦和腓特烈大帝

那些无法会见伏尔泰的人只能与他通信。1736 年，他开始与腓特烈大帝通信，当时腓特烈还只是王子，不是国王。腓特烈的第一封信就像一个小孩写给国王的信，我们可以从满篇的赞美之词中一窥当时伏尔泰的名声，虽然那时他还没有写出任何巨著。信中称伏尔泰为“法国最伟大的人，最伟大的语言大师……能够和这样一位拥有如此卓越成就的伟人生活在同一时代，简直是我的荣幸之一……不是每个人都可以使人心花怒放的”。“什么样的欢乐能够比得上心灵的欢愉呢？”[①]腓特烈是一个自由思想者，看待各种教义就像国王看待他的臣民一般，伏尔泰寄望于这位腓特烈君主能够使启蒙运动风行，而他自己也许可以充当柏拉图之于狄奥尼修斯的角色。当腓特烈不接受伏尔泰对他的溢美之词时，伏尔泰回应道：“能够拒绝奉承的王子就像敢于否认教皇绝对正确的人一样少。”腓特烈送给他一本《驳马基雅维利》，书中，这位王子用优美的语言阐述了战争的罪恶以及身为国王维护和平的责任，伏尔泰面对这位皇家和平使者几乎喜极而泣。但是几个月后，腓特烈当了国王，入侵西里西亚，将整个欧洲化为血海。

1745 年，当伏尔泰成为法国科学院的候补成员时，这位诗人和他的数学家夫人去了巴黎，为了得到这个其实不必要的头衔，他宣称自己是一个绝好的天主教徒，奉承耶稣会会士，大肆撒谎，总之，就像我们碰到这种情况的做法一样。不过他失败了，直到一年之后才成功，他在欢迎宴会上的致辞成为法国文学经典之一。他在巴黎停留了一段时间，游历在沙龙之间，写出一部部戏剧。从十八岁写《俄狄浦斯》到八十三岁写《伊雷娜》，他创作了一系列戏剧，其中一些是失败的，但大多数都获得成功。1730 年《布鲁图》失败了，1732 年《艾利菲尔》也失败了，朋友们都劝他放弃戏剧，但是同年，他写出了《札伊尔》，大获成功。1741 年创作《穆罕默德》，1743 年是《梅洛普》，1748 年写了《西密拉米斯》，1760 年是《坦克雷德》。

悲喜剧也同时在他的生活中上演。对沙特勒夫人的爱经历了十五年时

---

①圣佩甫，《十八世纪人物画像》，第 1 卷，第 212—215 页。

光后变得稀薄了，他们甚至不再争吵。1748 年，侯爵夫人爱上了英俊的小伙子圣朗贝侯爵，伏尔泰发现后勃然大怒，但是当圣朗贝乞求他的原谅时，他又发了善心。那时他达到了人生的顶峰，也开始看到死亡就在前方：他不认为年轻人不应该享乐。“这就是女人，”他达观地说(忘了其实男人也一样)，“我取代了黎塞留，圣朗贝把我轰出局。这就是秩序，长江后浪推前浪，这个世界就是这样。”[①]他为圣朗贝写了一段小诗：

> 圣朗贝，玫瑰花的生长都是为了你；
> 玫瑰的刺是我的；
> 花是给你的。

1749 年，沙特勒夫人在分娩时去世了。也是此时，她的丈夫、伏尔泰和圣朗贝同时出现在她的床前而彼此毫无责备，却因为共同的损失而变成了朋友。

伏尔泰竭力使自己通过工作忘记伤痛，他一度让自己拼命写作《路易十四的时代》。但是真正解救他的是来自波茨坦宫廷腓特烈的邀请，附带三千法郎旅费的邀请是难以拒绝的，1750 年，伏尔泰去了柏林。

让他感到欣慰的是，他在腓特烈的宫殿里有豪华的房间，并受到与同时代高高在上的君主同等的款待。起初，他的信中洋溢着满足之情，他在 7 月 24 日给达壤泰的信中如此形容波茨坦：“十五万士兵……歌剧、喜剧、哲学、诗歌、优雅、精锐卫兵还有诗歌的灵感，小号和提琴、柏拉图式的晚餐、社交活动、自由，谁会相信这一切呢？但是这确实是真的。”几年前，他写道：“啊……多么美好的生活，与三四位智慧且不相互戒备的文人一起居住，(可以想象！）互相爱护，安静地生活，培养艺术，谈论艺术，互相启发！我一直想象有一天能够生活在这样一个小小的乐园里。”[②]我现在就在这儿了！

伏尔泰避开国宴，他无法忍受和五大三粗的铁汉将军们一起，他留着

①圣佩甫，《十八世纪人物画像》，第 1 卷，第 211 页。
②圣佩甫，《十八世纪人物画像》，第 1 卷，第 193 页。

时间参加腓特烈更晚些时候的私人晚宴，他会邀请一小部分文学圈的朋友，因为那时，这位伟大的王子一心渴望成为诗人和哲学家。晚宴上的对话使用的是法语，伏尔泰曾尝试学德语，在几近窒息的时候放弃了，他倒希望德语能多点智慧，少点辅音。[①]听过这些对话的人说，它们比世界上最有趣、最好的书还要精彩，他们无所不谈，畅快淋漓。腓特烈的聪慧几乎和伏尔泰相当，然而只有伏尔泰敢于和他唇枪舌剑，妙语连珠，让对方哑口无言，却又并无冒犯。伏尔泰欢喜地写道："只要敢于思考，在这里就是自由的。"腓特烈"一手抓伤你，一手又抚平你……没有什么事情能够拦住我……经过五十年的暴风雨，我终于找到了港湾。我找到了国王的庇护、哲学家般的言谈、一位和蔼可亲的魅力之人，在我不幸的时候安抚了我十六年，保护我免受敌人的伤害。如果有什么事情可以肯定的话，那就是普鲁士国王的人品"[②]。然而……

同年 11 月，伏尔泰认为他应该通过投资萨克森债券改善自己的经济状况，但是这是腓特烈禁止的。债券涨了，伏尔泰从中赚了一笔。他的经纪人赫希威胁要公开这笔交易而进行勒索。伏尔泰"一跃而起，卡住他的脖子，让他乖乖滚蛋"。腓特烈知道了这件事，勃然大怒。"我能用他也就还有几年时间，"他对拉美特利[③]说，"榨干了橙子就把皮扔掉。"拉美特利也许是急于赶走对手，向伏尔泰透露了这件事。晚宴虽然还在继续进行，但伏尔泰写道："我还是一直梦到橙子皮……一个人在从教堂塔尖坠落，发现自己在缓缓坠下，说，'就这样绵延下去也不赖'，这简直太不像我了。"

他也想停止这样的生活，因为他像一般法国人那样想家了。最终的决定性事件发生在 1752 年。莫伯图是腓特烈从法国请来的伟大数学家，他和其他很多人试图通过直接参与启蒙运动来唤醒德国人的精神，他与另一位数学家柯尼希因对牛顿的解读不同而发生了争执。腓特烈站在莫伯图一边，而伏尔泰勇气十足却谨慎不足地站在柯尼希一边。他给德尼女士写信说："我很不幸，我也是个作者，还站在国王的对立阵营里。我没有节杖，

①布兰代斯，《十九世纪文学主流》，第 1 章，第 3 页。

②塔伦泰尔，《伏尔泰传》，第 226、230 页。

③拉美特利（1709—1751），法国哲学家、内科医生。——译注

我只有一支笔。”同时，腓特烈写信给他的姐姐：“我的文人中出了魔鬼，我对他们无可奈何。除了社交活动，这帮人一点也不聪明……动物看到拥有思想的人类经常也不比它们好到哪儿去，应该会很欣慰。”[①]此时，伏尔泰又写了一篇反驳莫伯图的著名文章《严斥阿卡甲博士》。他给腓特烈读这篇文章，腓特烈整晚笑个不停，但是请求他不要发表。伏尔泰默许了，不过文章已被送去印刷——作者不可能扼杀自己创作的孩子。文章发表后，腓特烈怒火中烧，伏尔泰赶忙逃离火场。

在法兰克福，虽然远离腓特烈的管辖范围，但是伏尔泰还是被国王的特工逮捕了，并被告知，除非交出腓特烈的诗稿《帕拉斯神像》，否则不能放他走，因为这首诗与社会礼仪很不相称，甚至甚于伏尔泰的《奥尔良少女》。但是这份可怕的诗稿却被他在半路上丢了。找到诗稿前的几周里，伏尔泰简直就像坐牢。一位书商认为这是个大好时机，可以来逼迫伏尔泰交账，伏尔泰愤怒之下给了他一记耳光。后来，伏尔泰的秘书科利尼安慰这位书商说：“先生，扇你耳光的是世界上最伟大的人。”[②]

最后他被赦免了，他准备穿过边界回到法国，却传来他被法国驱逐的消息。这位年迈的老人不知所措，该何去何从？有一段时间他甚至想过去宾夕法尼亚，足以想象他当时的绝望。1754 年 3 月，一整个月他都在日内瓦郊区寻找“一个容身之地”，安全地远离巴黎和柏林的独裁君主。最后他买下了一所名叫“乐园”的老房子，安定下来种种花草，恢复身体。在他的生命看似要迈入古稀之年时，他开始了他最崇高和最伟大的创作时期。

五、乐园：《论道德文集》

他为什么又遭到了驱逐？是因为他之前在柏林发表的那“最雄心勃勃、

①圣佩甫，《十八世纪人物画像》，第 1 卷，第 218 页。

②莫利，《伏尔泰》，第 146 页。

最洋洋洒洒、最富有特点和最胆大妄为的著作”[①]。光看名字就来头不小:《论从查理曼到路易十三各国道德精神》。这是他在西雷的时候为沙特勒夫人而写的，因为受她对历史的不屑的启发而写。

她曾说:“历史就是一本旧年历，对于我这样一个住在自己庄园里的法国妇女而言，知道瑞典的伊吉尔继承了哈琴之位，奥斯曼是奥托格鲁尔的儿子，于我又有什么关系呢？我喜欢读希腊人和罗马人的历史，他们描述的一些画面很吸引我。但是我从来没有读完过我们当代国家冗长的历史，除了混乱和困惑，我什么也读不到。一大堆琐事之间没有联系，也没有因果关系，上千场战争什么问题也没解决。我拒绝学习这种只能将我的思想湮没而无法给我启发的东西。”

伏尔泰同意这样的观点，他在《天真汉》中写道，“历史仅仅是一幅幅犯罪和不幸的图画”。他在1768年7月15日写给霍拉斯·沃波尔[②]的信中说:“约克派、兰卡斯特派和其他派别的历史读起来确实像一部拦路抢劫的土匪的历史。”他向沙特勒夫人表示，将尝试寻找把哲学赋予历史的方法，在川流不息的政治事件中找到人类心灵的历史。[③]他说:“只有哲学家才配写历史，[④]在所有国家里，历史都被虚无的故事扭曲了，直到最后哲学家出来启迪人们。当他们最终到达黑暗之中时，他们发现人类的心灵已经被错误蒙蔽了数个世纪，很难醒悟；他们发现庆典、事实和纪念碑一堆一堆的，只为了证明谎言。”[⑤]他总结说，“历史终归只是我们用在死人身上的一连串伎俩”[⑥]，我们篡改过去，为了符合我们对未来的希望，最终，“历史证明所有事件都可以由历史证明”。

他像一个矿工般工作，在“错误的密西西比河流”[⑦]找寻人类历史真实

①塔伦泰尔，《伏尔泰传》，第291页。

②霍拉斯·沃波尔（1717—1797），英国作家、鉴赏家和收藏家，著有《奥特朗托堡》。——译注

③罗伯逊，《伏尔泰》，第23页。莫利，《伏尔泰》，第215页。塔伦泰尔，《在他书信中的伏尔泰》，第222页；纽约，1919。

④培利西尔，《伏尔泰哲学》，第213页。

⑤《论道德文集》，“前言”。

⑥莫利，《伏尔泰》，第220页。

⑦马修·阿诺德对历史的描述。

的金沙。年复一年，他进行着准备工作：《俄国史》《查理十二史》《路易十四时期》《路易十三时期》，通过完成这些任务，他坚定了理性良心，也正是它将一个人成就为天才。“耶稣会神父丹尼尔写《法国史》时，在巴黎皇家图书馆摊开一千二百卷文献资料，花了一个小时浏览了一遍，然后找到伏尔泰之前的老师图纳明神父，将所有材料退还给他，声称这些材料都是‘没用的废纸，对他写那部历史没什么用。’”[①]伏尔泰可不是这样，只要手头有的关于这个题目的材料他都看，他浏览了上百卷回忆录，给上百位当时各个著名事件的幸存者写信，甚至在书出版后还继续研究，每一版都作出修改。

准备工作不仅仅是资料的搜集，他还需要新的筛选和排列方法。仅仅有事实是不够的，即便发生的确实是事实。“不能说明任何问题的细节之于历史，就像行李之于负重的部队，我们必须从大的视野看待事物，因为人类的心灵是如此之小，细节的重量会导致沉船。”[②]“事实”应该由编年史作者搜集，并且就像词典那样编排，在人们需要的时候可以提供查阅，就像查单词一样。伏尔泰想寻求的是一个统一的原则，这样整个欧洲文明史就可以由一条线串起来，他认为这条线就是文化史。他决定，在他的历史中不谈国王，而要谈各个运动、势力和群众；不谈国家，而要谈人类；不谈战争，而要谈人类心灵和思想的进步。“战争和革命是其中最小的部分，军队的胜负和城池的得失在历史中太常见了……如果去掉艺术和心灵的历程，在任何时代，你都会‘发现没有任何东西是可以吸引后人的’。”[③]“我想写一部不是关于战争而是关于社会的历史，弄清楚人们在家庭内部是如何生活的，他们共同培育的艺术是什么……我的目标是人类心灵的历史，而不仅仅是琐碎事实的清单；我也不关心那些伟大君主的历史……但是我想知道人类从野蛮迈向文明的台阶是什么。”[④]如此把君主排除在历史之外是一次最终将他们排除在政府之外的民主思潮运动，《论道德文集》开启了波旁皇

①布兰代斯，《伏尔泰》。

②莫利，《伏尔泰》，第 275 页。

③《在他书信中的伏尔泰》，第 40—41 页。

④巴克尔，《文明史》，第 1 章，第 580 页。

室的废黜历程。

于是他写出了第一部历史哲学，首次尝试系统地追忆欧洲思想发展中的自然因果脉络，预期这样的试验将废弃超自然的解释方法：只有神学让位，历史才能回归本来面目。据贝克尔说，伏尔泰的书奠定了现代历史科学的基础，吉本[①]、尼布尔[②]、巴克尔和格罗特都是他的追随者，他是他们的师祖，他的首次发现至今无人超越。

但是为什么这部伟大的著作会使他遭受驱逐呢？因为说了实话，就触犯了每一个人，特别是随后由吉本发展出的观点，触怒了那些神职人员，基督教对异教的迅速征服使得罗马内部瓦解，并沦为入侵的野蛮人的阶下囚。更激怒他们的是书中犹地亚和基督教世界的篇幅比以往要少得多，反而以来自火星的旁观者般的态度大谈中国、印度和波斯，还有这些国家的信仰。一个广阔崭新的世界就这样通过新的角度展现出来，任何教条都黯然失色而具有相对性无穷的东方在地理上出现了，欧洲突然意识到，他们就像那个拥有更伟大文明的地方的实验半岛。怎么可以原谅一个欧洲人表现出如此的不爱国？国王下令说，这个法国人竟然首先认为自己是人，其次才是法国人，那么我们应该永远禁止他再次踏上法国的土地。

六、费尔涅：《老实人》

名为"乐园"的庄园只是一个临时住所，伏尔泰还要找一个能永久居住的栖身之处。1758 年，他在费尔涅找到一处，在瑞士边境，离法国很近。在这里他可以逃离法国的权势；如果瑞士政府找他麻烦，他可以去就近的法国难民所。他终于结束了自己的流浪生活，他的四处奔波和居无定所并不全是因为他精神上的不安，其实反映出他由于遭受迫害而无所不在的不安全感，六十四岁的时候才找到可以当作家的房子。他的一个故事《斯卡门塔多游记》篇末的内容几乎就是自己生活的写照："我已经见过世界上

①吉本（1737—1794），英国历史学家，著有六卷本《罗马帝国衰亡史》。——译注

②尼布尔（1776—1831），德国历史学家。——译注

所有稀罕和美丽的事物，我决定什么也不看了，只看自己的家。我娶了个妻子，很快就怀疑她背叛了我……尽管有这样的疑虑，总体来看，我还是最幸福的。”他没有妻子，只有一个侄女，这对一个天才来说可能更好。“我们从没听说他想留在巴黎……毫无疑问，这明智的驱逐延长了他的生命之光。”[①]

他在自己的花园里很快乐，种植果树，但并不期望能够在有生之年结出果实。当一位崇拜者赞美他为后人所做的伟业时，伏尔泰回答：“是的，我种了四千棵树。”他对每个人都很客气，但也有可能被逼得恶语相讥。一天，他问一位来访者从哪里来，“从哈勒那里”。“他是一个伟大的人，”伏尔泰说，“一个伟大的诗人、自然主义者、哲学家，几乎是一个全才。”“您说的这一切更加让人心生敬佩了，因为哈勒先生不是这样对待您的。”伏尔泰说：“啊，也许我们都错了。”[②]

现在，费尔涅成了全世界的文化中心，每一个有学识的人或受到启发的君主都会前来拜访，或者与他通信。来的人包括持怀疑主义的神职人员、开明的贵族、有学问的女士，以及从英国来的吉本和鲍斯威尔[③]，还有达朗贝尔[④]、爱尔维修[⑤]和其他启蒙运动的反叛者。最后，招待这些来访者的花销让伏尔泰有点吃不消了，他抱怨说，他变成了整个欧洲的旅店老板。对一位声称住了六周的拜访者，伏尔泰说：“你和堂·吉诃德之间的区别是什么？他把旅店当成了城堡，而你把城堡当成了旅店。”他总结说：“上帝！请别再让朋友们来了，我会自己对付我的敌人的。”

除了络绎不绝的来访者，还有前所未见的海量信件，且都写得聪慧过人。来信的人各式各样，情况各不相同：一位德国镇长请求“私下说说到底有没有上帝”，并请伏尔泰让信使带回回信；[⑥]瑞典国王古斯塔夫三世因为伏尔泰

①莫利，《伏尔泰》，第 239 页。

②塔伦泰尔，《伏尔泰传》，第 349 页。

③鲍斯威尔（1740—1795），苏格兰律师、作家，其《约翰逊传》被公认是英国最伟大的传记，他也是世界上最伟大的日记作家之一。——译注

④达朗贝尔（1717—1783），法国数学家、物理学家、哲学家。——译注

⑤爱尔维修（1715—1771），法国哲学家。——译注

⑥莫利，《伏尔泰》，第 335 页。

不时提到北部而兴奋，告诉他这对于他们来说是最大的鼓励；丹麦国王克里斯琴七世因为没有迅速进行全面改革而来信表示歉意；俄国女皇叶卡捷琳娜送给他一份精巧的礼物，经常写信给他，并希望不会招他厌烦。甚至是腓特烈，在杳无音讯一年后，也开始和这位费尔涅的国王通信。

> 他写道："你做过些对不起我的事情，不过我已经全部原谅了，甚至想要忘掉它们。但是如果你不是碰到我这样一个疯狂爱慕你天才智慧的人，你当初很难轻易逃掉。你想听好话吗？好，那我就跟你说实话。我认为你是数个时代以来诞生的最优秀的天才，我敬慕你的诗歌，我热爱你的文章……在你之前的所有作家没有一个像你这样机智，像你这样稳妥儒雅。你的言语富有魅力，你知道如何寓教于乐。你是我认识的最有吸引力的人，如果你愿意，你可以让全世界都爱你。你那富有魅力的头脑有时会冒犯人，但是同时又让那些认识你的人对你宽恕迁就。总之，如果你不是凡人的话，你也会是完美的。"[①]

谁会想到这样一个快乐的人会变成悲观主义的倡导者呢？年轻的时候，在巴黎沙龙寻欢作乐，他见识过了生活中阳光的一面——巴士底狱除外。但是即便是在那些无忧无虑的日子里，他还是反对莱布尼茨的非自然的乐观主义。一位热情的年轻人与莱布尼茨站在一边，称"这是所有可能世界中最好的世界"，还出了本书攻击伏尔泰。伏尔泰回应道："我很高兴听到你专门写了本书来攻击我，我十分荣幸……不管是以诗歌还是其他形式，你什么时候能够告诉我，为什么那么多不幸的人在你所谓'所有可能世界中最好的世界'里扼喉自杀呢？我将非常感激。我等待着你的驳斥、诗歌和辱骂，但是在内心深处，我认为这个问题的答案，我们俩都不知道。"

遭受迫害和虚幻的想法侵蚀了他的生活信念，他在柏林和富兰克林的经历扼杀了他的希望。但是1755年11月是他的信念和希望遭受最大痛苦的时候，报道说里斯本发生了可怕的地震，三万人丧生。地震发生在万圣节，

①莫利，《伏尔泰》，第220页。

教堂里挤满了做礼拜的人，死神终于发现对方如此密集地聚拢在一起的机会，大大地收获了一笔。当伏尔泰听到法国神职人员解释说，这场灾难是对里斯本人民的罪恶的惩罚，他的震惊变为严肃和愤怒。他满怀激情地赋诗，有力地指出亘古便有的两难境地：上帝能够阻止邪恶但他不愿，或者上帝想要阻止却无能。他对斯宾诺莎的回答并不满意：善与恶都是适用于人的，不适合宇宙，人类的悲剧从永恒的角度看微不足道：

我是伟大整体中微不足道的部分。
是的，所有的动物都生来有罪，
所有有知觉的事物都由相同的定律而生，
像我一样遭受苦难，像我一样死去。
秃鹫紧紧地抓住怯懦的猎物，
血淋淋的利喙咬住颤抖的猎物：
看起来一切都很好。但是，一瞬间，
大雕将秃鹫撕得粉碎。
而这大雕又被人用利箭射穿了胸膛，
这个人卧倒在沙场的尘土里，
和垂死同伴的鲜血中，
他们最后也成了掠食鸟的盘中餐。
整个世界都在怒吼，
一生苦难，彼此残杀。
在这可怕的混乱中你说，
正是个人的苦难成全了全体的美好！
这是什么样的幸福啊！用颤抖的声音，
你痛苦又可怜地大叫："一切都好！"
世界早令你失望，你的心
早已上百次地驳斥了你的思想……
最博大的心灵判词到底是什么？
沉默：命运之书对我们仍封闭着。

人是自己的陌生人，
他不知道自己从何处来，也不知道要向何方去。
被苦难折磨的微尘躺在泥床上，
被死亡吞噬，成了生命的笑柄。
但是思考的微尘，他们前瞻的目光，
被思想掌控着，窥到隐约的星辰。
我们的存在与无限一体，
我们自己从未发现，也不知道。
这个世界，这个充满骄傲和谬误的舞台，
站满了病态的笨蛋，谈论着幸福……

以往，我的歌唱少有悲伤的曲调，
多是愉悦的阳光大道；
时过境迁，岁月教导了我，
更让我染上人类的脆弱，
在阴郁的黑暗中我寻求一丝光亮，
我忍受痛苦，不再抱怨。[①]

几个月后爆发了七年战争[②]，伏尔泰将其看作是疯狂和自杀，是对欧洲的毁灭，只为了决出英国还是法国应该获得加拿大的“几英亩白雪”。正值战争时期，让-雅克·卢梭公开回应那篇针对里斯本地震的诗歌。卢梭认为那场灾难不能责怪人本身，如果我们生活在郊野而不是城里，就不会发生这样大规模的死亡；如果我们生活在蓝天下而不是房子里，倒塌的房子就不会压在我们身上。伏尔泰对如此深奥的神正论竟大受欢迎备感惊奇，他愤怒，因为自己的名声被这样一个堂·吉诃德拽入了泥潭，他以“人

①《伏尔泰选集》，第3—5页；伦敦，1911。

②发生于1756年至1763年，参战一方为奥地利及其盟国法国、萨克森、瑞典和俄国，另一方为普鲁士及其盟国汉诺威和英国。战争起因是奥地利企图收回在奥地利王位继承战争中，被普鲁士夺走的富饶的西里西亚。——译注

类从未使用过的最犀利的智慧武器”回应卢梭，那就是“伏尔泰式的冷嘲热讽”[①]。1751年，他仅用三天时间就完成了《老实人》。

从没有悲观主义者能如此高兴地争论，也从没有人认识到这是个充满不幸的世界后还能发自内心地大笑。几乎没有故事能讲得如此简单而含义深刻，完全只是叙述和对话，没有描述，情节也是在热闹中匆匆掠过。法朗士指出：“在伏尔泰的指尖，笔锋在狂笑中奔跑。”[②]这也许是所有文学中最好的一篇短篇小说。

老实人，正如他的名字所示，是一个简单又忠诚的小伙子，是威斯特法伦某大男爵的儿子，师从潘格洛斯。

> 潘格洛斯是一位形而上神道宇宙学教授……他说：“所有事物都必然是为了达成最好的结果，这是可以论证的。通过观察可以发现，鼻子是为了架眼镜的……腿是用来穿袜子的……石头是被设计出来建造城堡的……猪的出现是为了我们整年都可以吃到猪肉。总之，那些说所有一切都很好的人是愚蠢的，他们应该说所有事物都是为了最好的。”

当潘格洛斯大发议论时，城堡遭到保加利亚军队的袭击，老实人被捕当了兵。

> 命令他向右转、向左转、退枪机、上膛、举枪、射击、行进……在春光明媚的某天，他决定去散步，他一直往前走，认为人类和动物有权享受随意使用双腿的特权。走了两里格[③]远，来了四个六英尺高的彪形大汉，将他捆绑起来投进了地牢。他有两个选择，看他喜欢哪一个：要么在队伍中被鞭打三十六下，要么接受两个铅球同时落在脑袋上。他自负地表示人的意志是自由的，他哪一个也不选。但他被要求

①塔伦泰尔，《伏尔泰传》，第231页。

②《老实人》，“前言”，现代文库版。

③约10公里。——译注

必须作出选择。幸亏有上帝赐予的礼物——自由，他决定接受三十六次鞭打。但是他挨了两次。[①]

老实人逃往里斯本，在船上碰到潘格洛斯，潘格洛斯告诉他男爵夫妇是怎么被人谋杀的，城堡是如何被摧毁的。他总结说："所有这些都是必须的，因为个人的不幸才会使全体幸福，所以个人越不幸，全体就会越幸福。"他们到达里斯本的时候恰好遭遇地震，地震结束后，人们彼此诉说着他们的不幸和痛苦，一名年老的女佣断言她是最不幸的："我曾一百次想过自杀，但是我热爱生命。这个荒唐的弱点可能是我们最重要的性格之一，有什么比一直扛着一个随时可以卸下且你也想要卸下的包袱更荒唐的事吗？"另一个人说："全盘考虑，船夫的生活比总督的要好，但我相信其中的差别十分细微，没必要费神研究。"

老实人为了躲避异教审判，去了巴拉圭。"那里的耶稣会神父掌管一切，人民什么也没有，这是理性和公正的杰作。"在荷兰殖民地，他遇到一个黑人只有一只手和一条腿，用一块破布遮体。这个黑奴解释说："我们在甘蔗厂干活时，研磨机夹住了我的一根手指，他们就切掉了我的一只手；我们想逃跑，他们就砍掉了我的一条腿……这就是在欧洲吃到糖的代价。"老实人在一块未开采的矿区发现了四处散落的金子，他回到岸边租了一艘船带他去法国，可是船长带着金子跑了，留下老实人在码头上沉思。他身上几乎什么也没有了，他买了一张去波尔多的船票，在船上和一位名叫马丁的长者攀谈起来。

老实人说，"你相信吗，人们一直以来都是像今天这样互相残杀的，他们一直以来都说谎、诈骗、背叛、忘恩负义，是土匪、白痴、窃贼、流氓、贪婪者、酒鬼、守财奴，心怀嫉妒、野心勃勃、血腥残忍、诽谤中伤、放荡纵情、狂热，是伪善者，是傻瓜？"

"你相信吗，"马丁说，"秃鹫总是在发现鸽子后吃掉它们？"

---

① 《老实人》，第 7 页。

"当然。"老实人说。

"嗯，"马丁说，"如果秃鹫本性难改，你又为什么想要人会改变本性呢？"

"噢，"老实人说，"这有天壤之别，因为自由意志——"

如此一路争辩，他们就到了波尔多。[1]

我们不能逐一讲述老实人其余的经历，那是对中古神学和莱布尼茨乐观主义困惑的无情戏谑。体验了这么多不同人的不同邪恶后，老实人最后在土耳其定居，当起了农民，故事是以师生间的对话结尾的：

有一次潘格洛斯对老实人说：

"在这个所有可能世界中最好的世界里，事情都是相互关联的，如果你没有被带离那座宏伟的城堡……如果你没有被送去异教审判……如果你没有走遍美洲……如果你没有失去所有的金子……你就不会在这里吃着香橼和阿月浑子果仁了。"

老实人回答说："所有那些都很好，但是我们还是去我们的园子种植吧。"

七、《百科全书》和《哲学辞典》

《老实人》如此无礼的书竟然大受欢迎，由此可以想见当时的时代精神。路易十四时期的贵族文化，除了大量主教参与其中为之辩解外，都已经能对教义和传统平和宽容了。宗教改革在法国的失败，使得法国人在主教绝对正确和完全不信教之间没有折中的选择。当德国和英国的知识分子还在宗教发展道路上昂首阔步时，法国思想家已经从屠杀胡格诺派[2]的狂热转向

① 《老实人》，第 104 页。

② 16 世纪至 17 世纪法国新教教派。——译注

了冷酷的敌对，拉美特利、爱尔维修、霍尔巴赫[1]和狄德罗都对他们先前的宗教进行了攻击。让我们看看伏尔泰之后进入并生存于其中的知识环境吧。

拉美特利是一位军医，由于写了《灵魂的自然史》而丢了工作，又因为《人是机器》而遭到驱逐。他一度在腓特烈的皇宫里避难，腓特烈本人就是一位进步的思想家，并且决心从法国引进最新的文化。笛卡尔像一个被火烫到手指的小男孩一般丢掉的机械主义，被拉美特利捡了起来，并公开宣称整个世界，包括人，都是机器。灵魂是物质的，而物质也是有灵魂的。不管它们是什么，它们互相作用，彼此相伴生长和衰退，因此，毫无疑问它们本质上是相同的，而且互相依存。如果灵魂是纯粹的精神，那么为什么热情会使全身发热，而发烧又会扰乱思想？所有的机能都来自一颗最原始的种子，经由机能和环境之间的互相作用发展而来。动物为什么有智力而植物没有？因为动物四处觅食，而植物只能接受现成的。人类拥有最高的智慧，是因为人类有最强的欲望和最广的活动力，“没有欲望存在就没有思想”。

虽然拉美特尔因为这些观点而遭驱逐，爱尔维修却把它们当成他的《论人》的基础，成为法国最富有的人，并获得地位和荣誉。因此我们有了无神论伦理学，就像拉美特尔的无神论形而上学。所有的行动都由利己主义和自私而来，“即便英雄也追随让他们获得最大快乐的感受”，“道德只是利己主义的装饰和掩体”[2]。良心不是上帝的声音，而是对警察的恐惧，是我们的父母、老师和媒体对我们成长中的灵魂不断倾注禁令的最终沉积。道德不应在神学中发掘，而应该在社会学中，是社会不断变化的需求的反映，不是一成不变的启示和教义，道德必须决定什么是善的。

这群人中最伟大者当属德尼·狄德罗（1713—1784）。他自己写就的诸多片段及霍尔巴赫男爵的《自然的体系》中都表现了他的想法，霍尔巴赫的沙龙成了狄德罗的聚集场所。“如果我们回到最开始，”霍尔巴赫说，“我们会发现，是无知和恐惧创造了神明，幻想、热情、欺诈只是装饰和遮掩，

①霍尔巴赫（1723—1789），法国启蒙思想家、哲学家、无神论者。——译注

②泰纳，《古代政体》。

怯懦者崇拜它们，容易上当受骗者传承它们，习俗尊重它们，暴政支持它们，以使盲众服务于他们的利益。”狄德罗说，相信上帝与屈从于独裁联系在一起，两者休戚与共，“直到最后的国王被最后的神父的肚肠绞死之时，人们才能获得自由”。只有当天堂毁灭的时候，地球才能回归本来的面目。唯物主义也许看待这个世界过于简单化了，一切物质或许原来就是有生命的，不可能将意识的统一仅仅归于事物和运动。但是唯物主义是对付教会的有力武器，在找到更好的武器之前，应该一直用这个。同时，我们必须传播知识，鼓励工业，工业将促进和平，知识将催生新的合乎自然的道德。

这就是狄德罗和达朗贝尔在1752年至1772年间一卷卷出版的《百科全书》中宣扬的观点。教会封杀了最初几卷，随着打压势力的增大，狄德罗的同伴弃他而去，出于愤怒，他继续工作，而且更加卖力了。他说："我不知道有什么比这更卑鄙了，就像那些神学家反驳理性时空泛而慷慨激昂的演说。听他们所说会使人相信，不能进入基督教的殿堂，就像一群牛被赶进了牛棚。”如潘恩[①]所说，这是一个理性的时代，这些人从未怀疑过，学者是在对所有真理和善行进行最终检验。他们说，如果理性自由了，乌托邦将在几代人的时间里建成。狄德罗没有想到：他刚刚从巴黎引荐的精力旺盛而神经质的让-雅克·卢梭正在他的脑袋和心里种下反对理性登极的革命种子，这场革命以令人印象深刻的伊曼努尔·康德为理论武装，很快占领了哲学的每一座城堡。

伏尔泰对任何事情都感兴趣，自然也会插手每一次斗争，他也一度被拉入《百科全书》的圈子。他们都欣然称他为领袖，他也不拒绝这样的奉承，虽然他们的有些想法还需要修正。他们让他写一些关于他们壮举的文章，他一口答应，还写了不少，这使他们都很高兴。当伏尔泰完成他的工作后，就开始编写他自己的百科全书，他称为《哲学辞典》。他以前所未有的胆识，按照字母顺序排列一个个题目，每个标题下都洋洋洒洒地挥洒他无尽的知识和智慧。试想一个人什么都写，还写出了一本毫不逊色的名著；除了他的哲理小说外，这可以称得上是他作品中最具可读性和耀眼夺

①潘恩（1737—1809），英裔美籍政治哲学家、作家。——译注

目的作品，每一篇文章都是简练、清晰和智慧的典范。“有些人即便是在小小的一卷中都可以长篇大论，而伏尔泰在一百篇中都体现了简练。”[①]伏尔泰最终证明自己是个哲学家。

他像培根、笛卡尔、洛克和其他所有近代哲学家一样始于怀疑，并假想一张白纸。“我把狄迪莫斯的圣托玛斯看作我的向导，他总是坚持亲自验证。”[②]他感谢培尔[③]教会了他怀疑，他拒绝一切体系，并怀疑“哲学中每一学派的领袖都有一点冒充内行”[④]。“我研究得越多，就越坚信形而上学体系之于哲学家就像小说之于女人。”[⑤]“只有冒充内行的人可以肯定，而我们并不知道最初的原则。我们连为什么我们可以随意活动我们的胳膊都不知道，就去界定什么是上帝、天使、心灵，还有上帝为什么创造了世界，未免也太过夸张了。怀疑不是一个很令人满意的境况，但是完全确信肯定是很荒唐的。”[⑥]“我不知道我是怎么被创造的，我是怎么出生的。在我的有生之年，我完全不知道我所看到的、听到的和感觉到的事物的原因……我见过物质，像天狼星，还有显微镜下最小的微粒，但是我还是不知道什么是物质。”[⑦]

他讲述了一个善良的婆罗门长老的故事，他说，“我希望我没有出生”。

> “为什么？”我问。
>
> “因为，”他回答，“我研究了四十年，发现很多时间都浪费了……我相信我是由物质构成的，但是我却不能使自己满意，我不知道什么创造了思想。我甚至不知道大脑的理解是否和走路或消化一样只是简单的官能，或者我用头脑思考是否就和我用手拿起东西一样……我说了很多，我说完后，还是很困惑，而且为我所说的感到羞耻。”

---

①罗伯逊，《伏尔泰》，第 87 页。

②《哲学辞典》，第 9 卷，第 198 页；纽约，1901。

③培尔（1647—1706），法国哲学家、批评家。——译注

④《哲学辞典》，第 42 页。

⑤培利西尔，《伏尔泰哲学》，第 11 页，注释。

⑥罗伯逊，《伏尔泰》，第 122 页。

⑦《哲学辞典》，“无知”词条。

同一天，我和他的邻居，一个老妇人聊天，我问她，是不是因为无法知道灵魂如何产生而每天不开心。她甚至无法理解我的问题。她一生中甚至连一秒钟都没有想过这样的问题，而那位善良的婆罗门长老却不断自我折磨。她内心深处相信守护神的化身，如果她能够得到恒河的圣水洗礼沐浴，她就认为自己是最幸福的女人。我为这个可怜人的幸福感到惊讶。我回到哲学家那里，我说：

"离你不到五十码的地方，一位老妇人什么都不想而活得很快乐，你不为你如此痛苦而羞愧吗？"

他答道："你说得对，我对我自己说了一千遍了，如果我能和那个老邻居一样无知，我应该也很快乐。但是那并不是我想要的快乐。"

婆罗门长老的回答给我留下了比任何事情都要深刻的印象。[①]

即便哲学家最后像蒙田一样问"我知道什么"，这也是最伟大的冒险，是最崇高的冒险。让我们学会为知识的微小进步而高兴，而不是通过我们虚妄的想象创造出一个新的体系来。

我们不应该说，让我们开始创造原则，从而我们可以解释一切；我们应该说，让我们对事物作出准确的分析，然后尝试着去看，这种种不同中是否有一种原则可以解释一切[②]……大法官培根指出了科学也许应该遵循的道路……但是笛卡尔出现了，与他应做的背道而驰：没有研究自然，而是希望可以预测她……这位最好的数学家在哲学上只是妄想而已[③]……让我们去计算、称量、测量、发现吧，这才是自然的哲学，剩下的几乎全部都是虚无妄想。[④]

---

①《哲理小说》，第450页。

②培利西尔，《伏尔泰哲学》，第28页，注释。

③科恩、伍德沃德，《伏尔泰散文》，第54页；波士顿，1918。

④培利西尔，《伏尔泰哲学》，第29—30页。

八、雪耻

一般情况下，伏尔泰也许绝不会从温和的怀疑主义的哲学平静转为晚年的激烈争论。他所生活的贵族圈已经很好地接受了他的观点，没有激烈的争论；甚至连神父也对他在信仰上的种种问题视而不见，红衣主教最后也考虑，他们是无法把他变成优秀的嘉布遣会修士的。是什么让他从一个彬彬有礼的不可知论者变成了激烈的反教权主义者，不允许任何的妥协，满腔愤怒地加入摧毁教会主义恶性的战争中？

离费尔涅不远的地方是图卢兹——法国第七大城市。伏尔泰时期，那里完全由天主教掌控，城市里到处张贴着有关南特诏书（允许新教徒信仰自由的诏书）撤销的壁画，把圣巴托罗缪大屠杀当作节日来庆祝。图卢兹的新教徒不能当律师、医生、药剂师、杂货商、书商和出版商，天主教徒也不能雇佣新教徒为仆人或职员。1748 年，一位妇女因为雇用了一个新教徒产婆而被处罚三千法郎。

图卢兹的一位新教徒让·卡拉斯有一个女儿是天主教徒，他的一个儿子上吊自杀了，可能是因为生意上失利。图卢兹的法律规定，自杀的人要被裸体绑在囚笼上，脸朝下，巡街游行，最后还要施以绞刑。这位父亲意识到这点，便让亲戚朋友们作证儿子是自然死亡，结果，流言四起，说是这位父亲为了阻止儿子改信天主教而杀了自己的儿子。卡拉斯被捕，饱受折磨，不久死了（1761）。他的整个家庭也饱受迫害，彻底毁了，逃往费尔涅寻求伏尔泰的帮助，伏尔泰将他们收留在自己家中，安慰他们，对他们讲述的中古世纪的迫害故事大感震惊。

大约在同时（1762），传来伊丽莎白·西文斯的死讯，又一次流言四起，传说她是在准备改信天主教时被人推入水井。势力弱小的新教徒不敢这么做，这是可以理解的，所以逃脱了流言的追堵。1765 年，一个十六岁的年轻人拉巴尔因为损坏十字架而被捕，不堪酷刑折磨，最终承认了自己的罪行。他被斩首，尸体被扔入火堆，而众人竟然鼓掌喝彩。这个小伙子身上有一本伏尔泰的《哲学辞典》，也被一同丢入火堆。

伏尔泰几乎生平第一次彻底变成一个严肃的人。当达朗贝尔也厌恶政府、教会和众人，给伏尔泰写信说他将嘲弄一切，伏尔泰回答："现在不是开玩笑的时候，智慧是无法调和屠杀的……这是一个哲学和欢愉的国家吗？它更像一个圣巴托罗缪大屠杀的国家。"这一切对于伏尔泰就像德雷福斯案之于左拉和阿纳托尔·法朗士，这样的暴虐不公触怒了伏尔泰，他不再只是一个耍笔杆子的人，他成了一个行动的人。为了这场战争，他将哲学搁置一旁，或者说将他的哲学变成了无情的炸药："这时，我的一丝笑容都会让我认为自己是在犯罪。"也正是此时，他写下了那最著名的座右铭——雪耻，激起整个法国的灵魂反抗教会的肆虐。他开始倾泻如此炽热的智慧之火，融化了主教的桂冠和节杖，粉碎了法国神职人员的势力，帮助大众推翻皇权。他向他的朋友和随从发出召唤，召集他们参加这场战斗："来吧，勇敢的狄德罗，无畏的达朗贝尔，联合起来……压倒狂热者和无赖，摧毁枯燥无味的高谈阔论、拙劣的诡辩还有撒谎的历史……数不胜数的荒谬。不要让那些敏于感知的人屈从于那些毫无感知的人，即将出生的一代应该拥有理性和自由。"[①]

在这胶着时刻，有人想要收买他；他通过蓬皮杜夫人收到红衣教主的权位允诺，作为他与教会和解的回报，[②]好像那些沉默寡言的主教会使这样一位毫无疑问统领知识界的人物感兴趣似的。伏尔泰拒绝了，他像另一个加图，开始在每一封信的结尾写上"雪耻"。他发表了《论容忍》：如果神职人员遵守他们的布道原则，宽容地对待不同的人和事，他也许可以容忍他们教义的荒谬。但是，"福音书中都难以找到踪迹的那些细枝末节却成了基督教历史上血腥斗争的源头"[③]。"那个对我说'相信我所做的，否则上帝会惩罚你'的人，现在应该说'相信我所做的，否则我将谋杀你'。"[④]"什么权力可以使一个生来自由的人非要被迫和另一个人想法一致？"[⑤]"由迷信和无知构成的狂热是所有世纪的通病。"[⑥]圣皮埃尔推崇的那种永恒的和平

① 《书信集》，1765 年 11 月 11 日。

②塔伦泰尔，《伏尔泰传》，第 319 页。

③ 《作品选集》，第 62 页。

④ 《作品选集》，第 65 页。

⑤ 《论道德》，散文著作，第 14 页。

⑥ 《论道德》，第 26 页。

不可能实现，除非人们学会容忍彼此在哲学、政治和宗教上的不同。社会健康的首要任务就是摧毁教会权力，它是排除异己的根源所在。

《论道德》之后是大量的小册子，像尼亚加拉大瀑布一般，包括历史、对话、信件、教理问答、斥责、讽刺、说教、诗歌、故事、寓言、评论和散文，都以伏尔泰或者其他上百个笔名写成，是“迄今为止由一个人写出的最令人惊叹的庞杂的宣言”[①]。哲学从来没有讲得这么清楚和生动过。伏尔泰写得太好了，人们都没有意识到他是在写哲学问题。他却非常谦虚地说：“我很清楚地表达了自己，我就像一条小溪，非常透明，因为它本来就不深。”[②]所以大家都读他，不久，所有人，甚至包括神职人员都开始读他的小册子，总计售出了三十万册——虽然比起今天很多作品的读者数量而言这不算多，但这在文学史上是无前例的。他说，“大部头的书已经不受欢迎了”。他继续日复一日地，坚持不懈地派出他的这些小兵，令世界惊叹于他的思想的丰富和七十年来积攒的伟大力量。正如爱尔维修所说，伏尔泰穿过了卢比孔河，站在了罗马前面。[③]

他开始对《圣经》的真实性和可信度进行“更高的批判”，他从斯宾诺莎那里获得了大量的资料，还有很多来自英国的自然神论者，大多数来自培尔的《批判辞典》。这些材料在他手中变得如此的光彩照人。有一本名为《萨帕塔的疑问》的小册子写了这样一则故事：萨帕塔是神职人员的候选人，他天真地问：“我们如何进一步说明我们烧死的成百上千的犹太人是四千年前上帝的选民？”[④]他接着问了一些《旧约》中显然时间和描述前后矛盾的问题：“当两个教会会议互相指责时，就像常常发生的那样，究竟哪一方是正确的呢？”最后，“萨帕塔没有得到回答，就以最简单的内容宣扬上帝。他宣布上帝是人类共同的父亲，是奖赏者、惩罚者还是宽恕者。他从谎言中找出真相，将宗教和狂热分离开来，他教授德行并且身体力行。他是一个温文尔雅、和蔼可亲、谦逊无比的人，他

①罗伯逊，《伏尔泰》，第112页。

②圣佩甫，《十八世纪人物画像》，第2卷，第146页。

③培利西尔，《伏尔泰哲学》，第101页。

④《作品选集》，第26页。伏尔泰本身有点反犹太人，主要源自与那些金融人士打交道时的不愉快。

最终在1631年巴利阿多利德恩典中被烧死”[①]。

在《哲学辞典》“预言”这个词条里，他引用了雷宾·艾萨克《信仰的屏障》中反对希伯来人对犹太人的预言的内容，接着颇为讽刺地说，“这些对他们自己的宗教和语言进行盲目解读的人们，与教会斗争，固执地认为这些预言不可能是关于基督的”[②]。在那些危机重重的日子里，人们被迫说些言不由衷的话，而实现目的最便捷的途径总不会是笔直的。伏尔泰喜欢追踪基督教教义和仪式的历史，他追溯到希腊、埃及和印度，认为基督教在这些国家的适用是基督教在古代获得成功的原因。在关于“宗教”的词条中，他很含蓄地问道：“在我们自己神圣的宗教之外——当然我们的毫无疑问是最好的，但在这之外，什么宗教是拥有最少争议的？”他继续描述与当时的天主教直接对立的信仰和崇拜。“基督教肯定是神圣的，”他以高深莫测的语调说，“它绵延了一千七百年，除了那些充满堕落和废话的事实。”[③]他说，几乎所有古代人都有相似的神话故事，并断言神话故事是神职人员编造出来的：“第一个无赖碰上第一个傻瓜成就了第一个神学家。”但是，他并不是把宗教问题都归因于神职人员，而是归诸神学。神学中细小的不同造成了诸多惨痛的争执和宗教战争。“不是普通人……发起了这些荒谬致命的争论，制造了这么多恐惧的根源……那些人正在享受你们的劳动成果。悠然自得无所事事，尽享你们的血汗和痛苦，将你们变为他们的信徒和奴隶，他们让你们拥有破坏性的狂热，他们就成了你们的主人；他们让你们迷信，不是让你们敬畏上帝，而是让你们对他们产生恐惧。”[④]

我们不要就此认为伏尔泰是没有宗教信仰的，他其实坚决反对无神论，[⑤]以至于一些百科全书的编纂者批评他说：“伏尔泰是个盲从者，他信上帝。”在《无知的哲学家》中，他论证斯宾诺莎的泛神论，但又退回到几乎是无神论的位置。他给狄德罗的信中写道：

---

① 《作品选集》，第26—35页。

② 《作品选集》，第21页。

③ 《论道德》，第2部分，第9章；莫利，《伏尔泰》，第322页。

④ 《作品选集》，第63页。

⑤ 《圣人和无神论者》，第9、10章。

我承认我不同意桑德森的观点，他否认上帝是因为他生来失明。我也许错了，但是以他的角度，他应该意识到上帝给了他那么多代替视力的东西，认知和思考事物之间美妙的联系。他应该怀疑有一位无所不能的匠人。如果思考上帝是什么，上帝为什么创造万物都是放肆行为的话，那对我来说否认上帝的存在才是十分放肆的。我很迫切地希望见到你，与你谈谈，无论你认为自己是上帝创造的杰作，还是只是必然的产物，取之于永恒、不能否定的物质的一颗微粒。不管你是什么，你是我所不知道的世界中非常可贵的一部分。①

他向霍尔巴赫指出他的书名《自然的系统》暗示着组织万物智慧的神。另一方面，他坚决否认奇迹和祈祷能获得超自然效力：

我站在修道院门口，修女费秀对修女孔菲特说："上帝对我非常照顾，你知道我是多么爱我的歌雀，如果不是我祈祷万福马利亚治好了她的伤，她也许已经死了。"……一位形而上学家对她说："修女，没有什么比万福马利亚更好的了，特别是当一个女孩用拉丁文在法国郊区祈祷的时候；但是我相信上帝在你的歌雀身上没花多少功夫，尽管她很可爱。我希望你能了解上帝有很多其他事情要做……"修女费秀说："先生，您有一点异教的味道。我的忏悔牧师……会认为你不信上帝。"形而上学家说："我相信普遍的上帝，他在很久之前就制定了万物的秩序，像太阳的光芒。但是我不相信上帝会因为你的歌雀就重新改变世界的组织。"②

"尊敬的殿下，命运决定一切。"③真正的祷告不是要求打破自然规律，而是接受自然规律作为上帝不可改变的意志。④

---

① 《在他书信中的伏尔泰》，第 81 页。

② 《哲学辞典》，词条"上帝"。

③ 《书信集》，1767 年 2 月 26 日。

④ 《哲理小说》，第 412 页。

同样，他否认自由意志。[①]对于灵魂，他是一个不可知论者："四千卷的形而上学也无法让我们明白什么是灵魂。"[②]作为一位老人，他更愿意相信永生，却发现永生很难。

> 没有人会认为跳蚤有永恒的生命，那么为什么不是大象、猴子或者我的仆从呢？[③]……一个孩子死在了母亲的肚子里，正是他在接收灵魂的时候。他还会复活为胎儿、儿童或成人吗？想要再一次复活成同一个人，你必须有完全精准的记忆，因为记忆是识别工具。如果你失去了记忆，你怎么能成为同一个人呢？[④]……为什么人类那么自信只有他们拥有精神不灭的原则？……也许是因为他们的自负。我相信，如果孔雀会说话，它们也会吹嘘自己的灵魂，并坚信它就藏在它们美丽的尾巴里。[⑤]

早期，他拒绝接受永生的信念是道德所必需的：古希伯来人没有永生，但他们是"上帝的选民"；还有，斯宾诺莎是道德的典范。

晚年，他改变了想法。他开始感觉到，对上帝的信仰除非连带着对惩罚、奖励的永恒信念，否则没有什么道德价值。也许，"对一般人而言，有一个因果报应的上帝"是必需的。培尔问到，一个无神论的社会能否存活？伏尔泰回答，可以，如果他们都是哲学家的话。[⑥]但是世上少有哲学家。一个小村庄，要想治理好就必须有宗教。[⑦]"我想让我的律师、裁缝和妻子都信上帝，"甲乙丙中的甲说，"那样，我应该就会极少被抢劫和欺骗。""如果不存在上帝，那就有必要创造一个。"[⑧]"我开始更重视幸福和生活，而不是真

---

① 《无知的哲学家》。
② 《哲学辞典》，词条"灵魂"。
③莫利，《伏尔泰》，第 286 页，1886。
④ 《哲学辞典》，词条"复活"。
⑤ 《哲理小说》，第 411 页。
⑥培利西尔，《伏尔泰哲学》，第 169 页。
⑦ 《哲学辞典》，词条"宗教"。
⑧培利西尔，《伏尔泰哲学》，第 172 页。

相。”[①]在启蒙运动期间，他就预见到之后康德会攻击启蒙运动的各种教义。他对他的无神论朋友也只是略加反驳。他在《哲学辞典》词条“上帝”中对霍尔巴赫说：

> 你说信上帝……会使人避免犯罪，这已经令我感到满足了。如果这个信仰能够阻止十起谋杀和十起诽谤的话，我想全世界都会欢迎的。你说宗教带来了无数的不幸，说迷信统领了我们这个不幸的世界。这是神的绝对崇拜者最残酷的敌人。让我们一起唾弃这个撕碎自己母亲胸腔的恶魔，那些与之斗争的人是我们的恩人。它就像毒蛇，将宗教扼死在它的怀里。必须在不伤害它所吞噬的母亲的情况下扭断它的头。

把迷信和宗教区别开来是他的基本观点。他欣然接受登临训诫的神学，并且大力赞扬耶稣，但圣徒的狂热与此不可相提并论。他将耶稣描绘为圣贤，哀叹那些假借他的名义犯下的罪行。他建立了自己的教堂，并题词“伏尔泰为敬神而建”，他说这是欧洲第一个为了敬神而建的教堂。他在上帝面前做了动人的祷告，在词条“有神论者”中终于清楚地阐述了自己的信仰：

> 有神论者坚信至高之神的存在，仁慈厚爱，权力无边，创造万物……惩罚所有罪行，却不残暴；嘉奖一切善行……与其余的世界结合在这条原则之下，他不加入其他任何相互矛盾、争执的教派。他信奉的宗教是最为久远的，因为对于上帝的朴素膜拜是先于世界上所有系统的。所有民族都听得懂他的语言，虽然他们不了解彼此的语言。从北京到卡宴[②]他都有兄弟，将所有圣人都揽在旗下。他相信，宗教不是存在于无法言说的形而上学中，也不存在于徒有其表的形式里，而是在崇拜和公正里。行善是他的信仰，服从上帝是他的教义。回教徒向他大喊：“如果你去麦加朝圣，你就小心点！”神父对他说：“如果你不去洛雷托圣母堂朝圣，你就要受到诅咒。”他对洛雷托和麦加一笑了之，但

---

①《书信集》，1738年9月11日。

②法属圭亚那首府。——译注

是他帮助穷人，保护受压迫的人。

九、伏尔泰和卢梭

伏尔泰全身心投入了反抗教会暴虐的斗争中，在他的晚年，他甚至被迫退出了反抗政治腐败和压迫的斗争。“政治不是我的本行，我总是尽己所能使人变得更智慧和更有尊严。”他知道政治哲学可以变得很复杂，随着年龄的增长，对这一点他深信不疑。“我厌倦了那些坐在他们自己的阁楼里统治国家的人”①,“这些立法者草率地统治世界……他们没法管好自己的妻子或家务,却很享受管理整个世界”②。这些问题不可能通过简单和通用的公式解决，或者将傻瓜和无赖分在一边，我们自己分在另一边的方式解决。“真理和派别没有关系，”他给沃夫纳格③的信中写道，“像你这样的人的职责就是有所偏好，但不排他。”④

由于富有，他倾向于保守，就像那些饥饿的人迫切希望改变。他的灵丹妙药就是广散钱财：财产可以给予人人格尊严，使人自信。“拥有财产可以使人备感力量。拥有财产的人管理自己的产业肯定比管理别人的要好。”⑤

他对政府的形式不感兴趣，理论上，他倾向于共和制，但是他知道，共和制也有其问题：共和制允许的党派之争，如果不造成内战，至少也会损害国家的统一；这只适合那些被地理环境保护的小国家，那里还没有被财富破坏和腐蚀；总之，“人很少能管好自己”。共和制最多只是个过渡，是社会的初级形式，来自家庭的统一。美洲印第安人就生活在部落共和国里，非洲也遍布这样的民主。但是经济地位的差异结束了这种政府平均主义，而这种经济差异又是发展的必然产物。“哪个更好，君主制还是共和制？”他回答道：“这是个讨论了四千年的问题。问富人，他们希望是贵

①《书信集》，1763年9月18日。

②培利西尔，《伏尔泰哲学》，第237页，注释，及第236页。

③沃夫纳格（1715—1747），法国道德学家、散文家。——译注

④培利西尔，《伏尔泰哲学》，第23页；莫利，《伏尔泰》，第86页。

⑤《哲学辞典》，词条“财产”。

族制；问大众，他们希望是民主制；只有君主自己希望是君主制。那为什么几乎整个世界都被君主统治呢？问问老鼠吧，它们提议在猫脖子上挂一个铃铛。”[①]当有人争辩说君主制是政体的最佳形式时，“还是让马可·奥勒留当君主吧，对穷人而言，被一只狮子吃掉和被一百只老鼠吃掉有什么区别呢？”[②]

同样，伏尔泰对国籍也非常淡然，就像一个四海为家的人，他没有字面意义上的爱国主义。他说，爱国意味着一个人除了自己的国家之外仇恨其他所有国家。如果一个人希望自己的国家富强，但是又不牺牲他国，他就是一位理性的爱国者和世界公民。[③]伏尔泰是一个“优秀的欧洲人”，他在法国还与英国、普鲁士打仗时，赞美英国文学和普鲁士国王。他说，只要国家之间存在战争，他们中间就没什么好选的。

他最痛恨的就是战争。“战争是万恶之首，所有侵略者都会修饰自己的罪行，冠之以正义的头衔。”[④]“禁止杀人！所有杀人犯都应受到惩罚，除非他们是在号角中大规模地屠杀。”[⑤]他写了一篇《关于人的整体思考》，在《哲学辞典》关于“人”的末尾写道：

> 一个人由籽苗，也就是还在母体内的时候，变为动物状态，也就是婴儿的时候，再变为自己能感受到具有成熟理性的状态，这个过程需要二十年。要认识哪怕是人体结构很小的一部分，也需要三十个世纪。要了解灵魂，则需要永恒的时间。但是，杀掉一个人，只要一瞬间。

那么他是否认为革命是补救之道呢？不。首先，他不信任民众：“民众根据理性行动的时候，所有的一切都不复存在了。”[⑥]大多数人都急于寻求真理，直到改变使真理变成谬误，他们认识的历史不过是一个神话取代另

---

① 《哲学辞典》，词条“祖国”。

② 《书信集》，1777 年 6 月 20 日。

③培利西尔，《伏尔泰哲学》，第 222 页。

④ 《无知的哲学家》。

⑤ 《哲学辞典》，词条“战争”。

⑥ 《书信集》，1766 年 4 月 1 日。

一个神话。“当旧的错误成立时，政治就利用它，让民众把它当作佳肴吞下肚子，直到另一个迷信错误取而代之，政治就从第二个当中获益，正如他们在第一个中获益那样。”[①]然后又一次，不平等被写进社会结构，只要人还是人，生活还是挣扎，那么不平等就不可能消除。“那些说人人平等的人，如果他们指的是人人享有平等的权力、享受自由、拥有财产、受到法律保护，那么他们就说出了最大的真理。”但是“平等是世界上最自然也是最异想天开的事：自然是当它仅指权利的时候，不自然是当它企图平分物资和权力的时候”[②]。“不是所有的公民都是一样的强壮，但是他们可以拥有同等的自由。英国人做到了……自由是指除了法律外不受任何约束。”[③]这是杜尔哥、孔多塞[④]和米拉波及其他追随伏尔泰的自由分子的观念，他们希望拥有和平的改革。但不能使被压迫者感到满足，他们更期待的是平等而不是自由，甚至愿意以牺牲自由为代价获得平等。卢梭代表的是普通民众的声音，对阶级划分十分敏感，这种划分在他看来随处可见，他赞成平均分配。当大革命落入他的随从马拉和罗伯斯庇尔手中时，平等是有了，自由却上了断头台。

伏尔泰对完全出于想象而建立的新世界乌托邦表示怀疑，但它被立法者推崇。社会是时间的产物，不是简单的哲学三段论。当过去被关在门外时，它还会从窗户跳进来。问题是什么样的改变能消除这个真实世界中的种种痛苦和不公。[⑤]在《理性的历史赞美》中，真理是理性的女儿，当路易十六继位时，真理欢欣鼓舞，并期望能够进行大规模改革。但理性回答道：“女儿，你知道我也希望这样，甚至比你更希望，但是这需要时间和思考。我总是高兴地看到在众多失望中还有燃起希望的小小改良。”但是，在杜尔哥掌权时期，伏尔泰也十分高兴，他写道：“我们已经身处黄金时代，要

① 《伏尔泰散文》，第 15 页。

② 《哲学辞典》，词条“平等”。

③ 《哲学辞典》，词条“政府”。

④孔多塞（1743—1794），法国哲学家、数学家，启蒙运动杰出的代表人物，有法国大革命“擎炬人”之誉。——译注

⑤培利西尔，《伏尔泰哲学》，第 283 页。

大干一场了！”[①]他所倡导的改革终于来了：陪审团、取消什一税、免除穷人的所有税收等。他不是还写过那封有名的信吗——

> 我所见到的一切看起来就是到处散播的革命的种子，它们有一天终究会开花结果，但是我可能无缘见到那一幕了。法国人总是姗姗来迟，但是终归还是会来的。烛火就这样一家家地传下去，不知会在哪里爆发出火花，那时将有罕见的革命。年轻人是幸运的，他们能够见到那美好的一切。[②]

但是他没有意识到他周围发生着什么，他也绝未想到，在“火花爆发”的时刻，法国人会热烈地欢迎古怪的让-雅克·卢梭的哲学，这个来自日内瓦和巴黎的人正在以他多愁善感的小说和富于革命性的小书震动着世界。复杂的法国灵魂似乎在这两个人身上分裂为两部分，如此不同，却又如此具有法国特征。尼采曾形容“欢乐的科学，轻快的脚步、智慧、火焰、优雅、强大的逻辑、自负的智慧和众星捧月般的舞蹈”，当然，他说的是伏尔泰。现在伏尔泰身旁多了个卢梭：充满热情和幻想，拥有高尚和稚嫩的想法，中产阶级贵妇的偶像，声称自己像帕斯卡一样，心中有理性，但头脑永远不会理解。

在这两个人身上，我们又看到理性和本能的古老碰撞。伏尔泰总是相信理性：“我们可以通过言辞和文字更好地启发人。”[③]卢梭不赞成理性，他向往行动，他对革命带来的风险毫不畏惧，他相信兄弟般的人间情谊能重整被骚乱和因古老习俗的失效而肢解的社会。废除法律，人们将能进入平等、公正的时代。他送给伏尔泰一本《论人类不平等的起源和基础》，阐明自己反文明、反文学和反科学的论点，希望能够重返野人和动物的自然世界，伏尔泰回复说：“我已经收到您反对人类的新书了，非常感谢……没有人能像您这样聪慧地想使我们再次回到畜生的状态，读您的书让我想要四肢

①圣佩甫，《十八世纪人物画像》，第1卷，第234页。

②《书信集》，1764年4月2日。

③《作品选集》，第62页。

爬行了。但是我已经六十年没有做过这样的练习了，我感到很不幸，可能我没办法做到了。”[①]他看到卢梭将这种对野蛮的激情继续用在《社会契约论》中，感到十分恼怒，他在给博尔德的信中写道：“先生，你现在看到了，让-雅克像一个哲学家，就如同一只猴子像人一般。”[②]他是“第欧根尼的一只疯狗”。[③]但是他却抨击瑞士政府烧毁了这本书，他坚持他那著名的观点：“我可以不同意你说的每一个字，但是我誓死捍卫你说话的权利。”[④]当卢梭逃避上百个敌人的攻击时，伏尔泰热情地邀请他住在自己的乐园里，这是怎样一幅画面啊！

伏尔泰认为，所有对于文明的斥责不过是幼稚的胡说八道，人在文明中远比在野蛮中好。他告诉卢梭，人在本性上是捕食的野兽，文明社会是对野兽的约束，缓和他们的兽性，通过社会秩序创造出理性和快乐发展的可能性。他同意现状并不理想：“政府允许特定阶级说‘让那些工作的人纳税吧，我们不应该纳税，因为我们不工作’，这样的政府比霍屯督人[⑤]的政府好不到哪儿去。”即便再腐败堕落，巴黎还是有她可以弥补的特点。在《如此世界》里，伏尔泰讲述了这样一个故事：一个天使派巴蒲克去做调查，看看是否应该摧毁波斯波利斯城。巴蒲克到那里以后，被他所发现的罪恶吓了一跳，但是经过一段时间，“他发现尽管这里的人易变、相互诋毁、爱慕虚荣，但是也同样彬彬有礼、和蔼可亲、行善仁慈。他很担心波斯波利斯受到责备，也害怕上交报告。于是他找到全城最好的铸工，用不同的金属、泥土和石头（最贵的和最贱的）铸成了一尊小人像，交给天使。他说：‘你会仅仅因为这不是纯用金子和钻石做的就把他砸毁吗？’”天使不再想要摧毁波斯波利斯城了，而是任其“如此世界”。毕竟，如果人只想改变制度而不改变人的本性，那不变的本性迟早会在制度中死而复生。

这就是那个古老的循环，人们建立制度，制度束缚人。从哪里能打

---

① 《书信集》，1755 年 8 月 30 日。

② 《书信集》，1765 年 3 月。

③圣佩甫，《十八世纪人物画像》，第 1 卷，第 30 页。

④ 《在他书信中的伏尔泰》，第 65 页。

⑤指非洲西南部的本土人，是科伊桑人下的一个同种文化的民族。17 世纪欧洲殖民者将当地发音类似科伊桑语言的人称为霍屯督人，如今这一称谓含有贬义。——译注

破这个循环呢？伏尔泰和自由主义者认为，理性可以通过教育和改变人来打破循环，这缓慢但和平。卢梭和激进分子却认为，这个循环只能由本能和充满激情的行动打破，打破旧的制度，在热情的驱动下建立新的制度，倡导自由、平等和博爱。也许真理居于两方阵营之上：本能肯定能摧毁旧的，但是只有理性能够建立新的。当然，尽管反抗的种子埋藏在卢梭激进主义的土壤里，但本能和感情还是会忠于孕育他们的过往，它们已经适应陈规，在经历革命的净化后，心灵又会召唤超自然的宗教和昔日平和的“美好时光”。在卢梭之后，夏多布里昂[①]、斯塔尔夫人[②]、德·迈斯特尔和康德出现了。

十、结局

与此同时，这位笑容可掬的老者正在费尔涅打理他的花园，说这是“我们在这个世界上能做的最好的事”。他也想长寿：“我害怕在我还没完成自己工作的时候就死了。”[③]但实际上，他肯定已经完成了他的工作。他的慷慨数不胜数。“每一个人，无论远近，都能寻求他的帮助。人们向他诉说所遭受的不公待遇，恳求他用笔和声誉给予帮助。”[④]他特别关心有过不端行为的穷人，为他们寻求宽恕，帮他们找一份正当的工作，同时关注并教导他们。曾有一对年轻夫妇抢劫伏尔泰后跪下请求他的原谅，他跪着扶他们起来，告诉他们宽恕在他们自己手上，他们应该跪下祈求上帝的宽恕。[⑤]他最值得一提的事情是养育高乃伊的侄女，教育她，还给她准备了嫁妆。他说：“我做的那些小事就是我的大成就……当我被袭击时，我会像恶魔一样反击，不屈服于任何人，但是内心深处，我是一个善良的魔鬼，最后，会对

①夏多布里昂（1768—1848），法国作家、政治家。——译注
②斯塔尔夫人（1766—1817），法国评论家、小说家。——译注
③《书信集》，1766 年 8 月 25 日。
④圣佩甫，《十八世纪人物画像》，第 1 卷，第 235 页。
⑤罗伯逊，《伏尔泰》，第 71 页。

一切一笑了之。"[①]

1770 年，朋友们想为他筹资建一尊半身像，富人们只被允许赞助少许份额，因为上千的人都要求尽自己的绵薄之力。腓特烈询问他应该给多少，回答是："陛下，一克朗，并刻上您的名字。"伏尔泰恭贺他不但培养了很多科学家，还鼓励了解剖学，因为他出资建造了一个骷髅头塑像。伏尔泰反对为自己建造雕像，因为他觉得自己的脸已经没办法雕塑了。"你们无法想象它本来是什么样子，我的眼睛下陷了三英寸，脸颊就像破旧的羊皮纸……仅有的几颗牙也掉了。"达朗贝尔对他说："天才……总是会有一张让它的兄弟——天才很容易发现的面容。"[②]当宠物亲吻他的时候，他说那是"生亲吻着死"。

他已经八十三岁了，渴望在死前能去巴黎看看，他的医生建议他不要进行如此劳累的旅行，但是他回答说："如果我想做一件蠢事，没有什么能阻拦我。"他活了这么久，如此辛勤地工作，也许他觉得他有权按照自己的方式死去，要去那个驱逐了他太久的巴黎看看。他启程了，历尽艰辛，穿越整个法国，当他的马车到达法国首府时，他的骨头几乎都散了。他立刻去看望他年轻时的朋友让泰尔，称"我是放下死亡来看你的"。第二天，他的房间就挤满了三百位访客，人们像迎接国王一样迎接他，路易十六都感到有些嫉妒了。本杰明·富兰克林也是来访者之一，带着他的孙子，希望得到伏尔泰的祝福。这位老人将他瘦弱的手放在年轻人的头上，祝福他献身于"上帝和自由"。

他病得太重了，牧师前来接受他的忏悔。伏尔泰问："您从哪里来？""从上帝那儿。""很好，很好，您的证件呢？"[③]牧师就这样一无所获地走了。之后，伏尔泰又请了一位牧师戈蒂埃来，可是戈蒂埃拒绝宽恕伏尔泰，除非他签署一份完全信仰天主教教义的文件。伏尔泰非但没签，还反其道而行之，写了一份声明交给了他的秘书瓦格纳："我至死敬神，热爱我的朋友，并

①罗伯逊，《伏尔泰》，第 67 页。

②塔伦泰尔，《伏尔泰传》，第 497 页。

③塔伦泰尔，《伏尔泰传》，第 535 页。

不仇恨我的敌人，厌恶迷信。（落款）伏尔泰，1778 年 2 月 28 日。”[①]

虽然病情很重且步履蹒跚，伏尔泰还是去了法国科学院。夹道欢迎的热情的人们爬上他的车，将俄国女皇叶卡捷琳娜送给他的贵重披风撕成碎片留作纪念。“这是本世纪的历史性事件之一，经历了艰苦卓绝战斗而凯旋的统帅也未曾得到过如此礼遇。”[②]在科学院，他建议重新修订法语词典，他仍像年轻人一样充满激情，主动提出负责 A 字母下的所有内容。会议结束时，他说：“先生，我以这个字母的名义感谢您。”主席查斯特卢回答：“我们以文字的名义感谢您。”

他的戏剧《伊雷娜》正在剧院上演，他不听医嘱，坚持去剧院。这场戏并不精彩，但是人们没有惊叹一个八十三岁的人写出这样一个不怎么样的剧目，而是惊叹这个人什么都能写。[③]为了表示对作者的敬意，人们大声欢呼，淹没了舞台上演员的声音。一个陌生人走进来，以为自己进了疯人院，仓皇逃到大街上。[④]

当晚，这位文学巨匠回到家时，他几乎已经可以安心地死去了。他知道自己已经精疲力竭，他已经用尽自然给予他的比前人多得多的狂野、精彩的能量。他感到生命正在离他远去，却仍在不停挣扎。到底伏尔泰没能战胜死神，最后的日子还是到来了：1778 年 5 月 30 日。

他被拒绝葬在巴黎，朋友们使他阴森地坐在车里，假装他还没有死，送出了城。在塞利埃尔，朋友找到了一位神父，这位神父了解规矩不是为天才制定的，遗体就葬在圣地。1791 年大革命胜利后，国民议会迫使路易十六将伏尔泰的遗体迁至先贤祠。昔日光辉的余烬穿过巴黎大街，两旁站了六十万人。灵车上写着：“他给了人类动力，他让我们准备好迎接自由。”在他的墓碑上只需要一句话：

伏尔泰长眠于此。

---

①塔伦泰尔，《伏尔泰传》，第 538 页。

②莫利，《伏尔泰》，第 262 页。

③塔伦泰尔，《伏尔泰传》，第 525 页。

④塔伦泰尔，《伏尔泰传》，第 545 页。

第六章　伊曼努尔·康德和德国唯心主义

一、通向康德之路

伊曼努尔·康德的哲学统治了整个十九世纪的思想，在这之前没有一个思想体系可以做到这一点。经过近六十年沉寂而隔绝的发展之后，这位哥尼斯堡神秘的苏格兰后裔在 1781 年凭借他著名的《纯粹理性批判》一书将世界从“独断论的迷梦”中唤醒。从那时起直到现在，“批判哲学”统治了欧洲的哲学思想。浪漫主义的浪潮在 1848 年革命中迅速衰退，叔本华的哲学思想成为一时权威；1859 年后，进化论横扫一切成为主导；十九世纪结束之际，尼采振奋人心的攻击传统观念的言论独领风骚，成为哲学舞台上的主角。但这些都是次要的、表面的，在这些发展的背后，真正强大稳定的是康德的思想之流，它的影响愈来愈深入和广泛。直到现在，在每一种成熟哲学中，康德哲学的基本原则仍被当作公理。尼采先认可康德，然后对其进行批判；[①] 叔本华则称《纯粹理性批判》是“德国文献中最重要的一本著作”，并认为，任何一个人在读懂康德之前都只能算是个孩子；[②] 斯宾塞不懂康德，可能正是由于这一原因而在哲学史中略显渺小。套用黑格尔就斯宾诺莎说的一句话：要想成为一名哲学家，必须先做一名康德主义者。

---

① 《权力意志》，第 2 卷，第 1 部分。

② 《作为意志和表象的世界》，第 2 卷，第 30 页；伦敦，1883。

既然如此，让我们马上成为康德主义者吧。显然我们不可能马上做到这一点，因为，正如在政治领域一样，在哲学领域，两点之间最长的距离是一条直线。要研究康德的哲学，康德本人是我们需要研究的最后一个对象。康德既像又不像耶和华，他也透过云彩讲话，只不过其间不会出现闪电。他不屑于举例和谈及具体事物，因为他觉得那样会使他的书太厚。[①]（尽管内容很精练，但是这本书还是有八百多页。）只有专业哲学家才读他的书，因为专业哲学家无需例子就能理解。然而，当康德把《纯粹理性批判》的原稿交给他擅长思辨的朋友赫尔兹时，赫尔兹读了一半就还回去了，害怕继续读下去自己会发疯。面对这样一位哲学家，我们该怎么办呢？

让我们从安全又敬重的距离开始，迂回曲折、小心翼翼地一步一步接近这位哲学家吧。让我们从外围不同的点出发，慢慢地摸索、靠近中心，最难懂的哲学的秘密和宝藏就藏在那儿。

1. 从伏尔泰到康德

这条路是从没有宗教信仰的理论理性到没有理论理性的宗教信仰。伏尔泰代表着思想启蒙运动、百科全书派和理性时代。弗朗西斯·培根的热忱曾激励了所有的欧洲人（除卢梭外），他坚信，科学和逻辑能够最终解决人类所有的问题，并且证明人类“无限的可完善性”。孔多塞在狱中完成了《人类精神进步史纲》(1793)，描写了十八世纪人们对知识和理性的狂热信仰，并指出全民教育是通往乌托邦的唯一途径。即便沉着如德国人，也有他们的启蒙运动、他们的唯理论者克里斯汀·沃尔夫[②]和前程似锦的莱辛。革命中热情似火的巴黎人将对理性的崇拜戏剧化，他们膜拜“理性女神”，这女神由一位迷人的街头女郎扮演。

对斯宾诺莎而言，这种理性信仰带来了宏伟的几何结构和逻辑：宇宙就是一个数学体系，能够通过对公认的定理进行纯粹推演加以先验描述。在霍布斯的著作中，培根的唯理论变成了不妥协的无神论和唯物论，他认为，世界上除了“原子和虚空”，什么都没有。从斯宾诺莎到狄德罗，信

①《纯粹理性批判》，第2卷，第27页；伦敦，1881。后面所有的引述都来自第2卷。

②克里斯汀·沃尔夫（1679—1754），德国哲学家。——译注

仰的破碎尾随着进步理性的日渐苏醒：旧教条一一消失；拥有令人愉悦的精细雕刻和独特风格、象征中世纪信仰的哥特式教堂倒塌了；古老的神祇和波旁王朝一同走下殿坛，天堂蜕变为纯粹的天空，地狱则从此只是人们表达情感的名词。爱尔维修和霍尔巴赫让无神论在法国风靡开来，甚至连牧师也开始接受无神论。拉美特利还在普鲁士国王的支持下到德国宣传无神论。1784 年，莱辛声称自己是斯宾诺莎的追随者——此举震撼了雅各比，意味着宗教信仰走入了最低谷，而理性成为主流。

大卫·休谟——在攻击迷信的启蒙运动中非常活跃——曾说，如果理性不利于人类，那么人类也将推翻它。宗教的信仰和希望曾在十万教堂里回荡，在欧洲的每块土地上生根发芽，深植于社会的制度中、人们的心里，使他们拒绝接受理性的判决。不可避免地，这一信仰虽备受责难，但它仍会质疑法官的资格，并且要求，理性应和宗教受同一待遇，也要经过审查。这是一种什么样的理性呢？它主张用三段论来摧毁千年以来人们的信仰，它是绝对正确的吗？它是否也像人类的任一器官，在功用和力量上会有极限？检验它的时机已经到来，是时候审查这个正在肆意杀虐远古希望的无情的革命法庭了。对理性进行批判的时代已经到来。

2. 从洛克到康德

洛克、贝克莱和休谟的著作为审查铺就了道路，但显然，他们的著作也是反宗教的。

约翰·洛克曾提议将弗朗西斯·培根的归纳实验和方法应用于心理学，在他的《人类理解论》中，理性首次在近代思想中反省自己，哲学开始审查这个长期以来信任的工具。这种哲学的内省运动随着理查森[①]和卢梭的内省式小说一步步发展起来。人们追求小说要有如《克莱丽莎·哈洛》和《新爱洛伊丝》那样丰富的情感色彩，与此相应，在哲学中也推崇本能和情感高于理性。

认识是如何产生的呢？我们是不是像某些人说的那样具有天赋观念，

①理查森（1689—1761），英国小说家、出版家。——译注

比如是非观和关于上帝的观念，它们是与生俱来的吗，是先验的吗？焦虑的神学家担心人们对神的信仰会消失，因为毕竟没有人见过上帝，因此他们想，如果能证明信仰和道德的基本核心思想是每个正常的灵魂天生就具有的，那信仰和道德就可以被强化。然而洛克无法接受这样的观念，尽管作为一名优秀的基督教徒，他愿意尽力为“基督教的合理性”辩护。他认为我们的认识来源于经验并通过感官获得，“我们的脑海里除了首先被感官所感知的东西外，别无他物”。在出生之时，我们的脑海是一张白纸，感觉和经验用千万种方式在上面描画，直到感觉引起记忆，记忆产生认识。一切都指向一个令人震惊的结论——由于只有物质才能作用于我们的感官，所以我们只能认识物质，也因此必然要接受唯物主义哲学。草率的人这时说道，如果感觉是思想的材料，那物质就是心灵的原材料。

根本不是这样，乔治·贝克莱主教说。洛克学派对认识的分析反倒说明了物质只能以精神的形式存在。只是推导出我们不认识物质，以这种简单有效的策略驳斥唯物论，这主意真是高明，全欧洲只有一位盖尔人能想出这种形而上学的魔术。主教说，这是显而易见的：洛克不是告诉我们认识源于感觉吗？我们对事物的认识只是我们对它的感觉。一个东西就是一连串知觉，也就是被分类解释过的感觉。你或许会反对这种想法，你会说，你的早餐实实在在地存在，并不是一连串的知觉；同样，一把你学木工时握在手中的锤子再物质不过了。但是，你的早餐首先是视觉、嗅觉和触觉的总和，然后是味觉，再后来是内在的舒适和温暖。同样，锤子是你对颜色、大小、形状、重量、质料等的感觉的总和。它的存在对你而言不在于它的物质性，而在于通过手指传来的感觉。如果你对锤子没有感觉，那么它对你而言就不存在。它或许总是锤到你无知觉的拇指，却不能引起你一丁点儿的注意。它不过是一连串感觉或是一连串记忆，它是心灵的一种状态。就我们所知，所有的物质都只是心灵的一种状态，我们直接认识的唯一实在是心灵。对唯物论我就说这么多。

但是，这位爱尔兰主教小觑了苏格兰的怀疑论者。大卫·休谟（1711—1776）在二十六岁时以他的异端邪说《人性论》震惊了整个基督教世界。《人性论》是近代哲学的经典传奇之一。休谟说，我们认识精神，就如我们认识物质一样是通过知觉的，尽管精神是内在的。我们从未感知到“心灵”这种实体，我们能感知到的只是独立的观念、记忆、感觉等等。心灵不是一种实体，也不是产生观念的器官，它只是一个指称一系列观念的抽象名词。知觉、记忆和感觉就是心灵，思考背后并没有看得见的“灵魂”。然而，这样一来，休谟不是完全摧毁了心灵吗？就像贝克莱摧毁了物质一样。一无所剩，哲学最后跌入自己创造的废墟中。难怪一位智者说，“没有物质，也没有心灵”，以此劝说大家停止争论。

然而，休谟并不满足于通过打碎灵魂的概念摧毁正统宗教，他还想通过消解规律的概念来毁灭科学。从布鲁诺、伽利略的时代起，科学和哲学一直非常重视自然规律，重视因果关系的“必然性”。斯宾诺莎曾在这些高傲的概念上建立自己雄伟的形而上学殿堂。但休谟说，我们从没感觉到原因或者规律，我们只能看到事件和结果，然后推断出因果关系和必然性；规律不是一件事必然永久遵循的法则，只是心灵对千变万化的经验的一次总结和速记。我们无法确定曾经的因果顺序是否会在将来重现。“规律”是从事件发生的顺序中被观察到的习惯，但这种习惯中并不包含“必然性”。

只有在数学公式中才存在所谓的必然性。这些公式必然永远正确，仅仅因为它们是同义反复的——谓项已经被包含在主项当中。例如 3×3=9 是永远正确的，因为“3×3”和“9”是一个意思的不同表达形式。谓项相对于主项没有增加任何东西。所以科学必须局限于数学和直接的实验，它不能相信从“规律”推演出的未经证实的结论。这位可怕的怀疑论者这样写道：“要是我们在图书馆里走一走，就相信了这些原则，那将是多大的灾难啊！当我们阅读形而上学派的作品时，我们要问自己：‘它是否包含有数或量方面的抽象推理？’没有；‘那有关乎事实或存在的实验推理吗？’也没有。那就将这书扔进火里烧了，因为它什么都不是，只是诡辩和空想。”①

想想看，那些信奉传统宗教的人听了这些话，会觉得多么刺耳！认

①罗伊斯，《现代哲学的精神》，第 98 页，1892。

识论的传统——探索认识的本质、来源和有效性——已不再支持宗教。贝克莱主教用来杀死物质的利剑现在指向了非物质的心灵和不死的灵魂。在这场混战中，科学本身也承受了巨大的伤害。难怪伊曼努尔·康德1775年读到大卫·休谟著作的德语译本时，十分震惊。如他所说，他从“独断论的迷梦”中被惊醒了，曾经，他不加怀疑地接受宗教的本质和科学的基础。难道科学和宗教信仰都要向怀疑论者低头吗？怎样才能挽救它们？

3. 从卢梭到康德

启蒙运动认为理性更偏向唯物主义，对此，贝克莱曾撰文说明物质并不存在。休谟在他的著作中针对贝克莱的观点予以反驳，认为根据同样的说法，精神亦不存在。另一个答案也有其可能性——理性不是最终的标准。有些理论上的结论是与我们作为整体的存在相悖的。我们无权认为这些自然的要求必须在逻辑的压制下窒息而死，毕竟逻辑只是我们脆弱的、不可靠的一面新近的产物。我们的本能和感觉如此频繁地抛弃三段论（三段论希望我们的行为如几何图形一样规矩，并追求数学般的精确）。诚然，有时候——特别是在矫揉造作的、复杂的城市生活中——理性是很好的向导，但是面对更大的生活危机，或是面对行为和信仰等重大问题时，我们选择相信我们的感觉而不是几何图表。如果理性反对宗教，那么理性就糟糕透了。

事实上，这是让-雅克·卢梭（1712—1778）的言论。在法国，他几乎是孤身一人与启蒙运动宣扬的唯物主义和无神论奋战。对于一个天生脆弱和神经质的人来说，被丢进百科全书派强大的理性主义和几近野蛮的享乐主义[①]中，是一种怎样的命运啊！卢梭自幼多病，身体的虚弱及父母和老师的严厉迫使他思考和内省。他逃离现实的刺痛，躲进梦想的温室，在幻想中他能得到现实中没有的胜利和爱。他的《忏悔录》展现了最精细的情感和对于体面荣誉的迟钝之间的冲突，全书流露出他对自己的道德优越感

①所有行为的动因都是寻求享乐。

纯洁的信任。[①]

1749年，第戎学院设奖征文，题为“科学和艺术的进步促使道德腐化还是纯化？”。卢梭的文章获了奖。他说，文化的坏处远多于其好处——一个人带着所有的激情和真诚却未能企及文化，因此想证明它没有价值。想想印刷给欧洲带来了多么可怕的混乱。哪里有哲学，哪里的道德健康就恶化。“哲学家们自己也这样说，学者出现以后，诚实的人就不存在了。”“我斗胆断言，反省的状态是同自然相悖的；思想者（就是我们现在说的‘智者’）是不道德的动物。”抛弃我们发展过快的知识转而训练我们的心灵和情感或许更为妥当。教育不是使人变好，只是让人变聪明——通常是在做坏事方面。本能和感觉比理性更值得信任。

卢梭在他著名的小说《新爱洛伊丝》（1761）里，以大量篇幅阐述了感觉之于知识的优越性。多愁善感在贵族小姐们那里，还有一些男士那里开始流行。一个世纪以来法国都沉浸在文学之中，之后又被现实的泪水淹没。十八世纪伟大的欧洲理性运动也让位于1789年至1848年间的浪漫情感文学，这股浪潮带来了宗教情感的强劲复苏。夏多布里昂的《基督教真谛》（1802）中的心醉神迷不过是卢梭在教育方面划时代的著作《爱弥儿》（1762）中“萨伏依牧师关于信仰的忏悔”的回音罢了。《忏悔录》中的争论大致如下：尽管理性与对于上帝和不朽的信仰格格不入，但是感觉却不由自主地支持对上帝的信仰和不朽的观念，现在，我们为什么不能相信本能，而要堕入枯燥乏味的怀疑论者的绝望呢？

为了快点读完《爱弥儿》，康德平日在菩提树下散步的习惯也被暂时丢开了。对他来说，这是件大事：发现另一个人也在无神论的黑暗中摸索，并勇敢地断言，在超感官事物上，感觉优先于理论理性。这就是针对宗教排斥的另一半回答。嘲笑者和怀疑者们终于要被驱散了。将这些争论的思路放到一块儿，结合贝克莱、休谟的印象和卢梭的感觉，将宗教从理性中拯救出来，同时将科学从怀疑论中拯救出来，这就是伊曼努尔·康德面临的任务。

---

① 《忏悔录》第2卷，第10章，第184页。

那伊曼努尔·康德又是谁呢？

二、康德其人

1724 年，康德出生于普鲁士邦哥尼斯堡。除了在邻村做过一段时间的家庭教师，这位安静的小个子教授尽管非常喜欢给学生讲授遥远邦国的地理人文，却从没离开过他的故乡。他出生于一个贫穷的家庭，这个家族是在康德出生前几百年从苏格兰搬来的。他的母亲是一名虔敬派教徒——一位宗教教派成员，就像英国卫理公会教徒一样，严格遵从宗教习俗和信仰的要求。康德从早到晚泡在宗教中，一方面体验到一种抗拒，这使得他的成年生活远离教堂；另一方面，他终身保持着德国清教徒的忧郁。到了晚年，他强烈渴望为自己和世界至少保留信仰的本质，这种信仰来自母亲的谆谆教诲，深深地埋在他的心底。

然而，生长在腓特烈和伏尔泰的时代，这个年轻人无法摆脱那个时代的怀疑浪潮。康德曾深受他日后的论敌的影响，其中对他影响最大或许也是他最喜爱的一位是休谟。我们将在后面看到发生在这位哲学家身上的一个不寻常的现象：他超越了壮年时的保守主义，在将近七十岁时，可以说是在他最后的作品中，又回到了朝气蓬勃的自由主义。要不是他年事已高且享有盛名，这么做有可能是致命的。甚至在他有关宗教复兴的作品中，我们也能频频听到另一个康德的声音，很像是伏尔泰。叔本华认为："腓特烈大帝功德无量，在他的统治下，康德能自由发展，敢于发表他的《纯粹理性批判》。若是在其他政府的统治下，一位拿工资的教授（教授在德国属政府官员）不敢做这样的事。康德后来被迫向新继位的国王允诺他不再写这方面的文章。"[①]正是欣赏这种自由，康德才把《纯粹理性批判》献给腓特烈有远见且思想进步的教育部部长泽德里兹。

1755 年，康德成了哥尼斯堡大学的编外讲师，一干就是十五年。他

① 《作为意志和表象的世界》，第 2 卷，第 133 页；伦敦，1883。

两次申请教授职位都被拒绝。最后，在1770年才如愿当上了逻辑学和形而上学教授。多年的教师生涯结束后，他写了一本教育学的教科书，他经常说这本书包含了很多精辟的箴言，他自己却一条也未曾实践过。比起写作，他或许更擅长教学，两代学生都爱戴他。他的务实原则之一是最关心能力中等的学生。他说，差生无药可救，天才学生则能自助。

没有人指望他研究出一个让世界震惊的形而上学新体系，让别人震惊似乎不是这样一个腼腆谦虚的教授能做得到的，他自己也没有幻想过。四十二岁的时候，他曾写道："我有成为形而上学情人的运气，但我的情人对我却没有太多好感。"在那段日子里，他谈的是"形而上学的无底深渊"，说形而上学是"没有边界没有灯塔的黑暗之海"，散布着哲学的碎片。[①]他甚至攻击形而上学家犹如那些生活在思想高塔上的人，"那儿常常有大风"[②]。他未曾料想到的是，最强的形而上学风暴是他自己掀起来的。

在这默默无闻的几年里，他的兴趣与其说是在形而上学上，不如说是在物理学上。他写文章谈论星球、地震、火、风、天空、火山、地理、人种学以及其他许多诸如此类的主题，并不总是和形而上学有关联。他的《天体理论》（1755）的观点和拉普拉斯的星云假说非常相似，并试图用机械力学来解释恒星的运动和发展。康德认为，所有的星球都已经或将有生命居住；离太阳最远的星球最为古老，在这样的星球上或许存在一种更高等的智慧有机体，这种有机体在地球上是不存在的。他的《人类学》（1798年由他一生的讲演汇编而成）暗示了人类起源于动物的可能性。康德说，在早期人类在很大程度上还任由野生动物掳掠时，如果人类的孩子在呱呱坠地时和现在一样放声大哭，那他肯定已经被发现并被野兽吃掉了。因此，很有可能最初的人和现在开化了的人是非常不一样的。康德巧妙地说："自然是如何发展成现在这样的，是什么原因促进了它的发展，我们都不知道。这令人深思。它暗示了这样一种想法：如果自然界发生巨变，当前的历史阶段是否会为一个新的历史阶段所取代？届时猩猩或黑猩猩们的器官进化，用来支配行走、触摸和说话的器官进化成了组织缜密的人类结构，中

①保尔森，《伊曼努尔·康德》，第82页；纽约，1910。

②保尔森，《伊曼努尔·康德》，第56页。

心器官则负责理解，并在社会制度的训练下逐渐进化。”康德在这里用了将来时态，这是不是他在谨慎、间接地传达他的人类进化观呢？[①]

我们看到了这位淳朴矮小的哲学家的缓慢成长：大约五英尺高，谦逊，瘦小，然而在他的大脑里却蕴含着或酝酿着影响最为深远的近代哲学革命。一位传记作者说，康德的一生过得就像规则动词一样，非常有规律。海涅说：“不管是起床、喝咖啡、写作、授课、用餐还是散步，康德都设定了时间。”当康德身着灰色大衣、手执拐杖，走出家门朝菩提树小道——现在仍被称为“哲学家之路”进发时，邻居们就知道已是三点半了。一年四季，不管是天气阴沉还是乌云密布风雨欲来，他都坚持散步。他的老仆人兰普则夹着一把伞步履艰难、焦虑地跟在他后头，像是谨慎的象征。

康德体质虚弱，不得不采取严格的养生措施，但他觉得没必要看医生。他的养生之道让他活到了八十岁。七十岁时，他写了篇散文《论精神凭借坚定意志克服病痛》。他最推崇的一条准则是只用鼻子呼吸，尤其是在户外时。因此在秋、冬、春三季，散步时他不允许任何人和他说话。宁可沉默也不能感冒。他甚至在固定长袜时也会用到哲学——将带子穿过裤袋，末端绑上装在小盒子里的弹簧。[②]做任何一件事前，他总要把一切都考虑周全，也许这就是他一辈子单身的原因。他曾先后向两位女士示好，但是由于他总是考虑过多，其中一位嫁给了一名更有勇气的男士，另一位则在他决定前就离开了哥尼斯堡。或许他和尼采一样，觉得婚姻会成为他追求真理的羁绊。塔列朗[③]曾说：“已婚的男子会为了金钱不顾一切。”在康德二十二岁时，风华正茂的他怀着满腔热情写道：“我已决定我的方向。我将踏上征程，任何事情都阻止不了我前进的步伐。”[④]

尽管贫穷困厄、默默无闻，他仍坚定不移，花了整整十五年撰写、修改他的著作，直到 1781 年完成，那时他已经五十七岁了。没有人比他成熟得更慢了，但也从没有一本书像他的著作这样让哲学界震撼。

---

①华莱士如此暗示。参见《康德》，第 115 页；费城，1882。

②康德，《纯粹理性批判》，“导言”，第 13 页；伦敦，1909。

③塔列朗（1754—1838），法国政治家。——译注

④华莱士，《康德》，第 100 页。

三、《纯粹理性批判》[①]

这个书名是什么意思？批判不完全是批评的意思，而是批判性的分析。康德在整本书里并没有攻击“纯粹理性”，只是在结尾指出了它的局限性。相反，他恰恰想告诉我们“纯粹理性”的可能性，他认为纯粹理性是高于非纯粹认识的，因为非纯粹认识是经过感官扭曲的。而“纯粹理性”则不是经由感官获得的认识，它独立于所有感官经验；这种认识之属于我们是由于心灵固有的本质和构造。

因此，康德在一开始就向洛克和英国学派发起挑战，认为认识不全是通过感官获得的。休谟认为，他已经证明了心灵不存在，科学亦不存在；心灵只是观念的排列和联结；我们认为的必然其实只是随时可能被推翻的偶然。康德认为，休谟的这些结论都是错误的，因为前提就已经错了。他反驳休谟说：假设所有的认识都来源于“独立的、不同的”感觉，那认识就不存在必然性，也不可能给予我们不变的确定结果；如此一来，你肯定不能指望“看到”你的心灵，即使是用内在感觉的双眼也不行。如果所有的认识都来自感官，来自独立的外部世界，这个世界又是不稳定的，那认识的绝对可靠性就是不可能的。但是如果有些认识是独立于感官经验之外的呢？比如有些知识的可靠性先于我们的经验——即先验。这样的话，绝对真理和绝对科学就是可能的，难道不是吗？存在这样的绝对知识吗？这就是《纯粹理性批判》讨论的问题。康德说：“我的问题就是，抛弃物质和经验后，我们能够期待用理性获得什么。”[②]《纯粹理性批判》因此成为详尽的思想生物学，考察观念的起源和发展，分析心灵的固有结构。康德认为，这就是形而上学要解决的全部问题。他说：“在这本书里，我的主要目标是

---

①简单说说应该读康德的哪些书。初学者很难理解康德的原著，因为他的思想里用了很多古怪复杂的术语（因此这章很少直接引用他的著作）。最简单易读的入门读物大概要数布莱克伍德哲学经典名著中华莱士的《康德》。厚一点且深奥点的是保尔森的《伊曼努尔·康德》。张伯伦的《伊曼努尔·康德》（两卷本，纽约，1914）更有趣但是有点散漫和偏题。对康德较好的评价也许可以在叔本华的《作为意志和表象的世界》中找到（第 2 卷，第 1—159 页）。但是，读者需自己辨别。

②《纯粹理性批判》，“序言”，第 24 页。

彻底性。我冒险断言这本书能够解决所有形而上学的问题，或至少提供解决问题的钥匙。”[①]树立比铜像更不朽的丰碑！这种自信激励我们不断创造。

《纯粹理性批判》直击要害。“我们的认知绝不只局限于经验领域。经验告诉我们是什么，不一定就是，也可能是其他的东西。所以通过经验无法获得真正的普遍真理。但理性非常渴望获得那种知识，它是由经验引发的，但不满足于经验。普遍真理具有内在必然性，它们不依赖经验——自身是清晰可靠的。”[②]换言之，不管今后我们的经验如何，普遍真理仍然为真，它们是先验的。“在没有经验的情况下，在先验知识中，我们能走多远，数学已经告诉我们答案了。”[③]数学知识是必然的、确定的，我们无法设想未来的经验会违背它。我们或许可以相信有一天太阳会从西边升起，或者在某个可以想象的石棉世界里，火点不着木棒；但我们无论如何都不会相信 2×2 不等于 4，因为这样的真理在经验之前就是真的，它们不依赖于过去、现在和未来的经验，所以它们是绝对必然的真理，我们无法想象它们哪天会变成错的。但是我们是如何确定这种绝对性和必然性的呢？不是通过经验，因为经验只能给予我们彼此分离的感觉和事件，将来顺序可能会改变。[④]这类真理的必然性来自我们心灵的固有结构，是心灵天生的、不可改变的运行方式。人的心灵（这终于成了康德的伟大论题）不是被动的蜡，任由经验和感觉在上面印下它们绝对但反复无常的意志；它也不只是一系列心灵状态的抽象的名称；它是主动的器官，将感觉铸成观念，将杂乱无章的经验整合成条理分明的思想。

可是，它是怎样做到的？

1. 先验感性论

努力回答这个问题，研究心灵的固有结构或思想的先天规律，这就是康德所谓的“先验哲学”，因为这是一个超越感觉—经验的问题。“我

---

① 《纯粹理性批判》，“序言”，第 23 页。

② 《纯粹理性批判》，第 1 页。

③ 《纯粹理性批判》，第 4 页。

④ “极端经验论”（詹姆斯、杜威等）质疑这点，反对休谟和康德的观点，认为经验既赋予我们关系和先后顺序，又赋予我们感觉和事件。

称这种知识是先验的：其中包含的与其说是对象，不如说是对象的先验概念。"[①]——我们用以使经验相互关联成为知识的形式。将感官得到的原材料加工为思想的成品的过程中，有两个级别或者说两个阶段。第一个阶段是通过知觉的形式——时间和空间——来整理感觉；第二个阶段是按照概念形式即思想"范畴"来整理知觉。康德用"感性"一词来表示最初获得的感觉，因为它意味着感官或感觉，所以康德称第一个阶段为"先验感性论"，第二阶段为"先验逻辑论"，因为"逻辑"一词指思想形式的科学。这是些令人生畏的字眼，随着论证的进程，它们将被赋予新的意义。一旦翻过了这座山头，康德的道路也将变得相对清晰起来。

那么感觉和知觉又是什么意思呢？——心灵是怎样将前者转变为后者的呢？就感觉本身而言，它只是对一个刺激的意识。我的舌头有味觉，鼻子有嗅觉，耳朵有听觉，肌肤能感受温度，视网膜能感觉到光线，指尖能感受到压力，这些都是经验的开端。小孩在心智没有完全发展时，也能够感受到这些。但这些不是认识，这些各式各样的感觉自己组成一个聚焦时空中某一对象的感觉群体，形成对这一对象的感觉，比如对苹果的感觉就自己集合到一起：鼻子闻到的气味、舌头尝到的味道、眼睛看到的亮度、手指和手掌因感受到压力而产生的对其形状的判断，一道形成了对某一事物的感觉。这时，意识就不是针对某一刺激，而是针对某一特定对象，于是，知觉就出现了。感觉也就变成了认识。

但是再想想，这种组合和过渡是自发的吗？感觉是自发并自然地分门别类排序，然后转化为知觉的吗？洛克和休谟说是，康德则认为不是。

因为这些各式各样的感觉是通过不同感官渠道获得的，它们经过了千万条传输神经才从皮肤、眼睛、耳朵和舌头传到我们的大脑。当它们进入意识的小房间，要求引起注意时，它们是多么混乱啊！难怪柏拉图说是"感觉的乌合之众"。如果不理睬它们，它们就很狂乱，可怜无助地等待被赋予价值、目的和作用。难道它们能在没有任何帮助的情况下自己从前线上千个防区到达理解司令部，将消息传达给将军吗？不可能，对这些乌合

① 《纯粹理性批判》，第 10 页。

之众，自有立法者，它是从中指挥和协调的力量，不仅能接收信息，还将携带这些感觉的原子，将它们转化为知觉。

首先要看到，不是所有的信息都能被接收。此时此刻，有无数力量作用在身体上，暴风雨般的刺激打在神经末梢上，这些神经末梢像阿米巴一样，你用它们体验外部世界。但不是所有呼叫都能被听到，只有能形成符合你目前目的的知觉的感觉，或者是带来急迫的危险信号的感觉才会被选择。平时钟在走，你听不到声音，但是当你的目的有此需要时，同样的滴答声你却能听得一清二楚。熟睡在婴儿摇篮旁的母亲听不见生活里的喧闹，但是当婴儿有动静时，她能很快醒过来，就像潜水员迅速从水底浮出水面一样。如果目的是加法，“2 加 3”的刺激就会产生结果“5”；同样的刺激，同样的听觉，如果目的是乘法，结果就是“6”。感觉或观念的联结不仅因为时间和空间上的相近，也不仅因为相似性或是经验的新鲜程度、频率和强度；而是首先由心灵的目的决定。感觉和思想是仆人，只有在我们需要时，它们才会行动。会有专门负责选择和指挥的代理机构，负责利用它们，做它们的支配者。除感觉和观念外，还有心灵存在。

康德认为，这个负责选择和协调的代理机构面对材料时，首先采用两种简单的方法进行分类，即空间和时间。将军将传达给他的信息根据它们所来自的空间和记录的时间进行安置，从而找出次序和关系图；与此类似，心灵将感觉分配到各个空间和时间点，分配给这个或那个对象，现在或过去。时空是无法被感知的，它们是获得知觉的方式，是对感觉赋予意义的手段，时间和空间是知觉的工具。

时间和空间都是先天的，因为所有有序的经验都包含了它们。没有它们，感觉就不能转变为知觉。它们是先天的，还因为我们无法想象会有不依赖时空的经验存在。正因为它们是先天的，它们的规律，即数学规律，也是先天的、绝对的、必然的，是无限的世界。这种规律不是一种可能而是绝对可靠，就像两点间最短的距离永远是直线。至少，数学被从大卫·休谟具有破坏性的怀疑论那里拯救回来了。

所有的科学都能像数学一样被拯救回来吗？可以的，只要它们的基本原则，即因果律——一定的原因必然导致一定的结果——能够显现出来。

就像时间和空间一样，内在于每一个理解的过程中，没有经验会违背、脱离它。因果关系也是先天的，是所有思想不可或缺的前提和条件吗？

2. 先验分析

我们从感觉和知觉的广阔领域来到黑暗狭窄的思想小房间，从“先验感性”到“先验逻辑”。首先要做的是对我们思维中的那些元素进行命名和分析，它们与其说是知觉赋予心灵的，不如说是心灵赋予知觉的；其次是那些“手段”，它们将对对象的“知觉”认识提升为描述关系、顺序和规律的“概念”认识；还有那些心灵的工具，它们将经验升华为科学。正如知觉将感觉根据对象分配到各个时间和空间一样，概念则支配着知觉（对象和事件），这些知觉是有关原因、统一性、相互关系、必然性和偶然性的。知觉在这些及其他“范畴”结构里被接受，并根据这些结构，被分类和最终转化为有序的思想概念。这就是心灵的本质特征，心灵就是经验的协调者。

让我们再仔细想想心灵的活动，在洛克和休谟那里，它只是感觉—经验攻击下“被动的蜡”。想想亚里士多德那样的思想体系，再看看这些几乎囊括一切的元素，它们有可能在无管理的状态下自发地建立秩序吗？图书馆里排列有序的检索卡都是人类的杰作。当这些卡片被扔到地上，散落得毫无秩序可言，是不可能在没有人整理的情况下恢复原样的。瞧这些怀疑论者给我们带来了多么神奇的故事。

感觉是无组织的刺激，知觉是有组织的刺激，概念是有组织的知觉，科学是有组织的知识，智慧则是有组织的生活。每一项都在条理、序列和统一性上更进一步。那么这种条理、序列和统一性又是怎么产生的呢？它们不是来自对象自身，因为我们只是通过感觉认识对象，而这种感觉又是通过上千无序的渠道快速获得的，所以并不可靠。是我们的目的使无规律的它们具有了条理、序列和统一性。是我们自己，我们的性格和心灵给这片海洋带来了光明。洛克认为，“感觉里不存在的，理智当中也不会存在”，这种想法是错的；莱布尼茨补充说，“理智里除了理智本身外，别无他物”，他是对的。康德则认为，“若是没有概念，知觉是盲目的”。如果知觉能自己转变为有条理的思想，如果不是心灵主动地将无序变有序，那为什么面对同样的经验时，有些人表现得那么平凡，而那些积极主动、不知疲倦的人，却能将这样的经验升华为智慧之光和真理的美丽逻辑？

因此，世界是有条理的，不过并非它本身有条理，而是因为认识世界的思想自身具有整理功能，最初阶段的经验分类最终将成为科学和哲学。思想的规律就是对象的规律，因为我们是通过遵循这些规律的思想来认识对象的，而思想与其规律是一体的。事实上，正如黑格尔所说，逻辑规律就等同于自然规律，而逻辑和形而上学是融合在一起的。科学的普遍原理是必然的，因为它们最终是思想的规律，这些规律包含在每个经验中，是它们的前提，无论是在过去的、现在的还是尚未发生的经验中。科学是绝对的，真理是永恒的。

3. 先验辩证法

这种对逻辑和科学最高程度的概括的确定性和绝对性是有限的、相对的：有限完全是对实际经验领域而言；相对则是对人类的经验方式而言，如果我们的分析正确，那我们所知的世界就是一个构造出来的东西，一个完成品，有人也许会说，几乎就是一个制成品，我们的心灵贡献了铸模，而事物贡献了刺激。（所以，我们知道桌面是圆的，但是却感觉它是椭圆的。）呈现在我们面前的对象是一个现象，是对象的外表，它与进入我们感觉范围前的外在对象或许非常不一样。至于对象本身是什么，我们不得而知。对象本身可以成为思想或推论的对象（一个“实体”），但是不可能被体验——因为一旦被体验，它就会因为感觉和思想而产生变化。“我们认识的对象是感觉后的对象，至于对象本身是什么样的，我们完全不知。我们认识的只是我们感觉它们的方式，这种方式只有我们才有，不是所有生命都必定有，但毋庸置疑，所有人都有。”[①]我们对月亮的认识就是一连串的感觉（这是休谟所看到的），我们天生的大脑结构将感觉加工成知觉，再将这些知觉统一整合（这是休谟没有看到的），使之转变为概念或观念。

① 《纯粹理性批判》，第 37 页。如果康德没有加这后半句，他关于认识必然性的言论已然沦陷。

所以，月亮对我们来说，只是我们的观念而已。[①]

康德并不怀疑“物质”的存在和外部世界，但他补充说，除了它们的存在，关于它们，我们无法确定任何东西。我们关于它们的确切认识只局限于它们的表象，以及我们对它们的感觉。唯心主义不像大街上的人想的那样，认为除了认知主体外什么都不存在；只是认为对象很大部分是由知觉和理解的形式创造出来的。当对象转化为观念时，我们认识了对象，但我们却不知道它转换前的真实面目。科学终究是天真的，它以为它研究的就是对象本身，是没有被污染的纯粹的外部实体；哲学则相对复杂，它意识到科学所面对的材料是感觉、知觉和概念，而不是物自身。叔本华说：“康德最伟大的贡献是将现象和物自身区分开来。”[②]

科学和宗教探索最终现实的努力必然回归假设，“理解不可能超越感性的界线”[③]。这样，先验科学最后走向了“二律背反”，先验神学则走向谬论。理性努力从感觉和表象的封闭空间逃离出来，进入不可知的物自体的世界，在这个过程中，苛刻的“先验辩证法”检验着理性的有效性。

二律背反是科学企图超越经验而造成的无法解决的矛盾。例如，当知识试图确认世界在空间上是有限的还是无限的这个问题时，思想否定了任何一种假设。我们被迫不断越过界线，设想更远处，但是无限本身不是我们能想象的。那世界在时间上有起始点吗？我们设想不了永恒，但我们也无法在设想过去某一时刻时，不立马想到在这之前已有事物存在。或者，科学研究的那个原因链条有开端和第一因？有些人说是，因为没有尽头的链条是不可想象的；有人则说不是，因为没有前因的第一因也是无法想象的。我们能否从这些黑暗的小巷里走出来？康德说能，只要我们记住空间、时间和原因都是知觉和概念的方式，既然它们是经验的网络和结构，那就必然要进入我们的经验世界。两难困境的出现是因为我们假设空间、时间和原因是独立于知觉的外在之物。没有空间、时间和原因的经验是不存在

①所以，尽管不乏英国人的现实主义倾向，约翰·斯图尔特·穆勒最终还是定义物质为“感觉永久的可能性”。

②《作为意志和表象的世界》，第2卷，第7页。

③《纯粹理性批判》，第215页。

的。如果我们忘记这些不是事物本身而是解读方式，那我们就不会有任何哲学。

理性神学的谬论也是如此。理性神学试图通过理论理性证明心灵是无法被玷污的实体；意志是自由的并高于因果律；上帝必然存在，他是所有实在的前提。先验辩证法必须提醒神学，物质、原因和必然性是有限的范畴，是一种分类整理的方式，心灵用这些方式来处理感觉—经验，仅仅对被这种经验捕捉到的现象有效。概念无法应用于本体（或纯粹是推断和臆测的）世界。宗教不能用理论理性来证明。

《纯粹理性批判》就此结束。我们能想象得到，比康德更神秘的苏格兰后裔大卫·休谟嘲笑地看着这些结论。这是一部鸿篇巨制，长八百页，充斥着生硬的术语，旨在解决形而上学的所有问题，同时挽救科学的绝对性和宗教的基本真理。这本书实际上做了什么？它毁灭了科学天真的世界，从范围上（如果不是程度上）限制了科学，将它局限在已被认为只有表象的世界，超越这个世界它就只能走向“二律背反”；所以科学被“拯救”了！这本书最雄辩有力和尖锐的一面，是认为信仰的对象——自由和不死的灵魂，仁慈的创造者——是不能被理性证明的，这样一来，宗教就“得救”了！难怪德国牧师要疯狂地反对这样的救赎，并将他们的小狗取名为伊曼努尔·康德，以此作为报复。[①]

也难怪海涅将这位哥尼斯堡的小个子教授比作可怕的罗伯斯庇尔，后者只杀了一个国王和上千名法国人——德国人或许会原谅这一点，但是康德却杀死了上帝，损害了神学最珍贵的论证的基础。“这位哲学家的外在生活和他内心具有的破坏性的、令世界震撼的想法之间存在多大的冲突啊！如果哥尼斯堡人了解了这些思想的全部意义，他们对他的敬畏将比对一个刽子手的敬畏还要强烈，因为刽子手只会杀人。然而善意的人们只是把他当作一名哲学教授，在固定的时间散步；经过他们时，他们友好地向他点头，算作打招呼，顺便看一眼自己的表是否准时。”[②]

①华莱士，《康德》，第 82 页。

②海涅，《散文杂记》，第 146 页；费城，1876。

这是讽刺，还是启示？

四、《实践理性批判》

如果宗教不以科学和神学为基础，那它以什么为基础呢？道德。神学基础不是很可靠，它最好是被丢弃或者被摧毁；信仰必须被置于理性的领地之外。所以宗教的道德基础必须是绝对的，不是从可疑的感觉—经验或是不确定的推论中来；不受可能存在错误的理性的掺和；它必须通过内在自我的直接知觉和直觉获得。我们必须找到普遍必然的道德；先验的道德准则必须同数学一样绝对确定。我们必须证明"纯粹理性是可能的，也就是说它能够独立于任何经验决定意志"[①]，道德感是内在的，不是来自经验的。我们需要道德命令作为宗教基础，道德命令必须是绝对的、无条件的命令。

现在，我们的经验里最令人吃惊的事实就是我们的道德感，那是我们无法逃脱的感觉，面对诱惑时，这种感觉告诉我们这或者那是错的。我们或许会屈服，但是这种感觉依然存在。早上我们下决心改正，晚上我们又干蠢事。[②]我们知道那是蠢事，会再次下决心改正。是什么使我们产生懊悔和改过自新的决心？是我们心里的绝对命令，是我们良心无条件的命令，"它就像行为准则，通过我们的意志变为普遍的自然法则"[③]。不是理性而是当时活跃的感觉告诉我们，要避免做出这样的事：如果人人都这么做，社会生活将难以为继。我期待通过一个谎言走出困境吗？"一方面我想要撒谎，但同时我绝不希望撒谎得到普遍认可。因为如此一来就没有可信的诺言了。"[④]因此，感觉告诉我不能撒谎，即使撒谎对我有利。谨慎是有前提的，原则是，诚实是最好的策略时就诚实；但是我们心里的道德准则是无条件的、绝对的。

---

① 《实践理性批判》，第 31 页。

②原文为法语。

③ 《实践理性批判》，第 139 页。

④ 《实践理性批判》，第 19 页。

一个行为的好坏不是看其结果，也不是看它是否明智，而要看它是否遵从了内在的责任感。这种道德准则不是来自我们的个人经验，它断然而先验地规定了我们过去、现在或是将来的所有行为。在这个世界上，唯一绝对善的东西就是一个善良的意愿——也就是遵从道德准则的意愿，不考虑它对我们的利弊。不要考虑自己的快乐，要履行你的义务。“道德本不教我们如何幸福，而是教我们如何无愧于幸福。”[①]我们应该给别人带去快乐，而对自己，则要追求完美，无论追求完美能否给我们带来快乐。[②]给别人带去快乐，让自己变得完美，就要做到“在任何情况下，都把人当作目的，而不只是手段，无论这个人是你自己还是其他人”[③]，我们能清楚地感觉到这也是绝对命令的一部分。依循这样的原则，我们就能很快实现理性的理想家园；我们需要做的仅仅就像自己已经是这个家园的一分子那样去行动。我们必须将完美的准则应用到不完美的世界里去。你会说，这很难，因为它将责任置于审美之上，将道德置于幸福之上，但是，只有这样我们才能从野兽向神转变。

同时要注意的是，对于义务的绝对命令至少说明我们的意志是自由的；如果我们不自由，那我们就无法生成义务的概念。理论理性是无法证明这种自由的；我们是在道德选择的危机中感觉到它的存在的。我们觉得这种自由就是我们的内在本质，是纯粹的自我；我们能感觉到心灵自发地改进经验，选择目标。只要我们一行动，我们的行为就会遵循既定的不变规律，因为我们经由感官看到了结果，因为感官给自己传输的东西都穿上了心灵制定的因果律外衣。然而，我们超越了自己为理解经验世界制定的准则；我们每个人都是一股力量的核心发动者，以一种我们无法证实却能感受到的方式，我们每个人都是自由的。

同样的，我们无法证实我们是不死的，但我们能感觉得到。我们认识到生活不像人们挚爱的话剧，在话剧里，每个坏人都会得到应有的惩罚，好人也会得到好报；我们每天都感觉到毒蛇的智慧比鸽子的温柔有用，小

---

① 《实践理性批判》，第 227 页。

② 《伦理学形而上学原理》，“序言”。

③ 《道德形而上学》，第 47 页；伦敦，1990。

偷偷惯了就会更加为非作歹。如果实效和利益是美德，太过聪明反倒不是好事。即便如此，当这些事实不断在我们脑海里出现，我们还是能感觉到正义的召唤，我们知道我们不应该通权达变。如果我们心里没有感觉到今生今世只是生命的一部分，今生今世的梦只是一个新生命的前奏；如果我们不是朦胧地知道在将来更长久的生命里会再次实现平衡，如果我们不知道滴水之恩会得涌泉相报，那么，这种是非感又如何能存在呢？

最后，同理，上帝是存在的。如果责任感包含并证实将来必有回报的合理性，“那么不死的猜想……就必须要有充分的理由去证实；换言之，就必须承认上帝的存在”[①]。“理性”无法证明这一点，支配着我们行为的道德感高于针对感觉—现象的理论逻辑。理性让我们相信，在对象背后存在着公正的上帝；我们的道德法迫使我们相信这一点。卢梭认为，心中的感觉凌驾于脑海中的逻辑之上，这一观点是正确的；帕斯卡认为，心灵有它自己的理性，而这种理性是大脑无法理解的，这也是正确的。

五、论宗教与理性

这显得陈腐、胆小、保守吗？事实并非如此，相反，这种对“理性”神学的大胆否定，这种废弃宗教代之以道德信仰和希望的主张，引起所有信仰传统宗教的德国人的抗议。面对“四十个牧师的力量”（拜伦语），比面对与康德的名字联系在一起的东西需要更多勇气。

他勇气十足，当六十六岁发表《判断力批判》、六十九岁发表《纯粹理性范围内的宗教》时，他鲜明地表现出这种勇气。在这两部书的前一部里，康德又回到了从图案设计出发的观点，在《纯粹理性批判》中，他曾否认这部书不足以证明上帝的存在。他开始将图案设计和美联系在一起；他认为美的事物就是能够展现结构的对称和统一的事物，就像精心设计过的。他认为凝视对称的图案能够给我们带来纯粹的愉快（针对这点叔本华在他

① 《实践理性批判》，第 220 页。

的艺术论里作了充分发挥），“因为美的本质而喜欢美，这是善良的象征”[①]。自然中很多事物都展现出这样的美、对称和统一，我们几乎相信这是超自然的设计。但是，另一方面，自然中也存在很多废物和混乱，很多无用的重复和累赘；自然保护了生命，却付出了多少痛苦生死的代价！所以外部的设计并不能最终证明上帝的存在。神学家应该抛弃对上帝深信不疑这一观念，而完全否认上帝的科学家则该利用它；它是一大线索，通往无数启示。毋庸置疑，图案设计是存在的，但是它是内部的设计，是整体对部分的设计；如果科学在理解一个机体的部分时，赋予了它对整体的意义，那对其他的启示性原理就起到了平衡的作用——生命的机制概念——它对发现也是意义非凡的——但是，如果只靠这个概念本身，甚至无法解释一片草的生长。

对于一个年已六十九的人来说，写出那样一篇论宗教的文章是非常了不起的，那或许是康德最为大胆的一部作品。宗教不是建立在理论理性的基础上，而是建立在带有道德感的实践理性的基础上，宗教认为，《圣经》或任何启示录都必须由道德价值来审判，它本身不可以作为道德行为的评判标准。教堂只重视种族的道德发展。当纯粹的教条和仪式从道德里夺取了宗教评判的权力时，宗教就消失了。真正的教堂是人民的社区，尽管分散，但因为共同的道德准则而团结在一起。耶稣为建立这样的社区而活，也因此而死；他想高举真正的教会旗帜来对抗法利赛人的教会，但是没能成功。“耶稣使天堂离我们更近，但他却被误解了，上帝的天国没有建立起来，却建立了牧师的王国。”[②]信条和仪式再次取代了我们的美好生活；人们没有因为宗教而团结在一起，而是归属于不同的宗派；“虔诚的胡言乱语”被误导为“一种对天庭的礼拜，通过它并向上帝谄媚就可得到好处”[③]。——奇迹不能证明宗教，因为我们不能依赖支撑奇迹的誓言；如果祷告是为了终结所有经验的自然规律，那肯定是徒劳无功的。最终，宗教成了反动政府的工具，原本用宗教信仰和希望来抚慰和引导受难民众的牧师，也成了神学蒙昧主义和政治压迫的工具。

---

①《判断力批判》，第 29 节。

②张伯伦，《伊曼努尔·康德》，第 1 卷，第 510 页。

③保尔森，《伊曼努尔·康德》，第 336 页。

这些结论如此胆大，是因为这样的事情确实发生在普鲁士。1786 年腓特烈大帝去世后，继位的腓特烈·威廉二世认为，先帝的自由政策对国家不利，有点法国启蒙运动的味道。在腓特烈大帝时期担任教育部部长的泽德里兹被解雇，接任他的是虔敬派教徒沃尔纳——腓特烈大帝曾形容他是“一个奸诈阴险的牧师”，他的时间都花在了炼金术和玫瑰十字会宗教奥秘上。他为新上任的君主在强制恢复正统信仰的政策中充当“卑贱的工具”，因而获得权位。[①] 1788 年，沃尔纳颁布了禁止在学校或大学传授背离路德新教正统形式的任何思想的条例；对各种各样的出版物设立了严格的审查制度；任何教师若有异教嫌疑会立即被解雇。起初，因为康德年事已高，且腓特烈·威廉二世的一位忠诚的军师告诉他，很少有人会读康德的书，而且他们也读不懂，所以他没有迫害康德。但是康德论宗教的文章很容易读懂，尽管通篇都洋溢着宗教热忱，但还是因为笔调太像伏尔泰而未能通过审核。《柏林月报》原本打算发表这篇文章，但最后被迫放弃。

年近七十岁的康德仍充满勇气和活力，真是让人难以置信。他将文章送到耶拿的几个朋友那里，通过他们，由当地的大学出版社出版。耶拿不在普鲁士的控制范围之内，由当时正关怀着歌德的一位思想开明的魏玛公爵管辖。结果是 1794 年，康德收到普鲁士国王意味深长的内阁命令：“我们的最高统治者看到你这样滥用哲学来诋毁和破坏《圣经》及基督教中最重要、最基本的教义感到非常不快。我们命令你立即给出一个合理解释，此外，将来你不可再冒犯神灵，你应该尽你应尽的义务，运用你的才华和威望，帮助我们的国君实现他的意愿。假如你继续违抗命令，你不会有好下场的。”[②]康德在他的答复中写道：每个学者都有权利形成自己对宗教的判断，并有权告诉大家他的观点；但是在当今国君的统治下，我还是选择保持沉默吧。面对这样的命令，一些勇敢的传记作者指责康德就此却步，但是我们知道，康德已经七十岁了，他身体虚弱，无法发起挑战了；况且，他已经将他的信息传达给世界了。

---

① 《大英百科全书》，词条“腓特烈·威廉二世”。

②保尔森，《伊曼努尔·康德》，第 49 页。

六、论政治与持久和平

如果康德不是在政治上也犯忌持“异端邪说”的话，普鲁士政府本来是可以原谅他的。腓特烈·威廉二世上任三年后，法国大革命撼动了所有的欧洲王室。在普鲁士大学大多数教师蜂起支持合法的君主政治时，六十五岁的康德为大革命而欢呼雀跃；他含泪对他的朋友说：“现在，我可以像西缅[①]一样说，‘我的主啊，如今我可以释放仆人安然逝去了，因为我的眼睛已经看到了你的救赎’。”[②]

1784年，他在《论联系全宇宙政治史观念的政治秩序的自然原则》一文中，简要阐述了他对政治理论的看法。开篇康德就以令霍布斯大为惊异的个人对抗全体的抗争为理由，承认发挥生命潜能的自然方法，认为抗争是进步不可避免的伴生物。如果人类完全是社会性的，就会停止前进；个人主义和竞争的混搭是人类生存和发展不可或缺的。“如果没有一点反社会性……人类可能过着完全和谐、事事如愿、互敬互爱的田园仙境牧童式的生活；但是，人类的才华将永远无法得以激发。”（因此，康德不是卢梭的绝对追随者。）“感谢自然赋予我们的反社会性，感谢嫉妒和虚荣，感谢贪婪的占有欲和对权力的渴望……人类渴望和睦，但是自然比人类更了解什么对人类有利；自然使人类不和睦，这样人类才能被迫发展自己的能力，使其自然天赋得到更进一步的发展。”

因此，生存竞争并非全是坏事。但是人们很快就意识到，这种竞争必须限制在一定的范围内，并应受规则、习惯和法律的制约，这就是文明社会的起源和发展。但是，现在“这种驱使人们共建社会的反社会性成了各国在对外关系上——即一国对别国的关系上采取不受控制的自由态度的借口，最后，任何一国都要提防别国会像以前压迫人民那样迫使他们进入法律制约的文明联合，给他们的国家带来灾难”[③]。国家是时候像人民那样摆脱自然的野蛮状态来维护和平了。历史的所有意义和运动就是严格限制

①西缅（约390—459），叙利亚苦行修士。——译注

②华莱士，《康德》，第40页。

③《持久和平等论文集》，第14页；波士顿，1914。

斗争和暴力，不断扩大和平领域。“人类的历史，从整体来看，就像自然秘密计划的实现，这一计划使人类产生了政治制度，变得内外完美，当这个计划被实现时，自然赋予人类的所有才能都将得到发展。”[①]如果人类没有进步，那世世代代的文明就好比是西绪弗斯的辛劳，他“举着巨大的石头往高山上爬”，当他快要到达山顶时，石头却一再滑落到山下。如果这样，历史就只不过是荒谬的无穷循环；“我们也只能像印度人那样，认为世界只是弥补、救赎那些已被忘记的过去的罪孽的地方”[②]。

论“持久和平”那篇文章（发表于1795年，是年康德七十一岁）是这一话题的可贵发展。康德能够理解当人们看到“持久和平”这个词时的大笑；于是在文章标题下，他写下以下几行字：“曾经有一个荷兰旅店老板将这个词作为讽刺题名写在他的招牌上，但愿是写来悬挂在教堂墓地的画像上的。”[③]康德之前就抱怨过——每一代人都可能这样抱怨——“我们的统治者没有经费拨给公共教育……因为他们把所有的资源都投入到了下一场战争之中。”[④]在常备军消失之前，国家不可能变得文明。（要是我们知道是普鲁士腓特烈大帝的父亲率先建立了征兵制，这个说法就显得尤为大胆了。）“常备军促使各国在武装人数上你追我赶，越增越多，没有底线。从由此带来的费用来看，和平的负担甚至比一场短期战争更为沉重；为了减少这个负担，常备军就会发动激烈的战争。”[⑤]因为在战争时期，军队可以通过征用、驻扎和掠夺来自给，最好是在敌人的领地上，必要时也会在自己的国土上；即使是这样，也比征用政府资金支持他们来得好。

康德认为，导致这种军国主义的主要原因是欧洲对美洲、非洲和亚洲的扩张，盗贼们因分赃不均而发生争执。“如果我们将文明人这种非人道的行为，特别是我们大洲上那些商业化国家的行为和冷漠的未开化的野人的行为进行比较，那他们对外，甚至是第一次对外的非正义行为真是让人觉得恐怖，这些外来种族人的造访被当成入侵。美洲、黑人居住地、香料

① 《持久和平等论文集》，第19页。
② 《持久和平等论文集》，第58页。
③ 《持久和平等论文集》，第68页。
④ 《持久和平等论文集》，第21页。
⑤ 《持久和平等论文集》，第71页。

群岛、好望角等地相继被作为新大陆发现，这些大洲上的土著在他们看来什么都不是……这些国家，夸夸其谈，声称自己是虔诚的信徒，认为自己是上帝挑选的正统宗教信仰者，同时又犯下不计其数的罪孽。"[①]哥尼斯堡的老狐狸还没有沉默！

康德认为，这种帝国主义的贪婪缘于欧洲国家的寡头政治：战利品只归少数上层人士所有，即使是在分赃之后，每人所得还是相当可观。如果建立民主并在政府中彻底贯彻，那这些国际强盗的战利品就会被一再分割，最后也就形成不了很大的诱惑。因此，"持久和平条件的第一个明确条款"是这样的："各国的内部制度必须是共和政体，除非是全民投票同意，否则任何一国不可发动战争。"[②]当那些必须上阵作战的人有权选择战争与和平的时候，历史就不再用血书写。"另一方面，如果在一个政治制度里臣民不参与国家选举，也就是在非共和政体里，战争是大家最不关心的事。因为在这种国家里，统治者不只是一个单纯的公民，而是国家的主人，他丝毫不会遭受战争带来的灾难，也不会终止宴席、狩猎，不会失去宫殿、宫廷的节日等一切娱乐。因为毫无意义的理由，统治者就可以决定发起战争，战争对他而言就像狩猎远行一样；至于这种决定是否合理，他可以毫不担心，任凭他的外交使团去为它辩护，这些人正巴不得借此为国王效力。"[③]这与现在的情况是多么相似啊！

1795 年，法国大革命打败了反动军，取得了显著胜利，这也使康德希望共和制能在欧洲兴盛，民主基础上的国际秩序能够建立起来，没有奴隶制，也没有扩张，只有和平。毕竟，政府的职责是帮助公民发展，而不是利用或虐待他。"每一个人都应因为他本身而受到尊重；如果仅是把一个人作为外在目的的手段，这将是对他的尊严的亵渎。"[④]这也是无条件命令的一部分，但是如果没有宗教，它也只是虚伪的闹剧。所以，康德呼吁平等，但不是能力的平等，而是应用和发展能力的机会平等；他反对门第和

① 《持久和平等论文集》，第 68 页。

② 《持久和平等论文集》，第 76、77 页。

③ 《持久和平等论文集》，第 76、77 页。

④ 保尔森，《伊曼努尔·康德》，第 340 页。

等级特权，他认为，所有世袭特权都是过去通过暴力获得的。当愚民政策、反动派和欧洲君主制联盟要摧毁大革命的时候，康德尽管已年逾七十，仍为了新秩序而坚守立场，呼吁民主和自由。从没有一位老人有如此年轻的勇气。

然而，现在，他疲惫了；他已经跑完了比赛，打完了人生中的一仗。他慢慢老去，老得如孩子般可爱，最后成了于人无害的精神病人：他渐渐失去了感觉和力量；1804 年，康德七十九岁，这位老人安详地离开了，宛如一片叶子从树上飘落。

七、评论

历经一个世纪的哲学风暴，这个关于逻辑学、形而上学、哲学、伦理学和政治学的复杂结构如何能立足于今天？我很高兴地说，这个结构的大部分被保留了下来；“批判哲学”在思想史上是非常重要的一个概念。尽管如此，这个结构的很多细节和外在的东西还是被动摇了。

首当其冲的就是空间只是“感觉的形式”的观点，空间不是独立于起认知作用的心灵的客观实在。这个看法不无道理，但也有不正确的一面。其有道理的一面是：当空间里没有可认知的对象时，空间就是一个虚无的概念；对于认知的心灵而言，“空间”单纯意味着某个对象相对于另一个可被感知的对象的位置和距离；我们无法感知空间以外的对象；因此空间是“外部感官的必要形式”。这个看法不正确的一面是：像地球在椭圆形轨道上绕太阳旋转这样的空间事实，虽然只能靠心灵陈述，但也独立于任何知觉；深蓝无底的海洋没有拜伦依然涌动。所以，空间不是心灵通过没有空间的感觉的协调而构建的，我们通过同时捕捉不同的对象、不同的点来直接感知空间，就好比我们看到昆虫在静止的地面上移动是一样的道理。同理，时间作为先后感或运动衡量标准，它当然是主观的，而且具有高度的相对性；不管时间的流逝是否被测量或被感知，一棵树它依然会成长、枯萎并最后腐化。事实是，康德过于热切地想证明空间的主观性，以此来逃避唯物论——如果空间具有客观性和普遍性，那上帝也就必然存在于空间之中，因此上帝就应具有空间性和物质性，这样的论点是他所惧怕的。批判唯心主义表示，我们对客观实在的认识是基于我们的感觉和观念对它的认识，对于这一点，康德或许是满意的。但是，这位哲学家一口咬得太多，结果贪多嚼不烂。[①]

康德或许对自己已经感到满意，因为科学真理具有相对性，不存在绝对的东西。但是后来英国的皮尔逊[②]、德国的马赫[③]、法国的亨利·庞加莱[④]等一些人的研究都更赞同休谟而非康德：所有的科学，哪怕是最严谨的数学，其正确性都是相对的。但是科学不担心这个问题，它所达到的高度可能性已经使它满足。如此看来，"必然性"知识也不一定就是必然的。

康德最大的成就就是告诉世人，外部世界是作为感觉被我们认识的；心灵不是无用的白纸，也不是被动的感觉的受害者，心灵是积极的，它对经验进行选择和重建。我们可以减少其一部分成就，但不影响它根本的伟大意义。我们可以跟着叔本华笑话这位糕点师一打十二个的模式，如此巧妙地纳入三分法，然后又被拉伸或压缩以便和任何一样东西吻合，如此曲折和无情。[⑤]我们甚至会质疑这些范畴或者说是思想的理解形式本身是否就是天生的，即先于感觉和经验的存在；就像斯宾塞设想的，可能对于个人来说是这样的，尽管就种族而言它是后天习得的；但个人也很有可能是后天习得的。范畴，可能就是思想的沟槽，是认知和概念化的习惯，它是在感觉和知觉对它们本身的自动整理中慢慢形成的——这种整理起先是无序的，然后通过一种对整理形式的自然选择，将整理进行得井井有条，使

①康德的认识论能够经久不衰，是因为一位非常实事求是的已故科学家查尔斯·普·施泰因梅茨完全接受他的认识论。"所有我们的感官知觉都受限并依附于时空观。我们最伟大和最具批判性思维的康德否认时间和空间是经验的产物，认为它们是范畴——我们的心灵为感官知觉罩上的概念。现代物理中的相对论有着同样的结论，认为绝对空间和绝对时间并不存在，当对象和事件填入其中，时间和空间才因而存在；也就是说，它们只是知觉的形式。"（1923 年，于斯克内克塔迪城一元教堂的演说。）

②皮尔逊（1857—1936），英国科学家、自由思想家、统计学之父。——译注

③马赫（1838—1916），奥地利籍物理学家、哲学家。——译注

④亨利·庞加莱（1854—1912），法国数学家。——译注

⑤保尔森，《伊曼努尔·康德》，第 2 卷，第 23 页。

不同的组合安排互相适应，相得益彰。记忆将感觉进行分类整理，使之成为知觉，然后将知觉发展为观念，但是记忆是沉积物。康德认为，与生俱来的心灵统一（“统觉的先验统一”）其实是习得的，而且并不是所有人都能习得；它能被习得，也可能由于健忘、性格改变或精神病而被遗失。概念是习得的而非与生俱来的。

十九世纪，康德的伦理学和先天的绝对道德感颇受争议。进化论哲学表明，责任感是个人的社会积累，良心是后天习得的，尽管人的社会行为具有某种先天的倾向。道德本身和社会的人并非上帝“特殊的创造”，而是后天自然进化的产物。道德不是绝对的，它是种群为了生存而偶然形成的行为准则，群体本质和环境的不同使其具有不同的道德。例如，一个四面楚歌的民族会认为暴动和不安是不道德的，而一个富裕和安全的新兴国家却不这么认为，反而认为它们是开采自然资源和形成国家性格的必要成分。康德认为，行为本身无善恶。[①]

他年轻时的虔诚主义态度和无限的责任感以及很少快乐的生活，使他产生了道德主义倾向；最终他竟提倡为了责任而尽责任，并不明智地陷入普鲁士的绝对主义。[②]这种反对为追求幸福而尽责任的态度，有点严格的苏格兰加尔文主义的味道；康德继续了路德和斯多葛学派的变革，正如伏尔泰继续了蒙田和伊壁鸠鲁派的复兴一样。他代表的是一种严正的反抗态度，反对个人主义和享乐主义，爱尔维修和霍尔巴赫曾用这两种主义概括他们毫无顾忌的生活的时代，就像路德反对意大利的奢华和放纵一样。但是，在反对康德的道德绝对主义长达一个世纪之后，我们发现，自己仍陷入了都市的纵欲好色、道德败坏的泥潭，陷入了未受民主良心或贵族荣誉洗礼的残酷个人主义的泥潭。也许分裂的文明再次欢迎康德责任观的一天不久就会到来。

康德哲学的奇迹是他的第二部著作《纯粹理性批判》，在这部著作中，他复活了关于上帝、自由和永生这些宗教观念，在第一部中，康德没有接

---

①《实践理性批判》，第 31 页。

②参阅杜威《德国哲学和政治学》。

受这些观念。尼采极有鉴别力的朋友保罗·李[①]曾说："在读康德的作品时，你会感觉就像到了乡村的集贸市场。你可以在这里买到想要的一切——比如意志自由、意志禁锢、唯心主义、对唯心主义的反驳、无神论和上帝。就像一个魔术师从他的空帽子中变出很多东西一样，康德从责任的概念中变出了上帝、永生论和自由，使他的读者非常意外。"[②]叔本华也嘲笑他将永生从内在需要中分离出来，他说："康德所谓的道德，最初真的是很勇敢地追求幸福，但是最后却失去了它的独立性，伸手要赏钱了。"[③]悲观主义者相信康德是个真正的怀疑论者，他只是丢弃了自己的信仰，没有摧毁人类的信仰，因为他害怕给大众道德带来不好的影响。"康德结束了毫无根据的猜想神学，但是并未涉及大众神学；不仅如此，他甚至用更高贵的形式将其建立在道德感情的基础之上。"这后来被哲学家们曲解为合理地理解和意识到上帝，等等。康德破除了古老但受人尊敬的错误信仰，他知道这样做很危险，希望用道德神学取而代之作为临时性的支持，这样自己不至于受害，也有时间逃走。[④]海涅也有意地讽刺康德：在康德毁灭了宗教后，带着他的仆人兰普一起去散步，突然发现老人的眼里噙着泪水，"伊曼努尔·康德有同情心，他不只是一位伟大的哲学家，还是一个好人；他半友好半讽刺地说，'实践理性说必须有上帝老兰普才开心，这样的话，实践理性就足以保证上帝的存在了'"[⑤]。如果这些理解都是正确的，那我们应该称这第二部《纯粹理性批判》为"先验麻醉剂"。

但是，对于康德内心的这些大胆重建我们不必太认真。《纯粹理性范围内的宗教》一文的热忱显示了过于强大的真诚而使人无法怀疑。试图将宗教的基础从神学改为道德，从信条改为产品，只能说明康德内在的宗教心灵。康德1766年在给摩西·门德尔松的信中曾这样写道："我的确很有信心地想过很多事物……但是我从没有勇气说出来；我从不谈论我想不到

①保罗·李（1849—1901），德国作家、哲学家。——译注

②昂特曼，《科学和革命》，第81页；芝加哥，1905。

③保尔森，《伊曼努尔·康德》，第317页。

④《作为意志和表象的世界》，第2卷，第129页。

⑤保尔森，《伊曼努尔·康德》，第8页。

的事物。”[①]自然地，像《纯粹理性批判》这种长而意义朦胧的论文本身会引起截然相反的理解；在这本书出版几年后，莱因霍尔德[②]首次评论了该书，他的评论尽数我们今日所想：“独断论者认为《纯粹理性批判》是怀疑论者试图破坏所有认识确定性的结果，怀疑论者又认为它是傲慢的猜想，想要在原有体系的废墟上建立起新的独断主义；超自然主义者则认为它是精心策划的诡计，想要摧毁宗教的历史基础，建立无争论的自然主义；自然主义者认为它是对正在灭亡的信仰哲学的新的支持；唯物主义者认为它是反对物质实在的唯心主义；而唯灵论者又认为，它是打着经验的幌子不合理地将所有现实实在局限于物质世界中。”[③]说实在的，这本书的可贵之处就在于它能接受所有这些观点；对一个和康德一样智慧的人来说，事情可能很明显：康德也许真的将所有这些都兼容了，将它们融为一体，这是哲学史上从未有过的。

至于康德的影响，可以说整个十九世纪的哲学思想都围绕他的猜想展开。康德之后，所有的德国人都开始谈论形而上学：席勒和歌德研究他，贝多芬带着敬意引用他关于生命两大奇迹的话语——“星空在天上，道德律在内心”；费希特、谢林、黑格尔和叔本华受哥尼斯堡这位老哲学家唯心论影响栽培而相继发展出伟大的思想体系。正是在德国形而上学如此芬芳的岁月里，让·保尔·里克特[④]写道：“上帝赐予法国土地，赐予英国大海，赐予德国天空的帝国。”康德的理性批判和他的崇高情感为叔本华和尼采的唯意志论，为柏格森的直觉主义、威廉·詹姆斯的实用主义都铺设了道路；他说思想的规律等同于现实实在规律，启发了黑格尔构建出一整套哲学体系；他的“物自体”不可知的思想对斯宾塞产生了非常大的影响。卡莱尔的晦涩难懂在很大程度上是因为他企图用语言的方式来表达歌德和康德原本就已晦涩难懂的思想——不同的宗教和哲学只是永恒真理的变体罢了。凯尔德、格林、华莱士、沃森、布雷德利以及许多其他英国人都受到

①保尔森，《伊曼努尔·康德》，第 53 页。

②莱因霍尔德（1757—1823），奥地利哲学家。——译注

③保尔森，《伊曼努尔·康德》，第 114 页。

④让·保尔·里克特（1763—1825），德国作家。——译注

过第一部《纯粹理性批判》的启发；甚至是非常创新的尼采也接受了这位“哥尼斯堡伟大哲学家”的认识论，尽管他曾激烈地批判他的静态道德观。不断修正的唯心主义和不断修正的启蒙的唯物主义之间，在经过一个世纪的争论后，胜利似乎站在了康德这一边。即使是伟大的唯物主义者爱尔维修也矛盾地说：“人类，我敢说，是物质的创造者。”[①]哲学最初的简单纯洁，由于康德变得不同了，它更加深刻了。

八、黑格尔简述

不久以前，哲学史学家们还给予康德的直接后辈——费希特、谢林和黑格尔如他们所有的近代思想史前辈（从培根、笛卡尔到伏尔泰和休谟）一样的尊敬和地位，但今天，观点已有所不同，我们也许过分热衷于欣赏叔本华对其竞争专业地位的有成就的对手所提出的谴责了。叔本华说：“读康德时，大家被迫承认晦涩难懂的不一定就没有意义。”费希特和谢林利用这一点，编织出宏伟的形而上学网络。“大胆的胡言乱语，夸大其词的毫无意义的话，原先只在疯人院里才有，后来却出现在黑格尔身上，还成为迄今为止最厚颜无耻、全盘神秘化的工具，这一切将使后人感到奇怪，并将成为德国人愚蠢的标志。”[②]这公平吗？

乔治·威廉·弗里德里希·黑格尔 1770 年出生于斯图加特。他的父亲是符腾堡州财政部的下属官员；他和那些有耐心且做事有条不紊的公务员一起长大，这些公务员的工作效率保证了德国城市的有序管理。这位年轻人是个孜孜不倦的学生：他对读过的重要书籍都要进行透彻的分析，并大段摘抄重要段落。他说，真正的教养必须要求在最初避免出风头，犹如毕达哥拉斯的教育制度要求学生在最初五年里保持缄默。

他对希腊文学的研究使他爱上了雅典文化，在他的很多兴趣都渐渐

①张伯伦，《伊曼努尔·康德》，第 1 卷，第 86 页。

②凯尔德，《黑格尔》，见《布莱克伍德哲学古典名著集》；第 5—8 页。有关黑格尔的生平详见凯尔德的《黑格尔》。

褪色时，他对希腊文学的兴趣从未稍减。他曾这样写道："一提起希腊，有教养的德国人就感觉是回到了家里。欧洲人的宗教史源自遥远的东方……但是现在在这儿的是什么呢？——是科学和艺术，是满足生活、提升并点缀生活的一切——它们都直接或间接地来自希腊。"有一段时间，相比基督教，黑格尔更喜欢希腊宗教，他在斯特劳斯和勒南之前写了一本《耶稣传》，在书中把耶稣写成是马利亚和约瑟的儿子，无视所有神话元素。后来他毁了这本书。

在政治方面，他也显示出叛逆精神，在他后来对现状的神化中，这种精神几乎荡然无存。在图宾根大学攻读牧师资格时，他和谢林曾积极为法国大革命辩护，有一天清早，他还到商业中心区种下一棵"自由树"。他说："因为大革命的洗礼，法国已从很多制度中解放出来，这些制度早就被人类精神抛诸脑后，就像人们对待自己儿时的鞋子一样，但是这些制度还会压在人类精神之上，人类精神就像其他东西一样无法幸免，这些制度就像没有生命的羽毛。"正是在那些充满希望的岁月里，"当年轻就是天堂的时候"，他和费希特一样曾玩过一种贵族气派的社会主义，将自己独特的才华投入风靡全欧洲的浪漫主义大潮。

1793 年他毕业于图宾根，学位证书上说他天资高、品行好，擅长神学和语言学，但是并不擅长哲学。他开始很穷，不得不在伯尔尼和法兰克福当私人教师。这正是他酝酿变化的几年：当欧洲各国分裂时，黑格尔正聚集能量渐渐成长。1799 年，他父亲去世，留给他一千五百美元，生活变得相对富裕，他也就没有再做家庭教师。他写信给谢林，问哪里最适合他生活，希望谢林能给他建议一个开销少、有很多书又有"上等啤酒"的地方。谢林建议他去耶拿——当时处于魏玛公爵统治下的耶拿是个大学城。席勒在耶拿教历史，蒂克[①]、诺瓦利斯以及两位施莱格尔在鼓吹浪漫主义；费希特和谢林则在宣传他们的哲学思想。1801 年黑格尔到了耶拿，1803 年成为耶拿大学的一名教师。

1806 年，拿破仑战胜普鲁士，耶拿这个学术小城也陷入混乱和恐慌，

①蒂克（1773—1853），德国作家、评论家。——译注

但黑格尔仍留在那里。当法国军队闯入黑格尔家中，黑格尔逃之夭夭，就像哲学家一样，带走了他的第一部重要著作《精神现象学》。一时间他穷困潦倒，是歌德让克内贝尔借给他几块钱，让他暂时渡过难关。在给克内贝尔的信中，黑格尔痛苦地写道："我已把《圣经》的话语当作我的启明星了，经验让我学到了《圣经》里的真理——'先觅取衣食，天国才会靠近你。'"一段时期，他在班堡编辑报纸，1812 年，他成为纽伦堡大学预科的校长。也许是因为那里的行政工作需要勤俭节约，冷却了他心中的浪漫主义之火，使他像拿破仑、歌德一样成为浪漫主义年代的典型遗老。在纽伦堡，黑格尔完成了他的《逻辑学》(1812—1816)，这部书非常难以理解，但是却帮助他赢得了海德堡大学的哲学教席。在海德堡大学，他写出了他的鸿篇巨制《哲学全书》纲要（1817)，正是因为这部书，1818 年他转入柏林大学。从那时起直到辞世，他毫无争议地统治了哲学界，就像歌德统治文学界、贝多芬统治音乐界一样。他的生日仅比歌德晚一天，自豪的德国人为了纪念他们，每年届时会有两天假期。

有位法国人曾请黑格尔用一句话来概括哲学，让僧侣用一句话来概括基督教，黑格尔输给了那位僧侣。那位僧侣单脚站立说道："像爱你自己那样爱你的邻居。"黑格尔宁愿用十卷书来概括哲学。当这些书写成出版时，全世界都谈论它们，他却抱怨道："只有一个人理解我，但是甚至那个人也不懂得。"①他的大部分文章，大多都是他的备课笔记，就像亚里士多德那样，或者更糟，是学生听他讲座记下的笔记。只有《逻辑学》和《精神现象学》是他的专著，这是两部晦涩难懂的杰作，即抽象又凝练，用词专业生僻，每个陈述句都有谨慎的定语，有很多限定从句。黑格尔评价自己的作品是"为了让哲学说德语而做出的努力"②。他成功了。

《逻辑学》不是对理性方法的分析，而是关于理性概念的分析。黑格尔认为，这些概念就是康德命名的范畴——存在、质量、数量、关系等等。哲学的第一要务就是剖析这些和我们的思想息息相关的基本概念。这些范畴中最具普遍性的就是关系，每个观念都是一个关系群；我们通过联系另

①无情的批判，正如我们设想的一样，挑战着这个故事的真实性。

②华莱士，《黑格尔逻辑学序言》，第 16 页。

一事物来思考某个事物，比较它们的异同。任何没有关系的观念都是空虚的，这就是所谓的“纯粹的有和无是统一的”：没有关系或质量的存在是不存在的，也没有任何意义。这一前提导致至今还在不断产生并繁衍的奇思妙想，成为研究黑格尔思想的障碍，但也成为一种诱惑。

在所有的关系中，最为普遍的是对立关系。每种思想或事物——世界上的每种观念和条件——都将走向它的对立面，然后与其结合，并形成更高、更复杂的整体。黑格尔写道，这种“辩证的运动”无处不在。这当然是一种原来就有的观点，开始于恩培多克勒，体现于亚里士多德的“中庸论”，亚里士多德曾写道：“知识的对立面和知识是一回事。”真理（像电子一样）是对立面的有机结合体。保守派和激进派的真理就是自由主义——心开放则手谨慎，手开放则心谨慎；我们对大问题的观点是因两个极端之间的摇摆不断减少而形成的；在一切可以争论的问题上，真理是中庸之论。进化运动过程中，事物不断向对立面发展，并与之融汇兼容。谢林说有一个潜在的“对立事物的统一性”；费希特说，正、反、合是一切发展和现实实在的形成方式及秘密。

不只是思想根据“辩证运动”发展演化，事物也是如此；每一件事物都有一个对立面，事物在发展过程中通过兼容合并将其对立面转化。所以，毋庸置疑，我们目前的社会体系隐藏了会自我巩固的对立面：经济蓬勃发展、资源没有被开发的时期需要奋发图强的个人主义；后来，合作性、追求共同财富的灵感被唤醒；将来，我们既看不到目前的现实，也看不到憧憬的理想，我们看到的会是一个合成体，两者的某种东西合在一起，产生了一个更高层次的生活。

这个更高阶段也存在两面性，会继续向对立面发展，进而达到一个更高的组织水平、复杂程度和统一性。思想的运动因此和事物的运动相似：在任何一种运动中，都存在着辩证的发展，从统一到对立再到统一。思想和存在遵循同样的规律，逻辑学和形而上学是一回事。

大脑是认识这种辩证过程和统一寓于差异的必不可少的器官。心灵的作用和哲学的任务就是发现差异中潜在的统一；道德的任务是统一性格和行为；政治的任务是将个人统一到国家之中；宗教的任务在于企及并感觉到绝对精神的存在，在这一绝对精神中，所有的对立面都将最终统一。在伟大存在的总和里，物质和精神是一体的，主体和客体是一体的，善与恶也是一体的。上帝就是关系的体系，有意义的万物在其中运动、存在。在人类身上，绝对精神表现自我意识，然后变为绝对观念——也就是说，思想是作为绝对精神的一部分而实现自我的，思想超越了个人的局限和目的，在宇宙的纷乱中，找到潜在的万物和谐。“理性是宇宙的本质……世界的设计是绝对合理的。”[①]

争吵和罪恶并非只是负面的想象，它们是真实的；但是从智慧的角度看，它们是趋向圆满和善良的阶段。

斗争是发展的规律；性格是建立于世界的风暴和压力之上的；一个人只有通过履行义务、责任、遭受痛苦才可能达到他的最高点。即使是痛苦也有其合理性；它是生命的象征，也是重建的激励者。激情在事物的理性中也占有一席之地：“世上任何伟大的事情都是伴随着激情的”[②]，甚至是拿破仑个人的野心客观上也对国家的发展起到了促进作用。生命不是因为幸福而存在，而是因为成就。“世界历史不是幸福史，幸福的时期在历史上是空白页，因为这是和谐的时期”[③]；这种毫无生趣的生活形态对人类来说是不足取的。只有现实矛盾在发展中被解决时，才有真正的历史，就像从优柔寡断的青年步入安逸而有条不紊的成年一样。历史处于辩证运动之中，它几乎就是一系列的革命，在这些革命中，普通人和天才们都成为绝对精神的工具。伟大的人与其说是生育未来的人，不如说是接生未来的人。天才和别人一样将石头放到石堆上，“他们只是运气好，最后一个放上这块石头，当他把石头堆上去时，拱门就自己立住了”。“这些人并不知道他们揭示了普遍真理……但是他们了解时间——知道什么时候才算时机成熟。这正是他们那个时代、那个世界的真理；可以说，下一辈人已在时间孕育中形成了。”[④]

①黑格尔，《历史哲学》，第 9、13 页。

②黑格尔，《历史哲学》，第 26 页。

③黑格尔，《历史哲学》，第 28 页。

④黑格尔，《历史哲学》，第 31 页。

这样的历史哲学似乎导致了一个革命性的结论。辩证的发展使生活的主要准则发生了变化：没有什么是永恒的，在事物发展的每个阶段都存在矛盾，只有“矛盾斗争”能解决这个问题。因此，最深奥的政治规律就是自由——通向变革的大道畅通无阻；历史是自由的成长，国家是或者应该是有组织的自由。但是另一方面，“现实的就是合理的”这一观点带有保守色彩：各种情况虽然必然会消失，但是都是发展中不可缺少的一个阶段；从某种意义上说，“凡是存在的都是合理的”是绝对正确的。既然统一是发展的目的，那么秩序就成了自由的首要前提。

如果晚年的黑格尔更倾向于自己哲学中保守的寓意而不是激进的寓意，一部分原因是时代精神（用他自己的历史哲学的术语说）由于变化太多而倦怠了。1830 年革命结束后，他写道：“四十年的战争和不计其数的混乱之后，一颗老迈的心终于可以高兴地看到，这一切要结束了，和平如意的时期终于要到来了。”[①]——认为斗争是发展的辩证法的哲学家居然提倡知足——不过，作为一位年逾六旬的老人，他有权追求平静和安定。然而黑格尔思想中的矛盾太深，使其无法走向安定和平；他的下一代追随者带着辩证法分成了两派——“黑格尔右派”和“黑格尔左派”。魏斯和小费希特在存在即合理的理论里找到了天道之说的哲学证据，以及绝对服从的政治合理性。费尔巴哈、摩莱肖特、鲍威尔和马克思则回到了黑格尔青年时期的怀疑论及“更高的批判主义”，将历史哲学发展为阶级斗争理论，由黑格尔的必然性导出“社会主义是不可避免的”。无论是在物质世界还是在精神世界里，马克思将群众运动和生产力作为一切根本变革的根本原因，以此取代了通过时代精神决定历史发展的绝对精神。黑格尔这位帝国教授孵化了社会主义之卵。

这位老哲学家抨击那些激进分子是幻想者，他小心地将自己的早期文章藏起来。他同普鲁士政府合作，赞美政府是绝对精神的最新表现，并沐浴在学院风的阳光下。他的对手称他是“御用哲学家”。他开始认为黑格尔体系是自然规律的一部分，他忘了自己的辩证法已宣告他的思想不会长

①凯尔德，《黑格尔》，第 93 页。

久且会灭亡。“除了 1830 年的柏林，从没有哲学发出过这样高傲的声调，哲学皇室般的荣誉也从未如此充分地被承认和保障。”[①]

在那些快乐的岁月里，黑格尔老得特别的快。他变得心不在焉，和故事书里的天才一样；有一次，他只穿了一只鞋就走进讲堂，他没有注意到，另一只被他落在了泥潭里。1831 年，霍乱传到柏林，他身体羸弱，成为这种传染病最早的受害者之一。病了一天后，他突然安静地睡去了。正如那个时代见证了拿破仑、贝多芬和黑格尔在一年间相继出世，1827 年到 1832 年间，德国相继失去了歌德、黑格尔和贝多芬。这是一个时代的结束，是德国最伟大年代最后的辉煌。

①保尔森，《伊曼努尔·康德》，第 385 页。

第七章　叔本华

一、时代背景

为什么十九世纪上半叶涌现出那么一大批为时代代言的悲观主义人物？他们中有诗人——英国的拜伦、法国的缪塞、德国的海涅、意大利的莱奥帕尔迪[①]、俄国的普希金和莱蒙托夫[②]，有作曲家——舒伯特、舒曼、肖邦，甚至包括后来的贝多芬，尽管实为悲观主义者的他总是试图证明自己是个乐观主义者；最重要的是，那个时代诞生了一名影响深远的悲观主义哲学家——叔本华。

1818 年，那部宣扬人生痛苦的伟大著作《作为意志和表象的世界》完稿。当时正值“神圣同盟”[③]时代，滑铁卢战役结束，法国大革命失败，“革命之子”拿破仑被留在茫茫大海中的一块礁石上，在那里苦度余生。叔本华神化“意志”有几分是由于这种“意志”魁伟而嗜血的幽灵在这科西嘉小子[④]身上茁壮成长。至于他对生命的绝望，则源于圣赫勒拿岛那

①莱奥帕尔迪（1798—1837），意大利浪漫主义诗人，与但丁、彼特拉克同为意大利最伟大的诗人。——译注

②莱蒙托夫（1814—1841），俄国浪漫主义诗人。——译注

③ 1815 年，在沙皇亚历山大一世的倡议下，奥地利、俄国和普鲁士三国君主打败拿破仑后缔结同盟，以维护君主政体，反对法国大革命在欧洲所传播的革命理想。——译注

④ 1769 年，拿破仑出生于科西嘉岛。——译注

令人备感凄苦的遥远距离[①]——意志最后失败，邪恶的死神成了所有战争的唯一胜者。波旁王朝复辟，封建贵族重返家园，夺回自己的土地，俄皇亚历山大的和平理想主义在不经意中孕育了一个四处压制进步力量的联盟。伟大的时代寿终正寝。“感谢上帝，世界穷途末路之时，我已不再年轻。”歌德说。

整个欧洲轰然倒地。无数壮丁死去，大量土地荒废；战争摧毁了欧洲大陆的经济，人民不得不从头开始，走上痛苦而漫长的复兴之路。

1804年，叔本华走遍法国、奥地利，目睹了混乱肮脏的农村、贫穷困苦的农民、动荡悲惨的小镇，他震惊了。只要是拿破仑军队或反拿破仑军队曾经过的国家，都遭到重创。莫斯科成为废墟，战胜国英国虽然扬扬自得，但其国内农民却因小麦价格下跌变得一贫如洗，工人因为尚未成熟的工厂体系失去控制，尽尝恐惧的滋味。此外，遣散军队使失业问题变本加厉。卡莱尔曾写道：“我听我父亲说，在燕麦价格高达每英石十先令的那些年里，他发现劳工们经常一个人去到溪边，不是去用餐，而是去喝水，人人都怕别人看到自己的惨状。”[②]生活似乎从来没有如此残忍，如此毫无意义。

毋庸置疑，革命失败了。欧洲的灵魂似乎一下子失去了朝气。那个被称作“乌托邦”的新天堂曾经耀眼夺目，甚至让人们忘记了诸神的黄昏[③]，但现在，乌托邦渐渐远去，隐退至黯淡的未来，唯有年轻人的眼睛仍可看见；老人们追随了它这么久，如今眼见人类希望破灭，深感自己被命运捉弄，不得不放弃。年轻人可以放眼未来，年长者可以缅怀过去，但多数人却迫于当下的生活，而当下已是一片废墟。为了这场革命，多少英雄、多少信徒拼死奋战！全欧洲的青年人都对年轻的共和国心向往之，把对共和国的希望作为自己的精神食粮——直到“革命之子”见异思迁，做了反对势力的女婿[④]。贝多芬愤然撕去题有献词的作品扉页，重新为其取名为“英雄”[⑤]，

①圣赫勒拿岛远离欧洲，因此被选为拿破仑的放逐之所。之后，拿破仑死于此地。——译注

②弗劳德，《托马斯·卡莱尔的一生和书信》，第1卷，第52页。

③源于北欧神话，可解作“灾难性的末日”。——译注

④ 1810年4月1日，拿破仑与奥地利长公主玛丽·路易莎成婚，而奥地利当时是法国大革命的反对国。——译注

⑤贝多芬第三交响曲《英雄》原名“拿破仑·波拿巴大交响曲”。——译注

有多少人曾经为了那伟大的希望战斗！又有多少人，虽然将信将疑，但仍充满激情地坚持到底！现在，结局竟然如此：滑铁卢的失败、圣赫勒拿岛的流放，还有维也纳会议的召开[①]；波旁家族在衰颓的法国登上王位，而这位新国王既不曾学到一点，也不曾忘记一些。一代人光荣地退出了舞台，他们怀有的希望和付出的努力是亘古未有的。对于那些笑看风云但也不得不心酸落泪的人来说，这真是一出充满喜剧效果的悲剧啊！

在那些理想破灭的苦难日子里，许多穷人寄希望于宗教，倚着宗教的肩膀舔舐自己的伤口，大部分上层阶级已信心尽失，望着满目疮痍的世界，无法相信生活的天空其实可以更广阔。殊不知，在这广阔的天空里，即使病入膏肓，只要沐浴在仅剩的正义和美丽中，也会痊愈。更令人难堪的是，1818 年，人们视野之内的这个可悲星球竟掌握在仁慈而又智慧的上帝手中，真是难以置信。靡菲斯特[②]胜利了，浮士德们陷入了绝望。伏尔泰播下的种子鼓动了这场席卷整个欧洲的龙卷风，该由叔本华来收获果实了。

关于邪恶的存在问题很少能如此生动而执着地进入哲学和宗教领域。从布洛涅[③]到莫斯科的每一座烈士墓、每一座纪念碑都对漠然的星辰发出了无声的质问。上帝啊！还要多久才能结束？这一切到底是为了什么？这场规模空前的灾难难道是正义的上帝对人类理性和信仰缺失的复仇？是上帝对悔罪智者的召唤，召唤他们在古老的美德——信仰、希望和仁慈面前屈膝？施莱格尔沉思了，还有诺瓦利斯、夏多布里昂、缪塞、骚塞、华兹华斯、果戈理，他们一个个像归家的浪子，兴高采烈地重新皈依古老的信仰。但也有一批人发出刺耳的声音——他们认为，欧洲的混乱恰恰体现了宇宙的混乱，神圣的秩序、天国的希望根本就是子虚乌有，上帝——即使真有上帝——是个睁眼瞎，笼罩整个地球的其实是邪恶。于是，拜伦、海涅、莱蒙托夫、莱奥帕尔迪走来了，还有我们伟大的哲学家——叔本华。

①拿破仑战败后，以英、俄、普、奥为首的维也纳会议于 1814 年至 1815 年召开。——译注

②靡菲斯特，歌德作品《浮士德》中的魔鬼。——译注

③法国东北部海岸城市。——译注

二、生平

1788年2月22日，叔本华生于但泽，父亲是有名的商人，脾气暴躁，但精明能干，个性独立，热爱自由。1793年，叔本华五岁，因为当时但泽被波兰吞并，当地人失去自由，于是举家迁往汉堡。叔本华是在浓郁的商业氛围里长大的，在父亲的要求下，他选择了经商，但很快便放弃了。尽管如此，这一短暂经历却在叔本华身上留下了永久的印记：率直的性格、思维的现实主义倾向以及对世界和人类的深入了解。这一切使叔本华不同于学院派哲学家——这些哲学家也正是他所瞧不起的。1805年，叔本华的父亲自杀身亡。他的祖母已在他父亲去世之前死于疯癫。

叔本华说："人的性格、意志遗传自父亲，智慧遗传自母亲。"[①]叔本华的母亲是个很有智慧的人，后来成了一名小说家，名噪一时。她是个性情中人，但脾气暴躁，而叔本华的父亲却枯燥乏味，所以两人的生活并不愉快。叔本华的父亲一离世，母亲便开始追求自由性爱，搬到魏玛，因为魏玛的社会氛围正好契合她的这种生活方式。对此，叔本华就像听说母亲再婚的哈姆雷特，反应异常激烈，他跟母亲大吵了一场，但也正是这场争吵，让叔本华学到了许多关于女人的片面真理，叔本华甚至还将这些"真理"用于他的哲学思辨。在母亲给叔本华的一封信中，我们可以一窥当时两人的关系："你很让人受不了，很烦人，跟你生活在一起很难。你的自负遮蔽了你所有的优点，而且，正因为你改不了对别人吹毛求疵的恶习，你的优点变得毫无用处。"[②]最后两人决定分开居住，叔本华只在母亲举办家庭招待会时才前往她的住所，而且仅以客人的身份出现。其实，叔本华和母亲在当时并不相互仇视，两人都能做到彼此像陌生人一样，彬彬有礼。叔本华的母亲因为允许歌德来她家时带上妻子克里斯汀娜[③]而赢得歌德的好感。有一次歌德告诉她，她的儿子将成为赫赫有名的人物。这句话反而使事态急

---

①《作为意志和表象的世界》，第3卷，第300页；伦敦，1883。

②华莱士，《叔本华传》，第59页；伦敦。

③歌德的妻子贤惠坚毅，但因为没有学问，被当时的上流社会所鄙视。她死后，席勒的妻子曾这样写道："那痛哭流涕的可怜人啊！为这样的东西落泪，真让我感到悲痛。"——译注

剧恶化，叔本华的母亲从未听说过一个家庭能容得下两位天才。最后，两人的争吵白热化，母亲毅然将自己的儿子兼对手推下楼梯。叔本华充满了怨恨，他告诉母亲，唯有通过我，你才能为后人所知。这件事以后，叔本华很快离开魏玛，在他母亲人生的最后二十四年里，两人一直没有见面。在母子关系上，有着类似命运的还有出生于 1788 年的拜伦。在这种家庭环境下，他们注定悲观。一个得不到母爱甚至被母亲憎恨的人是没有理由迷恋这个世界的。

与此同时，叔本华读完了预科[①]和大学，并自学了许多。他全身心地投向爱情、投入世界，其结果深刻影响了他的性格和思想。[②]叔本华变得忧郁多疑、愤世嫉俗，内心充满了恐惧，幻想着种种不幸。他从不上理发店，从不忘把自己的烟斗牢牢锁好，睡觉时还要在床边放一把上膛的手枪——大概是为了防备盗贼。叔本华忍受不了噪音，他曾写道："很久以来我一直坚信，一个人所能承受的噪音量和他的智力是成反比的。看来，对噪音的承受能力可以公平地衡量一个人的智力……对于智力超群的人来说，噪音是一种折磨……敲门声、锤子的敲打声、乱摔东西的声音，这些精力过旺的表现使我终日苦不堪言。"[③]他变得妄想偏执，孤芳自赏。错过成功和名望以后，他开始转向内心，啃噬自己的灵魂。

叔本华没有母亲、没有妻子、没有孩子、没有家庭，甚至没有自己的祖国。"他是一个纯粹的孤独者，没有任何朋友，但一和零之间存在无穷。"[④]在叔本华生活的时代，国家主义盛行，对此，叔本华却无动于衷，在这点上，连歌德都难望其项背。1813 年，费希特因反对拿破仑而掀起自由战争的热情感染了叔本华，他打算自告奋勇地加入其中，还购买了一套武器。但叔本华终归是个谨慎行事的人，他及时悬崖勒马。叔本华认为："说到底，拿破仑只是大胆地表达了他对自己的信任以及对生命的贪求，这些，正是柔弱的凡人内心向往，但竭力掩饰的。"[⑤]叔本华没有上战场，他来到乡下，

①德国一种使学生准备升入高等学校的国立中等学校。——译注

②华莱士，《叔本华传》，第 92 页。

③《作为意志和表象的世界》，第 1 卷，第 199 页；《随笔集》，"论噪音"。

④尼采，《作为教育者的叔本华》，第 122 页；伦敦，1910。

⑤华莱士，《叔本华传》；《大英百科全书》，词条"叔本华"。

完成了自己的哲学博士论文。

写完这篇题为“充足理由律的四重根”(1813)[①]的论文后,叔本华把所有的时间和精力都投入到他那部日后成为旷世杰作的《作为意志和表象的世界》中。他踌躇满志地把初稿寄给出版商时说,这部书绝不是对旧有思想的重复,书里都是独创的想法,全书结构紧凑、条理清楚,“明白易懂,充满了活力和美感”,而且,“将来,会有一百本书因我的书而面世”[②]。这一蛮横的宣言充满了自负,但说得也千真万确。多年以后,叔本华深信自己已经解决了哲学的主要问题,他想到把纵身跳下深渊的斯芬克斯[③]形象刻在自己的图章戒指上,因为斯芬克斯曾经承诺,如果自己的谜语被解开,她将跳崖而死。

但是,叔本华的书在当时并没有受到关注。世人早已贫苦不堪、精疲力尽,谁还会去阅读书中描写的贫穷和疲惫?《作为意志和表象的世界》出版十六年后,叔本华得知,他的大部分著作已被作为废纸变卖。在《论名誉》(收录在《人生的智慧》里)这篇随笔中,叔本华援引了利希滕伯格的两句话:“这样的作品就像一面镜子:如果是一头蠢驴往里面看,你绝不能期望从镜子里看到的是一位天使。”“如果人的头和书相撞,有一样东西听起来中空,中空的会总是书吗?”显然,叔本华暗指自己写的是一部大作。他继续说——听来就像虚荣心受挫:“一个人越是属于后世——换句话说,越是属于整个人类——他就越会与他同时代的人格格不入;因为他的作品不是写给这些人看的,而这些人唯有把自己看作整个人类家族的一员,才不会被作品里熟悉的乡土色彩吸引。”然后,他开始变得像寓言里的狐狸那样说得娓娓动听:“如果台下发出雷鸣般的掌声,但音乐家得知他的听众几乎都是聋子,或者看到其中一两位听众其实是为了掩

①叔本华坚决认为,要理解《作为意志和表象的世界》,必须先阅读此书。这一固执的想法几乎没有任何充足的理由,甚至有点像推销。不过,读者可能只要了解了“充足理由律”是“因果律”的四种形式,便可满足了。这四种表现形式分别是:1. 逻辑上,前提决定结论;2. 物理学上,原因决定结果;3. 数学上,数学和力学定律决定结构;4. 道德上,性格决定行为。

②华莱士,《叔本华传》,第107页。

③在希腊神话里,斯芬克斯代表神的惩罚。天后赫拉派她坐在悬崖上,用缪斯传授的谜语问过往的路人,猜不中的就被她吃掉。后来,俄狄浦斯猜中了答案,斯芬克斯跳崖而死。——译注

饰自己的无知而鼓掌，他还会高兴吗？而且，要是他发现那一两位听众其实是被收买来为糟糕的艺人制造最热烈的掌声的托儿，他会说什么？”得不到名望的人总是用自负来填补缺憾，而有名望的人善于用自负来壮大自己。

叔本华全身心地投入到《作为意志和表象的世界》里，以至于他后来的作品仅仅是对此书的评论性文字。他像一个犹太人编著着自己的托拉[①]，像一个评注家为自己的哀歌做注脚。1836 年，叔本华发表随笔《论自然意志》，后收录在 1844 年出版的《作为意志和表象的世界》里。1841 年和 1851 年，他分别发表《伦理学的两个基本问题》和两大卷本《附录与补遗》，后者被译为英文，名为“随笔集”。在叔本华所有的著作中，这本最具可读性，充满了诙谐和智慧，而作为全部报酬，作者仅仅免费得到十册自己的作品。在这种情况下，让人如何能乐观？

离开魏玛以后，唯有一件事情打破了叔本华离群索居、埋头苦学的单调生活的平静。他一直希望有机会在德国的一所知名学府中介绍自己的哲学思想。1822 年，机会来了，叔本华受邀前往柏林担任编外讲师[②]。在那里，叔本华故意把自己的课安排在黑格尔上课的时间——当时的黑格尔在学界正如日中天。叔本华相信，学生们会用后世的眼光来看待自己和黑格尔，但学生们其实根本没有如此远见。最后，叔本华发现自己上课的教室空无一人，他辞职了，并猛烈抨击黑格尔来为自己报仇——这也玷污了他的代表作的后来版本。1831 年，柏林爆发流行性霍乱，黑格尔和叔本华逃离柏林。黑格尔因为过早回来而被疫情感染，几天后就去世了；而叔本华马不停蹄地赶往法兰克福，在那里度过了他的余生。

作为一个理性的悲观主义者，叔本华没有掉入乐观主义者以写作为生的陷阱。他继承了父亲的财产，凭着这笔钱，他的生活虽说不上奢华，但也还算舒坦。后来，他明智地把钱用在投资上，这种智慧与其哲学家的身

①犹太律法，希伯来文意为“教谕”。狭义专指《旧约全书》前五卷中的律法，据说是上帝授予摩西的。——译注

②德国大学的一种教师职称，拥有该职称的教师一般致力于学术，并拥有成为终身教授的所有条件，如博士学位、大学授课资格等。——译注

份有点不相称。有一次，他入股的一家公司倒闭了，其他债主商定要求公司退还七成欠款，叔本华却竭力争取全额退还，并取得成功。叔本华有足够的钱在公寓里租用两个房间，就在这里，他度过了人生的最后三十年，没有伴侣，只有一条狗陪伴。他把这条小卷毛狗叫作“阿特玛”[①]，但镇上爱开玩笑的人喜欢叫它“小叔本华”。叔本华通常在一家名叫“英伦花园”的餐馆吃饭，每次吃饭前，他总会把一枚金币放在桌上，吃完后再放回口袋。最后，也在意料之中，一位愤愤不平的服务员上前问他这个日日不变的仪式到底是什么意思。叔本华告诉他，这枚金币是他的一个无声的赌注——如果英国官员在吃饭时能够谈点马、女人或者狗以外的话题，他就把这枚金币投进慈善箱。[②]

大学没有理睬叔本华和他的书，它们似乎在替叔本华验证他自己说过的话——所有哲学领域的进步都来自大学校园之外。“没什么能比叔本华的特异更能激怒德国学究了”，尼采如是说。这时的叔本华已经懂得忍耐，他相信，无论多晚，他都会得到承认。终于，这个时刻来了，虽然来得有点慢。律师、医生、商人这些中产阶级人士发现，叔本华不像那些自命不凡的哲学家，只会说些形而上学、不切实际的话，叔本华能够深入浅出地剖析日常生活的种种现象，而这正是这帮中产阶级人士想要的。对 1848 年革命的理想以及人们为之付出的努力，欧洲人民已经不抱幻想，他们开始热烈欢呼叔本华的到来，因为叔本华的哲学表达了 1815 年欧洲的绝望。叔本华利用科学对神学展开攻击，从社会主义的角度对贫穷和战争提起控诉，从生物学的角度看人类的生存竞争。这一切为他的最终成名奠定了坚实的基础。

尽管年事已高，叔本华却尽情享受着成名的乐趣：他贪婪地阅读关于他的所有文章，而且告诉朋友，所有评论，无论大小，只要能找到，都要寄给他，邮资由他支付。1854 年，瓦格纳把自己的作品《尼伯龙根的指环》寄给叔本华，并附信表达了对叔本华音乐哲学的欣赏。就这样，这位伟大的悲观主义者在晚年几乎成了一名乐观主义者。吃过晚饭，他总会忘情地

①婆罗门对“世界灵魂”的叫法。

②华莱士，《叔本华传》，第 171 页。

吹起长笛，感谢时间让他从青春的火焰中解脱出来。人们不辞万里从世界各地赶来拜访他。1858 年，叔本华七十岁生日那天，贺寿的声音从五湖四海的各个角落传向他的住所。

时日不算太晚，但离叔本华辞世也仅剩两年时间。1860 年 9 月 21 日早晨，他独自进餐，身体还相当硬朗。一小时后，女房东发现他还坐在桌边，但已经去世了。

三、作为表象的世界

打开《作为意志和表象的世界》，读者便会对它的文字风格留下深刻的印象。书中没有康德式错综复杂的术语，没有黑格尔式的扑朔迷离，也没有斯宾诺莎式的数学几何，全书的展开清清楚楚、井井有条，一切围绕着“作为意志的世界”这个中心概念，也可以说，全书围绕着人类的斗争、人类的苦痛展开。叔本华那坦诚的个性、令人振奋的活力、绝不妥协的率直，着实令人仰慕！他的前人擅长抽象，针对不可见性的问题抽象的地方，搭建的理论大厦没有朝向现实世界的窗户；而叔本华，作为一个商人的孩子，他重具体、重应用，善于旁征博引，而且极富幽默感[①]。自康德以后，幽默在哲学领域成为一项惊人的创新。

但为什么这部书会遭到排斥？部分原因可能是因为它攻击了原本可以推广此书的大学教师。1818 年，黑格尔哲学在德国高居垄断地位，叔本华却对黑格尔展开了猛烈攻击。在《作为意志和表象的世界》第二版序言里，叔本华写道：

> 对哲学最为不利的，莫过于一个时代不顾廉耻地把哲学当作达

①有个关于叔本华幽默的例子，我想最好还是放在脚注里与读者分享：乌采曼是一个演员，他以喜欢在剧本台词里加入自己的话而臭名昭著，因此还被柏林剧院禁止即兴创作。此后不久的一次表演，他必须骑着马上舞台。乌采曼刚上台，那匹马就做了一个严重不符合舞台表演的动作。观众哄堂大笑，乌采曼于是严肃地批评他的马：“你难道不知道我们是不准即兴创作的吗？”（第 2 卷，第 273 页。）

到政治目的的手段，当作谋生的手段……难道“生活在先，哲学在后”这句话真的是金科玉律、无可辩驳？这些绅士们渴望生活，渴望以哲学为生，他们像是受到指派，带着妻子儿女来投靠哲学……“吃人嘴软，拿人手短”的法则至今仍然行之有效；古人认为，利用哲学赚钱是诡辩学家的专长……人如果想赚钱，那他不需要别的，只需平庸即可……一个时代，如果二十年来一直把黑格尔那样的卡利班[①]式知识分子捧为最伟大的哲学家……那么，如果想让目睹过真相的人钦羡这种时代认可，那将是不可能的……但是，真理永远是掌握在少数人手里的，所以真理必须安静耐心地等待，直到那些拥有独特思维的极少数人来发现自己、欣赏自己……生命是短暂的，但真理的影响力是广大的，真理的生命力是强大的，让我们说出真理吧。

最后几句话说得颇为崇高，其中也不免掺杂着自我安慰，因为在渴望时代认可方面，叔本华是无人能及的。此外，叔本华要是能不诋毁黑格尔，他的言辞会显得更为崇高，因为对于生者，除了赞美，我们还是保持缄默为好。谈及谦虚地等待认可，叔本华说：“我发现，从康德到我这个时代，哲学领域毫无建树。”[②]“关于‘世界就是意志’这个论断，我认为，人们以哲学的名义已经找寻它很久了，因此，精通历史的人把这个论断比作点金石的发现。”[③]“我只是想让大家知道我的想法，尽管作了许多尝试，我仍然找不到比写书更为快捷的方法……把这本书读两遍，读第一遍时要保持极大的耐心。”[④]这就是叔本华的谦虚。关于谦虚，叔本华曾说过：“所谓的谦虚只是虚伪的谦卑，在一个妒贤嫉能的世界里，圣贤不得不谦虚

①卡利班，莎士比亚戏剧《暴风雨》中一个丑陋凶残的奴隶。——译注

②《作为意志和表象的世界》，第 2 卷，第 5 页。

③《作为意志和表象的世界》，第 1 卷，第 7 页。

④《作为意志和表象的世界》，第 1 卷，第 8 页。事实上，这正是读本书的人必须做到的，许多人读到第三遍仍然觉得收获很大。一本伟大的书就像一支伟大的交响曲，要想真正听懂，必须听上很多遍。

谨慎，请求那些庸人宽恕自己的杰出和卓越。”[①]“无疑，当谦虚被当成美德时，世上的傻瓜就占了很大的便宜。因为那时候，人人都应该如傻瓜一般，在提及自己时抱着谦虚的态度。”[②]

但在《作为意志和表象的世界》的第一句话里，叔本华毫不谦逊。此书开门见山地写道：“世界是我的表象。”当费希特提出类似论断时，即使是熟谙形而上学的德国人也质疑——“他的妻子对此怎么说？”而叔本华没有妻子。叔本华的意思其实很简单：他希望开宗明义地接受康德的立场，即外部世界只有通过我们的感觉和表象才能被认识。紧接着，叔本华对唯心主义进行了清晰而有力的阐释，不过，这些都不是叔本华最具原创性的内容，如果放在书的末尾，可能会更好。人类用了整整一代人的时间才发现叔本华，就因为他没有把最精彩的部分放在书的前面，在花了两百页的篇幅介绍完别人的唯心主义后，才把自己的思想呈示出来。[③]

全书的第一节，最充满活力的部分当属对唯物论的批判。当我们只能通过精神认识物质时，我们又怎么能够把精神解释为物质？

> 如果我们能够在学习唯物论的过程中保持头脑清醒，那么，学到它的高潮部分时，我们便会像奥林匹斯山诸神那样，突然爆发出一阵难以抑制的笑声，就像从梦中醒来，忽然发现了唯物论的致命伤——唯物论煞费苦心努力获得的知识，竟是唯物论的必要前提。唯物论以物质为上，但让我们想象一下，比如思考一种物质，其实我们思考的只是我们感知物质的主体：看到物质的眼睛、感受物质的手以及认识物质的理解力。因此，唯物论犯了循环论证[④]的毛病，并在无意中暴露

① 《作为意志和表象的世界》，第 1 卷，第 303 页。

② 《随笔集》，“论骄傲”。

③我想，与其向读者推荐几本有关叔本华的书，还不如让读者直接接触叔本华。叔本华的三卷本代表作可读性都很强（除了每一卷的第一部分），而且内容丰富。他的随笔也相当有价值，读来令人心旷神怡。如果想了解叔本华的生平，读读华莱士的《叔本华传》就足够了。在本文中，我会对叔本华的这本巨著作浓缩处理，但不是通过对全书内容的转述，而是通过对重要的段落进行筛选和整理，让哲学家把自己的思想用干净漂亮的语言表达出来。通过这种方法，读者能够获得关于叔本华的第一手材料，尽管较为简略。

④逻辑学上指由前提甲推出结论乙，又拿乙做前提来证明甲，其实是不能成立的。——译注

> 了自己的弱点。现在最后一环又突然变为起点，整个过程其实就是一个环。唯物论者就像吹牛大王明希豪森男爵，吹嘘他在骑着马游泳的时候，曾凭借自己的两条腿把马夹起，还拽着自己的辫子把自己拉到空中……[①]即使在十九世纪中叶的今天，粗鄙的唯物论仍然有它的追捧者，他们无知地以为唯物论是独创的……[②]愚蠢的人否定生命力，他们首先从物理力和化学力的角度来解释生命现象，也有人从物质的力学效应角度出发进行解释……[③]有人说，即使是最简单的化合，也可以通过力学来解释，我是永远都不会相信的，更不用说解释光、热、电的属性。这些现象需要从动态的角度来给出解释。[④]

可以肯定的是，只通过观察物质，继而考察思想的方法是无法解开形而上学谜团的，也无法发现现实那隐秘的本质，我们必须从我们熟悉的、能够直接认识的地方开始，即我们自己。“如果从外在出发，我们永远都掌握不了事物的真正本质。无论付出多大努力，我们得到的只是一些图像和名称。有时候，我们像一个勾画城堡草图的人绕着城堡寻找入口但一无所获。”[⑤]让我们深入内部吧。如果我们发现了心灵的终极本质，那么，我们可能就拥有了认识外部世界的金钥匙。

四、作为意志的世界

1. 生命意志

几乎所有哲学家都认为，心灵的本质在人的思想和意识之中，人是一种知性、理性的动物。“这是一个古老而普遍的根本错误，是人类捏造的

---

①《作为意志和表象的世界》，第 1 卷，第 34 页。

②沃格特、毕希纳、摩莱肖特、费尔巴哈等。

③《作为意志和表象的世界》，第 1 卷，第 159 页。

④《作为意志和表象的世界》，第 3 卷，第 43 页。

⑤《作为意志和表象的世界》，第 1 卷，第 128 页。

第一个谎言……我们必须首先将之摈弃。”[①]“意识只是我们心灵的表面。正如我们只了解地球的地壳，而不了解它的内部，我们对自己的心灵也知之甚少。”[②]其实，潜藏在自觉理性之下的是自觉或不自觉的意志——一种孜孜不怠、锲而不舍的生命力，一种自发的活动，一种专横地表达欲望的意志。有时候，意志似乎被理性引领，但这仅仅像主人被其向导引领；意志其实是“一个瞎子，但他身强力壮，肩上背负着能给他指路的目光炯炯的瘸子”[③]。我们并不是因为发现欲求某个事物的种种理由才去想得到它，而是因为欲求某物才去寻找得到它的种种理由。就像这样，我们甚至通过这样的哲学、神学思辨来掩盖自己的欲望。[④]因此，叔本华把人类称作“形而上学的动物”——其他动物拥有欲望时是不会来一番形而上学的空头理论的。“最令人生气的是，当我们与一个善于推理阐释的人争辩，绞尽脑汁想说服他时，最后竟然发现我们需要对付的恰恰是他的意志，因为这个人根本不想知道我们在说什么。”[⑤]所以，逻辑是毫无用处的，从来没有人单纯利用逻辑来说服别人。即使是逻辑学家，逻辑也只是他们的生财之道。如果想说服一个人，必须诉诸他的兴趣、他的欲望、他的意志。大家想一下，我们对胜利会终生难忘，而对失败，我们一转眼就把它忘了，因为记忆只是意志的仆人。[⑥]还有，“我们算账时所犯的错误，对我们有利的往往多于对我们不利的。当然，这还是在我们内心没有丝毫私心杂念的时候”[⑦]。“另一方面，即使是最愚笨的人，当谈论的事物与他所想息息相关时，他的悟性也会立刻灵敏起来。”[⑧]一般来说，理性会在危急关头出现，比如狐狸；理性也会因欲望而产生，比如罪犯。但是，理性似乎总是服从于欲望，充当

①《作为意志和表象的世界》，第2卷，第409页。叔本华忘了斯宾诺莎曾强调：“欲望是人的本质。”（《伦理学》，第4部分，命题18）抑或叔本华的灵感原本就来自斯宾诺莎？而且，费希特也强调意志。

②《作为意志和表象的世界》，第2卷，第328页。

③《作为意志和表象的世界》，第2卷，第421页。

④弗洛伊德的思想来源之一。

⑤《作为意志和表象的世界》，第3卷，第443页。

⑥《随笔集》，“隽语与箴言”，第126页。

⑦《作为意志和表象的世界》，第2卷，第433页。

⑧《作为意志和表象的世界》，第2卷，第437页。

欲望的工具。当理性试图顶替意志时，困惑随之而来。最容易犯错误的人莫过于仅凭反思行事的人。[①]

想一下人类为了食物、配偶、孩子而卷入的激烈纷争，这些纷争难道是反思的结果吗？答案当然是否定的。究其原因，它们其实是半自觉的生存意志以及追求完满生命的意志的结果。“表面上看，人往前走是因为某种东西在前面拉着，而实际上，是因为某种东西在后面推着”；[②]他们以为自己是被自己所见牵引，而实际上，他们是被自己所感驱使；也就是说，他们被本能驱使。而对本能的作用力，他们在一半的时间里是无法意识到的。理性只是相当于一国的外交部部长。“大自然创造理性是想让它为个人意志服务。因此，理性只能被动地认识事物，且前提是，该事物已经赋予意志以动机。理性无法看透事物，无法把握事物的真正本质。”[③]“意志是人的心灵中唯一永恒不变的东西……通过不间断的目的或者说对既定目标的执着”，“意志统一意识，将意识的所有表象和思想凝聚在一起，并与它们形成一个连续的和谐整体”[④]。意志是一个人思想绵延的源泉。

性格寓于人的意志中，而非理性中。人的性格也是一种不间断的目的和态度，这种目的和态度就是意志。在通俗语言里，“心灵”比“头脑”更受人们青睐，这是正确的。使用者们知道（说他们“知道”是因为他们在判断时不作任何理性分析），“善良的意志”比清醒的头脑更深刻、更可靠。如果在流行语中说一个人“精明”“世故”“狡猾”，说明这个人不被信任、不被喜欢。“高智商的人会赢得别人的钦羡，但永远不会被别人爱慕”，而且，“所有宗教都承诺要奖励那些拥有卓越意志或内心的人，而从未说过要奖励那些拥有聪明头脑或超强悟性的人”[⑤]。

人的肉体也是意志的产物。比如，血液能够独立制造血管。在意志的推动下，血液在胚胎体内流动，冲刷出一道道凹痕，这些凹痕越来越深，

①《作为意志和表象的世界》，第 2 卷，第 251 页。

②《作为意志和表象的世界》，第 3 卷，第 118 页。

③《作为意志和表象的世界》，第 2 卷，第 463、326 页。柏格森的思想来源之一。

④《作为意志和表象的世界》，第 2 卷，第 333 页。

⑤《作为意志和表象的世界》，第 2 卷，第 450、449 页。

最终封闭,形成动脉和静脉。这种意志我们含糊地称之为生命。[①]类似的还有,认识的意志形成大脑,抓握的意志形成双手,进食的意志形成人体的消化道。[②]这样的对应——意志的各种形式和肉体的各种形式——只是同一过程、同一实在的两个方面,而这两者关系在人类情绪方面得到了淋漓尽致的展现。当人出现一定情绪时,感觉和身体的内在变化会形成一个复杂的整体。[③]

> 意志行为和身体活动并不像人们通常认为的,是由因果关系连接的两个不同事物。意志行为和身体活动之间不存在任何因果关系,而是一个整体。但是,两者的表现方式完全不同:前者是直接表现,而后者需要通过人的感知……身体的动作不过是客观化的意志行为,身体的一切动作都是如此……整个身体也只不过是客观化的意志……因此,身体的各个部分必须完全符合人的首要欲望,意志通过这些欲望表现自己。身体的各个部分必须以可见的方式表达人的欲望:牙齿、喉咙、肚肠是客观化的饥饿,传宗接代的生殖器官是客观化的性欲……整个神经系统构成意志的触角,向内向外伸展……正如人类的一般肉体符合人类的一般意志,个人的身体结构也符合个人特定的意志,这种特定的个人意志就是人的性格。[④]

理性会疲劳,而意志永远不会;理性需要睡眠,而意志即使在睡眠中依然在不停地工作。疲劳像疼痛一样,在大脑中有其一席之地;但是,独立于大脑的肌肉(比如心脏)是永远不会疲劳的。[⑤]在睡眠中,大脑吸收养分,

---

① 《作为意志和表象的世界》,第 2 卷,第 479 页。

② 《作为意志和表象的世界》,第 2 卷,第 486 页。这是拉马克学派关于发展和进化的观点。该学派认为,事物发展进化是因为欲望和机能在起作用,欲望和机能促进组织结构的发展以及器官的形成。

③ 《作为意志和表象的世界》,第 1 卷,第 132 页。有可能是詹姆斯-朗格情绪理论的源泉,但需考证。

④ 《作为意志和表象的世界》,第 1 卷,第 130—141 页;第 2 卷,第 482 页。参阅斯宾诺莎《伦理学》,第 3 部分,命题 2。

⑤ 《作为意志和表象的世界》,第 2 卷,第 424 页。但是,难道真的没有欲望满足或欲望耗尽这样的情况吗?极度疲劳或病魔缠身之时,即使是生存意志也会减弱。

但意志不需要，因此，脑力劳动者对睡眠的需求是最大的。(但我们“万万不能因此而过度地延长睡眠时间，因为这样的睡眠不仅质量低下，而且纯粹是浪费时间”[①]。）睡眠时，人的生命会降至植物人水平，这时，“意志就可以完全依着自己的本性运转了，不受任何外界影响，也不会有大脑活动和认知活动来削弱它的力量。大脑活动和认知活动是人体最为繁重的机体功能……睡眠时，意志的全部力量集中于机体的保养和改进。因此，人体的一切修复以及所有对人体有利的转折点，比如病人身体的好转，都是在睡眠中发生的”[②]。看来，布达赫[③]提出的“睡眠是人体的最初状态”一点都没错。人体胚胎几乎处于不间断的睡眠之中，婴儿也是如此，他们大部分时间都是睡觉。生命是“一场与睡眠的抗争，第一回合，我们获胜，但很快，睡眠又占了上风。睡眠就像我们借来的片断的死亡，用于维护、更新白天消耗的那部分生命”[④]。“我们和睡眠永远是对手，即使在清醒的时候，我们也部分地被睡眠占据。总之，人别想指望自己的脑袋。即使是最聪明的人，每天晚上不也做一些离奇而又荒谬的梦？从梦中醒来，他们又得马上投入到思考中去。”[⑤]

意志是人的本质。那么，假如意志同时也是包括“无生命”物质的一切生命形式的本质，又会如何？假如意志就是人类踏破铁鞋一直在找寻的东西，假如意志就是人类绝望的源泉，假如意志就是那“自在之物”——一切事物的终极内在和神秘本质，又会如何？

让我们试着从意志的角度对外部世界进行解读，从最底部开始。有人说，意志是自然力的一种形式，但我们说，自然力是意志的一种形式。[⑥]面对休谟“什么是因果关系”的追问，我们的答案是：意志。在我们的身上以及其他事物上面，意志这一原因可普遍适用。除非我们归因于意志，否则因果关系就永远只是一个毫无意义的神秘公式。如果不晓得这个秘密，

---

①《作为意志和表象的世界》，第 2 卷，第 468 页。

②《作为意志和表象的世界》，第 2 卷，第 463 页。

③布达赫（1776—1847），德国生理学家。——译注

④《隽语与箴言》，随笔“论我们与自己的关系”。

⑤《作为意志和表象的世界》，第 3 卷，第 333 页。

⑥《作为意志和表象的世界》，第 1 卷，第 144 页。

我们只能诉诸那些神秘的术语，如“自然力”“引力”“亲和力”等等。我们不知道这些力究竟为何物，但我们知道意志是什么，至少是略微清楚地知道。这样，我们就可以说，排斥和吸引、化合和分解、磁和电，都是意志。[①]歌德一部小说的标题就表达了这一思想，他把恋人之间无法抗拒的吸引力称为“亲和力”。其实，恋人间的相吸和星体间相吸的力量是一回事。

至于地球上的生命，生命形式越是低等，我们就越难发现理性的作用，但意志并非如此。

> 有这样一物，它寓于我们体内，在认识的指引下追求长远目标，但在这里……它却以片面静止的方式，盲目而笨拙地奋发向上。在两种情况下，该物都可以叫作意志……无意识是所有事物的原始自然状态。当某些生物物种进化至极致而产生意识时，无意识仍是其意识形成的基础。这就是无意识总是占据主导地位的原因。大多数存在物是没有意识的，但它们会根据各自的自然法则行事，即根据各自的意志规律。植物最多拥有一种极为微弱的近似意识的能力，最低等的动物的意识仍处于萌芽状态。但是，即使经过无数的岁月进化到人，并且拥有理性，它最初的植物无意识依旧是一切的基础，这一点可以通过对人类睡眠必要性的追根溯源来验证。[②]

亚里士多德说得对：在植物和星体体内、在动物和人类体内，有一种力量能够塑造出各种外形。“动物本能是自然界依然保留着目的论的最佳明证。动物本能虽与那些被目的概念引导的行动很相似，但本能没有任何目的概念；以此类推，大自然中一切构造虽然类似于那些在目的概念引导下形成的构造，但大自然的构造不抱任何目的。”[③]想一下动物那惊人的技巧，虽然机械，但我们不得不感叹：意志如此优于理性！一头大象在人类的带领下走过欧洲数百座大桥，但遇到一座危桥时，它绝对

---

① 《作为意志和表象的世界》，第 1 卷，第 142 页。

② 《作为意志和表象的世界》，第 1 卷，第 153 页；第 2 卷，第 418、337 页。

③ 《作为意志和表象的世界》，第 1 卷，第 210 页。

不登上一步，即使看到众多马匹和人从上面走过；一只小狗不敢从桌上跳下来，它对跳下的后果的预测不是通过推理（因为它以前从没这样跳过），而是通过本能；猩猩会用它们找到的火堆取暖，但它们不会把火吃下。很显然，这些行为都是动物的本能，而不是推理的结果，是意志的表现，不是理性的表现。[①]

当然，这种意志是一种追求生存的意志、一种追求完满生命的意志。因为对于芸芸众生来说，生命是最为宝贵的。生命能够沉心静气地等待时机的到来。“直流电在铜和锌里沉睡了数千年；铜和锌曾静静地卧在银的身边，一旦条件成熟，三者便被放在一起，等待被火焰吞没的命运。在有机生物世界里，我们曾发现一粒干燥的种子，它将自己的生命力维持了三千年，当有利的环境最终出现时，它便长成一株植物。”此外，石灰石里活蛤蟆的发现让我们知道，即使是动物也能够不吃不喝、纹丝不动地活上几千年。[②]这就是生命意志，而死亡是其永恒的敌人。

那么，意志能够战胜死亡吗？

2. 生殖意志

答案是肯定的：意志能够战胜死亡。意志能够通过牺牲自己、繁殖后代战胜死亡。

一切正常的有机体在成熟以后都会为了完成繁殖后代的任务而加速死亡，从蜘蛛、黄蜂到人类，皆是如此。雌蜘蛛受精后，雄蜘蛛会主动让雌蜘蛛吃掉自己，而黄蜂会全身心地为后代搜集食物，尽管自己一辈子都没机会看到它们；人类为了孩子的温饱，为了孩子的教育，含辛茹苦，不辞辛劳。生殖是一切有机体的终极目标，也是一切有机体最强烈的本能。因为唯有通过生殖，意志才能征服死亡；而且，为了确保成功地征服死亡，生殖意志几乎是完全不受认识或反思的控制。即使是哲学家，也偶尔生育孩子。

---

①《作为意志和表象的世界》，第1卷，第29页。

②《作为意志和表象的世界》，第1卷，第178页。

在这里，意志独立于认识，它总是盲目行事，似乎其本性就是无意识的……意志把焦点集中在生殖器官上，与代表认识的大脑针锋相对……生殖器官以延续生命为己任，确保生命生生不息。也是由于这个原因，希腊人和印度人都崇拜男性生殖器[①]……赫西奥德[②]和巴门尼德曾意味深长地说，爱神厄洛斯居第一位，他是造物主，一切事物皆由他而来。两性关系是一切行为举止的中心，它虽然不可见，被重重遮掩，却处处显示自己的力量。它是战争的根源、和平的末日，是正经事的基础，是戏谑打趣的目标，是诙谐不可穷尽的源泉，是识破一切幻觉的钥匙，是一切神秘暗示的意义所在……[③]它像一个竭尽全力登上祖传宝座、一统天下的世袭君主，我们时时刻刻都能看到它居高临下，带着讥讽和轻蔑俯看着人类的低劣行径：人类总是试图限制它、束缚它、禁锢它，无论走到哪里，都对它遮遮掩掩，有的甚至已经学会控制它，告诉自己它只是生命中的次要之物。[④]

父亲服从母亲、父母服从孩子、个体服从物种，这一切都是“爱的形而上学”在起作用。首先，配偶的选择很大程度上取决于双方是否适合生育，尽管该选择过程神不知鬼不觉地发生了。这就是性吸引法则。

一方在寻找配偶时，总会选择那些能够弥补自身缺陷的人，因为他们怕自己的缺陷遗传给后代……因此，体弱的男人会寻找强壮的女人作为自己的配偶……如果对方的优点是自己所没有的，该方就会把这种优点视为美；如果对方的缺点也是自己所没有的，该方甚至也会视之为美。[⑤]

①希腊人称男性生殖器为 phallus，而印度人则称之为 lingam，均象征丰产。——译注

②赫西奥德，希腊最早的诗人之一，活跃于公元前七八世纪，被视为希腊教诲诗之父。——译注

③弗洛伊德关于“诙谐和无意识”的理论来源之一。

④《作为意志和表象的世界》，第 1 卷，第 426、525 页；第 3 卷，第 314 页。像所有那些因性而痛苦的人一样，叔本华夸大性的作用。一般成年人认为，父母与孩子的关系可能要比两性关系更为重要。

⑤奥地利哲学家奥托·魏宁格（1880—1903）的思想来源之一。

> 在体格方面，为了尽可能地延续自己的物种类型，一方会完善自身，并与另一方保持互补，如此，一方就会渴望与其独一无二的另一方结合在一起……我们会带着强烈的意识思考人体的各个部分……一位女士让我们感到愉快，我们便会带着挑剔的眼光细细打量她……在这些情况下，决定我们行为的是一种超越个人的东西，尽管作为当事人，我们对此一无所知……当一个人过了最适合生育的年龄，他（她）对异性的吸引力便会慢慢减弱……青春总是令人向往的，即使这个人其貌不扬；随着年华老去，美丽也会荡然无存……每一对恋人……他们唯一重视的只是生育一个拥有特定性格的孩子，因为对于恋爱，占有最为重要，情感交流则无足轻重。[①]

不过，在一切两性结合中，那些以爱情为基础的婚姻是最令人沮丧的，因为婚姻的目的不是愉悦个人，而是延续物种。[②]一句西班牙谚语如是说："因爱而结婚，悲叹度一生。"在各种以婚姻为主题的文学作品中，有一半都相当荒谬，因为作者只把婚姻当作爱的结果，却不知道人类结婚其实是为了物种延续。一旦达到生殖目的，大自然才不管父母是否"永浴爱河"，即是永远幸福，还是短暂快乐后不欢而散。因此，由父母包办的婚姻往往比基于爱情的自主婚姻更为幸福，但从某种意义上说，那些反对父母意愿、为爱情而结婚的女子也是令人赞赏的，因为"她选择了最重要的东西，她的行为符合大自然的精神（更确切地说，符合人类物种的精神），而包办婚姻完全出于父母自私自利的目的"[③]。爱情是最佳的优生基础。

爱情是大自然设下的骗局。在婚姻中，爱情会慢慢消逝，人类对爱情的幻想也会随之烟消云散。唯有哲学家才能在婚姻中感到快乐，但哲学家是不结婚的。

---

① 《作为意志和表象的世界》，第 3 卷，第 342、357、347、360、359、352、341 页。

② 《作为意志和表象的世界》，第 3 卷，第 372 页。

③ 《作为意志和表象的世界》，第 3 卷，第 371 页。

有这样一样东西，它只对整个物种有价值，但如果该物种的一个个体认为这样东西对其个人也有价值，这样东西便会成为他的幻想。人的激情便依赖于这种幻想，没有幻想，就没有激情。所以，物种在达到自己的目的以后，大自然设下的骗局也就消失了。此时，这个个体会发现自己上当了。如果彼特拉克[①]的渴望得以实现，我们便读不到他的诗歌了。[②]

个体是物种延续的工具，这种个人相对于物种的附属关系还体现在个体生命力对生殖细胞的依赖上。

我们把性冲动比作一棵树（物种）的内在生命，个体生命依靠这棵树而壮大，它像一片树叶，不仅从树上吸取养分，还给树提供营养。这就是为什么性冲动会如此强烈，会从我们本性深处一跃而起。阉割个体就等于把他从其赖以生存的树上砍下来，然后任其像落叶一样枯萎，他的智力和体力会随之衰退。对各种动物个体来说，受精过后便是短暂的疲惫以及各种能力的衰退，大多数昆虫受精后便会迅速死亡。对此，科尔苏斯[③]曾说，“射精意味着部分精力的丧失”；对于人类，个体生殖能力的丧失意味着走向死亡，无论在哪个年龄段，过度使用生殖能力都会折寿，而节制性欲却能提高人的种种能力，尤其是肌肉的力量。也因此，性爱的节制被纳入希腊运动员的训练内容中。限制性爱同样能够延长昆虫的生命，甚至能使它们活到来年的春天。这一切都表明，从根本上说，个体的生命其实是属于物种的，个体只是向物种借用生命罢了……生育是整个过程的最高点。生育完成以后，该个体的生命将迅速或者缓慢地衰亡，而新的生命则确保了物种的延续。将来，这个新生命也将经历同样的生育、衰亡的命运……

①彼特拉克（1304—1374），意大利诗人，代表作《歌集》，表达了对一个名叫劳拉的女子的爱意。——译注

②《作为意志和表象的世界》，第 3 卷，第 370 页。

③科尔苏斯，希腊哲学家，活跃于公元 2 世纪，早期基督教的反对者。——译注

因此，死亡和繁殖的交替就像物种的脉搏……死亡之于物种犹如睡眠之于个体……这就是大自然生生不息之道……整个世界以及世界的所有现象是一个不可分割的意志的客观化，即表象，它与其他所有表象的关系相当于和弦和单音的关系……在艾克曼的《歌德谈话录》（第1卷，第161页）中，歌德说："我们的精神是这样一种存在，从本质上说，它是坚不可摧的，它的活动从永恒出发，绵延到永恒。它像天上的太阳，从世俗的眼光看，太阳似乎是落山了，但实际上，太阳永不落山，它依旧光芒四射。"歌德的这个比喻其实是我的，而不是我借用他的。[①]

只有在空间和时间中，我们看起来才是独立的存在，这种独立存在构成了"个性化原则"。根据该原则，生命被分割成不同的有机体，出现在不同的地点和时间段。空间和时间就像"摩耶[②]之幕"，遮盖着事物的一体性。实际上，存在的只有物种、生命和意志。"清楚地认识到，个体只是现象，而非自在之物；在物质的无穷变化中看出持久不变的形式"，这就是哲学的本质。[③]"关于历史，我们应该这样总结：相同的物，但不同的方式。"[④]事物越是变化，它就越是保持不变。

面对世上的人和事，如果一个人不能做到时时刻刻只将之视为幻象，他就没有从事哲学工作的潜力……真正的历史哲学是这样的：在一切无休止的变化中，在一切纷繁复杂的事件中，能够认识到，我们唯一面对的只是那永恒不变的存在，该存在所追求的目标永远不会改变，不论现在，过去，抑或是将来。因此，历史哲学家必须能够看到所有事件的相同特征……无论出现什么样的特殊情况，无论是什么样

---

①《作为意志和表象的世界》，第3卷，第310页；第1卷，第214页；第3卷，第312、270、267页；第1卷，第206、362页。

②印度宗教哲学中的词，意译为"幻"。最早出现在《梨俱吠陀》中，是存在于宇宙间的无所不知、无所不包的巨大实体"梵"在世间的显现，它是幻象，非真存在。

③《作为意志和表象的世界》，第1卷，第357—358页。

④《作为意志和表象的世界》，第3卷，第227页。

的外表、规矩、习惯，无论在何处，历史哲学家都必须能够看到那不变的人性……从哲学的角度看，只要读过希罗多德的《历史》，你就已经学习了足够的历史……古往今来，东西南北，“圆”才是大自然的真正象征，因为圆代表着循环往复。[①]

我们喜欢相信，一切历史都是有瑕疵的，一切历史都是今天这个荣耀时代的准备，而我们是这个时代的中坚和顶峰。这种关于历史演进的观点恰恰反映了我们的自负和愚蠢。“一般来说，每个时代的智者说的东西其实是一样的，而构成人类大多数的愚者也有他们的一套相似的行为举止，做着与智者相反的事。正如伏尔泰所说，我们将任由这个世界愚蠢下去、邪恶下去，正如我们当初见到它那样。”[②]

现在，我们对决定论中那个无法逃避的实体有了一个全新的认识，尽管这一认识让我们不寒而栗。“斯宾诺莎说（《书信集》，第62封），一块石头被扔到空中，然后落地，如果这块石头有意识的话，它便会认为，它是在追随自己的自由意志而动。对此，我只想说，这块石头有可能是对的。石头所获得的驱动力和我所获得的动力其实是一回事，从内在性质看，它表现出来的内聚力、万有引力、刚性也能够在我身上找到。如果这块石头也有认识能力，那么，它会把自己所表现出来的内聚力、万有引力和刚性看作意志。”[③]但是，不论是石头，还是哲学家，他们的意志都不是“自由”的。唯有作为整体的意志才是自由的，因为除了自己，别的意志都无法束缚它，而一般意志的各个部分——每一个物种、每一个有机体、每一个器官——都由整体意志决定，一旦决定，便不可扭转。

人们都先验地认为，自己是绝对自由的，甚至在行动过程中。他们认为，自己可以随时开始另一种生活方式，也就是说，他随时可以

① 《作为意志和表象的世界》，第3卷，第227、267页；华莱士，《叔本华传》，第97页；参见尼采“永恒的反复”。

② 《人生的智慧》，“前言”。

③ 《作为意志和表象的世界》，第2卷，第164页。

成为另一个人。但是，通过经验，他们惊奇地发现，自己并不自由，生活中有很多事情是必须如此的。对人类来说，一个人无论下多大的决心，无论进行多少反思，他的行为举止依然不会改变；从出生到死亡，他必须做一个连自己都厌恶的人，就好像在舞台上扮演一个角色，直至落幕。①

五、作为不幸的世界

如果世界就是意志，那么，这个世界必将痛苦。

究其原因，首先，意志本身意味着欲求，而且它总是眼高手低。一个已经实现的愿望总是伴生着十个没有实现的愿望。欲望是无限的，而欲望的满足是有限的。“欲望就像扔给乞丐的施舍，今天把他喂饱，是为了让他明天继续痛苦……如果我们的意识被意志填埋，如果我们怀着无限的希望和无尽的恐惧，在种种欲望面前屈服，如果我们心甘情愿地服从意志，那么，我们就永远得不到持久的快乐与和平。”②如愿以偿永远不会有满足的时候，而至于理想，最为致命的莫过于理想的实现。“那些如愿以偿的人，不快乐的总比快乐的多。欲望时常和人们的个人幸福产生激烈的冲突，因为他们害怕欲望破坏自己的幸福。”③每个人心中都有一个永恒的矛盾拂乱我们的身心；欲望被实现，意味着新的欲望出现，如此下去，无休无止。“根本原因在于，意志必须依靠自身存活，因为除了意志，一切都不存在，而意志又是饥渴的。”④

人生中，有些痛苦是必须承受的，而每个人都有一个容纳这些痛苦的容器。容器的容量由人的本性决定，一旦决定，便不可改变。这

① 《作为意志和表象的世界》，第 1 卷，第 147 页。

② 《作为意志和表象的世界》，第 1 卷，第 253 页。

③ 《作为意志和表象的世界》，第 3 卷，第 368 页。

④ 《作为意志和表象的世界》，第 1 卷，第 201 页。

> 个容器既不能空无一物，也不能过于充盈……严重的焦虑一旦从我们心中散去……新的焦虑便立刻到来。其实，它早就存在了，只不过它无法以焦虑的身份进入我们的意识而已，因为痛苦的容器没有多余的空间给它……现在，既然先前的焦虑已经烟消云散，容器的空间又已充足，新的焦虑便挺身而出，登上王位。[①]

其次，人生是不幸的，因为痛苦是人生最基本的刺激和实在，而愉悦只是痛苦中的片断，其作用是消极的。亚里士多德说得对，智者不寻求愉悦，他们在忧虑和痛苦中寻找自由。

> 一切满足，或俗话说的幸福，从本质上来说，都是消极的……我们并未完全意识到我们已经拥有的幸福或优势，我们对它们也不甚珍惜，我们将它们视为理所当然，因为它们仅仅是通过抑制痛苦消极地满足我们。唯有失去它们时，我们才懂得它们的价值；而欲求、穷困、苦痛，都是积极的东西，能与我们直接交流……如果不是因为痛苦跟愉悦息息相关，犬儒主义者为何会极力反对任何形式的愉悦？……法国一句谚语也道出了同样的真理："更好"是"好"的敌人——见好就收。[②]

人生之所以不幸，是因为"欲求和痛苦一旦容人休息，无聊便随之而来，彼时，他将必然渴望娱乐消遣"[③]，也就是说，他将面临更多的痛苦。即使我们的社会达到乌托邦境界，无数的不幸仍将继续存在，因为有一些不幸，比如说冲突，对人生是非常重要的。如果所有的不幸都化为乌有，所有的冲突都烟消云散，那么，无聊便会变得像痛苦一样难以忍受。因此，"人生就像一个钟摆，在痛苦和无聊之间左右摆动……当人类把所有的痛

---

① 《作为意志和表象的世界》，第 1 卷，第 409 页。

② 《作为意志和表象的世界》，第 1 卷，第 411 页；《隽语与箴言》，第 5 页。

③ 《作为意志和表象的世界》，第 1 卷，第 404 页。

苦和煎熬化为地狱这个概念时，留给天堂的就只有无聊了”[①]。我们的人生越是成功，我们就越是无聊。“欲求是普通大众无休止的痛苦之源，而无聊则是上流社会的痛苦之源。对于中产阶级，休息日代表着无聊，工作日则代表着欲求。”[②]

人生是不幸的，因为有机体越是高级，痛苦就越多。对此，认识能力的提高也无济于事。

> 意志现象越是完整，痛苦就越是明显。至今，人类仍未发现植物拥有感觉能力，因此，植物没有痛苦。最低等的动物，比如纤毛虫和放射虫，它们能够感到极为轻微的痛苦。即使是昆虫，它们的感觉能力和感受痛苦的能力也非常有限。
>
> 有着完整神经系统的脊椎动物能够感受到强烈的痛苦，而且痛苦会随着智力的发展逐渐加深。因此，随着认识能力的提高，意识逐渐强烈，痛苦也会相应地加深，到了人这里，痛苦便是最为深重的。而且，一个人对世事越是清楚，也就是说，一个人越是理智，他就越痛苦。天才是最痛苦的。[③]

因此，我们可以说，谁增加了知识，谁就增加了人类的痛苦。此外，人类的记忆能力和预测未来的能力也能加深人类的苦难，因为我们的大部分痛苦来自对过去的反思以及对未来的预见，痛苦本身其实很短暂。与死亡相比，人类因为想象死亡所受的痛苦要多得多！

最后，人生之所以不幸，是因为人生就是一场战争，这点至为重要。在大自然中，争端、竞争、冲突，甚至不是今天你死就是明天我亡的现象随处可见。每一个物种“都会为了占有其他物种的物资、空间和时间而战斗”。

> 水螅幼体会像植物的芽一样附着在母体体外生长，直到最后与母

① 《作为意志和表象的世界》，第 1 卷，第 402 页。
② 《作为意志和表象的世界》，第 1 卷，第 404 页。
③ 《作为意志和表象的世界》，第 1 卷，第 400 页。

体脱离。但脱离母体前，它会为了食物与母体展开殊死争斗，以从其口中夺回自投罗网的猎物。在这方面，最突出的例子其实是澳大利亚的“斗牛犬”蚁。这种蚂蚁一旦被截为两半，它的头和尾便会大打一场，蚂蚁的头会用牙齿死死地咬住尾巴，而作为反击，尾巴会猛扎蚂蚁的头。这场搏斗会持续半小时之久，直至头和尾一一死去，或者被别的蚂蚁拖走。每一次试验，这种斗争都会发生……云汉说，他在爪哇岛看到一片平原，目之所及，都是尸骨，他以为那是一个战场，而实际上，覆盖平原的是大海龟的尸骨……海龟爬上海滩来下蛋，却被一群野狗攻击，野狗合力把海龟掀翻，撕去它们腹部的小甲壳，最后将它们活生生地吃掉，但这时，偏偏又有老虎突然向野狗群袭来……这就是海龟的命运……因此，生存意志四处捕食，但最终都是在向自己开刀，不同形式的意志互相蚕食。直到最后，当人类降服了其他所有物种，人类便把自然视为工厂，为己所用。但是，即使在人类内部，斗争也相当明显，人类的斗争发生在意志的各种变体之间。我们发现，人是吃人的狼。

如此痛苦的人生图景，我们如何还能忍心思考人生？我们的人生依赖于我们对人生不完全的认识。

如果我们把一个人时时刻刻经历的人生痛苦真真切切地展示在那个人面前，他肯定会毛骨悚然，不寒而栗。如果我们带着一位坚定的乐观主义者去看医院、手术室、监狱、刑房，去看奴隶们生活的狗窝，去看战场、刑场，如果我们带他去看充满苦难的黑暗之地——一双好奇冷峻的眼睛无法看到的地方，最后，再让他看看饿死乌戈利诺[①]的地牢，乐观的他也许会发现这个“最美好世界”的真正本质。但丁描写地狱的素材，除了来自我们的现实世界，还能来自哪儿？但丁正是根据我们的世界创造了一个完美的地狱。但另一方面，当但丁试图描写天堂和天堂的幸福时，却遇到了无法克服的困难，因为我们的世界根

①乌戈利诺（1220—1289），意大利贵族、政治家，因被指控“叛国”而囚于塔楼中。——译注

本无法提供相应的素材……一切叙事诗或戏剧诗，都无法描绘永恒、完美的幸福，它们能描绘的只有人类为了幸福所做的挣扎、努力、奋斗。诗歌里，英雄们为了实现目标，上刀山、下火海，而目标一旦实现，幕布也会匆匆落下——既然目标已经实现，一切便应结束，否则，观众看到的只有失落的英雄。他原本以为，自己可以从目标的实现中得到幸福，而现实并非如此，目标实现以后，他还是以前的他。[①]

不论婚前还是婚后，我们都不幸福；不论独处还是群居，我们都不快乐。我们就像一群为了抵御严寒而聚在一起的刺猬，靠得近了，不舒服，离得远了，又冷得刺骨。人生真是有趣！“如果我们纵观整个人生……而且把焦点放在人生那些最显著的特征上，我们会发现人生其实就是一场悲剧，但如果我们细细观察，人生又充满了喜剧的种种特征。”[②]试想一下：

一个人从五岁进入棉纺厂（或其他工厂）开始，天天坐着，一开始坐十小时，后来延长到十二个小时，最后，他每天十四个小时，天天坐在板凳上做着终日不变、机械死板的活儿。而他所做的这一切，付出如此高的代价，仅仅是为了生存。但这就是世上数百万人的命运，而且，有着类似命运的还有数百万人……在地球坚硬的地壳下，聚集的是大自然强大的力量，这些力量一旦释放，必将毁灭地壳以及地球上繁衍生息的一切生灵。这种毁灭性的破坏在地球上至少发生过三次，而将来，发生的频率也许还会增加。里斯本大地震、海地大地震、庞培的毁灭，归根究底，地球是在调皮地告诉我们：一切皆有可能。[③]

在这一出出悲剧面前，“乐观主义只是对人类灾难的嘲弄，尖酸而又刻薄”[④]，“在《神义论》里，莱布尼茨气势宏大、有条不紊地对乐观主义进

① 《作为意志和表象的世界》，第1卷，第419、413页。
② 《作为意志和表象的世界》，第1卷，第415页。
③ 《作为意志和表象的世界》，第3卷，第389、395页。
④ 《作为意志和表象的世界》，第1卷，第420页。

行了论述，但这部书除了触发伟大的伏尔泰写出不朽著作《老实人》之外，毫无价值。书中，莱布尼茨反复强调，'坏事时而也会带来好事'，这一站不住脚的对世界苦难的开脱之词竟会在伏尔泰那里得以证实，这是莱布尼茨做梦也想不到的"①。简而言之，"自始至终，人生都在将自己的本质展示给我们，试图告诉我们，世上没有什么事值得挣扎、努力、奋斗，一切好事都是虚幻，世界终归要毁灭，人生永远是投入多于收获"②。

要想快乐，我们就要像年轻人那样天真无知。在年轻人眼里，不论是按个人意志行事，还是自我拼搏，都是快乐的。那时的他们还没有发现贪得无厌、令人疲倦的欲望，他们还不知道，愿望的满足其实一点好处也没有，而且，失败是必然的。

> 我们的青春是快乐的。为什么这么说？部分原因在于，青年时期的我们在攀向人生高峰，还看不到死亡。死亡栖息在另一边的山脚下……在临近死亡的最后岁月里，我们每天都活得像死囚一样，一步一步地走向绞刑台……一个人只有在世上活得久了，才会懂得人生的短暂……从生命力消耗的角度看；三十六岁以前，我们就像靠利息生活的人，今天花的钱明天可以靠利息挣回来；但过了三十六岁，我们的处境会变得和动用血本的投资人一样……正是这种对灾难的恐惧使人随着年龄的增长愈加渴望拥有财富……因此，如果说青春是人生中最美好的时光，那么，柏拉图在《理想国》开篇中所说的话更有道理，他说，应该把奖励献给老年人，因为人类遭受兽欲的困扰这么久，到了老年终于解脱了……但是，还有一点不能忘记，当这种欲望消失时，人生的精髓也就没有了，剩下的仅是一个空空的外壳。或者从另一个角度看，人生从此就变成了一出喜剧，真正的演员已经退场，在台上继续表演的，是穿着同样服装的机器人。③

① 《作为意志和表象的世界》，第 3 卷，第 394 页。

② 《作为意志和表象的世界》，第 3 卷，第 383 页。

③ 《隽语与箴言》，第 124—139 页。

最后，我们与死神相遇。当一个人开始从经验中获取智慧时，他的大脑和身体也开始衰退。“一切只是昙花一现，一切都在匆匆地奔向死亡。”[①] 如果死神迟迟不下判书，说明它在玩弄我们，像一只猫玩弄着一只绝望的老鼠。“显然，人类的行走是一个不断防止跌倒的过程，与之相类，我们的生命便是一个不断抗拒死亡的过程，生命就是不断被推迟的死亡。”[②]“在东方，暴君总会在华丽的衣饰里放上一小瓶昂贵的毒药。”[③]看来，东方哲学早就认识到了死亡的无所不在，而且，东方哲学还教导学生如何使自己的行为稳重、威严。对死亡的恐惧是哲学的开端，是宗教产生的最终原因。普通人由于不知道如何与死亡妥协，因此创造了数不清的哲学和神学，而对永生的普遍信仰象征了人类对死亡的极度恐惧。

正如神学是逃避死亡的避难所一样，疯狂便是逃避痛苦的避难所。“疯狂是人类忘掉痛苦记忆的一种途径”，是一种挽救生命的意识中断。某些经历，我们唯有忘记它们，才能从中解脱，继续活下去。

> 对那些严重危害我们的利益、伤害我们的自尊、阻碍我们实现愿望的事情，我们是绝不愿意想起的；要我们下定决心去理性地、认真仔细地对它们进行调查研究，更是一件困难的事……当一个人试图理性地调查分析与他的意志相对立的事物时，如果意志加以抵抗，疯狂便会侵入大脑……如果一个人在理解某些知识时，意志加以抵抗，使得知识无法被完全理解，那么，对于理性来说，某些因素或情形便会被完全压抑，因为意志是绝不允许自己看到它们的。接下来，为了实现必然联系，沟壑会被随意地填满。疯狂便也因此产生。理性为了讨好意志，放弃了自己的本性。于是，这个人便开始想象一些本不存在的事物。疯狂是对无法忍受的痛苦的遗忘，是“烦恼的本性”的最后杀手锏，这个“烦恼的本性”就是意志。[④]

---

① 《作为意志和表象的世界》，第 2 卷，第 454 页；第 3 卷，第 269 页。

② 《隽语与箴言》，第 28 页，注释。

③ 《作为意志和表象的世界》，第 1 卷，第 119 页。

④ 《作为意志和表象的世界》，第 3 卷，第 167—169 页。弗洛伊德的思想来源之一。

自杀是人类最后的避难所。说来奇怪，自杀竟是人类的思想和想象对本能的征服。据说，第欧根尼因为拒绝呼吸而结束了自己的生命——第欧根尼战胜了求生意志，这是一场多么伟大的胜利！但这样的胜利只属于个人，在物种内部，意志依旧存在。世人嘲笑自杀，而对死亡一笑了之，因为一个个体自杀的同时，又有数以千计的婴儿出生。“自杀是对个体存在的故意毁灭，自杀是徒劳的，是愚蠢的，因为自在之物，即物种、生命以及普遍的意志，不会因此受到任何影响。自在之物就像雨后彩虹，无论支撑彩虹的水滴以多快的速度滴落，彩虹灿烂依旧。”[①]只要意志仍主宰着人类，那么，个体的死亡就无法阻止悲惨和斗争的脚步，悲惨和斗争必须继续进行。除非意志完全服从于认识和理性，否则，人生的痛苦便不可战胜。

六、人生的智慧

1. 哲学

首先，让我们来看看追求物质财富的荒谬。傻子们都以为，只要获得了财富，意志便可得到完全满足，有了钱，便有了实现各种愿望的万能钥匙。“渴望金钱、热爱金钱胜过万物的金钱至上主义者往往为人们唾骂，但是，如果一样东西真的能够像永不疲倦的普罗特斯[②]那样任意变形，可以随时变成人们那漂泊不定的愿望或各种欲望所追求的东西，那么，人们自然会爱上这样东西，甚至可以说必然会爱上它。别的东西只能满足人的一个愿望，唯有金钱是绝对的好东西……因为金钱意味着可以实现一切愿望，尽管这种实现是抽象的、不可见的。”[③]不过，为聚财而活的人生是没有任何价值的，除非我们知道如何将财富化为快乐。这是一种需要教养和智慧的艺术。对感官的追求不会给人长久的满足，所以，一个人必

①《作为意志和表象的世界》，第 1 卷，第 515 页。
②普罗特斯，希腊神话中的海神。——译注
③《散文集》，“人生的智慧”，第 47 页。

须像懂得生财之道那样懂得人生的目的。“人们对财富的渴望是对教养的渴望的一千倍，尽管人们都知道，要想获得幸福，一个人的内在比他的外在重要得多。”[①]“对一个没有精神需求的人，我们可称之为庸俗者。”[②]庸俗者不知道如何利用自己的闲暇时间，对他来说，静静地享用闲暇简直是勉为其难，[③]于是，他贪婪地四处寻求新的感官刺激，最后败给了那有闲富翁及享乐人士的克星——无聊。[④]

人生的出路在哪里？不是财富，而是智慧。“人类是冲动的、不断挣扎的意志（意志的中心位于生殖系统），但同时也是纯粹知识的永恒、自由、宁静的主体（知识的中心位于大脑）。”[⑤]不可思议的是，知识虽然因意志而生，但仍可将意志制服。如果理性对欲望的蛮横要求漠然处之，知识便可能独立存在。“有时候，理性拒绝服从意志，比如，当我们试图将注意力集中于某物，或者当我们试图回忆起本该想起的事物却均遭失败的时候。在这些情况下，意志对理性的愤怒会淡化两者的关系以及两者的差异。但是，被勃然大怒的意志困扰的理性，有时也会在数小时后殷勤地奉上意志所求，有时甚至在第二天早上，出其不意或不合时宜地满足意志。”[⑥]通过这种不完美的屈从，理性便有可能夺取支配地位。“根据先前的一些思考，或根据公认的必然性，一个人会容忍或者以残忍的方式完成那些对他来说至关重要的、但往往很可怕的事情，比如自杀、死刑、决斗等各种危及生命的举动；概括地说，是人的全部动物本能所抗拒的举动。从中，我们可以看出人的理性对其动物本性的制服已经达到何种程度。”[⑦]

理性这种凌驾于意志之上的力量能够从容不迫地发展。知识可以使欲望变得温和、平静，此外，认为一切事情都是先发事件的必然结果的决定论哲学在驯服人类欲望方面也再添砝码。“假设有十件事情令我们烦恼，

① 《散文集》，第 11 页。
② 《散文集》，第 41 页。
③ 《散文集》，第 39 页。
④ 《散文集》，第 22 页。
⑤ 《作为意志和表象的世界》，第 1 卷，第 262 页。
⑥ 《作为意志和表象的世界》，第 2 卷，第 439 页。
⑦ 《作为意志和表象的世界》，第 1 卷，第 112 页。

如果我们能够充分认识它们产生的原因，并进而了解它们的必要性和真实本质，我们便可以避免其中九件……理性之于人类意志相当于马笼头和马嚼子之于难以驾驭的烈马。”[①]“不论是对内在，还是对外在，理性都是必要的，能使我们完全满足的莫过于明晰的知识。”[②]我们对自己的欲望认识越多，我们就越不受欲望的控制，“最能保护我们免受外在压力影响的是自我克制”[③]。塞内加[④]说，如果想让万物臣服于你，请先臣服于你的理性。世上所有奇才中，最伟大的不是世界征服者，而是自我征服者。

哲学能够净化我们的意志，不能简单地认为哲学就是读书或是被动的学习，哲学是体验，是思考。

> 如果我们不断被输入别人的思想，自己的思想便会被束缚、被压抑，长此以往，我们的思维便会麻痹……由于头脑空空，大多数学者倾向于采用真空吸引法，即强迫自己吸取别人的思想……在对一个主题进行独立思考之前，便阅读与该主题相关的文章，这是相当危险的……在我们阅读时，另一个人会帮助我们思考，我们仅仅重复了他的思维过程……因此，如果一个人花一整天来读书……渐渐地，他会失去思考的能力……我们可以把生活经验看作一种文本，那么，思考和知识便是对该文本的注释。如果我们对有限的生活经验进行了大量的思考、积累了大量的理性知识，那么，人生这本书的每一页上，就会每两行字后面跟随着四十行注释。[⑤]

所以，我们的第一条箴言是，生活先于书籍；第二条是，文本先于评论。也就是说，我们应该阅读原始文本，而不是阅读对文本的解说和评论。“只有在原作者那里，我们才能得到哲学思想，因此，真正喜爱哲学的人必须

---

① 《作为意志和表象的世界》，第 2 卷，第 426 页。

② 《作为意志和表象的世界》，第 1 卷，第 396 页。

③ 《隽语与箴言》，第 51 页。

④塞内加（约前 4—65），古罗马哲学家、政治家和剧作家。——译注

⑤ 《作为意志和表象的世界》，第 2 卷，第 254 页；《散文集》，“论书籍与读书”；《隽语与箴言》，第 21 页。

走进原作这个静谧的圣殿，在那里寻求不朽的导师。”[①]一部天才之作胜过上千部评论著述。

如果能够遵循这两条箴言，那么，对教养的追求，即使是通过书本，也是相当有价值的。因为我们是否幸福，不取决于我们口袋里有什么宝贝，而是取决于我们脑袋里有什么东西。轻信权威是愚蠢的：“别人的脑袋是龌龊之所，不能把自己的幸福寄托在别人那糟糕的脑袋里。”[②]

> 别人对你怎么看并不重要，因为说到底，人人都是孤独的。重要的是，孤独的我们到底是怎样一个人……相比于外界，我们从自身获得的幸福要多得多……我们居住的这个世界怎么样，主要取决于我们怎么看它……对一个人来说，由于一切存在物、一切发生的事情只存在于他的意识中，一切事情只为他发生，所以，最重要的莫过于意识的构成……因此，亚里士多德的话其实道出了伟大的真理，他说：“幸福就是自给自足。”[③]

要摆脱无止境的痛苦，就要对人生进行理性的思考，与各时代、各国家的伟大人物进行精神上的交流，因为伟人的一生就是追求理性的一生。“无私的理性就像香水，散发的香气能够超越那些意志世界的愚蠢错误。”[④]大多数人终其一生都无法达到如此境界，他们把事物看成欲望的对象，于是，他们痛苦。如果要把事物看作纯粹的认识对象，需达到自由的境界。

> 如果出于某些外在原因或个人性格等内在因素，双脚突然跨出了意志这条奔流不息的河流，知识挣脱了意志的奴役，那么，我们的注意力便会转向，不再专注于意志的动机，对事物的认识也不再受到意志的干扰。我们会抛弃个人兴趣和主观性，完全客观地对事物进行观

---

① 《作为意志和表象的世界》，第 1 卷，第 27 页。

② 《人生的智慧》，第 117 页。

③ 《人生的智慧》，第 4—9、27 页。

④ 《人生的智慧》，第 34、108 页。

察；只要观察的对象是表象，不是意志的动机，我们的注意力便会完全服从。接着，我们一直追寻的安宁便会主动出现，而且会与我们和谐相处。如果心中充满了欲望，安宁只会逃离。伊壁鸠鲁把毫无痛苦的状态称为至善，至善是众神的境界。我们只是暂时从意志那痛苦的挣扎中解脱，正如我们在安息日暂时从意志的苦役中解脱，伊克西翁的旋轮[①]停止了无休止的转动。

2. 天才

天才便是这种无意志的知识的最高形式。最低等的生命没有知识，完全由意志构成；对于普通人来说，意志占大部分，知识只占极小的一部分；而天才正好相反，他们的大部分是知识，极小部分是意志。"天才是这样的：他们对认识能力的提升远远大于意志的需求。"[②]但人要达到这一点，必须能够将自己的部分生殖能力转化为理性能力。"天才需要拥有能够支配生殖能力的超常敏感性和感受力，这是成为天才的基本条件。"[③]正因如此，天才与女人之间总是充满敌意，因为女人代表生殖，代表理性对生存意志和谋生意志的服从。"女人中有人才，但没有天才，因为她们总是很主观"[④]，她们认为，一切都是个人的，一切都是为达到个人目的的手段。另一方面：

> 天才是纯粹客观的，也就是说，他们的头脑倾向于客观性……天才就是要将个人爱好、个人愿望、个人目标抛到九霄云外，在一段时间里完全摒弃自己的个性，从而使自己成为纯粹的认识主体，使自己能够用明澈的眼睛观察世界……因此，在天才脸上，可以清楚地看到知识对意志的支配；但在普通人脸上，看到的却是占支配地位的意志。而且，对于普通人，唯有在意志的推动下，他们的知识才会进

①出自希腊神话。伊克西翁因大胆追求天后赫拉，被宙斯缚在地狱中永不停止旋转的车轮上接受惩罚。——译注

②《作为意志和表象的世界》，第3卷，第139页。

③《作为意志和表象的世界》，第3卷，第159页。

④《作为意志和表象的世界》，第3卷，第159页。

入活跃状态，而且仅仅从个人兴趣和个人优势出发。[①]

摆脱意志束缚的理性能够看到事物的真实面目。“天才给我们展示了一面魔镜：一切重要的、本质的东西集中在最明亮的地方，一切偶然的、无关的东西均被排除在外。”[②]思想就像透过云层洒向大地的阳光，它冲破欲望的牢笼，揭示事物的核心；思想会对个体和细节进行深入的探究，并找出“柏拉图理念”或者万物的普遍本质，而思想只是这种“柏拉图理念”的一种形式。在这方面，思想跟画家有共同之处。画家画画时，在模特身上看到的不仅仅是模特的个人性格和特点，还能看到所有模特的普遍特点和永恒实在。对于这些普遍特点和永恒实在，模特个体只是象征和手段。所以，天才的秘密在于，他们能够清清楚楚、不偏不倚地感知到一切客观的、本质的以及普遍的东西。

正因为完全摒弃了个人因素，天才们才如此不适应这个务实、自私、充满意志的世界。天才们习惯于登高望远，所以看不到脚下，他们是轻率的、“古怪的”，他们总是抬头仰望星空，以至于会不小心掉入井中。天才们不爱交际，因为他们总是想着那些本质的、普遍的、永恒的东西，而其他人想的却是短暂的、具体的、眼前的东西，他们在思想上缺乏共同点，因此无法交流。“一般来说，一个人喜爱社交的程度与其理性能力的贫乏程度及总体庸俗程度不相上下。”[③]天才们会自我补偿，他们不像那些长期依赖外物的人需要他人的陪伴。“天才从所有美的东西中、艺术的慰藉中以及艺术家的激情中寻得乐趣……这些乐趣让他们忘怀生活的种种忧虑”，“补偿他们因意识清醒而日益增长的痛苦以及身处陌生人间的寂寞孤独”。[④]

但如此性情的结果却是，天才们不得不陷入与世隔绝的境地，有时甚至神经错乱。极端的敏感给他们带来痛苦、幻觉和强烈的直觉，这种敏感、孤独以及种种不适应结合在一起，足以切断心灵和现实之间的纽带。

---

① 《作为意志和表象的世界》，第 1 卷，第 240、243 页。

② 《作为意志和表象的世界》，第 1 卷，第 321 页。

③ 《人生的智慧》，第 24 页，“生命之歌”。

④ 《作为意志和表象的世界》，第 1 卷，第 345 页。

亚里士多德再次言中："哲学家、政治家、诗人、艺术家似乎都有着忧郁的性情。"[①] 癫狂与天才之间的直接联系要"归功于历史上那些伟大的人物，如卢梭、拜伦、阿尔菲耶里[②]等"[③]。"经过在疯人院的一番努力调查后，我发现，许多病人都无可争议地拥有伟大的天赋，透过癫狂，可以清楚地看到他们的天分。"[④]

从这些半疯子或者说天才身上散发出来的，是人类真正的高贵气息。"就理性而论，大自然是最高贵的。大自然对人类的区分要比各国按照出身、阶层、财富或社会等级对人的区分要伟大得多。"[⑤]大自然只把天赋给少数人，因为这种天赋会阻碍人生的正常追求，这种追求需要人们将精力集中在具体的、眼前的事务上。"即使你满腹经纶，大自然也希望你能去耕地；确实，对哲学教授的评估应该依据这样的标准；这样，教授们的成就便能符合所有人的合理期望。"[⑥]

3. 艺术

艺术能将知识从意志的奴役中解放出来，艺术能使人忘记自我和自己的物质利益，艺术能提升人的理性，使理性在不受意志影响的情况下对真理进行思考。科学的目的是寻得普遍性，这种普遍性包含着各种特殊性，而艺术的目的却是创造特殊性，这种特殊性包含着普遍性。"正如德国艺术史家温克尔曼所说，即使是一张肖像画，它也应该是理想中的个人形象。"[⑦]在动物画中，人们会把画中动物最显著的特点认为是最美的地方，因为这一显著特点最能反映该动物所属的物种。那么我们可以说，如果一幅画越能表现事物所属群体的柏拉图理念或者说普遍性，这幅画就越成功。

---

① 《人生的智慧》，第 19 页。

②阿尔菲耶里（1749—1803），意大利剧作家，被认为是"意大利悲剧的创始人"。——译注

③意大利犯罪学家龙勃罗梭（1835—1909）的思想来源之一。龙勃罗梭曾将叔本华纳入他所列的疯癫人员名单。

④ 《作为意志和表象的世界》，第 1 卷，第 247 页。

⑤ 《作为意志和表象的世界》，第 2 卷，第 342 页。

⑥ 《作为意志和表象的世界》，第 3 卷，第 20 页。哲学教授可能会反驳说，就本性而言，我们似乎应该属于猎人，而不是耕者，农业是人类的发明，而不是人的天性。

⑦ 《作为意志和表象的世界》，第 1 卷，第 290 页。

因此，人物肖像画不应以逼真为最终目标，而必须通过一个人物尽可能地表现人类的一些本质特征或者普遍特征。[①]艺术比科学伟大，因为科学发展依靠的是日积月累以及严谨的论证，而艺术可以通过直觉和表现立刻达到目的，科学的发展依靠人才便可实现，而艺术却需要天才。

我们可以通过品味诗歌、欣赏绘画获得愉悦感，这种愉悦感在本质上来自我们的思考，一种不掺杂任何个人意志的思考。在艺术家眼里，莱茵河是迷人的，有着种种不同的风光，这些美丽风光不断刺激着艺术家的感官和想象，但在那些专注于个人私事的游人眼里，“莱茵河及其河岸最多只是一根线条，河上的桥梁仅仅是切断这根线条的一些线段”[②]。艺术家使自己超然于个人关切，“从而获得一种艺术感知能力，这样他们在观看日落时，不论是身处监狱，还是皇宫，看到的日落都没有两样”[③]。“有了这种不受意志影响的感知能力，艺术家便会将迷人的魅力赋予那些过去的、遥远的事物，并将它们以最美好的方式展示给我们。”[④]即使是对敌对对象，如果我们能够扑灭意志的火焰，对它们进行客观的审视，它们也会变得崇高。同样，如果悲剧能够带领我们走出苦海，使我们在更高处俯视痛苦，那么，悲剧便拥有审美价值。艺术通过展示瞬间和个体背后的永恒及普遍，减轻人生的痛苦。斯宾诺莎说得对：“如果人的理性能够看到事物永恒的一面，理性也就成了永恒的一部分。”[⑤]

这种能够让我们摆脱意志痛苦的艺术力量首先来自音乐。[⑥]“无论如何，音乐都不像其他任何艺术形式，音乐不是对表象的复制”，或者对事物本质的复制，音乐是“对意志本身的复制”，音乐向我们展示的是不停运动、挣扎、流离的意志，最终回归自身，重新开始新一轮的挣扎。“因此，音

---

①因此，在文学中，如果性格鲜明的人物能够代表一种普遍的人物类型，比如说浮士德和玛格丽特、堂·吉诃德和桑丘·潘沙，那么，这个人物的塑造将是非常成功的。

②《作为意志和表象的世界》，第 3 卷，第 145 页。

③《作为意志和表象的世界》，第 1 卷，第 265 页。

④《作为意志和表象的世界》，第 1 卷，第 256 页。

⑤《作为意志和表象的世界》，第 1 卷，第 230 页。参考歌德：“唯有通过艺术，人类才能摆脱世间的痛苦。”（《亲和力》，第 336 页；纽约，1902。）

⑥叔本华是历史上第一位将音乐与其他艺术形式进行比较，并从哲学角度确立音乐的地位的人。（瓦格纳，《贝多芬》，第 23 页；波士顿，1872。）

乐要比其他艺术形式更强大、更具感染力，其他艺术只处理事物的影子，而音乐处理的是事物本身。"[①]音乐区别于其他艺术还因为音乐能够对我们的感觉产生直接影响，[②]而无须经由表象这个媒介；而且与理性相比，音乐能够触及人类更微妙的东西。节奏之于音乐相当于对称之于造型艺术，所以音乐和建筑互映。根据歌德的说法，建筑是凝固的音乐，对称是静止的节奏。

4. 宗教

到了思想成熟期，叔本华发现，自己的艺术理论——对意志的摆脱以及对永恒性和普遍性的沉思——也适用于宗教。

年轻时，叔本华接受的宗教训练极为有限，而且以他的脾气，他也不会尊重当时的教会组织。叔本华看不起神学家，他说过，"神学家所谓的'最终的争论'，在许多国家其实就是火刑柱"，他还把宗教称为"大众的形而上学"[③]。但到了晚年，叔本华发现，某些宗教活动和教条其实具有相当深远的意义。"当今那些超自然主义者和理性主义者还在吵得不可开交，原因在于，他们没有认识到，一切宗教从本质上讲都是寓言。"[④]比如，基督教是一种深刻的悲观主义哲学。"基督教关于原罪（意志的肯定）和救赎（意志的否定）的学说是伟大的真理，是基督教的核心思想。"[⑤]有一些欲望，它们要么给人带来幻灭感，要么给人带来更多的欲望，但绝不会带来幸福，而禁食则能暂时有效地削弱这些欲望。"基督教能够打败犹太教，继而打败希腊罗马异教的力量就蕴藏在它的悲观主义里，基督教告诉世人，人类是可怜的，并且罪孽深重。而犹太教和希腊罗马的异教却是乐天派。"[⑥]它们认为，宗教是人们给上天的贿赂，以祈求上天能够协助他们

① 《作为意志和表象的世界》，第 1 卷，第 333 页。

②汉斯立克（《论音乐的美》，第 23 页；伦敦，1891）反对这个观点，他认为，音乐只能直接影响人的想象力。当然，严格来说，音乐只能直接影响人的感官。

③ 《散文集》，"论宗教"，第 2 页。

④ 《作为意志和表象的世界》，第 2 卷，第 369 页。

⑤ 《作为意志和表象的世界》，第 1 卷，第 524 页。

⑥ 《作为意志和表象的世界》，第 2 卷，第 372 页。

获得世俗意义上的成功；而基督教则认为，宗教能够劝阻人们对世俗幸福徒劳的追求。在那个追求世俗奢华、争权夺利的世界里，基督教将圣徒的理想形象——“傻子”基督推到了最前沿。基督是不主张斗争的，因而完全克服了个人意志。[①]

佛教比基督教深奥，因为佛教把意志的寂灭看作宗教的全部，并宣扬涅槃是一切个人发展的目标。印度教教徒比欧洲思想家深刻，因为他们不从个人外在和理性的角度，而是从内在和直觉的角度来解释世界。理性细分一切，而直觉却统筹一切。印度教认为，“我”是幻象，即个人只是现象，唯一的实在是那“无限的一”——“那就是你”。“如果一个人在与任何人交往时都对自己说，‘那就是你’”，他必定拥有明澈的双眸、洁净的心灵，从而能够认识到，我们只是一个有机体的成员，我们只是意志这个汪洋大海中小小的浪花，“他将被赋予一切美德和祝福，并且走的是直接通往救赎的道路”[②]。叔本华认为，在东方，基督教永远代替不了佛教，“它只会像一颗打在悬崖上的子弹那样深深受挫”[③]。但是，印度哲学却如涓涓细流般渗入欧洲，并且深刻改变着我们的知识和思想。“梵文文学的渗入将不亚于十五世纪希腊文学的复兴。”[④]

人生的终级智慧是涅槃，即将一个人的自我降至欲望和意志的最低点。世界的意志比我们的意志强大，所以我们要学会屈服。“意志越低调，我们所受的痛苦就越少。”[⑤]在大师级画作里，人物的面容“往往透露着毫不针对个别事物的知识，这些知识是最为彻底、最为全面的……它们能平息一切意志”[⑥]。“超越理性的平和、无限宁静的精神、深刻幽远的恬静、不可亵渎的信心和安宁……拉斐尔和柯勒乔[⑦]描绘的这一切就是完完整整、确

① 《作为意志和表象的世界》，第 1 卷，第 493 页。
② 《作为意志和表象的世界》，第 1 卷，第 483 页。
③ 《作为意志和表象的世界》，第 1 卷，第 460 页。
④ 《作为意志和表象的世界》，第 1 卷，第 13 页。随着神智学及其他类似学说的发展，我们也许还能目睹这个预言的实现。
⑤ 《隽语与箴言》，第 19 页。
⑥ 《作为意志和表象的世界》，第 1 卷，第 300 页。
⑦柯勒乔（1494—1534），意大利文艺复兴时期重要画家。——译注

凿无疑的真理；因为在他们的画作里，唯有知识被保留了下来，意志已经烟消云散。”①

七、死亡的智慧

但是，这一切还远远不够。个体可以通过涅槃进入安宁的无意志境界，走上自我拯救的道路，其他呢？对于个体的死亡，人类总是淡然一笑，因为他们相信，个体会在他的后代或他人的后代身上重获新生，即使他的生命之河干涸，仍有千万条生命的河流会因传宗接代而愈来愈宽、愈来愈深。人类如何被拯救？人类也能像个体一样进入涅槃吗？

很显然，要从根本上征服意志，唯一的办法便是堵塞生命之源——生殖意志。“从本质上来说，生殖欲望的满足应彻底受到谴责，因为它是对生命欲望最强有力的肯定。”② 孩子们到底造了什么孽，而不得不降临到这个世界上呢？

> 如果我们现在就来审视一下人生的骚乱，我们便会发现，每个人都深陷于人生的欲望和痛苦中，为了满足无限的欲望，为了逃避各种痛苦，他们耗尽自己的全部力气。他们不敢有别的奢望，除了希望这种苦痛能够短暂一些。在这场不安和骚乱中，我们发现一对恋人，他们如饥似渴地望着对方，但又躲躲闪闪、诚惶诚恐，为什么呢？因为这对恋人是叛徒，他们想使原本可以尽快结束的欲求和痛苦又延续下去……这同时也深刻揭示了人们何以会在关涉传宗接代的事情上感到羞耻。③

在这种事上，女人负有不可推卸的责任。因为当认识完全摆脱意志的

① 《作为意志和表象的世界》，第 1 卷，第 531 页。

②华莱士，《叔本华传》，第 29 页。

③ 《作为意志和表象的世界》，第 3 卷，第 374 页；第 1 卷，第 423 页。

束缚时，女人便会凭着自己轻佻的美色勾引男人再次卷入两性活动。年轻时，男人还没有足够才智，他们看不到女人美色的短暂；而理性成熟时，一切皆已无可挽回。

> “惊人的效果”是一个戏剧用语，但大自然似乎有意将这种效果加在年轻的女人身上。在女人的人生中，大自然会赋予她们美丽的容貌和迷人的魅力，代价是她们生命中的其余一切。在若干年里，她们能让男人如痴如醉，这些男人会急匆匆地承担起照顾她们的光荣任务……直至她们生命的最后一天——如果当时男人能稍动脑筋，便会发现没有充足的理由迈出这一步……在这里，大自然一如既往地秉承经济原则，正如雌蚂蚁受精后会失去翅膀——因为此时翅膀是多余的，而且会危及后代的繁殖——一般来说，女人在生了一两胎之后便会失去美貌，可能也是出于同样的原因吧。[①]

年轻男子们应该想一下，“如果今天赋予他们灵感，使他们写出情诗和十四行诗的对象早十八年出生，那么，他们连瞧都不会瞧上一眼”[②]。毕竟，从身体上来看，男人比女人要完美得多。

> 只有那些被性冲动冲昏头脑的男人才会把那些矮小、窄肩、宽臀、短腿的人称为女性，因为女性的一切美好都是伴随着男人的性冲动出现的。我们不说女性美丽，因为我们有更多的理由认为她们其实并不美。不论对音乐、诗歌，还是对艺术，她们都不敏感。如果她们为了取悦他人而假装敏感，那么，她们只会成为他人的笑柄……她们不会对任何事物产生纯粹客观的兴趣……即使是她们中最杰出的知识分子，也从来没有在艺术领域取得过真正具有原创性的成就，也从来没有在任何领域留给世界具有永恒价值的作品。[③]

---

① 《论女人》，第 73 页。

② 《作为意志和表象的世界》，第 3 卷，第 339 页。

③ 《论女人》，第 79 页。

尊敬女性是基督教和德国伤感主义的产物，它也是促成那场宣扬感觉、直觉和意志高于理性的浪漫主义运动的原因之一。[①]亚洲人要聪明得多，他们坦率地承认，女人不如男人。“当法律赋予女性与男性同等权利时，法律也应赋予她们男人般的理性。”[②]在婚姻制度方面，亚洲人再次展示了他们比我们更为诚实的一面，他们视一夫多妻为正常、合法，并且欣然接受。尽管在我们周围，一夫多妻的现象也广泛存在，但人们总爱用这么一句话来搪塞:“哪有真正遵守一夫一妻原则的人？”[③]此外，赋予女性财产权是一件多么荒唐的事啊！“几乎所有的女人都喜欢铺张浪费”，因为她们只活在今天，购物是她们最主要的户外运动。“她们认为，男人赚钱，女人花钱，天经地义”[④]，这就是她们的分工概念。“因此，我认为，永远都不能让女人独自处理她们自己的事情，男人应该对女人进行切实的监督，不论是以父亲的身份，还是以丈夫、儿子或者国家的身份（印度正是如此）。对那些非她们亲力所得的财产，不能让她们全权处理。”[⑤]也许，正是因为路易十三宫廷里那些女人的奢华和浪费，才导致政府的全面腐败，而这场腐败在法国大革命期间达到高潮。[⑥]

与女人的接触越少越好。女人甚至不配叫作“必要之恶”（卡莱尔语），没有女人，生活可以更加和谐安定、顺顺利利。男人应该懂得女人的美丽是陷阱，而生殖这场荒唐的闹剧终会落幕。随着人类理性日益成熟，生殖意志或遭削弱或遭挫败，最终，人类种族将走向灭绝，除此以外，恐怕没有更好的结局适合这场由骚动不安的意志主演的疯狂悲剧了。舞台的幕布因失败和死亡的到来而落下时，为何又要为了一场新生、一场新的挣扎和失败的开始重新升起？我们什么时候才能拒绝诱惑、拒绝卷入这份以痛苦结尾的毫无意义的苦差？我们什么时候才能鼓足勇气，藐视意志，并告诉

① 《作为意志和表象的世界》，第 3 卷，第 209—214 页。
② 《论女人》，第 84 页。
③ 《论女人》，第 86 页。
④ 《论女人》，第 75 页。
⑤华莱士，《叔本华传》，第 80 页。反映了叔本华对其母亲铺张浪费的不满。
⑥ 《论女人》，第 89 页。

它，美好的生活是谎言，死亡才是最大的恩赐？

八、评论

面对这样一种哲学，自然的反应便是想对叔本华、对他的时代作一番医学诊断。

亚历山大时代和恺撒时代结束以后，东方思想如潮水般相继涌入希腊和罗马。我们现在的情况与此类似。

东方人有一个显著特点，他们认为，蕴含于大自然的外在意志要比人类意志强大得多，因此他们欣然主张服从和绝望。正如希腊衰落以后，主张禁欲的斯多葛学派和主张享乐的伊壁鸠鲁学派降临希腊大地，因拿破仑发动的战争而陷入混乱的欧洲灵魂变得忧郁哀愁、疲惫不堪，叔本华吹响他的哲学号角，发出了时代的呼唤。1815 年，一场剧烈的头痛正折磨着欧洲大陆。①

叔本华承认，一个人的幸福取决于他的内在，而不是外在环境。我们对叔本华的个人诊断便可从这里开始。悲观主义是悲观主义者的显著特征。患病的身体，神经质的头脑，闲适但空虚、忧郁而又无聊的生活，这一切构成了叔本华哲学的生理学基础。拥有闲暇时间是成为悲观主义者的必要条件，因为活跃的生活态度通常会给身体和心灵带来高涨的情绪。叔本华很羡慕对人生目标的适度追求和生活的稳定带来的宁静，②但就他的个人经历而言，他只能对这些三缄其口。确实，“一个人无所事事时，静下来是很难的”。叔本华有足够的钱让自己拥有闲暇时间，但他发现，连续不断的闲暇比连续不断的工作更让人受不了。也许，正是由于长久坐板凳这一违反自然的习惯，导致了哲学家忧郁的性情；过分抨击生活大概正是因为缺乏排遣生活的艺术吧！

---

①试与当今（1924 年）欧洲的冷漠和沮丧、斯宾格勒《西方的没落》这类书的流行进行一下比较。

②《作为意志和表象的世界》，第 1 卷，第 422 页。

涅槃是恰尔德·哈罗德[①]、勒内这些百无聊赖者们的理想。他们怀着无限的渴望踏上征程，孤注一掷地献身自己唯一的爱，但最终，遭到失败的他们不得不在激情泯灭、任性无聊的生活中度过余生。如果理性受到意志的奴役，那么，理性的特殊产物，即我们谈论的叔本华哲学，便很有可能成为对病态懒散的意志的掩饰和辩解。此外，毫无疑问，叔本华早期与异性及同性的交往经历导致了他异常敏感和多疑，正如司汤达、福楼拜和尼采一样。他变得愤世嫉俗、离群索居。他曾写道："患难之交不是真朋友，这样的朋友最多是个借贷者。"[②]他还说过："不能让敌人知道的东西，也不能让朋友知道。"[③]叔本华劝诫世人过一种宁静、单调的隐居生活，他惧怕社会，也感受不到人际交往的价值和快乐。[④]但是，如果快乐不与他人分享，快乐也不成其为快乐了。

当然，悲观主义中有很大一部分是唯我主义。唯我主义者觉得，这个世界配不上我们，我们要在哲学上对它嗤之以鼻。他们其实忘记了斯宾诺莎的教训：道德层面的责难或称颂只适用于人类，当我们用这些话语来描述作为整体的宇宙时，大多时候是风马牛不相及。也许，当我们孤傲地说我们厌恶世界这个存在时，其实是在掩盖我们对自己那不可言说的厌恶：我们糟蹋了自己的生活，便责备那不具有抗辩能力的"环境"和"世界"。成熟的人会欣然接受大自然赋予的生命局限性，他们不希冀上天的偏爱，也不想在人生这场游戏中耍滑头、占便宜。和卡莱尔一样，他们懂得，因为太阳不为我们点燃雪茄而去谩骂它是毫无意义的。如果我们足够聪明，太阳在工具的辅助下也许就会点燃我们的雪茄，如果我们奉献自己的一缕阳光帮助宇宙摆脱困境，广袤中立的它也许就会变为一个美好的地方。实际上，这个世界既不与我们为敌，也不与我们为友，它只是我们手中的原材料。它可以是天堂，也可以是地狱，一切取决于我们的内在。

叔本华及其同时代人的悲观可部分归结于他们的浪漫主义姿态和不切

①恰尔德·哈罗德，拜伦长篇叙事诗《恰尔德·哈罗德游记》的主人公，他是忧郁而孤独的漂泊者，"世纪病"家族的一员，反映了欧洲一代知识分子的失重情绪。——译注

②《隽语与箴言》，第 86 页。

③《隽语与箴言》，第 96 页。

④《隽语与箴言》，第 24、37 页。

实际的期望。年轻人对世界期望过高，但他们不知道，乐极会生悲，正如1815年必须为1789年付出巨大代价一样。浪漫主义者对感觉、直觉和意志的赞美及解放，对理性、束缚和秩序的蔑视，使他们受到自然的惩罚，正如霍拉斯·沃波尔所说："对那些重思考的人来说，'世界'是一场喜剧，而对重感觉的人来说，却是一场悲剧。""可能历史上没有任何思潮能像诉诸情感的浪漫主义那样给人带来如此多的悲伤……当浪漫主义者发现自己的幸福理想在现实中支离破碎时，他们并不归咎于自己，而是简单地认为，这个世界配不上我，我是大自然的完美杰作。"①一个变化无常的宇宙何以满足一个变化无常的灵魂？

拿破仑称帝、卢梭对理性的谴责、康德的理性批判以及叔本华本人的经历和其易怒的性格，使叔本华得出意志第一位和终极性的论断。也许，拿破仑在滑铁卢的战败以及在圣赫勒拿岛的流放也一定程度上成就了叔本华的悲观主义，但我们可以肯定，这种悲观更始自叔本华充满痛苦的生活。叔本华的意志是历史上最具活力的个人意志，它蛮横无理地向世界发号施令，但是，这样的个人意志，其命数就像那出生之日便昭示死亡的昆虫意志，毁灭是不可避免的，且并不光彩。叔本华从来没有想过，与其拒绝战斗，不如先战后败。叔本华不像阳刚、充满活力的黑格尔，他无心卷入斗争，也感受不到斗争的光荣。叔本华渴望安宁，却时时生活在纷争之中，无论走到哪里，他目之所及都是斗争。他不知道，斗争的背后，还有乐善好施的邻里，无忧无虑、快乐生活的孩子，年轻的男子、翩翩起舞的女孩，甘于奉献的父母和爱人，慷慨养育世人的土地，万物复苏时的美丽春天。

如果欲望满足后接踵而至的是新的欲望，我们又该怎么办？也许，最好的办法还是永不知足。古训说，快乐不在于占有或满足，而在于创造。健全的人渴望幸福，但他更渴望施展才华的机会，如果为了获得这样的自由和力量而必须忍受痛苦的煎熬，他会欣然接受，毕竟，这点痛苦其实没什么大不了的。我们需要通过抵御痛苦来提升自我，正如阻力能够令飞机起飞、使鸟儿翱翔；我们需要各种阻碍来砥砺我们的意志、激励我们成长。

①白璧德，《卢梭与浪漫主义》，第208页。

没有悲剧的人生不值得活。[①]

“谁增加了知识，谁就增加了人类的痛苦”——最痛苦的生物莫过于最高级的有机体，真是如此吗？没错。但是，知识的积累不只增加了人类的痛苦，也带来更多快乐，而且，最细微的快乐、最剧烈的痛苦也只有成熟的心灵才能感受到。伏尔泰是对的，他没有选择农妇般的无知和快乐，而是选择了婆罗门的“痛苦”智慧。我们期盼能够强烈深刻地体验生命，无论付出多少痛苦的代价；我们期盼探索人生最深处的秘密，即使最终幻灭。[②]维吉尔尝尽世间快乐，看遍皇家奢华，最终，“维吉尔厌倦了一切，除了认识的快乐”。当感官快乐不再能满足人类时，他便会不辞辛劳地与艺术家、诗人、哲学家为友，因为唯有成熟的心灵才能理解这些人。智慧是一种苦乐参半的快乐，并由于不断将冲突纳入其和谐中而得以加深。

快乐是消极的吗？唯有遍体鳞伤、远离世事的灵魂才会如此亵渎生命。快乐是本能的和谐运作，除此之外，快乐还能是什么？除非本能在应该前进的时候反而退缩，快乐怎么可能是消极的？无疑，逃避和休息、服从和自保、孤独和沉默都是消极的，但那是因为驱策我们如此的本能在根本上是消极的，这样的本能是恐惧和逃避的化身。但是，如果积极的本能占了上风，比如获得和占有、好斗和控制、行动和玩耍、交往和恋爱，我们还能说快乐是消极的吗？欢乐的笑声是消极的吗？孩子们的嬉戏玩耍、鸟儿求偶的歌唱、强啼克利尔[③]的啼叫、对艺术创造的痴迷？生命本身是一种积极的力量，生命每一种正常机能都能或多或少地给予人快乐。

死亡是可怕的，这千真万确。但如果一个人度过了正常的一生，对死

①参阅叔本华语：“没有固定的工作、固定的活动圈子——这是多么可悲啊！……对于人类来说，竭智尽力、艰苦奋斗就像鼹鼠刨地一样自然。一切欲望的满足只会让人难以忍受，因为长时间的快感之后，欲望的满足会让人感觉一切都在瞬间停滞。困难的克服能让人感受到活着的全部快乐。”(《隽语与箴言》，第 53 页）处于思想成熟期的叔本华对自己年轻时的哲思到底作何看法？对此，我们很是好奇。

②阿纳托尔·法朗士（伏尔泰最后的化身）著《人类悲剧》，试图告诉世人，尽管“认识的快乐是一种悲伤的快乐”，但“尝过这种快乐的人绝不会用它来交换庸人、随大溜者那些轻浮的快乐和空洞的希望”。(参阅《伊壁鸠鲁的花园》，第 120 页；纽约，1908。)

③强啼克利尔，寓言《雄鸡和狐狸》中一只公鸡的名字，这只公鸡因为听信狐狸对它歌声的奉承而差点丧命。——译注

亡的恐惧也就减了大半，只有活得漂亮，才能死得其所。长生不老会让我们快乐吗？亚哈随鲁受到人类所能承受的最重的惩罚——永生，有谁会羡慕他？要不是因为生命如此甜美，死亡怎么还会可怕？拿破仑说，在内心里，不怕死亡的人都是无神论者。我们无须附和他，但我们可以大胆地说，活到七十岁的人肯定已经战胜了悲观。歌德说过，没有人过了三十岁还是悲观主义者。但二十岁以前，几乎人人都是悲观的。对于那些自我意识已经觉醒、妄自尊大的年轻人来说，悲观是一种奢侈。这些年轻人一旦离开共产主义式家庭的温暖怀抱，进入钩心斗角、贪得无厌、冷酷无情的社会，便会马上期盼回到母亲的怀抱；这些年轻人疯狗似的抨击假想的敌人和世间的罪恶，但随着年岁渐长，便会伤心地抛弃乌托邦等各种理想。人类在二十岁以前感受的是肉体的快乐，三十岁以后是思维的快乐；二十岁以前的快乐来自他人的保护和随之而来的安全感，三十岁以后的快乐来自为人父母和家庭的温暖。

一个在公寓里过活了几乎一辈子的人，一个抛弃自己唯一的孩子并任其无名无姓的人应该如何避免悲观呢？[①]叔本华不快乐的最根本原因在于他对正常生活的排斥，对女人、婚姻、孩子的排斥。他认为为人父母是罪大恶极的，而健全的人却从中获得生命最大的满足感。恋人间的躲闪慌张，在叔本华看来是因为恋人们以传宗接代为羞耻，这简直是迂腐荒谬至极！在爱情里，他只看到个人为种族延续所做的牺牲，而忽略了本能为弥补个人牺牲而给予他们的快乐，这种快乐是世上大多数诗歌的灵感源泉。[②]在叔本华眼里，女人就是泼妇、罪人，除此两类，别无其他。他认为，情愿供养妻子的男人都是傻瓜。[③]但显然，相比我们这位孑然一身、命途多舛的狂热“传道者”，这些男人并未如此不幸。巴尔扎克说过，固守自身缺点所要付出的代价与维持一个家庭所需的开支一样巨大。叔本华蔑视女人的美丽，似乎女人的美丽还能分门别类，某些类型还可以接受，某些类型就

---

①费诺特，《幸福的科学》，第 70 页；纽约，1914。

②参阅叔本华语：“正是这种不为己谋的精神（无论何处，这种精神都象征着伟大）赋予热烈的爱情以一种崇高感。”（第 3 卷，第 368 页）

③《论女人》，第 79 页。

不应当作生命的色彩和芳香来珍爱。就是这样，曾经的一次遭遇就让这个不幸的心灵对女性如此痛恨！

叔本华那语出惊人、引人入胜的哲学还有其他难解之处，虽然不甚重要，但具有相当的技术性。既然生命意志是世界唯一的真正力量，为什么还会有人自杀？理性在萌芽和成长期是意志的奴仆，理性又如何会独立于意志并保持客观？天才的认识是脱离意志的吗，抑或天才有自我驱动的强大意志力，甚至野心、傲气？[①]癫狂是天才的普遍特点，还是只属于“浪漫主义型”天才，如拜伦、雪莱、爱伦·坡、海涅、斯温伯恩[②]、斯特林堡[③]、陀思妥耶夫斯基等人？而那些被视为“经典”的、影响更为深远的天才，其身心不是相当健康吗？比如苏格拉底、柏拉图、斯宾诺莎、培根、牛顿、伏尔泰、歌德、达尔文、惠特曼等等。如果理性和哲学的功能不是否定意志，而是协调欲望，使之成为统一、和谐的意志的一部分，将会如何？除了作为协调作用下的统一物，如果“意志”本身是一种神秘的抽象，如“力量”一样模糊不清，又会怎样？

尽管如此，叔本华的哲学还是相当坦诚的。如果将大多数乐观主义信条与叔本华哲学相提并论，我们会发现，前者其实只是令人昏昏欲睡的虚伪之词。我们可以附和斯宾诺莎，说善恶判断是主观的，是人类偏见的结果。我们无法从“公正”的角度，而只能从人类遭受的苦难和实际的需求出发，对这个世界加以评判。叔本华迫使哲学转向人类不幸这个赤裸裸的现实，将思维之箭直指人类的当务之急——痛苦的缓解，这很好。叔本华之后，哲学在不切实际、充满诡辩的形而上学中越来越难以为继了，思想者们开始认识到，言而不行是一种弊病。

毕竟，叔本华让心理学家们看到了本能的深不可测及其力量的无处不在。理性主义认为，人类首先是一种能够思考的动物，能够有意识地调整手段以适应理性选择的目标；但卢梭以后，理智主义开始衰落，康德以后，更是半死不活，叔本华之后，理智主义彻底告别了世界。经过两个世纪的

①参阅叔本华语：“最为强大的理性能力伴随的是充满激情的意志。”（第 2 卷，第 413 页）

②斯温伯恩（1837—1909），英国诗人、批评家，代表作《阿塔兰忒在卡吕冬》。——译注

③斯特林堡（1849—1912），瑞典剧作家、小说家，现代戏剧创始人之一。——译注

内省分析，哲学家在思想背后发现了欲望，在理性背后发现了本能，正如经历了一个世纪的唯物主义发展，物理学在物质背后发现了能量的存在。叔本华的贡献是伟大的，他向我们揭示了心灵的秘密，告诉我们欲望是哲学中不证自明的公理，还让我们得以认识到，思想不只是对客观事件的抽象思考，还是行动和欲望的灵活工具。

最后，尽管有点夸张，但叔本华确实让我们知道了天才的必要性以及艺术的价值。叔本华认为，美是至善，而极乐在于美好事物的创造以及对美好事物的珍爱。他与歌德和卡莱尔一起，反对黑格尔、马克思和巴克尔[①]抹杀天才在人类历史上的重要作用。在那个时代里，伟大的人物似乎都已倒下，而叔本华再次举起英雄崇拜的大旗。尽管缺点多多，但瑕不掩瑜，叔本华也成功地跻身英雄的行列。

①巴克尔（1821—1861），英国历史学家，著有《英国文明史》。——译注

第八章　赫伯特·斯宾塞

一、孔德和达尔文

自称“未来形而上学先河”的康德哲学其实存心不良，不仅颠覆了传统的思辨模式，还自违初衷，破坏性地打击了一切形而上学。纵观整个思想史，形而上学一直在寻找实在的终极本质。如今，人类认识到，借用权威的话就是，实在是永远不能被体验的，实在是“本体”，可设想却不可知，即使是最发达的人类理性也无法超越现象，无法透过玛雅人的面纱。费希特、黑格尔和谢林过多的形而上学，加上他们对古代难题的不同解读以及各自提出的自我、理念、意志等概念，使得他们的影响互相抵消，几乎为零。因此，到十九世纪三十年代末，人们认为宇宙的秘密仍丝毫未曾泄露。在一代人沉醉于绝对理念之后，欧洲思想家作出回应，决定反对任何形式的形而上学。

法国人曾经专攻怀疑论，因此，孕育出“实证主义”运动奠基人（如果哲学界有这样的人物，因为在哲学界，每种思想都会随着时间的推移而被世人视为神圣）似乎也是自然而然的事。1798 年，奥古斯特·孔德在法国蒙彼利埃出生，父母为其取名伊西多尔·奥古斯特·玛丽亚·弗朗索瓦·塞维尔·孔德。孔德年轻时崇拜本杰明·富兰克林，称其为“现代苏格拉底”。他曾说：“富兰克林在二十五岁时便决定做一个智者，并为此作了周详的计划，最终计划圆满完成。我现在虽然二十岁还不到，但富兰克林敢做的我也敢做。”孔德为自己的人生开了一个好头，他成为伟大空想家圣西门的秘书。在圣西门的指导下，孔德了解了杜尔哥和孔多塞的改革热情，此外，他还认识到，社会现象就像生理现象，可以简化为法律和科学，而一切哲学都应该关注人类的道德和政治进步。但是，像大多数决心改变世界的人一样，孔德发现了操持家庭的困难。1827 年，经过两年不幸的婚姻生活，孔德终于精神崩溃，在塞纳河试图自杀，但被人救起。如此，孔德在 1830 年至 1842 年间的五卷本《实证主义哲学》和 1851 年至 1854 年间的四卷本《实证政治体系》的成就，还得感谢他的救命恩人。

从规模和作者的毅力来看，在现代，如此卷帙浩繁的巨作仅次于斯宾塞的《综合哲学》。在著作里，孔德依据研究主题从繁到简、从普遍到特殊将科学分为：数学、天文学、物理学、化学、生物学和社会学，而且每一门学科都以排在其前面的学科成果为基础。因此，社会学是科学的顶峰，其他学科只是为了给社会学照亮前进的道路才存在。科学，即准确的知识，已经按照上述顺序从一个主题蔓延至另一个主题，因此，包罗万象的社会生活成为科学方法研究的最后一环也相当自然。在思想的各个领域，思想史家都能发现三阶段原理的存在：第一阶段，人们以神学的方式思考对象，通过某些神灵的意志来解释一切问题，比如，把行星看成是诸神或者诸神的战车；第二阶段，思考进入形而上学的层次，人们通过形而上学的抽象手段对对象进行解释，比如，行星按照圆形的轨道运行，是因为圆是最完美的形状；第三阶段，通过精确的观察、假设、实验，关于对象的研究最终成为实证科学，人们通过大自然的因果关系法则对各种现象进行解释。于是，“上帝的意志”被柏拉图的“理念”或者黑格尔的“绝对精神”等虚幻实体代替，而这些虚幻的实体又被科学规律代替。形而上学是思想发展停滞不前的阶段，所以孔德说，抛弃这些幼稚想法的时候到了。哲学并非异于科学，哲学以提升人生为目的，是对一切科学的协调、综合。

此时的实证主义还散发着一些教条式理智主义的气息，正好体现了当时哲学家的幻灭和孤独。1845 年，孔德的心被克洛蒂尔德·德沃夫人（当时其丈夫正在狱中服刑）牵动，对德沃夫人温暖的爱慕还为他的思想增添了色彩。于是，在谈及改革力量时，孔德将人的感情置于理性之上。他还认为，要拯救世界，唯有创立新的宗教，而这个新的宗教应该赞美人性，并举行仪式对人性进行崇拜，从而滋养、增强人类本性中那不绝如缕的无私精神。到了晚年，孔德不停地为他的人性宗教设计着复杂的体系，该体系不仅包括神职、圣礼，还包括祷告、教规。孔德还设计了一种新的日历，在他的日历中，没有异教的神祇和中世纪的圣人，取而代之的是推动人类进步的英雄。正如一位智者所言，孔德献给世界的是天主教的一切，唯独没有基督教的东西。

实证主义运动后来汇入英国的思想大河。英国人以工业和贸易为生，这样的生活方式不仅孕育了英国思想的灵魂，也使英国的思想家们对事实问题充满敬畏。根据培根的思想传统，思想的对象是事物，而心灵的对象是物质；霍布斯的唯物论、洛克的感觉论、休谟的怀疑论、边沁[①]的功利主义，都是同一主题的不同变奏，这个主题就是现实而又忙碌的生活。在这支英伦交响曲中，唯有爱尔兰的贝克莱发出了不和谐的声音。黑格尔嘲笑英国人崇尚物理和化学机械的习气，并称他们是"哲学工具"。但是，对于那些认同孔德和斯宾塞并认为哲学是一切科学成果之综合的人来说，这个称呼再贴切不过了。因此，相比在发源地，实证主义运动在英国拥有更多的铁杆粉丝，虽然这些粉丝不及利特雷[②]那般狂热，但他们拥有英国人特有的固执，这种固执精神支持着约翰·斯图尔特·穆勒、弗里德里克·哈里森[③]这样的人终身执着于孔德哲学；同时，其民族固有的谨慎使他们自觉地远离孔德那讲究仪式的宗教。

与此同时，从科学中萌芽、迅速茁壮成长的工业革命反过来也刺激着科学的发展。牛顿和赫歇尔[④]将恒星展示在英国人面前，波义耳[⑤]和戴维[⑥]

①边沁（1748—1832），英国社会和政治理论家。——译注

②利特雷（1801—1881），法国词典编纂学家、哲学家。——译注

③弗里德里克·哈里森（1831—1923），英国作家、实证主义者。——译注

④赫歇尔（1738—1822），英国天文学家、古典作曲家，恒星天文学的创始人。用自己设计的望远镜发现太阳系多颗卫星及天王星，系统观测恒星，提出恒星演化学说。——译注

⑤波义耳（1627—1691），英国物理学家、化学家。——译注

⑥戴维（1778—1829），英国科学家，矿坑用戴维安全灯发明人。——译注

打开了化学世界的宝库，法拉第即将获得激动人心的发明，拉姆福德[①]和焦耳向世人展示了力的转化、平衡以及能量守恒。

至此，科学已经变得错综复杂，困惑的世人迫切希望有一样东西能够将这些科学成果综合起来。

在斯宾塞的青年时代，在一切科学成果中，给英国震撼最大的是生物学的发展，即进化论的提出。在进化论发展方面，科学显得相当国际化：康德曾提及猿变人的可能性，歌德曾作《植物的变形》一文，而达尔文和拉马克[②]都提出，物种通过遗传由简单形式进化而来，经常使用的器官发达增大，不经常使用的器官则逐渐退化。1830 年，圣伊莱尔[③]与居维叶[④]展开了一场关于进化的论战，这场著名的论战就像另一出《埃尔纳尼》[⑤]、另一场对古老思想——不变的世界中不变的规律和秩序——的反叛。圣伊莱尔虽然失败了，却震惊了整个欧洲，连白发苍苍的歌德也因此笑逐颜开。

十九世纪五十年代，进化论依然像风中的纸屑，飘忽不定。其实，在达尔文提出进化论多年以前，斯宾塞就在《进化的假说》(1852) 一文和《心理学原理》(1855) 一书中表达了相同的观点。1858 年，达尔文和华莱士在林奈学会宣读了他们的著名论文，1859 年，《物种起源》出版。果然不出慈祥主教们的预料，旧世界从此分崩离析。在《物种起源》中，进化的概念不再模糊，进化也不再被模糊地推断为从较低物种向较高物种的发展。该书内容丰富翔实，从理论的角度对进化的实际模式和过程作了介绍，达尔文认为："进化的手段是自然选择，或者说是在生存竞争中对优秀物种的保存。"在长达十年的时间里，进化论成了全世界的话题。在这股思想浪潮中，斯宾塞稳坐风口浪尖，这归功于他那清晰开阔的头脑。他那清晰的脑袋告诉他，进化论可应用于一切研究领域，而他开阔的头脑则为他的理论构建提供了几乎所有的知识。十七世纪，数学主宰哲学，于是出现了笛卡

①拉姆福德（1753—1814），英裔美国人，物理学家、发明家、政治家。——译注

②拉马克（1744—1829），法国博物学家，进化论的奠基人，"生物学"一词的发明者。——译注

③圣伊莱尔（1772—1844），法国博物学家。——译注

④居维叶（1769—1832），法国博物学家、动物学家。——译注

⑤四幕歌剧，威尔第谱曲。——译注

尔、霍布斯、斯宾诺莎、莱布尼茨、帕斯卡[①]；随着心理学的兴起，哲学界出现了贝克莱、休谟、孔狄亚克、康德；十九世纪，谢林、叔本华、斯宾塞、尼采、柏格森等哲学家扮演着主要角色，此时的哲学思想以生物学为背景。在这些时代里，影响最为深远的思想都是思想家成果的零碎片断，或多或少都有些晦涩；但是，每一种具有影响力的思想都与整理、阐述它们的思想家密不可分，正如“新大陆”以亚美利哥·韦斯普奇命名，因为亚美利哥绘制了一幅地图。赫伯特·斯宾塞是达尔文时代的韦斯普奇，从某种程度上来说，也许还是达尔文时代的哥伦布。

二、斯宾塞生平

1820 年，斯宾塞出生于英国德比。从其父母的家族谱系来看，两边的祖先都不曾反对英国国教。但是，斯宾塞的奶奶虔诚地追随约翰·卫斯理[②]，叔父托马斯尽管是国教的牧师，但在教会内部掀起了一场卫斯理运动，他从来不听音乐会，不看戏剧，而是积极参加政治改革运动。到了斯宾塞的父亲那里，这种异教情绪更为强烈，并在固守个人主义的斯宾塞身上达到顶峰。斯宾塞的父亲从来不用超自然力量来解释事物。据他的一位熟人说（尽管斯宾塞认为有点夸张），他是“大家唯一能够见到的没有任何信仰也不信任何宗教的人”[③]。斯宾塞的父亲相信科学，还著有《创造发明的几何学》一书。政治上，他跟他的儿子一样，是个人主义者，而且，“不管一个人地位多高，他都不会对他脱帽”[④]。“如果没听懂母亲问他的问题，他也不会让母亲重复，他什么都不说，对问题置之不理。尽管这种态度没有给他带来一点儿好处，他也不想改变，终生保持着这种习惯。”[⑤]这不禁

①帕斯卡（1623—1662），法国数学家、物理学家、宗教哲学家。——译注

②约翰·卫斯理（1703—1791），圣公会牧师、福音传播者，与其弟查理同为基督教循道宗（卫斯理宗）的创始人。——译注

③斯宾塞，《自传》，第 1 卷，第 51 页；纽约，1904。

④《自传》，第 1 卷，第 53 页。

⑤《自传》，第 1 卷，第 61 页。

让人想到晚年的斯宾塞对扩大国家职能的万般抵抗（沉默除外）。

斯宾塞的父亲、叔父和爷爷都是私立学校的老师，而他，虽然日后成为十九世纪最负盛名的英国哲学家，但他直到四十岁才摆脱不学无术的状态。斯宾塞幼时懒散，父亲却笃志好学。十三岁时，他终于被送往辛顿跟随叔父学习，这个叔父是出了名的严厉。果然，斯宾塞很快便逃跑了，他长途跋涉，回到自己家里——第一天走了四十八英里，第二天四十七英里，第三天二十英里，用以果腹的唯有少许面包和啤酒。但几周之后，斯宾塞又回到了辛顿。这是他一生中唯一一次系统的学习。可是后来，他自己都说不出在那里学了些什么。他跟着叔父既没有学历史，也没有学自然科学和文学。斯宾塞用他特有的语气骄傲地说："不论在孩童时代，还是年轻时代，我没有上过一堂英语课，而且直到现在，我也没有一条完整正式的句法知识，这应当是众所周知的事实，这些事实会跟大家普遍设想的有出入。"[①]四十岁时，斯宾塞尝试阅读《伊利亚特》，但"读了约六卷以后，我感到心有余而力不足。即使给我一大笔钱，我也不想把它读完"[②]。他的秘书科里尔告诉我们，斯宾塞从未读完过一本科学著作。即使在他最热爱的领域，斯宾塞也没有接受过系统的教育。为了化学，他烧伤过手指，亲历过爆炸；在家和学校附近，他曾经像昆虫学家一样对昆虫进行过观察；做土木工程师的时候，他学习过关于地层和化石的知识；此外，在生活中，他还会有意无意地捡起心爱的科学。三十岁以前，斯宾塞从来没有想过哲学[③]。后来，斯宾塞开始阅读刘易斯[④]的作品，接着试图阅读康德，但是，当斯宾塞发现康德把空间和时间看作感知的形式，而不是客观事物的时候，他便断定康德是个傻瓜，于是把书扔了。[⑤]他的秘书说，斯宾塞写第一本书《社会静力学》的时候，"除了读过乔纳森·戴蒙德[⑥]的一本书外，没有读过任何其他伦理学方面的文章，而且这本书很老，现在

①《自传》，第 1 卷，第 7 页。

②《自传》，第 1 卷，第 300 页。

③《自传》，第 1 卷，第 438 页。

④刘易斯（1817—1878），英国哲学家、批评家。——译注

⑤《自传》，第 1 卷，第 289、291 页。

⑥乔纳森·戴蒙德（1796—1828），英国伦理学家、和平倡导者。——译注

也没人记得了”。斯宾塞写作《心理学原理》的时候，也只读过休谟、曼赛尔[①]和里德[②]的书，写《生物学原理》时，只读过卡彭特[③]的《比较生理学》（还不是《物种起源》），写《社会学原理》时，还没有读过孔德或泰勒[④]的著作，写《伦理学原理》时，除了了解塞奇威克，他既没有读过康德的书，也没有读过穆勒的书。[⑤]在这方面，斯宾塞跟穆勒形成巨大反差，因为穆勒接受的是严格而精深的正规教育。

那么，他在数以千计的论证中引用的无数事实是从哪里来的呢？大多数是“学习所得”，但不是通过读书，而是通过直接观察。“他总是充满好奇心，经常带着同伴对一些显著的现象进行观察……直到亲眼看见为止。”他在伦敦雅典娜神殿俱乐部与朋友们讨论问题时，经常令他们绞尽脑汁，穷尽一切专业知识，其中包括赫胥黎。在俱乐部，他遍阅期刊，而且“目光犀利，不放过任何一个他认为有用的事实”，就像当初阅读经其父之手寄给德比哲学协会的期刊那样。[⑥]当斯宾塞终于确定自己想做的事情，并找到进化这个中心思想——日后他的作品将围绕这个主题展开，他的脑袋就变成了一块磁石，吸引着一切相关材料，而且凭借卓越的整理能力对令人眼花缭乱的材料进行分类。难怪当时的工人和商人听到斯宾塞的名字时会很高兴，因为他们觉得斯宾塞跟自己很像——不读书、没“文化”，但能在生活和工作中学习关于大自然和实际生活的知识。

斯宾塞为了谋生而工作，而工作经历使他的想法越来越务实。他做过铁路桥梁的测量员、监督员、设计师，干的基本上是工程师的活。斯宾塞还经常有些小发明，虽然都以失败告终，但在《自传》里回忆自己的小发明时，他却像一个父亲，即使儿子任性调皮，也依旧充满爱意。在这些回忆性文字里，读者经常能碰到盐瓶、罐子、灭烛器、病人轮椅等小玩意儿，这些东西虽小，却都是获得专利保护的。斯宾塞也像我们当中的大多数人

①曼赛尔（1820—1871），英国哲学家。——译注

②里德（1710—1796），英国哲学家。——译注

③卡彭特（1813—1885），英国动物学家、生理学家。——译注

④泰勒（1832—1917），英国人类学家，被称为文化人类学之父。——译注

⑤科里尔语（罗伊斯，《赫伯特·斯宾塞》，第210页）。

⑥科里尔语（罗伊斯，《赫伯特·斯宾塞》，第210页）。

一样，年轻时自创过一套食谱。他一度是个素食主义者，但当他发现一位素食同伴得了贫血症，并发现自己的体力日益衰退时，立即停止了素食。“我发现有必要把素食期间写的东西重新写过，因为那时候的文字缺乏活力。”[①]

那时，斯宾塞什么都敢尝试，他甚至想移民新西兰，他不知道，一个年轻的国家对哲学家是没有任何益处的。斯宾塞曾以他特有的方式，列了两张单子，一张单子列上移民的理由，另一张列上反对移民的理由，每个理由都用一个数值表示。最后，反对移民的那张单子得了一百一十分，离开英国的那张单子得了三百零三分。不过，斯宾塞还是选择了留在英国。

斯宾塞的性格远非十全十美。为了让自己坚信的现实主义和实用感尽善尽美，斯宾塞忽略诗歌和艺术的灵魂及激情，这着实是个不小的代价。在整整二十卷作品中，斯宾塞唯有一次提及诗歌，还是在一位印刷员的要求下，在文中提了提“科学预测的日常韵律”。斯宾塞是坚忍不拔的，说得难听点，也叫固执己见。为了给自己的假说寻找证据，他会扫荡整个宇宙，但他绝不会去深入理解别人的观点。这种唯我主义使他承受了叛逆者身份的种种压力。不过，要是没有这些自负，他也背负不起自己的伟大。作为人类思想的先行者，斯宾塞还有其他弱点。比如，与他的勇敢、坦率、独创相伴的是一意孤行的狭隘。斯宾塞反感一切奉承巴结，不接受政府颁发的任何荣誉；连续四十年，他忍受着慢性疾病，在几乎隐居的生活中从事痛苦的工作。然而，据某位曾经接近他的颅相学家说，斯宾塞“自尊心极强”。[②]身为教师的子孙，斯宾塞在自己的书中掌握这样一条戒律，并用说教的语气教导世人。“我没有丝毫迷惑。”他这样告诉我们。[③]孤独的单身生活使斯宾塞缺少一丝人性的温暖，尽管他有时也会强烈地维护人道。他曾跟那位伟大的英国女性——乔治·艾略特有过密切的交往，但艾略特才华横溢、个性理智，无法取悦斯宾塞。[④]斯宾塞没有幽默感，

---

①《自传》，第 1 卷，第 401 页。

②《自传》，第 1 卷，第 228 页。

③《自传》，第 1 卷，第 464 页。

④《自传》，第 1 卷，第 457—462 页；第 2 卷，第 44 页。

行文风格也不细腻。台球是他最喜欢的游戏，但有一次，他输了，便严厉指责对手，责备他为了成为台球高手而浪费太多时间。斯宾塞在《自传》中回顾自己的早期作品时，不停地告诉读者，自己的作品其实应该如何如何写。[①]

斯宾塞对生活总是正儿八经，虽然生活其实没那么严肃——不过对他那也是迫不得已，斯宾塞背负的东西太过宏伟了。“星期天我参加了圣克劳德节庆，看到活蹦乱跳的大人们，我真被逗乐了。法国人真是长不大，我看到一位白发苍苍的老奶奶竟然还骑旋转木马，就是我们游乐场里的那种。”[②]斯宾塞在一封写自巴黎的信中这样说道。他就是这样，忙着对那些没时间亲身体验的生活进行分析、描写。亲眼看过尼亚加拉大瀑布后，他匆匆地在日记中记下：“基本如我所料。”[③]他总是以最迂腐的方式讲述最普通的事情，好像在告诉我们他唯一一次发誓的情形。[④]斯宾塞没有遭受过大的病痛，也不曾感受过爱的激情（如果他的回忆录确凿可信的话）。尽管有过几次恋爱，但他在书中回顾这些经历时，却像数学家演算题目一样；在描述那几段曲折而又温暖的友谊时，也没有任何激情。他的一位朋友曾抱怨，要一边向年轻女速记员口述一边写作，他做不到；但斯宾塞却认为，自己丝毫不会受女速记员的影响。他的秘书说：“斯宾塞薄薄的嘴唇冷若冰霜，说出来的话永远那么枯燥无味，从他轻蔑的眼神可见他缺乏温情。”[⑤]因此，我们也能理解斯宾塞那平铺直叙的写作风格了：既没有磅礴的气势，也用不着感叹号。在那个浪漫气息浓郁的世纪里，斯宾塞就像一座丰碑，庄严而又含蓄地耸立着。

斯宾塞拥有超乎寻常的逻辑推理能力，他能像对弈者一样，精确地将演绎和归纳发挥得淋漓尽致。在人类现代历史上，最能清晰地解释复杂问题的当属斯宾塞了。他善于利用明白晓畅的术语，对费解的问题进行讨论，

① 《自传》，第 1 卷，第 415、546 页。

② 《自传》，第 1 卷，第 533 页。

③ 《自传》，第 2 卷，第 465 页。

④英国物理学家廷德尔（1820—1893）曾经这样评论斯宾塞：如果这家伙能够时不时地发发誓言，他会是一个更好的人。（艾略特，《赫伯特·斯宾塞》，第 61 页。）

⑤罗伊斯，《赫伯特·斯宾塞》，第 188 页。

因此，有那么几十年，全世界都对哲学产生了浓厚的兴趣。“人们说我有非凡的阐释能力，能够用异乎寻常的方式清晰连贯地运用数据进行推理，并得出结论。”斯宾塞这样说道。[①]他喜欢进行宏观概括，这使得斯宾塞的各种假说而不是用来论证假说的证据，成为最吸引读者眼球的东西。赫胥黎说,事实对理论的扼杀是斯宾塞认为的悲剧。[②]他在自己的脑中装了如此多的理论，以至于每一两天就得经历一次悲剧。当赫胥黎发现巴克尔不仅手无缚鸡之力，甚至连走路都摇摇晃晃时，他备感震惊，对斯宾塞说:“啊!他是头重脚轻，我终于找到这样的人了。”斯宾塞补充说:“那是因为巴克尔获取的东西大大超过了他大脑组织的能力。”[③]而他自己正好相反,他的大脑组织能力远远超过他所吸取的东西，他善于整理、综合，他还曾经因为卡莱尔缺乏这样的能力而贬低他。后来，斯宾塞对秩序的钟情成为一种癖好，他被征服了——被自己出色的概括能力征服。然而，世界需要的正是斯宾塞那样的头脑，需要一个能够将纷乱如麻的事实清清楚楚地转化为文明成果的人。斯宾塞的缺点亦因他为一代人所做的贡献而来，但是，人非圣贤，孰能无过，正是这些缺点，表明斯宾塞也是一个普通人。如果本书做到坦率地介绍斯宾塞，那是因为，如果我们了解一位伟人的缺点，我们会更加爱戴他;但如果这位伟人完美无缺、耀眼夺目，我们便会心生怀疑，甚至厌恶。

“迄今为止,我的生活可以用一个‘杂’来形容。”[④]斯宾塞在四十岁时这样写道。历史上，很少有哲学家像斯宾塞那样在事业上断断续续、漂浮不定。“大概在那个时候（二十三岁),我沉迷于钟表的构造。”[⑤]但慢慢地，他终于找到了自己的领地，并勤勤恳恳耕种着。早在1842年，斯宾塞便为刊物《非国教徒》（请注意斯宾塞选择的媒体）写了数篇关于“政府职权的正当范围”的文章，包含了他部分仍处于萌芽状态的放任主义思想。六年后，斯宾塞放弃了工程师的职业，成了《经济学人》的编辑。三十五

①《自传》，第2卷，第511页。
②《自传》，第1卷，第467页。
③《自传》，第2卷，第4页。
④《自传》，第2卷，第67页。
⑤《自传》，第1卷，第279页。

岁时，当斯宾塞以轻蔑的口吻对乔纳森·戴蒙德的《道德伦理学原理》进行批判时，他父亲挑衅性地说，有本事你自己也写一本这方面的书。斯宾塞接受了挑战，并成功写出了《社会静力学》。这本书虽然销量不好，却让他赢得了进军杂志界的入场券。1852 年，斯宾塞在《人口论》一文（在这篇文章里，我们也可以看到马尔萨斯[①]对十九世纪思想的广泛影响）中提出生存竞争是一个优胜劣汰的过程，并创造了许多历史性用语。同一年，斯宾塞在《进化的假说》一文中对陈腐观念进行了抨击。根据那些陈腐观念，新物种的起源基于对旧有物种的渐进式改进是毫无现实依据的。对此，他指出，这种观念其实更是推翻了物种神造论；文章还进一步说明，新物种的出现与人由受精卵开始成长、植物由种子开始长大一样，并非神秘莫测、不可思议。1855 年，斯宾塞的第二本书《心理学原理》面世，书中追溯了人类心灵的进化历程。1857 年，斯宾塞在文章《进步：法则与原因》中采用了冯·贝尔[②]的一切生命形式从同质向异质发展的观点，将之上升为历史和进步的一般法则。总之，斯宾塞把握时代精神，不断充实自己。至此，斯宾塞已经整装待发，即将成为一位普遍进化论哲学家。

1858 年，斯宾塞修改过去的文章准备结集出版，连他自己都惊讶于那些思想的连续性和统一性。很快，一个想法突然像一道阳光，透进洞开的大门，激发了他的灵感：进化理论不仅适用于生物学，说不定还适用于其他所有科学，它不仅能够用来解释生物的种和属，还能解释行星和地壳、社会和政治历史、道德和美学观念。此时，一个想法让斯宾塞欣喜若狂，他想通过一系列作品，向世人展示物质和心灵从星云到人类、从野人到莎士比亚的进化历程。但是，一想到自己已年届四十，他几近绝望——一个已经迈入不惑之年而且体弱多病的人如何能在生命结束之前横跨纵览人类的全部知识？就在这三年前，斯宾塞整个人完全病倒了，连续十八个月，他失魂落魄，无法工作，整天漫无目的、颓废绝望地四处彷徨，没

①马尔萨斯（1766—1834），英国经济学家，主要研究人口增长。他最知名的观点是，如果不是因为疾病、战争或性约束，世界粮食供应将无法满足日益增长的人口需求。——译注
②冯·贝尔（1792—1876），爱沙尼亚生物学家，胚胎学之父。——译注

了一点儿锐气。当斯宾塞终于意识到自己的潜在能力，准备发奋时，面对虚弱的身体，他苦不堪言。他知道自己永远都无法重新拥有健壮的身体，永远无法承受连续脑力劳动超过一小时。没有人像斯宾塞那样，在自己选择的事业面前感到如此力不从心，没有人会在这样的年纪选择开始如此艰巨的工作。

斯宾塞很穷，但他从不把精力过多地放在谋生上。他说："谋生不是我的本意，我认为谋生不应成为烦恼。"[①]斯宾塞的叔父去世后留给他两千五百美元的遗产，得到这笔钱后，斯宾塞立即辞去了《经济学人》的编辑工作，但很快，赋闲的他便把这笔钱花完了。这时，斯宾塞想，通过找寻客户预订自己计划中的著作也许能够带来一笔收入，虽然仅够勉强糊口，但也过得去。于是，他列了一个提纲，并把它发给朋友们，包括赫胥黎和刘易斯。他们为斯宾塞找了第一批预订者，这些预订者的名字如果列在单子上，一定能令人瞠目结舌——这些名字能让斯宾塞的著作简介增色不少：金斯利[②]、赖尔[③]、胡克[④]、廷德尔、巴克尔、弗劳德、贝恩[⑤]、赫歇尔等。斯宾塞的著作简介于1860年发表后，来自欧洲的预订达四百四十份，来自美国的有二百份，这样，斯宾塞每年便可以得到一千五百美元的收入。斯宾塞心满意足，劲头十足地开始工作了。

但是1862年，《第一原理》出版以后，许多人取消了预订，因为在书的第一部分，斯宾塞试图调和科学和宗教，这一做法得罪了主教和权威人士，不过，该篇章也因此一举成名。

做和事佬果真不容易。《第一原理》和《物种起源》是当时"笔墨大战"的焦点，其中，赫胥黎担任了达尔文主义和不可知论方阵的总司令。那时候，进化论者一度遭到权威人士的排挤，被指伤风败俗、不堪入目，而且，对他们进行公开羞辱一度成为值得称赞的事。随着斯宾塞更多作品的面世，预订者们纷纷退却，许多人甚至在收到作品时拒绝付费。斯宾塞不得不为

---

①汤姆森，《赫伯特·斯宾塞》，第71页。

②金斯利（1819—1875），英国作家，著有《向西去啊》《水孩子》等。——译注

③赖尔（1797—1875），英国地质学家。——译注

④胡克（1817—1911），英国植物学家。——译注

⑤贝恩（1818—1903），英国哲学家、教育家。——译注

每次发行产生的亏损埋单，但他没有因此而止步。最后，斯宾塞弹尽粮绝，既耗尽了资金，也失去了锐气。他向剩余的预订者发了一个通知，告知他们自己已经无法继续完成计划中的著作。

随后，人类历史上一件鼓舞人心的事发生了：斯宾塞最大的劲敌给他写了一封信，日期为 1866 年 2 月 4 日。在《第一原理》出版前，这位劲敌曾把持着英国哲学高地；如今，他发现自己已被进化论哲学家取代。他的信是这样写的：

> 尊敬的阁下：
>
> 上周抵达这里时，我发现了您 12 月份出版的《生物学原理》分册。不用说，看了您附后的通知后，我深感遗憾……我建议，您应该接着写下去，而且，我会向出版社保证，不让他们有任何亏损……我希望您不要把这个建议当作我对您个人的恩惠，即便是，我仍希望您允许我向您提议。事情绝非如此，我只想提一个小小的建议，希望我们能够一起助成实现那个重要的公共目的，为了这个目的，您已经不辞辛劳，付出了健康的代价。
>
> 您最真诚的
>
> 约翰·斯图尔特·穆勒谨上①

斯宾塞婉拒了，穆勒找到他的朋友，并成功说服其中几位每人预订了二百五十份。但斯宾塞不为所动，对穆勒的做法表示反对。突然，斯宾塞收到尤曼斯教授的一封信，信中说，斯宾塞在美国的崇拜者以他的名义购买了七千美元的公众证券，证券的利息全归斯宾塞所有。这一次，斯宾塞投降了，这份大礼蕴含的精神让他重整旗鼓。四十年来，斯宾塞奋力拼搏，直至《综合哲学》全部卷本顺利付梓。这种心灵和意志对病痛以及无尽坎坷的征服，是人类历史上一颗璀璨的明珠。

---

①《自传》，第 2 卷，第 156 页。

三、第一原理

1. 不可知论

斯宾塞开卷便说："我们常常忘记，'邪恶的事物里其实包含着一定的善'，'错误里也包含着一定的真理'。"因此，斯宾塞提出对宗教思想进行检视，从而找到真理的精髓，因为不论信仰以何种形式出现，宗教那摄人魂魄的持久力量一定来自真理的精髓。

很快，斯宾塞便发现，关于宇宙起源的一切理论只会把我们逼进死胡同，让我们无力构想。无神论者试图构想一个独立存在的世界，一个既没有原因也没有起点的世界，但实际上，没有起点或没有原因的事物是超乎我们想象的。有神论者只是往后退了一步，使问题回到了原点。神学家说："上帝创造世界。"对此，孩子们提出一个让人无法解答的问题："谁创造了上帝？"从逻辑上说，一切终极的宗教思想都是不可思议的。

一切终极的科学思想同样也超越了人类的理性。什么是物质？我们将物质分割至原子，但随后，我们又不得不像分割分子那样去分割原子。于是，我们陷入了两难境地：物质可以被无限分割，这是难以想象的；或者说物质可以被有限分割，这同样难以想象。对空间和时间的分割也面临同样的情况，因为从根本上说，分割的有限性和无限性都是非理性的想法。运动是被三层艰涩的外壳重重包裹的，因为它涉及在时间中改变空间位置的物质。如果我们抱着不到黄河心不死的精神对物质进行分析，最终面对的就只有力——一种作用于我们的感觉器官的力，或者说一种与我们的行为器官相抵抗的力。但是，又有谁能告诉我们，什么是力？随着我们从物理学转向心理学，我们开始接触心灵、意识，但在心理学领域，我们碰到的难题更令人费解。"终极的科学思想代表的都是无法理解的实在……科学家不论选择什么研究方向，他最终面对的都是不可破解的谜。而且，随着研究的深入，他愈加能体会到这一点。于是他发现，人类的认识是如此伟大，又是如此渺小。说人类认识伟大，是因为人类能够处理一切经验范围之内的东西；说它渺小，是因为在一切超验的事物面前，人类又是如此无能为力。相比于其他人，科学家更真切地知道，从终极本质来看，没有事物是可知的。”[①]唯一坦诚的哲学，用赫胥黎的话来说，就是不可知论。

知识的相关性是造成这些费解问题的共同原因。“思维是一种关联性活动。超越关联性的东西，思想是无法表达的……人类理性受现象束缚，理性的目的是为了与现象贯通。如果我们用理性去解释超越现象的东西，我们会发现自己其实是在胡说八道。”[②]然而，从名称和性质来看，关联的东西和现象的东西均暗示着一些超越关联和现象的东西，一些终极的绝对的东西。“现实隐藏在现象背后，这个想法存在于我们的意识之中。如果我们细察自己的思想，就会发现，要摆脱这样的意识是一件不可能的事，但这种不可能使我们更坚信现实的存在。”[③]至于什么是现实，我们一无所知。

从这个角度来看，调和科学和宗教并不是一件难事。“一般来说，调和敌对观念，便会得到真理。”[④]我们要让科学承认，科学“法则”只适用于现象界和关联物；我们要让宗教承认，神学是一个神话，一个能将无法概念化的信仰合理化的神话。我们要让宗教不再把绝对想象成一个夸大的人，更糟糕的是，想象成一个残忍、嗜血、奸诈的怪物，一个因“喜欢谄媚（比如人类所鄙视的那种奉承）”[⑤]而痛苦的怪物。我们要让科学不再否定神祇，或不再将唯物主义视为理所当然。心灵和物质也是相互关联的现象，是终极原因的双重效应，而终极原因的本质无法为人所知。人类对这种不可知力量的认可是一切宗教真理的精髓，是一切哲学的开端。

2. 进化论

提出不可知论之后，哲学便放弃了对不可知物的探究，转向可知的事物。形而上学是幻象，正如米什莱[⑥]所说，它是“一种能够有条不紊地

---

①《第一原理》，第 56 页；纽约，1910。

②《第一原理》，第 107、108 页。在这里，斯宾塞无意中契合了康德的观点，并为柏格森作了铺垫。

③《第一原理》，第 83 页。

④《自传》，第 2 卷，第 16 页。

⑤《第一原理》，第 103 页。

⑥米什莱（1798—1874），法国历史学家。——译注

使自我陷入迷醉状态的艺术”。哲学的职责和功能应是对科学成果进行综合和统一。“最低级的知识是零散的知识，科学是部分统一的知识，而哲学则是完全统一的知识。”[①]但如此完全的统一需要一个大而普适的原则，一个能够涵盖一切经验、描述一切知识鲜明特征的原则。这样的原则存在吗？

也许，通过统一最具有概括性的物理学，我们便可接近这种原则。这些高度概括包括：物质不灭、能量守恒、运动连续性、诸力之间关系的持久性（比如，自然规律的不可违背性）、力的转化和平衡（甚至包括脑力和体力）以及运动的节奏性。对最后一点，大家也许有点陌生，所以需要在这里稍稍解释一下。其实，整个大自然都是富有节奏的：从心脏的跳动到小提琴琴弦的振动，从光、热、声的波动到海洋的潮汐，从性爱的周期性到行星、彗星、恒星的周期性，从日夜交替到四季轮回、气候变化，从分子运动到国家的兴衰、恒星的诞生和死亡。

通过分析（我们无法在此详细给出整个分析过程），所有这些“可知物法则”都可以归结为最终法则，即力量持久。这个法则似乎有点儿呆滞、缺乏生气，那是因为它没有暗示生命的秘密。那么，现实的动态法则到底是什么？万物生长而后衰败的公式又是什么？这个公式必定包含着进化和死亡，因为“任何事物从生到死，必然包含着不知不觉的出现以及不知不觉的消失”[②]。

于是，斯宾塞提出了他那举世闻名的进化公式，该公式使欧洲知识分子大惊失色，而且，他耗费十卷书的笔墨并花了四十年时间才对该公式进行了完整的解释。斯宾塞说：“进化是对物质的整合以及伴随着整合而出现的运动的消散。在进化中，物质从模糊、松散的同质体转变为确定、连贯的异质体，而绵延的运动也经历着类似的转变。”[③]这话是什么意思？

天体在星云中的孕育、地球表面海洋和山峰的形成、植物对营养元

① 《第一原理》，第 119 页。
② 《第一原理》，第 253 页。
③ 《第一原理》，第 367 页。

素的代谢、人体对动物组织的消化与吸收、胚胎内心脏的发育、出生后骨头的融合，感觉和记忆统一为知识和思想，知识统一为科学和哲学，家庭扩展至氏族、部落、城市、国家、联盟，甚至“世界联邦”：这些就是物质的整合，即单一的个体聚合为群体、组群、整体。显然，这样的整合会削弱局部运动，比如国家的强大会使个人的自由相应减少。与此同时，整合也使各局部之间相互依赖，但这种依赖是一种保护性的关系组织，能够保证局部间的“连贯性”，并促进集体的存活。整合的过程也能使形式和功能更为确定：星云是没有形状、模糊不清的，却孕育了椭圆状的行星、界限分明的山脉、拥有特定形式和特点的有机体及其器官以及劳动得以分工、功能得以细化的生理结构和政治结构等等。此外，该整体的部分不但是确定的，从性质和运作上来说，还是多元的、异质的。原始星云是一个同质体，其组成部分是相似的；但很快，星云便分为气体、液体和固体，随后，大地绿茵覆盖，山巅则白雪皑皑，浩瀚的大海亦一片蔚蓝。从相对同质的原生质中，生命进化出各种各样的营养、生殖、运动和感觉器官。紧接着，一种简单的语言响彻整个大陆，不同的地方孕育出不同的方言。科学的种子生根发芽，蓬勃发展；各国民间的传说遍地开花，孕育出丰富多彩的文学艺术。独特的个性和品质慢慢形成，每个种族、每个民族努力开发自己独特的天赋。整合、异质、部分聚合为更大的整体，部分区分为更多的形式：这就是进化轨迹的核心所在。一切从分散变为整合和统一、从简单同质变为复杂异质的东西（参考 1600 年至 1900 年的美国），都流淌在进化的大河里，而一切从整合回归到分散、从复杂回归到简单的东西（参考公元前 200 年至公元 600 年的欧洲），则被卷入衰亡的退潮中。

对这个合成的公式，斯宾塞并不满足，他继续努力揭示物质因机械力自然运作的必然性及其何以从分散变为整合。首先，在一定程度上说，“同质体是不稳定的”，也就是说，相似的部分不会长久地保持相似，因为它们会受到不均匀外力的影响。比如，外面的部分会像海岸线上的城镇，首先遭到攻击。然后，就像不同的工作将原本类似的人塑造成三百六十行的不同代表，物质慢慢变为异质体。其次，“效应是会倍增的”：一个原因能够带来各种各样的结果，使世界产生各种各样的差异。玛丽王后说错的一句话[①]、埃姆斯电报的修改[②]，或者萨拉米斯的一阵风，都能在历史上发挥无穷无尽的作用。再次，“隔离”法则的存在：一个相对同质的整体被驱散，进入不同区域，由于被不同环境塑造，而成为不同的事物。比如，根据各地方的特点，英国人变成了美国人、加拿大人或澳大利亚人。自然力便通过这些方式创造了五彩缤纷的进化世界。

最后，也是必然的一点，即“平衡”的出现。在阻力的影响下，任何运动或迟或早都会停止，任何有节奏的振动在频率和振幅上都会减弱（除非受到外力的作用）。行星的运行从主轨道降到次轨道；随着时间的流逝，太阳光的热度和亮度会逐渐减弱；地球的旋转会因潮汐的摩擦而减慢。今天的地球是一个充满生命运动的地方，它孕育的无数的生命在此繁衍生息。但终有一天，地球的运行及其各部分的发展会渐渐放慢；我们的血管会干枯，血液会变冷，血流速度也会减慢。匆匆忙忙的时代成为历史，我们就像一个行将灭亡的种族，梦想涅槃，期待天堂。接下来，我们思念那能让我们永远休憩的天堂，而不是绞尽脑汁地活下去。接下来，平衡迅速被灭亡取代，这就是进化的悲惨结局。于是，社会瓦解，人民外迁，城市变成一片黑暗的穷乡僻壤，人们又陷入贫苦的生活。面对分崩离析的社会，政府无力挽回局面；在混乱的社会里，人们甚至会忘记往日的太平。个人也是如此：破坏力量征服整合力量，和谐的生命便趋向混乱死亡。地球就像一个乱作一团的剧院，上演着一出腐朽、悲伤的剧目，主角便是那不可逆转地走向退化的地球能量。地球将回归尘土、星云——地球的发源形态。进化与灭亡的循环是完整的，循环会重新开始，循环是无休无止的，但结局永远不变。死亡是人生的必然，人类应该“铭记死亡”，出生是衰老和死亡的序曲。

①法国国王路易十六的王后玛丽·安托瓦内特加冕为王后时，法国正闹饥荒，国民粮食匮乏，于是大臣向王后报告：“法国的百姓没有面包吃。”王后调侃似的回答：“为什么不让他们吃些蛋糕呢？”这句话后来广为流传，成为指控王后生活腐化、脱离民众的证据。——译注

② 1870 年，普鲁士国王威廉一世给俾斯麦一封电报，但俾斯麦接到电报后，删改了其中的一些内容，并在报上公开发表。此举加剧了普法矛盾，不久后法国对普鲁士正式宣战。——译注

《第一原理》就像一出宏伟的戏剧，娓娓道出星体、生命、人类的兴盛与衰败、进化与灭亡，它是一出悲剧，这出悲剧可以用哈姆雷特的话作结语："余下的就是沉默。"[①]面对这样的生存结局，那些在信念和希望中成长起来的芸芸众生纷纷表示反对，也是可以理解的。我们知道，人终有一死，正因我们无法左右死亡，于是我们更愿意关注生命。在斯宾塞身上，我们可以看到叔本华的影子，两人都认为，人类的努力是徒劳的。在斯宾塞事业成功的终点，他发出了人生不值得一活的感叹。他有着哲学家的通病：看得太远，以致无法看到现实中一切拥有美丽色彩和线条的东西。

斯宾塞懂得，如果一种哲学只讲平衡和死亡，不涉及上帝和天堂，它便得不到读者的青睐。因此，在《第一原理》第一部分的结尾，他凭着非凡的雄辩力和激情捍卫自己的权利——他发现黑暗真理的权利。

> 如果一个人自认为发现了最高真理，但由于担心自己的发现太过超前，而在决定是否说出来的时候犹豫不决，那么，他可以从客观的角度审视一下自己，以打消疑虑。
>
> 他应该记住，观点其实就像一个媒介，一个人可以通过这个媒介对外在的安排进行调整，使之适应自己的性格；而且，他的观点也是该媒介的正当组成部分。他的观点是一个单位的力量，它与其他的力量结合在一起，便能形成一股强大的力量。社会变革便源于此。如此，他便会知晓，他可以以恰当的方式将自己内心最深处的想法表达出来，然后任其发挥影响。当然，他的这些想法，他对某些原则的支持，或是对某些原则的反对，绝非无中生有。他，以及他的一切能力、抱负、信念都不是偶然的，它们是时代的产物。他既是过去之子，也是未来之母。他的想法就像他生育的孩子，不应随便对待，任其自生自灭。他像其他人一样，可自指是无数媒介之一，"未知的原因"通过这些媒介产生作用。当"未知的原因"在他身上催生一种信仰，他便可以宣称自己皈依这一信仰，并将该信仰付诸实践……因此，智者并不把

①哈姆雷特的临终之言。——译注

自己的信仰看成一种偶然。如果发现了最高真理，他便会毫不畏惧地将之公之于众。只要认识到这一点，不管后果如何，在这个世界上，他扮演的角色便是正当的。如果他的变革目标能够实现，当然很好；如果不能，只要差强人意，也很好。

四、生物学：生命的进化

1872 年，《综合哲学》第二卷和第三卷问世，名为“生物学原理”。这两卷书暴露了哲学家在踏入另一专业领域时必然产生的局限性。尽管书中有细节上的错误，但斯宾塞的许多启发性推论弥补了这一不足。它们对多如牛毛的生物学知识重新进行整合，使之更加清晰明白。

在《生物学原理》开篇，斯宾塞便下了一个著名的定义：“生命是为了适应外在关系而对内在关系的不断调整。”[①]生命的完整性取决于内在关系与外在关系间的一致性程度；如果该一致性完美无瑕，那么，生命便完美无瑕。要实现这种一致性，不仅仅是内在关系被动适应外在关系；生命的独特在于，它能够预测外在关系的改变，从而主动调整内在关系，就像动物蜷缩自己以避免伤害，人类生火以烘烤食物。

但是，斯宾塞对生命的定义也有不足之处。首先，该定义忽略了生物对环境的改造；此外，生物能够凭借一种神秘的力量作出预测性调整，这种预测性调整是生命力的体现，而斯宾塞没能对这种神秘力量作出解释。于是，在《生物学原理》后来版本中一个新增的章节里，斯宾塞被迫对“生命的动态元素”进行讨论，并承认自己的定义没有真正揭露生命的本质。他说：“我们不得不承认，用物理、化学的方法，我们是无法把握生命本质的。”[②]斯宾塞不知道，如此坦白会给自己那套体系的统一性和完整性带来多大破坏。

斯宾塞发现，为了适应外在关系，生命个体会对内在关系作出调整。

---

① 《生物学原理》，第 1 卷，第 99 页；纽约，1910。

② 《生物学原理》，第 1 卷，第 120 页。

他还发现，整个物种也会为了适应生存环境而对繁殖能力进行显著的调整。生物繁殖起源于营养受众体的营养吸收面对营养受众体大小变化的不断适应和调整。举例来说，阿米巴在生长过程中，营养受众体增大的速度会远远大于营养吸收面表面积的增速，受众体必须从营养吸收面获得营养，于是，便出现了分裂生殖、出芽生殖、孢子生殖、有性生殖，这些生殖方式的共同点就是能够缩小受众体和营养吸收面间的差距。因此，如果个体生物的生长超过某个限度，将是非常危险的；也因此，一段时间以后，生长一般都会让位于生殖。

一般而言，生物的生长变化与能量消耗成反比，繁殖率与生长程度成反比。“饲养员都知道，如果母马要生小马驹，就不能让母马的体型达到正常大小……反过来说，阉鸡，尤其是猫，阉割过的动物往往比它们未被阉割的同伴要大。”[①]随着个体发育的完全和能力的提高，繁殖率会趋于下降。“如果物种构造低级，它们抵抗外在威胁的能力便会很弱，个体便会大量死亡，为了应对这一问题，该物种就需要强大的生殖能力，否则，便会惨遭灭绝。相反，如果自然赋予物种强大的自卫本能，相应地，该物种的生殖能力就不能很强”，以免过高的繁殖率超过食物供应能力。[②]

一般来说，个性化和生命创造之间，或者说个体发展和生殖之间是相互对立的。相对于生物个体，这一法则应用于生物种群时更具规律性：物种或物群越是发达，繁殖率就越低。但一般来说，该法则也适用于个体。比如，智力的发展似乎与生育是相悖的。“拥有强大生育能力的个体一般在思维方面较为迟钝；反之，如果个体在学习期间过多地进行脑力活动，该个体往往无法生育，或者在生育时遇到障碍。因此，我们可以预测，人类进化的下一步便是生殖能力下降。”[③]哲学家臭名昭著，原因之一就是他们总是极力避免为人父母。而女人，从做母亲的那一刻开始，她们的脑力活动通常就会减少；[④]而且，她们的青春期之所以会缩短，也许就是因为她们过早为繁衍后

① 《生物学原理》，第 2 卷，第 459 页。
② 《生物学原理》，第 2 卷，第 421 页。
③ 《生物学原理》，第 2 卷，第 530 页。
④ 《自传》，第 1 卷，第 62 页。

代作出了牺牲。

为了适应整个物种的生存需求，不同生物的繁殖率会有所不同，但这种适应不是彻底的。马尔萨斯说得对，生活资料总是无法满足日益增长的人口的需求。“这种人口压力一开始便是人类进步的直接原因。在这种压力的推动下，人类从最初便广泛分布，它还迫使人们摒弃捕食的习惯，变捕食为农耕，于是，人们在地球表面开辟出广阔的田地。在人口压力下，人变为社会的人……并形成各种社会情绪。此外，它还刺激了生产力的发展，提高了人类的技能和智力。”[①] 人口压力是生存竞争的首要原因，通过生存竞争，最适应环境的生物便能生存下来，同时，物种的级别也得以提高。

适者生存的主要原因是什么？是因为该生物自发地进行有利变异，还是因为该生物部分遗传了世世代代反复习得的性格或能力？在这个问题上，斯宾塞没有自以为是，他欣然接受了达尔文的理论。但斯宾塞感到，达尔文的理论依然无法解释某些现象，这促使他在作出修改的基础上接受了拉马克学派的观点。在与魏斯曼[②] 的争辩中，斯宾塞为拉马克进行了有力的辩护，并指出达尔文理论的一些缺陷。在那些日子里，斯宾塞几乎是单枪匹马地与拉马克站在同一战线。有意思的是，今天的新拉马克主义者中竟有达尔文的后代，而当代最伟大的英国生物学家认为，达尔文关于进化的个别理论（当然不是达尔文的一般理论）必须被抛弃，这已成为当今遗传学专业的共识。[③]

五、心理学：心灵的进化

两卷本《心理学原理》（1873）是斯宾塞思维之链上最为薄弱的一环。早前，斯宾塞曾有一卷本著作论述该主题（1855），在这一卷本中，他凭

---

①《生物学原理》，第 2 卷，第 536 页。

②魏斯曼（1834—1914），德国生物学家。——译注

③可参阅威廉·贝特森爵士为美国科学促进协会所做的演讲（1921 年 12 月 28 日，多伦多），刊登于 1922 年 1 月 20 日《科学》杂志。

着年轻人的满腔热情，为唯物论和决定论辩护。但随着年龄的增长和思想的成熟，斯宾塞对该书进行了修改，使得全书在形式上看起来更为温和。此外，斯宾塞还增加了数以百计的页码，这些新增的页码上充满煞费苦心但毫无启发意义的分析。斯宾塞提出了丰富多彩的理论，但证据极为匮乏。他提出，神经源于细胞间的结缔组织、本能源于反射作用的综合以及获得性特征的传递、心理范畴来自物种获得的经验。除此以外，他还提出“变形实在论”[①]以及上百种其他理论。这些理论不像就事论事并使人清醒的心理学理论，反而像形而上学，令人迷惑不解。阅读时，我们仿佛离开了现实主义的英国，“回到了康德身边”。

同时，令我们印象深刻的是，在心理学历史上，《心理学原理》是第一本坚定不移地表述进化论观点、从遗传学的角度解释进化的书。书中，斯宾塞还首次对扑朔迷离的思维进行了探究，一直追溯到最简单的神经功能及物质运动。的确，斯宾塞的努力失败了，但又有谁在这样的尝试中成功过呢？从一开始，斯宾塞便制订了一个宏大的计划，试图揭开意识进化过程的面纱。最后，为了追溯进化过程，他不得不处处假设意识存在。[②]他坚信，从星云到心灵，有一个连续的进化过程，他最终承认，物质唯有通过心灵才能被认识。也许，《心理学原理》中最重要的部分即舍弃了唯物论哲学的篇章：

> 分子振动和精神打击能被并列表现在意识之中吗？两者能被看作一个东西吗？其实，任何努力都不能让我们将两者同化。一个单位的感觉和一个单位的运动是没有任何共同点的，当我们将两者并置时，这一点就愈发明显。这种关于意识的定论可以通过分析得到证实……因为关于振动分子的构想是在诸多感觉单位的基础上形成的。（也就是说，我们对物质的认识是在心灵单位，即感觉、记忆、观念的基础上形成的。）“……如果我们必须在如下两者中进行选择：将精神现象

---

①通过提出“变形实在论”，斯宾塞认为，尽管经验对象会经人的感知而变形，变得跟本相完全不同，但是，该经验对象有一种不完全依赖于人的感知的存在。（《自传》，第2卷，第494页。）

②《自传》，第2卷，第549页。

转化为物理现象，抑或将物理现象转化为精神现象，我们似乎更能接受后者。”[①]

然而，心灵的进化肯定是存在的，它是反应模式经过回忆和想象、知性和理性，从简单到复合到复杂、从反射到倾向性到本能的发展。如果读者能够在有生之年通读这一千四百页的生理学和心理学分析，他们会深深体会到生命的连续性和心灵的连续性。他们会像观看一场慢镜头电影，看到神经的形成、适应性反射和本能的进化，以及经历相互抵触的冲动、冲突之后，意识和思维的生成。“理性没有明确的等级之分，也不由真正独立的机能组成，但理性的最高表现形式是复杂化的结果，这种复杂化来自人们从最简单的元素出发经历的不掺杂任何情感的过程。”[②]本能和理性之间没有任何空隙，两者都能对内在关系进行调整，以适应外在关系。两者唯一的区别是程度上的，即本能面对的关系相对来说老套、简单，而理性面对的关系新颖、复杂。理性行为不过是一种本能反应，这种本能反应在与具体情况引起的其他本能反应的斗争中存活下来。“深思熟虑”不过是互相竞争的冲动之间进行内部斗争的过程。[③]从根本上说，不管是理性和本能，还是心灵和生命，都是同一回事。

意志是一个抽象概念，我们用它表示处于活跃状态的整体冲动，而自主则指畅通无阻的观念向行为的自然转化。[④]观念是行为的第一阶段，行为是观念的最后阶段。同样的，情感是本能行为的第一阶段，情感的表达是完全反应的有效序曲，正如人发怒时的咬牙切齿充分暗示了要将敌人打得粉身碎骨的决心，过去，这样的结局便是发怒的自然结果。[⑤]“思维形式”，比如对时间和空间的感知以及数量和原因等概念，在康德看来是与生俱来的，其实只是出于本能的思考的结果。正如本能是整个物种获得的习性，对于个人来说它是天生的，各种范畴也是人类在进化期间缓慢获得的心理

---

① 《心理学原理》，第 1 卷，第 158—159 页；纽约，1910。

② 《心理学原理》，第 1 卷，第 388 页。

③ 《心理学原理》，第 1 卷，第 453—455 页。

④ 《心理学原理》，第 1 卷，第 496—497 页。

⑤ 《心理学原理》，第 1 卷，第 482 页；第 2 卷，第 540 页。

习惯，如今，已经成为代代相传的理性的一部分。“物种的变化日积月累，积累的变化又代代相传”[①]，心理学所有的古老难题都可以如此解释。当然，也正是这样的普遍性假设使斯宾塞的努力遭到质疑，甚至功亏一篑。

六、社会学：社会的进化

在社会学领域，斯宾塞得出了相当不同的结论。厚厚的几大卷本，是他最杰出的作品，经前后二十多年才出版完成。它们涵盖了斯宾塞最喜爱的领域，展现了斯宾塞在启发性概括和政治哲学方面的特长。从第一本《社会静力学》到最后的《社会学原理》，前后半个世纪，经济学和政府问题一直是斯宾塞的主要兴趣所在。像柏拉图一样，斯宾塞以论述道德正义和政治正义开始，以道德正义和政治正义结束。在对社会学的贡献方面，斯宾塞无人能敌，甚至包括社会学奠基人和“社会学”一词的创造者孔德。

在那本广受欢迎的社会学导论《社会学研究》（1873）中，斯宾塞用其雄辩的口才呼吁社会认可这一新兴学科，并推动该学科的发展。斯宾塞认为，如果决定论在心理学上是正确的，那么社会现象中也必有因果法则存在；一个渴望探究人和社会的学生不会满足于李维[②]那样的编年史，也不会满足于卡莱尔那样的传记史，他会将眼光投向人类历史，寻找那些能够将纷繁复杂的历史事实转变为科学图表式的基本发展脉络、因果关系和启发式关联。正如生物学和人类学息息相关，历史学和社会学之间也有着千丝万缕的联系。[③]当然，要想配得上科学的头衔，社会学研究仍需解决成千上万的难题。[④]这门年轻的学科受到各种各样偏见的攻击，这些偏见不仅有个人的，还有来自教育、神学、经济、政治、民族、宗教等各

---

① 《心理学原理》，第 1 卷，第 491 页。

② 李维（前 59—17），古罗马历史学家，历时 40 余年写下 142 卷的罗马史，对后世历史写作影响深远。——译注

③ 《社会学研究》，第 52 页；纽约，1910。

④ 《伦理学原理》，第 1 卷，第 464 页；纽约，1910。要是批评斯宾塞的人读过这段文字，他们就不会指责斯宾塞高估了社会学。

个领域的。此外，年轻的社会学还受到了自以为无所不知的不学无术者的骚扰。“有这样一个故事：一名法国人在英国待了三周后，计划写一本关于英国的书；三个月后，他发现自己并没有作好充分的准备；三年后，他得出结论，自己对英国一无所知。”[①]其实，这名法国人已经足够成熟，完全可以开始着手研究社会学。一个人在成为物理学、化学或生物学领域的权威之前，需要经过毕生的研究，才能厚积薄发；而在社会和政治事务方面，任何一家杂货店的伙计都可以称为专家，他们知道解决办法，并要求被倾听。

在这一点上，斯宾塞所作的准备可以说是知识分子良知的典范。他雇了三位秘书来协助收集资料，并将资料分类后进行横向、纵向排列，列出所有重要民族的家庭、教会、职业、政治和工业制度。然后，斯宾塞自费将自己的成果结集出版，共八大卷，他希望其他研究人员能够证实或者修正自己的结论，但直至他去世，出版工作还没有全部完成，于是，斯宾塞留下一部分微薄的积蓄，用以完成自己未尽的事业。如此准备了七年之后，1876 年，《社会学》第一卷面世，而最后一卷直到 1896 年才准备付梓。当斯宾塞的其他东西成为古董收藏的对象时，三卷本《社会学》对每一位社会学研究者，仍是一笔价值不菲的财富。

然而，斯宾塞对这部著作最初的想法很符合他那典型的急于概括的习惯。他相信，社会是一个有机体，像人一样，拥有营养、循环、协调和生殖器官。[②]的确，在个人，意识是集中在部门的，在社会，各部门却会保留各自的意识和意志，而政府集权能缩小个体和社会间的这种差别。“社会有机体和生物个体在以下几个方面具有共性：首先，社会会发展；在发展的过程中，变得日益复杂；在复杂化的过程中，社会的各个部分越来越彼此独立；相对于其组成单位个体生命，社会的寿命可以说是永无止境的……无论是社会，还是个体，两者的整体化以及伴随其间的异质化都是逐渐加强的。”[③]因此，社会的发展毫无障碍地实践了进化公式：政治单位的规模不断扩大，从家庭到国家、联盟；经济单位的规模不断

① 《社会学研究》，第 9 页。

② 试比较萌芽生殖和殖民化、两性繁殖和异族通婚。

③ 《自传》，第 2 卷，第 56 页。

扩大，从小型家庭作坊到垄断企业、企业联盟；人口单位的规模不断扩大，从村庄到小镇、城市——这一切显示了整体化的过程，而劳动的分工，职业和行业的倍增，城市和国家间、国家与国家间经济上的相互依赖程度日益加深，充分显示了社会凝聚力的加强以及社会分工的扩大。

这种异质整合原则同样适用于社会的各个领域，比如宗教、政府、科学和艺术。最初，宗教是对诸多神祇和神灵的崇拜，在各个国家大同小异，但是，当某一个神居于中枢地位、掌握至高无上的权力时，其他神祇便退居其次，并根据各自的职责由高到低排列——宗教的发展便由是展开。最初，神祇很可能来自人们的梦境以及关于鬼魂的说法[①]。因此，英文中spirit（灵魂）一词不仅在过去，而且今天，还同时指代“鬼怪”和“神祇”。原始思想认为，人在死后、睡觉时、恍惚中，鬼魂或者说灵魂会离开肉体，甚至人在打喷嚏时呼气的力度也会驱散灵魂，于是，“上帝保佑你”这类的保护性祝福便与这些危险行为紧密联系在一起。此外，人们可以在倒影中看到自己的灵魂，而回声则被认为是灵魂发出的声音，所以，巴苏陀人[②]拒绝在河边走路，因为他们生怕鳄鱼捕获、吞食他们的倒影。原始思想还认为，最初，上帝只是“一个永恒存在的幽灵”[③]，尘世间位高权重的人在变成鬼魂后依然握有大权。在塔纳人[④]的语言中，“上帝”一词的字面意思是“死人”[⑤]。“耶和华”表示“强者”“勇士”。他也许曾是当地的统治者，去世以后受到膜拜，被奉为“万军之王”。这些鬼魂都很危险，因此需要讨好，所以，葬礼演变成膜拜，一切巴结奉承世俗首领的手段都被用于祈祷和安抚神祇的仪式上。教会的收入来自信徒对神祇的献礼，正如一国的收入来自民众对国家首脑的献礼。臣民对国王的服从变为祭坛前的双膝跪地和求福禳灾。有说法认为，国王在死后会成神。这种说法可在罗马得到印证，因为罗马统治者会在生前即被当地人民神化。一切宗教似乎都可以在这种祖先崇拜中找到源头。祖先崇拜的力量相当强大，有例为证：有一

① 《社会学原理》，第 1 卷，第 286 页；纽约，1910。

②巴苏陀人居于非洲南部莱索托王国境内，信奉原始宗教，仍保留着独特的风俗习惯。——译注

③ 《社会学原理》，第 1 卷，第 296 页。

④塔纳人居于西南太平洋瓦努阿图南部岛屿塔纳岛。——译注

⑤ 《社会学原理》，第 1 卷，第 303 页。

位首领曾发问，自己是否能在天堂遇见未受洗的祖先，因为没有得到满意的答案，这位首领拒绝受洗。[①]（在1905年的战争中，这种祖先崇拜使日本人变得骁勇善战，因为只要想到祖先在天上俯视着自己，死亡对于他们便微不足道了。）

在原始时代，宗教很有可能是当时人们生活最主要的特征。在朝不保夕、卑贱低下的日子里，他们把灵魂寄托于未来，而非当下的现实中。从某种程度上说，超自然宗教是伴随着军事社会的出现而产生的，但随着战争被工业取代，人们不再思考死亡，而开始思考生命，人们不再狭隘地崇拜权威，而是踏上了自由、自主的广阔道路。的确，西方历史上影响最为深远的社会变化便是工业体系对军事社会的逐步替代。国家政体研究者总是习惯性地根据政府制度——君主制、贵族制或民主制——来对社会进行分类，实际上，政府制度的不同只是表面的，最主要的分水岭应该是军事社会和工业社会的不同。军事国家以战争为生，工业国家以工作为生。

几乎无一例外的是，军事国家实行中央集权，并以君主制为其国家制度，它们灌输的合作精神是集体式的、强制性的，而且支持宗教专制，崇拜战神。在军事国家里，阶级划分、阶级规范严厉死板，男性在家中自然地拥有绝对地位。由于战争导致较高的死亡率，它们实行一夫多妻制，而且妇女地位低下。世界上大多数国家都激进好战，因为战争强化了中央权力，可使一切服从于国家利益。因此，“历史只不过是一部各个国家共同写就的新门监狱[②]纪实录”，记录中充斥着抢劫、背叛、谋杀以及民族的自取灭亡。自相残杀是原始社会的耻辱，但今天，某些社会依然吞噬人民，奴役、毁灭整个民族。在人类宣告战争非法，并成功驾驭战争之前，文明只是灾难与灾难之间一段不稳定的插曲。“高度文明、社会化国家的出现从根本上说取决于战争的结束。”[③]

人类这一终极理想的实现，与其说取决于人类精神上的转变（因为人

---

① 《社会学原理》，第1卷，第284、422页；《大英百科全书》，“祖先崇拜”词条。

② 1200年至1900年间位于伦敦的一所炼狱般的监狱，曾关押过一些英国历史上最有名的罪犯。——译注

③ 《社会学原理》，第2卷，第663页。

类是环境的产物)，还不如说取决于工业社会的发展。工业社会带来民主与和平：如果人们的生活不再受战争的支配，成千上万的经济开发区便会四处涌现，权力便会有利地下放至社会的大多数成员。唯有在人类自主性得到解放的地方，生产力才会迅猛发展。而在工业社会里，军事社会里那些根深蒂固的传统（这些传统也推动军事社会蓬勃发展)，比如中央集权、等级制度、种姓制度，会被通通废除。在工业社会里，军人们不再位高权重；爱国主义不再是对他国的仇恨，而是对祖国的热爱。[①]保证国内和平成为繁荣发展的第一要务，而且，随着资本日益国际化，随着数以千计的投资跨越国界线，世界和平也变得不可或缺。随着境外战争的减少，国内那些残酷、野蛮的行为也会相继减少。

此外，由于男性寿命已经与女性接近，一夫一妻制取代了一夫多妻制。在工业社会里，妇女地位上升，“妇女解放”也自然地出现了。[②]迷信的宗教让位于自由主义信条，因为后者致力于改善和提升世人的生命和品质。通过工业运转，人们了解了宇宙的运行机制及其不变法则，于是，人们在解释事物时不再简单地诉诸超自然因素，而是深入探究自然原因。[③]从此，历史不再只是研究战争中的国王，而是转向研究工作中的人民，载入史册的不再是风云人物，而是人类伟大的发明、创新的思想。政府权力被削弱，那些致力于生产活动的人获得了更多的权利。于是，“合同契约取代了社会地位的重要性”，能动性的自由发挥取代了处于从属地位的人人平等，自由合作取代了强制性合作。“人类的信仰发生了改变，人们不再认为，个人为社会而存在；相反，人们坚信，社会为个人而存在”[④]，这种变化充分体现了军事社会和工业社会的不同。

斯宾塞强烈反对英国国内崛起的带有帝国主义色彩的军国主义，但同时，他又把英国看作未来工业社会的典范，并把法国和德国视作军事国家的典型。

---

① 《社会学原理》，第 2 卷，第 634—635 页。

② 《社会学原理》，第 1 卷，第 681 页。

③ 《社会学原理》，第 2 卷，第 599 页。

④ 《社会学原理》，第 1 卷，第 575 页。

> 时不时地，我们可以从报上了解到德法之间的军事竞争。不论是德国，还是法国，其国民都把大部分精力用于军事力量的扩张，一方的军备扩张会推动另一方的军备扩张……最近，法外交部部长在谈及突尼斯、越南东京、刚果和马达加斯加时表示，法国有必要向这些国家和地区派军——如果法国要与别国在政治掠夺上一争高下的话。这位外长还表示，通过强占弱小民族的领土，"法国已经恢复了许多荣耀，而这些荣耀正是法国所应得的。因为在过去几百年里，法国人民作出了无数卓越的努力"。……因此，我们终于知道，为什么法国和德国一样，国内的社会改革计划（根据该计划，每一位国民在得到社会供养的同时，要为社会付出劳动）会赢得如此广泛的支持，甚至催生了一个强大而又恐怖的政治机构——我们终于知道，为什么法国人中会产生圣西门、傅立叶、蒲鲁东[①]、卡贝[②]、路易·勃朗[③]、皮埃尔·勒鲁[④]这样的人物，他们时而用文字，时而用行动，试图为社会带来共产主义的工作和生活方式。……英国国民的被占有程度低于法国和德国，这种国民被占有是社会主义的主要内容。通过观察，我们证实，不论在军事体制的形式下，还是在国民体制的形式下，英国在社会主义思想方面，均没有取得如德国和法国那样的进展。[⑤]

由此我们可以看出，斯宾塞认为，社会主义是军事国家和封建国家的产物，与工业社会没有必然的联系。同军国主义一样，社会主义包含着中央集权、政府权力的扩大、人民自主性的衰退以及个人对国家的服从。"表面上看，德国首相俾斯麦也许是倾向于国家社会主义的。"[⑥]"一个组织越完

①蒲鲁东（1809—1865），法国新闻记者和社会主义者，世界上第一位称自己为"无政府主义者"的人。——译注

②卡贝（1788—1856），法国哲学家、空想社会主义者。——译注

③路易·勃朗（1811—1882），法国空想社会主义者、新闻工作者。——译注

④皮埃尔·勒鲁（1789—1871），法国哲学家、政治经济学家。——译注

⑤《社会学原理》，第3卷，第596—599页。

⑥《社会静力学》，第329页。

善，便越僵化。这是一切组织的不变法则。”[①]社会主义之于工业，犹如死板的本能之于动物，它会使人类变得像蜜蜂和蚁类社会一样，社会主义还会催生奴隶制度，一个比当前状况更为单调、更为糟糕的奴隶制度。

> 社会主义需要强制仲裁。在强制仲裁下……管理者在追求个人利益时……便不会遭遇工人联合的反抗。工人不会像现在这样，因为预定条款得不到满足而举行罢工，因此，管理者的权力不会受到任何约束，它会越来越大、越来越广泛、越来越稳固，直到无法抗拒……如果我们将目光从官僚机构对工人的管理转向官僚机构本身，如果我们问自己，官僚机构是如何受到管理的？我们永远都不会得到满意的答案……在这种情况下，一种全新的贵族政治会自然产生。为了支持贵族政治，人民大众会不辞辛劳，埋头苦干。而贵族政治一旦稳固如山，便会行使一种权力，一种令过去一切贵族政治难以望其项背的权力。[②]

经济关系不同于政治关系，前者远比后者复杂，因此，如果舍弃奴役人民的官僚制度，政府便无力调整政治经济关系。国家在介入经济关系时，总会或多或少地忽视复杂工业形势中的某些因素，而且屡试屡败，相关的例子可以看看中世纪英国颁布的工资固定法和法国大革命期间的价格固定法。经济关系必须自发地对供求进行调节，虽然这种自我调节并非十全十美。要想得到最需要的商品，社会要付出高昂的代价；如果某些人或者某些部门获得了丰厚回报，那是因为他们经历了不寻常的冒险或痛苦，而且，这些人最受不了的就是强制性平等。在自我调适的环境自发地对人类本性进行改变之前，任何试图人为改变人性的立法都是枉费功夫，就像占星学一样。[③]

一想到世界由工薪阶层统治，斯宾塞就怒火中烧。通过伦敦《泰晤士报》

---

① 《社会学原理》，第 1 卷，第 571 页。

② 《社会学原理》，第 3 卷，第 588 页。如今，俄国就面临着这种危险。

③参见《国家权力和个人自由》。

这种自由、执着的媒体，斯宾塞对工会头领们了如指掌，对他们没有任何好感。[①]他认为，罢工是没用的，多数罢工以失败告终——如果工人在任何时候罢工都能取得成功，物价就会随着工资上涨而上升，那么，结果跟罢工之前便毫无区别。[②]也就是说，"现在，除了雇佣阶层强加给我们的不公正，摆在我们面前的还有被雇佣阶层强加给我们的不公正"[③]。

斯宾塞的结论并非盲目保守。他早就发现，身边的社会制度不但混乱，而且残暴，于是，他如饥似渴地四处寻找新的社会制度。最后，他开始支持合作社运动[④]，因为从中斯宾塞看到了合同契约取代社会地位的最高境界，也是在这一过程中，亨利·梅因爵士[⑤]发现了经济史的本质。"随着社会向更高层级发展，劳动法规的强制性会减弱。有这么一种社会形式：在这里，相关行为的强制性被降至最低限度。在工作中，每一位成员都是自己的主人，而且，他们只遵守经多数成员同意、为维持秩序而制定的规章制度。这样，以军事为目的的强制性合作到以工业为目的的自愿合作的转变就圆满完成了。"[⑥]但是，斯宾塞怀疑人类是否足够坦诚，是否拥有足够能力去推动一个如此民主的工业制度高效率运转；但无论如何，斯宾塞都想尝试一下。他预测，未来某个时候，工业将不再由专横跋扈的雇主领导，人们也不会为了生产一堆垃圾而耗费自己宝贵的生命。"我们可以从变化的观念中看到军事社会和工业社会之间的反差，在工业社会里，人们不再认为个人为社会而存在，相反，人们坚信，社会为个人而存在；同理，如果人们的认识从'生活为工作'转变为'工作为生活'，我们就会清楚地看到工业社会与一个由它进化而来的社会之间的反差了。"[⑦]

---

①《社会学原理》，第 3 卷，第 589 页。

②《社会学原理》，第 3 卷，第 545 页。

③《自传》，第 2 卷，第 433 页。

④始于 19 世纪的欧洲。1844 年，在英格兰北部一家纺织厂工作的 28 位工匠成立了第一家现代的合作制企业，其经营原则至今仍然被用作所有合作社开展经营活动的基础。——译注

⑤亨利·梅因爵士（1822—1888），英国比较法学家、历史学家。——译注

⑥《社会学原理》，第 3 卷，第 572 页。

⑦《社会学原理》，第 1 卷，第 575 页。

七、伦理学：道德的进化

在斯宾塞看来，工业改造问题的分量是相当重的，因此，在《伦理学原理》（1893）一书里，他又用大量的篇幅讨论了这个问题。斯宾塞坦言："这是我毕生使命的最后一部分……我之前完成的仅仅是该部分的前期准备。"[①]在维多利亚时代[②]中期，他同周围人一样，对道德问题极其严肃。因此，在找寻一个全新而又符合自然的伦理标准，从而替代传统道德准则时，斯宾塞尤为敏感。"所谓的正当行为对人有一种超自然的约束力，但这种约束力在遭遇抵抗时，一种自然的约束力便会取而代之。在先发制人方面，自然的约束力一点都不逊于前者，而且影响面更广。"[③]

新的道德规范必须以生物学为基础。"对生物进化论的接受决定着某些伦理概念。"[④] 1893年，赫胥黎在牛津罗马尼斯讲坛[⑤]上提出，不能用生物学来指导伦理道德，"大自然血淋淋，四处尖牙利爪"（丁尼生[⑥]语）赞美的是野蛮和狡诈，不是爱和正义。但斯宾塞认为，一个无力经受自然选择和生存竞争考验的道德准则注定是纸上谈兵、百无一用。行为与其他任何事物一样，可以分为"善"或"恶"，判断标准应是该行为是否符合人生目的；"最高级行为之下的生命是最长寿、最宽广、最完满的"[⑦]，或者用进化公式的话来说，一种行为如果能使个人或集体在面对各种不同目的时更为协调统一，该行为便是道德的。道德就像艺术一样，是对多样化的统一；人达到最高发展阶段时，便能够将生命最广泛的多样性、复杂性和完满性

---

①《伦理学原理》，第1卷，第13页。

②一般被认为是1837年至1901年，是英国工业革命的顶点时期，也是大英帝国经济文化的全盛时期，这个时代还以崇尚道德修养和谦虚礼貌而著称。维多利亚时代中期，英国达到强盛的顶峰。——译注

③《伦理学原理》，第1卷，第7页。

④《伦理学原理》，第1卷，第25页。

⑤由生物学家乔治·罗马尼斯创立的讲坛，主题为科学、艺术或文学，每年在牛津谢尔多尼亚剧院举行，主讲人均为世界知名人物。——译注

⑥丁尼生（1809—1892），维多利亚时代杰出的诗人，其作品常反映科学进步对当时社会传统思想所造成的冲击。——译注

⑦《伦理学原理》，第1卷，第22、26页；第2卷，第3页。

统一于一身。

这一道德定义必然是模糊不清的，因为不论何时何地，变数最大的莫过于人类为符合人生目的而形成的种种具体行为要求，以及相应的善的具体内容。确实，自然选择会将快乐赋予某些使人长寿的奢侈行为，这些行为方式便因此而被贴上“善”的标签。在纷繁复杂的现代生活里，特殊情况层出不穷，但总的来说，快乐意味着生物学上有用的活动，痛苦意味着生物学上有害的活动。[①]但是，在该原则的广泛框架下，我们可以发现各种各样可怕的善。在西方被视为道德的行为，世界上总可以找到那么一个地方视其为不道德；不论是一夫多妻，还是自杀、对同胞的谋杀，甚至杀父弑母，总有这个或那个民族将其奉为崇高道德，并加以称颂。

> 在斐济，酋长去世以后，他们的妻子要被活活勒死，她们认为这是一项神圣的义务。当地一名妇女曾被威廉救走，但“晚上，她又逃走了。她游到河对岸，来到乡亲们面前，坚持要献出自己的生命。而之前，这位妇女因‘一时软弱’，勉强同意了豁免处死的决定”。威尔克斯[②]提到过这样一位妇女：她被人救出后反而指责其救命恩人“伤害”自己，并从此对他怀有深仇大恨。[③]利文斯敦[④]说，他在赞比西河畔同马可鲁鲁妇女聊天，当她们听说在英国，男人只有一位妻子时，她们相当震惊，因为在当地，仅拥有一位妻子的男人是不会“受到尊敬”的。在赤道非洲也是如此。据里德[⑤]的说法，“如果一名男子结婚了，他的妻子便会认为他还能养一个，因此会恳求他再娶一名女子，如果该男子拒绝，他的妻子便会称他‘小气鬼’。”[⑥]

有人认为，人人生来都有一种道德感，告诉人们什么是对、什么是错。

---

①《伦理学原理》，第1卷，第98页。

②威尔克斯（1725—1797），英国政治人物。——译注

③《伦理学原理》，第1卷，第469页。

④利文斯敦（1813—1873），英国传教士、探险家，第一位到达赞比西河的欧洲人。——译注

⑤里德（1814—1884），英国小说家、剧作家，其作品强烈表现社会的不平等。——译注

⑥《伦理学原理》，第1卷，第327页。

但显而易见，上述事实与这一观点大相径庭。但是，快乐、痛苦与善行、恶行之间的一般性联系也体现出一定的真理，而且可以肯定的是，整个种族后天习得的某些道德观念会在个人身上得以遗传。[①]在此，为了调和直觉主义者和功利主义者之间的冲突，斯宾塞用了他钟爱的公式，再一次将自己的论点建立在习得性格的遗传上。

但今天，与生俱来的道德感——如果确实有这么回事的话——已经陷入了艰难境地，因为纵观人类历史，伦理观念从未如此混乱过。最为臭名昭著的是，我们在现实生活中遵循的大部分原则已经与教堂和书本中所宣扬的背道而驰。在欧洲和美洲，人们宣称信奉和平友爱的基督教所提倡的伦理标准，但实际上，人们信奉的是杀人掳掠的条顿族的军国主义信条，而且，几乎所有欧洲统治阶级都可追溯至条顿人。天主教法国和新教德国流行的决斗便是条顿人遗留下来的积重难返的风气。[②]于是，我们的道德家不得不因这些矛盾不断认错道歉，正如在后来实行一夫一妻制的希腊和印度，道德家被迫对神祇行为作出解释，因为这些神祇是在半滥交时代被塑造出来的。[③]

在伦理道德方面，一国国民遵循基督教的道德观还是条顿人的信条，取决于该国的主要关注点是工业还是战争。军事社会颂扬某些美德，并宽恕被其他民族称作罪行的行为。比如，生活在和平工业社会里的民族会强烈谴责侵略、抢劫、背叛，因为他们习得的是一套坦诚相见、互不侵犯的价值观；而某些经历过战争而对侵略、抢劫、背叛司空见惯的民族不会如此。在不常发生战争的地方，人民长期处于和平氛围中，他们安于劳作、鼓励互助，因此也更为慷慨、人道。[④]军事社会里的爱国人士会把勇敢和力量视为个人的最高美德，把服从视为公民的最高美德，把默默地履行生儿育女之职责看作妇女的最高美德。[⑤]德国皇帝把上帝看作德国军队的领袖，他通

---

① 《伦理学原理》，第 1 卷，第 471 页。

② 《伦理学原理》，第 1 卷，第 323 页。

③ 《伦理学原理》，第 1 卷，第 458 页。

④ 《伦理学原理》，第 1 卷，第 391 页。

⑤ 可参考尼采的哲学思想。

过参加礼拜仪式来表达自己对决斗的赞美。[①]北美的印第安人“把使用弓箭、棍棒和矛看作男人最高贵的工作……他们认为农民和机械工职业有失体面……唯有最近，国家福祉才越来越依赖发达的生产力”，“依赖人类智力的非军事化职业才日益受到尊重”[②]。

战争只不过是大规模的自相残杀而已。为什么把战争归于自相残杀之中？为什么谴责战争？——没有为什么。“从快慢角度看，公正观念的成长与社会外在敌对关系的减少同步，与社会成员内部和谐、合作的增多同步”[③]，那么，该如何促进和谐呢？正如我们所看到的，相比于约束，通过自由，和谐来得更快。所以，公正的原则应该是这样的：“人人都有自由做自己想做的事，只要不侵犯其他人的平等自由。”[④]该原则与战争是相悖的，因为战争赞美的是权威、纪律、服从，而该原则有利于和平的工业社会的发展，因为公正意味着机会的绝对平等，能够最大限度地激励个人。该原则与基督教的道德观念并行不悖，因为它认为每个人都神圣不可侵犯，并将他们从迫害中解放出来。[⑤]该原则还受到终极审判——即自然选择的认可。因为根据公正原则，人人都能在平等的基础上开发地球资源，人人都能凭借自身能力和自己的双手壮大自己。

乍一看，该原则很不现实，许多人会表示反对——他们以为该原则如家庭原则一样，可推广至全国，而且在分配时不根据个人的能力和成果，而根据个人的需求——但是，基于家庭原则的社会很快会遭淘汰。

> 在不成熟阶段，物种所获得的益处必须与其所拥有的能力成反比。在家庭内部，如果奖赏原则是根据价值来制定的，理应获得最少的一方必须被给予最多。反之，进入成熟期以后，利益必须与价值成正比（价值的衡量标准为是否符合生存条件）。不适应生存条件的物种必须遭受不适应所带来的痛苦，而适应生存条件的物种会从适应中获益。

① 《伦理学原理》，第 1 卷，第 318 页。
② 《伦理学原理》，第 1 卷，第 423—424 页。
③ 《伦理学原理》，第 1 卷，第 377 页。
④ 《伦理学原理》，第 2 卷，第 46 页。
⑤ 《伦理学原理》，第 1 卷，第 257 页。

如果一物种想要生存下去，就必须遵循上述两条法则……在幼年阶段，如果物种所获益处与其效能成正比，该物种便会很快消失；在成年阶段，如果物种所获益处与其无能成正比，该物种便会慢慢衰退，经过几代之后消失殆尽……有人将父母和孩子与政府和民众进行类比，能够合理解释这一类比的唯一理由便是类比者的幼稚。[①]

为了得到斯宾塞的青睐，“自由”与“进化”展开竞争，[②]最后，“自由”取胜。斯宾塞认为，随着战争的减少，国家用以操纵个人的大部分借口便会失效，[③]而在永久和平的情况下，国家的职权将被限制在杰斐逊主张的权力制约框架内，[④]国家的唯一职能是为确保个人平等自由不受侵犯。如此的公正应该不计代价地施以保障，从而让不法分子们知道，他们绝不会因为受害者贫困潦倒而免受惩罚。此外，国家开支应该来自直接税收，以避免不透明的税收使公众看不到政府的铺张浪费。[⑤]但“除了维护公正，政府要想不违背公正的原则，便什么都不可以做”[⑥]，因为政府需要对有缺陷的个人进行保护，避免其参与奖赏与功劳、惩罚与无能的自然分配，而群体的生存和进步正是取决于这种自然分配。

如果我们能将土地与其所获得的改造分开，那么，公正原则便要求土地共同所有。[⑦]斯宾塞在他的第一本书中主张土地国有化，以创造平等的经济机会，但后来，他收回了这个观点（亨利·乔治[⑧]对此极为反感，并称其为“复杂的哲学家”），理由是，唯有拥有该土地的家庭才会悉心耕耘它，而且，家庭投入于土地的辛勤劳动会产生一定效果，家庭可将这种效果传递给后代，悉心耕耘土地的传统便可依赖这种传递而被继承。

---

①《伦理学原理》，第 2 卷，第 4、217 页。

②艾略特，《赫伯特·斯宾塞》，第 81 页。

③《伦理学原理》，第 1 卷，第 148、420 页。

④美国第三任总统托马斯·杰斐逊主张制约联邦政府的权力，而国家和地方政府应保护公民的权利和财产。——译注

⑤《伦理学原理》，第 2 卷，第 200 页。

⑥《伦理学原理》，第 2 卷，第 222 页。

⑦《伦理学原理》，第 2 卷，第 81 页。

⑧亨利·乔治（1839—1897），美国土地改革论者、经济学家。——译注

财产私有是公正原则的直接产物，因为每个人都应该拥有平等自由地保留勤俭节约所得的权利。在遗赠方面，公正并非一目了然，但“遗赠权是所有权的一部分，不然，所有权就不完整了”[①]。国家间的贸易与个人间的贸易一样，应该充分自由；正义法则不应只是部落内部的准则，而应是国际交往中不可侵犯的金科玉律。

概括说来，以平等为基础的生存权、自由权以及追求幸福的权利属于真正的“人权”。以上都是经济方面的权利，政治权利就如镜花水月，是无关紧要的——如果经济生活不自由，政治体制的改革便毫无意义。此外，自由放任的君主制远远优于社会民主制。

> 公民投票仅仅是一种手段：通过投票，维护公民权利的机器得以产生。问题是，全民投票是否能生产出维护公民权利的最佳机器。根据我们的观察，全民投票其实并不能保障该目的的实现……通过亲身经历，那些本无须亲历便已了然的事情变得更加明显；通过亲身经历，我们也发现，经过全民投票，较大的阶层必然会获益，而较小的阶层将被牺牲……显然，如果一个国家是完全实现了公平的工业型社会，那么，可以肯定的是，该国宪法代表的绝不是个人，而是利益……也许，合作组织的壮大会在理论上（目前尚未实际实现）消灭雇主与雇员之间的区别，从而给工业型社会带来一种新的制度安排。在这种安排下，敌对的阶级利益要么不存在，要么被极大削弱，使其不会将事情严重复杂化……但是，根据人类现有的人性，而且这种人性还会长久存在，拥有所谓的平等权利并不能保证严格意义上的平等权利得以维持。[②]

政治权利是虚幻的，唯有经济权利才是王道。因此，当女同胞们耗费大量的时间争取选举权的时候，她们踏上的其实是一条歧途。斯宾塞担心，女人那种乐于帮助弱者的母性本能会使她们爱上家长式社会。[③]在这点上，

---

①《伦理学原理》，第 2 卷，第 120 页。

②《伦理学原理》，第 2 卷，第 192—193 页。

③《伦理学原理》，第 2 卷，第 196—197 页。

斯宾塞有些混乱。一方面，他认为政治权利毫不重要，另一方面，又认为妇女不该享有政治权利。此外，他一方面谴责战争，另一方面又声称，妇女不该投票，是因为她们没有在战场上出生入死[①]——所有男人都是母亲忍受巨大痛苦而生养出来的，这样的观点相当可耻。斯宾塞害怕女性，也许是因为女人太过无私，女人信奉的是利他主义。而在全书最高潮部分，他提出，在工业与和平的推动下，利他主义会发展到这样一种程度——与利己主义达到一种平衡，并继而演变成哲学无政府主义的自发秩序。

利己主义与利他主义（关于这个词以及相关观点，斯宾塞差不多是无意识地取自孔德）之间的矛盾来自斯宾塞认为的个体与其家庭、集体、族群间的冲突。也许，利己主义还会继续占据主导地位，因为利己主义可能确有其价值。如果每个人都考虑他人利益多于个人利益，那么我们的生活将会陷入混乱——充斥着打躬作揖、谦虚谨慎。或许，“在社会条件所规定的范围内去追求个人幸福是达到大众幸福至高境界的首要前提”[②]。但可以期待的是，同情心会大大扩展，人类会向利他主义大步迈进。即使今天，为了孩子，父母也能心甘情愿地牺牲自我。“没有孩子的夫妻渴望拥有孩子，许多孤儿被领养：从中可以看出，要实现自我满足，利他的行动必不可少。”[③]另外，从强烈的爱国主义中我们看到的是，相比眼前的关切，人们对更广大的利益充满激情。一代代人的社会生活使人们互相帮助的渴望日益加深。[④]“绵延不断的社会规范会塑造人的本性，使得人类最终会自发地追求同情他人所带来的快乐，从而最大限度地使整个人类受益。”[⑤]责任感曾迫使一代代人选择所谓的社会行为，但到那时，责任感将烟消云散。通过以社会福利为目的的自然选择，利他行为将成为人的本能，而且，正如所有本能一样，人类会毫不勉强地选择利他行为，并乐在其中。人类社会的自然进化使我们越来越靠近理想中的完美状态。

---

① 《伦理学原理》，第 2 卷，第 166 页。

② 《伦理学原理》，第 1 卷，第 196、190 页。

③ 《伦理学原理》，第 1 卷，第 242—243 页。

④ 《伦理学原理》，第 1 卷，第 466 页。

⑤ 《伦理学原理》，第 1 卷，第 250 页。

八、批评

从以上的简短分析[①]中，聪明的读者也许会发现论证中存在一些疑难点，因此需要一些小提示来告诉他们到底在哪儿出了问题。批评总会令人不快，尤其是在对某些重大成就进行批评时。但是，斯宾塞的综合哲学到底如何面对时间的考验？这是我们必须考察的。

1. 第一原理

当然，第一块绊脚石便是不可知论。我们也许能够欣然接受人类认识上可能存在局限性，但我们并不能完全体悟，在宽广辽阔的存在之海中，我们只是一道转瞬即逝的波浪。

不过在这个问题上，我们不能教条古板。因为根据严格的逻辑推理，“一切都不可知”这一结论其实早已隐含着人类对万物的认识。可以肯定，斯宾塞在洋洋十大卷著作中向我们展示的，正是“大量关于不可知的认识”[②]。正如黑格尔所说：用推理限制理性就如不下水就想游泳。这一切都是逻辑上对“不可知”的咬文嚼字，如今，它们看来如此遥远，仿佛过去那信仰“活着就是争辩”的青葱岁月！就此而言，一台不可控的机器并不比第一推动力容易想象，尤其是如果我们将第一推动力定义为世界上一切原因和力量的总和。在斯宾塞生活的时代，机器方兴未艾，斯宾塞因此对机械抱着理所当然的态度。达尔文亦是如此。生活在一个人与人弱肉强食的时代，达尔文看到的只有生存竞争。

斯宾塞对“进化”的定义是了不起的，然而，我们该如何评判这个定义？它能够解释一切吗？“‘最初，是简单的事物，然后，从简单的事物

---

①当然，分析不可能完整。由于“篇幅所限”（作者常常对此感到高兴，因为它能够掩盖作者的懒惰，但是，我必须在此作出说明），我们无法对斯宾塞的《教育集》《散文集》以及《社会学原理》的大量内容展开讨论。人们很好地学会了《教育集》中提及的教训，但今天，我们还需对斯宾塞曾经宣称的重科学反文艺言论进行纠正。在斯宾塞所有的散文中，最为脍炙人口的莫过于那些谈论风格、笑以及音乐的文章。艾略特的《赫伯特·斯宾塞》是极佳的阐述斯宾塞的作品。

②布朗，《康德和斯宾塞》，第 253 页。

中进化出复杂的事物’，诸如此类的话无法解释大自然。”[①]柏格森说，斯宾塞所做的只是拼拼凑凑，他并没有作出解释，[②]因为斯宾塞没有考虑世界上最具活力的因素，正如他最后认识到的那样。显然，批评家们被斯宾塞的定义激怒了。对于一个强烈反对拉丁语研究、认为易于理解便是最佳文风的人来说，拉丁化的英语显得尤为醒目。然而，我们也需对斯宾塞稍加宽容，因为可以肯定的是，斯宾塞是宁愿牺牲清晰明了的文风，也要将一切存在流变浓缩在一个简洁的句子里。事实上，他对自己的定义确实颇为得意。他曾在心里反复斟酌这个定义，就像在舌头上品尝一小块精选巧克力，他先将巧克力舔开，然后又将两小块混在一起。斯宾塞认为的“同质不稳定性”是其定义的硬伤。相比由不同成分组成的整体，由相似成分组成的整体难道更为不稳定吗？很有可能是更为复杂的异质物要比简单的同质物更不稳定。在人种学和政治学里，异质性会带来不稳定是公认的事实，移民向某一民族类型的融合会使社会更为巩固也是不争的事实。塔尔德认为，文明来自集体内成员通过一代代相互模仿而产生的相似度的增加；在这里，进化被认为是朝着同质性发展的。从复杂程度上来说，哥特式建筑显然要超越希腊人的建筑，但在艺术成就方面，哥特式建筑不见得有所超越。斯宾塞过快地得出结论，认为较早的事物在结构上一定更为简单，他低估了原生质的复杂程度以及原始人的智力。[③]最后，斯宾塞的定义涉及今天大多数人一提到进化便会联想到的重要概念——自然选择。也许（尽管自然选择的概念也并非十全十美），将人类历史看作一场适者生存的生存竞争——最适应环境的有机体、社会、伦理道德、语言、观念、哲学——要比松散—连贯、同质—异质、整合—耗散这样的公式更具启发性，不是吗？

“我不善于观察具体的人性，”斯宾塞说，“因为我总是将自己置于抽象的境地。”[④]斯宾塞很诚实，但同时，这很危险。

---

①瑞奇，《达尔文和黑格尔》，第 60 页。

②《创造进化论》，第 64 页。

③参阅博厄斯，《原始人的心灵》。

④《自传》，第 2 卷，第 461 页。

斯宾塞在方法上确实过于演绎、过于先验，与培根理想中和现实中的科学思考步骤迥然不同。据他的秘书说，“只要有想得到的命题”，斯宾塞就会发挥他“取之不竭、用之不尽的论证能力，不论是先验的还是经验的、归纳的还是演绎的”；[①]也许，相比其他论证方法，斯宾塞只是在归纳方面更胜一筹罢了。像科学家一样，斯宾塞从观察开始，然后提出假说，但接下来，他不会像科学家那样诉诸实验或者进行不偏不倚的观察，而是有选择地收集各种有利的信息。对“反面例子”，斯宾塞根本不去关心；而达尔文正好相反，碰到与其理论相左的信息，他会立刻记入笔记，因为他知道，相比于称心的事实，这些反面例子更容易被遗忘！

2. 生物学和心理学

斯宾塞曾在一篇论“进步”的文章脚注里坦诚地说，他的进化思想以拉马克的习得性特征遗传理论为基础，并非真正以达尔文为先导，因为达尔文的核心观点是自然选择。因此，与其说斯宾塞是达尔文学派哲学家，还不如说他是拉马克学派哲学家。《物种起源》问世的时候，斯宾塞即将迈入不惑之年，而人到了四十岁，一般可塑性便逐渐减弱。

斯宾塞的理论并非完美。比如，他没能将自己的启发性原则（斯宾塞认为，人类进步的脚步会使人的生殖能力减退）与一些不可辩驳的事实（比如，开化的欧洲比野蛮民族有更高的生殖率）调和。除了这样的瑕疵，斯宾塞生物学理论的最主要缺陷是：首先，他无法摆脱对拉马克的依赖；其次，他没能找到一个动态的人生观。斯宾塞承认，生命“是无法用物理—化学术语来设想的”[②]，但是，“这一坦白对他的进化公式、他对生命的定义以及他那套综合哲学的整体性是致命一击”[③]。或许，相比观察有机体几乎是被动地适应环境，观察人类为适应内在关系而调节外在关系的理性力量，能更好地帮助我们发现生命的奥秘。按照斯宾塞的观点，百分之百的适应便意味着死亡。

---

①罗伊斯，《赫伯特·斯宾塞》，第 194 页。

②《生物学原理》，第 1 卷，第 120 页。

③汤姆森，《赫伯特·斯宾塞》，第 109 页。

在数卷本的心理学著作中，斯宾塞作了系统阐述，却无意与读者分享自己的发现。我们原本明了的东西被纷繁复杂的术语重新包装，本来清晰明白的地方反而变得晦涩难懂。读者们疲于理解各种公式、定义；在其著作中，各种心理学事实被斯宾塞简化为神经结构，这种不可靠的简化也令读者疲惫不堪。也许，读者们最终都没发现，心灵和意识的起源均未被解释清楚。斯宾塞曾试图掩饰其思想体系中这一严重破绽，他辩解道，心灵是神经过程的主观伴随物，而该神经过程则以某种方式机械地进化自原始星云。那么为什么除神经机制以外，还会有这一主观伴随物？斯宾塞没有说明。当然，这个问题其实是一切心理学的核心所在。

3. 社会学和伦理学

斯宾塞的《社会学原理》虽然洋洋洒洒两千页，却有许多可攻击的漏洞。斯宾塞认为，进化和进步是一回事，这一假设贯穿全书。但根据斯宾塞的假设，通过进化，昆虫和细菌十有八九会在与人类的残酷斗争中最终获胜。此外，现实也没有充分证据能够证明，工业国一定比先前的“军事”封建国家更爱和平、更有道德。雅典最具毁灭性的战争便爆发于封建君主将权力交给商业资产阶级之后；在现代欧洲，国家发动战争时似乎也不考虑自身是不是工业国。与那些对土地如饥似渴的封建王朝一样，工业帝国主义同样穷兵黩武。在现代国家中，最好斗的便是世界上两大最先进的工业国之一。此外，德国政府对交通运输某些方面的控制不但没有阻碍反而促成了德国工业的快速发展。社会主义显然不是军国主义发展的产物，而是工业主义发展的结果。斯宾塞写《社会学原理》时，英国由于其相对孤立的地理位置，正扮演着欧洲和平主义者的角色，而且，其在工商业方面无可匹敌的地位也使它对自由贸易深信不疑。今天，若斯宾塞还健在，看到自由贸易理论如何在工商业霸权面前土崩瓦解，看到德国进攻比利时对英国造成威胁时，和平主义如何在一瞬间烟消云散，他定会震惊不已。当然，斯宾塞夸大了工业政权的优点，他几乎一点儿也没看到当时英国国内的残酷剥削，尽管后来，这种情况在政府干涉下有所缓和。他看到的只是，“在本世纪中叶，尤其在英国，个人自由的程度是前所未有的”[①]。难怪尼采对工业主义极为反感，并反其道而行地夸大军事生活的优点。[②]

若斯宾塞的逻辑性强于其情感，社会有机体的类比便会驱使他走上国家社会主义的道路。因为相比自由放任的社会，国家社会主义更能代表异质物的整合。如果以他自己的公式作为衡量标准，他将不得不把德国称为进化程度最高的现代国家。对于这一点，斯宾塞曾试图作出解释，他提出，异质性包含着各个部分的自由，且这样的自由意味着将政府的力量限制到最小。然而，这一论调与我们在“连贯的异质性”中所了解的有出入。从人身上看，整合与进化几乎没有给身体各个部分以任何自由。对此，斯宾塞答道：在社会里，意识存在于社会的各个部分之中，而在人的身体中，意识只存在于整体中。但是，社会意识（对集体利益和进程的意识）在社会里是集中的，就像个体中的个人意识，我们很少有人能够体验到那种“国家感”。斯宾塞把我们从专政独裁的国家社会主义中拯救出来了，代价是，他破坏了自己的前后一致性和整体逻辑。

我们必须记住，斯宾塞是在两个时代的夹缝中生活的：他的政治思想形成于自由放任政策时代，并深受亚当·斯密的影响；而在他的晚年，英国正绞尽脑汁通过社会控制来纠正其对工业政权的滥用。斯宾塞不厌其烦地重申其反对国家干涉的立场，他反对任何由政府资助的教育，反对政府在金融诈骗方面对公民进行保护。[③]有一次他甚至还主张，对战争的运筹也应是私人的事，而不应是国家的事。[④]斯宾塞所希望的，用威尔斯[⑤]的话说就是，“提升公众的懒散性，通过国家政策使这种懒散受到尊重”。斯宾塞亲自将手稿送到印刷厂，他不敢把稿子交给邮局，因为他对政府机构不抱任何信心。[⑥]他是一个个性极为强烈的人，无论何种情况下都坚持独处，

---

①《社会学原理》，第 3 卷，第 607 页。参见《社会学研究》第 335 页：“实践证明，更高的收入一般只会带来更为铺张的生活，或者更为严重的酗酒。”

②参见《快乐的智慧》，第 40 条。

③《自传》，第 2 卷，第 5 页。

④《自传》，第 1 卷，第 239 页。

⑤威尔斯（1866—1946），英国小说家、记者、社会学家和历史学家。——译注

⑥科里尔语（罗伊斯，《赫伯特·斯宾塞》，第 221 页）。

否则便会大发雷霆。在他看来，每一项新法案都是对个人自由的侵犯。他无法理解本杰明·颉德[①]的一个观点，即既然自然选择已经越来越多地在阶级竞争、国际竞争方面作用于集体，越来越少地作用于个人，那么，为了维护集体团结和集体力量，在更大的范围内实行家庭原则（根据该原则，弱者应得到强者的扶助）已不可避免。为什么国家在保护公民免受肉体伤害的同时，拒绝保护他们免受经济上的伤害？这是斯宾塞没有想到的。他对政府与公民和父母与孩子的类比嗤之以鼻，认为幼稚可笑；而事实上，这种类比实为弟兄间的互助。与其生物学相比，斯宾塞的政治学更接近达尔文学说。

对斯宾塞的批评到此为止。现在让我们回到斯宾塞本人，从更公平的角度来看看其著作的伟大之处。

九、结语

《第一原理》几乎使斯宾塞一夜之间成为当时最有名的哲学家。这本书很快被翻译成欧洲的大多数语言，甚至包括俄语。在俄国，《第一原理》受到政府的审查，但最终得以通过。斯宾塞被认为是倡导时代精神的哲学家，他的影响遍及欧洲思想的各个角落，尤其深远地影响了文学和艺术领域的现实主义运动。1869 年，他惊讶地发现，《第一原理》已经被牛津大学用作教材。[②]更令人振奋的是，1870 年以后，他的书开始给他带来报酬，使他在经济上有了保障。有时，他的崇拜者会寄来丰厚的礼物，但他总是如数归还。沙皇亚历山大二世访问伦敦时，向德比勋爵提出想见见英国的一些饱学之士。德比邀请了斯宾塞、赫胥黎和廷德尔等，最后，除了斯宾塞所有人都出席了。斯宾塞只与为数不多的几位知交保持着联系。他曾写道："没有一个人能与自己的作品等量齐观。如果我们将作者思维活动的产物比作产品，那么，一本书所包含的内容便是其最优质的产品，它们在

①本杰明·颉德（1858—1916），英国社会学家。——译注

②《自传》，第 2 卷，第 242 页。

被写进书之前会与大量的次品分离，而在作者的日常谈话中，这些次品总是与优质品混杂在一起的。”[①]如果人们坚持要来看他，他便会在耳朵里塞上东西，平静地聆听他们的谈话。

说来奇怪，他的名望匆匆到来，又匆匆离去，斯宾塞目睹了自身名望的潮起潮落。晚年，斯宾塞陷入悲伤，因为他发现，自己已经无法凭借言辞激烈的演说阻止“家长式”立法浪潮的到来。他几乎不受任何阶级的欢迎。过去，斯宾塞曾涉足某些科学家的专有领地，现在，他们对他明褒暗贬，无视他的贡献，而对他的错误夸大其词。各个教派的主教也联合起来，将他投入永恒受罚的境地。在他直言不讳地谈论社会主义和工会政治学以后，曾经因他谴责战争而拥护他的工党成员也愤怒地弃他而去，而那些保守分子虽然欣赏斯宾塞关于社会主义的观点，却因他的不可知论而避之不及。“我比任何保守分子更保守，比任何激进分子更激进。”他忧伤地说道。[②]斯宾塞很真诚，但这种真诚过于固执，对什么都直言不讳使他冒犯了所有团体：他同情工人，认为他们是老板的牺牲品，但他又马上补充道，如果将工人和老板的位置调换，工人也会作威作福；他同情妇女，认为她们是男人的牺牲品，却又补充说，如果妇女有能力，男人也一样会是妇女的牺牲品。斯宾塞在孤独中默默老去。

随着年事增长，斯宾塞的反抗越来越收敛，表达观点时也越来越温和。以前，他总是嘲笑英国那作为摆设的国王，现在，他会说，从人民手中夺走他们的国王与从孩子手中抢走他们的娃娃一样，都是不对的。[③]在宗教上，他感悟到妨碍传统信仰是荒唐的、不厚道的，因为这种信仰似乎能给人带来益处，给人以快乐。[④]他开始认识到，宗教信仰和政治运动都以人的需求和冲动为基础，而这种需求和冲动是超越理性评判的。此外，他也不再强求这个世界朝着他希望的方向发展；而他过去写的大部头便是朝他曾经希求的方向投掷的。回眸过去那段不辞辛劳的日子，斯宾塞觉得自己很傻：

① 《自传》，第 1 卷，第 423 页。

② 《自传》，第 2 卷，第 431 页。

③ 艾略特，《赫伯特·斯宾塞》，第 66 页。

④ 《自传》，第 2 卷，第 547 页。

他没有追求生命中更为简单的快乐，而是去追求文坛虚名。[①] 1903 年斯宾塞去世，至此他觉得自己的著作都白写了。[②]

现在，我们当然知道事实并非如此。从一定程度上说，斯宾塞名声的败坏是英国黑格尔学派攻击实证主义的结果。如果自由主义复兴，斯宾塞将再次登上十九世纪英国最伟大哲学家的宝座。斯宾塞为哲学提供了一个看待事物的新视角，并带来了一种全新的现实主义。在这种现实主义面前，德国哲学显得如此苍白无力、懦弱抽象。自但丁之后，还没有人像斯宾塞那样总结自己所处的时代。他游刃有余，将纷繁浩瀚的知识谱成一首完美的交响曲。面对如此杰出的成就，所有的批评家都羞得三缄其口。如今，我们站在斯宾塞通过斗争和努力才达到的高度上。我们似乎站得比他高，但这是因为他把我们放在了他自己的肩膀上。如果有一天，其尖酸刻薄的异见被遗忘，斯宾塞将得到更为公正的评价。

---

①《自传》，第 2 卷，第 534 页。

②汤姆森，《赫伯特·斯宾塞》，第 51 页。

第九章　弗里德里希·尼采

一、尼采之“家系”

尼采是达尔文的孩子，俾斯麦的弟兄。

尼采不仅嘲弄了英国的进化论者，还嘲弄了德国的民族主义者。但这些都不重要，因为这些都是他惯用的伎俩，他总是将矛头指向那些对他影响至深的人。其实，尼采是在下意识地掩饰自己所受的恩惠。

斯宾塞的伦理哲学并非进化论最必然的结果。如果生命是一场唯有最适者才能生存的竞争，那么力量便是最高的美德，柔弱便是唯一的缺陷。能够存活下来的便是善，是胜者；退却的便是恶，是败者。对这一必然的结论，唯有维多利亚时代中期懦弱的英国达尔文主义者、有身份的中产阶级——法国实证主义者和德国社会主义者——才会隐瞒。这些人有足够的勇气对基督教神学说“不”，但他们既不敢诉诸逻辑，也不敢打破产生于基督教神学的道德观念以及人们对温文尔雅和利他主义的崇拜。他们纷纷退出英国国教、天主教、路德教，却不敢放弃基督教——尼采如此说道。

> 从伏尔泰到奥古斯特·孔德，暗暗激励着法国自由思想家们前进的是不再默默地被埋没在基督教理想背后……而是要超越基督教理想，如有可能的话。孔德“为他人而活”的主张比基督教还基督教。德国的叔

本华、英国的约翰·斯图尔特·穆勒，他们主张将同情心、怜悯、利他作为行为的准则，该主张得到了人们的赞誉……所有的社会主义体系都不经意地将自己搭建在这些共同的教条之上。[①]

达尔文完全没有意识到，自己完成的是百科全书派没有完工的工作：百科全书派推翻了现代道德的神学基础，但道德本身依然完好无损，奇迹般地悬在空中。其实，只要有一阵生物学的微风，便能将这空架子的残余收拾干净。然后，思路清晰的人很快便意识到每个时代最深邃的思想家的共识：一、在这场我们称为生命的战斗里，我们需要的不是善，而是力量，不是谦卑，而是骄傲，不是利他，而是果敢的智慧；二、平等、民主与选择、生存是相悖的；三、天才，而非庸民，才是进化的鹄的；四、权力，而非"正义"，才是各种事物的区别和一切命运的裁决者。——尼采是这么看的。

如果一切真如以上所说，那么，历史上最伟大、最显赫的人物莫过于俾斯麦了。俾斯麦对现实人生了如指掌，他曾直言"国与国之间不存在利他主义"，现代社会的事情不应通过投票和口才决定，而应该通过铁和血决定。对充满妄想、"理想"、民主思想的风烛残年的欧洲来说，俾斯麦真像一股摧枯拉朽的旋风！在短短几个月里，俾斯麦使颓废的奥地利俯首称臣，使沉醉于拿破仑传奇的法国屈膝投降；在短短的几个月里，不也是俾斯麦迫使所有德意志小"邦国"、小君主国、公国和政权融入伟大的德意志帝国之中，使其成为全新的力量道德的象征？焕然一新的德意志需要一个声音来宣扬它日益强大的军事和工业力量，需要一种哲学来为其发动战争作辩护。基督教无法为战争辩护，但达尔文学说可以。只要有一点儿大无畏精神，一切皆有可能。

尼采是无畏的，于是他便成了德意志的代言人。

①引述自法盖《阅读尼采》，第 71 页；纽约，1918。

二、青年时代

尼采的父亲是一名牧师。尼采出生于神职之家，不论是他的母系还是父系，先辈中都有好几代人担任过神职，尼采本人也是一名传教士。

尼采抨击基督教，正是因为他心里积聚了太多基督教的仁义道德；他的哲学学说是通过矫枉过正的否定来平衡基督教过分的温和、仁慈与和平的努力。从这点看，善良的热那亚人称尼采为“圣徒”，不是一种极大的侮辱吧？尼采的母亲与那位抚养康德长大的母亲一样，是一名虔诚的清教徒。或许是除了一次严重的违规之外，尼采自始至终都是一名虔诚的清教徒，如雕像一样贞洁。也正因如此，他对清教主义和虔诚行为展开猛烈攻击。尼采，这个积重难返的圣徒，是多么渴望成为一个罪人啊！

1844 年 10 月 15 日，尼采出生在普鲁士的洛肯，那天正好是当权的普鲁士国王弗里德里希·威廉四世的生日。这一象征爱国的巧合，使得尼采那曾数次担任皇家家庭教师的父亲感到异常兴奋，于是决定用国王的名字命名自己的孩子。“无论如何，选择这一天作为我的生日有一个好处：小时候，我的每一个生日都是举国欢腾的日子。”①

父亲早逝以后，尼采不得不由家中那些圣洁的女人来抚养，这让他深受其害。在她们的影响下，尼采的内心变得女人般脆弱和敏感。他不喜欢邻里那帮掏鸟蛋、偷果子、玩打仗、说鬼话的坏小子。他的同学叫他“小牧师”，有一位同学还说他像“教堂里的耶稣”。他喜欢一个人读《圣经》，或者读给别人听，他充满感情的诵读，听得人热泪盈眶。

但在尼采心底，却隐藏着一种近乎神经质的坚忍和自豪：如果他的同学怀疑穆丘斯·斯凯沃拉的故事②，他会在自己的掌上点燃一把火柴，

①列维编《瞧这个人》（英文版），第 15 页。

②据传公元前 508 年，古罗马被伊特鲁里亚国王波希纳的军队包抄，罗马青年斯凯沃拉潜入敌营谋杀波希纳。但行动失败，因为他杀错了人。被捕后，他对着波希纳喊道：“我叫盖乌斯·穆丘斯，罗马的公民。我以敌人的身份来到这里，来刺杀我的敌人。我欣然接受死亡，正如我欣然地接受使命。我们罗马人是勇敢的，不幸来临的时候，我们会勇敢地面对。”波希纳听后又害怕又恼怒，他下令将穆丘斯抛进火中。穆丘斯接受了惩罚，毅然将自己的手伸进火中，丝毫不露任何痛苦的神情。波希纳被穆丘斯的勇敢所感动，便释放了他。——译注

任其在手上燃烧，直到全部熄灭。[①]这件事很典型，终其一生，尼采都在不断寻找肉体的和精神的方法来锤炼自己，实践自己理想中的男性形象。“我所不是的，在我看来，就是神性和美德。”[②]

十八岁的时候，尼采终于对其父辈信奉的上帝信心尽失。他开始用余生不停地寻找新的神祇。最终，他认为自己找到了——“超人”就是他的新神。事后，尼采说，自己轻易地接受了这种改变；但是，尼采向来善于自我欺骗，因此，他的自传并不可靠。他变得愤世嫉俗，像一个孤注一掷后惨败的失意者。宗教曾是尼采的生命支柱，而今，生活在他眼里空空如也，没有丝毫意义。在波恩和莱比锡期间，他突然与大学同学一起淫荡纵欲，他甚至一改挑剔考究的习惯，学会了吸烟喝酒这些男人的嗜好。但很快，他便对酒精、女人、烟草产生了厌恶，他开始冷嘲热讽他那个时代国内流行的嗜酒之风。他认为，喝酒吸烟的人难以清晰地感知、敏锐地思考。

也就在此时——1865 年，尼采发现了叔本华的《作为意志和表象的世界》一书，这是“一面镜子，从中我窥见了世界、人生，以及我那骇人而又壮丽的本性”[③]。他把书带回自己的寓所，如饥似渴地读了起来，不放过任何一个字。“叔本华好像是亲口在对我说，我能感受到他的热情，我似乎能够看到他站在我的面前。为了放弃、为了拒绝、为了顺从，每一行字都在发出号叫般的声音。”[④]灰色调的叔本华哲学给尼采的思想留下了永久印记：当他虔诚地追随“作为教育者的叔本华”（尼采的一篇文章的标题）

---

①门肯，《弗里德里希·尼采的哲学》，第 10 页；波士顿，1913。

②《查拉图斯特拉如是说》，第 129 页。尼采主要著作如下：《悲剧的诞生》（1872）、《不合时宜的沉思》（1873—1876）、《人性的，太人性的》（1876—1880）、《曙光》（1881）、《快乐的智慧》（1882）、《善恶的彼岸》（1886）、《论道德的谱系》（1887）、《瓦格纳事件》（1888）、《偶像的黄昏》（1888）、《上帝之死》（1889）、《瞧这个人》（1889）和《权力意志》（1889）。上述著作中，了解尼采本人最好的书也许要数《善恶的彼岸》。《查拉图斯特拉如是说》（1883）晦涩难懂，后半部分的阐述相当详细。如果说实质性内容最多的，要数《权力意志》。至今最完整的尼采传记出自福尔斯特·尼采女士。哈勒维的《弗里德里希·尼采的一生》，虽说篇幅较短，也还不错。萨尔特的《思想家尼采》（纽约，1917）则从学术的角度对尼采进行了阐述。

③《悲剧的诞生》，“导言”，第 17 页。

④门肯，《弗里德里希·尼采的哲学》，第 18 页。

时，甚至当他谴责悲观主义而认为悲观主义是颓废的一种形式时，他骨子里依然是不快乐的。他的神经系统似乎是为了忍受痛苦而精心设计的，他颂扬悲剧，赞美其为生命的快乐——这不过是又一次自我欺骗。唯有斯宾诺莎和歌德能将尼采从叔本华手中解救出来。尼采虽然宣扬"宁静""爱命运"，但从不付诸实践，所以，智者的宁静、沉着的平静从未属于尼采。

二十三岁的时候，尼采应征入伍。他本可以因为近视和寡母独子的身份被免除兵役，但军队还是没放过他；在萨多瓦和色当[①]那些游荡的日子里，哲学家也得去当炮灰。尼采从马上摔下来，胸肌严重扭伤后，负责征兵的中士才不得不放弃这个猎物，但尼采的伤再也没有彻底恢复。他的从军生涯如此短暂，以至于离开军队的时候，他还像刚入伍时一样，对战士的迷思一点也没有改变。他向往充满命令与服从、忍耐与纪律的斯巴达式艰苦生活，但如今，他已经无须实践这个理想。尼采之所以开始崇拜军人，是因为健康问题使他再也无法成为军人。

军旅生涯结束后，尼采走向一种完全相反的生活：开始了作为语言学家的学术生涯。他没有成为战士，而是做了博士。二十五岁那年，尼采受聘成为巴塞尔大学古典语言学教授。在这里，他能够远远地欣赏俾斯麦的铁与血。但对这个需要终日伏案的不咸不淡的职业，尼采又感到后悔，他的后悔很奇怪：一方面他希望自己从事的是像医生那样务实、不必久坐的职业，另一方面又发现自己被音乐深深地吸引。他有几分钢琴家的气质，还写过几首奏鸣曲。他说："没有音乐，人生便是不完整的。"[②]

离巴塞尔不远就是特里布森，音乐巨匠理查德·瓦格纳和别人的妻子同居于此。1869年，尼采应邀前往，并在那里过了圣诞节。尼采对未来的音乐有着火一般的热情，而瓦格纳，对一个能让自己的音乐事业沾点学术气息的新人也不会小觑。在这位伟大音乐家的影响下，尼采开始写作他那以希腊戏剧开篇、以《尼伯龙根的指环》收尾的处女作，他在书中大肆

---

① 1866年普奥战争，普鲁士在萨多瓦战役中获得决定性的胜利。1870年普法战争，德意志在色当战役中取得对法国的决定性胜利。——译注

②亨尼克，《自我主义者》，"给布兰代斯的信"，第251页；纽约，1910。

赞扬瓦格纳，将瓦格纳比作现代的埃斯库罗斯[①]。为了能有一个安静的写作环境，远离喧嚣的人群，他来到阿尔卑斯山。1870 年，就在这里，尼采得知德法开战了。

他犹豫了。希腊精神以及诗歌、戏剧、哲学、音乐的灵感触手可及，然而，尼采无法抗拒祖国的召唤，因为那同样饱含诗意。他写道："眼前，是你的祖国，它有着可耻的起源，而且对许多人来说，它是一口永不枯竭的苦难之井，是一团在无数次危机中将他们吞噬的火焰。但是，在它发出召唤的时候，我们的灵魂便会骤然忘掉自己；在它血腥的召唤下，广大民众被国家所驱策，鼓起勇气，振奋精神，拥抱英雄主义。"[②]在前往战争前线的路上途径法兰克福时，尼采看到一大队骑兵穿过小镇，马蹄声响彻天空，骑兵们看起来光彩夺目。他说，当时，自己眼前一亮，突然有了某种认识，自己的全部哲学自那一刻的感知开始孕育发展。"平生第一次，我感到最高、最强的'生命意志'并不表现在为生存而展开的悲惨斗争中，而是表现在'战争意志''权力意志''征服意志'中！"由于视力问题，尼采没有成为真正的士兵，他不得不接受在后方从事护理工作的安排。虽然他目睹了很多恐怖景象，但他从来不知道战场上真正的厮杀到底是怎样的。后来，他那羞怯的灵魂在没有亲历的情况下竭尽想象把血腥的战场理想化了。即使是做护理，尼采也过于脆弱和敏感；一见血便不舒服的他很快病倒了，半死不活地被送回家中。此后，他的神经变得像雪莱一样脆弱，脾胃像卡莱尔一样娇弱；在他那战士般的铜盔铁甲下藏着的却是女孩般的灵魂。

三、尼采和瓦格纳

1872 年初，尼采的处女作，也是其唯一完整的著作——《悲剧的诞生：

①埃斯库罗斯（前 525/524—前 456/455），古希腊悲剧诗人，与索福克勒斯和欧里庇得斯并称古希腊最伟大的悲剧作家，有"悲剧之父"的美誉。——译注

②哈勒维，《弗里德里希·尼采的一生》，第 106 页；伦敦，1911。

源于音乐的灵魂》出版。[①]

在尼采之前，没有语言学家能够如此诗意地表达自己。在书中，尼采描写了希腊艺术信奉的两位神祇：狄俄尼索斯（或巴克斯）和阿波罗。狄俄尼索斯是酒神、狂欢之神，他象征着乐观向上的人生、行动中的欢乐、狂喜的情感和灵感、本能、冒险和无畏的痛苦，狄俄尼索斯还是歌曲、音乐、舞蹈、戏剧之神。阿波罗是和平、安逸和休憩之神，象征审美情感和理性思考、严密的逻辑和哲人般的冷静，他还是绘画、雕塑和史诗之神。在希腊艺术中，最高贵者莫过于以上两位理想人物的结合——狄俄尼索斯骚动不安的男性力量以及阿波罗恬静安宁的女性美。在戏剧中，狄俄尼索斯是合唱的灵感之源，阿波罗是对白的灵感之源；狄俄尼索斯的信徒们扮成半人半羊状，组成一支整齐的队伍，合唱便来源于此；而对白则是一种回想，是对情感体验的一种反思。

希腊戏剧最深刻的特点，在于狄俄尼索斯通过艺术征服悲观主义。在现代诗赋中，我们遇到的希腊人是欢快的、乐观的，但过去的希腊人并非如此，他们熟识人生的痛楚和悲剧般的短暂。当弥达斯[②]向西勒诺斯发问：对一个人来说，什么样的命运是最好的，西勒诺斯回答道："朝生暮死的可怜人类，意外与不幸的孩子，你为什么要逼我说出那不说为好的答案？最好的命运可望不可及，那就是不出生，成为虚无。其次便是早死。"显然，这些人无须再学习叔本华或印度宗教。但是，希腊人用自己杰出的艺术驱散了幻灭的阴云：他们用自己的痛苦创造了洋洋大观的戏剧，他们还发现，"唯有作为审美现象"、作为艺术沉思或艺术重建，"存在和人世才表现为合理"[③]。"崇高是艺术对丑恶的平息。"[④]悲观主义是颓废的表现，乐观主义是肤浅的表现；"悲观的乐观主义"才是强者的心态，他们锲而不舍地试图从深度和广度上体验人生，即使以悲痛为代价；在他们眼里，能够认识到斗争是生命的法则，这是一种快乐。"过去的希腊人不是悲观

---

①福尔斯特·尼采，《青年尼采》，第 235 页；伦敦，1912。

②弥达斯，希腊神话中的国王，因释放酒神狄俄尼索斯的老师、半人半兽的山林神西勒诺斯而被赐予点石成金术，最终发现点金术是个灾难。——译注

③《悲剧的诞生》，第 50、183 页。

④《悲剧的诞生》，第 62 页。

主义者，悲剧本身强有力地证明了这一事实。”“悲观的乐观主义”催生了埃斯库罗斯式的戏剧和前苏格拉底哲学，当时正值“希腊辉煌时代”[①]。

“理论家型”[②]的苏格拉底是希腊人的性格从坚忍变为松散的标志之一，“人们的身体和灵魂曾经拥有的马拉松式强健，逐渐被含糊不清的启蒙取代，并伴随着体力和脑力的日益弱化”[③]。批判哲学取代了前苏格拉底时代的哲理诗，科学取代了艺术，理性取代了直觉，辩论取代了竞技。

在苏格拉底的影响下，柏拉图从运动员变为美学家，从剧作家变为逻辑学家，他开始反对激情，抨击诗人，研究知识论，他甚至在基督教诞生之前便成了一名基督徒。在希腊古城德尔斐的阿波罗神庙上，刻着这么两句毫无激情的隽语——gnothi seauton（认识你自己）和 meden agan（凡事勿过度）。后来，在苏格拉底和柏拉图那里出现了“知识是唯一美德”的谬论，而在亚里士多德那里则是使人萎靡不振的中庸之道。一个民族在青年时代会创造神话、诗歌，衰落之时便转向哲学、逻辑学。青年时代的希腊诞生了荷马、埃斯库罗斯，其衰败之际则成就了欧里庇得斯——一个放弃逻辑学而投身戏剧的剧作家，一个摧毁神话和象征的唯理论者。欧里庇得斯还是一个感伤主义者，他驱逐了那个崇尚男子气概时代所盛行的悲观的乐观主义，他是苏格拉底的朋友，摒弃酒神狄俄尼索斯式的合唱，迎来一群日神阿波罗式的辩论家和演说家。

难怪阿波罗的德尔斐神谕称苏格拉底为最有智慧的希腊人，而欧里庇得斯位居苏格拉底之后，为第二位最有智慧的人；也难怪“阿里斯托芬凭借其无懈可击的直觉……对苏格拉底和欧里庇得斯有着同样的憎恨，在他们身上看到了文化堕落的病症”[④]。

的确，苏格拉底和欧里庇得斯最终都放弃了自己的主张：欧里庇得斯在其最后的剧作《酒神的伴侣》中向狄俄尼索斯投降，是他自杀的序曲；而监狱中的苏格拉底奏起了狄俄尼索斯的音乐，以慰藉自己的心灵。“苏

---

① 《尼采与瓦格纳》，第 167 页；纽约，1921。

② 《悲剧的诞生》，第 114 页。

③ 《悲剧的诞生》，第 102 页。

④ 《悲剧的诞生》，第 182 页。

格拉底不得不这样自问：‘也许，我无法理解的东西不一定不合理？也许，还有那么一片将逻辑学家排除在外的智慧王国？也许，艺术是科学不可或缺的相关物和补充？’”[①]但是，一切都为时已晚，逻辑学家和唯理论者的工作已经无法回到原点，希腊戏剧和希腊性格已经衰落。惊人的事情已经发生：诗人和哲学家“放弃自己的主张之时，他们早先掀起的潮流已征服了一切”[②]。英雄的时代已经落幕，酒神艺术已经终结。

但是，酒神的时代也许还能归来？康德不是摧毁了一切理论理性和理论家吗？叔本华不是已经让我们重新认识了本能的深刻和思想的悲剧吗？瓦格纳不是另一个埃斯库罗斯吗？他借着酒神般的狂喜，恢复了神话和象征，并再次将音乐和戏剧糅合在一起。

“从德意志精神的酒神根基，涌现出一种力量，一种与苏格拉底文化的原始条件毫无共同之处的力量……即德意志音乐……在它那如太空般广阔的天宇上，遍布着从巴赫到贝多芬，从贝多芬到瓦格纳的轨迹。”[③]很久以来，德意志精神被动地反映着意大利和法国的日神艺术；所以，要让德意志民族知道，他们的本能优于这些腐朽文化；要促使他们像改革宗教一样，掀起一场音乐改革，将马丁·路德般狂野的活力重新注入艺术和生命之中。谁能说，经历了战争痛苦的德意志民族不会迎来另一个英雄时代？谁又能说，有了音乐精神，悲剧不会重生？

1872年，尼采回到巴塞尔，身体依然虚弱，内心却燃烧着一股激情，他不想把剩余的体力再浪费在枯燥乏味的讲台上。“我手头的活够我工作五十年，在如此压力下，我必须争分夺秒。”[④]当时，尼采对战争产生了一丝幻灭感，他写道：“德意志帝国在根除德意志精神。”[⑤]1871年的胜利使德意志的灵魂增添了一份粗鄙的自负，而对精神发展来说，没有什么比这种自负更为恶劣。尼采是顽皮的，在任何偶像面前，他都不会服服帖帖。尼采

①《悲剧的诞生》，第113页。

②《悲剧的诞生》，第95页。

③《悲剧的诞生》，第150页。

④哈勒维，《弗里德里希·尼采的一生》，第169页。

⑤哈勒维，《弗里德里希·尼采的一生》，第151页。

决定对德意志这种愚笨的自负进行抨击，为达到目的，他开始攻击大卫·斯特劳斯——在所有拥护这种自负的人中，他最受人尊重。“我战斗着踏入社会：这是司汤达给的建议。”[①]

在其著名的《不合时宜的沉思》第二卷《作为教育者的叔本华》中，尼采将炮火对准了信奉沙文主义的大学院校。“经验告诉我们，培养伟大哲学家的最大障碍在于，公立大学总是将那些糟糕的哲学学者捧在手里……没有国家敢庇护柏拉图和叔本华这样的人……国家总是害怕他们。”[②]在《我们的教育机构的未来》一文中，他再次展开攻势；在“历史学对生活的利与弊”中，尼采对整日沉迷于古老学术细枝末节的德国知识分子进行了辛辣的嘲讽。实际上，尼采在这些文章中已表明了自己的两个独特观点：一、道德和神学必须根据进化论重建；二、生命的职责不是让多数人变得更好，这些大多数人被个别看待时，是最无用的，生命的职责应该是“天才的创造”，是优秀人格的培养和提升。[③]

在所有这些文章中，最为激情澎湃的一篇题为“瓦格纳在拜罗伊特”。文章里，尼采将瓦格纳比作齐格弗里德[④]，称其“从不知恐惧为何物”[⑤]，他还认为，瓦格纳创造了唯一真正的艺术，因为他是将各种艺术融合为崇高的审美综合体的第一人。尼采还在文中向整个德国呼吁，认识即将到来的瓦格纳节日的伟大意义——“对我们来说，拜罗伊特象征着战斗之日的清晨圣礼”[⑥]。这是一个年轻崇拜者的声音，一个女性般的灵魂发出的声音，它在瓦格纳身上发现了男性的果断和勇气，这种果断和勇气将在日后成为超人理念的一部分。但这位崇拜者同时是一位哲学家，他在瓦格纳身上看到了一种使高贵灵魂不悦的专横跋扈和狂妄自大。他无法容忍 1871 年瓦格纳对法国人的攻击（瓦格纳的歌剧《唐豪瑟》在巴黎没

①哈勒维，《弗里德里希·尼采的一生》，第 151 页。

②《作为教育者的叔本华》，第 8 节。

③《作为教育者的叔本华》，第 6 节。

④齐格弗里德，《尼伯龙根的指环》中的英雄人物。——译注

⑤《不合时宜的沉思》，第 1 卷，第 122 页。

⑥《不合时宜的沉思》，第 1 卷，第 104 页。

有得到善待！）；听闻瓦格纳对勃拉姆斯的嫉妒，他感到震惊。[①] 甚至在《瓦格纳在拜罗伊特》这篇充满溢美之词的文章里，其主题也没有为瓦格纳埋下一个好兆头："很长时间以来，世界都是东方化的，如今，人们渴望希腊化。"[②]——尼采知道，瓦格纳有一半闪米特人[③]血统。

1876年，就在拜罗伊特，各种节日剧院内不分昼夜地演出瓦格纳的歌剧，不曾间断。瓦格纳的崇拜者们来了，大大小小的国王、王子来了，游手好闲的阔佬也来了，而其中身无分文的则被挤在门外。尼采突然想到，瓦格纳与盖尔何其相似[④]，《尼伯龙根的指环》的成功在很大程度上要归功于突出的舞台效果，音乐剧中那些遥远的情节，有的在音乐中消失，却进入戏剧中去了。"我曾想，将来会有一种布满交响乐的戏剧，一种脱胎于利德[⑤]的艺术形式，但瓦格纳被充满神秘感染力的歌剧深深吸引，踏上了相反的路。"[⑥]而尼采做不到，他无法往这个方向前进，因为他憎恶戏剧的和歌剧的东西。他写道："待在这里我会发疯。我心怀恐惧地等待这一个个漫长的音乐之夜过去……我已经无法继续忍受了。"[⑦]

尼采选择了逃跑，没跟瓦格纳打招呼。当时，瓦格纳在音乐领域正如日中天，享受着全世界的膜拜。尼采跑了，他"对浪漫主义中的女性化和随心所欲的狂想曲、对充满理想主义的谎言、对人类良心的软化感到厌倦与反感，而这一切曾经征服一颗最勇敢的灵魂"[⑧]。然而不久，在遥远的索伦托[⑨]，他再次碰到欢庆之余出来休假的瓦格纳。当时，他正在写作一部全新的歌剧——《帕西法尔》。瓦格纳在剧中刻意赞美基督，赞

---

①《尼采与瓦格纳》，第223页。

②《不合时宜的沉思》，第1卷，第122页。

③源于阿拉伯半岛和叙利亚沙漠的游牧民族，包括今日的阿拉伯人、犹太人及叙利亚人等。——译注

④尼采认为瓦格纳的父亲是犹太裔演员路德维希·盖尔。

⑤ 18世纪晚期至19世纪流行于德国的一种音乐，尤指钢琴伴奏的艺术演唱歌曲。影响最大而且最多产的利德音乐作曲家是舒伯特，作有六百多首。——译注

⑥《尼采与瓦格纳》，第279页。

⑦哈勒维，《弗里德里希·尼采的一生》，第191页。

⑧《尼采与瓦格纳》，第310页。

⑨意大利西南海岸的一处度假胜地，靠近那不勒斯。——译注

美怜悯的、没有肉体的爱，赞美一个被“十足的傻子”“傻子基督”拯救的世界。尼采再次一声不响地走开了，从此再没有跟瓦格纳说过话。“如果一个人缺乏对自身的坦率和真诚，我绝不认为他是伟大的。我一旦发现这种缺乏，那这个人的成就便与我不再有任何干系。”[①] 相比圣徒帕西法尔，尼采更青睐叛逆者齐格弗里德，所以他无法原谅瓦格纳：在瓦格纳心中，基督教的道德价值和美学分量远远超过其神学缺陷。在《瓦格纳事件》中，尼采怒火满腔，发疯似的对瓦格纳展开猛烈的攻击：

> 瓦格纳迎合一切虚无的佛教天性，并给这种奉承穿上音乐的外衣；他迎合一切基督教精神，一切颓废的宗教表现形式……理查德·瓦格纳……一个绝望的浪漫主义破老头，在圣十字面前轰然倒地。难道没有德国人怀着悲痛和怜悯，目睹这可怕的一幕？我是他唯一的受害人吗？……然而，我也曾是最堕落的瓦格纳崇拜者……我是时代的产儿，像瓦格纳一样，也就是说，我们都是堕落者。对于这一点，我心知肚明，所以我要为自己辩护。[②]

尼采并非如自己所想的那样，他实际上更像日神阿波罗：尼采不喜欢酒神般的狂野活力，也不喜欢美酒、歌曲和温柔爱情，他喜欢细微、脆弱、精细的东西。“你的哥哥，他有独特的敏锐气质，总是感到诚惶诚恐，”瓦格纳对福尔斯特·尼采女士说，“有时候，他会因为我的笑话而感到尴尬——然后，我便会使出浑身解数来给他讲我的笑话。”[③]尼采身上有许多柏拉图的影子，比如，尼采担心艺术会使人忘记坚强。[④]性情柔弱的尼采天真地以为，全世界的人都像他自己一样——他差点因此皈依基督教。也许，世上还没有足够的战争让这位儒雅的教授称心如意。然而，当他冷静下来，他心里比谁都清楚，瓦格纳和他都没有错，帕西法尔的温柔和齐格弗里德

---

① 《尼采与瓦格纳》，第 295 页。

② 《瓦格纳事件》，第 46、27、9、2 页；参见法盖《阅读尼采》，第 21 页。

③引述自霭理士，《心迹》，第 27 页；伦敦，1898。

④参见《查拉图斯特拉如是说》中与瓦格纳相关的部分，第 258—264、364—374 页。

的力量都不可或缺，从宇宙的高度俯瞰，这些看似残忍的对立其实能相互融合，成为一个个有益的创造性统一体。尼采称之为“星际友谊”[①]，正是这种友谊，将他与瓦格纳无声无息地维系在一起，与瓦格纳的交往是尼采人生中最为宝贵、最有意义的经历。后来，尼采精神错乱了，但当他看到去世已久的瓦格纳的照片时，在头脑清醒的一瞬间，他轻轻地说：“我很爱他。”

四、查拉图斯特拉之歌

经历了艺术上的失意，尼采转而向科学和哲学寻求庇护。体验过酒神的热烈和特里布森、拜罗伊特的狂欢后，尼采将自己的灵魂投入科学的海洋，在那里接受日神般冷峻的洗礼，而哲学也确实为他“提供了一个任何暴政都无法渗透的避难所”[②]。像斯宾诺莎一样，激情四射的尼采试图通过细察自己的激情来平静自己，他说，我们需要“一种情感化学”。因此，在他的下一本书《人性的，太人性的》里，他扮演了心理学家的角色，他以外科医生般的冷酷对最温柔的情感、最可贵的信仰进行了深入剖析，并在一片反对声中勇敢地将这一切献给当时臭名远扬的伏尔泰。尼采还把书寄给瓦格纳，瓦格纳回赠尼采《帕西法尔》一书。两人从此断绝往来。

1879 年，在盛年时期，尼采病倒了。他的身心遭受重创，匍匐在死亡的边缘。在病榻上为自己准备后事的时候，他还不忘战斗到底。他对他妹妹说：“答应我，我死后，只有我的朋友才能站在我的棺材旁边，绝不能有任何好事之徒。记住，不要让牧师或其他任何人在我下葬时散布谎言，因为那时，我再也无法保护自己；让我诚实地以异教徒身份进入坟墓吧。”[③]但是，尼采痊愈了，这一充满英雄色彩的葬礼不得不推迟。

大病过后，尼采开始热爱健康，热爱太阳，热爱生命、欢笑和舞蹈，他还爱上了卡门的“南方音乐”；在与死神进行了一番殊死搏斗后，尼采

---

① 《尼采与瓦格纳》，第 311 页。

② 《不合时宜的沉思》，第 2 卷，第 122 页。

③ 《孤独的尼采》，第 65 页。

的意志变得更为坚强，他变得乐观向上，即使在痛苦的时候也能感受到生命的甜美。也许，正因为这场大病，尼采决定接受斯宾诺莎的观点——面带微笑地接受自然的限制和人类的命运。他在悲壮而努力地践行着。“在我心里，伟大便是‘热爱命运’：……不仅要在任何情况下毫不气馁，还要爱它。”唉！知易行难啊。

在之后的著作中，尼采的书名——《曙光》《快乐的智慧》充分体现了作者在康复期间的感恩之情。与他日后的著作相比，这两部书的语气更为亲切，语言更为温和。此时，尼采开始了一年的平静日子，靠着大学补助过着朴素的生活。此时，这位傲慢的哲学家竟然像开始融化的坚冰，变得可爱而又脆弱，他发现自己坠入了情网。但是，莎乐美拒绝了尼采的深情表白，或许是因为尼采的思想太过尖锐、太过深刻，令人局促不安。相比之下，保罗·李较为安全，于是，保罗扮演了“佩吉洛医生”的角色，而尼采则成了“德·缪塞”[①]。尼采绝望地离开了，临走时还不忘写下几句针对女性的警句。实际上，尼采天真、热情、浪漫、温柔，非常单纯。他攻击温柔，不过是想忘却这一人之本性——因为温柔，尼采遭到欺骗并陷入无尽的苦痛；因为温柔，尼采受到了无法愈合的创伤。

尼采找不到一个可以隐居的地方：“与别人一起生活很难，因为相对无言太难了。”[②]他从意大利辗转到瑞士上恩加丁的锡尔斯–玛利亚，登上阿尔卑斯山顶。在这里，他既不爱男人，也不爱女人，只求超越人类。就在这个荒无人烟的山巅，尼采灵感四溢，写就了一生最伟大的著作。

> 我坐在那儿，等待着——但不期盼任何东西，
> 我享受着，我的享受超越善与恶，时而
> 享受着阳光，时而享受着阴凉；存在的唯有
> 白昼、湖水、正午、无休无止的时间。
> 这时，我的朋友，突然间，一分为二，

①德·缪塞为法国浪漫主义作家，与女作家乔治·桑恋爱。后来，乔治·桑抛弃了缪塞，爱上了青年医生佩吉洛。——译注

②《查拉图斯特拉如是说》，第 212 页。

查拉图斯特拉走过我的身边。[①]

此时，他的“灵魂缓缓升起，飘飘欲仙”[②]。尼采找到了一位新的导师——索罗亚斯德，一位新的神祇——超人，一种新的宗教——永恒轮回：他现在必须歌唱——在狂人的灵感中将哲学注入诗歌。“我会唱一首歌，而且我要唱响它，尽管我孤单地站在空荡荡的房子里，尽管我不得不唱给我自己听。”[③]（一句话，道出了多少孤独啊！）“啊，你，伟大的星星！假如没有你所照耀的人们，你的幸福何在？……瞧！我对自己的智慧已经厌倦，就像采蜜过多的蜜蜂；我需要有人伸手来分享了。”[④]就这样，尼采完成了《查拉图斯特拉如是说》，全书完成时，正值“神圣时刻——瓦格纳在威尼斯谢世”[⑤]。这是他给《帕西法尔》的华丽答复，可是《帕西法尔》的创作者已经仙逝。

《查拉图斯特拉如是说》是尼采的杰作，他本人亦深知这点。“这部作品独树一帜。”尼采后来这样写道，“别与诗人们相提并论，也许，当今世界还没有任何一部作品能像《查拉》一样，脱胎于如此强大的力量。……即使将世界上所有善良、伟大的灵魂聚集在一起，也无法说出查拉图斯特拉的一句话。”[⑥]有点儿夸张！但毫无疑问，《查拉》是十九世纪最伟大的著作之一。然而，印刷过程中的一波三折令尼采头疼。一开始，书的第一部分被推迟印刷，因为印厂正忙于印刷五十万册赞美诗；紧接着，书的出版又遭到一系列反犹太小册子的阻挠；[⑦]最后，出版商又拒绝印刷书的最后一部分——因为从经济利益考虑，该部分毫无价值。于是，尼采不得不自掏腰包。尼采的书卖了四十本，送了七本；一人表示认可，没人表示赞赏——从未有人如此孤单。

---

①哈勒维，《弗里德里希·尼采的一生》，第 234 页。

②《查拉图斯特拉如是说》，第 315 页。

③《查拉图斯特拉如是说》，第 279 页。

④《查拉图斯特拉如是说》，第 1 页。

⑤《瞧这个人》，第 97 页。

⑥《查拉图斯特拉如是说》，第 106 页。

⑦哈勒维，《弗里德里希·尼采的一生》，第 261 页。

查拉图斯特拉，三十岁，经历山中冥想后，下山向大众布道，就像其原型波斯人索罗亚斯德那样。但大众却转身去看走钢丝。演员从钢丝上掉下来，一命呜呼。查拉图斯特拉把死者背在肩上，带着他离开。“你把危险当作自己的职业，所以，我要亲手埋葬你。”“与危险并肩生活，”他宣扬道，“把你的城市建在维苏威火山边，把你的船只派遣到未经探索的海域去，使你自己随时处于战斗状态。”

别忘了怀疑。下山后，查拉图斯特拉遇到了一位与他谈论上帝的老隐士。查拉图斯特拉一个人的时候，他心里暗想：“这可能吗？这位生活在林中的老圣徒竟然不晓得上帝已死！”当然，上帝已死，所有的上帝都死了。

> 古代诸神在很久以前便已寿终正寝。可以肯定的是，对他们来说，这是一个美好而快乐的结局！
>
> 他们没有在暮光中踟蹰逝去，尽管谎言都那么说！[①]相反，他们大笑而死！
>
> 他们死于一位神祇道出一句邪恶至极的话语之时。这位神祇说：“世上只有一位神！除我之外，不能有别的神。”
>
> 一位老朽的吹胡子瞪眼的神，一位嫉妒心十足的神，就这样忘乎所以。
>
> 于是，所有的神哄堂大笑，他们在坐椅上晃动着身子，喊道：“有诸神而没有上帝，这不正是神道吗？”
>
> 谁长着耳朵，就让谁听去吧。
>
> 查拉图斯特拉如是说。[②]

何等欢闹喧嚣的无神论！“没有诸神，不正是神道吗？”“如果诸神存在，还有什么可以创造？……如果诸神存在，我怎么能忍受不是上帝的自己？因此，诸神并不存在。”[③]“谁比我更不虔敬，我就能愉快地听他布

①对瓦格纳《众神的黄昏》的嘲讽。

②《查拉图斯特拉如是说》，第263页。

③《查拉图斯特拉如是说》，第116—118页。

道！”[①]“恳求你，我的兄弟，要对大地忠诚，不要相信那些对你侈谈超越大地的希望的人！他们只会毒害他人，不管他们自己知道与否。”[②]许多昔日的叛逆者，最终还是回来舔舐这甜蜜的毒药，把它当成人生必不可少的麻醉剂。“君子们”聚集在查拉图斯特拉的洞穴里，为传播他的教义作准备；他离开他们一阵子，回来后发现他们正给一头“用自己的形象创造世界”的驴子上香——“愚蠢到了极点”[③]。这并非教诲，但紧接着，尼采写道：

> 真的，善与恶的创造者必须首先是一名毁灭者，他必须捣毁一切价值。
>
> 因此，最高的恶是最高的善的一部分。这是创造性的善。
>
> 让我们谈下去吧，你们这些最聪明的人，无论我们谈得有多糟糕。沉默更糟糕，一切不可言说的真理都会变成毒药。
>
> 让真理打破一切能打破的东西吧！许多房子等着被建造。
>
> 查拉图斯特拉如是说。[④]

这是亵渎神明吗？但查拉图斯特拉抱怨说：“不再有人懂得敬畏。”[⑤]他自称是“不信神的人中最虔诚的一位”[⑥]。他渴望信仰，怜悯“所有如自己一样因厌恶而深感痛苦的人，对他们来说，过去的上帝已经死去，新的上帝甚至还未出现在襁褓中”[⑦]。于是，他呼唤新上帝的名字：

> 所有的神都死了；现在，我们希望超人来临。……
>
> 我告诉你们什么是超人。人类是应当被超越的。你们曾做过怎样的努力超越人类？……

---

① 《查拉图斯特拉如是说》，第 245 页。

② 《查拉图斯特拉如是说》，第 5 页。

③ 《查拉图斯特拉如是说》，第 457 页。

④ 《查拉图斯特拉如是说》，第 162 页。

⑤ 《查拉图斯特拉如是说》，第 354 页。

⑥ 《查拉图斯特拉如是说》，第 376 页。

⑦ 《查拉图斯特拉如是说》，第 434 页。

人类的伟大之处在于，他是一座桥梁，而不是一个目标：人类的可爱之处，在于他是过渡、是没落。

我爱那些只知在没落中生活的人，因为他们正是那些超越者。

我爱伟大的轻蔑者，因为他们更是伟大的崇拜者，他们像一支箭，渴望射向彼岸。

我爱那样一种人，他们不是到星空之外寻求没落和牺牲的理由。为了有一天能让大地属于超人，他们只将自己献给大地……

该是人类确立目标的时候了，该是人类播种最高希望的时候了……

告诉我，我的兄弟，如果人类缺乏目标，那难道不是缺失了他们自己吗……

爱最远方的人，胜过爱你的邻居。[①]

尼采似乎早已预料到，所有的读者都会把自己看作超人，并通过指出超人还未诞生，来为自己辩护；我们只能做超人的先驱、超人的土壤。“不要图谋超乎你能力之外的东西……不要要求超乎你们能力之外的道德！不要寻求不可能的事情。”[②] 对我们来说，唯有超人才知道的幸福不是幸福，我们最好的目标便是工作。“很长时间以来，我不停地为了我的幸福而奋斗，如今，我为我的工作而奋斗。”[③]

尼采用自己的形象创造了上帝，对此，他并不满足，因为他必须使自己不朽。继超人学说之后，尼采又提出永恒轮回论。他认为，万物都会回归，每一个细节都会丝毫不差地经历无数次轮回：尼采会回归，苦难深重的铁血德意志会回归，从草木愚夫到查拉图斯特拉的人类心灵所经历的一切苦难都会回归。这样的学说是可怕的，恐怕人类历史上再也不会出现如此无畏地肯定人生、拥抱人生的学说。难道不是吗？现实的组合是有限的，而时间是无止境的，终有一天，生命和物质将不可避免地重演过去的故事。由于这样的重复，一切历史都必须收回其在天空画出的曲折轨迹——决定论

① 《查拉图斯特拉如是说》，第 108（419）、5、8、11、79、80 页。

② 《查拉图斯特拉如是说》，第 423—426 页。

③ 《查拉图斯特拉如是说》，第 341 页。

将我们再次带回历史的关口。难怪查拉图斯特拉最后意欲谈论此事时，恐惧感突然袭上心头。内心恐惧的他，全身颤抖，不敢踏出一步，直至一个声音在他耳边说："你自己又有何碍，查拉图斯特拉？把话说出来，将一切打个粉碎！"[①]

五、英雄道德

对尼采而言，《查拉图斯特拉如是说》就像一部福音书，他后来的著作仅仅扮演着评论者的角色。如果欧洲不欣赏尼采的诗歌，也许，它会理解尼采的散文。随着查拉图斯特拉的歌声远去，先知变身为哲学家，把玩起逻辑学。我们这位哲学家虽然怀疑逻辑，但那又有什么关系？——如果逻辑学不能使论证牢不可破，它至少能使论证更为明白清晰。

尼采从未感到如此寂寞，连他的朋友们都觉得《查拉图斯特拉如是说》古怪。曾与尼采在巴塞尔共事的奥韦尔贝克[②]和布尔克哈特[③]等学者对《悲剧的诞生》赞赏有加，但此时，他们不得不悲叹，一位杰出的语言学家已经没落，而要他们为一位诗人的诞生喝彩，他们做不到。尼采的妹妹（她差点儿就佐证了尼采的观点：对于一位没有妻子的哲学家来说，姐妹可以很好地扮演妻子的角色）突然离他而去，要去嫁给一位尼采极度鄙视的反犹太分子，然后，再去巴拉圭建立一块共产主义殖民地。考虑到兄长的健康，她恳求羸弱的尼采一同前往。但是，比起健康的身体，尼采更珍重自己的心灵，他希望留在战斗打响的地方，对他来说，欧洲是一家必不可少的"文化博物馆"[④]。从此，尼采居无定所，不时地四处迁移，先后在瑞士、威尼斯、热那亚、尼斯、都灵生活。在圣马可广场的狮子周围，经常有鸽子聚集，尼采就喜欢在鸽子堆里写作——"圣马可广场是我最好的工作室"。

①《查拉图斯特拉如是说》，第 210 页。

②奥韦尔贝克（1789—1869），德国画家。——译注

③布尔克哈特（1818—1897），瑞士艺术和文化史学家。——译注

④菲吉斯，《自由意志》，第 249 页；纽约，1917。

然而，他不得不听从哈姆雷特的建议：勿站在太阳底下，因为阳光会刺伤他患病的眼睛。于是，尼采不得不把自己关在昏暗、肮脏、寒冷的阁楼里，在紧闭的窗前奋笔疾书。由于眼疾，尼采不再著书立说，写下的只是一些格言警句。

他将自己的部分零散感悟收集起来，集成了两部书：《善恶的彼岸》和《论道德的谱系》。他希望能在书中毁灭旧有道德，为超人的道德铺平道路。有一阵子，尼采重新做回一名语言学家，力求以那并非无可挑剔的词源学来推广他的新伦理。他发现，在德语中，有两个词表示“不好”，一个是schlecht，另一个是 böse。Schlecht 用在上级对下级的语境中，表示“平庸的、一般的”，后来演变为“粗鄙的、没用的、不好的”。Böse 用在下级对上级的语境中，表示“不熟悉的、不规则的、不可估量的、危险的、有害的、残忍的”，比如说，拿破仑很 böse。许多原始的民族都害怕杰出的人，把这些人看作分裂分子，中国便有这么一句俗语：“伟人乃公众之不幸。”类似的，gut 也有两种含义，分别与 schlecht 和 böse 相反：一种含义为贵族使用，表示“强大的、勇敢的、有权的、好战的、神圣的”（gut 一词来源于 Gott，神），另一种含义为平民使用，表示“熟悉的、和平的、无害的、善良的”。

在这里，我们看到两种相互对立的对人类行为的价值评判、两种伦理观念和标准，即“贵族道德”和“庶民道德”——一种是主人的道德，一种是奴隶的道德。贵族道德是古典时代[①]公认的道德标准，尤其对罗马人而言。在罗马人（哪怕是一个普通民众）看来，所谓的美德便是男人气概、勇气、冒险和胆量。但在亚洲，尤其是在犹太人的脑海中，却孕育了另一种道德标准：遭受政治压迫的人们变得谦逊、无助、无私。实际上，这是在求助。在庶民道德的笼罩下，人们热爱安定与和平，厌恶冒险和权力；人们不再追求力量，他们乐于狡诈，人与人之间的报复不再公开，而是变得隐秘；怜悯代替了严厉，模仿代替了创新，人们不再因享有殊荣而自豪，而是无情地谴责自己的良心，因为荣誉只属于异教徒、罗马人、封建主和

①大致来说，古典时代始于公元前 7 世纪，经历基督教的崛起和西罗马帝国的灭亡（公元 5 世纪），直至古典文化的消解。从地理位置看，是在地中海周边地区。——译注

贵族，良心才属于犹太人、基督徒、资产阶级和大众。[1]从阿摩司[2]到耶稣，一大批能说会道的先知将奴隶阶层的思想发扬光大，使之几乎成为普世伦理观。于是，"俗世"和"肉体"成为罪恶的代名词，贫穷成了道德的象征。[3]

而耶稣则将这种价值标准推至顶峰。在他看来，人人都拥有平等的价值，享有平等的权利。

后来，耶稣的教义又发展出民主思想、功利主义、社会主义。于是，人们开始根据庶民哲学、渐进的平等化和庸俗化、颓废和堕落的生活来定义进步。[4]颓废生活的最后一幕便是对怜悯慈悲、自我牺牲的赞美，对罪大恶极者不理性的安慰，以及"人类社会排泄功能的丧失"。积极的同情是可取的，而怜悯则是一种麻痹心灵的奢侈品，对那些无可救药、昏庸无能、穷凶极恶的废物，那些满是缺陷、活该害病、违法犯罪的畜生来说，怜悯则是浪费感情。怜悯隐含着粗俗，是一种侵犯，比如，"'探望病人'是想到邻居无助之时，心生的一种类似性高潮的优越感"[5]。

这一切"道德"的背后是一种隐秘的权力意志。爱是对占有的渴望，求爱是一场战斗，交媾则是战斗后的控制。难怪唐荷西要杀了卡门，那是为了防止她成为他人的所有物。"人们以为自己在爱情中是无私的，那是因为他们想从他人身上得到好处，这些好处往往是从他自己身上无法得到的。为了达到这样的目的，他们便会要求占有对方……在所有的人类情感中，爱情是最自私的，所以，受伤时，爱情最不宽容。"[6]即便是爱真理，也只是出于占有真理的渴望，或许，爱真理者只想开垦一片处女地，成为

---

①参见泰纳《法国大革命》，第 3 卷，第 94 页；纽约，1885。

②阿摩司，最早的希伯来先知，为十二位小先知中的一位，《圣经》中有一卷书以他的名字命名。——译注

③《善恶的彼岸》，第 117 页。

④《善恶的彼岸》，第 121—123 页。

⑤《曙光》，第 232 页。

⑥《瓦格纳事件》，第 9 页。省略号之后为法国思想家邦雅曼·贡斯当的话，原文为法语。其实，尼采曾更为委婉地谈论爱情，他说："男人会在何时对女人迸发激情？……最低等的激情来自纯粹的色欲，但当一个男人深感脆弱、需要帮助、情绪高涨时，灵魂会像决堤的河流，啃噬他，同时，他会产生被抚摸、被侵犯的感觉。伟大爱情的源泉便在这一刻喷发。"（《人性的，太人性的》，第 2 卷，第 287 页。）尼采还引用谚语说："'真爱中，拥抱肉体的是灵魂'，这是我听过的最为纯洁的话。"

第一个占有真理的人。谦卑是权力意志的保护色。

在权力意志面前，理智和道德便成为绝望之物，因为它们只是被权力玩弄于股掌之间的武器。“哲学体系是一座华丽的海市蜃楼”，我们看到的并非我们长久寻找的，而只是我们自身欲望的反映。“所有的哲学家都会摆出一副姿态，好像他们的思想都是通过冷峻、纯粹、神圣且不偏不倚的辩证法得来的……实际上，他们的观点只是片面的主张、想法或‘建议’，它们基本上是被抽象、提炼出来的哲学家心中的欲望。事后，他们便会搜集种种论点来为自己辩护。”

决定我们思想的便是这些埋藏在最底层的欲望、这些权力意志的悸动。“更多的时候，人类既无法意识到，也无法感受到自己的智力活动……有意识的思考……是人类最微弱的智力活动。”本能是权力意志最直接的动作，它不受意识的干扰，因此，“本能是迄今为止人类发现的最富智力的活动”。确实，意识的作用被糊里糊涂地高估了，“意识或许应该被放在第二位，它几乎可以说是次要的、多余的。也许，意识注定要消失，注定要被完全的自动化取代”[①]。

强者不会用理性的外衣来掩饰内心的欲望，他们的逻辑很简单，即“我要”。对那些充满活力、未受腐蚀、拥有主人翁精神的灵魂来说，欲望因其本身而正当地存在，而良心、怜悯或悔恨绝无立锥之地。但如今，犹太教、基督教民主思想风行于世，使得强者们羞于承认自己拥有强大的力量和健壮的身体，他们开始为自己寻找“理由”。贵族的美德和价值标准正在慢慢消失。“欧洲正在受到新佛教的威胁”，连叔本华和瓦格纳都皈依了佛教，成为可怜的佛教徒。“欧洲整个道德体系的建立是以一种对大众有用的价值为基础的。”强者不得施展强大的力量，他们必须尽可能表现得如弱者一样，因为“勿做我们力量范围之外的事，便是善”，康德，这位“柯尼斯堡[②]的伟大中国佬”不也证明，人类绝不能被当作手段吗？于是，强者的本能——打猎、战斗、征服和统治，由于缺乏宣泄的渠道，逐渐演变成

---

①《人性的，太人性的》，第2卷，第26页；《善恶的彼岸》，第9页；《快乐的智慧》，第258页；《善恶的彼岸》，第162页；《权力意志》，第2卷，第38页。

②康德的出生地，曾是普鲁士公国的首都，现为俄罗斯西部城市加里宁格勒。——译注

自我伤害，并进而产生禁欲主义和“歹心”。“一切本能，如果找不到一个排解通道，便会向内深入——这就是人类那不断发展的‘内向化’：于是，我们便有了被称之为灵魂的最初形式。”①

堕落的原理是这样的：领袖们受到大众美德的影响，并被大众美德庸俗化。因此，“第一要务便是迫使道德体系服从等级秩序，并对各种道德假设重新进行考查，直至人们彻底认识到，说出‘适合你的也适合他’这样的话是不道德的”。不一样的特点会产生不一样的功能，所以，在社会中，强者那“罪恶”的品德与弱者那“美好”的品德都不可或缺。苦难、暴力、危险、战争，与善良、和平有同等的价值。众所周知，伟大的人物只会在充满危险暴力的环境中、在迫使人变得残酷时才诞生。对人来说，最好的东西便是强大的意志、权力以及无限的激情。没有激情的人就像一块豆腐，终将一事无成。贪婪、嫉妒甚至仇恨都是斗争、选择、生存过程中必不可少的要素。恶之于善，相当于变异之于遗传、创新和试验之于风俗习惯。如果永不用近乎犯罪的手段冲击一下现有的“秩序”，哪里有进步可言？如果恶真的不好，那它早已不复存在。我们必须警惕自己，不要过于善良，因为“人类必然变得越来越善，又越来越恶”②。

发现世界上还有如此多的罪恶、如此多残酷的事情，尼采深感欣慰。他认为，“残忍构成了古人极大的喜悦和快乐”，一想到这一点，尼采便感到虐待狂般的愉悦。他相信，我们从悲剧中，或者从任何崇高的事物中获得的快乐都是一种经过提炼的间接的残忍。“人类是最残酷的动物，”查拉图斯特拉说，“欣赏悲剧的时候、观看斗牛的时候、旁观刑罚的时候，他们能够感受到人间未曾有过的快乐。然后，人类创造了地狱……瞧，地狱就是他的人间天堂。”如今，想想自己的压迫者在另一个世界接受永久的

---

①《善恶的彼岸》，第 128、14、177 页；《权力意志》，第 1 卷，第 228 页；《论道德的谱系》，第 46、100 页。学习心理学的人或许会对以下关于精神分析的内容感兴趣：《人性的，太人性的》，第 1 卷，第 23—27 页；《曙光》，第 125—131 页（《梦的原理》）；《人性的，太人性的》，第 1 卷，第 215 页（“阿德勒的神经结构理论”）；《曙光》，第 293 页（《矫正过度》）。对实用主义感兴趣的读者可以阅读《善恶的彼岸》中第 9、50、53 页以及《权力意志》第 2 卷，第 20、24、26、50 页。

②《善恶的彼岸》，第 165（引用自约翰·斯图尔特·穆勒）、59 页；《权力意志》，第 1 卷，第 308 页；《查拉图斯特拉如是说》，第 421 页。

惩罚，人类便能忍受一切苦难了。[①]

终极的伦理学是生物学层面的，我们评判事物的依据应该是该事物对生命的价值，为此，我们需要从生理学的角度“重估一切价值”。真正能考验一个人、一个种群、一个物种的是活力、能力和权力。在一定程度上，我们或许能够接受十九世纪（不然，一切高尚的美德便会遭到毁灭），因为在十九世纪，肉体得到人们的重视。灵魂是有机体的功能之一。人类大脑中的血，多一滴或少一滴，都会给人带来无限痛楚，这种痛楚远远超过被鹰啄食肝脏的普罗米修斯所忍受的痛苦。不同的食物催生不同的思想方法，比如，米饭推动佛教的形成，而德国的形而上学则是畅饮啤酒的结果。因此，一种哲学是真理还是谬论，完全取决于该哲学赞美的是人生的升华还是人生的堕落。堕落者说，“人生毫无价值”，其实，还不如让他说“我毫无价值”。当人生中一切崇高的价值开始腐烂，当民主——即对一切伟人的质疑——每十个年头毁灭一个民族，人生为何还值得过活？

> 现今，热爱交际的欧洲人总喜欢摆出傲人的架势，仿佛他们才是唯一获得认可的种族。他们对自己的品质，比如公德心、慈善、尊重他人、勤奋、节制、谦逊、宽容、同情心等，大加赞美，并视这些品质为人类特有的美德。在这些美德的作用下，他们在普通大众面前彬彬有礼、隐忍不言，显得极有用处。但在一些情况下，当人们认为领袖或领头羊确不可少时，他们便一次又一次地试图召集大批聪明的善于交际的人，来代替发号施令的指挥官，各种议会机构便源于此。然而，要是果真有一位专断独裁者出现，来管理这些善于社交的欧洲人，那也是上天的一种祝福，好似一块巨大的磐石被卸去——拿破仑出现后的一系列影响便是最好的明证；一部受拿破仑影响的世界史，几乎就是一部人类追求高尚幸福的历史。通过一个个伟大的个人、一个个伟大的时期，这种高尚的幸福横跨了整个世纪。[②]

---

① 《论道德的谱系》，第 73 页；《善恶的彼岸》，第 177 页；《查拉图斯特拉如是说》，第 317 页。
② 《曙光》，第 84 页；霭理士，《心迹》，第 50 页；《善恶的彼岸》，第 121 页。

六、超人

正如道德不存在于善良之中而存在于力量之中，人类的目标不应是整体的提升，而应是培养出更健康、更强大的个体。“我们的目标不是整个人类，而是超人。”一个明智之人，最不会去做的事情便是改善人类：人类无法被改善，人类甚至根本就不存在。人类只是一个抽象的概念，唯一存在的只是一大堆个体。这些个体堆积在一起，看起来更像一个庞大的实验室。在这样的实验室里，每个时代都会有一些试验成功，但是，失败的是大多数。在这里，试验的目的不是谋求大众幸福，而是类型的改善。如果不出现更高级的类型，还不如终结人类社会。社会应是一种强化个人权利和个性的工具，种群本身不应是目的。“如果所有的个体只会维护机器，那么，机器又有何用处？如果机器”，或者说社会组织，“本身便是目的，那真是一场人间喜剧”[①]！

一开始，尼采说得好似希望一种全新物种产生，[②]但后来，尼采想到了超人——一种优秀个体。超人突破重重险阻，从泥沼般的平庸百姓中脱颖而出，他的诞生，更多地要归功于谨慎的育种和悉心的培养，而不是布满荆棘的自然选择。杰出个体的成长与正常生物的成长过程是相悖的，因此可以说，大自然对其最优秀的产品是最为残忍的，她更喜欢平庸普通的物种，并为其撑上一把保护伞。大自然有一种永无休止的逆转趋势，它会将物种逆转至同一个类型、逆转至普通百姓的水平——即大多数人控制最优秀的人，如此循环往复。[③]唯有通过人工选择，通过一种深谋远虑的优生优育，通过一种使人高贵的教育，超人才能生存。

让优秀的个体为了爱情而结婚——英雄配女仆、天才配女裁缝？真是荒谬至极！叔本华错了，爱情不能保证优生，对于陷入爱河的男人，我们不应让他作影响其一生的决定，爱和智慧，男人无法同时拥有。情人之间的誓言，应被宣布无效，情人之间的爱情，应该立法规定为婚姻的法定障

① 《权力意志》，第 2 卷，第 387、135 页；《人性的，太人性的》，第 1 卷，第 375 页。

② 《查拉图斯特拉如是说》，第 104 页。

③ 《权力意志》，第 2 卷，第 158 页。

碍。最优秀者只能与最优秀者通婚，爱情应该留给乌合之众。婚姻的目的不只是传宗接代，它还肩负着培育个体的重任。

> 你很年轻，渴望结婚生子，但我问你，你是一个敢于盼望孩子的人吗？你是胜利者吗？你能克制自己、控制自己的情感、驾驭自己的品行吗？当你许愿的时候，是为了满足自己的兽性？为了得到某种必需品？为了排解自己的孤独？为了化解内心的冲突？我倒希望，你的胜利和自由是对孩子的渴望。你应该建造一座活生生的纪念碑，来纪念你的胜利、你的自由。你应该超越你自己。但首先，你必须磨炼你的肉体和灵魂，使之健壮强大。你不仅要繁衍自己，还要使后代越来越强！我把两个人创造一个个体——一个比创造他的人更为强大的个体——的意志称为婚姻。如果一对夫妻彼此尊重，对如此意志的婚姻表示尊重，我便把这对夫妻的关系称为婚姻。

没有好的出身，高贵便无从谈起。“仅仅是智力不能使人高贵，相反，我们总是需要某种东西来使智力高贵起来。那么，这种东西是什么呢？血统……（在此，我指的并不是‘阁下’这样的贵族头衔，也不是‘哥达年鉴’[①]——那说的是蠢驴。）”拥有了良好的出身以及优秀的育种，按照超人的培养方案，下一步便是进入一所严厉的学校。在这里，追求完美被视为理所当然，甚至不值得赞扬，学生几乎得不到任何安慰，反之，他们需要承担许多责任；在这里，学生要学会默默忍受肉体上的疼痛，学生的意志是学会服从、学会发令，绝不能让自由意志主义者胡说八道！在这里，学生不准通过放纵和“自由”而削弱自己坚强的毅力和德行！但在这里，学生要学会痛快地笑；我们可根据哲学家笑的能力给他们分出高下。“谁跨越了最高的山峰，谁便笑对一切悲剧。”在这种超人教育中，没有任何迷幻麻醉般的道德说教，准超人们虽然必须忍受意志上的禁欲，但没有任何肉体上的惩罚。“美丽的姑娘，不要停下你们的舞步！这里没有带着邪

①欧洲贵族名录。哥达还是英国童话中的愚人村。——译注

恶眼神的扫兴者……长着美丽脚踝的姑娘，这里也没有你们的仇敌。”[①]就算是超人也喜欢美丽的脚踝。

如此生育、培养出来的人是超越善恶的。在实现目的的道路上，如果需要变得“恶”，他会毫不犹豫地变得“恶”，他会无所畏惧，而不是慈悲善良。“什么是善？……勇敢便是善。”“什么是善？一切能够增强人的权力感、权力意志、权力本身的东西。什么是恶？一切源于软弱的东西。”或许，超人身上最显著的特点便是对冒险和斗争的热爱，但前提是，这种冒险和斗争有目的性。超人不会首先寻找安全的避难所，他会将幸福留给多数人。“查拉图斯特拉热爱着这一切，比如远洋航海，他不爱没有冒险的生活。”[②]因此，一切战争都是善的，尽管在现代，战争的根源都是那么粗鄙不堪。“一场善的战争能够神化任何开战的原因。”连革命也是善的，但善的不是革命本身，因为最不幸的事情莫过于人民大众掌握至高的权力。在斗争年代，那些由于缺乏激励或机遇而蛰伏已久的人物终于苏醒，成为时代的伟人，他们在骚乱中诞生，成为历史舞台上叱咤风云的舞者。在法国大革命的动荡中，拿破仑诞生了；在暴风骤雨、社会秩序极度混乱的文艺复兴时期，一批伟大人物如繁花般四处盛开。此后，欧洲便再也无缘重见这一美景。

充沛的活力、高超的智力、无限的自豪——这就是造就超人的三要素。但是，活力、智力、自豪这三者必须达成一种平衡：一个崇高的目的能将混乱的欲望铸造成一种强大的个性，一个人拥有了崇高的目的，便拥有了特定的热情，这种热情在目的的统领下成为权力。“如果一位思想家不是园丁，而只是植物的土壤，那么，他是可悲的！”谁是冲动行事的人？怯懦者。怯懦者缺乏自我克制的能力，怯懦者不敢说“不”，怯懦者是不和谐音，是颓废者。自我约束，是人生的一个制高点。“一个人如果不甘成为芸芸众生中的普通一员，他只需放下对待自我那种随和的态度便可。”有了目标，便可对人苛求，但首先，需严格要求自己；有了目标，便可随心所欲，除

① 《权力意志》，第 2 卷，第 353 页；《善恶的彼岸》，第 260 页；《查拉图斯特拉如是说》，第 49、149 页。

② 《查拉图斯特拉如是说》，第 60、222 页；《上帝之死》，第 128 页；《权力意志》，第 2 卷，第 257 页。

了背叛朋友——这是高贵者享有的终极特权，是超人的最后法则。[①]

唯有把超人当作人生的目标、努力的酬劳，我们才会热爱生活、奋发向上。“我们必须设立一个目标，为了这个目标，我们相亲相爱。”[②]让我们成为伟人，或者成为伟人的仆人和工具吧！为了实现拿破仑的目标，数以百万计的欧洲人奋勇向前，将自己作为工具，为波拿巴欣然牺牲自己，倒下的时候还歌唱着他的名字，何其壮观的景象！或许，即使我们无法成为波拿巴，我们当中理解这一切的人依然能够成为他的先知，为他的到来铺平道路。我们，不论来自哪片土地，不论生于哪个时代，无论相隔多远，都能为了这一目标携起手来，共同努力。这些名不见经传的助手呵，这些热爱高贵的人呵，如果查拉图斯特拉能够听到他们的声音，即使身陷苦痛，也会引吭高歌。“今天，你们这些孤独的人哟，好似一盘散沙的人哟，终有一天，你们会成为一个民族。选择了自己的你们，从你们这里，一个优秀的民族将要诞生；你们的民族里，超人将要诞生。”[③]

七、颓废

因此，贵族是通往超人的必由之路。民主——“这种热衷于清点人数的制度”——必须尽早铲除。对所有高贵的人而言，废除民主的第一步便是毁灭基督教。民主始于基督的胜利；“第一位基督徒，在其本能最深处，是一位反对任何特权的叛逆者，他为了‘平等的权利’生活，并为了‘平等的权利’不懈斗争，要是在现代，他早就被流放到西伯利亚去了”。“如果他是你们当中最伟大的人，就让他成为你们的仆人吧”——这是一切政治智慧、一切健全头脑爱玩的颠覆游戏。的确，一个人在阅读《福音书》的时候，会感觉自己像是沉浸在俄国小说的氛围中；原来，《福音书》是对

① 《曙光》，第 295、194—197 页；《偶像的黄昏》，第 57 页；《权力意志》，第 2 卷，第 221—222、369、400 页；《作为教育者的叔本华》，第 1 节。

②萨尔特，《思想家尼采》，第 446 页。

③ 《查拉图斯特拉如是说》，第 107 页。

陀思妥耶夫斯基的剽窃。

这样的观念唯有在发展滞后的民族中，在统治者已经堕落、统治力量不复存在的时代才会扎根。“尼禄和卡拉卡拉[①]在位时，出现这样一种怪论，即最为低贱的人比身居高位的人更有价值。”[②]

正如基督教对欧洲的征服结束了古代贵族制，好战的条顿男爵对欧洲的占领复兴了古老的男性品德，并为现代贵族制的发展奠定了根基。这些人的肩上没有“道德”重负，他们“不受任何社会约束；他们在返回野兽般的良心无辜中，变成幸灾乐祸的猛兽，他们在进行了屠杀、纵火、掠夺、殴打等一系列可憎的暴行之后，还会大摇大摆、心安理得地离去，仿佛只是完成了一场学生式恶作剧”。

然而，就是这么一批人，却在日后进入了德国、斯堪的纳维亚、法国、英国、意大利和俄国的统治阶层。

> 一群金发猛兽、一族征服者和统治者，凭借其强大的军事力量和组织能力，肆无忌惮地将可怕的利爪伸向那些或许在人数上占据优势的人民……这群野兽建立了国家。国家本应以一纸契约开始，但这样的美梦很快烟消云散。契约跟他有何干系？他是一呼百应的总指挥、大自然的主人，他已经凭借暴行登上了历史的舞台。[③]

这批杰出的统治者已经走向堕落，原因有三方面：首先，天主教对女性品德的颂扬；第二，宗教改革中的清教徒与平民化理想；第三，与低等人群通婚。天主教教义在演变为文艺复兴的贵族文化和非道德文化之时，宗教改革凭借犹太教的严峻与肃穆将演变中的天主教教义打了个稀巴烂。“最终，有人理解什么是文艺复兴吗？有人愿意去理解什么是文艺复兴吗？在重估基督教价值的过程中，为了使那与基督教价值相悖的贵族价值取得胜利，人们用尽了一切手段、一切本能、一切聪明才

①卡拉卡拉（188—217），罗马帝国的暴君，其统治加速了帝国的衰亡。——译注

②《上帝之死》，第195页；霭理士，《心迹》，第49—50页；《权力意志》，第2卷，第313页。

③《论道德的谱系》，第40页。

智……在我眼前，我看到了一种可能性，它的魅力和绚丽的色彩有无限的魔力……切萨雷·波吉亚[①]成了教皇……我的话你理解吗？”[②]

新教和啤酒使德国人的智慧变得愚钝不堪，如今，还得加上瓦格纳的歌剧。结果，“今天的普鲁士人成了最危险的文化公敌之一”。“有德国人在场，我便会消化不良。”“如果正如吉本所言，世界要走向灭亡，需要的只是时间——尽管是很长的时间，那么，要想在德国铲除一个错误的观点，需要的也只是时间——尽管是更长的时间。”德国人击败拿破仑后，正如当年马丁·路德击败教会，文化遭到了毁灭性的打击。从此，德国抛弃了她的歌德们、叔本华们、贝多芬们，她开始崇拜“爱国者”；“德国高于一切——恐怕这就是德国哲学的终结”[③]。德国人有一种天生的严肃和深度，这让我们有理由相信，他们还能拯救欧洲。相比法国人和英国人，德国人拥有更多的男性品德：他们坚毅、耐心、勤劳，在学问、科学、军纪上，皆是如此。如果能够看看整个欧洲是如何因德国军队而忧虑，一定是件有趣的事。要是能将德国人的组织能力与俄国潜在的人力、物力配合起来，那么，一个伟大的政治时代便将来临。“我们希望德意志民族与斯拉夫民族交互发展，我们希望能拥有最聪明的银行家——犹太人，如此，我们便能主宰整个世界……我们希望与俄国无条件地联合。”不然，我们面临的便将是四面楚歌、自我灭亡。

德国人在心理上有个毛病，那就是过于冷淡；这是他们为自己的坚强性格付出的代价。德国错过了一段悠久的文化传统，正是这段传统，使法国人成为整个欧洲最优雅、最敏感的民族。“我只相信一种文化，那就是法国文化，我认为，在欧洲其他地方，称自己有文化都是一种误会。”“如果一个人阅读蒙田、拉罗什福科……沃夫纳格和尚福尔[④]，那么，相比于阅读其他国家的作家的作品，他更能体会到一种古色古香。”伏尔泰是“高贵的心灵之王”，泰纳是“第一位健在的历史学家”，甚至后来的法国作家

①切萨雷·波吉亚（1475—1507），教皇亚历山大六世的私生子，17 岁时成为大主教，18 岁已是枢机主教，其父去世后失势。——译注

②《上帝死了》，第 228 页。

③菲吉斯，《自由意志》，第 47 页，注释；《偶像的黄昏》，第 51 页。

④尚福尔（1741—1794），法国作家，以风趣著称。——译注

福楼拜、布尔热[①]、法朗士[②]等，其思想和语言的清晰度都远远超过欧洲其他作家——“这些法国人的思维真是干净、微妙而又精确！”欧洲人高贵的品位、感觉、举止其实都是法国人的杰作，但是，它们只属于过去的法国，即十六、十七世纪的法国。法国大革命在摧毁贵族制的同时，也摧毁了文化的媒介和苗圃。如今，法国的灵魂已经变得瘦弱而苍白。尽管如此，它依然闪耀着某些优秀品质的光芒；“与德国人相比，法国人在思索心理学和艺术方面的问题时，表现出无与伦比的精细和透彻……此时此刻，当德国在政治领域以世界一极的姿态崛起时，法国在世界文化之林中获得了全新的重要地位”[③]。

俄国是欧洲的金发野兽。俄国人民“顽固、倔强，信奉逆来顺受的宿命论。因此，即使在今天，他们也比我们欧洲人更有优势”。俄国有一个强大的政府，他们没有“低能的议会”。在那里，意志的力量积蓄已久，迫切需要释放。因此，如果哪一天俄国成为欧洲的主人，我们也不必惊讶。“一位胸怀未来的思想家，在思考关乎欧洲的各方面问题时，必定会将筹码放在犹太人和俄国人身上——他相信，他们最有可能在力量之间的伟大博弈中取得胜利。”但总体来说，意大利才是当今最优秀、最具活力的民族，正如阿尔菲耶里夸耀的：“人类之树”在意大利生长得最茂盛。即使是最底层的意大利人，都拥有男人的风度、贵族般的自豪；“无论何时，威尼斯一位贫穷的船夫看上去都比柏林的大臣还要风度翩翩。说到底，柏林的大臣不及一个威尼斯的船夫”[④]。

最糟糕的是英国人，腐蚀法国人头脑的便是英国人对民主的妄想。“店主、基督徒、妇女、英国人以及其他民主主义者可以归为一类。”英国的功利主义和庸俗习气是欧洲文化的糟粕。唯有在人吃人的激烈竞争中，人们才会把人生看成一场生存竞争，仅仅为了生存的竞争。唯有店主和船员数量成倍增加，远超贵族数量之后，民主才会出现。这是英国献给现代世

---

①布尔热（1852—1935），法国小说家和评论家。——译注

②法朗士（1844—1924），法国小说家和评论家。1921 年获诺贝尔奖。——译注

③萨尔特，《思想家尼采》，第 464—467 页；《瞧这个人》，第 37、83 页；《善恶的彼岸》，第 213—216 页；《偶像的黄昏》，第 54 页。

④《论道德的谱系》，第 98 页；《善恶的彼岸》，第 146、208 页；萨尔特，《思想家尼采》，第 469 页。

界的礼物，一份希腊式礼物。谁将从英国手中救出欧洲并从民主手中救出英国呢？

八、贵族制

民主意味着放任自流，意味着有机体的各个部分都可以随心所欲，意味着整体与个体间的连贯性失效、肆意与混乱的时代到来、对庸俗的追求及对卓越的仇恨，民主还意味着伟人的消失——伟人怎么会屈服于粗鄙辱人的选举？如此一来，他们还有什么机会？“正如家犬痛恨野狼，民众最痛恨的莫过于自由的精神、抗拒镣铐与跪拜的人”以及非“固定党员”。在这样的土壤中，超人何以成长？当一国之中最伟大的人被束之高阁，灰心丧气、默默无闻，这个国家又如何能变得伟大？这样的社会终将失去本色；在这样的社会中，民众相互模仿，这种模仿在水平上而非纵向上展开——主流之人取代超人而成为了偶然或楷模。人与人之间愈来愈像，连性别差异也愈来愈小——男人变成了女人，女人变成了男人。[①]

于是，女权主义便成为民主和基督教思想的必然结果。“当男人不像男人时，女人便努力使自己像个男人。唯有男人味十足的男人，才能拯救女人的女人味。”易卜生“这个典型的老处女”，创造了那个“被解放的妇女”。“女人是由男人的一根肋骨创造的？——‘我的肋骨如此脆弱，太神奇了！’男人说。”因为“解放”，女人失去了权力和地位；如今，妇女哪里还能享受波旁王朝时所享受的地位？男女平等是天方夜谭，因为男性与女性之间的冲突是永恒的，没有斗争的胜利，就没有和平——唯有一方成为另一方的主人，和平才会降临。男女平等会带来危险，即使平等了，女人也不会满足。其实，女人从属于男人便已心满意足，只要这个男人是真正的男人；毕竟，女人的完满和幸福系于她们的母性。“女人的一切是一个谜团，这个谜团的答案只有一个——生儿育女。”“对女人来

① 《权力意志》，第1卷，第382—384页及第2卷，第206页；《查拉图斯特拉如是说》，第141页。

说，男人是一个工具，其最终目的永远是孩子。但对男人来说，女人是什么呢？……一个危险的玩偶。”“男人应该学会战斗，女人应该学会取悦战斗中的男人，除此之外，一切都是愚蠢的。”“与完美的男人相比，完美的女人是一种更高类型的人类，同时也更为稀有……对待女人，无论怎么温柔，都不过分。”①

婚姻冲突的部分原因在于，女人在婚姻中获得圆满的同时，男人却日益狭隘、空虚。男人追求女人的时候，承诺要把整个世界都献给她；等她嫁给他以后，他便开始兑现自己的承诺。但是，他必须从孩子诞生的那一刻开始，忘掉他承诺的世界，因为从这时起，爱情无私蜕变为家庭的自私。诚实和创新是单身汉才能拥有的奢侈的东西。“就最深刻的哲学思考来看，所有的已婚男子都是可疑的……在我看来，一个把全面衡量存在价值作为自己的事业的人，还要为了妻子和孩子，担负起照顾家庭、赚取面包、保持安稳、追求社会地位的重任，那真是荒唐至极。”许多哲学家在孩子出生前便已死去。“风，透过门上的钥匙孔吹将进来，对我说，‘来吧！’我那聪明的门自动开启，对我说，‘走吧！’但是，爱已将我绑缚在孩子身上了呵。”②

伴随女权主义而来的是社会主义和无政府主义，它们都是民主的废弃物。如果平等的政治权利能够达成正义，为什么平等的经济权利无法做到？为什么还需要有领袖？赞颂《查拉图斯特拉如是说》的人中并非没有社会主义者，但是，他们的赞颂我不要。“他们中的一些人宣扬我的人生哲学，但同时，他们又宣扬平等……我不希望人们把我与这些鼓吹平等的家伙混为一谈。因为在我心中，正义如是说：‘人类没有平等。’我们希望我们毫无共同之处。”“你们这些鼓吹平等的人，无能的暴烈与疯狂就这样从你们心中喊出平等的口号呵。”大自然不喜欢平等，它喜欢个体间、阶级间、物种间的差异。社会主义违背了生物发展规律：进化过程包含着较高级的物种、种族、阶级或个体对较低级的物种、种族、阶级或个体的利用；生命便是一种剥削，它终究都将依赖别的生命而生存；大鱼吃小鱼，这就

① 《查拉图斯特拉如是说》，第248、169页；亨尼克，《自我主义者》，第266页。

② 《孤独的尼采》，第77、313页；《查拉图斯特拉如是说》，第232页。

是事情的全部真相。社会主义就是一种嫉妒："他们总想得到我们的东西。"[①] 然而，社会主义运动是易于控制的。要想控制社会主义运动，只需时不时地打开一下主人与奴隶之间的活板门，毙掉一两个满腹牢骚的领袖即可。令人害怕的不是领导者，而是那些下层的人，他们以为可以通过革命摆脱自己的从属地位，殊不知，他们的低贱是自己无能与懒惰的必然结果。唯有奋勇反抗的奴隶才显得高贵。

无论如何，奴隶都比当今的主人——资产阶级要高贵得多。十九世纪文化低劣的标志便是腰缠万贯的商人成了人们崇拜、欣羡的对象。其实，这些商人也是低贱的奴隶，他们是例行公事的傀儡、繁忙生意的受害者，他们没有时间追求新思想，因为对他们来说，思考是一种禁忌，思维的乐趣遥不可及。因此，他们总是孜孜不倦、无休无止地寻找着"幸福"，他们的豪宅从来没有家的温馨，他们的奢华粗鄙不堪、毫无品味，画廊里挂着的一幅幅"真迹"甚至还贴着价格标签，他们那充满肉欲的享乐，如此单调乏味，一点儿也不能使人思维活跃、神清气爽。"瞧这些富得流油的人！他们获得了财富，却因此一贫如洗。"做一个贵族，有外在的约束，但贵族们获得了相应的补偿——深邃的头脑；富人们虽然也接受了外在的约束，却无法涉足智慧的王国。"看看这些身手敏捷的猿猴，看看他们都是如何往上爬的！他们相互践踏，也因此使自己堕入泥潭与深渊……店主们身上散发的是一阵阵恶臭，抱负被扭曲，连口中呼出的气息都充满邪恶。"其实，这些豪商巨贾们没有任何用处，因为他们不会以高贵的方式使用钱财，他们永远不会用钱财来赞助文艺事业，因此也无法使其钱财穿上尊贵的外衣。"唯有知识分子才应该持有财产"，因为除知识分子之外，其他人都把财富本身看作终点，为了获取钱财，他们不顾一切，愈来愈像一头鲁莽的公牛。看看"当今这些癫狂的国家吧，对他们来说，最大的渴望便是多多生产、多多赚钱"。于是，人变成了猛禽："天天打着伏击战，为的就是有

① 《查拉图斯特拉如是说》，第 137—138 页；《善恶的彼岸》，第 226 页；《权力意志》，第 1 卷，第 102 页（尼采在此预测了一场革命，"相比之下，巴黎公社……似乎只能算有点儿消化不良"）及第 2 卷，第 208 页；《曙光》，第 362 页。写下这些高贵的文字之时，尼采正住在一间肮脏昏暗的阁楼里，年收入 1000 美元，但他将大部分收入用于著作的出版。

一天能捕获对方。这便是他们猎取猎物的办法——守候，他们称之为睦邻友好……在各种各样的垃圾中，他们攫取甚至最微小的利益。”“如今商人们的道德真的不值一提，他们的道德只是海盗道德的改进版——以最低价买进，以最高价卖出。”此外，这些人天天喊着要实行自由放任政策，喊着反对任何人的干涉，其实，他们才是最需要被监管、被控制的人。或许此时，实行一定程度的社会主义较为合理，尽管社会主义依然是一种相当危险的制度："我们应该从私人或私企手中夺回那些有利于大量财富积累尤其是有利于货币市场发展的运输部门和贸易部门，并像对待那些一无所有的人一样，把拥有过多财富的人列为社会危险分子。"[①]

比资产阶级高贵而比贵族低贱的是士兵。在战场上，被荣誉麻醉的士兵在临死的那一刻是快乐的，因此，一位手下士兵全部阵亡的将军远比一位通过利润机器吸光员工鲜血的雇主高贵得多，关于这一点，只要看看员工离开工厂而奔赴血腥战场时的轻快脚步便可明了。拿破仑并不是屠夫，相反，人们对他心怀感恩，因为他将军人的荣誉赋予阵亡的士兵；他不像雇主，为了经济利益将他们剥削致死。人们纷纷投奔拿破仑，聚集在他奔赴地狱的旗帜下，他们宁愿冒着生命危险去战斗，也不愿在难以忍受的单调乏味中制造一百万个领扣。“终有一天，荣誉将属于拿破仑——他为一个时代创造了一个世界，在这个世界中，普通人和勇士终于比商人和市侩更有价值。”对那些身心日益软弱、生活日益舒适、内心日益可鄙的民族来说，战争是一剂良药，它能激发人在和平环境中慢慢退化的本能。民主制的柔弱娇气是一种毒药，而战争和兵役是必要的解药。“当一个社会本能地放弃战争与征服时，这个社会便已堕落，这同时意味着时机的成熟——实行民主制的时机已经成熟，店主们扮演统治者的时机已经成熟。”然而，在现代，发起战争的理由绝不能称为高贵；与今天人们使用枪炮解决贸易争端相比，过去的王朝战争和宗教战争要更高贵一些。[②]“五十年之

---

① 《不合时宜的沉思》，第 1 卷，第 142 页；《人性的，太人性的》，第 1 卷，第 360 页及第 2 卷，第 147、340 页；《偶像的黄昏》，第 100 页；《查拉图斯特拉如是说》，第 64、305、355 页。

② 《快乐的智慧》，第 77—78 页；《善恶的彼岸》，第 121 页；法盖，《阅读尼采》，第 22 页；《人性的，太人性的》，第 2 卷，第 288 页。

内，这些巴别塔式的政府”（欧洲的民主制政府）“都将卷入一场大战，为了获得世界市场而拼个你死我活”[①]。或许，在这场疯癫之后，统一的欧洲便会来临，但如果能够实现这样的目标，即使来一场商业大战也不算是过于高昂的代价。因为只有在统一的欧洲，有机会拯救欧洲的更高级的贵族制才会诞生。

在政治活动中，要防止商人进入统治阶层；因为商人像普通政客一样，目光短浅、思想狭隘，他们不像接受过专门治国训练的天生贵族，拥有长远的眼光和开阔的思维。高贵的人拥有治理国家的神圣权利，也就是说，他们有出类拔萃的掌握权力的能力。普通人有普通人的位置，这个位置绝不是王位。普通人只要坐在属于自己的位子上，便会快乐，且对社会来说，他的品德与领导人的品德一样必不可少，因为“一个深刻的头脑，如果把庸俗本身作为拒绝庸俗的理由，是绝对不可取的”。勤奋、节俭、规矩、节制、坚信，有了这些美德，庸人也会变得完美，但这种完美只就庸人作为工具而言。“一个高等文明就像一座金字塔，唯有以广阔的地基为基础，才会高高耸立；树立起一座金字塔的先决条件是有强大而稳固的庸民阶层。”不论何时，不论何地，都会有一些人成为领袖，一些人追随领袖；在那些智力高超的较高等人的指引下，大多数人将被迫工作，但同时，他们也乐于工作。[②]

> 哪里有生物，哪里就有服从的声音。一切有生命者都是服从者。我听到的下一句是：不能听命于自己者，便要听命于他人。这就是生物之道。而我听到的第三句乃是：命令比服从更难。因为命令者要背负起服从者的一切重负，这些重负会将他生生压垮——在我看来，一切命令之中都包含着努力与冒险，有生命者在命令他人时，自己也处于极大的风险之中。[③]

---

① 《论道德的谱系》，第 255 页（该预测作于 1887 年）。

② 《上帝之死》，第 219—220 页。

③ 《查拉图斯特拉如是说》，第 159 页。

因此，理想的社会便可分为三个阶层：生产者（农民、无产者和商人）、官员（军人和机关工作人员）和统治者。统治者掌权，但他们不在政府中担任行政职务，因为政府像仆人一样，其实际工作是卑微的。在这样的社会里，领导者不是官员，而是精通哲学的政治家。他们的权力依赖于他们对财政和军事的控制，但在生活中，他们更像军人，而不是银行家。他们将重新成为柏拉图的捍卫者（柏拉图没错，哲学家就是最高贵的人）。他们会成为文人雅士，但不缺勇气和力量，他们集学者和将军于一身。通过礼仪和精神，他们紧密团结在一起："通过道德[①]、尊重、习俗、感恩，这些人能够严守规则，通过相互监督、内部竞争，这些人更能按规矩办事；另一方面，他们的连结也将激励他们在思考、自制、雅致、自豪、友谊等方面产生更多的灵感。"[②]

这样的贵族会成为一个固定的社会阶层吗？贵族的权力会世袭吗？答案多半是肯定的，虽然偶尔也会被注入新的血液。最能败坏与削弱贵族制的依然是贵族与庸俗不堪的有钱人的联姻，正如英国贵族习惯所为；正是这种通婚腐蚀了人类历史上最伟大的治国机构——古罗马贵族元老院。世上没有"偶然的出生"，每一次出生都是大自然对婚姻的一个裁定，完美的人唯有在一代代的精挑细选与充分准备之后才会诞生；"一个人成为其自身之前，代价已由其先辈付出"。

听惯了民主的声音，这种贵族的声音是不是过于刺耳？但是，"无法忍受这种哲学的民族终将走向死亡，将这种哲学奉为莫大福祉的民族注定将成为世界的主人"。唯有这样的贵族，才拥有一统欧洲的远见和勇气；唯有他们，才能结束当下这愚钝的民族主义、这狭隘的"祖国情结"。让我们做一名"优秀的欧洲人"吧！像拿破仑一样，像歌德、贝多芬、叔本华、司汤达、海涅一样。长久以来，原本可以团结一致的我们，却像一盘散沙，满脑子爱国式偏见和狭隘的地方主义，沉浸于此，伟大的文化何以繁荣？狭隘政治的时代已经过去，伟大的政治时代已蠢蠢欲动，它已成为一股不可遏制的力量。新的人类何时会出现？新的领袖何时会诞生？欧洲何时会重生？

---

①这个可怜的流亡者什么时候又掺和进来了？

②诺尔道，《退化》，第439页；纽约，1895。

你难道没听说过我的孩子们的事吗？跟我说说，说说我的花园，我的"欢乐岛屿"，我那全新的美丽民族。因为他们，我很富有，因为他们，我曾一贫如洗……我不曾放弃什么？为了得到它们——那些孩子、那生命的田园、那些寄寓着我最高意志与最高希望的生命之树，我还有什么不能放弃？[①]

九、评论

它像一首美丽的诗。或许，这就是诗，而不是哲学。我们知道，这首诗并非十全十美，它有时也荒谬至极；我们知道，在努力说服自己、修正自己的道路上，尼采走得有点儿过了头。但在字里行间，我们能看到备受煎熬的尼采。我们爱他，即使在我们质疑他的时候。曾几何时，我们终日疲于伤感、妄想，忍受着质疑与拒绝的痛感。随后，尼采像一支强心剂，来到我们的身边，就像拥挤不堪的教堂内冗长的仪式结束、人们散去以后那宽敞的空间和清新的空气。"谁懂得体会我那文字的气息，谁便知道，那是高贵的气息、令人神清气爽的气息。一个人必须适应这种气息，否则，他会窒息而死。"[②]千万不要将这瓶麻醉剂误以为是哺育婴儿的乳汁。

看啊，这是怎样的风格！"终有一天，人们会说，海涅和我是迄今为止用德语写作的最伟大的艺术家，任何一个地道的德国人，哪怕他竭尽全力，也被我们远远甩在后头。"[③]实际情况大致也确实如此。"我的风格会跳舞。"他说。他的每一个句子都是一把长矛，他的语言流畅、紧凑，充满活力——这是剑客的风格，迅速而出色，令常人目不暇接。但如果我们反复研读他的作品，便能发现，他的出色源于一种夸张的手法、一种有趣但

① 《权力意志》，第 2 卷，第 353、362—364、371、422 页；《善恶的彼岸》，第 239 页；《不合时宜的沉思》，第 2 卷，第 39 页；《查拉图斯特拉如是说》，第 413 页。

② 《瞧这个人》，第 2 页。

③ 《瞧这个人》，第 39 页。尼采认为自己是波兰人。

终究有点儿神经质的自负、一种极为敏捷的对一切公认理念的颠覆和对一切品德的嘲讽以及对一切罪恶的赞美。我们发现，尼采就像一个大学二年级的学生，喜欢骇人听闻，并乐于其中。因此我们得出结论，如果一个人对道德毫无偏好，他便很容易在尼采的文字中寻得乐趣。这些教条式的断言、这些未经修饰的泛论、这些预言式的重复、这些自相矛盾的话语——与他人的矛盾，但更多的是自相矛盾——这一切展示了一个失去平衡、在癫狂边缘徘徊的头脑。最终，尼采的出色令我们精疲力竭，他的出色像鞭打肉体的噼啪声、对话中高分贝的强音。在他那强有力的话语中，有一种条顿人的狂暴；[①]在他的文字中，丝毫看不到作为艺术第一原则的那种克制，丝毫没有尼采钦羡的那种法国人的平衡、和谐以及争论时的文雅。尽管如此，尼采的文字风格依然是强大的，他的激情与不厌其烦的重复征服了我们，他无意证明什么，他在宣告，他在启示，他凭着自己的想象力而不是逻辑，赢得了我们的心。他献给我们的不只是哲学，不只是诗篇，而是新的信仰、新的希望、新的宗教。

从尼采的风格和思想中，我们可以看出，他是浪漫主义运动的产儿。他追问道："哲学家都是如何要求自己的？使自身超越时代，使自己化为'永恒'。"对这一理想，尼采肃然起敬，但他的敬意更多地表现为破旧立新，而非循规蹈矩；尼采曾经受过时代精神的洗礼，并沉浸其中。他不知道康德的主观主义——正如叔本华所直言，"世界是我的意志"——如何演变成了费希特的"绝对自我"，"绝对自我"又如何变为施蒂纳的不平衡的个人主义，直到超人的非道德主义。[②]尼采的超人不单单是叔本华心中的"天才"、卡莱尔心中的"英雄"以及瓦格纳的齐格弗里德，他有点儿像席勒的卡尔·摩尔[③]和歌德的葛兹[④]。其实，尼采从年轻的歌德那里得到的远不

①菲吉斯，《自由意志》，第 230、56 页。

②参见桑塔亚纳《德国哲学中的唯我主义》。

③卡尔·摩尔，席勒剧作《强盗》中的主人公，戏剧描写了一对贵族兄弟之间的冲突。哥哥卡尔·摩尔带领一批叛逆的学生来到一片森林，成为罗宾汉式的强盗，而弟弟则策划继承父亲的巨额财产。——译注

④葛兹，歌德剧作《葛兹·冯·伯里欣根》里的主人公。葛兹信仰自由，拥有独特的想法，想成为正直社会中的中流砥柱，以反抗那充满谎言、文过饰非的社会。——译注

止“超人”（Üebermensch）一词，尽管他对歌德后来那奥林匹亚神般的平静抱以嘲讽、妒忌。尼采的语言充满了具有浓厚浪漫气息的温柔与感性，“我受苦”出现的频率与海涅的“我死”不相上下。[①]他自称为“一个神秘的、酒神女祭司般疯狂的灵魂”，把《悲剧的诞生》称为“一位浪漫主义者的自白”[②]。他给布兰代斯[③]的信中写道：“恐怕我身上有着太多的音乐家气质，以至于我不得不成为一位浪漫主义者”[④]，“当作家的作品开始说话时，作家就必须闭上嘴巴了”[⑤]。但尼采从不隐藏自己，在他作品的每一页中，他都以第一人称出现。他颂扬本能，反对三思；颂扬个体，反对社会；颂扬“酒神”精神，反对“日神”精神（即浪漫主义对古典主义的反抗），因此成为时代的背叛者——这是铁的事实。尼采之于他那个时代的哲学，正如瓦格纳之于他那个时代的音乐——他们将浪漫主义潮流推向最高，是浪漫主义运动的两座高峰。尼采大力颂扬从一切社会束缚中解放出来的叔本华的“意志”和“天才”，正如瓦格纳颂扬那粉碎了《悲怆奏鸣曲》《第五交响曲》和《第九交响曲》等古典主义枷锁的激情。尼采是卢梭谱系中的最后一位伟大子孙。

现在，让我们回头再看看与尼采一起走过的路。一路上，由于意见相左，我们常常禁不住想打断他，此刻，虽然已不起任何作用，我们仍然可以坦陈我们的意见。晚年的尼采还不算糊涂，意识到自己的荒谬如何促成了《悲剧的诞生》的独创性。[⑥]维拉莫维茨·默伦多夫[⑦]等学者对尼采的《悲剧的诞生》嗤之以鼻，并将它扫出语言学的殿堂。尼采试图从埃斯库罗斯推出瓦格纳，但他的努力只是一位年轻崇拜者在一位暴虐神祇面前的自我牺牲。谁会认为宗教改革富有“酒神精神”，即狂热的、非道德的、嗜酒的狂欢？又有谁会认为，文艺复兴正好相反，宁静、克制、温和，富有“日

①相关例子可参见哈勒维的《弗里德里希·尼采的一生》，第 231 页。

②《悲剧的诞生》，第 6、25 页。

③布兰代斯（1842—1927），丹麦文学评论家和学者。——译注

④亨尼克，《自我主义者》，第 251 页。

⑤法盖，《阅读尼采》，第 9 页。

⑥《悲剧的诞生》，“导言”，第 1、4 页。

⑦维拉莫维茨·默伦多夫（1848—1931），德国古典语言学家。——译注

神精神”？谁会怀疑，“苏格拉底文化的本质是歌剧文化”[①]？对苏格拉底的攻击，是一位瓦格纳崇拜者对逻辑思维的藐视；酒神崇拜，是一位不离板凳的人对行动者的崇拜（对拿破仑的神化也是如此），是一位害羞的单身汉对男人的酗酒和性欲深藏不露的嫉妒和羡慕。

或许，尼采把前苏格拉底时代看作希腊的黄金时代并没有错。因为毫无疑问，伯罗奔尼撒战争对伯里克利文化的经济和政治基础都是一次重创。然而，如果我们在苏格拉底身上只看到他的激烈言辞（好像尼采的主要作用并不在此），而忽略他对社会的拯救，那真是荒谬；苏格拉底身处的社会就像一片废墟，相比哲学，造成社会崩溃的原因更在于接连不断的战争、生活的腐化、道德的败坏。唯有精于悖论的教授才会将赫拉克利特那晦涩且教条的只言片语置于柏拉图那成熟的智慧和艺术之上。尼采指责柏拉图，就像指责他所有的“债主”一样——在债务人眼里，债权人永远成不了英雄。然而，如果没有塞拉西马柯和卡里克利斯的伦理学、苏格拉底式的柏拉图政治学，尼采的哲学还有什么？尽管用尽了他的语言学知识，尼采从来不曾真正吃透希腊精神，他从来不曾学到，中庸和认识自己（正如阿波罗神谕的铭文和伟大的哲人所告诫的）是用来防范——而不是扑灭——激情与欲望的火焰的，[②]日神阿波罗必须约束酒神狄俄尼索斯。一些人把尼采说成是一个异教徒，事实并非如此；尼采既不是伯里克利那样的希腊异教徒，也不是歌德那样的德国异教徒，他们因善于平衡与自制而变得强大，而尼采身上缺少的正是这样的平衡与自制。“我要把一切修养的前提——宁静，归还给人类。”尼采写道。[③]但是，一个人如何给予别人自己所没有的东西？

在尼采所有的著作里，《查拉图斯特拉如是说》受到的批评最少，一部分原因是它晦涩难懂，另一部分原因是它那毋庸置疑的价值使种种吹毛求疵自惭形秽。崇尚“日神精神”的斯宾塞和崇尚“酒神精神”的尼采有着共同的永恒轮回思想，但在人们看来，永恒轮回就像一个病态的幻想，是哲学家为了使人们相信来生，在最后关头所作的荒诞离奇的努力。

① 《悲剧的诞生》，第 142 页。

②参见桑塔亚纳《德国哲学中的唯我主义》，第 141 页。

③参见哈勒维《弗里德里希·尼采的一生》，第 192 页。

在尼采身上，每一位评论家都能看到这样的悖论：他一方面大胆宣扬自我主义（查拉图斯特拉宣称，“自我就是一切，神圣不可亵渎，自私应该得到祝福”——这显然与施蒂纳相呼应），另一方面又为了迎接超人，服务于超人，呼吁利他主义和自我牺牲。但是，读了这样的哲学，谁会把自己划归仆人而不是超人之列呢？

至于尼采在《善恶的彼岸》和《论道德的谱系》中所勾勒的伦理体系，那完全是一种夸张，尽管读来令人振奋。我们都承认，告诫人们要更加勇敢、要更为严格地要求自己是必要的——几乎所有的伦理学家都如此告诫人们；但是，告诫人们要更加残忍、“更加邪恶”就并非正当之举了[①]——这难道不是尼采的过分之处吗？此外，时代不需要他不停地抱怨说，道德是弱者用来限制强者的武器。强者们并未因此而对尼采产生好感，相反，他们相当狡猾地利用了他的观点：大多数道德准则不是来自上层，而是来自下层；民众通过模仿德高望重者而表达自己的赞美和指责。此外，我们应该不时地嘲弄一下谦卑，这也没错，正如我们的“白发好诗人”[②]所云，“我们已经低头容忍够久了”，但是，我们在当代人身上实在看不到太多的谦卑。尼采缺乏的，正是那种他本人极力赞美的历史感——他认为历史感对哲学极其重要——不然，他早就会认识到，有关人心温顺谦卑的说教对那帮残暴、好战的野蛮人来说，是一剂必不可少的解毒良药，而这帮野蛮人在公元头一千年里几乎毁灭了那个他获得滋养、寻求庇护的文化。这种对权力和运动狂野的推崇，不正反映了时代的狂热与混乱吗？所谓普遍的“权力意志”也无法说明印度人的宁静、中国人的镇定以及中世纪时农民对循规蹈矩的满足。权力是我们当中某些人的偶像，但大多数人宁愿安定、和平。

总的来说，正如每一位读者所发现的，尼采并未认识到社会本能的地位和价值，他认为自我与个体的冲动需要通过哲学进一步强化。大家一定想知道，当整个欧洲陷入各国为一己之利而挖掘的战争泥潭时，当它日渐忘记那些文化习惯和风俗时，尼采的眼睛正望向哪里？这些风俗习惯正是

①想了解对尼采更为猛烈的攻击，可参见诺尔道的《退化》，第 451 页。

②指沃尔特·惠特曼（1819—1892），美国诗人。该诗句摘自其作品《草叶集》“自我之歌”的第 21 首。——译注

尼采所赞赏的啊！而且这些风俗习惯的存在需要依赖于合作、礼节和自制。基督教的核心作用便是通过灌输温文尔雅的极端理想形象来约束人类那天生的野性，而思想家如果担心人类已经堕落、丧失了自我、满口基督教伦理道德，他只需看看身边，便会感到安慰与放心。

尼采因疾病与焦躁而变得孤独，他被迫卷入那场反抗人类怠惰和庸俗的战争，于是，他认为，一切伟大的美德都是孤独者的美德。他从反对叔本华关于个体淹没于物种之中的观点出发，提出个体应该获得不均衡的解放，摆脱社会控制的束缚。爱情受挫以后，他开始猛烈攻击女性，这完全不符合他哲学家的身份；对一个男人来说，这也令人感觉相当别扭。失去双亲与朋友的尼采从来不知道，人生中最美好的时刻来自人与人之间的亲情与友谊，而不是统治与战争。他的人生不够长久，或者说不够宽广，他那些片面的真理也因此没有成熟为智慧。或许，再给尼采几年生命，他便能够将自己混乱刺耳的思想整理为协调悦耳的哲学之音。尼采在谈论耶稣时曾说过一句话，这句话用来形容他自己其实更为真实：“他走得太早，他本应收回自己的学说，如果能够活到”一个更为成熟的年龄，“如果收回自己的学说，他就足够高贵”[①]。但是，死神却另有安排。

也许，尼采的政治思想比他的道德思想更为高明。贵族制是最理想的政体，对此，谁会反对？“哦，慈悲的上天啊！每一个国家……都有一个最适合的人，一个最聪明、最勇敢、最优秀的人，我们会找到他，立他为我们的国王，这样，真的什么都好了……我们应该用什么办法来找到他？慈悲的上天难道不肯教给我们找到他的方法吗？我们真的万分需要他！”[②]但是，到底谁才是最好的？最好的只出现在特定的家族里吗？我们因此而必须实行贵族世袭制吗？然而，我们不是有过世袭制吗？它带来的是什么？争权夺利的朋党派系、整个阶级的不负责任以及社会发展的停滞不前。贵族因与中产阶级的通婚而多次遭到毁灭，但或许，它同时也因与中产阶级通婚而获得拯救；试问，除此之外，英国的贵族制又是如何保存自己的呢？近亲结婚的结果是一代不如一代，显而易见，这些问题错综复

---

①《查拉图斯特拉如是说》，第 99—100 页。

②卡莱尔，《过去与现在》；纽约，1901。

杂，需要从多个方面进行思考。而对这些问题，尼采强有力地表达了自己的支持与反对。[①]世袭贵族不喜欢世界统一，他们偏爱狭隘的民族主义政策，无论他们表现得拥有多么宽广的世界主义情怀，一旦放弃了民族主义，他们便会失去权力的主要源泉——对外交关系的控制。此外，正如尼采认为的那样，一个世界性的国家对文化或许也是毫无裨益的：人民群众的团体一庞大，其前进的脚步便会减慢。而且，与一心想要统一扩张的帝国时代相比，如果德国只是一个"地理上的概念"，各个朝廷为了赞助艺术而相互竞争，德国对文化的贡献或许会更大；器重歌德、拯救瓦格纳的不可能只有一个皇帝。

学者普遍认为，文化全盛时期是那些贵族世袭的时代，其实，这是一个谬见。相反，正是由于正在崛起的资产阶级的资助，人类文化如繁花般盛开的伯里克利时代、美第奇家族[②]时代、伊丽莎白时代、浪漫主义时代才会诞生。此外，文学艺术领域的杰出创作均非出自贵族家庭成员之手，而是来自中产阶级后裔——比如，接生婆的儿子苏格拉底、律师的儿子伏尔泰、屠夫的儿子莎士比亚。时代的激荡刺激着文化创造，在这样的年代里，一个充满活力的全新阶层正在朝着权力和自豪迈进。在政治领域也如此：如果把没有贵族血统的天才排除在政治之外，那真叫自掘坟墓。因此，更好的原则便是——"事业向天才敞开"，无论出身何处；天才总在最不寻常的地方降临人间。让所有的出类拔萃者统治我们吧！唯有当贵族成为一个变动的团体，当贵族掌握特权不是因为他的出生，而是因为他的能力时，这个贵族制才算好的——贵族成员应通过人人机会均等的开放式民主不断筛选与培养产生。

经过这一番演绎（如果的确必不可少），最后还剩下什么呢？剩下的足以让批评家们不爽。尼采遭到每一个追求社会地位者的驳斥，但是，他依然屹立不倒，他是现代思想史上的一座丰碑，是德国散文的一个巅峰。无疑，当他预测未来人们会将历史分为"尼采前"与"尼采后"时，他对自己的夸张感到些许心虚，但是，他确实成功地对几百年来人们认为理所

①尼采曾说过："年轻时，我向世界强有力地表明我支持与反对的；如今，我老了，我懊悔无及。"
②意大利佛罗伦萨的名门望族，文艺复兴时最著名的艺术赞助人。——译注

当然的体制和理念进行了有益的批判性审查。至今，人们还认为，尼采打开了希腊戏剧以及哲学的新视野；他向世界揭示了瓦格纳音乐中浪漫主义堕落的萌芽；他凭着手术刀般锋利——或者说虽给人带来痛苦但有益健康的敏感与微妙，对人性进行了剖析；他揭露了伦理道德中一些藏而不露的根须，现代思想家中还从没人能做到这些；[①]“他创造了一种迄今为止在道德王国——贵族中还不为人所知的价值观”[②]；他迫使人们诚实地思考达尔文学说的伦理学意义；他写出了十九世纪文学史上最伟大的散文诗，而最重要的是，他把人类看作人类必须超越的东西。尼采的话带着嘲讽与真诚，他的思想就像一道纯洁的闪电、一阵强劲的狂风，穿越了现代人类心灵的乌云与蛛网。因为尼采的文字，欧洲哲学的空气干净了许多、清新了许多。[③]

十、终曲

“我爱他，因为他想创造那超越自身之物，然后突然死去。”查拉图斯特拉说。[④]

尼采的思想强度过早地耗尽了他的生命。他与时代的抗斗最终使他精神错乱；“与一个时代的道德体系抗争，总是一件可怕的事，这个时代终会展开报复……对抗争者发动内外夹击”[⑤]。在生命的最后年头，尼采的文字愈加尖刻，他不但攻击个人，还攻击固有的思想——瓦格纳、基督教等等。他写道：“智慧的增加或许正是由语言锋利度的降低来衡量的”[⑥]，但他

①当然，尼采伦理学思想的核心可以在柏拉图、马基雅维利、拉罗什福科那里，甚至在巴尔扎克《高老头》的伏脱冷那里找到蛛丝马迹。

②德国社会学家、哲学家西梅尔语。

③对于熟悉阿莰巴舍夫、斯特林堡、普日贝舍夫斯基、霍普特曼、戴默尔、汉姆生、邓南遮作品的读者来说，我无须指出尼采对当代文学的广泛影响。

④《查拉图斯特拉如是说》，第 86 页。

⑤霭理士，《心迹》，第 39 页。

⑥霭理士，《心迹》，第 80 页。

无法控制手中的笔。随着精神的崩溃，连他的笑声听起来都神经兮兮。除了通过他自己的文字，我们无论如何也无法知道，腐蚀其身心的到底是什么："或许，我最知道为什么人类是唯一会笑的动物：孤独的他承受着太多的痛苦，使他不得不创造出笑来。"[①]在身体方面，疾病以及日益恶化的视力状况是造成尼采崩溃的另一原因。[②]此外，他开始患上夸大妄想症和疑虑妄想症。有一次，他把自己的一本书寄给泰纳，并附上一张纸条，在纸条上，尼采向这位伟大的批评家保证，这本书是有史以来最了不起的著作。[③]在《瞧这个人》这本尼采最后的书中，正如我们所看到的，充斥着疯狂的自我赞美。[④]瞧这个人！——这个人我们真是瞧得够明白的了！

或许，如果尼采能再得到些赞美，即使是一丁点儿，也能遏制他的唯我主义，并让他更好地控制自己的理性与神智。但是，人们对尼采的赞美姗姗来迟。在几乎所有人都忽视他、辱骂他的时候，泰纳给他寄来了一封信，送给他慷慨的赞美之言；布兰代斯写信告诉他，他正在哥本哈根大学讲授一门以尼采"贵族的激进主义"观点为内容的课程；斯特林堡也来信对他说，自己正在把他的思想用于戏剧中；或许最好的还是，一位匿名的崇拜者给他寄来了一张四百美元的支票。但是，当这些星星点点的光芒开始闪烁之际，尼采的视力和灵魂已经陷入黑暗，他放弃了希望。"我的时代还没有到来，"他写道，"唯有未来的未来才属于我。"[⑤]

1889 年 1 月，最后的猛烈一击——中风，在都灵向尼采袭来。几近失明的他跌跌撞撞地回到自己的阁楼，仓促而又疯狂地把几封信写完：给科西玛·瓦格纳的，他仅写道——"阿里阿德涅，我爱你"；给布兰代斯的信稍长，以"被钉死者"署名；给伯克哈特和奥弗贝克的信如此荒诞，以至于奥弗贝克匆匆赶来救他。赶到时，他发现尼采正用双肘猛击着钢琴，带着酒神般的狂喜，歌唱着、喊叫着。

---

①《权力意志》，第 1 卷，第 24 页。

②参见古尔德《传记汇编》中关于尼采的一篇文章。

③菲吉斯，《自由意志》，第 43 页。

④《瞧这个人》，第 20 页；诺尔道，《退化》，第 465 页。

⑤《瞧这个人》，第 55 页。

尼采被送到精神病院，[①]但很快，他年迈的母亲前来认领并带走了他。母亲宽恕了他，开始亲自照顾儿子。多么感人的画面！一位执着的母亲，儿子曾背弃她珍爱的一切，而敏感的她承受了这一切，如今，她对儿子的爱依旧浓烈，重新将儿子抱在怀里——这难道不是一幅圣母怜子图吗？1897年，尼采的母亲去世，他被妹妹带走，来到魏玛居住。在魏玛，有一尊克莱默所作的尼采雕像——一副可怜的模样，曾经强有力的心灵，现在已经破碎、绝望，变得百依百顺。但是，尼采也并非全无快乐：如今，他享受着神志清醒时从未体会过的安宁与平静；大自然对他仁慈，才让他疯的。有一次，他发现妹妹望着他在哭泣，他无法理解妹妹的眼泪，问她："伊丽莎白，你为什么哭？我们难道不幸福吗？"还有一次，他听到别人在谈他的书，苍白的脸上突然泛起红光，说："啊！原来我也写过一些好书。"这些清醒的瞬间很快便被时间湮没。

1900年，尼采去世。很少有人为成为天才付出如此高昂的代价。

---

① "这是他该待的地方。"说出这样的话，诺尔道真是畜生！

第十章　现代欧洲哲学家：柏格森、克罗齐和伯特兰·罗素

一、亨利·柏格森

1. 反抗唯物主义

现代哲学史可以说是一部物理学与心理学的斗争史。思想可以从思想对象开始，最终，以前后一致为基础，将思想本身这一神秘的实在纳入物质现象和机械法则中；思想也可以从思想本身开始，通过必要的逻辑手段，将一切事物看作心灵的形式和创造物。在现代科学发展进程中，数学和力学被放在优先位置，此外，社会日益增长的对工业和物理学的需求，使两者相互刺激并向前发展，这一切为人类思考注入了一股唯物主义动力，科学中最成功的学科成为哲学的模型。尽管笛卡尔坚持哲学应该从自我开始，然后向外发散，但西欧的工业化将思想与其本身分离，瞄准了物质世界。

这种机械的思考方法通过斯宾塞体系达到顶峰。虽然人们称呼他为“达尔文主义哲学家”，其实，他更是一位工业主义的代表和倡导者。他还将荣耀和美德赋予工业，现在看来，这确实有点儿可笑。思考问题的时候，斯宾塞与其说像一位感受生命活力的生物学家，不如说是一位沉浸于物质运动的机械工程师。他的哲学很快被时代潮流湮没，主要原因在于思想领域内生物学角度取代了物理学角度，人们越来越倾向于从生命运动的角度，而不是事物静止的角度，来思考世界的本质和秘密。确实，在今天，物质本身变得生机勃勃：电学、磁学以及对电子的研究给物理学附上了一层充

满活力的色调。因此，心理学并未沦为物理学——大致来说，这便是英国思想界努力的目标。我们所靠近的是一门富有生命力的物理学和一种近乎精神化的物质。在现代思想史上，首先是叔本华强调，要使生命的概念在根本性和包容性方面超越力的概念；现在，柏格森重拾叔本华的思想，通过自己的坦诚与雄辩，使整个世界对这一思想从怀疑转而皈依。

1859 年，柏格森出生于巴黎，他是法国人和犹太人的后裔。学生时代，他有着强大的求知欲，几乎包揽了身边所有的奖项。柏格森志在献身于现代科学，因此，一开始他便将数学和物理学作为自己的研究对象，但天生的分析才能很快便将他带到潜藏在一切科学背后的形而上学问题面前，于是，他开始研究哲学。1878 年，柏格森进入巴黎高等师范学院，毕业后，受聘于克莱蒙—费朗公立中学讲授哲学。1888 年，他在那里完成了第一部重要著作——《时间与自由意志》。经过八年风平浪静的日子，他的第二本也是最为艰涩的一本书——《物质与记忆》问世。1898 年，柏格森成为巴黎高等师范学院的教授，1900 年，他转入法兰西学院，直到 1941 年去世。1907 年，柏格森凭借自己的杰作《创造性进化》赢得国际声誉，他几乎一夜成名，成了哲学界最炙手可热的人物。1914 年，柏格森的著作被列入《天主教教会禁书目录》，此时，柏格森才算真正成功了。同年，他当选法兰西科学院院士。

不可思议的是，柏格森虽然注定要像大卫消灭歌利亚[①]一样杀死唯物主义的巨妖斯宾塞，年轻时的他却是斯宾塞的崇拜者。但丰富的知识终究会使人心生怀疑；早期的崇拜者都是最容易变节的家伙，正如早期的罪人都是资深圣徒。柏格森对斯宾塞的研究越深入，就越强烈地意识到唯物主义机械论的三个脱臼关节：物质与生命、肉体和心灵、宿命与抉择。之前，巴斯德[②]已凭借耐心与毅力推翻了自然发生说（关于生命源于非生命物质的学说）；但是，经过一百年的理论思考、数以千计的无效实验，唯物主义者在解决生命起源问题上没有丝毫进展。此外，尽管思想和大脑毫无疑问有着密切关系，但这个关系的模型到底如何，答案也并未明晰。如果

①典出《圣经·旧约》，巨人歌利亚被大卫用石块砸死。——译注

②巴斯德（1822—1895），法国化学家、微生物学家。——译注

心灵是物质，一切精神活动都是神经系统机械运动的产物，那么意识又有何用？善于推理的赫胥黎诚实地称之为“副现象”。大脑的物质机制为什么不能舍弃这种“副现象”、这把激荡不安的大脑点燃的无用的火焰？最后，决定论真的要比自由意志更为明智吗？如果眼下这一刻不包含任何现时的、创造性的选择，如果眼下这一刻完全是上一刻那物质和运动的机械产物，那么，上一刻便也是上上一刻的机械反应，依此类推，就会推导出，原始星云是后来一切事件、莎士比亚戏剧所有台词、他那灵魂一次次遭受煎熬的全部原因；若果真如此，哈姆雷特、奥赛罗、麦克白、李尔王那充满悲伤的诗句，原来都是根据传说中的云彩结构和内容，写在遥远星空上和古老时间里的啊。轻信者最爱打这样的草稿！而这是热爱怀疑的一代人，要他们相信这样的理论需要多么强大的信念！这可怕的宿命论神话、这编织悲剧的星云，旧约或新约中有什么谜团、奇迹的不可信度能达到它的一半？在这里，我们有足够的理由奋起反抗——柏格森能够如此迅速地声名大振，是因为他敢于向所有怀疑者虔诚信仰的东西提出质疑。

2. 心灵和大脑

柏格森认为，我们会自然地倾向唯物主义，因为我们惯于从空间的角度思考问题，我们都是几何学家。但是，时间与空间同样重要，因为毫无疑问，掌握生命本质甚至一切实在的是时间。我们必须知道，时间是一种积累、一种生长、一种绵延。“绵延是过去无休无止的前进，过去啃噬着进入未来，并在前进的路上慢慢膨胀”，这表示，“过去会整个儿延伸进入现在，在那里实在地、活跃地等候”。绵延意味着过去一直延续着，丝毫不会减少。“无疑，我们思考的时候只用了很小的一部分过去，但是我们在渴望、意欲、行动的时候……却需要依靠我们全部的过去。”时间是一种积累，所以未来永远不会和过去一模一样，因为随着时间的每一个脚印的出现，新的积累也会出现。“每一个瞬间不仅是全新的，而且是不可预测的……变化其实远比我们所想的要激烈得多”，因此，通过几何方法预测万物——机械论科学的目标——只是理性主义者的痴心妄想，至少“对一个有意识的存在物来说，存在便是变化，变化便是成长，成长便是无休无止地创造一个人自身”。如果万物皆如此，那会怎样？或许，一切实在就是时间和绵延、变化和发展？[①]

对于人类，记忆是绵延的载体、时间的女仆。通过记忆，许多我们过去的经历便能被积极地保留下来，因此，每出现一种情况，我们便能拥有更丰富的选择。随着人生在阅历、传统、记忆等方面的日益丰富，选择的余地也会大大开阔，最终，各种各样的可能反应便孕育了意识；意识是人产生相关反应前在脑中所作的排演。“意识强度似乎与生物的选择能力成正比。它能点亮行为周围的种种可能性，它能填满‘已做的事情’与‘可做的事情’之间的鸿沟。”意识并非无用的附属物，它是一座充满活力与想象力的剧院。在这座剧院里，人类能够在作出不可改变的选择之前，对各种可供选择的反应进行描绘与测试。因此，“在现实中，生物便是行动的中心，它代表着进入这个世界的各种可能性的总和，也就是说，它代表着一定数量的可能行动”。人不是消极适应的机器，他是重聚力量的焦点，是创造性进化的中心。[②]

自由意志是意识的必然结果；说我们是自由的，只是意味着我们知道自己在做什么。

> 记忆的主要功能是唤起过去所有与当下相似的感知，使我们回忆起这些感知前后发生的事情，从而为我们作出最有用的决定提供建议。但这还不是全部。通过允许我们凭借一次直觉掌握多个绵延瞬间，记忆将我们从万物不断的流动——即生命的韵律——中解放出来。记忆将这些多个瞬间压缩为一个瞬间，记忆压缩的瞬间越多，我们便越能可靠地把握物质。因此，生物的记忆看来的确能够起到衡量作用，尤其是衡量该生物对事物的把握能力。[③]

如果决定论者是对的，如果每一个行为都是先验力量机械、自动运作

① 《创造性进化》，第 7、15、5、6、1 页；纽约，1911。
② 《创造性进化》，第 179、262 页。
③ 《物质与记忆》，第 303 页 ；伦敦，1919。

的结果，那么，动机便会毫不费力地转化为行动。但相反，选择是一种重负，它需要人付出努力，需要人坚定不移、用个性的力量来抵抗精神上的万有引力，抵抗习惯或是懒散。选择是一种创造，创造使人劳苦，这便是人类会焦虑、会疲惫不堪地嫉妒那些无须抉择的循规蹈矩的动物的原因，它们“如此平静，如此满足”。但是，你家的狗，它那如孔夫子般的安宁并非哲学式的平静，并非深不可测的海洋的静谧，它的安宁来自对自我本能的深信不疑，是一种无须也不会作出选择的动物的有条不紊。“对动物来说，发明创造只是循规蹈矩这一主旋律的变奏。它们固守着物种都有的生活习惯，当然，它们成功地通过个体的创造使自己的习惯越来越多；它们对自在的摆脱只是一瞬间的事情，正是利用这一瞬间，它们创造出新的自在。监狱的大门刚一打开，就又合上了；它们死命地拉扯着自己的脚镣，脚镣没有断，而是长了许多。而人，他的意识能将脚镣打个粉碎。在人身上，也唯独在人身上，意识才会自我解放。”①

此外，心灵与大脑并不同一。意识依赖于大脑，大脑灭则意识灭，正如衣服会随着挂钩的掉落而掉落，但这并不意味着衣服是“副现象”，是挂钩用于装饰的表层。大脑是一个意象体系，一个反应模型体系，意识是对意象的回忆以及对反应的选择。“小河的流向与小河的河床截然不同，尽管小河不得不沿着河床弯曲的轨迹流淌。意识赋予有机体生气，但意识与有机体截然不同，尽管它不得不经历有机体的盛衰变化。”②

> 人们有时候会说，在我们人类身上，意识与大脑有直接关联，因此，我们应该把意识看作有脑生物的特性，没有大脑的生物便没有意识。但这样的推理很容易露出破绽。这就像是说，因为我们的消化功能与胃有直接的关联，因此只有有胃的生物才会消化。那我们就大错特错了。因为对于实现消化这一目标，胃或者其他特殊器官并非完全

①《创造性进化》，第264页。柏格森善于用比拟来代替说理，并常常夸大动物与人类之间的区别，此处便是一例。哲学不应献媚。杰罗姆·康戈纳比较明智，他竟“由于人权宣言对人和猩猩作了清晰但无理的划分，而拒绝在宣言上签字”。

②《创造性进化》，第270页。

必要。阿米巴虽然只是一团无法分化的原生质，但它也有消化功能。千真万确的是，随着有机体愈来愈复杂、愈来愈完善，分工便会产生，专门的器官负责专门的功能，消化功能便集中在胃部，或者说集中在一个基本的消化组织，它能够更好地工作，那是因为它负责的只是那一种功能。同理可知，人类的意识无疑是与大脑相关联的，但这无论如何也不能推出，大脑对意识来说是必不可少的。我们观察的动物越低级，其神经中枢就越简单、越相互分离，在最低级的动物那里，神经中枢完全消失，它们被并入一团尚未分化的有机体中。而对最高级的动物来说，意识便依赖其极为复杂的神经中枢。如果确实如此的话，我们是不是必须这样假设：神经系统无论多么低级，都有意识；当神经质最终并入尚未分化的生命物质中时，意识依然存在，它只是四处弥漫，处于混沌之中，但并未消失？因此，从理论上看，或许一切生命都有意识。大体上，哪里有生命，哪里便有意识。[①]

但是，为什么我们喜欢从物质和大脑的角度来思考心灵和思维呢？那是因为我们的心灵中被称为“理智”的那部分是天生的唯物主义者，在进化过程中，理智的功能发展为认识，处理物质或空间客体，并由此衍生出各种概念、“法则”。人类甚至会听天由命，认为万物是有规律的，并非变幻莫测。“从‘理智’一词的狭义层面来看，我们拥有理智是为了让肉体以最佳方式适应环境，让我们重现外在事物的内在关系——简言之，为了思考物质。”[②] 它熟悉的是毫无生气的坚硬之物，它把一切变化看作存在，[③]即看作一系列的静止之物；它看不到构成生命本质的事物间的结缔组织如小溪般流淌的绵延。

让我们来看一下电影（字面意思为“移动的影像”）。在我们疲惫的双眼看来，电影中的运动和动作栩栩如生，在此，抓住生命连续性的显然是科学技术与机械装置。但反过来看，科学和理智恰在此时暴露出它们的局

---

①《心力》，第 11 页；纽约，1920。

②《创造性进化》，第 9 页。

③参阅尼采：“存在是那些受变化之苦的人所虚构的。”（《悲剧的诞生》，第 27 页。）

限性。移动的影像并未移动，它不是一幅动态影像，它只是一系列高速播放的照片，当这些照片以极快的速度被连续投射到屏幕上时，观众们便能享受到连续性的假象，正如他们小时候在一系列连续的微型图片上欣赏自己的拳击英雄一般。但是，这终究都是假象，在这一系列连续图像形成的电影里，一切的一切都是静止不动的。

正如摄像机把涓涓细流般的现实分割为一系列静态图像一样，人类理智把握了一系列静态，却无法将这些静态编织为生命的连续性。我们看到了物质，却看不到能量；我们自以为知道物质是什么，但当我们在原子内部发现能量时，我们如坠云里雾里，我们习惯的各种范畴蓦然消失。“无疑，严格地说，所有运动变化因素被排除在数学运算过程之外，但是，运算中运动变量的引入却成就了现代数学的开端。”[①]除了传统的空间几何，几乎十九世纪数学领域内所取得的所有成就都源于时间和运动概念的使用。纵观当代科学史，我们会发现，马赫、皮尔逊、庞加莱等一大批科学家们一脉相承地对“精确”科学有一种不安与怀疑：所谓的“精确”科学或许只是一种大概，相比于活生生的现实，它更善于把握静态现实。

如果我们坚持在思想领域使用物理概念，最终陷入决定论、机械论、唯物论的泥潭，那就是我们咎由自取。只需稍加思考便能知道，物理学概念与我们的思想王国是多么不相宜：我们能够轻易地把一英里想象为半英里，我们能通过一瞬间的思索环游整个地球；理智会极力避免把思想描绘为在空间中移动的微粒，它也不会把思想的翅膀局限在一定范围之内。生命不喜欢立体概念，生命关乎的是时间，而不是空间；生命不是静止而是变化；与其说它是量，不如说它是质，它不是孤零零的对物质和运动的再分配，而是流动的、连续的创造。

> 最短的曲线与直线最接近，越短越接近。在极限情况下，它可以被定义为直线的一部分（随你喜欢），因为在任意一个点上，曲线都与其切线吻合。类似的，无论在哪一个点上，“生命力”都与物理力

① 《创造性进化》，第 32 页。

和化学力相切。运动是一条曲线，而人脑则会想象运动各个瞬间的停顿，因此，曲线上的点其实只是大脑依据想象产生的看法。实际上，正如曲线不是由直线组成的，生命也并非由物理化学元素拼凑组成。[①]

那么，如果不通过理智和思考，我们如何才能把握流水般的生命与生命的本质？难道理智就是一切吗？让我们暂时停止思考，只观察我们内在的实在——自我；我们最了解的莫过于自我。我们看到了什么？心灵，而不是物质；时间，而不是空间；积极主动，而不是消极被动；选择，而不是机械。我们看到生命在流淌，出神入化、四处弥漫，它没有所谓的"精神状态"，也不是动物学家在观察死蛙的腿或在显微镜下研究标本时看到的毫无生气的身体零件，这位动物学家还自以为是研究生命的生物学家呢！这种直接的感知，这种对事物简单而沉着的注视，就叫作直觉，它的过程并不神秘，但它是对人类心灵最直接的观察。斯宾诺莎没有错：沉思绝不是认识的最高形式，它无疑比道听途说要强，但是，与对事物本身的直接感知相比，沉思是多么微弱啊！"真正的经验主义者会要求自己尽可能地接近原本的事物，他会通过智慧的听诊器，亲身体验生命的深邃，感受精神的脉动"[②]，我们"监听"着生命的河流。通过直接感知，我们会感到心灵的存在，通过思考那婉转曲折的语言，我们会发现，思想其实是分子在大脑中的舞蹈。所以，直觉能够看到生命本质更真实的一面，难道不是吗？

但这并不意味着思考是一种病，就像卢梭认为的那样；这也不意味着理智很危险，或每位正常的公民都应舍弃理智。理智依然保留着自己的常规功能：应对物质世界和空间世界，应对生命和心灵的物质方面或者空间形式，而直觉仅限于生命和心灵的直接感受，它不存在于生命和心灵的外在表现领域，而存在于它们的内部。"我从不认为我们需要'用别的东西代替理智'，或者将本能置于理智之上。我只想告诉大家，当我们离开数学与物理王国进入生命与意识王国后，我们必须追求一种生命感，这种生命感超越了人类的纯粹认识，它与本能一样，源于一种活力——尽管严格

① 《创造性进化》，第 31 页。

② 《形而上学导论》，第 14 页。

说来，本能与生命感完全不同。”此外，我们也不“以理智来驳斥理智”，我们只是“使用了认识的语言，因为唯有认识才拥有语言”；如果我们使用的词汇只有通过象征的手段才能表示心灵的东西，如果我们使用的词汇仍保留着其词源无法摆脱的与物质相关的含义，我们也无可奈何。精神（spirit）的原意为气息（breath），心灵（mind）的原意为量具（measure），思考（thinking）的对象是事物（thing）；尽管如此，灵魂依然不得不借助这一愚钝的媒介来表达自己。“将来人们会说，我们没有超越理智，因为我们仍然在使用理智、通过理智看到意识的其他形式”；连反省、直觉都是唯物主义式的比喻。这样的反驳并非没有道理，“如果在我们的概念里思维和逻辑思维周围不存在一团模糊的精神，构成其本质的正是我们称为理智的发光内核。”新兴的心理学正在照亮人类心灵中比理智更广阔的区域。“探索无意识那无比神圣的深渊，努力耕耘意识之下的那片土壤，这将是心理学在即将到来的新世纪里面对的主要任务。神奇的发现正在等待着心理学家，对此，我深信不疑。”①

3. 创造性进化

有了这一风向标，进化便像穿上了一件崭新的外衣，它已全然不同于达尔文和斯宾塞描述的盲目而又沉闷的斗争与毁灭机制。我们能够感到进化中绵延的、生命力的积累、生命和心灵的创造以及“全新事物的不断涌现”。我们已经能够理解，为何当今的研究者——如詹宁斯②、莫帕反对关于原生动物行为的机械说，为何当代细胞学元老埃·比·威尔逊③教授如此收尾他那本关于细胞的著作：“总的来说，对细胞的研究似乎扩大而不是缩小了生命形式——甚至是最低等的生命形式——与无机世界之间的鸿沟。”在生物界，到处可以听到反对达尔文的声音。④

根据达尔文学说，新的器官和功能、新的有机体和物种会通过有利于

①鲁厄，《柏格森的哲学思想》，第 37 页；《创造性进化》，第 258、12 页。

②詹宁斯（1868—1947），美国比较心理学家、动物行为学家。——译注

③埃·比·威尔逊（1856—1939），美国动物学家、细胞生物学家。——译注

④《创造性进化》，第 11、35 页。

变异的自然选择出现（至少后人这样认为），这一学说。虽然问世还不到五十年，却已千疮百孔，举步维艰。根据达尔文的理论，本能如何产生？我们可以轻松地想象：它来自代代积累的后天习惯，但专家们当面便关上了这扇门——尽管这扇门也许会在将来某天重新开启。如果只有天生的能力和品行才能代代相传，那么本能首次出现时，必定与如今那天生的本能同样强大，也就是说，本能在诞生时便如成人一般，它全副武装，准备随时上阵；否则，它便无法在生存竞争中协助主人。如果本能在首次出现时柔弱不堪，它便只能通过后天获得的力量（根据现有的假设，这种力量并非继承而来）争取生存的价值。由此看来，每一次起源都是一个奇迹。

最初的本能如此，每一次变异也如此：人们感到疑惑，变异何以以最初的形式协助其所在物种免受大自然的淘汰。例如眼睛这样的复杂器官，想想其形成的困难程度便叫人灰心丧气：眼睛要么立刻出现，且出现时已全面成形，并功能齐全（这种可能性微乎其微）；要么以一系列“偶然”的变异为开端，通过一次更为偶然的机会最终形成。有理论认为，复杂的结构可以以机械的方式通过一次盲目的变异与选择获得。然而这一理论无论从哪一环看都像一个童话故事，它如孩子们的幻想般不可思议，但又没有幻想那样美丽。

然而，最大的难题还在于“相似效果”的出现：在截然不同的分支中以截然不同的方式进化，却达成了相似的效果。以植物和动物的繁殖方式为例，在两条迥然不同的进化分支上，却出现了同样复杂的“意外”；或者以分属两种不同门类的生物——软体动物和脊椎动物的视觉器官为例，“无数相同的微小变异何以会在两条独立的进化分支上以相同的顺序出现，如果这些变异纯粹是偶然的话”。更神奇的是：

> 有时在邻近的物种间，大自然会通过完全不同的胚胎形成过程，达成相似的结果……脊椎动物的视网膜是通过扩张胚胎未完全发育的大脑而形成的。……相反，软体动物的视网膜直接源于外胚层[①]……

①对处于成长期的胚胎来说，它的器官来自三种组织层——外胚层、中胚层和内胚层中的一种。

> 蝾螈的晶状体如果被切除，可由虹膜再生——注意，原来的晶状体长自外胚层，而虹膜则长自中胚层。而对另一种蝾螈来说，如果晶状体被切除，虹膜被保留，那么，晶状体会从虹膜的上部再生，如果把虹膜的上部也切除，晶状体则会从剩余部分的内层或者视网膜层再生。如此这般，位置不同、构成不同、原本功能也不同的各个部分，却能发挥相同的作用，甚至在必要时制造出一模一样的零部件来。[①]

因此，对于健忘症和失语症而言，“丢失的”记忆和功能会在再生时或者全新的组织中得以重现。[②]当然，我们有充分证据证明，进化过程涉及的远不止那无法自主的由物质零件构成的机制。生命不只是一台机器，生命是一种力量，它会日益强大，会自我修复，会根据自己的意志掌控周围的环境。这些神奇的生命现象并不取决于外在目的；外在目的决定生命现象的观念是一种宿命论、一种颠倒了的机械论，它对人类主动性以及创造性进化的否定堪比印度教凄惨地屈服于印度人的激情。“我们必须超越机械论和目的论，从根本上说，两者只是人类考虑工作问题时得出的立场”：起初我们认为，万物会动是因为存在某种与人类意志相似的意志，这种意志利用万物，把万物当作一场宇宙游戏的工具；然后，我们认为宇宙本身就是一台机器，那是因为我们的性格和思想被当时的机械时代支配。万物都有目的，其目的在于万物内部，而非外部；我们把这种目的称为“隐德来希”，即整体的功能和目的以内在方式决定万物的各个组成部分。[③]

生命会努力奋斗、力争上游，“它是一口永不枯竭的生命源泉”。生命是懒散与偶然的对立面，在成长的过程中，它沿着一个方向自我驱策。与生命相左的是物质，它像海底的逆流，与生命相抗衡，与生命相左的还有趋于放松、歇息、死亡的落后与懈怠。无论在哪个阶段，生命都不得不与其媒介的惰性展开斗争；如果生命通过繁殖征服了死亡，它采用的手段也仅是依次放弃一座座堡垒，直至舍弃个体媒介，任由惰性与堕落啃噬。对

---

① 《创造性进化》，第 64、75 页。

② 《物质和记忆》，第 2 章。

③ 《创造性进化》，第 89 页。

生命来说，连站立都是对物质以及物质“定律”的藐视；拒绝守株待兔般的原地等待，勇往直前地主动探索，四处走走，是生命通过不断努力和辛劳取得的胜利。一旦获得准许，意识便会沦落为本能、习惯、睡眠等令人懈怠的无意识行为。

最初，生命犹如物质般死气沉沉，它静止不动，好像生命的活力因过于柔弱，而禁不起一点儿折腾。在生命进化发展的某些分支，这种静止、稳定便是生命追求的目标：羞怯的百合与雄伟的橡树都是献给“安稳之神”的供品。但生命并不满足于这种安如磐石的存在，它远离安稳，不停地朝着自由前进，它丢弃甲壳、鳞片、兽皮等保护性累赘，追求鸟儿般虽然危险但自在悠闲的自由。“因此，古罗马军团取代了古希腊重装备步兵，能够自由行动的轻型步兵又取代了满身盔甲的骑兵；一般来说，生命进化正如人类社会的进化和个人命运的改善，谁迎战了最大的风险，谁便取得了最大的成功。”[①]同样道理，人类已经不再进化新的身体器官，作为弥补，他们学会了工具和武器制作。无需工具和武器时，人类便把它们放在一边，而不是像乳齿象、大地獭那样时时刻刻随身携带——笨重的防身武器使它们失去了统治地球的能力。工具有利于生命，亦会阻碍生命。

器官如此，本能也如此。本能是心灵的工具，它就像一切与生俱来的器官一样，当环境不再需要它们时，就会成为累赘。本能是呼之即来之物，它会在各种老套、固定的情形中果断地——且通常是成功地——作出反应。但是，它无法使有机体适应变化，无法使人灵活地应付变幻莫测、错综复杂的现代生活。本能是一匹安稳的坐骑，而理智则负责热爱冒险的自由精神。本能是这么一种生命，一种如机器般盲目服从的生命。

当我们看到一个活生生的东西行动起来像物质、像机器时，我们通常会发笑；看到一个小丑漫无目的地跌跌撞撞，将自己倚靠在本不存在的石柱上，我们也会发笑；看到我们最爱的人跌倒在光滑的冰路上，我们会情不自禁地发笑，而后才关切地询问；这些笑声的意义是多么重大啊！过着这种斯宾诺莎差点儿误以为是神性的几何式生活，人们没有理由不发笑、

① 《创造性进化》，第 132 页。

不落泪；人类哲学竟如此描述自己，真是可笑可耻。

生命的进化有三条分支。在第一条分支中，生命堕落为植物，它近乎物质般死气沉沉，有时候它的懒散意味着安稳，但它也是胆怯地苟延残喘着自己的一千年；在第二条分支中，生命的灵魂和奋斗精神凝结为本能，如蚂蚁、蜜蜂；但在脊椎动物那里，生命敢于追求自由，它放弃天生的本能，勇敢拾起思想，投入无尽的冒险之中。尽管本能依然是较为深刻的预想现实和把握世界的办法，但理智愈来愈强大、愈来愈勇猛，理智的范围愈来愈宽广，最终，生命将自己的兴趣和希望放在理智之上。

这种坚持创造的生命便是我们所说的上帝。对它来说，一切个体、一切物种都是它的试验品；"上帝"和"生命"是同一物。但是，这位上帝是有限的，它并非无所不能，它受到物质的限制，在一步步的痛苦前行中克制着自己的惰性；这位上帝也并非无所不知，它在黑暗中摸索，慢慢地向知识、向意识、向"更多的光明"靠近。"如此定义的上帝不是任何现成的东西；他是永不停歇的生命、行动和自由。如此设想，神的创造便毫不神秘；我们能在自己身上体会创造，只要我们自由地选择行动"，只要我们有意识地选择行动、有意识地计划我们的人生。[①]我们的斗争与苦痛、我们的理想与失败、我们对更好和更强的渴望，都是我们心中的生命冲动发出的声音。这种生命冲动促使我们成长，将这个漫无目的、四处神游的星球变为一个充满无尽创造的大剧院。

谁知道生命最终将如何战胜其宿敌——物质，取得空前的胜利，甚至学会如何避开死亡？让我们打开心灵，拥抱无限的希望。[②]如果时间充足，对于生命来说，一切皆有可能。试想一下，在转瞬即逝的一千年里，生命和心灵对欧洲、美洲的森林都做了什么，我们便会知道，在生命取得成就的道路上设置障碍是一件多么愚蠢的事。"动物把植物踩在脚下，人类把动物骑在胯下，处于时空之中的人类就像一支浩大的军队，将我们每一个

---

①《创造性进化》，第 248 页。

②柏格森认为，心灵感应的证据是确凿的，无可否认。他是检验欧萨皮亚·帕拉蒂诺，并在报告中表示相信这位意大利灵媒的学者之一。1913 年，柏格森担任心灵研究协会主席。参见《心力》，第 81 页。

人团团包围，我们奋勇向前，我们的锐气足以击垮任何一股抵抗力量，扫除最可怕的障碍，或许还包括死亡。”①

4. 评论

柏格森说：“我相信，哲学上的辩驳通常都是浪费时间。众多思想家们所展开的相互攻击，又有多少至今尚未被人遗忘？没有，或者很少很少。有价值而长存的只是每个人贡献给绝对真理的微小部分。真理本身能够取代错误的思想，它无须任何辩驳，便能牢不可破。”② 这是智慧本身发出的声音。当我们试图“证明”或者“反驳”一种哲学时，我们所做的只是提供了另一种哲学，它像前一种哲学一样，都是经验与希望的混合物，难免有错。随着时间变化，我们会在曾指责的“错误”中发现更多“真理”，或者在曾信奉的真理中发现更多错误。当我们插上反叛的翅膀时，便会爱上决定论和机械论；它们如此玩世不恭，穷凶极恶。但当死神突然在山脚下现身时，我们便试图忽略死神，拾起另一个希望。哲学是时代的风向标，然而……

阅读柏格森作品的读者，首先会对作者的文字风格留下深刻的印象：他的风格犹如星光灿烂，但这灿烂绝不是一把绚丽的焰火，而像一束稳定的光芒。我们这位作家不像尼采那样诡谲，而是立志践行法国语言的优良传统——明白易懂。与其他语言相比，法语是一种不容易犯错的语言，因为法语容忍不了模糊晦涩——真理本来就比虚构要清楚得多。如果柏格森的语言偶然也表现出模糊，那是因为他的语言中包含了太过丰富的意象、比拟和例证；他对隐喻有着近乎闪米特人般的激情，有时候，相比一板一眼地展开论证，他宁愿使用巧妙的比喻。当我们因发现本世纪第一部哲学巨著——《创造性进化》——的伟大而感激涕零时，必须像提防珠宝商一样警惕这位意象制造家。③

---

①《创造性进化》，第 271 页。

②鲁厄，《柏格森的哲学思想》，第 47 页。

③读者如欲了解柏格森，完全可以如了解叔本华那样撇开各种概要性文字，而直接阅读哲学家的名作。怀尔登·卡尔的讲解有过于崇拜的味道，休·艾略特则过于贬低柏格森；两者的影响相互抵消，并造成了一定的混乱。《形而上学导论》就像人们期待形而上学那样，明白易懂；《笑》一文虽说片面，但读来依然令人愉快，获益匪浅。

柏格森批评理性，因为他认为直觉如圣旨般不可违抗；但如果他能以更广泛的智力为基础来展开对理性的批评，或许能更显智慧。内省性直觉与外部感觉一样不可靠；每一种直觉都必须经过实实在在的经验的检验与修正，唯有当我们发现它们能够指导并促进我们的行动时，这些直觉才可信。柏格森假设，理智只能把握现实与生命的状态，而非变化，对这一假设，柏格森寄寓了太多希望。其实，思想是一连串相互传递的想法，正如詹姆斯先于柏格森所表示的那样；“想法”只是记忆在思想之流中挑选的几个小点，这一思想之流足以反映感知的连续性以及生命的运动。

雄辩的挑战挫败了极端的理性主义，这是一件好事；但是，用直觉代替思想，就像用少年时代的童话纠正青年时代的幻想一样，绝非聪明人所为。让我们纠正自己的错误，应往前纠正，而非往后纠正。如果你想说世界因为过多的理智而遭受苦难，那么，你需要的是狂人般的勇气。从卢梭、夏多布里昂到柏格森、尼采、詹姆斯，对思考的浪漫主义反抗已经画上了句号；倘若不让我们在“本能”的神像前重新点燃蜡烛，我们便会同意废除理性女神。人类因本能而存在，但因理智而进步。

要说柏格森最耀眼的闪光点，那便是他对唯物主义机械论的攻击。在柏格森的时代，实验室中的专家们对自己的范畴有点过于自信，他们巴不得把整个宇宙都塞进一根试管。唯物主义就像一种只认识名词的语法，但现实就像语言一样，有谓语，也有宾语，有动词，也有名词，有生命和运动，也有物质。或许，人们能理解的只是微渺的记忆，像负荷过重的金属、“疲乏委顿”，但是能理解微渺的预见、计划和微妙的唯心主义吗？——柏格森要是对这些新的提法抱着怀疑的态度，那么，他的成就或许就要大打折扣；但同时，他本人也会因此而少受责难。随着思想体系的成形，柏格森的怀疑也慢慢消融。他马不停蹄地往前直冲，从不停下来问问自己“物质”到底是什么；它的惰性是否真如我们以为的那么强大；要是生命清楚熟悉自己的心灵，物质是否可能根本不是生命的敌人，而是它心甘情愿的仆人。他把世界和精神、肉体和灵魂、物质和生命看作相互对立之物，但是，物质、肉体和“世间万物”仅仅是等待着智力和意志来使自己成形的材料而已。又有谁知道，这些东西不是生命的形式、心灵的征兆？或许正如赫拉克利特所说，它们的身上寄居的是神灵。

柏格森对达尔文的批评是他的活力论的自然流露。他继承了拉马克建立的法国传统，把冲动和欲望看作进化中的积极力量。柏格森生性活泼，他反对斯宾塞的进化观点，因为斯宾塞认为，进化完全由机械的物质融合和运动消散控制；而柏格森认为，生命是一种积极的力量，通过对欲望的执着，生命努力构建自己的器官。柏格森为生物学的发展作了完美的铺垫，对此，我们不得不由衷地表示钦佩。我们要钦佩柏格森，还因为他对文献如此熟悉，对各种期刊如此了解，在这些期刊里，隐藏的是等待着十年检验期的科学成果。他谦逊地将自己的渊博学识献给了整个世界，丝毫没有那种压得斯宾塞不能喘息的愚笨的尊严。总的来说，柏格森对达尔文的批评是卓有成效的。如今，整套进化论中，达尔文学说所独有的特点已基本被舍弃。[①]

从许多方面来看，柏格森与达尔文时代的关系简直是康德与伏尔泰关系的翻版。康德奋力抵抗那场声势浩大的世俗且夹杂着部分无神论的理智主义浪潮，那场始于培根和笛卡尔、终于狄德罗和休谟的怀疑论的浪潮；他极力否定理性在解决超自然问题时所能起到的决定性作用。而达尔文和斯宾塞分别有意无意地继续了伏尔泰以及比伏尔泰还伏尔泰的追随者们对古老信仰的攻击；在康德和叔本华以前便已退却的唯物主义机械论，却在本世纪初恢复了昔日的权威。柏格森对此展开抨击，他的武器不是康德式的对知识的批判，也不是唯理论者关于物质唯有通过心灵才能认识的观点，柏格森在叔本华的指引下，在客观世界和主观世界中寻找一种激励原则，一种积极的“隐德来希”，它能让生命的奇迹和微妙变得更加明白易懂。人类从未如此执着地主张过活力论，从未将如此引人注目的外衣穿在活力

①然而，柏格森的论证也并非坚不可摧：或许是因为各种类似情况的出现，柏格森会在不同的地方仓促地、机械地使用某些相似的效果（比如性或视觉）；达尔文认为，一代代反复习得的性格能够部分遗传至下一代，如果达尔文之后相关研究能够为此提供佐证，那么，达尔文学说所遇到的诸多困难便能很好地得以解决。

论身上。

柏格森早年声名鹊起，因为他捍卫了人类心中永远雀跃的希望。当人们发现自己能既不失对哲学的尊重，又相信永生与神性时，他们感到既高兴又感激；柏格森的教室变成了雍容华贵的女士们的沙龙，柏格森的博学和雄辩使她们心中的希望之火熊熊燃烧，对此，她们感到欣喜。奇怪的是，与她们混在一起的还有情绪高涨的工团主义者，他们发现，柏格森对理智主义的批判能够为他们的信条——“少思考，多行动”辩解。但是，柏格森的突然成名与其后来付出的代价是相当的；树倒猢狲散，论证中固有的矛盾使他的信徒纷纷离去。柏格森与斯宾塞有着同样的命运——生命还未结束，便目睹了名声被埋葬的过程。

然而，在当代一切哲学贡献中，柏格森的贡献是最为宝贵的。柏格森强调世间万物不可捉摸的偶然性，强调人类心灵改造世界的能动性——这些都是我们所需要的。过去，我们习惯于把世界看作一场业已完结且预定好的表演，在这场表演中，我们的主动性只是一种妄想，我们的努力也只是诸神的恶作剧。然而，柏格森之后，我们开始把世界看作一个舞台，看作我们施展创造力的材料。柏格森之前，我们只是一台巨大的麻木机器的齿轮和车轮，如今，如果我们愿意，我们能够协助书写这部创造性话剧中属于自己的篇章。

二、贝奈戴托·克罗齐

1. 克罗齐其人

从柏格森到克罗齐，中间绝无过渡环节，因为无论从哪方面看，两者都没有任何相似之处。柏格森是一位神秘主义者，他用明白易懂但极具欺骗性的语言阐述自己的看法，而克罗齐是一个怀疑论者，他拥有德国人式的善于艰深晦涩的天分。柏格森满脑子的宗教信仰，但说起话来却像个彻底的进化论者；而克罗齐反对教权，写作起来就像一个黑格尔派美国人。

柏格森是一名法国犹太人，继承了斯宾诺莎和拉马克的传统，而克罗齐是一位意大利天主教徒，他舍弃了天主教的一切，除了经院哲学以及对美的热爱。

在过去一百年里，意大利的哲学土壤相对贫瘠，部分原因或许在于，这里的思想家们——甚至包括抛弃古老神学的思想家们——保留了传统的学术态度和方法（工业和财富的北移无疑是更大的原因）。我们或许可以称意大利为文艺复兴的国度，但这里从未有过宗教改革。为了追求美，它甚至不惜将自己毁灭；但思考真理时，它却会像彼拉多一样满腹狐疑。或许，意大利人比我们都聪明，他们发现，真理只是一座海市蜃楼，而美，无论多么主观，都是可以把握之物，是真正的实在。文艺复兴时期的艺术家（除了忧郁的、近乎新教徒的米开朗基罗，他的画笔与萨伏那洛拉的声音遥相呼应）从不因为道德或神学问题忧虑，对他们来说，教会能够认可他们的天分、支付他们的报酬便已足够。在意大利，文人给教会惹麻烦已是一条不成文的法律。教会曾让卡诺萨成为世界的焦点，曾走遍全球征集献给帝国的供品，让意大利汇聚全世界的艺术精华……意大利人怎么会厌恶教会？

因此，意大利对古老的信仰始终不离不弃；在哲学上，它对阿奎那[①]的《神学大全》感到心满意足。后来，维柯[②]来了，在意大利思想界重新激起一片涟漪，但他又匆匆离去，意大利哲学似乎与他一起走向终结。罗斯米尼[③]一度想奋起反抗，最终却俯首投降。意大利人的宗教情怀越来越少，却越来越忠实于教会。

贝奈戴托·克罗齐是个例外。1866 年，克罗齐出生于阿奎拉省某小镇一个富裕而保守的天主教家庭，他是家中唯一的儿子。他从小接受完全的天主教神学训练，以至于后来，为了恢复平衡，克罗齐成了一名无神论者。在没有进行过宗教改革的国家里，人们要么信奉正统教，要么

①托马斯·阿奎那（1225—1274），意大利神学家、哲学家，他的思想对罗马天主教有重要的影响。——译注

②乔瓦尼·巴蒂斯塔·维柯（1668—1744），意大利哲学家，欧洲文化史上的重要人物，当今公认的文化人类学先驱。——译注

③罗斯米尼（1797—1855），意大利罗马天主教神父、哲学家。——译注

不信宗教，没有任何折中。一开始，克罗齐对宗教如此狂热，以至于坚持要研究宗教的各个阶段，直至最终触及宗教哲学和宗教人类学；随后，克罗齐在不知不觉中放弃了自己的信仰，完全沉浸在宗教研究中。

1883 年，生活给了克罗齐一场残酷的打击，而通常，这样的重击会使一个人皈依某种信仰。那一年，一场大地震突袭了克罗齐一家所在的小镇卡萨米乔拉，克罗齐失去了双亲以及唯一的姐姐，他自己也在废墟下被掩埋了数小时，压断了身上好几根骨头。多年后，克罗齐才得以恢复健康。从后来他的生活和工作来看，克罗齐的心灵丝毫未被那场天灾挫伤。安静平淡的康复期使他对学术产生了浓厚兴趣，或者说使他对学术的兴趣大大增加。他用震后留下来的不多的财产收集了大量书籍，拥有了意大利数一数二的藏书馆。他成为一名哲学家，但他无须像大多数哲学家那样过着贫穷的日子，或者在大学担任教职。此时，他忆起《传道书》的忠告："遗产对智慧有好处。"

终其一生，克罗齐都是一名学者，他喜爱文学，享受闲适的生活。然而，政府不顾克罗齐的反抗，将他拽入政治体系，任命他为公共教育部部长，或许，政府想在钩心斗角的内阁里增添一点儿哲学的深邃的尊贵气息。克罗齐又被选入意大利参议院，根据惯例，一日为议员，便终身为议员（这是终身职位）。克罗齐集参议员与哲学家的身份于一身，这在古罗马也极不寻常，在今天就更为罕见。克罗齐很可能因此招到权谋者的嫉妒，但他并未认真对待自己的政治事业，他把自己的时间主要用于编辑世界著名杂志《批判》。通过这本杂志，他和秦梯利[①]一起，对世界上涌现的各种思想和纯文学进行批判。

1914 年，第一次世界大战爆发。一场经济争端竟能阻挠欧洲思想的进程，想到这一点，克罗齐便怒不可遏，他谴责战争，将这场战争称为自杀式癫狂。在意大利万不得已加入协约国的时候，克罗齐冷眼旁观。于是，就像伯特兰·罗素在英国、罗曼·罗兰在法国遭遇的那样，意大利人对他的热情也骤然降温。如今，意大利原谅了他；意大利的年轻人都把克罗齐

①秦梯利（1875—1944），意大利哲学家。——译注

奉为大公无私的导师、哲学家和朋友，对他们来说，克罗齐已经成为他们的法度，其重要性堪比高等学府。今天，如果我们听到有人像约瑟·纳托利那样评价克罗齐，这不足为奇："在当代思想史上，贝奈戴托·克罗齐的思想体系是人类最伟大的胜利。"现在，让我们仔细瞧瞧，克罗齐能够叱咤风云的奥秘到底在哪里。

2. 精神哲学

克罗齐的处女作《历史唯物主义与马克思经济学》集结的是他的多篇不成体系的文章(1895—1900)。他在罗马大学时的导师拉布里奥拉[①]曾给克罗齐极大的激励，在他的指导下，克罗齐一头钻入了马克思的《资本论》的迷宫。"与马克思主义文献的接触以及一度对德国、意大利的社会主义刊物的热切关注深深地打动了我，我心中的政治热情第一次被唤醒，对新兴事物突然有了一种异样的爱好；我就像一个初次陷入情网的老男人,体验着这种全新激情带来的神秘过程。"[②]但是克罗齐并未受到社会改革思想的影响，他很快便向荒谬的政治妥协，重新在哲学的祭坛前顶礼膜拜。

经过这次冒险般的经历，克罗齐抬高了功用主义思想的地位，并将之与真善美等量齐观。但这并不是说克罗齐像马克思和恩格斯一样，认为经济问题的重要性至高无上。

克罗齐对马克思、恩格斯等人是赞赏的，因为他们提出的理论虽然并非完美，却使人们开始将眼光投向那些曾经被低估甚至被忽略的事实。但是，他反对从经济角度解读历史的绝对论，他认为，这样的绝对论是对工业社会的投降。克罗齐还拒绝承认唯物主义是成人的哲学，他甚至不认为唯物主义是一种科学方法，对他来说，心灵才是最重要、最根本的实在。当克罗齐开始书写自己的思想体系时，他为自己的体系起了一个咄咄逼人的名称——"精神哲学"。

克罗齐是一名唯心主义者，他否认黑格尔之后的一切哲学。在唯心主

①拉布里奥拉（1843—1904），意大利哲学家、政治家。——译注

②皮科利，《贝奈戴托·克罗齐》，第 72 页；纽约，1922。

义看来，存在即思想除了我们感知的和思想中的现实之外，我们一无所知。

因此，一切哲学都可简化为逻辑，而真理就是我们的思想中完美的逻辑关系。或许，克罗齐对这一结论太过喜爱了；他说，谁不遵守逻辑，谁就什么都不是，克罗齐甚至还在《美学》一书中单独开辟一章论述逻辑。克罗齐把哲学称为研究具体共相的学问，把科学称为研究抽象共相的学问；然而，克罗齐的具体共相读来却极为抽象，这真是读者的不幸。克罗齐是经院哲学传统的产儿，他喜欢对研究对象进行彻底但艰深晦涩的分类，使读者筋疲力尽；此外，他还不时展开逻辑诡辩，相比于得出结论，他更喜欢对已有观点进行驳斥。克罗齐是德国化的意大利人，正如尼采是意大利化的德国人一样。

在克罗齐的所有作品中，当数《精神哲学》三部曲的第一部的标题——“逻辑作为纯概念的科学”（1905）最具德国特征，或最具黑格尔特征。克罗齐希望每一个概念都尽可能纯粹——这似乎意味着他想使一切概念尽可能理念化、尽可能抽象、尽可能脱离实际；作者无意使自己的作品像威廉·詹姆斯的那样晓畅易懂、切合实际，虽然詹姆斯清晰的语言和务实的文字使他成为哲学迷雾中的一盏明灯。克罗齐在定义概念时从不考虑其在现实生活中的功效，他喜欢将现实中的问题简化为理念、关系和范畴。如果能去掉他的作品中的抽象和技术词汇，克罗齐便无须为自己作品的臃肿肥大苦恼了。

对克罗齐来说，“纯概念”就是普遍性概念，如数量、质量、进化等任何可设想、可适用于一切实在的思想。有了概念以后，克罗齐会对它们进行变换、组合，仿佛他就是黑格尔灵魂的化身，决心要与这位著名的晦涩大师一比高下。将这一切定义为“逻辑”以后，克罗齐对形而上学嗤之以鼻，他庆幸自己从未受到形而上学的“腐蚀”。他认为，形而上学与神学遥相呼应，大学里的哲学教授都是穿着马甲的中世纪神学家。克罗齐的唯心主义对脆弱的信仰持一种强硬态度：他反对宗教，相信自由意志，但不相信灵魂不朽；对他来说，对美的崇拜及对文化的毕生追求便是最高“宗教”。“宗教是原始民族代代相传的全部知识性财富，而我们代代相传的知识性财富也是我们的宗教……不知道对于那些希望将宗教与人类的理论活动、艺术、批评、哲学一起珍藏的人来说，宗教有何用处……哲学去除了宗教存在的一切理由……作为精神的科学，哲学把宗教看作一种现象，一段昙花一现的历史事实，一种可超越的物理条件。”[①]我们不免会好奇，如果罗马人读了这些文字，脸上是否还会挂着蒙娜丽莎式的微笑。

克罗齐的哲学是不寻常的，它既是自然主义，也是唯心主义；既是不可知论，也是非决定论；既是实用主义，又是理想主义；既有经济方面，也有审美方面。确实，相比于现实生活，克罗齐的兴趣更在于神学，但从他的研究课题可以看出，为了克服自己的经院派倾向，克罗齐付出了不懈努力，这不禁让人肃然起敬。克罗齐写过一部鸿篇巨制，题为“实践的哲学”，但到头来，这仍是一部逻辑学著作，只是改头换面了一番，在书中，作者还对自由意志这一古老问题从形而上学的角度进行了讨论。在另一部大部头——《论历史》中，克罗齐提出，历史是运动中的哲学，历史学家应该根据原因与事件的实际流变和作用来展示人与自然，而不是通过理论与抽象。克罗齐崇拜维柯，他热烈地拥抱这位意大利人提出的历史应由哲学家书写的观点。他认为，人们因为一味追求精确的历史，而生产了一大堆细致入微的知识，然而，历史学家却丢掉了真理，因为他们太过博学了。在严谨的历史学家断定世上根本不存在特洛伊之后，谢里曼却发现了七个特洛伊[②]，克罗齐因此认为，吹毛求疵的历史学家放大了我们对过去的无知。

> 我想起一位有点儿书本知识的朋友曾对我说的话，当时我还年轻，正忙于研究工作，我借给他一本相当挑剔的古罗马史——挑剔到了甚至吹毛求疵的程度。他读完后告诉我，他很自豪，因为他坚信自己是“最有学识的语言学家之一”：我的这位朋友经过一番翻山越岭般的苦读后得出结论，这些历史学家们一无所知；然而，我的朋友却是没费

① 《美学》（英译本），第 63 页。

② 德国考古学家谢里曼（1822—1890）根据《荷马史诗》对土耳其境内的希萨里克山丘进行了发掘，找到了被公认为早已消失、被世人遗忘的特洛伊遗址。对特洛伊遗址的分期，谢里曼认为有七个历史时代，七个“城”。——译注

一丝气力便一无所知——这是大自然赋予我们的一份厚礼。[①]

克罗齐知道，发现真实的过去是困难的，他引用卢梭的话，把历史定义为“一种艺术，一种从众多谎言中选择最接近真理的谎言的艺术”[②]。他不赞同黑格尔、马克思、巴克尔那样的理论家，因为他们将历史扭曲为三段论，并加上充满偏见的结论。历史没有预先拟定好的计划，因此，书写历史的哲学家应致力于揭露原因、结果和关联性，而不是对宇宙意图进行探索。他们必须牢记，唯有这样的历史才有价值，因为它不仅有其当时的意义，还能启蒙一大批后来的人们。最终，历史将如拿破仑所说，是“唯一真实的哲学、唯一真实的心理学”——如果历史学家把它看作大自然的启示、人类的镜子。

3. 什么是美？

从事哲学研究之前，克罗齐研究的是历史和文学，因此，他的哲学兴趣自然而然地浸染了各种批判和美学问题。在他的所有著作中，最杰出的当属《美学》(1902)。相比形而上学和科学，他更喜欢艺术：科学给予我们实用工具，而艺术给予我们美的享受；科学将我们带离个体和真实，使我们进入一个日益精确的抽象世界，直至我们陷入种种重要但不切实际的结论之中（比如爱因斯坦的科学）；而艺术则将我们直接带到某一特定的个体或某一独特的事实面前，将我们直接带往以具体个体为形式的哲学共相。

“知识有两种形式：直觉性知识和逻辑性知识；通过想象获得的知识和通过理性获得的知识；个体的知识和普遍的知识；关于个体事物的知识和关于个体事物间关系的知识；想象的产物和概念的产物。”[③]艺术来源于想象力。“在艺术的王国里，想象是唯一的统治者、唯一的财富。在这里，客体既无须分类，也不必被区分为真实或想象，既不认证，也不限定；它对

① 《论历史》（英译本），第 34 页。

② 《论历史》（英译本），第 32 页。

③ 《美学》（英译本），第 1 页。

客体进行感知和展示——这便是艺术的全部。”[①]因为想象先于思考，且对思考来说，想象必不可少，因此，人类的艺术活动，或者说形成想象的活动先于逻辑活动——或者说先于形成概念的活动。早在学会推理之前，只要能想象，人人都是艺术家。

伟大的艺术家深知这一点。米开朗基罗说：“画画不是用手，而是用脑。”达·芬奇也曾写道：“对那些拥有高贵天分的人来说，他们的外在活动越少，从事发明创造时的大脑活跃度便越强。”这位伟大的画家有一个人尽皆知的故事：他受修道院院长指派画《最后的晚餐》，连续几天，他一动不动地坐在空白的画布前，这让院长很不高兴，不断催问他什么时候开始干活；后来，作为报复，达·芬奇以这位院长为形象，塑造了《最后的晚餐》中的犹大形象。

这就是艺术活动的精髓：艺术家看似无所作为，其实在紧张地构思着最能表达心中主题的完美意象。艺术需要一种直觉，这种直觉不含任何神秘的洞察力，它包含的是无瑕的视觉、完整的感知以及充分的想象。艺术的奇迹不在于客观化，而在于思想观念——客观化所需的只是机械技术和手工技能。

> 当我们成为内心的主人，当我们生动而清晰地构想出一个形象或一尊雕塑，当我们捕捉到一个音乐主题，表现手法便会随之完完整整地出现，除此之外，一切皆是多余。当我们张开嘴巴时……我们所要做的便是大声说出心中已经说过的话，大声唱出心中已经唱过的歌。当我们的手触及钢琴的琴键，当我们的手拿起铅笔或凿子，驱动这些动作的是我们的意志（它们属于实践活动，而非艺术活动），这些动作早已在我们心中进行过简单而快速的排演，它们只是我们用伟大的身体运动对那些排演的再现。[②]

这是否有助于回答“什么是美”这种令人困惑的问题呢？当然，不同

---

①卡尔，《贝奈戴托·克罗齐的哲学》，第35页；伦敦，1917。

②《美学》（英译本），第50页。

的人有不同的看法，而且在这个问题上，每一个爱美的人都把自己视作无可辩驳的权威。何为美？克罗齐的答案是，美是把握了事物本质的意象（或一系列意象）在人类头脑中成形的结果。美在于内在的意象，而非表现内在意象的外在形式。我们喜欢这么想：我们和莎士比亚的区别大概就在于外在表达技巧不同；我们的想法埋藏过深，以至于无法用语言表达。其实，这是一种愚蠢的错觉：我们与莎翁的区别不在于客观化的能力，而在于我们没有莎翁那般强大的意象化的能力。

美感也是一种内在的表达，它是思考，而非创造：我们对某件艺术品的理解或鉴赏程度取决于我们通过直觉发现作品所刻画的实在的能力，取决于我们形成表现性意象的能力。“当一件艺术品给我们带来美的感受时，我们所表现的总是我们的直觉……当我阅读莎士比亚的作品，在心中塑造哈姆雷特或奥赛罗的形象时，起作用的也只是我的直觉。”[①]不论是对创造美的艺术家，还是对思考美的鉴赏家，美学的秘密都是表现性的意象。美是充分的表现；如果表现不充分，便无所谓真正的表现。所以，我们可以这样简单地回答那个古老的问题：美就是表现。[②]

4. 评论

克罗齐献给世界一个清澈如水、无星的夜空，他将自己清清楚楚地展示在读者面前。但是，克罗齐缺乏一种智慧。《精神哲学》缺少一种精神、一种活力，连读者想表达自己的共鸣都找不到由头。《实践的哲学》不切实际，缺乏现实生活的印证。在《论历史》中，克罗齐通过将历史与哲学融为一体，抓住了一半的真理；但是，它遗漏了另一半：唯有通过对各种历史进行综合，放弃对历史的分析，它才会变成哲学；我们研究的历史不应是破碎的，而应是综合的——人们戏谑地称之为“已婚”的历史。破碎的历史将人类的各种活动——经济的、政治的、科学的、哲学的、宗教的、文学的、艺术的——相互分离，并在相互独立的书中讲述人类某一种活动的故事；而在综合的历史中，人们会在能力所及的范

---

①卡尔，《贝奈戴托·克罗齐的哲学》，第 72 页。

②《美学》，第 79 页。

围内将特定时期人类生活的各个方面简化到极致。如何研究历史？应该通过考察历史各个阶段的相互关系、考察各个阶段对相似情形作出的类似反应、考察各个阶段不断变化的相互影响。这样的历史研究，捕捉到的将是一幅时代画卷、一组展现人类复杂性的图像。如果让哲学家书写这样的历史，他会感到无限满足。

至于《美学》，留给他人评判吧！至少还有一位学者无法理解这部书。一个人只要能想象，便能成为艺术家吗？艺术的本质只在于观念，而不在于客观化吗？难道我们不曾有过比我们的言语更美的想法和感觉吗？我们如何知道艺术家心中的内在意象到底是什么？我们怎么知道我们津津乐道的作品是否实现了艺术家的理念？我们怎么能把罗丹的“荡妇”称为美丽，如果不是因为它表达的是一个充分的观念——即使这个观念的主题既丑陋又令人痛苦？亚里士多德认为，当我们看到现实中我们厌恶的东西忠实地出现在意象中时，一种愉悦感便会到来；如果这不是因为我们对充分表现理念的艺术深感敬佩，还有什么其他原因呢？

什么是美？哲学家把自己的答案告诉了艺术家。对此，艺术家作何感想？这是一个有趣但无疑也是令人不安的问题。回答“什么是美”这个问题，当今最伟大的艺术家也早已放弃希望。他写道：“我相信，我们将永远无法准确地知道一件事物为何美丽。”我们也曾学习同样的智慧，但我们学会的时候，通常都已太晚。“从来没人能够准确无误地为我指出正确的道路。……至于我，我总是跟从我的美感向前走。有谁确信找到了比美感更好的向导呢？……如果我必须在美和真理两者中选择一个，我会毫不犹豫地选择美……除了美，这个世界再也没有什么是真实的。”[①]我们希望自己无须选择。或许有一天，我们的灵魂足够强大、足够清澈，即使面对最黑暗的真理，也能看到美在闪耀。

①法朗士，《人生与文学》（英译本），第2卷，第113、176页。

三、伯特兰·罗素

1. 逻辑学家

最后，我们把篇幅留给当今欧洲最年轻、最具活力的思想家——伯特兰·罗素。

1914年，罗素在哥伦比亚大学发表演讲，当时的罗素看起来就像其演讲主题“认识论”一样，骨瘦如柴，脸色苍白，一副垂死的模样，让人以为他随时都会倒下。当时，第一次世界大战刚刚爆发，看到这块拥有世界上最璀璨文明的欧洲大陆四分五裂，变为一片野蛮荒原，我们这位热爱理想与和平的哲学家深受触动，内心无限悲伤。可以想象，选择这么偏的题目——《我们关于外部世界的知识》，是因为罗素希望借此尽可能地远离严酷的现实。十年后，当我们再次见到他时会欣然发现，五十二岁的罗素精神矍铄，依然散发着一种叛逆的气息，精力旺盛，尽管十年间，罗素的全部希望几乎都破灭了，所有的友谊烟消云散，曾经安定的贵族生活也变得支离破碎。

罗素的家族是英国甚至全世界最悠久、最负盛名的家族，曾世代为大英帝国孕育政治家。罗素的爷爷约翰·罗素勋爵是著名的自由党首相，曾为了贸易自由化、普及免费教育、犹太人的解放及各领域的自由作出不懈的努力。他的父亲安伯利子爵是一位自由思想家，从不向孩子灌输祖辈代代相传的西方神学。罗素是第二代伯爵爵位的假定继承人，但他拒绝了世袭爵位，决意自力更生。当剑桥大学因为罗素主张和平主义而将他开除时，他便将整个世界作为自己的大学校园，成为一名周游列国的诡辩家（这里取其原意，因为“诡辩家”原本是一个尊贵的称谓），并受到全世界的热烈欢迎。

曾有两位伯特兰·罗素：一位在战争中死去，另一位则从前者的裹尸布中脱胎换骨，由一名数理逻辑学家浴火诞生出了一名神秘的共产主义者。或许，罗素心中始终紧绷着一根脆弱而神秘的神经，一开始表现为堆积如山的代数公式，后来又变为带有宗教色彩而非哲学色彩的社会主义。在这方面，他最具代表性的作品便是《神秘主义与逻辑》。在这本书中，罗素认为神秘主义完全不合逻辑，并对其进行了无情的批判；随后，罗素又对科学方法大加称赞，但读来好似逻辑神秘主义。罗素继承了英国实证哲学的传统，他决心让自己的头脑坚不可摧，尽管他知道自己做不到。

或许，罗素正是通过矫枉过正来强调逻辑的优点，并使数学充满神性。1914 年，在人们的印象中，罗素冷酷无情，像一个暂时获得生命的抽象物、一个长着双腿的数学公式。他告诉我们，他从没看过电影，直至在书中读到柏格森用电影比拟人类理智时，仅仅作为哲学研究的一部分，他才去看了一场电影。柏格森对时间和运动的生动描述及其关于万物充满生命冲动的认识并未打动罗素，在他看来，除了数学，没有其他神祇。他对古典文学毫无好感，相反，他就像另一个斯宾塞，极力主张在教育中增加科学的分量。他深切感到，世界的苦难主要源于神秘论，源于该死的思维模糊，他认为，道德的第一定律应是清晰地思考。“与其让我或者任何其他人相信谎言，不如让世界灭亡……那是思维的宗教，世间的糟粕正在这股炽热的火焰中熊熊燃烧，直至化为灰烬。”[①]

对清晰的追求必然将他推入数学王国。面对这门高贵学科的冷静与精准，罗素兴奋不已。

“公正地说，数学拥有的不仅仅是真理，还有至上的美——一种冷傲而朴素的美，这种美与雕塑共有，它无须诉诸人类任何柔弱的本性，也无须像绘画和音乐那般埋下华丽的陷阱，它纯粹至极，展现出一种冷峻的、唯有最伟大的艺术才能与之媲美的完美无瑕。”[②] 罗素相信，数学的进步是十九世纪盛开的最美的花朵，具体来说，“对曾经围绕数学的无穷问题的解决大概是我们的时代所能炫耀的最杰出成就”[③]。在一个世纪里，曾经坚守数学堡垒两千年的古老几何学几乎被完全捣碎，欧几里得的几何学——世界上最古老的教材终于被取代。“在英国，孩子们还在学习欧几里得，这简直是一件丑闻。”[④]

或许，现代数学的多数创新源于对既有定理的驳斥。罗素便喜爱那

① 《神秘主义与逻辑》，第 241 页；伦敦，1919。

② 《神秘主义与逻辑》，第 60 页。

③ 《神秘主义与逻辑》，第 64 页。

④ 《神秘主义与逻辑》，第 95 页。

些挑战“不言自明的真理”并坚持将结论公之于众的人。听说平行线可能会在某处交汇、整体可能并不大于其某一部分，罗素便会喜形于色。他喜欢用这样的谜题来使天真的读者产生惊奇之心——偶数仅占全体整数的一半，但偶数的项目和全体整数的项目一样多，因为每一个整数自身相加都会得到一个偶数。确实，这就是今天所谓的无穷物——数学无穷数的要点所在：该整体所包含部分的项或量与整体同样多——读者如有心，便会沿着这条小道走下去。[①]

数学的严谨与客观使罗素痴迷其中：在这里，也只有在这里，才有永恒的真理以及绝对的知识；这些先验定理是柏拉图的“理念”，是斯宾诺莎的“永恒秩序”，是世界的本质。哲学的目标便是，通过限定自身的话语，在一切经验面前达到数学般的准确与真实，从而实现数学般的完美。“哲学命题……必定是先验的”，这位古怪的实证主义者这样说。这些命题论及的不是事物，而是各种关系，各种普遍的关系。它们独立于具体的“事实”和事件，也就是说，如果世界上每一个细枝末节都发生了变化，这些命题依然成立。比如，“如果所有的 A 都是 B，且 X 是 A，那么，X 就是一个 B”：无论 A 是什么，该命题都成立；它将“苏格拉底必死无疑”的古老三段论简化为一个普遍、先验的形式；如果苏格拉底不曾存在，甚至如果任何人都不曾存在，该命题依然准确无误。柏拉图和斯宾诺莎说得对：“普遍的世界也可被描述为存在的世界。存在的世界亘古不变，它按部就班、精确无误，在数学家、逻辑学家、形而上学体系构建者、所有热爱完美胜过生命的人眼里，存在的世界令人欣喜。”[②] 将一切哲学简化为数学形式，抽

---

①我们并非要把罗素的数学著作推荐给外行。《数理哲学导论》开篇看似明白易懂，但数页之后，便需数学领域的专家才能领会。连《哲学问题》这本小书，尽管作者的本意是使其成为通俗读物，但读来依旧晦涩难懂，充满了认识论问题，令人捉摸不透；稍厚些的《神秘主义与逻辑》反而清晰、务实一些。《莱布尼茨哲学》对莱布尼茨这位伟大的思想家进行了细致入微的阐述，但由于本书篇幅有限，我不得不忍痛割爱。阅读姊妹篇《心的分析》和《物的分析》的读者会对心理学和物理学的某些方面有所了解。罗素著于第一次世界大战结束后的作品较为易读，尽管这些著作的内容因作者理想破灭而难免出现混乱，却相当有趣，值得一读。《人类为什么战斗》依然是罗素献给时代的最佳宣传小册。在《自由之路》中，罗素则凭着哥伦布般的热情，重新发现了第欧根尼以来的社会哲学，并用亲切的语言对社会哲学进行了全面的论述。

②《神秘主义与逻辑》，第 3 页；《哲学问题》，第 156 页。

出所有具体的内容，并（不厌其烦地）将之压缩为数学——这就是我们这位新毕达哥拉斯的雄心抱负。

> 人们已经知道如何将推理符号化（正如代数中的推理一样），从而使演绎过程受到数学规则的影响……纯粹的数学完全由这样的论断构成，也就是说，如果一命题对某一事物成立，那么，另一个这样的命题对那件事物也成立。不要讨论第一命题是否真的成立，不要提及那某一事物具体指什么——这便是本质所在……因此，数学可定义为这样一门学科：在这门学科里，我们从不知道我们在谈论什么，我们从不知道我们所说的是否是真的。[①]

或许（如果有人会大胆地以自己的看法批驳这种阐述），这样的描述对数理哲学并非不公。对那些喜爱数理哲学的人来说，它就是一种精彩的游戏，保证你能像下棋一样快速地“消磨时间”；它是一种全新的单人游戏，但玩耍时务必当心外物对它的玷污。不可思议的是，在学究式地将自己的空想付诸数卷文字之后，罗素转眼便脚踏实地，开始充满激情地就战争、政府、社会主义、革命展开论战，并再未使用过《数学原理》中那些堆积如山的完美公式。显然，其他人也不曾使用过这些公式。如果要使推理有用，就必须使推理与具体事物关联，必须使推理的每一步都与具体事物保持紧密关系。抽象物只在作总结时才有用，要将它用于争辩，必须接受经验的不断检验和批评。在此，我们面临陷入经院哲学的危险，相比之下，中世纪哲学史上的巨著《神学大全》[②]便是实用主义思想的典范了。

有了这么一个开头，罗素似乎注定要陷入不可知论。他发现基督教中有那么多东西无法用数学来表达，于是，除了道德准则，他舍弃了基督教的一切。对那个迫害非基督徒、囚禁基督徒的社会，罗素进行了无情的讥

①《神秘主义与逻辑》，第 76、75 页。

②托马斯·阿奎那最主要的代表作。此书将神学知识加以论证和系统化，是基督教自中世纪以来最重要的教学基础。——译注

讽。[1]在这样一个充满矛盾的世界里，他看不到上帝的存在；相反，是一个诙谐幽默但暴虐无道的靡菲斯特创造了这个世界。[2]罗素认同斯宾塞关于世界末日的说法，他用雄辩的语言描述了斯多葛派式的个体、物种遭到最终失败时不得不选择的屈服。我们谈论进化，谈论进步，但进步只是狂妄自大者爱用的措辞罢了，世间以消散和死亡为终结的事物组成一个无关道德是非的循环，进化也只是这一循环的一半罢了。“有人告诉我们，有机生命已经渐渐从原生动物发展为哲学家，也有人向我们保证，这样的发展无疑是一种进步。但不幸的是，向我们保证的不是原生动物，而是哲学家。”[3]“自由人”无法以幼稚的希望和人化的神祇慰藉自己，他必须时时刻刻鼓起勇气，即使知道自己终有一死，世间万物终将灭亡。然而，他不会投降；倘若不能获胜，至少能享受战斗；通过预见自己的失败，他其实早已立于那股即将毁灭它的盲目力量之上。他不会崇拜那些外在的残暴力量，这些力量通过盲目的偏执征服他，无情地摧毁他建造的每一个家、每一处文明；他崇拜内在的创造性力量，正是这股力量，使他面对失败依然奋勇抗争；正是这股力量，在至少几个世纪里提升了雕刻和绘画那羸弱的美，创造了帕特农神殿那壮丽的废墟。

这就是伯兰特·罗素的哲学——第一次世界大战以前的哲学。

2. 改革者

紧接着，一场狂风袭来。曾将自己埋藏在逻辑学、数学、认识论的重压之中的罗素爆发了，像一条挣脱牢笼的火舌。全世界震惊了，他们发现，在这位看似羸弱不堪、面无血色的教书匠心中，竟蕴藏着如此大的勇气，他如此热爱人类的事业。这位学者走出公式的迷阵，站在了时代的前沿，向当时最为显赫的政治家们展开一场口诛笔伐，即使被赶出任教的大学，像伽利略一样被孤立在伦敦一个狭小的住所里，这样的斗争也不曾停止。怀疑罗素智慧的人都承认他的坦诚，但罗素惊人的转变令他们措手不

---

① 《人类为什么战斗》，第 45 页；纽约，1917。

② 《神秘主义与逻辑》，第 76、75 页。

③ 《神秘主义与逻辑》，第 106 页。

及，使得这些原本宽容的英国人也变得咄咄逼人。我们这位和平主义者被敌人重重包围，被生他养他的祖国视为叛贼，尽管出身高贵，也无法避免被社会驱逐的厄运。同时，大战的旋涡也已逼近，一场暴风雨即将来袭。

这一叛逆之举的背后其实是对一切流血冲突的恐惧。罗素的愿望本是成为一名远离现实的知识分子，可他也是有血有肉有情之躯呵！在罗素看来，帝国的利益不值得年轻人抛头颅、洒热血，他看到，为了祖国，这些年轻人信心满满地踏上战场，奋勇拼杀，最后只落得战死沙场。罗素决心找出这场大屠杀的原因。他发现，运用社会主义的经济和政治分析方法可以立刻揭露出这场病症的根源，并且找到唯一的治疗方法——铲除私有财产之病源，而共产主义则是治愈之道。

罗素以友好的方式指出，一切财产都源于暴力和偷窃；在金伯利钻矿区和兰德黄金矿区，掠夺所得就在世人的眼皮底下变为合法财产。“土地私有制绝不会给社会带来任何益处。如果人类足够理性，就应颁布法令——从明日开始，土地不再私有；对地主，除给予一般生活所需之费用，不予任何补偿。”[①]

私有财产受到国家保护，掠夺所获被法律认可，并有武器和战争做后盾，国家实在是罪大恶极；如果国家的大部分职能由合作社和生产者联合组成的辛迪加掌管，或许会更好。当今社会践踏着我们的人格和个性，生拉硬拽地将我们并入一个整齐的集体。其实，唯有安定、一致的现代生活才能让我们服从国家。

自由是至善，因为没有自由，便无所谓人格。今天，人生和知识变得如此纷繁复杂，以至于唯有通过自由讨论，我们才能顺利越过错误和偏见，获得全景视角——真理。让人们，甚至让教师们在不同的观点中开展唇枪舌剑吧，透过这些五光十色的观点，必将认识到信念的相关性，有了这样的认识，人们便不会轻易诉诸武力，而仇恨和战争基本上都源于固执的念头或教条的信念。思想和言论自由犹如一股清新的气息，终将带走“现代”人心中的病态和迷信。

① 《人类为什么战斗》，第 134 页。

我们总以为自己受过良好的教育，其实不然。我们的伟大试验——普及教育——才刚刚起步，而这样的教育是不能及时、深刻地影响我们的思维方式和社会生活的。我们仿佛在建造一台设备，但我们使用的方法和技术依旧原始；教育应用来培养大脑科学思维的习惯，我们却把它看作一堆堆固有知识的传输手段。愚笨之人的显著特点便是惯于草率、武断地下结论，而科学家从不急于相信，且不经思考绝不开口。如果能在教育中更为广泛地使用科学和科学方法，知识分子的良知便会在我们心中树立起来。届时，我们便只相信手中的证据，并时刻准备推翻证据。凭借这样的方法，教育便能治愈我们的恶疾，甚至能把我们下一代的下一代塑造为新兴男女，有了他们，全新的社会才会出现。“我们性格中的本能部分具有相当大的可塑性，信仰、物质环境、社会环境、习俗制度均能将其改变。”例如，我们可以想象，教育能让我们爱艺术甚于金钱（文艺复兴时期便如此），教育还能“推动一切具有创造性的东西，并削弱聚集于占有的冲动和欲望”。这便是发展的原则。伴随着发展这一原则出现的是新自然道德的两大戒律：一、敬重原则，即“应尽可能地推动个体和集体的生命力”；二、宽容原则，即“某个体或集体的发展应尽可能地无损于另一个体或集体”。[①]

如果我们的学校和大学能够做到组织严密、发展运行良好，并致力于人类性格的重建，那么，便没有人类做不到的事情。这样，无须通过暴力革命或者律法条文，我们便能摆脱经济贪婪以及国与国之间的野蛮行径。与其他一切生命形式相比，人类用于壮大自己的时间要多得多，因此，人类能够驾驭它们；当人类以更为智慧的方式、使用更多时间来壮大自己时，人类甚至能够学会驾驭自身、改造自身。我们的学校便是乌托邦的开门咒语。

3. 结语

当然，这一切确实过于乐观了，尽管常言道，与其误于绝望，不如失之希望。罗素在自己的社会哲学中融入了神秘主义与情感，而这两者正是罗素在讨论形而上学和宗教问题时所坚决抵制的。此外，罗素的经济和政

---

①《人类为什么战斗》，第 101、248、156 页；《神秘主义与逻辑》，第 108 页。

治理论缺乏假设时的严谨细腻以及面对公理时的怀疑态度，而这些曾让他在数学和逻辑领域颇为自得。对逻辑的追求以及对“完美甚于生命”的热爱激励着他勾勒出一幅壮丽图景，但这一美景与其说能够切实地解决人生问题，不如说给予了平凡世界以理想化的慰藉。比如，如果有这样一个社会，在那里，艺术受到的尊重远远超过金钱，那真是可喜可贺；但是，只要国家在自然群体选择的变迁中依照经济实力而非艺术实力兴盛衰亡，那么，存在价值更大且能赢得更多赞美、更大奖赏的便是经济实力，而非艺术实力。艺术只能是从财富堆中开出的花朵，它无法替代财富，正如先有美第奇家族，才有米开朗基罗一样。

但是，对罗素天马行空般的想象我们也无须继续吹毛求疵，因为罗素的亲身经历已对他进行了最为严厉的批评。在俄国，他目睹了人们为创造社会主义社会付出的努力，然而，那里的社会改革试验遇到的重重困难几乎毁灭了罗素的信仰。他还失望地发现，俄国政府不肯为民主制度冒一丝风险，而罗素原本以为，民主制度就是自由哲学中一条不言自明的公理；那里对言论自由和出版自由的压制以及对宣传渠道的绝对垄断和蓄意利用令罗素勃然大怒，但当他发现许多俄国人依然是文盲，内心竟感到一丝欣慰——在这个报纸受政府补贴的时代，阅读能力妨碍了人们获得真理。罗素还惊讶地发现，土地国有化早已被强行地（虽然纸上不这么说）改为私有制，他也渐渐明白，根据当时的形势，人民绝不会认认真真地耕耘、善待土地，除非他们能够将土地以及他们为土地付出的辛劳传承给下一代。“俄国似乎正在向一个更为庞大的法兰西、向一个自耕农大国转变，古老的封建制度已经一去不复返。”罗素开始懂得，这次戏剧性的转变连同伴随突变的舍身捐躯、英雄气概，原来只是俄国的 1789 年。

或许，在中国执教的一年里，罗素要自在许多。因为相比之下，中国的机械化程度不高，生活节奏也更慢，使人可以坐下来静心思考。而在他俯察人生之时，人生似乎也停下了前进的脚步。在茫茫人海中，我们这位哲学家获得了全新的视角。他发现，欧洲只不过是一片更广袤的大陆、一个更古老——或许也更深刻——的文化伸出的伪足，他的所有理论、演绎推理在这个泱泱大国面前转眼间化为谦卑的相对主义。罗素的体系开始松散，正如他自己写道：

> 我开始认识到，白种人其实并非我先前设想的那样举足轻重。如果欧洲和美洲在战争中自取灭亡，也不意味着人类的毁灭，甚至不意味着文明的终结。世上依然会有数目可观的中国人存在，且从诸多方面来看，中国是我见过的最伟大的国家。它不仅人口众多，文化强盛，其国民的智力也卓尔不群。据我所知，除中国以外，世上已无其他文明拥有如此开阔的胸襟，如此脚踏实地、心甘情愿地面对现实，而不是试图将现实扭曲为特定的模样。①

从英国到美国，随后又到俄国、印度和中国，如此颠沛流离，还要使自己的社会哲学思想保持原样，的确有点儿困难。这次经历让罗素懂得，他的公式容纳不下如此广大的世界，或许，世界太庞杂、太沉重，想让整个世界朝着他心中的目标快速前进，谈何容易！更何况世上有如此纷繁的人性、如此迥异的目标！如今，罗素“更老练、更明智了”，时间以及充满变数的生活使他变得老成持重；他依然深谙源于肉身的一切苦难，但他开始以成熟温和的态度面对社会改革的困难。总而言之，罗素是一个可爱的人：精通最为深刻的形而上学和最为微妙的数学，但说话朴实直白，他的语言清晰明白，然而只有诚恳者才能驾驭；他耗尽情感，将自己沉浸于思考中，却时时抱着同情之心给世界以温暖和光明，对人类充满了近乎神秘的柔情。他不是大臣，但必定是一名学者、一位绅士，与某些满口基督的基督徒相比，他更为虔诚。令人欣喜的是，罗素依然充满热忱和活力，生命的火焰在他心里熊熊燃烧。谁能预料到，在下一个十年，罗素会从幻灭中重生，变得更为睿智，使自己的名字流传千古，立于世界最伟大的哲学家之列？

①见《纽约世界》（1924 年 5 月 4 日）对罗素的采访。

第十一章　当代美国哲学家：桑塔亚纳、詹姆斯和杜威

导言

众所周知，世上有两个美国。一个是欧洲式的美国。这个美国主要包括东部各州，在这里，老一辈心怀敬仰，翘首仰望异国的贵族制；而新来的移民则抱着怀旧的情绪思念着故土的文化传统。在这片欧洲式的美国国土之上，沉着稳重、温文尔雅的盎格鲁-撒克逊灵魂与焦躁不安、大胆创新的新民族精神发生了一场激烈的冲突。英国式的思想和行为准则终将屈从于笼罩它、淹没它的大陆文化，但当下，尽管英国式道德早已沦丧，美国东部文学依然弥漫着英伦气息。大西洋沿岸各州的艺术和审美标准依旧是英国的标准，文学传统依旧是英国的传统，我们的哲学——如果我们还有时间从事哲学研究的话，也依旧承袭着英国的思想传统。在这片孕育华盛顿、欧文、爱默生甚至爱伦·坡的新英格兰土地上，美国哲学思想的开拓者乔纳森·爱德华兹写下了自己的著作，并捕获、塑造了一位古怪的外来人物——美国最新崛起的思想家乔治·桑塔亚纳。当然，桑塔亚纳只是托了地理位置之福，才被称为美国哲学家，其实，他是一位出生于西班牙的欧洲人，在懵懵懂懂的童年时代被带到美国。而今，饱经风霜的他像来到天堂似的回到了欧洲，似乎在美国的日子只是他的一个准备期。桑塔亚纳沉浸在旧美国的“上流社会传统”之中。

另一个美国则是美洲式的美国。它旗下的人民，不论是东北部地区的

欧洲移民，还是印第安纳州的土著人，还是牛仔们，都深深扎根于美国这片土壤，而非欧洲土地。他们的举止、观念、理想是土生土长的；他们的灵魂既没有沾染任何装点着波士顿、纽约、费城和里士满的家族文雅之风，也没有东部和南部欧洲移民反复无常的热情；这里的男男女女在近乎原始的环境和劳动中成长起来，一个个体魄强健，虽外表粗糙，心灵却率直而简朴。

这便是养育了林肯、梭罗、惠特曼、马克·吐温的美国。在这里，有“粗鄙实用的知识”，有“务实的居民”，也有“头脑冷静的商人”；这片美洲式的美国令威廉·詹姆斯动情，于是，詹姆斯在其哲学中对这片土地高呼万岁；在这片土地上，还诞生了约翰·杜威。

我们首先来考察一下桑塔亚纳，虽然按时间顺序不该如此，在伟大的哲学家中，数他最为年轻，桑塔亚纳还代表着古老的异国学风，其微妙的思想、芬芳的文风仿佛鲜花被带离房间后空气中四处弥漫的花香。十有八九，我们将无法再拥有桑塔亚纳这样的人物，因为日后，书写美国哲学史的不再是欧洲，而是美国。

一、乔治·桑塔亚纳

1. 生平

桑塔亚纳 1863 年生于马德里，1952 年卒于罗马。1872 年，他被带到美国，直到 1912 年离去。桑塔亚纳在哈佛大学获得学位，并自二十七岁起在那里执教，直至五十岁。

他的一位学生如此生动地描述他：

> 上过先生的课并记得先生的人都知道，他就像一个严肃、可爱而内敛的精灵，他的脸庞好似文艺复兴画家笔下的使徒约翰的脸：深邃的眼神、仁慈的微笑，一半是淘气，一半是得意。说话时，先生那圆润洪亮的嗓音好似平稳的流水，抑扬顿挫的声音如礼拜仪式般流畅而

> 稳重。至于先生的课堂，真好比是一首诗篇，错综复杂却又浑然天成，其价值不亚于一则预言。先生说话，一切都为听众着想，而不是把听众视作听话的机器；先生说话，总能在听众心底激起层层涟漪，让他们心潮澎湃，好似接到一纸神谕。先生的身上散发着一种神秘气息，令人肃然起敬；他看似遥远，实则充满无限魅力。他让人感动，自己内心却平静如水。[①]

其实，桑塔亚纳对自己所在的国家并不满意，随着时间在大量的学习中渐渐流逝，他的心也越来越柔软，灵魂则像诗人般敏感（他首先是位诗人，然后才是哲学家）。

想必是受够了嘈杂而又匆忙的美国都市生活之苦，桑塔亚纳出于自保来到波士顿，想尽量离欧洲更近些；日后，从波士顿到剑桥和哈佛，桑塔亚纳也慢慢开始偏爱柏拉图和亚里士多德，不愿支持詹姆斯和罗伊斯[②]。面对同事声名鹊起，他付之一笑，微笑中隐隐地透露出一丝苦涩。桑塔亚纳平日里远离人群及出版机构，但他知道，能够以全美大学中最优秀的哲学院为家，他很幸运。“在理性生活里，这是一个清新的早晨，虽然云雾朦胧，但阳光会依旧灿烂。”[③]

《美感》（1896）是桑塔亚纳的第一篇哲学论文。对此文，连素来就事论事的缪斯特伯格[④]也大加赞赏，称其为美国对人类美学的最大贡献。五年后，桑塔亚纳完成《解读诗歌与宗教》一书，该书由零散文章结集而成，可读性也更强。接下来的七年里，桑塔亚纳就像雅各布一样，为其所爱而默默工作，仅零星发表一些诗歌；期间，他准备着自己的杰作——《理性的生活》。这厚厚的五卷本（《常识中的理性》《社会中的理性》《宗教中的理性》《艺术中的理性》和《科学中的理性》）使桑塔亚纳一夜之间赢得声

---

① 1921 年 9 月 29 日贺拉斯·卡伦的文章，《哲学杂志》第 18 卷，第 534 页。

②罗伊斯（1855—1916），美国哲学家，新黑格尔主义最有代表性的人物，主要著作有《哲学的宗教方面》《近代哲学精神》等。——译注

③《美国的性格和思想》，第 1 章末尾；纽约，1921。

④雨果·缪斯特伯格（1863—1916），德裔美籍心理学家，美国实验心理学和工业心理学先驱。——译注

誉，而声誉的品质则大大补偿了五卷本《理性的生活》在流传方面的不足。站在我们面前是一个西班牙贵族的灵魂，一个嫁接在绅士爱默生枝头上的西班牙贵族灵魂：地中海贵族血统与新英格兰个人主义的完美融合——而首要的是，这是一个获得彻底解放的灵魂，他不受任何时代精神的骚扰，说话时带着异教学者的腔调，他从古代亚历山大走来，用冷静、傲慢的眼神环视我们小小的世界，用平静至极的说理和完美无缺的言辞敲碎我们的新旧梦想。自柏拉图以来，从未有过披着如此美丽语言外衣的哲学：用词奇巧，结构精妙，不但能洞幽察微，还带着嘲讽与智慧。作为诗人，他以丰富的比喻说话，作为艺术家，他又以棱角分明的段落说话。世上竟还有如此人才，不仅善于感受美的吸引，还能听到真理的呼唤。令人赞叹！

《理性的生活》完成以后，桑塔亚纳享受着成名的荣耀，平日里吟诗著书，怡然自得。[①]随后，说来奇怪，桑塔亚纳在离开哈佛到英国定居以后，当全世界都以为他已经封笔时，1923 年，他出版了又一部巨著——《怀疑主义与动物信仰》，他还高兴地宣布，此书仅是为一个全新哲学体系吹响号角。桑塔亚纳称该体系为“存在领域”。一位已到耳顺之年的人，竟能再次踏上远航的征途，一如既往地写就一本思想活跃、文风优美的著作，着实令人振奋。我们之所以从此书开始讲述桑塔亚纳，是因为它是了解桑塔亚纳全部思想的入口。

2. 怀疑主义与动物信仰

桑塔亚纳在前言中写道：“此书中是一个全新的哲学体系。如果读者在阅读时不禁失笑，我向他保证，他失笑时我亦在笑……我只不过为读者说出了他们失笑的缘由。”

桑塔亚纳是谦虚的（这不像一位哲学家所为），他认为除了自己的哲

①桑塔亚纳在此期间所写的著作篇幅不大，主要有《三位哲学诗人》（1910，由三篇分别关于卢克莱修、但丁、歌德的经典讲稿组成）、《教条之风》（1913）、《德国哲学中的自我主义》（1916）、《美国的性格和思想》（1921）和《英伦独语》（1922）。这些作品都相当值得一读，而且读来比《理性的生活》轻松。桑塔亚纳所有作品中，数《宗教中的理性》最佳。L. P. 史密斯主编、桑塔亚纳亲自编排的《乔治·桑塔亚纳小文汇编》是一本相当优秀的选文集。

学体系之外，其他体系也并非无法成立。“如果他喜欢别人的体系，我便不强求他在思考时遵循我的体系。如有可能，让他擦净自己的心灵之窗，到时，展现在他面前的世界将更加灿烂、更加斑斓、更加美丽。”[①]

在桑塔亚纳这部一生中最后的、导论式的著作中，他提出应首先清理认识论这张牵绊了、阻碍了现代哲学发展的蛛网。在描述《理性的生活》之前，桑塔亚纳使用认识论专家熟悉的术语和手段讨论了人类理性的起源、有效性和局限性。他认为，人类思想有一大陷阱，那便是不经批判便认可传统的假设。桑塔亚纳不依常规地说道：“对深深扎根于传统与惯例之中的人来说，批判无疑是一件新奇的事情。”桑塔亚纳几乎对一切事物都抱着怀疑的态度：世界就像一条小溪，它透过我们不完美的感官来到我们面前；我们的记忆也不可靠，它浸染着欲望，过去便透过这不可靠的记忆来到我们的面前。在桑塔亚纳看来，唯有一物可确信无疑，即当下的经验——这颜色、这形状、这滋味、这气息、这质量，这才是“真实”的世界，对它们的感知便是“对本质的发现”[②]。

唯心主义没有错，但其影响并不大。没错，我们只能通过我们的思想来认识世界，但世界几千年的运转足以说明，我们的全部感觉真真切切地存在，因此，我们无须为未来担忧，便可接受这一人类的实际局限。“动物信仰”或许是一种神话信仰，但这神话也不坏，因为与任何推理演绎相比，人生要美妙得多。休谟的不足在于，他以为只要找到了观念的起源，他便破坏了观念的有效性：“在他看来，私生子是不合法的。看来，他还不及一位法国女士富有智慧，那位法国女士曾问道，难道不是所有的孩子都是自然出生[③]的吗？”[④]对经验真实性的怀疑在德国人那里发展到几乎病态的程度，好像一位疯子为了把手上本不存在的灰尘洗去，永不休止地冲洗着自己的双手。但在日常生活中，即使是这些“在自己心中寻找宇宙根基”的哲学家也并非如其设想，真的相信事物不被感知便不存在。

---

① 《怀疑主义与动物信仰》，第 5、6 页。

② 《怀疑主义与动物信仰》，第 11 页。

③ “私生子”（natural child）一词在英文中的字面意思是“自然出生的孩子”。——译注

④ 《常识中的理性》，第 93 页；纽约，1911。

我们并非必须清除我们关于自然世界的观念，或在现实生活中时刻怀疑自然世界，因为唯有在超越自然的时候，我们才是唯心主义者，而平日里，我们依然是现实主义者……身在争辩之外时，如果我赞同自己并不相信的观点，我应感到羞耻。在我看来，放弃自己的主张，而在别人的庇护下苟且偷生，是小人之为，是懦夫之为……因此，在我眼里，现代作家中没人称得上是不折不扣的哲学家，除了斯宾诺莎……我坦诚地用自己的双臂拥抱自然，在不着边际的思考中，我把动物信仰当作我日日遵循的准则。①

桑塔亚纳便如此与认识论来了个一刀两断。从此，我们便能轻装上阵，跟随桑塔亚纳俯观他对柏拉图和亚里士多德的伟大重建——《理性的生活》。显然，对一个全新的哲学体系来说，这一认识论导论是一次不可或缺的洗礼。它是一种过渡，因为哲学依然穿着认识论的外衣作揖打躬，好像劳工领袖到了皇宫而一时穿上丝绸锦缎那样。终有一天，当中世纪的阴霾散去，哲学也将离开云雾缭绕的天庭，下凡处理人间事务。

3. 科学中的理性

理性的生活，“该名称指一切以意识性成果为依据的现实考虑和行为”。理性不是本能的仇敌，它是各种本能协调一致的结果；理性是被我们意识到的本性，照亮我们的道路和目标。它“是两种因素——冲动和观念的美满结合，如果将两者完全分开，人便会沦为禽兽或疯子，而理性的动物则是这两种怪物的结合，不再虚幻的观念和不再轻浮的行为共同成就了他”。理性是“人类对神性的模仿”②。

《生活的理性》以科学为基础，因为“科学包含着所有可靠的知识”。桑塔亚纳懂得，理性不可靠，科学也难免犯错，因此，他虽接受现代科学分析方法，但同时认为，现代科学分析方法只能对我们观察而来的规律进

① 《怀疑主义与动物信仰》，第 192、298、305、308 页。

② 《常识中的理性》，第 3、6、17 页。

行简要的描述，这种“规律”并不是支配世界、永不改变的“规律”。但是，即使如此看待科学，它依然是我们唯一的依靠；“对理智的信仰……是唯一的信仰，理智的丰硕成果使这种信仰得到广泛认可”[①]。因此，桑塔亚纳决心要认识生活，他像苏格拉底一样，认为未经讨论的人生不值得过活。为此，他要用理性的手术刀对“人类进步的每一步阶梯”、人类历史的每一个重要场景进行静观默察。

桑塔亚纳非常谦虚谨慎，他没有提出新的哲学，而只是将旧有的哲学应用于当下的生活。他认为，史上第一批哲学家不可超越，他们属于最优秀者；在这第一批人当中，他把德谟克利特[②]和亚里士多德放在第一位。他把朴素而坦然的唯物论放在首位，其次是冷静、沉着的理智。“亚里士多德的人性概念完美无瑕：一切理想事物均以自然为基础，而一切自然事物都经历过一个理想的发展过程。如果对亚里士多德的伦理学展开一番彻底的认识和思考，我们便会知道，他的伦理学是如此的不可超越。理性生活在那里找到了经典阐释。”从此，桑塔亚纳以德谟克利特的原子论和亚里士多德的中庸之道为武器，探索当代生活中的种种问题。

> 在自然哲学中，我是一名坚定的唯物论者……显然也是当今世上唯一的一位……但我并不自诩知道物质本身是什么……我等待着科学家来告诉我。……但无论物质是何物，我依然大胆地称之为物质，正如我把我的朋友称为史密斯或琼斯，尽管我并不知道他们有何秘密。[③]

桑塔亚纳不赞同泛神论，因为泛神论只是无神论的一个托词罢了，把大自然称为上帝，并不能给大自然增添什么；“自然一词已充满足够的诗意，它充分表现了我们所生存的这个世界那强大的繁衍能力和控制能力、无限的生命力以及变化无穷的秩序”。倘若永远固守那精美文雅但矫揉造作的陈腐信仰，与笨拙地修补过时盔甲的堂·吉诃德何异？桑塔亚纳是一

① 《科学中的理性》，第 318 页；纽约，1906。《常识中的理性》，第 96 页。
②桑塔亚纳在著作《地狱对话录》中，把德谟克利特塑造为一位英雄。
③ 《怀疑主义与动物信仰》，第 7、8 页。

位不折不扣的诗人，他知道，如果世界缺乏神性，便好似一个没有温暖的家，令人不适。“人类为何总是违背自然，回过头来又以各种各样的形式狂热崇拜虚无缥缈的神呢？”或许，那是“因为灵魂更接近于永恒与理想”，它不满足于现状，渴求更美好的人生；但对死亡的思考让它悲痛欲绝，它寄希望于某种力量，某种能够使它在变迁中永垂不朽的力量。但桑塔亚纳断定：“我相信世上绝无不朽的事物……无疑，世界的精神与活力便是我们体内那活跃的因素，正如小小的波浪起伏造就了茫茫的大海；但世界的精神与活力会穿透我们而去，无论我们如何声嘶力竭，它也不会停下前进的脚步。我们的特权仅在于，能够在它前行的时候感知到它的存在。”①

或许，机械论具有普遍性；尽管“物理学无法对地壳中那些细微的运动和发展（包括人类的发展在内）作出解释”，但心理学研究的最佳方法便是作出如是假设：即使在人类灵魂的最深处，机械论也无处不在。唯有当心理活动的物理和物质基础成为心理学的研究对象时，心理学才能走出文学的困境，成为名副其实的科学。即使是斯宾诺莎那论述情感的杰出作品，充其量也不过是“文学性的心理学”，一种演绎辩证法，因为它在冲动和情感背后找到的并非其生理的和物理的基础。今天的“行为主义者”已经找到了正确的道路，他们应该无所畏惧地走下去。②

生命的机械性和物质性是如此彻底，以至于意识（意识不是事物，而是一种状态、一个过程）没有任何因果功效；因果功效在于热力，而不在思想的光芒之中，冲动和欲望依赖这种热力推动着大脑和肉体运作。“思想的价值是理想性的，而非因果性的”，也就是说，思想不是行动的工具，而是像一座影院，放映的是绘声绘色的经验，思想还能体会道德与审美带给人的喜悦。

> 是心灵掌控着困惑的肉体吗？在各种身体习惯还未确定如何相互配合之前，是心灵为各种身体习惯指点迷津吗？或者更准确地说，是一台内部自动机械装置在从事着那不可思议的工作，而心灵只是

---

①《怀疑主义与动物信仰》，第 237、271 页；《常识中的理性》，第 189 页；《教条之风》，第 199 页。
②《科学中的理性》，第 75、131、136 页。

这儿看看、那儿瞧瞧，时而表示欣喜、支持，时而又作些无力的反抗，最终也只能旁观机械装置运作的整个过程？……拉朗德，或无论其他什么人，如果用望远镜搜索天堂时找不到上帝，那么，他即使用显微镜搜索大脑，也不会找到人类的心灵……相信心灵存在无异于相信魔法存在……心理学家能够观察到的唯一事实便是物理事实……灵魂只是物质性的动物体内一种精妙而敏捷的组织……它是一个庞大的由神经和组织构成的网络，在每一代人那里形成于萌芽阶段。[①]

这样的唯物论无疑令人心情舒畅，但我们必须接受它吗？经过几百年的努力，哲学依然无法对花朵的生长和孩子的嬉笑作出合理解释，但令人惊奇的是，像桑塔亚纳这样敏感的思想家，如此轻盈的诗人，会将如此沉重的哲学背在自己的肩上。或许，把世界看作一个一半是物质一半是精神的“二元混合体”是类似“将机械与幽灵结合的笨拙之举”[②]，不过这却清楚明白并合乎逻辑地体现了桑塔亚纳的想法：他把自己看作一个自动思考自身并反映其自动性的自动人。如果意识没有任何功效，它为何能如此缓慢、如此痛苦地进化发展？在一个无用事物很快便被淘汰的世界里，它又如何能生存下来？意识是人类作出判断的器官，承载着人类的快乐，它的主要功能是对反应进行预演和协调——这是人之所以为人的依据。或许，与陆地和海上的种种机器相比，花朵及其种子、孩子及其嬉笑包含着更多的宇宙秘密；或许，从生命的角度解读自然，而非从死亡的角度认识自然，才是明智之举。

桑塔亚纳也读过柏格森的书，桑塔亚纳对柏格森嗤之以鼻并避而远之。

柏格森大谈特谈生命，自以为摸透了生命的本质，然而，要对何为生命作出回答，势必要对死亡与出生进行考察，这才是合乎常理的分析方法。阳光和雨水带动了生命的运转，但这个必须等待阳光和

---

① 《常识中的理性》，第 219、214、212 页；《教条之风》，第 150 页；《怀疑主义与动物信仰》，第 287、257、218—219 页。

② 《常识中的理性》，第 211 页。

雨水来启动的创造意志又是什么？一颗子弹能够瞬间了结一个人的生命，这样的生命又是什么？温度微微下降，便能将整个生命冲动驱逐至宇宙之外，这样的生命冲动又是什么？[①]

4. 宗教中的理性

圣佩甫这样评论他的同胞：即使很长一段时间不做基督徒，他们也会继续做天主教徒。勒南、法朗士、桑塔亚纳也如此分析。桑塔亚纳热爱天主教，就像男人对欺骗过他的女人仍痴心不改一样——“尽管我知道她在说谎，我仍然相信她”。他为自己失去的信仰悲伤，他那失去的信仰是“一个辉煌灿烂的错误”，与生命本身相比，“这样的错误更符合灵魂的冲动”。在牛津的一次古老仪式中，他如此描述自己：

流亡的我，
既远离了狂风呼啸的荒野，
在那里，瓜达拉纳高耸着它紫色的山巅，
又远离了精神的王国，
它是至善的温柔之乡，是一切希望的归宿。

正是凭借这种神秘的爱、这种坚定不移的怀疑，桑塔亚纳奠定了《宗教中的理性》一书的崇高地位。这部著作的字里行间不仅透露出作者一如既往的怀疑态度，还充满了温柔的悲伤；此外，在天主教的优美中，桑塔亚纳找到了热爱它的充足理由。确实，桑塔亚纳嘲笑“传统正教，因为根据传统正教，宇宙不但因人类或人类精神而存在，而且宇宙因此是善的”，但是他也鄙视“年轻的智者和迂腐老朽的讽刺家所谓的启蒙和教化，他们搔首弄姿，自以为发现了科学不适用于宗教（对此，即使是最无知的蠢材也看得出少许门道），却对信仰由之产生的思维习惯、信仰的本义、信仰的真正功能置之不理”。宗教这一现象着实引人注目，世界各地的人们都

① 《教条之风》，第 107 页。

有自己的宗教，如果我们不懂宗教，我们何以认识人类？“人终有一死，但通过研究宗教，无神论者便能直面人类存在的神秘性与悲剧性；无神论者便能知晓，宗教为何如此深刻动人，以及从某种意义上说，宗教又是如此公正。”①

同卢克莱修一样，桑塔亚纳把恐惧视作神祇出现的根源。

> 对超自然力的信仰是人类在命运最低谷时，为自己下的一个绝望的赌注；它远远不是正常生命力的源泉，如果命运好转，生命力便会慢慢恢复……如果一切顺利，我们就归功于我们自身……一个人学会辨别并反复实践的第一类事情是这样的：拥有自己的意志，并能抵制不经意的欲望；因此，他们面对现实时产生的第一种情感便是仇恨，这种仇恨在弱者面前变为残忍，在强者面前变为恐惧和奉承……可悲的是，宗教，即使是最高级的宗教，其归于神祇的动机也是低贱的，至于动机的缘由，竟是人生的重担与苦痛。得到最好的供奉、被人铭记、赞颂、盲目拘谨地服从，这一切对神祇来说攸关体面，为此，神祇会赐予恩惠、施以惩罚，无所不用其极。②

造就神祇的除了恐惧，还有人类的想象：人类是无可救药的万物有灵论者，并用拟人的方式解读万物。人类将大自然人格化、戏剧化，并以各路神祇象征它。以彩虹为例，人类“将彩虹看作……一位美丽羞涩的女神飘然而过后留在天幕上的痕迹”。并非人类相信这些优美的神话，人类是借助诗性来忍受人生的平淡无奇。今天，人们对神话的兴趣已经日渐减少，科学使人质疑想象，甚至猛烈抨击想象；但在原始民族那里，尤其在近东地区，人类的想象力依然如天马行空、无拘无束。整部《旧约》里诗歌、隐喻比比皆是；创作《旧约》的犹太人并不以字面意思解读自己塑造的人物。但当重实际、轻想象的欧洲民族将《旧约》拿在手中时，却把诗歌误认为科学，西方神学也因此诞生。一开始，基督教是希腊神学与犹太人道德的

---

①《宗教中的理性》，第 4 页；纽约，1913。

②《科学中的理性》，第 297 页；《宗教中的理性》，第 28、34 页。

结合，这是一个不稳定的结合，因为希腊神学与犹太人道德必有一方向另一方屈服。最终，在天主教中，希腊与异教成分占据了上风，而在新教中，取胜的是严厉的希伯来道德准则。前者经历了一场文艺复兴，后者则接受了宗教改革的洗礼。①

被桑塔亚纳称为“北方蛮族”的日耳曼人从未真正接受过罗马基督教。“一种非基督教之勇气与荣誉的伦理、一种非基督教的迷信、传说和感性，不停地流淌在中世纪人们的血液里。”哥特式大教堂没有任何罗马特征，它是野蛮的象征；好战的条顿人昂首于和平的东方人面前，将基督教从一种歌颂兄弟情谊的宗教变成了灌输商业美德的训诫，将一个一贫如洗的教派变成一股四处开花、权势冲天的宗教势力。“条顿人把这年轻的宗教——深邃、野蛮、充满诗意的宗教——引入基督教，替代了那两个垂死世界的最后一声叹息。”②

桑塔亚纳认为，如果在认识基督教时不拘泥于其字面意思，那么基督教便称得上美轮美奂；然而，日耳曼人坚持直意理解，于是，传统的基督教日后在德国瓦解也就成为必然。如果从字面上理解，那些古老的教条，比如对无辜者死后进入地狱的诅咒，或者在万能仁慈者创造的世界中罪恶的存在，都变得荒谬至极。不同人对基督教的不同解读势必形成各种各样的教派，并在精英阶层形成一种温和的泛神论，但这种泛神论充其量不过是“理想化的自然主义”。莱辛和歌德、卡莱尔和爱默生便是这场变革的标志性人物。简而言之，崇尚武力的耶和华曾因历史的偶然而随崇尚和平的先知和基督融入基督教，可喜的是，耶稣凭借其道德体系将耶和华摧毁消灭了。③

从其性格和家族传统来看，桑塔亚纳不可能赞同新教，因为年轻时代的信仰更让他着迷。他咒骂新教徒，斥责他们抛弃了中世纪的美丽传说；最重要的是，桑塔亚纳不满新教徒对圣母马利亚置之不理，他像海涅一样，把圣母马利亚看作“诗歌中最美的花朵”。正如智者所言，桑塔亚纳相信

---

① 《怀疑主义与动物信仰》，第 6 页；《常识中的理性》，第 128 页；《宗教中的理性》，第 27 页。
② 《宗教中的理性》，第 103、125 页。
③ 《宗教中的理性》，第 137、130、172 页。

世上没有上帝，但他却坚信，马利亚是上帝的母亲。他用圣母马利亚与圣徒的画像装点自己的房间，[①]他深爱着天主教的美丽，甚于爱其他任何信仰的真理。也因如此，桑塔亚纳爱艺术甚于工业。

> 对神话的批判有两个阶段……第一，愤怒地斥责神话为迷信；第二，微笑着把神话看作诗歌……宗教是需要人类用想象力去解读的人类经验……如果说宗教能够通过字面而非象征表现真理和人生，那简直是天方夜谭。谁拘泥于字面，谁就无法对宗教进行有益的哲学思考……宗教问题绝不应成为争论的焦点……我们应该对宗教虔诚地表示敬意，对这些寓言中所蕴含的诗意表示理解。[②]

因此，有教养的人绝不会去惊扰那慰藉、激励我们人生的神话，或许，他还会对神话欣羡不已，因为神话能带给人无限的遐想。不过同时，他也不会相信来生。"对永生来说，出生便是一个不祥的兆头。"[③]唯一能够吸引他的是斯宾诺莎笔下的永生。

桑塔亚纳说："谁生活在理想中，并在社会或艺术中表达这种理想，谁便拥有了双重的永生。在世时，永恒将他重重包围；死后，其他人在他的影响下纷纷投向永恒的怀抱。通过与其内心的至善保持完美的一致，其他人便可成为他的化身，体现他内心的一切，并使其代代流传，实现永生不灭。无需任何托词，也无须欺骗自己，他便可以大声说，他不会完全死去；因为与一般人相比，他更清楚构成其存在的到底是什么。通过审视并承认死亡和宇宙的变迁，他将登上精神之顶、敏悟之巅。如此设想，他或许能真真切切地感受到、了解到，他是永恒的。"[④]

①参见《美国信使》，1924 年 1 月，第 74 页。

②《美感》，第 189 页；纽约，1896。《怀疑主义与动物信仰》，第 247 页。《教条之风》，第 46 页。《宗教中的理性》，第 98、97 页。

③《宗教中的理性》，第 240 页。

④《宗教中的理性》，第 273 页。

5. 社会中的理性

设计一种方法，使人无须受到超自然之希望与恐惧之刺激，便能广施美德，这是哲学的大问题。这个问题在理论上已被解决过两次：苏格拉底和斯宾诺莎都曾为世界设计过足够完美的自然的或合理的伦理体系。如果人类能够依据其中的任意一种塑造自我，世界将呈现一片祥和景象。但是，“世上从来不曾有过完全理性的道德规范或社会制度，寻找它也是难之又难”，那几乎已成为哲学家的奢望。“每一位哲学家的内心都有一片宁静的港湾，但我怀疑，在他人的生命里追寻虚构的幸福……只是一个诗化的象征；哲学家在真理中享受快乐，他留恋这片人生的美景，也愿意欣然弃之而去”（尽管在他们身上，我们或许可以看到一种顽强的生命力）。对我们其余人来说，无论是过去还是未来，道德的发展必须寄望于社会情感的培养。“在爱的气氛中、在温馨的家庭里，社会情感犹如鲜花般盛开。”[①]

的确，正如叔本华所指出的，爱是种族对个体的一种欺骗。此外，“爱的原因十分之九在于施爱者，十分之一才可能在于被爱者”，爱“使灵魂再次陷入非个人的盲目冲动之中”。尽管如此，爱并非没有回报：一个人付出得越多，获得的满足感就越强。“据说拉普拉斯曾在临终时说，科学是微不足道的，除了爱，一切都是虚的。”毕竟，罗曼蒂克的爱情虽然只是富于诗情画意的妄想，但它结出的果实——亲子关系——给本能带来的满足感要远远大于任何单身生活带给人的安全感。我们因孩子而不朽；“如果我们把自己的人生比作底稿，那么，当我们发现自己那流芳百世的作品一半已经被收入一个更为洁净的副本时，我们便会毫不犹豫地将充满污迹的底稿付之一炬”[②]。

家庭是人类获得永恒的途径，是社会的基本组成单位，即使其他一切社会机构或单位停止运转，家庭依然能够延续人类的命脉。但是，家庭只能将人类文明提升至一个较为低级的层次，文明如需向前迈进，还需建立一个更庞大、更复杂的体系。在这个体系中，家庭不再是生产单位，也无

① 《科学中的理性》，第 239 页。《怀疑主义与动物信仰》，第 54 页。

② 《社会中的理性》，第 22、6、195、41 页；纽约，1915。《常识中的理性》，第 57 页。《科学中的理性》，第 258 页。

须控制家庭成员间的经济关系，它的权威和力量将越来越受到国家的支配。正如尼采所说，国家像一只怪物；这只怪物的体型不是过大，便是过小；但它高度集权的暴政也有好处，即扫清数不清的专制小国——这些小国长年累月地骚扰人民、束缚人民，并给他们的生活带来巨大灾难。与一百个趁人不备、日日夜夜敲诈买路钱的小海盗相比，一个从小海盗手中接受贡品的大海盗要好得多。[①]

从一定程度上说，人民的爱国热情便是如此被激发出来的；他们知道，宁愿政府当权，也不要社会大乱，因为后者需要付出更大的代价。令桑塔亚纳不解的是，这种爱国主义是否弊大于利，因为一旦社会需要变革，变革的拥护者便会背负不忠的罪名。"爱国者，除非他的爱国心盲目而又懒散，否则必然会对国家的现状及国家的理想进行鉴别，这种鉴别反过来会要求社会进行变革，他们也会为之付出努力。"另一方面，种族爱国主义必不可少。"一些种族明显优于其他种族。优越的种族能够更好地适应生存环境，由此便获得了精神上的胜利、自由以及相对的稳定。"因此，异族结婚具有很大的危险性，除非通婚的种族互不侵犯，并承认相互间的平等地位。"大敌当前之时，犹太人、希腊人、罗马人、英国人才会表现出空前的伟大，他们奋勇抗敌，并接纳对方的文化。但是，只要民族间的接触变为融合，他们的伟大便在瞬间消失了。"[②]

国家的罪大恶极之处在于，它总是倾向于成为一部战争机器。它把某些国家视为劣等民族，在他们面前耀武扬威、不可一世。但桑塔亚纳认为，世上从未有一个民族赢过一场战争。

> 在多数国家、多数时候，政府和政党所扮演的角色可以说都是反面的。如果一个社会的政党和政府的确如此，那么，若不考虑战争对国家造成的破坏，战争中是本国军队取胜还是敌军取胜，对这个社会来说，实际上毫无区别……无论如何，普通民众在这样的国家里需要缴纳大量税款，在个人利益方面，他们忍受着无尽的苦恼，并处处被

---

① 《社会中的理性》，第 45、77、79 页。

② 《社会中的理性》，第 164—167 页。

国家忽视。尽管如此……这些被压迫的民众依然会像其他人一样，洋溢着爱国热情。如果有谁指出，政府根本不代表民众利益，而且民众对政府的忠诚只是出于个体的无助，完全不合常理，那么，这些被压迫的民众即使是拼了老命，也要去诋毁这个人的声誉。[①]

对哲学家来说，这样的语言相当强硬；但是，还是让我们全面了解一下桑塔亚纳。他认为，一般来说，一个较大的国家征服和吞并较小的国家是人类通往秩序与和解的重要一步；如果世界由某个超级大国或大国集团来统治，这将是人类的福分。正如世界曾是罗马的天下，它起初以刀剑统治，后来以文字统治。

今天，人们已不再提及曾经梦寐以求、名义上几近建成的世界秩序——一个实现了普遍和平、理性艺术四处渗透、哲学被顶礼膜拜的帝国……我们今天的政治实践可追溯至那些黑暗的年代，在那些黑暗年代里却诞生了值得我们好好学习的政治理论，这些关于世界帝国和天主教派的理论反过来又与先前的理性时代遥相呼应。当时，有那么一小拨人有着统治世界的意识，他们一度把世界看作整体进行考察，并试图公正地统治它。[②]

或许，国际体育运动的发展能为团体竞争精神的宣泄提供一定的渠道，并在一定程度上充当“战争的道德等价物”；为了争得世界市场，贸易各方大打出手，或许，金融交叉投资能够解决这些问题。

桑塔亚纳不像斯宾塞那样热衷于工业，因为他知道，工业虽然渴望安定，但也充满钩心斗角。总的说来，相比于喧闹嘈杂的现代都市，桑塔亚纳在古色古香的贵族氛围中更觉安心。我们制造大量的东西，甚至淹没在

---

① 《社会中的理性》，第 171 页。

② 《社会中的理性》，第 81 页；《科学中的理性》，第 255 页。毫无疑问，这里指的是安东尼时代，从中我们还可以看出，桑塔亚纳接受吉本和勒南的观点，即安东尼时代是政府历史上的黄金时期。

自己制造的物品之中，正如爱默生所说：“我们拥有的物质坐在鞍上，驾驭着人类。”“在一个完全由哲学家组成的世界里，每天一两个小时的高质量体力劳动便能满足我们的物质需求。”英国比美国要聪明得多。为什么？因为英国即使同样沉溺于一股制造狂热之中，却仍有一部分国民认识到休闲和艺术的价值。[①]

桑塔亚纳认为，世界已有的一切文化都是贵族统治的结果。

> 迄今为止，文明存在于种种习惯的传播与扩散之中，而这些习惯来自特权阶层。文明并非源于人民，但文明在人民中以异于人民的方式出现，然后，文明便从上至下强加在人民身上……如果一个国家主要由工人和农民组成，那么，这个国家必然是粗俗野蛮的。在这样的国家里，一切自由传统必将消亡，爱国主义所蕴含的合理历史精髓也将荡然无存。毫无疑问，爱国情绪必将延续下去，因为人们缺乏的不是慷慨之气。他们有各种冲动；他们缺乏的是经验，因为经验的积累意味着高级机构的建立，而这些高级机构联合起来便能形成一个贵族社会。[②]

桑塔亚纳不喜欢平等的概念，他同意柏拉图的观点，认为不均等的平等仍是不平等。但是，桑塔亚纳也没有把自己出卖给贵族制，因为他知道，历史证明，贵族制是利弊参半。其弊端在于，一个人若要成就一番事业，非出身名门不可。贵族制还会阻碍其自身优势和价值的提升，更不用说其提升空间本来就相当有限。此外，从理论上来说，这些优势和价值偏偏又是贵族制应该培养并运用的。贵族制带来了文化繁荣，同时也带来专制和暴政；在贵族制度下，数以百万计的民众俯首称臣，为少数人的自由付出沉重代价。政治的首要原则是，评判一个社会时，应该根据其采取的提高社会成员生活水平和个人能力的措施是否优越；“若不是每一个人都过上了优越的生活，任何一个国家都不值得名垂青史，甚至都不及海洋中的一

---

① 《社会中的理性》，第 87、66、69 页。

② 《社会中的理性》，第 125、124 页；《科学中的理性》，第 255 页。

堆泥沙”[①]。从这个角度来看，民主制是对贵族制的巨大改进。但是，民主制也并非十全十美；民主制度中不仅仅有腐败及政府的无能，更糟糕的是，民主制还有其独特的专制手段，即对一致性的迷恋。“最令人恨之入骨的莫过于一种俗不可耐、专门抹杀个性的专制制度。它无孔不入、无处不阻挠，处处表现出自己的残忍与愚蠢，将一切新事物、刚露头角的天才们扼杀在摇篮中。”[②]

桑塔亚纳最为鄙视的莫过于现代生活的嘈杂和忙乱。令他不解的是，既然古老贵族制的教条认为善不是自由而是智慧，为何它不能带给人更多的幸福呢？更何况人们对自身的不足已欣然接受。不过根据古典传统，确实只有少数人能够得到幸福。但如今，民主制开放了自由放任政策下这场工业主义角逐——人人可以参加这场自由式摔跤，于是，再也没有人懂得满足，每一个灵魂即使将自己撕裂也要不顾一切地往上爬。阶级之间相互斗争，毫无约束；“不论是谁取得这场斗争的胜利，都会结束自由主义”[③]。这也是对革命的惩罚：为了生存，他们必须重建他们曾经摧毁的专制制度。

> 革命向来都是模棱两可的。一般来说，革命要成功，必须依赖其适应能力，以及对其反抗对象的再吸收能力。改革成千上万，世界依然堕落。为什么？因为每一次成功的改革都会建立一个新的制度，而新的制度又会有相应的新的弊端。[④]

那么，我们应该争取什么样的社会形式呢？或许，社会形式并不存在，因为不同的社会形式之间其实没有太大的差别。如果真要说出一个答案，那便是“荣誉政体”。在荣誉政体下，政府官员由德高望重者担任；此外，荣誉政体是一种贵族制，但不世袭，每一个人，不论性别，都可凭借自己的能力沿着开阔的大道到达国家的最高层；对无能者来说，无论他赢得多

---

① 《社会中的理性》，第 52 页。

② 《社会中的理性》，第 217 页；《美感》，第 110 页。

③参见赫伯特·史密斯的文章，《美国评论》，1923 年 3 月，第 195 页。

④ 《宗教中的理性》，第 83 页；也可参见《科学中的理性》，第 233 页。

少公民选票，这条道路也永远是对其封闭的。“唯一存在的平等将是机会的平等。”[1]有了这样的政府，腐败将降至最低限度，在政府的鼓励下优秀的科学和艺术必将繁荣发展。在当今政治的一片骚乱中，这种民主制与贵族制的结合正是全世界朝思暮想的：唯有最优秀者才能荣登统治者的宝座，但是，每个人都享有平等的机会，有机会成为最优秀者中名副其实的一员。这不禁让人再次想起柏拉图，这位在《理想国》中提出让哲学家成为国王的思想家总是端坐在每一种深思远虑的政治哲学的最前沿。我们越是思考这些问题，便越确信自己又回归到柏拉图。我们不需要新的哲学，我们只需鼓起勇气，实践我们最古老、最灿烂的哲学。

6. 评论

细心的读者会发现，这几页文字散发的是一种忧郁的气息，这忧郁属于这样一个男人：他舍弃自己所爱的一切，作为一名失去祖国的浪子，他把自己看作西班牙贵族，一位流亡至中产阶级美国的西班牙贵族。有时，一种无名的悲伤会突然出现，他会说：“人生值得过活，这是人一生中最为必要的假设；否则，‘人生值得过活’将是人一生中最不可能的论断。”[2]在《理性的生活》第一卷中，他从哲学的角度谈论着人类生活与历史的故事和意义，但在最后一卷他又质疑，所谓的意义或故事真的存在吗？[3]他下意识地描述着自身的悲剧：“完美本身便蕴含着悲剧，因为创造完美的宇宙本身是不完美的。”[4]像雪莱一样，桑塔亚纳从未在这个平凡的星球上感到自由自在过；世界上星星点点的美好确实给桑塔亚纳带来愉快，但在面对事物丑陋的一面时，他那强烈的美感又给他带来更多的痛苦。有时，他会变得尖酸刻薄。或许，那是因为他从未像异教徒那样，由衷地舒心欢笑，从未感受过勒南或法朗士那亲切而宽容的人道主义。他总是一副清高超然的样子，也因此总是孤独。“智慧的作用是什么？”他问道；回答是——“为

① 《社会中的理性》，第 123 页。

② 《常识中的理性》，第 252 页。

③ 《常识中的理性》，第 9 页。

④ 《科学中的理性》，第 237 页。

了在做梦时可以睁一只眼、闭一只眼；为了超然于世界，又不对世界心怀敌意；为了欣赏那短暂的美丽，怜悯那短暂的痛苦，同时又时刻牢记，这些美丽和痛苦是多么短暂”[①]。

但是，人们在不停地对自己发出死亡警告的同时，或许也扼杀了活着的快乐；为了生存，一个人必须更多地想到生而非死；不仅要珍惜眼下的、实际的事物，还要怀抱遥远的、美好的希望。“思辨的目标不是别的，而是把人生当作永生来度过；既要学习真理，也要投身于真理。”[②]不过，这会使人过于严肃地看待哲学，也许哲学根本不值得如此严肃地看待；而且，如果哲学使人脱离生活，它和神秘的迷信何异？在迷信中，人们迷恋着彼岸世界的虚情幻景，却看不到当下的美味珍馐。桑塔亚纳说：“理想的幻灭给人智慧。”[③]但是，幻灭只是智慧的开端，正如怀疑是哲学的开端，智慧不是目的或圆满；快乐才是目的，而哲学只是手段。如果我们把哲学当作目的，我们便会像印度教的神秘主义者一样，把专注于自己的肚脐眼作为人生的目标。

桑塔亚纳把宇宙仅仅看作一台物质机器，与其忧郁、内向的个性不无关系；桑塔亚纳将生命从世界中剥离出来，在自己的心中找寻生命。但是，他本人反对这样的说法；尽管我们可以不相信他，但他喋喋不休的抗议，优美动人，着实令我们心服口服：

> 理论并不是冷冰冰的。倘若通过赋予某一感觉以形式，音乐便能充满激情，那么，将我们所知晓的一切整理得秩序井然、有条不紊，不是能给人更多的美感，不是更能使人感到惊骇吗？……如果你只对特别的神灵深信不疑，或者总是期盼在第二次生命中延续你的浪漫冒险，那么，唯物论定会让你失望，并使你感到不快；而且，在你思考的一两年内，你会不停地告诉自己，我已经失去了活着的理由。但是，彻底的唯物主义者绝不会半路出家，他们像伟大的德谟克利特——一

①参见赫伯特·史密斯的文章，《美国评论》，1923 年 3 月，第 191 页。

②《常识中的理性》，第 28 页。

③《常识中的理性》，第 202 页。

> 位整日笑容可掬的哲学家一样，生来信奉唯物论。一台机器能容纳如此神奇而美丽的生灵，能带来如此多令人兴奋的激情，它能给予唯物论者莫大的愉悦，这愉悦与游客在自然历史博物馆欣赏五颜六色的蝴蝶、火烈鸟、水生甲壳动物、猛犸象、大猩猩时的感觉一样，具有相同的理性特征。人生总是充满意外，但毫无疑问，人生难免有痛苦的时候，不过，痛苦很快便会过去。而人生又是一场盛会，何其壮观！宇宙万物间的相互影响又是何等的趣味盎然！那些微小而又纯粹的激情何其愚蠢，又何其不可避免！[①]

但是，如果蝴蝶会说话，它会提醒我们，博物馆（像唯物论哲学一样）里陈列的只是一些无生命的东西，现实世界总是会努力避开这些可悲的标本；激情使人痛苦，但现实却依然将自己置身于这痛苦之中，置身于那千变万化、永无休止的生命河流之中。

一位观察敏锐的朋友说：

> 桑塔亚纳生来喜爱孤独……我记得有一次，一艘远洋客轮在南安普敦靠岸，我倚靠在轮船的栏杆上，看着一大群旅客纷纷走出摆渡船，挤在通往客轮的跳板上。我发现，有一个人远离人群，站在摆渡船的一侧，静静地、饶有趣味地看着同船的旅客急急忙忙、推推搡搡，直到甲板上空无一人，他才不紧不慢地上船。“除了桑塔亚纳还会有谁？”站在我身旁的人说；看到桑塔亚纳最真实的一面，我们深感欣慰。[②]

最终，我们不得不如此评价他：通过哲学，桑塔亚纳坦诚无畏地表达着自我；通过哲学，一个成熟、敏感又过于忧郁的灵魂静静地用庄严优雅、古色古香的美丽文字述说着自己。一个世界的消逝令桑塔亚纳深以为憾，于是，他在哲学中以凄然的语言委婉地表达自己的遗憾之情。或许，这样的凄然让我们不快，那低调的哲学令人反感，但是，我们却能在桑塔亚纳

① 《科学中的理性》，第 89—90 页。

②参见玛格丽特·缪斯特伯格的文章，《美国信使》，1924 年 1 月，第 69 页。

的哲学中看到这个方生方死的时代的完整容颜。在这样的时代里，人类不可能拥有绝对的智慧和自由，因为他们在抛弃旧有观念的同时，还未找到带领他们趋向完美的新观念。

二、威廉·詹姆斯

1. 生平

我想，无须提醒读者便很清楚，不论从哪方面看，我们之前概括的哲学实际属于欧洲哲学，只不过出现在欧洲之外罢了。它有着古老文化精细优雅、成熟内敛的特点；拿起《理性的生活》读上几段你便会发现，这根本不是发自美国本土的声音。

而在詹姆斯身上，不论是腔调、措辞，还是用词的变化，均具美国特色。为了使自己的想法为普通民众理解，他总是乐于使用"兑现价值""效果""利润"等特色词汇；说话时，詹姆斯不像桑塔亚纳或亨利·詹姆斯[①]那样，带着贵族般的矜持，而是喜欢用生动活泼的方言，铿锵有力、坦率直接。正因如此，他的"实用主义"和"精力储备"哲学让人不禁想到"务实""发愤"的罗斯福。此外，詹姆斯还道出了普通人的心声——普通人对旧神学思想的信仰虽然脱离实际，但这样的信仰与商业金融领域的务实精神，与那将荒蛮变为乐土的坚强、执着和勇气，共存于美国人的灵魂之中。

1842 年，威廉·詹姆斯出生在纽约。他的父亲是施维登堡派的神秘主义者，不过神秘主义并无损他的智慧和幽默；儿子威廉也一样，集智慧、幽默与神秘于一身。威廉在美国的私立学校度过几个年头之后，和弟弟亨利（比威廉小一岁）一起被送到法国的私立学校学习。在法国，他们开始接触夏尔科[②]及其他精神病理学家的著作，并一起转向心理学。后来，他们中的一人把小说当作心理学著作来写，另一人则把心理学当作小说来写。

①亨利·詹姆斯（1843—1916），美国小说家，威廉·詹姆斯的弟弟。——译注

②夏尔科（1825—1893），法国医学家、临床医师。也是弗洛伊德的老师，现代精神病学的奠基人之一。——译注

亨利的大半辈子在国外度过，最终成为英国公民。他接触欧洲文化的时间比威廉要长，因此，亨利有着其兄长所缺乏的思想成熟度。而回到美国定居的威廉却深受鼓舞，他发现，这个国家不仅拥有一颗年轻的心，还蕴藏着无数机会与希望。他牢牢把握着时代与本土精神，好似插上了时代精神的翅膀，登上其他哲学家闻所未闻的寂寞荒凉的声誉之巅。

1870 年，詹姆斯在哈佛大学获得医学博士学位。之后，从 1872 年至 1910 年逝世，詹姆斯一直留校任教，一开始教授解剖学和生理学，后来教心理学，最后教授哲学。他最大的成就是他的处女作——《心理学原理》（1890）。此书既包含解剖学内容，也包含哲学内容，还有作者深刻的分析，令读者爱不释手；究其原因，应该是因为詹姆斯的心理学还未摆脱其母体——形而上学的影响。即使在今天，此书作为心理学概论的代表作依然引人入胜，使读者受益良多。在弟弟亨利的帮助下，詹姆斯的文字变得更为细腻，并完成了自休谟以来心理学历史上最为激烈的反思——休谟的反思清晰明白、洞若观火，但也着实不可思议。

詹姆斯对启发式分析的热情使他必然从心理学进入哲学的王国。他认为，形而上学的目的不过是对问题进行清晰的思考（这一点有违其实证主义倾向），他还用明白易懂的语言定义哲学，认为哲学“只是用最为综合的方法对万物进行的思考”①。1900 年以后，詹姆斯出版的著作几乎全部属于哲学领域。詹姆斯的第一部哲学著作是《信仰的意志》（1897），随后，他又出版了心理学分析巨著《宗教经验种种》（1902）以及《实用主义》（1907）、《多元的宇宙》（1909）、《真理的意义》（1909）等多部重要著作。詹姆斯逝世一年后，《哲学诸问题》（1911）面世，随后，《彻底经验主义论文集》（1912）出版。我们将从最后一本书开始对詹姆斯的探索之旅，因为在这些论文中詹姆斯清晰系统地阐述了其哲学思想的基础。②

---

①《哲学诸问题》，第 25 页。

②如果读者有闲暇，应阅读詹姆斯的《实用主义》一书，与大多数哲学著作相比，此书清晰明白。如果时间充足，应再读读《心理学原理》，必将获益匪浅。亨利·詹姆斯写过一部两卷本的自传，其中多次谈及其兄威廉。弗卢努瓦有一本书对詹姆斯的思想进行了深入的阐述，而欣兹的《反实用主义》则对詹姆斯进行了有力的批评。

2. 实用主义

詹姆斯总是把具体事物作为自己的思考对象。即使把心理学作为思考的起点，他也不是那种一味沉醉于缥缈、晦涩之中的玄学家，他永远是一个现实主义者，在他看来，思想，无论如何与物质划清界限，本质上都是一面反映外部物理实在的镜子。其实，这面镜子比一些人认为的要好，它所能感知、反映的不仅仅是独立的事物（休谟便持这种观点），还有事物间的联系；它把万物放在大环境中进行考察，而人类对大环境的感知与对万物形状、触感、气味的感知一样，快速而又敏捷。因此，康德的“知识问题”（我们是如何将意义和秩序置于我们的感觉中的？）是毫无意义的——意义和秩序，至少是其轮廓，本来就存在于我们的感觉之中。英国学派的原子心理学将思想看作一系列独立的想法，这些独立的想法以机械的方式建立相互联系，这样的心理学不过是对物理学和化学的模仿，会使人误入歧途；思想不是一系列想法，它是一条河流，其中奔流不息的是人的感知和感觉，而想法则像血液中的血球，是思想河流中转瞬即逝的结点。我们的某些心理“状态”（这也是一个静态的迷惑人的术语）与我们言语中的介词、动词、副词和连词相对应，而某些“状态”则反映了名词和代词；我们能够感觉人和物，同时也能感觉“为”“向”“反对”“因为”“后面”“以后”等词语。正是思想河流中这些“过渡性”语言元素构成了我们完整的心理活动，使我们得以对万物的连续性进行衡量。

意识不是实体，也不是一个东西，它是对各种变化关系的整体把握；意识好似一个焦点，在这个点上，思想的次序和关系与事件的次序、万物的关系相互重叠，并给人以启迪。在这样的瞬间，人类思维中闪现的便是实在本身，而不仅仅是“现象”，因为在现象和“表面”之外空无一物。了解一个灵魂，我们无须超越经验过程，因为灵魂不过是我们心理生活的总和，正如“本体”不过是所有现象的总和，“绝对”是世界万物的关系网一样。

正是这种对直接、实在、真实事物的热情使詹姆斯举起了实用主义大旗。詹姆斯从小接受的是崇尚明晰的法式教育，因此对艰深晦涩、喜爱卖弄术语的德国形而上学恨之入骨。难怪当哈里斯[①]等人将早已垂死的黑格尔哲学介绍到美国时，詹姆斯的反应就好像一位检疫员发现了瘟疫。他坚信，不论是德国形而上学的术语还是其研究的问题，都是虚幻的；为了向每一个坦诚的心灵证明德国形而上学的空洞无物，他想方设法对其意义进行检验。

1878 年，詹姆斯终于找到了他梦寐以求的武器：在《科普月刊》中他偶然发现了查尔斯·皮尔士[②]写的一篇文章——《如何使我们的观念清晰明白》。皮尔士说，为了找到某一观念的意义，我们必须对该观念在实践中产生的结果进行考察，否则，对这一观念的争论便会无休无止，且一定不会有什么结果。皮尔士为詹姆斯指明了道路，后者也兴高采烈地踏上了这条道路；他用这一方法对古老的形而上学的问题和理念进行了细致考察，在这一方法的冲击下，古老的形而上学就像突然遭到电击的化合物，瞬间土崩瓦解。而那些富有意义的问题则被披上了一层现实的面纱，变得如溪水般清澈见底——正如柏拉图那著名的洞穴比喻：它们走出阴暗的洞穴，沐浴在灿烂的阳光之中。

这一简单而又古老的方法帮助詹姆斯对真理进行全新的解释。以前，真理被认为是客观关系（美和善也曾被如此理解），现在，倘若真理如美、善一样与人类的判断和需求息息相关，又会如何？“自然法则”曾被认为是永恒不变的“客观真理”，斯宾诺莎曾把它作为其哲学核心；但其实，这些真理不过是系统阐述了实践中方便而成功的经验，它们不是对客观的复制，而是对具体结果的正确推测，是真理的一个观念的“兑现价值”。

> 恰如“正确”只不过给我们带来行为上的便利，真理……也不过是能给我们带来思维上的便利。便利的可以说就是时髦的；当然，这要从长远的眼光和整体的角度去理解，因为那些可以便利地适合眼前

①哈里斯（1835—1909），美国哲学家，曾在一股复活黑格尔之风中创办《思辨哲学杂志》，创立了美国早期新黑格尔主义的代表圣路易学派。——译注

②查尔斯·皮尔士（1839—1914），美国哲学家、化学家、逻辑学家。——译注

> 经验的事物未必可以令人满意地适合将来的一切经验……真是善的一种，而且，正如人们通常认为的那样，真并非一个与善迥然不同的范畴，它与善和谐一致。无论什么，只要它从信仰上被证明是善的，那它便是真的。[①]

真理是一个过程，是“观念偶然发生的作用”；事实便是证据。实用主义不考虑观念的来源，或者观念的前提是什么，它考察的是观念的结果；实用主义“转换了重点，它将眼光着眼于前方”。实用主义是“一种态度，它不考察原本的事物、原则、‘范畴’或者假定的必要性，它考察的是最终的事物、结果、效用、事实”[②]。经院哲学问观念是什么，于是陷入了“诡辩”之中；达尔文学说问观念的起源是什么，于是陷入星云之中；实用主义问观念的结果是什么，于是将思考引向了实践、使它面向未来。

3. 多元论

现在，我们要用实用主义的方法来对哲学最古老的问题——上帝的存在和本质，进行解答。经院哲学家认为，“上帝是实在的，是自身存在的，是在万物之外和之上的，是必然的、唯一的、无限完善的、纯洁的、永不改变的、无量的、永恒的、智慧的”[③]，何等壮观！对这样一个定义，哪个神不感到自豪？但是，这样的定义意味着什么呢？——它对人类有什么效用呢？如果上帝无所不知、无所不能，我们便是上帝的玩偶，也就是说，我们根本无力对上帝从一开始便描绘、拟定的命运轨道作出改变；加尔文主义和宿命论就是上述定义的必然结果。我们可以用同样的方法对机械决定论进行一番考察，结果是相同的：如果我们信仰决定论，我们便会成为印度教的神秘主义者，置身于茫茫无涯的命运之海中，被命运如牵线木偶般玩弄。当然，我们不接受这些阴暗的哲学，人类之所以反反复复地提及它们，是因为它们有着符合逻辑的简单与匀称。然而，生命不理睬

① 《实用主义》，第222、75、53、45页。

② 《实用主义》，第54页。

③ 《实用主义》，第121页。

它们。生命将它们淹没，片刻不停地向前奔去。

> 哲学在某些方面或许无可指摘，但它有两个缺陷，其中任意一个对其普遍性都是致命的一击。首先，从本质上说，哲学的基本原理绝不能阻挠和挫败我们最心爱的愿望……哲学会与我们积极的偏好（如愿望、希望）发生矛盾，但糟糕的是，哲学要剥夺我们偏好的对象。如果哲学与我们最私密的力量格格不入，以至于在普遍事务中将其孤立，并存有一举消灭它的动机，那么，这样的哲学比悲观主义更不受欢迎……这就是唯物主义总是不能被普遍接纳的原因。[①]

所以，人们接受或排斥某种哲学，根据的是自己的需求和气质，而不是“客观真理”。他们不会问：“这合乎逻辑吗？”他们会问：“如果我们将一种哲学付诸实践，那么，这种实践对我们的生活和兴趣意味着什么？”不论是支持还是反对，哲学只能给人以启迪，但绝对无法被证实。

> 逻辑和说教永远不能使人信服；
> 夜晚的湿气浸入我的灵魂，愈来愈深……
> 现在，我对哲学和宗教来一番重新考察。
> 在课堂上，它们或许可以得到很好的证明，但在广阔的天地和奔涌的海洋中，它们根本得不到证明。[②]

我们都知道，需求决定观点，但我们的观点绝无可能左右我们的需求。

> 在很大程度上，一部哲学史就是一部人类多种气质冲突的历史……一位哲学家不论拥有哪种气质，他在进行哲学思考时，总是试图把自己的气质隐藏起来。我们在习惯上不承认气质是理由，为了得出令人信服的结论，他会要求自己提出的理由不掺杂任何个人因素。其实，

①《心理学原理》，第 2 卷，第 312 页；纽约，1890。

②惠特曼，《草叶集》，第 61、172 页；费城，1900。

由他的气质所造成的偏见，比任何更为客观的前提给他造成的要强烈得多。[①]

这些对哲学作出选择并对哲学起支配作用的气质可以分为两种：柔性的和刚性的。柔性气质散发着宗教气息，它喜欢确定不变的教条以及先验真理，信仰自由意志、理想主义、一元论和乐观主义。刚性气质不信仰宗教，它信仰的是唯物论、经验主义（只用“事实”说话）、感觉论（将一切认识归于感觉）、宿命论、多元论、悲观主义和怀疑论。其实，每一类理论的内部也存在着激烈冲突，难怪具有某一气质的思想家在选择自己的理论时，往往既选择第一类，也选择第二类理论。也有一批人（比如威廉·詹姆斯）在气质上属于“刚性”，他们沉溺于事实，并依赖自己的感觉，但是，他们又有着柔性气质者的特点，他们对决定论深恶痛绝，而且离不开宗教信仰。我们能否找到一种哲学，对这些明显冲突的需求进行协调呢？

詹姆斯认为，多神论能够帮助我们对相互矛盾的不同需求进行整合。他提出“有限的上帝”概念，“有限的上帝”绝不是端坐在白云之上、冷眼旁观的奥林匹亚山怒吼之神，“他是一位拯救者，在所有的世界命运塑造者中，数他年纪最长、资质最深”[②]。宇宙不是一个封闭、和谐的系统，它是一个战场，处处是相互抵触的趋势和目的。因此，宇宙并非一元，而是多元的；这一显而易见的事实似乎有点儿可悲：我们生活在混乱之中，说这种混乱源于一个始终如一的意志，根本无济于事，因为种种迹象表明，宇宙内部的矛盾和分裂早已存在。或许，古人比我们更聪明，当今世界多元化的发展程度已足以令人吃惊，因此，多神论比一神论显得更为真实。这样的多神论一直都是“普通大众真正信仰的宗教，今天也如此”[③]。人们是对的，哲学家错了。一元论是哲学家与生俱来的病症，他们渴望的（正如他们所思考的）不是真理，而是统一。“‘世界等于一！’这样的公式或许会导致数字崇拜。‘三’和‘七’被认为是神圣的数字，但是，抽象而论，

① 《实用主义》，第 6 页。

② 《实用主义》，第 298 页。

③ 《宗教经验种种》，第 526 页；纽约，1902。

为什么‘一’比‘四十三’或者‘二百万零一十’要好？”[①]

与一元宇宙论相比，多元宇宙论的价值在于，哪里有相互抵触的趋势、相互斗争的力量，我们的实力和意志便能在哪里发挥作用，协助争端的解决；在我们的世界里，没有什么是不可改变的，一举一动都举足轻重。对我们来说，一元世界犹如一个死亡之地，在这样的宇宙中，不论愿意与否，我们都得扮演全能上帝或原始星云为我们指定的角色；即使我们流干眼泪，也无法抹去这永恒剧本中的任何一个词句。在一个一切均已成定局的宇宙里，个性犹如天方夜谭；一元论者使我们相信，“实际上”，我们都是马赛克镶嵌画上的一块碎片。但在一个一切尚未被决定的宇宙中，我们能为自己的角色书写台词，在某种程度上，我们今天的抉择会对我们不得不生活于其中的未来产生决定性影响。在这样的世界里，我们可以拥有自由；这个世界充满的是机遇，而非命运；一切都不是“静止不动的”；我们的为人和所为或许会改变世上的一切。帕斯卡说，如果克利奥帕特拉的鼻子长一寸或短一寸，历史便会被重新书写。

但是，要证明这种自由意志或多元宇宙或“有限的上帝”，与证明与之对立的哲学形态一样，缺乏理论依据。就连现实依据也因人而异——某些人如果信仰决定论，放弃自由主义哲学，可能生活得更好，这也说得通。当证据匮乏的时候，我们应该根据切身利益和道德利益作出选择。

> 如果某种生活真是我们应当过的较好的生活；如果某种观念，一旦我们信仰了它，便能够指引我们去过这样的生活，那么，除非信仰它会不经意地与我们其他更重要的切身利益冲突，我们最好还是信仰那种观念。

如今，从人们对上帝的坚定信仰中我们可以看出，这种信仰确实有其普遍的生命和道德价值。詹姆斯惊异于各种各样数不清的宗教体验、宗教信仰，同时也被它们深深吸引；即使对某些宗教不敢苟同，他也以艺术家

---

①《实用主义》，第 312 页。这个问题的答案自然是：统一，或者说一个掌管整个宇宙的定律体系，便于人类对宇宙进行解释、预测和控制。

般的敏锐之心，对它们进行生动的描绘。他发现，每一种宗教其实都有其道理，他希望人们能够以宽广的胸襟面对每一种希望。于是，他毫不犹豫地参加了心灵研究学会；为何宗教信仰不能像其他现象一样成为人们潜心研究的对象呢？最终，詹姆斯相信了另一个世界的存在，即精神世界。

> 我本人绝不相信我们人类的经验就是宇宙中存在的最高形式的经验；我宁可相信，我们与整个宇宙的关系，就像我们的猫儿、狗儿与整个人类生活的关系。它们住在我们的客厅里、书房里，参加到我们的各种活动中来，虽然它们对这些活动的意义全然不知。它们只不过是历史曲线的一条切线，对这历史曲线的起点、终点和形状，它们也全然不知。我们就是万物那更广阔生活的切线。①

尽管如此，詹姆斯并不认为哲学是对死亡的沉思。因为对他来说，一个问题的解决能够为人在世时的事业提供指导、予以激励，这个问题才有价值。“他研究的是我们人类本性的优越性，而非其绵延时间的长短。”②与其说詹姆斯日夜沉迷在书房里，不如说他时刻在生活的浪潮中随之起伏。他是一位热情洋溢的工作者，为了人类的进步作着不懈的努力，他不停地伸出自己的援助之手，用自己的勇气感染、鼓励每一个人。他认为，每一个个体都有自己的“精力储备”，这些储备会在一定的环境下释放；他对个人、对社会喋喋不休地说教，其实是在恳求，恳求人类在有生之年用尽自己的“精力储备”。眼见人类把大量的精力浪费在战争上，詹姆斯感到震惊。他认为，如果能够“把战争的枪口对准自然”，人类这种好战好胜的强大冲动便能得到更好的发泄。每一个人，无论贫富，为何不能将人生中宝贵的两年献给自己的国家？但为国家献身，绝不就是对其他民族大开杀戒；为国家献身，可以是扫除瘟疫、排干沼泽、灌溉沙地、挖掘沟渠，也可以是致力于自然工程、社会工程——建造它们是一个缓慢而又痛苦的过程，而战争却能在顷刻间将其摧毁于无形。

---

①《实用主义》，第 299 页。

②卡伦，《威廉·詹姆斯和亨利·柏格森》，第 240 页。

詹姆斯支持社会主义，但他不喜欢社会主义对个性与天才的压迫。泰纳把一切文化现象简化为“种族、环境和时代”，这是片面的，因为他没有考虑个人的因素。唯有个体才有价值，其他一切的一切都只是手段，甚至包括哲学。因此，我们一方面需要一个政府，一个懂得维护社会每一个个体利益、服务于每一个个体利益的政府，另一方面需要一种哲学、一种信仰，来告诉人们，“宇宙不是一个迂腐的学园，而是一个刺激的乐园”[①]，世上尽管有失败，但它依然等待人们去获取胜利的果实，人类的精力必将因此而得以全面发挥。

> 一位遭难的水手，葬身在此岸，
> 他勉励大家，要扬帆猛进。
> 我们遭难时，众多勇敢的帆船，
> 曾冲破惊涛，战胜风险。[②]

4. 评论

我想，对于这种哲学思想中的新旧元素，读者无须指点便能明白。科学和宗教历来是一对冤家，如今，两者的战争依然打得轰轰烈烈，实用主义哲学只不过是这场战争的一部分；同康德和柏格森一样，詹姆斯希望通过自己的努力将信仰从机械唯物主义的水深火热中拯救出来。实用主义博采众长，根植于众多的哲学思想：康德的“实践理性”、叔本华对意志的升华、达尔文的适者生存理论、从功效角度对一切善进行衡量的功利主义、英国哲学重经验重归纳的传统……同时，它也与美国生活的真实场景息息相关。

当然，正如许多人指出的，詹姆斯的思考内容虽说早已抵达大洋彼岸，但其思维方式是完完全全属于美国的。美国人天生好动，并热爱学习，因此，当詹姆斯准备在哲学的海洋里扬帆起航时，其文字与思想的风帆早已高扬，其哲学之旅也因此而变得轻松无忧，好似天空中飞翔的小鸟。

---

①切斯特顿语。

②詹姆斯引自希腊诗歌；《实用主义》，第 297 页。

亨内克[1]称其哲学为“市侩哲学”，确实，詹姆斯的哲学散发着一股市场推销的气息：他谈论上帝，好像在用各种推销手段向满脑唯物论的顾客介绍一件商品；他劝我们信仰上帝，好像在向我们推荐某种高回报率的长期投资，并向我们担保，接受这种信仰，不仅不会蒙受任何损失，还能赢得整个（另一个）世界。这一切体现了年轻的美国对欧洲形而上学和科学的防御与反抗。

当然，詹姆斯提出的检验真理的新方法其实并不新；我们这位哲学家并不喜欢故弄玄虚，他谦虚地说，实用主义是一个“新名词，但全新的外衣之下是陈旧的思维方式”。如果有人说新的检验方法要求真理是能经受实践或实验考验的东西，我会告诉他，“当然如此”；如果有人说新的检验方法意味着个人效用即对真理的考验，我会告诉他，“当然不是”；个人效用只适用于个人，唯有普遍永恒的效用才能构成真理。如果某些实用主义者认为某种信仰曾经真实是因为这种信仰曾经有用（尽管现在已被证明虚假），那么，这些实用主义者只是满口胡言，没有真才实学，因为那只是一个有用的错误，绝非真理。实用主义唯有成为老生常谈，才是正确的。

然而，詹姆斯的本意其实是想清理一下束缚了哲学向前发展的蛛网；他希望以一种一鸣惊人的全新方式，重新演绎英国人对待理论和思想的方法。他只是继承了培根的事业，将哲学的面孔再次转向不可逃避的现实世界。詹姆斯定会为世人铭记，不是因为他对真理的论述，而是因为他对经验的强调——一种全新的现实主义；他会为世人称颂，或许更是作为一名心理学家而不是哲学家。他知道，自己没有找到那古老难题的答案，他坦然承认，自己阐述的只是另一种猜测、另一个信仰。詹姆斯去世时，他的书桌上放着一张纸，上面是他写下的最后一句话，或许也是他最富个性的一句话：“世上本无结论可言。在我们应该终结的事物中，有什么终结了呢？命运不能预测，劝告无法赐予。永别了！”

①亨内克（1860—1921），美国音乐、美术和文学评论家。——译注

三、约翰 · 杜威

1. 教育

实用主义并非不折不扣的美国哲学，因为它没有捕捉到新英格兰各州西部和南部等地的精神，而这些地方占据了美国的大部分面积。实用主义仍是浓重的道德哲学，暴露了詹姆斯的清教徒本质。詹姆斯是多变的，他此刻谈论实际效果与情况，下一刻又满怀希望，一跃跳入茫茫的天空。一开始詹姆斯还积极反对形而上学、认识论，让人们误以为他的实用主义是自然哲学或社会哲学，但最终他却几近谦卑地为信仰的理性和尊严辩护，认为每一种信仰都是可爱的、有其理性和尊严。究竟何时，哲学才能学会把这些关于另一个世界的复杂问题交由宗教处理，把这些关于认识过程的不解之谜交由心理学解答，而把自己的力量用于人生意义的启蒙及人类生活的协调与升华？

大环境已经万事俱备，只等约翰 · 杜威来满足人类的这个愿望，并勾勒出一幅能够表达美国精神的哲学图景，当时，美国已经觉醒，人们见多识广。杜威出生在“颓废的东部”（佛蒙特州的伯灵顿，1859 年），并在那里完成了学业。这仿佛是他为了在冒险进入新文化之前，对旧文化的一番吸收。很快，杜威接受格里利[①]的建议，直奔西部，先后在明尼苏达大学（1888—1889）、密歇根大学（1889—1894）和芝加哥大学（1894—1904）教授哲学。后来，杜威回到东部，加入哥伦比亚大学哲学系，并任至系主任。在人生的头二十年里，佛蒙特州的环境造就了杜威纯朴的个性，即使后来名满天下，他也不改本色。生活在中西部的二十年里，杜威目睹了美国国土的广袤——沾沾自喜的东部人对此一无所知；对于美国的不足与强大，杜威已经了然于心；当他开始将自己的哲学思想付诸文字时，他向学生和读者解读了美国“诸省”那肤浅的迷信思想背后简单但又看似可靠的自然主义。正如惠特曼之诗作，杜威书写的哲学不单单属于新英格兰州，

①格里利（1811—1872），美国报纸编辑、政治领袖。1841 年创办极具影响力的《纽约论坛报》，致力于各项改革、经济发展以及民众地位的提高。——译注

更属于整个美国大陆。[①]

杜威第一次受到世界瞩目，是因为他在芝加哥教育学校的工作。正是在那几年里，杜威展露了其思想坚定的实验主义倾向；即使在1952年垂危之际，他仍关注着教育领域的最新进展，对“明日学校计划”依然兴趣盎然。或许，杜威最伟大的著作要数《民主与教育》。在这本书中，杜威将其多条哲学思路汇聚在一起，并将焦点对准一个目标，即培养出更为优秀的下一代。所有进步教师都承认杜威在教育领域的领袖地位，在美国，几乎找不到一所没有受过杜威影响的学校。为了对全球的学校进行改造，杜威活跃在世界的各个角落；他在中国待了两年，专门向那里的教师讲授教育改革问题，并在土耳其重组国立学校之时，为其政府拟了一份报告。

在斯宾塞提出在教育中增加科学比重、削减文学比重后，杜威补充道，学生甚至不应只通过书本学习科学，而应选择有用的职业，通过参加实践活动来接触科学。杜威不注重“博雅”教育，因为这个词原本指向的是“自由人”——从不工作的人——的培养；显然，这样的教育更适合过着贵族生活的有闲阶层，而不适合在工业民主社会日夜东奔西跑的普通百姓。如今，我们大多数人都已被欧洲和美国的工业化重重包围，我们学习的东西更应该来自工作，而非书本。学究式的教育指向势利，共同工作则趋向民主。在一个工业化的社会里，学校应该是一个小型的工作间和社会群体，它应该通过实践、探索向学生教授建立合理的经济和社会秩序所需要的技术和纪律。最后，教育者应该对教育进行重新规划，教育不仅仅是成年的准备（人在成年后应停止接受教育，这种荒谬的观点便来源于此），它还意味着心灵不断成长、对人生的认识不断加深。从某种意义上说，学校只能帮助我们在心灵上日益成熟，剩下的要取决于我们对经验的吸取和解读。真正的教育自我们离开校门的那一刻才刚刚开始，我们没有理由在生命走到尽头之前停止接受教育。

---

①杜威最有名的著作是：《学校与社会》（1900）、《逻辑理论研究》（1903）、《伦理学》（与塔夫茨合著，1908）、《我们如何思维》（1909）、《达尔文对哲学的影响》（1910）、《民主与教育》（1913）、《明日之学校》（与女儿伊夫林合著，1915）、《实验逻辑论文集》（1916）、《创造的智慧》（1917）、《哲学的改造》（1920）以及《人性与行为》（1922）。如果想了解杜威的思想，后两部著作最为易读。

2. 工具主义

杜威的独特之处在于，他毫不掩饰自己对进化论的全盘接受。他认为，心灵和肉体是在生存竞争中从较低等形式进化成形的器官。无论在什么领域，他都以一个进化论者的身份出现。

> 当笛卡尔说"如果某物质是在人们的眼皮底下渐渐成形的，相比于一下子以最终和完美的状态出现在人们眼前的物质，该物质的本质更容易为人想象"时，现代世界开始意识到这种即将控制整个世界的逻辑，达尔文的《物种起源》便是该逻辑的最新科学成果……伽利略曾这样言及地球，"它确实是运动着的啊！"达尔文也像伽利略一样，彻底摆脱了束缚，把发生、发展和实验的观念作为提出问题、寻求解释的工具。[①]

因此，对事物的解释不再诉诸超自然因素，而是根据事物在环境中的地位和作用。杜威是一个率直的自然主义者，他不认为应该"笼统地将宇宙理想化，理性化意味着人类无力控制那些与我们息息相关的事物的发展轨迹"[②]，他也不相信叔本华的意志论和柏格森的冲动说；他认为，我们无法否认这些观点的存在，但也不必崇信它们，它们只是人间的力量，无法毁灭人类创造、尊崇的一切。[③]神性存在于我们的内心，而非这些中性的宇宙力量中。"曾经，智慧静默不动，却是万物运动的推动者；它是终极的善，居于物质世界偏远的边缘，在孤独寂寞中度日；如今，智慧已走下高台，在变幻无常的人类事务中占据一席之地。"[④]我们必须忠实于现实。

杜威可以说是培根、霍布斯、斯宾塞、穆勒这个谱系的传人，他与实证主义者一样，反对形而上学，视之为神学的替身。哲学那一直无法摆脱的头疼还在于，它研究的问题总是与宗教纠缠不清。"我读柏拉图的时候

① 《达尔文对哲学的影响》，第 8 页；纽约，1910。

② 《达尔文对哲学的影响》，第 17 页。

③ 《人性与行为》，第 74 页；纽约，1922。

④ 《达尔文对哲学的影响》，第 55 页。

发现，哲学最初还或多或少地知道自己在本质上是以政治为基础的，也知道到自己的使命。它知道，哲学关乎公正社会秩序的建立，但它很快便迷失在关于另一个世界的理想中。”[①]德国哲学对宗教问题的兴趣使之偏离了哲学发展的轨道；而在英国，哲学家对社会的兴趣远远超过超自然力量。两百多年来，一场战争在唯心论与感觉论之间展开；唯心论反映了宗教专制和封建贵族的利益，感觉论则代表了对进步民主的自由信仰。

直至今日，战争仍在进行，所以，我们其实并未走出中世纪的阴霾。唯有当自然主义被广泛接纳时，人类迈入现代社会的钟声才会敲响。进入现代，并不意味着心灵要被简化为物质，而是说，人类不再从神学的角度，而是从生物学的角度，对心灵和生命进行解读，并将心灵和生命看作存在于自然环境中的器官和有机体，而这些器官和有机体在环境中经历了一个作用与被作用、塑造与被塑造的过程。我们所研究的必须是反应模式，而非“意识的状态”。“我们的大脑主要是一个行为器官，而非认识世界的器官。”[②]思想帮助人们反复适应环境，大脑同人体的四肢和牙齿一样，也是一种器官。观念则是人类想象中的与环境的接触，它好似一种实验，可随时进行调整。但这样的调整不是被动的，它不只是斯宾塞式的适应。“对环境的完全适应意味着死亡。人类一切反应的核心目的是制服环境。”[③]哲学的问题不是我们如何认识外在世界，而是我们如何学会制服和改造外在世界以及出于什么目的这么做。哲学不是对感觉和知识的分析（因为这是心理学的研究范畴），而是对认识和欲望的综合及协调。

要理解思想，我们必须对思想在具体情况下的发生过程进行考察。我们知道，推理不是从前提开始，而是从问题开始的；有了问题，推理者会设计一个假说，该假说或许最终会成为结论，而为了得出这个结论，推理者会努力搜集各种假设；最终，他让假说接受实际观察或实验的检验。“思考的首要特点便是面对现实——调查、细查、普查、观察。”[④]这样一来，神

---

① 《达尔文对哲学的影响》，第 21 页。

② 《创造的智慧》，第 36 页；纽约，1917。

③杜威，“心理伦理学”讲座，1924 年 9 月 29 日。

④ 《哲学的改造》，第 140 页；纽约，1920。

秘主义就会显得比较别扭了。

此外，思考还是社会性的；思考不但出现在具体情形中，还出现在特定的文化大环境中。社会是个体的产物，然而，个体又何尝不是社会的产物？风俗习惯、行为举止、文化语言好似一张大网，随时准备扑向每一个新生的婴儿，这张网出自谁之手，便将他们塑造成谁的模样。这种社会性遗传发生得如此迅速、如此彻底，以至于人们常常误以为是身体或生物上的遗传。连斯宾塞都认为康德的范畴，或者说思维习惯和思维形式来自个体，但十有八九，它们只是大人经过社会传递遗传给孩子的智识习惯。① 一般来说，本能的作用被夸大了，而早期训练的作用被低估了；性、好斗等人类最强大的本能已通过社会训练被大大减弱，并得到控制；而占有、好胜等其他本能却没有理由被社会影响力和教育削弱。我们必须舍弃人类本性一成不变、生存环境至高无上的观点。变化和发展没有已知的限制；一切皆有可能，除非思想作怪。

3. 科学和政治

杜威把“发展”奉为人间最高美德；他把这一相对而具体的概念以及没有绝对的“善”作为自己的伦理标准。

> 完美不是最终目标，不断完善、不断成熟、不断美好的过程才是人生的目的……什么是坏人？——无论他曾经多么好，一旦他开始变坏，变得不再那么好，他就是坏人。什么是好人？——无论他曾经多么坏，一旦他踏上变好的道路，那么，他就是好人。如果一个人能在心里将之牢记，便会严于律己、宽以待人。②

此外，做好人并不仅仅意味着服从他人、不伤害他人；无能的善叫差劲；如果我们缺乏智慧，世上一切美德都无法拯救我们。无知不是幸福，而是麻木、奴性；唯有智慧才能使我们把握自己的命运。意志自由不会违反因

① 《哲学的改造》，第 92 页。

② 《哲学的改造》，第 177、176 页。

果关系，相反，它会通过知识启迪我们的行为。“如果说一位医生或工程师在思想或行为上是自由的，其自由程度取决于他对自己所从事工作的认识程度。或许，我们能从这里找到获取自由的金钥匙。”[1]毕竟，我们可信任的是思想，而非本能；如今，我们生活在工业化的怀抱里，各种问题错综复杂，我们身陷其中难以自拔。为了适应这样一个日益虚假的环境，本能如何能帮助我们改造自我？

> 眼下，自然科学已经远远超越心理科学，我们也已经学会操控机器来制造我们需要的物品；但是，对于什么可以使可能的价值变为生活中的现实价值，我们一无所知。因此，我们依然受到习惯、偶然的支配，受到力量的支配……随着我们对大自然的控制力度越来越大、开发大自然以满足人类需要的能力越来越强，我们发现，目的的实现以及人类对价值的享用越来越没有保障、越来越不稳定。有时，我们似乎陷入矛盾之中；我们产出的越多，对它们的利用也越不确定、越不广泛。难怪卡莱尔和罗斯金[2]给整个工业文明下了一条禁令，而托尔斯泰则声称要回归荒野。我们如何才能沉着冷静而全面地看待这些问题呢？唯一的办法便是牢记，科学发展以及科学在生活中的应用给人类带来了许多问题，我们的问题便是其中之一……道德、哲学应该回归其最初的爱——对智慧的爱中，智慧是抚育善的乳母。当哲学回到苏格拉底身边时，它那套“行头”已焕然一新：它拥有大量专门用于探究问题、检验答案的研究方法以及一整套系统知识，并支配着社会的方方面面；工业、法律、教育便是在哲学的安排下集中精力解决问题，这个问题便是：如何使所有人凭借自己的能力分享已经获得的一切价值？[3]

杜威不同于大多数哲学家，他认同民主制，尽管他深知民主制的缺点。

---

① 《人性与行为》，第 303 页。

②罗斯金（1819—1900），英国艺术批评家、社会批评家。——译注

③ “心理学和社会科学”；《达尔文对哲学的影响》，第 71 页。

政治秩序的目的是帮助个体完全地发展自己；唯有当每一个人都能凭借各自的能力参与所在群体的政策制定和命运决定，个体的完全发展才会成为现实。物种不变，阶级便不会变；物种转化理论出现时，各阶级间才会相互流动。[①] 贵族制和君主制比民主制更有效，同时也更危险。杜威不信任国家，他希望能出现一个多元秩序，在这个多元秩序里，社会工作能够尽可能多地由自愿联合的组织完成。他发现，随着各种组织、政党、公司、工会的涌现，个人主义与集体主义之间的矛盾也得以调和。

> 随着这些组织、政党、公司、工会的作用越来越重要，国家已趋向于在它们中间扮演一个调节者的角色——限制它们的行为，预防并解决争端……此外，自愿联合的组织……与政治的界限并不吻合。不论是数学家协会、化学家协会、天文学家协会，还是公司、劳工组织、教堂，都是跨越国界的，因为它们所代表的利益是世界性的。因此，国际主义并非只能鼓舞人心，它早已成为一个事实；国际主义也不仅是多愁善感者的理想，它是一种力量。然而，这种国际利益却被传统的国家主权观念生硬地阻挠，它与国家主权观念格格不入。正是这种深入人心的主权观念，或者说教条，才是培养具有国际化视野人才的最大障碍，而唯有具有国际视野的人才会认同当今的劳动力、商业、科学、艺术、宗教的跨国界流动。[②]

但是，唯有我们把曾成功用于自然科学的实验方法和态度用于解决社会问题，政治改革才能展开。在政治哲学方面，我们依然处于形而上学的层次；我们凭着空洞的想法相互攻击，到头来却一无所获。要治愈我们的社会顽疾，不能依靠海量的观念以及看似恢宏的泛泛之言，如个人主义、秩序、民主制、君主制、贵族制等等，必须用具体的假说，而不是普遍适用的理论来对付每一个问题；理论都只是触须，要使生活卓有成效、不断向前，必须依赖反复的实验、不断的探索。

---

① 《哲学的改造》，第 75 页。

② 《哲学的改造》，第 203、205 页。

倘若抱着实验的态度……便能避免大量的论断、受个人气质影响的信仰以及越模糊越恢宏的观点，而代之以细致的分析、具体的探究以及对事实细节的关注。在道德、政治、教育等社会科学中，思想的进步要依靠鲜明的对比，依靠理论上的对立物，比如秩序和自由、个人主义和社会主义、文化和功用、自发和纪律、现状和传统。物理学曾经被各种类似的“笼统”观念统治，一个观念越是模糊，便越有感染力。但是，随着实验方法的进步，问题不再是两位主张相悖的人中谁能进入该领域，而是通过逐步深入的分析，解决某一纷乱如麻的问题。我从未见过一个未经实验的观念能在最后取得胜利的例子。这样的观念无一幸免，因为它们越来越与相关环境脱节；一旦脱节，它们便失去了意义和趣味。[①]

这便是哲学的归属。哲学应致力于用人类知识来解决社会矛盾和社会冲突。哲学像一位腼腆的老处女，依恋着早已过时的问题和观念；“对当今难题的直接关注已经交由文学和政治学负责”[②]。今天，哲学在各种学科的挑战中已陷入困境，这些学科一个接一个地抛弃哲学，进入一片工业化天地。哲学被孤立在寒风中瑟瑟发抖，好像一位被遗弃的母亲，元气大伤、家徒四壁。哲学怯生生地放弃她真正关心的问题——人类及其世俗生活，来到一片叫作认识论的残垣断壁前，仿佛随时有锒铛入狱的危险，因为律法禁止人们在摇摇欲坠的危房里安身。但对我们来说，这些古老的问题早已失去了意义：“我们无心解决，我们绕道而过”[③]；社会矛盾不断，生活变幻无常，古老的问题在这股浪潮中烟消云散。哲学必须像其他的一切那样，将自己世俗化；哲学必须脚踏实地，通过照亮人类生活来获得生存资本。

---

① 《新共和周刊》，1917 年 2 月 3 日。

② 《创造的智慧》，第 4 页。

③ 《达尔文对哲学的影响》，第 19 页。

> 对于那些并非从事哲学专业研究，但善于认真思考的人来说，最渴望知道的是在新的工业、政治和科学运动下，要对代代传承的人类智慧作何修改、如何取舍……未来哲学的使命便是依据时代的社会和道德问题对人类思想进行梳理，并以明晰的方式表达出来。哲学的目标是尽其所能，成为解决这些矛盾的工具……哲学是具有远见卓识的普遍理论，能够对生命中的种种冲突进行有效的调节。[①]

有了这样的哲学，能够坐上王位的哲学家的出现或许也指日可待了。

结语

现在如果读者能对这三套哲学思想做个小结，或许会发现，作者不顾时间先后顺序而将桑塔亚纳放在詹姆斯和杜威前面，确实更为公正。回想一下，在所有健在的思想家中，最雄辩、最敏锐的几乎无一例外拥有欧洲文化传统渊源；威廉·詹姆斯虽然在许多方面依然与欧洲传统藕断丝连，却捕捉到了一股至少属于美国东部的精神，其文字风格所体现的精神更属于整个美国；约翰·杜威，作为美国东西部的产儿，他对美国民众务实、民主的特性进行了哲学包装。显然，我们对欧洲思想的依赖已在慢慢减少，我们开始以自己的方式从事哲学、文学和科学事业。当然，这只是个开始，因为我们还年幼，还没有学会脱离欧洲祖先的帮助独立行走。但是，如果我们觉得难以超越自己，如果我们时常因为自身的肤浅、地方主义、狭隘顽固，因为对发明试验抱有不成熟的偏执和羞怯的反对而灰心丧气，我们便要牢记，英国从建国到莎士比亚诞生，经历了整整八百年；法国从建国到蒙田诞生，也是整整八百年。我们从欧洲带来的、从中挑选用于保存和效仿的，与其说是善于冥思和艺术的灵魂，不如说是具有首创精神的个人主义以及渴望进取的先驱精神；我们将全部精力用于森林的开辟、土壤的

① 《创造的智慧》，第 5 页；《哲学的改造》，第 26 页；《达尔文对哲学的影响》，第 45 页。

开垦，以至于没有时间来培养一种本土文学、一种成熟的哲学。

但是，我们获得了财富，而财富是艺术的准备。每一个国家，如果经过几百年的体力劳动最终获得了享受荣华富贵、闲情逸致的资本，文化便会自然而然地出现，好似植物在富饶滋润的土壤上必然会生根发芽。富裕是首要的，一个民族唯有解决了温饱问题才能学会哲学思考。无疑，我们的国家比一般国家的前进步伐要快许多，我们内心的骚乱也源自国家的快速发展。我们就像年轻人，因为突如其来的发育以及青春期的特殊经历而在一段时期内惴惴不安、心神不定。但是，我们会很快成熟，我们心智的发展会赶上身体发育的速度，我们的文化发展也会赶上物质繁荣的速度。或许终有一日，我们的土地上还会出现比莎士比亚更伟大的灵魂，比柏拉图更伟大的头脑。当我们学会像尊重财富一样尊重自由时，我们也将迎来自己的文艺复兴。

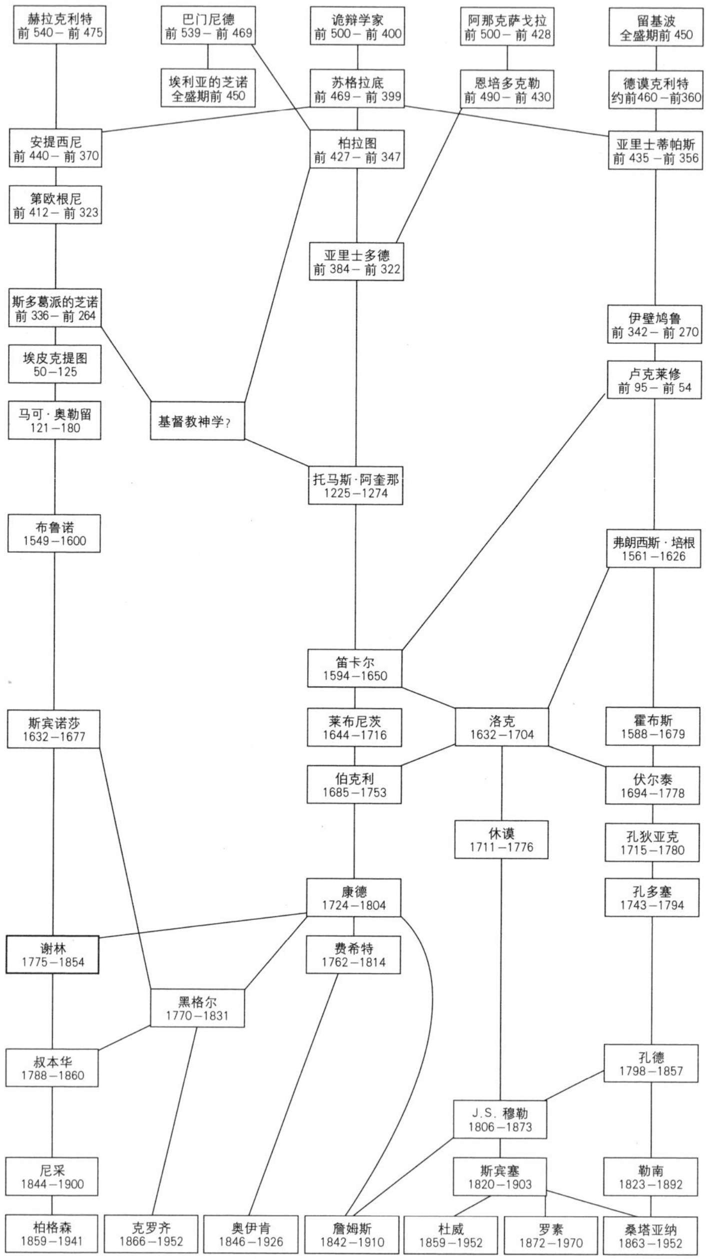

欧美主要哲学流派发展图

图书在版编目(CIP)数据

哲学的故事/（美）杜兰特著；蒋剑峰，张程程译.－
杭州：浙江大学出版社，2015.8（2020.6重印）

ISBN 978-7-308-14820-7

Ⅰ.①哲… Ⅱ.①杜…②蒋…③张… Ⅲ.①哲学史－世界－通俗读物 Ⅳ.①B1-49

中国版本图书馆CIP数据核字(2015)第141437号

浙江省版权局著作权合同登记图字：11-2015-171号

哲学的故事

（美）威尔·杜兰特 著

蒋剑峰 张程程 译

责任编辑 杨利军
特邀编辑 马秀琴 葛建亭
责任校对 张一弛
装帧设计 金 山
内文制作 田晓波
出 版 浙江大学出版社
（杭州市天目山路148号 邮编 310007）
（网址 http://www.zjupress.com）
发 行 新经典发行有限公司
印 刷 北京中科印刷有限公司
开 本 700毫米×990毫米 1/16
印 张 31.5
字 数 450千
版 印 次 2015年8月第1版 2020年6月第5次印刷
书 号 ISBN 978-7-308-14820-7
定 价 88.00元

新经典发行有限公司联系方式：电话(010)68423599 邮箱 editor@readinglife.com